中共芜湖市委党史和地方志研究室 编

芜湖年鉴

WUHU NIANJIAN

2022

全国百佳图书出版单位
ARTTIME 时代出版
时代出版传媒股份有限公司
黄 山 书 社

图书在版编目（CIP）数据

芜湖年鉴．2022 / 中共芜湖市委党史和地方志研究室编．——合肥：黄山书社，2022.11
ISBN 978-7-5737-0365-1

Ⅰ．①芜…　Ⅱ．①中…　Ⅲ．①芜湖－2022－年鉴　Ⅳ．①Z525.43

中国版本图书馆CIP数据核字（2022）第197069号

芜湖年鉴2022
中共芜湖市委党史和地方志研究室　编

出 品 人　贾兴权
责任编辑　马奔奔
装帧设计　秦　岭

出版发行　黄山书社（http://www.hspress.cn）
地址邮编　安徽省合肥市蜀山区翡翠路1118号出版传媒广场7层　230071
印　　刷　安徽芜湖新华印务有限责任公司
版　　次　2022年12月第1版
印　　次　2022年12月第1次印刷
开　　本　889mm×1194mm　1/16
字　　数　900千字
印　　张　34
插　　页　56
书　　号　ISBN 978-7-5737-0365-1
定　　价　160.00元

服务热线　0551-63533706
销售热线　0551-63533761
官方直营书店（http://hsssbook.tianmao.com）

芜湖市地方志编纂委员会

供稿单位主审

（按目录顺序排列）

苏文中	李　松	吕成军	吴　玥	龚宏胜	马　涛	李江峥
刘美宏	苏　俊	黄汇文	郭　炜	宋长生	骆红旗	袁发林
何学东	魏　超	韩万春	刘　萍	汪世明	黄世兵	杨　俊
黄丽娟	叶　明	戴衍玉	郑云卿	陶泰山	袁　胜	查达广
吴　鹏	王慧山	魏祖国	高光兴	曹　蕾	王　芳	王　馨
汪金龙	翟文卉	童传俊	王传根	王满平	王　璐	王绎华
李福东	李东方	刘兴荣	李小农	孙　飏	李良国	方　勇
张　平	刘昭明	胡建平	奚要武	尚　蓉	肖　珍	瞿　玮
张　健	许宇武	施立蔚	高　扬	李　明	高芦生	鲁永红
高　军	周　伟	金弋波	姜雅琴	张永杰	周可欣	雍　亮
谢　静	赵永军	张本惠	贾昌荣	徐海大	王　锋	周　勇
王　飞	潘道伟	王玉娟	广　翔	罗　勇	王　美	陶文斌
孔　凯	张　卿	谢壹来	徐　军	马　玮	王邦祥	马卓渊
孙　啸	王良军	何茂平	王　军	刘东风	陶卫锋	孔令楠
侯启林	汪毅明	牛家红	单　斌	丁方乐	盛建平	吴　浩
王皖林	钱献群	何　玥	张文泽	邱　威	钱宏娟	方克敏
徐广诚	童小虎	高文龙	汪　庆	强　静	王乐军	杨　镭
光利华	潘　慧	张世君	潘珊珊	吴　彬	任　慧	吴家莉
谢才园	王　俊	郑　军	刁　樱	苏家明	陈红琴	朱维平
朱寿发	夏　峰	杨笑凯	张　东	王海燕	杨　恺	李广平
孔向东	张　骏	陈　刚	王　萍	吴华夏	何家文	唐　平
徐春林	徐　旭	姚应水	刘会林	薛黎波	张　强	曾黎明
郑千里	李鸿显	汪忠国	吴启秀	赵全球	张文兵	梁为纲
梁　萍	吴　勇	赵　顺	俞　琴	梅　梅	吴秀丽	杨少华
古大海	夏　锋	陈鑫斌	孔祥鸣	李　虎	张士吉	郝代伟
范晓龙	周祖才	潘天云				

中共芜湖市委党史和地方志研究室

《芜湖年鉴》编辑部

芜 湖

芜湖市自然资源和规划局 监制 芜湖市勘察测绘设计研究院有限责任公司 编制 审图号：皖芜S（2022）01

地　图

内部用图

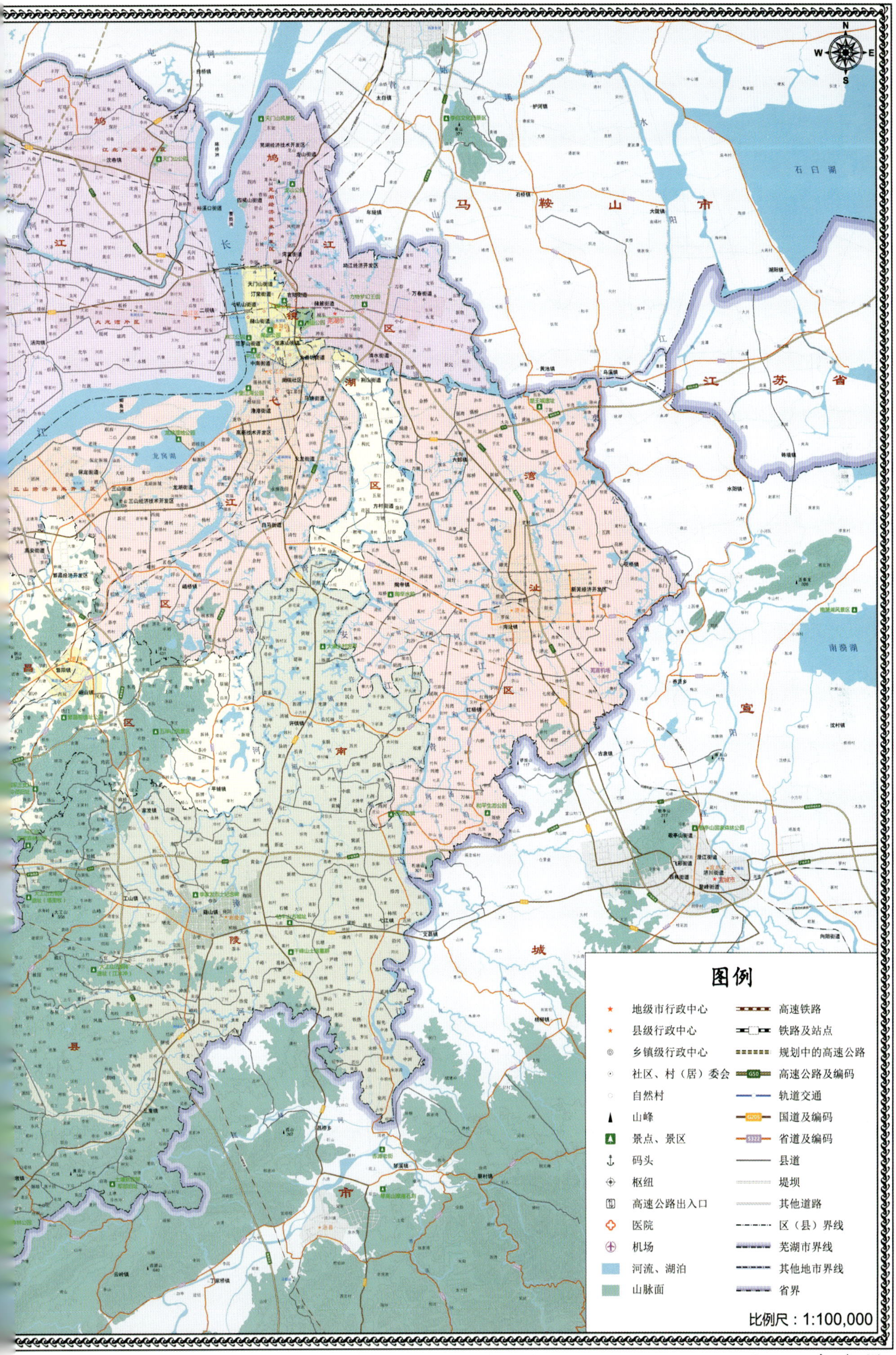

二〇二二年六月

庆祝中国共产党成立100周年
The 100th Anniversary of the Founding of
The Communist Party of China

奋斗百年路

庆祝中国共产党

启航新征程

成立100周年

永远跟党走

1
2

1 2021年6月29日，芜湖市庆祝中国共产党成立100周年表彰大会暨“永远跟党走”主题党日在市政务文化中心举行，市委书记单向前带领2021年新入党党员代表进行入党宣誓 （市委组织部 供）

2 2021年6月29日，“永远跟党走——芜湖市庆祝中国共产党成立100周年文艺演出”在市政务文化中心举行 （市委宣传部 供）

3
4 5
6 7

3 市委书记单向前围绕“学好百年党史 永远跟党走”讲专题党课 （市委组织部 供）

4 5 组图：中共芜湖市委表彰芜湖市优秀共产党员、优秀党务工作者、先进基层党组织 （市委组织部 供）

6 7 组图：受表彰对象代表讲述“初心故事” （芜湖传媒中心 供）

8
9
10
11

8 学党史谈感悟 筑牢入党初心

（芜湖传媒中心 供）

9 2021年4月10日，弋江区非公企业党员与市委党校老师交流党史学习心得

（芜湖传媒中心 供）

10 2021年6月2日，镜湖区范罗山街道党工委开展“忆党史 铭党恩 强民族 促和谐”学习活动

（芜湖传媒中心 供）

11 2021年8月29日，芜湖市党史知识竞赛决赛在芜湖传媒中心演播大厅举行

（市直机关工委 供）

12
13
14
15

12 《红色芜湖》《中国共产党芜湖历史大事记》等具有芜湖特色的党史教育读本，成为党员群众学习百年党史的生动教材

（市委党史和地方志研究室 供）

13 看红色邮票 讲党史故事

（芜湖传媒中心 供）

14 共读红色经典 争做强国少年 （杨大伟 摄）

15 “红色”主题车厢亮相江城，成为市民学习党史的流动阵地 （芜湖传媒中心 供）

红色芜湖　精彩呈现

1
2 3

1　2021年6月18日，"永远跟党走"芜湖市直属机关庆祝建党100周年合唱比赛在市政务文化中心举行　（杨大伟　摄）

2　2021年7月1日，鸠江区教育系统庆祝中国共产党成立100周年文艺晚会在翰文学校举行　（杨大伟　摄）

3　弋江区党员群众开展"永远跟党走"歌咏活动　（芜湖传媒中心　供）

4
5 6
7 8

4 大型现代黄梅戏《江城飞絮》入选安徽省庆祝中国共产党成立100周年新创优秀剧目展演活动 （市委宣传部 供）

5 2021年4月25日，“侨心永向党 奋进新征程——亲情中华·走进芜湖”慰问演出在芜湖大剧院举行 （市归国华侨联合会 供）

6 2021年12月3日，“奋斗百年路 同心跟党走”芜湖市统战系统同心运动会在奥体中心举办 （市委统战部 供）

7 2021年6月23日，镜湖区庆祝中国共产党成立100周年表彰大会暨“永远跟党走”主题党日活动在芜湖大剧院举行 （芜湖传媒中心 供）

8 2021年4月20日，湾沚区庆祝中国共产党成立100周年歌咏大会暨六郎镇广场文艺演出在六郎湿地花海唱响 （郑远 摄）

9
10 11

9 2021年7月3日，庆祝中国共产党成立100周年“红心向党 红歌传唱”大型红色经典史诗《长征组歌》在芜湖大剧院唱响
（市委宣传部 供）

10 重温入党誓词　牢记初心使命　（安徽响水涧抽水蓄能有限公司 供）

11 2021年12月8日，市直机关青年干部第3期“红帆”读书会在市博物馆举行　（市直机关工委 供）

12 13
14

12 2021年6月30日，“芜湖·红色记忆”——庆祝中国共产党成立100周年档案资料图片展在市政务文化中心开展

（市档案馆 供）

13 2021年5月21日，弋江区“学党史 强信念 跟党走”党史知识竞赛在芜湖职业技术学院举行 （芜湖传媒中心 供）

14 《初心地图》生动、立体地展现芜湖红色历史文化，帮助党员群众从地方党史中感悟初心使命、汲取奋进力量

（芜湖传媒中心 供）

党课开讲啦

1 | 2 3

1 2021年4月21日，鸠江区“把一切献给党”艺术党课主题活动在安徽工程大学礼堂举行 （芜湖传媒中心 供）

2 2021年5月28日，万春街道组织“高举旗帜跟党走”主题演讲比赛 （芜湖传媒中心 供）

3 2021年6月30日，芜湖传媒中心党史故事宣讲团走进南街社区开展教育宣讲 （芜湖传媒中心 供）

4
5

4 5 组图：芜湖市委市政府推出党政干部“共读计划”，截至2021年12月31日，开展共读直播16场，参学人数77万人次，掀起了全市共读经典、共学党史的热潮

（芜湖传媒中心 供）

6
7 8

6　2021年6月29日，市少年宫举行“花儿向阳 丹心向党”庆祝建党100周年主题党日活动　（芜湖传媒中心 供）

7　无障碍电影进校园，让学生从红色经典中汲取力量　（杨大伟 摄）

8　2021年3月16日，“忆荣光岁月 献礼新征程”喜迎建党100周年党史宣传教育活动在龙山街道举行　（芜湖传媒中心 供）

9 10
11

9 2021年9月29日，芜湖市庆祝建党100周年“百年百人”主题宣讲活动在芜湖传媒中心演播大厅举行 （市直机关工委 供）

10 百年党史润童心 （市委组织部 供）

11 音乐党课让红色教育“声”入人心 （芜湖传媒中心 供）

榜样在身边

1
2

1 2021年3月28日，“七一勋章”获得者、“渡江英雄”马毛姐向家乡的学生们讲述渡江战役的经历 （芜湖传媒中心 供）

2 2021年4月19日，中国好人、全国优秀人民警察、一等功获得者黄本刚和新警一起开展“旗帜映初心 永远跟党走”活动 （芜湖传媒中心 供）

3 第八届全国道德模范（孝老爱亲类）、新安中医“张一帖”第十四代传人张舜华，芜湖市首位全国道德模范称号获得者

（市精神文明建设指导委员会办公室 供）

4 2021年8月3日，来自安徽师范大学的王春雨在第32届夏季奥林匹克运动会女子800米决赛中，以1分57秒的个人历史最好成绩获得第五名，创造了中国选手首度晋级奥运会女子800米项目决赛的历史 （市体育局 供）

5 2021年6月30日，安徽工程大学庆祝中国共产党成立100周年“七一”表彰大会暨师生歌咏比赛在芜湖大剧院举行

（安徽工程大学 供）

6 2021年5月11日，安徽中烟芜湖卷烟厂举行“劳动模范党员先锋”事迹巡回报告会

（安徽中烟芜湖卷烟厂 供）

收听收看大会盛况

1
2
3
4

1 芜湖三只松鼠股份有限公司员工收看大会直播
（芜湖传媒中心 供）

2 南街社区组织“光荣在党50年”老党员集中收看大会直播
（芜湖传媒中心 供）

3 市少年宫组织教职工集中收看大会直播
（芜湖传媒中心 供）

4 蛐蛐网络科技有限公司组织党员收看大会直播
（芜湖传媒中心 供）

5	6
7	8
9	10

5 离退休干部在家观看大会直播（芜湖传媒中心 供）

6 个体商户在店里观看大会直播（芜湖传媒中心 供）

7 柏庄社区组织党员干部收看大会直播（芜湖传媒中心 供）

8 芜湖师范学校附属幼儿园马塘街道中心幼儿园教职工集中收看大会直播（芜湖传媒中心 供）

9 南瑞街道党员群众集中收看大会直播（芜湖传媒中心 供）

10 湾沚区六郎镇组织干部群众集中收看大会直播（芜湖传媒中心 供）

青少年心向党

1
2

1 2021年4月29日，“青春向党 奋斗强国”芜湖青年庆祝中国共产党成立100周年主题团日活动举行

（共青团芜湖市委员会 供）

2 2021年4月16日，“学党史 强信念 跟党走”安徽省“扬青年之声 颂百年华诞”青少年党史学习教育宣讲暨芜湖市首场青少年宣讲报告会举行

（芜湖传媒中心 供）

3 童心绘党史 画卷颂党恩——2021年5月31日，繁昌区平铺镇的孩子们展示手绘作品，欢度"六一"儿童节（芜湖传媒中心 供）

4 唱响红歌庆"六一"（芜湖传媒中心 供）

5 2021年4月30日，大砻坊街道团工委联合镜湖区团委开展"百年辉煌 青春向党"党史学习教育主题团日活动（芜湖传媒中心 供）

6 2021年5月28日，弋矶山街道开展"铭记红色历史 传承红色基因"绘党旗活动（芜湖传媒中心 供）

加快打造省域副中心
奋力谱写全面建设社会主

建设人民城市
义现代化国家的芜湖篇章

魅力芜湖

城市精神

开放 诚信 务实 创新

全国文明城市

全国园林城市

全国森林城市

全国双拥模范城

全国创新型试点城市

全国水生态文明城市

全国电子商务示范城市

全国信息消费示范城市

全国国土资源节约集约模范市

中国改革开放40周年发展最成功的40座城市

城市名片

长江明珠　创新之城

中国雕塑之城

中国质量魅力城市

中国宜居宜业城市

中国数字经济百强城市

港口型国家物流枢纽

“科创中国”试点城市

国家产融合作试点城市

国家文化和旅游消费试点城市

国家知识产权强市建设示范城市

四次荣获中国人居环境范例奖

国家智能社会治理实验特色基地

聚焦芜湖

★芜湖市举办系列活动庆祝建党百年

2021年6月29日上午，庆祝中国共产党成立100周年“七一勋章”颁授仪式在北京人民大会堂隆重举行，马毛姐、吕其明作为芜湖市广大党员的杰出代表，在现场接受习近平总书记颁发的“七一勋章”。7月1日，伟大的中国共产党在持续奋斗中迎来百年华诞，习近平总书记发表“七一”重要讲话。

6月29日，中共芜湖市委举行芜湖市庆祝中国共产党成立100周年表彰大会暨“永远跟党走”主题党日活动。“七一”后，芜湖市党政机关、社会各界、广大群众掀起学习宣传贯彻习近平总书记“七一”重要讲话精神的热潮。全市上下采取多种形式，热烈庆祝中国共产党成立100周年，并结合党史学习教育，扎实开展“我为群众办实事”活动，用实际行动“学党史 悟思想 办实事 开新局”。

★芜湖市第十一次党代会举行

2021年9月24日上午，中国共产党芜湖市第十一次代表大会在政务中心隆重开幕。单向前同志代表中国共产党芜湖市第十届委员会作题为《加快打造省域副中心 建设人民城市 奋力谱写全面建设社会主义现代化国家的芜湖篇章》的报告。大会在广泛酝酿讨论和充分发扬民主的基础上，选举产生中共芜湖市第十一届委员会和中共芜湖市第十一届纪律检查委员会。大会确定的“加快打造省域副中心 建设人民城市”的目标，是对全市人民的郑重承诺，是奋进“十四五”、开启新征程的行动宣言。

★芜湖市启动“双招双引”一号工程

2021年2月20日，市委市政府举行全市“加速推进‘双招双引’，奋力加快高质量发展”集中调研暨全市“双招双引”动员大会，确立了“双招双引”作为重大发展举措的战略定位，把招商引资、招才引智作为芜湖市高质量发展的“一号工程”，全市上下迅速掀起一波波“双招双引”热潮。“双招双引”火热实践点燃了芜湖市追赶发展的引擎，2021年地区生产总值为4302.63亿元，较2020年增长11.6%，增速全省第一、长三角城市第一，增速在全国百强城市中位居第5位。

★芜湖“畅聊早餐会”举行

2021年3月27日，第一场政企“畅聊早餐会”举行。截至2021年12月31日，芜湖“畅聊早餐会”以每周1场的频次举办34场，近200位企业家和各行业代表参加，架起政、企、民直接沟通新桥梁，解决企业诉求112项，促进项目落地总额达300亿元。芜湖“畅聊早餐会”作为一个务实而具有创新性的举措，受到社会各方面高度关注，成为芜湖营商环境的“金字招牌”。

★城市基础设施建设取得重大进展

2021年4月30日，芜湖宣州机场建成通航，进一步完善了安徽“一枢十支”运输机场体系，拓展了安徽对接全国、辐射亚太、通达国际的空中通道。2021年9月17日，芜湖城南过江隧道右线盾构机——“皖江奋斗号”自江北向江南始发掘进，安徽首条过江隧道正式开启“穿江之旅”。2021年11月3日，芜湖轨道交通1号线开通运营，标志芜湖市阔步迈入轨道交通时代，芜湖市成为全国首个以跨座式单轨为主干线的城市。2021年12月28日，芜湖轨道交通2号线一期开通运营。2021年12月16日，芜黄高速公路全线开通，结束了芜湖市到黄山市没有直达高速公路的历史。

★芜湖启动人民城市建设

2021年8月12日，芜湖市人民城市建设推进大会召开。会议发布了《关于推进人民城市建设的若干意见》，锚定5方面重点任务和24项具体举措，力求建立覆盖城市建设发展全过程的长效常态治理机制。会上，安徽师范大学、安徽海螺集团、三只松鼠等10家高校及企业被授予首批"人民城市建设合伙人"称号。2021年以来，芜湖市稳步推进"书香芜湖"建设，着力打造高品质城市公共阅读空间。截至2021年12月31日，芜湖市已先后建成峨山书舍、悦享书吧、赤铸书院、中江书苑等各具特色的城市书房，让市民在"家门口"即可享受阅读和休闲服务。芜湖市委市政府推出党政干部"共读计划"，截至2021年12月31日，开展共读直播16场，参学人数77万人次，掀起了全市共读经典、共学党史的热潮。

★芜湖以"1%工作法"打造营商环境金字招牌

开局"十四五"，芜湖创造性提出"1%工作法"，通过"有效市场"和"有为政府"有机结合，深入分析影响企业利润的制约因素，逐一拿出降本增效措施，最终努力实现重点企业、重点行业和全市企业平均利润率在现有基础上提高1%。截至2022年1月10日，为企业减、退、缓税80亿元，盘活批而未供和闲置土地1万余亩，建设用地报批面积增长96.5%。2021年11月，国务院办公厅通报表扬全国48项典型经验做法，芜湖实施"1%工作法"全力推动企业降本增效入选。

★芜湖发起引才育才用才强大“攻势”

以推出《关于打造“创业芜优”之城的意见》为信号，芜湖开启了打造安徽创业“第一城”的序幕。2021年7月30日，芜湖在全省率先组建人才发展集团，着力打造全市人才工作的“总服务商”和“城市HR”。芜湖实施“紫云英人才计划”，通过实行更加积极、开放、有效的人才政策，让人才引进更具区域竞争力，努力打造人才集聚的“强磁场”。开展“全国百所高校大宣讲”，芜湖党政领导干部走进全国各大高校，以满满的诚意向社会发出求贤若渴的强烈信号，期待高校优秀学子留芜就业创业，施展才华。

★城区全员核酸检测创下“芜湖速度”

2021年7月24日晚，芜湖市发现1例南京禄口机场新冠肺炎疫情关联无症状感染者，一场疫情防控阻击战就此打响。市委市政府连夜开展应急处置，果断决定：立即在城区主动开展全员核酸检测。芜湖以三天检测2294753人、全部阴性的成果，交出了一张战“疫”的高效答卷。这场全市的疫情防控阻击战，不仅展现了“芜湖速度”，也展现了一座城市众志成城的力量和守望相助的温度。

★奇瑞连续18年位居中国品牌乘用车出口第一

奇瑞作为最早走出国门的自主车企，在2021年出口20周年之际，连续18年位居中国品牌乘用车出口第一，刷新了中国汽车“扬帆出海”的新纪录。截至2021年12月31日，奇瑞集团累计拥有近1000万全球用户，其中海外用户190万。奇瑞还在国资委指导的中国企业海外形象评选中，连续5次获得“最佳海外形象”20强荣誉，蝉联制造业企业第一。

数字芜湖

自然地理

面积　6009.02平方千米

降雨量　1200毫米

无霜期　245天

日照时数　2000小时

年平均气温　16摄氏度

人口和人民生活

常住人口（2021年末）　367.2万人

城镇居民人均可支配收入　48668元

城镇居民人均消费支出　29205元

农村居民人均可支配收入　27202元

农村居民人均消费支出　16747元

国民经济

地区生产总值　4302.63（亿元）

第一产业增加值　169.58（亿元）

第二产业增加值　2048.96（亿元）

第三产业增加值　2084.09（亿元）

三次产业增加值比例　4.0：47.6：48.4

工业产品

汽车产量　81.4万辆

空调产量　2232.77万台

工业机器人产量　7313套

服务机器人产量　323套

平板玻璃产量　2231.73万重量箱

水泥产量　2055.35万吨

钢材产量　606.72万吨

铜材产量　30.39万吨

农业生产

粮食种植面积　223.2千公顷

油料种植面积　34.5千公顷

粮食产量　138.8万吨

油料产量　9.8万吨

棉花产量　0.4万吨

蔬菜产量　172.1万吨

肉类产量　17.7万吨

水产品产量　17.6万吨

财政金融

一般公共预算收入　361.20亿元
一般公共预算支出　503.49亿元
金融机构本外币存款余额　5254.06亿元
金融机构本外币贷款余额　4716.30亿元

贸易旅游

社会消费品零售总额　1972.95亿元
进口总额　39.49亿美元
出口总额　75.78亿美元
国内旅游收入　595.06亿元
接待国内外游客　4894.37万人次
4A级及以上旅游景点（区）　11处

体育卫生

举办全民健身活动　3000次
体育场地　9115个
各类卫生机构　1037个
卫生技术人员　27650人
卫生机构拥有床位　27586张

交通邮电

公路客运量　755万人
公路货运量　7209万吨
铁路旅客发送量　1043.23万人
铁路货运发送量　252.98万吨
港口货物吞吐量　1.35亿吨
公路里程　11200公里
邮政业务总量　34.85亿元
快递服务企业完成业务量　3.33亿件

科技文化

省级及以上工程技术研究中心　99个
省级及以上企业技术中心　219个
院士工作站　10个
高新技术企业　1298家
专利授权量　16963件
全国重点文物保护单位　13处
省级重点文物保护单位　32处
公共图书馆藏书　282.6万册

智造名城

1
2 3

1 2021年2月3日，奇瑞智能网联未来——工厂项目开工建设，标志着奇瑞从传统汽车向智能汽车方向的彻底转型 （奇瑞汽车股份有限公司 供）

2 2021年6月2日，安徽海螺川崎装备制造有限公司为印尼雅加达地铁项目制造的盾构机顺利下线，标志安徽省重大装备制造出口实现新突破 （芜湖传媒中心 供）

3 2021年1月22日，芜湖造全球首艘22000吨混合动力化学品船顺利下水 （郑远 摄）

4 5
6

4 安徽卓尔航空科技有限公司研发、制造的各类航空器螺旋桨达1000种，在通用航空产业的市场占有率接近60%，芜湖市通航产业发展迅速 （杨大伟 摄）

5 中电科芜湖钻石飞机制造有限公司总装生产车间内，技术人员正在检测、装配飞机。2021年9月25日，由该公司研发的CA42国产双发四座多用途飞机首发成功 （杨大伟 摄）

6 2021年2月18日，由中联农业机械股份有限公司制造的100台谷物收割机、秸秆打捆机等主流农机发往全球市场 （芜湖传媒中心 供）

1
2 3

1 2021年，芜湖市举办34场“畅聊早餐会”，架起政、企、民直接沟通新桥梁，“畅聊早餐会”成为芜湖营商环境的“金字招牌”
（芜湖传媒中心 供）

2 芜湖市全面实施“1%工作法”助力企业降本增效，有关做法获国务院通报表扬
（芜湖传媒中心 供）

3 2021年7月30日，芜湖市在全省率先组建人才发展集团，着力打造全市人才工作的“总服务商”和“城市HR”
（芜湖传媒中心 供）

4
5
6

4 2021年5月18日，奇瑞“世界首创”全功能混动构型DHT（混动专用变速箱）正式下线，这是奇瑞在电气化时代布局全动力领域的一款产品

（奇瑞汽车股份有限公司 供）

5 2021年10月22日，第十届中国（芜湖）科普产品博览交易会开幕。埃夫特智能装备股份有限公司生产的系列产品精彩亮相

（芜湖传媒中心 供）

6 2021年9月14日，第十一届中国国际机器人高峰论坛暨第七届恰佩克颁奖仪式在芜湖开幕，600余名行业专家和知名企业家齐聚江城共话创新、共谋未来 （鸠江区 供）

开放名城

1
2

1 2021年4月30日，芜湖宣州机场建成通航，进一步完善了安徽“一枢十支”运输机场体系

（芜湖宣城机场建设投资有限公司 供）

2 中国（安徽）自由贸易试验区芜湖片区聚焦发展新能源和智能网联汽车、跨境电商等七大产业，持续激发市场创新活力和经济发展动力

（杨大伟 摄）

3
4
5

3 2021年11月3日，芜湖轨道交通1号线开通运营，芜湖市成为全国首个以跨座式单轨为主干线的城市（市轨道交通有限公司 供）

4 芜湖港—洋山港“联动接卸”入选长三角一体化发展十大典型制度创新案例

（芜湖海关 供）

5 2021年9月17日，芜湖城南过江隧道盾构机“皖江奋斗号”自长江北向长江南始发掘进

（郑远 摄）

生态名城

1 2021年12月10日，长江禁渔暨渔文化论坛在芜湖举行，中国（芜湖）长江渔文化博物馆项目正式启动。图为长江水生生物科学增殖放流活动现场 （芜湖传媒中心 供）

2 芜湖市执法船在青弋江上开展禁捕退捕执法检查 （芜湖传媒中心 供）

3 整治后的浴牛塘水系水清岸绿景美，成为城市一道靓丽风景线 （杨大伟 摄）

4 5
6

4 镜湖公园春意盎然 （郑远 摄）

5 芜湖市深入推动长江生态环境保护修复，着力打造绿色生态景观带 （芜湖传媒中心 供）

6 生态港口美如画 （杨大伟 摄）

疫情防控

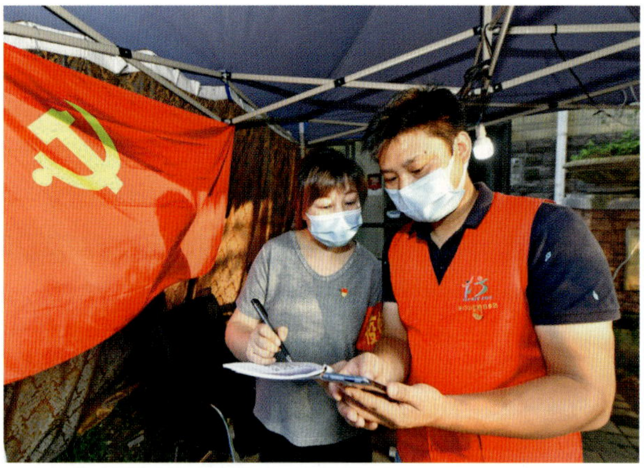

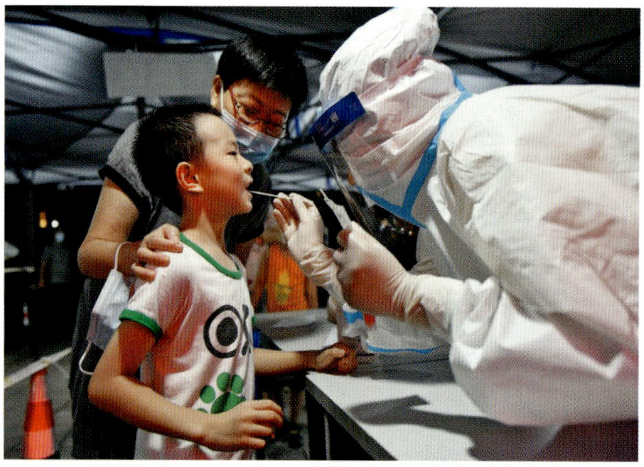

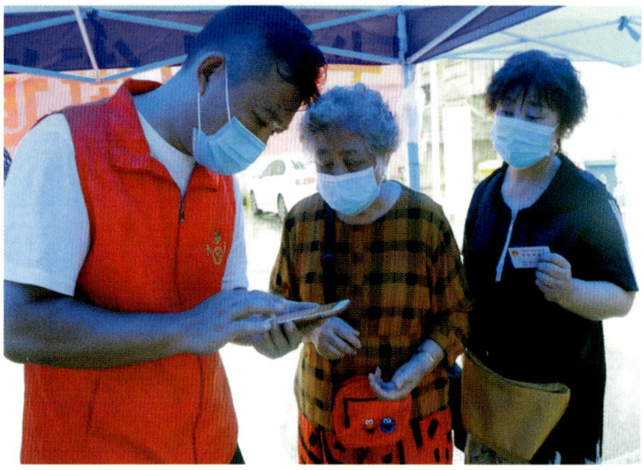

1 2
3 4

1 2021年7月24日晚，芜湖市发现1例南京禄口机场新冠肺炎疫情关联无症状感染者。图为天门山街道美加印象社区党员志愿者开展疫情防控工作 （杨大伟 摄）

2 2021年7月25日，芜湖市开始在主城区开展全员核酸检测 。图为市民在镜湖区白金湾小区检测点接受核酸检测取样 （郑远 摄）

3 2021年7月26日，市民在弋矶山街道荷塘社区核酸检测点有序接受核酸检测取样 （芜湖传媒中心 供）

4 2021年7月26日，交警支队鸠江大队民警为参与疫情防控的医护人员提供咨询服务 （芜湖传媒中心 供）

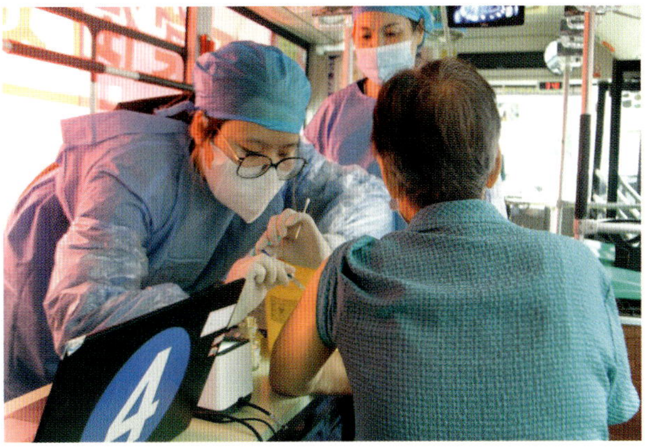

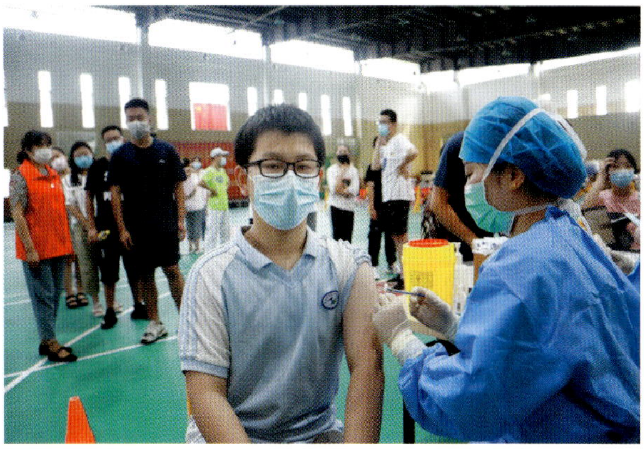

5
6 7

5 芜湖市圆满完成3-11岁儿童和12岁以上人群新冠疫苗全程接种工作　（芜湖传媒中心 供）

6 2021年8月16日，镜湖区组织流动接种车深入居民小区，方便群众就近接种新冠疫苗　（芜湖传媒中心 供）

7 2021年8月2日，大砻坊街道组织辖区内12-17周岁人群接种新冠疫苗　（芜湖传媒中心 供）

城市建设

1
2 3

1 芜湖市出台《关于推进人民城市建设的若干意见》，加快打造省域副中心，建设人民城市。图为芜湖十里江湾风光（芜湖传媒中心 供）

2 2021年8月4日，芜湖古城二期主体工程正在加紧建设当中（郑远 摄）

3 2021年12月16日，芜黄高速公路全线开通，安徽正式实现全省“县县通高速”（芜湖传媒中心 供）

4 5
6
7 8

4 芜湖市稳步推进“书香芜湖”建设，着力打造高品质城市公共阅读空间，让市民在“家门口”即可享受阅读和休闲服务。图为位于芜湖古城的“芜湖书房·占川书局” （杨大伟 摄）

5 芜湖市在全省率先建成“零计划停电”示范区 （国网芜湖供电公司 供）

6 飞驰的“长虹”见证江城新变化——轨道交通1号线列车在银湖上方驶过 （郑远 摄）

7 城南污水处理厂是芜湖市城区污水系统提质增效工程的重要组成部分 （芜湖传媒中心 供）

8 改造后的江南春城小区环境优美，成为温馨舒适的居家之所 （杨大伟 摄）

乡村振兴

1 2
3

1 2021年5月9日，南陵县三里镇首届桑葚文化节在睿祥农业生态基地拉开帷幕，采摘游助力乡村振兴（芜湖传媒中心 供）

2 在繁昌区电商公共服务中心，主播正在直播销售农特产品（芜湖传媒中心 供）

3 2021年6月10日，全国智慧农业建设现场经验交流会在芜湖市举办，引领驱动乡村振兴战略全面实施。图为“中联大数据驱动智慧农场2025”项目发布仪式（中联农业机械股份有限公司 供）

4 5
6
7
8

4 安徽省首个乡村振兴农产品流通帮促中心在芜湖市建成开馆 （市供销社 供）

5 2021年3月13日，“油彩乡涧·峨桥”民俗文化节在响水涧万亩油菜花海中拉开帷幕。峨桥镇围绕油菜花，大力发展乡村旅游，做强乡村振兴文章 （芜湖传媒中心 供）

6 无为市黄汰村通过打造现代新型农业产业精品基地推进乡村振兴（芜湖传媒中心 供）

7 湾沚镇桃园村利用乡村闲置的校舍兴办“桃园乡学院”，践行“乡村振兴、人才先行”的理念 （杨大伟 摄）

8 陶辛镇张社村打造“水美乡村、美在心里”水系整治品牌，“最乐水、张社村”的美好愿望正在变成现实 （芜湖传媒中心 供）

人民生活

1
2 3

1 2021年9月1日，芜湖人专属的补充医疗保险“芜优保”正式上线，标志着芜湖市多层次医疗保障体系建设迈上新台阶 （芜湖银保监分局 供）

2 2021年8月23日，市民行走在环境优美的城北香城湾公租房小区 （芜湖传媒中心 供）

3 大阳埠湿地公园新建的足球场与公园绿地融合在一起，市民健身的便利性和多样性得到提升 （杨大伟 摄）

4 5
6 7
8

4 2021年12月15日是弋江区第十八届人民代表大会代表选举日，选民前往投票站依法投下庄严一票（芜湖传媒中心 供）

5 2021年1月20日，陡门口社区开展“迎新春 送温暖”活动，邀请书法老师为群众写春联送祝福（芜湖传媒中心 供）

6 2021年9月15日，芜湖市两轮电动车集中登记上牌工作正式启动（芜湖传媒中心 供）

7 2021年9月15日，湾沚区花桥镇咸定村村民葛胜志的200余亩水产养殖基地迎来金秋第一捕（郑远 摄）

8 芜湖火车站西广场前的节庆绿化给来往旅客带去“绿色福利”，营造迎新春的节日气氛（芜湖传媒中心 供）

社会事业

1 2
3 4

1 2021年6月1日，南陵县组织40名留守儿童走进芜湖科技馆，感受科技的魅力 （芜湖传媒中心 供）

2 2021年9月1日，新建的大阳埠小学投入使用，一年级新生进入校园报到 （杨大伟 摄）

3 2021年12月3日，芜湖市开展“12.5”国际志愿者日主题志愿服务活动。图为青年志愿者向市民进行普法宣传 （芜湖传媒中心 供）

4 2021年7月1日，镜湖区“关爱女性健康”大型公益检查月活动启动 （芜湖传媒中心 供）

5
6 7
8 9

5 晨曦中的芜湖 （市文旅局 供）

6 芜湖古城成为新晋“网红”打卡地 （镜湖区 供）

7 非物质文化遗产传承人朱晓钟正在为剔墨纱灯上色，展示民俗文化的独特魅力 （芜湖传媒中心 供）

8 2021年11月5日，芜湖市第十四届运动会开幕式在市奥体中心体育馆举行 （市体育局 供）

9 2021年1月9日，为迎接首个中国人民警察节的到来，芜湖方特旅游区举办警察家庭游园日特别活动，旨在向人民警察表达敬意 （芜湖传媒中心 供）

编辑说明

一、《芜湖年鉴》坚持以马克思列宁主义、毛泽东思想、邓小平理论、三个代表重要思想、科学发展观、习近平新时代中国特色社会主义思想为指导，坚持辩证唯物主义和历史唯物主义的立场、观点和方法，实事求是记述芜湖市上一年度政治、经济、文化、社会和自然生态等各领域的重要信息。

二、《芜湖年鉴》是地方综合年鉴，具有信息丰富、存史价值大等特点，既可为决策、管理、研究等工作层面服务，也可作为广大市民了解芜湖的读本。

三、《芜湖年鉴》自1996年起一年一卷公开出版，本卷为第27卷。《芜湖年鉴》主体内容以芜湖市行政区域为记述范围，对国家、省和外地在芜单位情况也可酌情记载。

四、《芜湖年鉴》采用分类编辑法，按类目、分目、条目的结构编排。全书共设34个类目，除《特载》《大事记》《芜湖概览》《统计资料》《人物荣誉》《附录》6个类目不内设条目外，其余28个类目共收录条目1718，其中综合性条目228条，专项条目1490条。

五、本卷记述时限起止时间为2021年1月1日至12月31日。新闻图片和2021年度工作总结性会议收录范围时间适当下延。

六、年鉴所用资料数据由和各单位提供，并经各单位领导审核，文中数据如有不一致的，均以统计部门数据为准。

目　录

Main Contents

特　载

大事记

市情概览

中国共产党芜湖市委员会

精神文明建设

党校(行政学院)教育

档案管理

党史和地方志工作

新闻传媒

芜湖市人民代表大会常务委员会

综　述

重要会议

芜湖市人大常委会主任会议

常委会工作

芜湖市人民政府

信访工作

机关事务管理

中国人民政治协商会议芜湖市委员会

综　述

重要会议

协商议政

民主监督

提案和社情民意

委员会工作

中共芜湖市纪律检查委员会 芜湖市监察委员会

综　述

重要会议

党风政风建设

纪检监督

党风政风监督

自身建设

军　事

民主党派　工商联

法　治

商贸 服务业

综 述

国内贸易

文化　旅游业

综　述

文　化

旅　游

开发区

综　述

皖江江北新兴产业集中区

芜湖经济技术开发区

安徽芜湖三山经济开发区（芜湖长江大桥综合经济开发区）

城乡建设

交通 邮政

信息产业与信息化建设 17

财政　税务

金融业

保险业

管理与监督

科学技术

教　育

高等教育

老年教育

体　育

综　述

群众体育

竞技和青少年体育

卫生健康

社会生活

统计资料

南京都市圈

人物　荣誉

附　录

索　引

Contents

Special Set

Major Event

Overview of the City's Situation

Wuhu Committee of the Communist Party of China

Standing Committee of Wuhu People's Congress

Wuhu Municipal People's Government

Wuhu Committee of the Chinese People's Political Consultative Conference

Discipline Inspection and Supervision

Military

Non—Communist Parties & Federations of Industry and Commerce

People's Organization

Nomocracy

Reform and Opening up

Agriculture Forestry Water Conservancy

Industry

Business and Trade Services

Culture and Tourism

Development Zoon

Urban and Rural Construction

Traffic Post

Information Industry and Information Construction

Finance and Taxation

Finance

Management and Supervision

Science and Technology

Education

Sports

Health and Hygiene

Social Life

Counties (Cities) and districts

Statistical Information Data

Nanjing Metropolitan Circle

Character and Honor

Appendix

Index

加快打造省域副中心　建设人民城市 奋力谱写全面建设社会主义现代化国家的芜湖篇章

——在中国共产党芜湖市第十一次代表大会上的报告

（2021年9月24日）

单向前

同志们：

现在，我代表中国共产党芜湖市第十届委员会向大会作报告。

中国共产党芜湖市第十一次代表大会，是在全市上下深入学习贯彻习近平总书记“七一”重要讲话精神，意气风发向着第二个百年奋斗目标迈进的关键时期，召开的一次十分重要的大会。大会的主题是：高举习近平新时代中国特色社会主义思想伟大旗帜，不忘初心、牢记使命，担当实干、奋勇争先，加快打造省域副中心、建设人民城市，奋力谱写全面建设社会主义现代化国家的芜湖篇章。

一、砥砺奋进的五年

市第十次党代会以来，我们坚持以习近平新时代中国特色社会主义思想为指引，认真落实党中央及省委决策部署，科学应对前所未有的新冠肺炎疫情和历史罕见的特大洪水，经受住一场场大战大考，攻克了一个个难题难关，全面建成小康社会顺利实现，高质量发展扎实推进，党的建设不断加强。

五年来，我们坚持对表对标、紧跟紧随，“两个维护”更加自觉。始终把学懂弄通做实习近平新时代中国特色社会主义思想作为首要政治任务，建立市委常委会“逢会必学”“第一议题”等制度，及时跟进学习习近平总书记最新重要讲话指示批示精神，增强“四个意识”、坚定“四个自信”、做到“两个维护”，不断提高政治判断力、政治领悟力、政治执行力。深入学习贯彻习近平总书记考察安徽重要讲话指示精神，紧紧围绕“五个扎实”“两个坚持、两个更大”，开展“大学习、大宣讲、大调研、大培训、大落实”，以芜湖改革创新发展的生动实践，充分彰显习近平新时代中国特色社会主义思想的科学价值和实践伟力。

五年来，我们坚持创新驱动、转型升级，综合实力再攀新高。组建市产业创新中心，建成重点研发创新平台45个，高新技术企业、科技型中小企业双双突破1000家，万人有效发明专利拥有量连续十年保持全省第一，城市创新能力居全国创新型城市第25位。汽车及零部件、材料、电子电器、电线电缆四个支柱产业加速迈向中高端，十个战略性新兴产业不断壮大，奇瑞汽车、海螺水泥、埃夫特机器人、中电科钻石飞机、中车浦镇庞巴迪跨座式单轨列车等一批“芜湖制造”亮相世界舞台。“四新加一资”模式全面推广，上市公司总市值居长三角前列。鸠兹古镇、松鼠小镇、芜湖古城等相继建成开放，“欢乐芜湖”成为一张靓丽的旅游名片。过去五年，全市地区生产总值年均增长7.8%，经济总量在全国地级市排名由75位跃升至57位。

五年来，我们坚持优化布局、完善功能，城乡融合发展深入推进。行政区划调整顺利实施，无为县撤县设市，芜湖县、繁昌县撤县设区，市区面积由1491平方千米扩大到2725平方千米，城市发展空间大大拓展。高位推动江北新区建设，吹响芜湖“二次创业”号角。长江二桥、三桥先后建成通车，商合杭高铁全线开通，芜宣机场通航，轨道交通运营在即，高速公路“四改八”全面启动，外联内畅的交通体系让市民出行更便捷。建成十里江湾等一批城市公园，“山水相间、精致繁华”的城市风貌进一步彰显。深化农村人居环境整治，深入推进厕所革命，建成省、市级美丽乡村中心村247个。荣膺全国文明城市“三连冠”，获评2020中国宜居宜业城市。

五年来，我们坚持生态优先、绿色发展，生态环境质量显著改善。深入践行习近平生态文明思想，以壮士断腕的决心和意志抓好中央环保督察反馈问题整改，坚决打好污染防治攻坚战。2021年PM2.5平均浓度较2015年下降36%，空气优良天数比例达88.3%，“芜湖蓝”成为人民生活标配。以硬措施推进水污染治理，在整治城区74条黑臭水体过程中，形成了“一城一主体”“厂网河湖岸”一体化治水模式，得到国家部委充分肯定，被评为全国黑臭水体治理示范城市和水生态文明城市。开展长江干流岸线集中整治，新增长江造林3266.67公顷，昔日布满小码头、小船厂、小堆场的生产岸线向生态岸线华丽转身。

五年来，我们坚持深化改革、扩大开放，发展的动力活力更为强劲。借势“一带一路”、长江经济带、长三角一体化、中部崛起等国家战略，用好“合芜蚌”“全创改”等先行先试权，狠抓重点领域改革，综合监管分类执法、供应链融资“奇瑞模式”、中小企业信用贷等多项改革走在全国前列，农村集体产权制度改革、“三变”改革取得实质成效。自贸试验区芜湖片区“红利”初显，新注册企业3300多家、注册资本470多亿元，为制度型开放蓄力赋能。芜湖港口型国家枢纽获批，芜湖港集装箱年吞吐量达110万标箱、较2015年翻一番。奇瑞等一批本土企业海外影响力越来越强，芜湖的“朋友圈”越来越大。

五年来，我们坚持人民至上、生命至上，民生保障和社会建设持续加强。树牢以人民为中心的发展思想，投入500多亿元滚动实施51项民生工程，有效解决了就业、教育、医疗等一大批群众急难愁盼问题。以绣花功夫推进精准脱贫，71个贫困村全部出列，13.35万贫困人口全部脱贫，脱贫攻坚战取得全面胜利。粮食安全和“菜篮子”农产品供应得到有力保障，以袁隆平“Y58S”作为母本育成的芜湖杂交水稻，推广种植面积已达全国杂交水稻种植面积的60%。在防疫防汛大仗硬仗面前，全市医务工作者白衣执甲、逆行出征，广大党员和干部群众同舟共济、守望相助，涌现出一大批感人至深的事迹，谱写了一首首动人赞歌。平安芜湖建设水平全面提升，维护政治安全工作有力推进，防范化解重大风险能力进一步增强，扫黑除恶专项斗争成效显著，安全生产形势向好，社会大局和谐稳定。

五年来，我们坚持党要管党、从严治党，党的建设质量不断提高。以党的政治建设为统领，建立习近平总书记重要讲话指示批示精神闭环办理机制，做到党中央提倡的坚决响应、党中央决定的坚决执行、党中央禁止的坚决不做。扎实开展“两学一做”学习教育、“不忘初心、牢记使命”主题教育、党史学习教育，党员干部理想信念更加坚定。落实新时代党的组织路线，完成县乡党委集中换届，领导班子和干部队伍建设进一步加强，基层党组织建设制度化、规范化、科学化水平明显提升。强化正风肃纪反腐，深入抓好中央、省委巡视反馈问题整改和政法队伍教育整顿，认真开展“讲重作”“讲严立”“三个以案”等警示教育，坚持不懈纠治“四风”，一体推进不敢腐、不能腐、不想腐，党内政治生态持续净化优化。

充分发挥市委总揽全局、协调各方的领导作用，市委常委会定期听取市人大常委会、市政府、市政协、市中级法院、市检察院党组工作汇报，生动活泼、安定团结的政治局面更加巩固。支持市人大及其常委会依法行使立法、监督、决定等职权，获批地方立法权，出台9部地方性法规。支持市政协发挥协商民主重要渠道和专门协商机构作用，打造“请你来政协、有事好商量”平台，成为全国政协系统“新时代市县政协的新样子”首批15个典型之一。爱国统一战线不断巩固发展，工会、共青团、妇联、关工委等作用进一步发挥。全面依法治市深入推进，公共法律服务中心（站、室）实现全覆盖，“七五”普法圆满完成，网约车治理改革荣获第五届“中国法治政府奖”。全国双拥模范城实现“四连冠”。

同志们！五年顽强拼搏、砥砺前行，取得的成就来之不易。这是习近平新时代中国特色社会主义思想科学指引的结果，是省委正确领导、大力支持的结果，是全市各级党组织团结带领广大党员和干部群众锐意进取、扎实苦干的结果。在此，我代表中共芜湖市委，向全市广大党员和干部群众，向各民主党派、工商联和无党派人士、各人民团体，向驻芜解放军、武警官兵、公安干警，向所有关心、支持、参与芜湖改革发展的企业家、投资者和社会各界人士，表示衷心的感谢和崇高的敬意！

同志们！五年顽强拼搏、砥砺前行，取得的经验弥足珍贵。我们深刻体会到：必须把习近平新时代中国特色社会主义思想作为根本遵循，更加坚定地做到“两个维护”，始终沿着习近平总书记指引的方向乘风破浪、奋勇前进，战胜一切艰难险阻。必须把以人民为中心作为根本出发点和落脚点，始终把人民放在心中最高位置，与人民站在一起、想在一起、干在一起，汇聚390万芜湖人民团结一心、干事创业的磅礴力量。必须把推动高质量发展作为根本要求，完整、准确、全面贯彻新发展理念，实现更高质量、更有效率、更加公平、更可持续、更为安全的发展。必须把改革创新作为根本动力，勇于破除一切制约发展的体制机制障碍，大胆凿开新的发展泉眼，创造垂直崛起的芜湖模式，奋力推动芜湖起飞。必须把党的领导作为根本保证，大力弘扬伟大建党精神，深入推进新时代党的建设新的伟大工程，充分发挥各级党组织战斗堡垒作用和广大党员先锋模范作用，确保党始终总揽全局、协调各方。

在充分肯定成绩的同时，我们也清醒看到，工作中还存在一些问题和不足：经济总量还不够大，产业结构不够优，战略性新兴产业规模比较小；创新人才集聚还不多，尤其是高层次创新创业人才团队紧缺；城乡、区域发展不平衡，开发区能级不高，县域经济竞争力不强；城市功能不够完善，教育、医疗、市政、文化、体育、生态等领域历史欠账较多，安全生产、社会稳定依然存在薄弱环节；少数干部因循守旧，小富即安、小胜即满，比学赶超的劲头减弱，工作中缺乏推动高质量发展的新思路、新打法，等等。我们要进一步增强忧患意识、责任意识，坚持问题导向，努力把芜湖各项工作做得更好，决不辜负省委的重托和全市人民的期盼。

二、今后五年经济社会发展的奋斗目标和主要任务

一个时代有一个时代的使命，一代人应有一代人的担当。今天的芜湖，站在迈向第二个百年奋斗目标的新起点，正处于大有可为、大有作为的黄金发展期。放眼国际国内大势，世界百年未有之大变局加速演进，新冠肺炎疫情影响广泛深远，全球产业链供应链面临重塑，以习近平同志为核心的党中央审时度势，科学作出构建“双循环”新发展格局的重大战略部署，为我们化危为机、趋利避害指明了方向。置身全省发展大局，安徽全域纳入长三角一体化发展战略，“三地一区”建设扎实推进，有助于我们在更高层次集聚要素资源，产生“化学反应”，创造“乘数效应”。特别是省委、省政府明确支持芜湖建设省域副中心城市，赋予芜湖发展新坐标、新定位，令人鼓舞，催人奋进。审视芜湖自身，经过多年努力，城市发展跃上新的能级，重点产业集群持续壮大，一批重大项目陆续建成，发展后劲不断增强，在新征程上实现更大发展其时已至、其势已成。我们一定要登高望远，胸怀“两个大局”，心系“国之大者”，因势而谋、应势而动、顺势而为、乘势而上、聚势而强，在新时代新征程上奋力展示新气象新作为。

今后五年工作的指导思想：高举习近平新时代中国特色社会主义思想伟大旗帜，深入贯彻党的十九大和十九届二中、三中、四中、五中全会精神，认真落实习近平总书记考察安徽重要讲话指示精神，按照省委“四个走在前列”要求，统筹推进“五位一

体”总体布局，协调推进“四个全面”战略布局，坚持稳中求进工作总基调，立足新发展阶段、贯彻新发展理念、服务和融入新发展格局，在高质量发展上迈出更大步伐，深入推进智造名城、创新名城、生态名城、开放名城建设，加快打造省域副中心、建设人民城市，奋力谱写全面建设社会主义现代化国家的芜湖篇章。

今后五年的奋斗目标：

——加快建设经济发展高质量的现代化芜湖。发展的质量和效益明显提升，建成创新引领的现代产业体系，地区生产总值年均增长8%，人均地区生产总值领跑全省、基本达到长三角平均水平，发展质量核心指标稳居长三角第一方阵，经济总量进入全国50强。

——加快建设城乡面貌高颜值的现代化芜湖。城市能级和品质大幅跃升，规划建设管理水平明显提高，城市凝聚力、创造力、竞争力显著增强，城乡融合深度发展，乡村振兴争做全省样板，“古今交映、中西交融，山水相间、欢乐相伴，空间共享、产城共创”的人民城市风范全面展现。

——加快建设生态环保高标准的现代化芜湖。大气、水、土壤、森林、湿地质量明显改善，节约资源和保护环境的空间格局、产业结构、生产方式、生活方式基本形成，碳达峰、碳中和取得实质性进展，经济社会发展全面绿色转型深入推进，人与自然和谐共生取得显著成效。

——加快建设改革开放高水平的现代化芜湖。深度融入国内国际“双循环”相互促进的新发展格局，重点领域改革走在全省全国前列，自贸试验区芜湖片区达到国内同类自贸试验区先进水平，开放型经济优势更加凸显，民营经济活力充分释放，营商环境达到长三角领先水平。

——加快建设社会治理高效能的现代化芜湖。社会治理的社会化、法治化、智能化、专业化水平大幅提升，防范化解重大风险体制机制不断健全，共建共治共享的社会治理格局全面形成，社会治理现代化走在全国前列。

——加快建设人民生活高品质的现代化芜湖。推动全市人民物质生活和精神生活共同富裕取得明显进展，全民受教育程度不断提升，卫生健康体系更加完善，公共文化服务均衡普惠，多层次社会保障体系更加健全，人民群众获得感、幸福感、安全感持续增强。

站在新的起点，憧憬芜湖美好未来，我们信心百倍、豪情满怀。展望2035年，我市将在基本实现社会主义现代化道路上走在全国前列，全面建成经济强、百姓富、生态美的人民城市，在6026平方公里的鸠兹大地上，幼有善育、学有优教、劳有厚得、病有良医、老有颐养、住有宜居、弱有众扶，呈现一幅人人各尽所能、各得其所，各美其美、美美与共的幸福画卷。

围绕上述目标，今后五年重点做好八个方面工作。

（一）强化创新驱动发展，培育经济发展新动能。坚持创新在现代化建设全局中的核心地位，运用市场的逻辑、资本的力量、平台的思维推动发展模式创新，加快打造新思路的试验地、新事物的生发地、新产品的首发地，努力成为安徽生机勃勃、势不可挡的重要增长极。

进一步发挥创新第一动力作用。积极推进综合性国家产业创新中心和机器人及智能装备、航空航天、现代农机等分行业产业创新中心建设。支持骨干企业创建国家（省）重点实验室、技术创新中心、制造业创新中心，塑造更多依靠创新驱动的引领性发展。推进创新平台扩容提质，加强与G60科创走廊城市产学研合作，推动公共研发平台、企业研发平台、新型研发机构建设，建立“定向攻关”“揭榜挂帅”等机制，突破更多关键核心技术“卡脖子”问题。推进“科创中国”示范市建设。争设中国（芜湖）知识产权保护中心。发挥大企业引领支撑作用，大力培育科技型中小微企业和“专精特新”中小企业，推动产业链上中下游、大中小企业融通创新。实施高新技术企业倍增计划、规上工业企业递增计划、企业上市五年行动计划，力争到2023年高企总数突破2000家、规上工业企业净增800家以上，到2025年百亿企业15家、千亿企业5家、上市公司50家。

加快提升产业链供应链现代化水平。抢抓汽车产业电动化、网联化、智能化发展机遇，高标准规划建设安徽省新能源和智能网联汽车产业研究院，支持龙头企业牵头组建国家新能源汽车产业创新中心，率先实现对传统汽车产业的“智能突袭”“模式突破”，打造世界级新能源和智能网联汽车产业集群。大力发展工业互联网，推动四个支柱产业转型升级，实施产业基础再造等重大工程，推深做实产业链“链长制”，顶格推进“双招双引”，助力补链、延链、强链，提升“芜湖智造”在全国全球产业格局和价值链中的地位。坚定不移推进十个战略性新兴产业加快发展，促进产业链、供应链、创新链、资本链、人才链、政策链“多链协同”，到2025年建成国家级战略性新兴产业集群1个、省级战略性新兴产业基地6个以上。深化服务业供给侧结构性改革，推动金融、信息、节能环保、现代物流、人力资本等生产性服务业向专业化和价值链高端延伸，推动健康、养老、育幼等生活性服务业向高品质和多样化升级，打造一批现代服务业集聚示范区。顺应数字产业化、产业数字化发展趋势，积极推进“中国视谷”建设，努力打造人工智能产业发展新龙头、场景应用新标杆、数字治理新典范。推进国家检验检测集聚区（芜湖园区）建设。大力发展新技术、新产品、新业态、新模式，搭建人工智能城市实验先行区等新经济平台，培育更多新的增长点。

着力打造“创业芜优”之城。深入推进大众创业、万众创新，促进各类创新创业要素向芜湖集聚，形成“青年创新业、众人创家业、能人创企业、高人创产业、干部创事业”的浓厚氛围，争当“创业江淮”排头兵。实施“紫云英人才计划”，发挥人才发展集团强磁场作用，全方位招引培育各类人才，聚天下英才而用之，形成创造活力竞相迸发、聪明才智充分涌动的生动局面。力争到2025年新招引高层次科技人才团队300个、领军人才1000名、高端人才10000名，引进大学生30万名。

（二）提高城市发展质量，建设现代化大城市。坚持走内涵式、集约型、绿色化发展之路，高标准推进城市规划建设管理，完善功能品质，提高城市能级，努力实现“城市让生活更美好”。

强化城市空间战略规划。科学编制国土空间总体规划，实施“西进、南扩、中提升”空间战略，构建以江湾为心、主城区优化引领极、江北融合发展极、东南新兴发展极、西南绿色发展极的“一湾四极”空间布局。推动江北新区与主城区拥江联动发展，打造全国一流的科技型园区、生态型新区、宜居型城区。优化提升镜湖区、鸠江区江南片区、弋江区，增强主城区发展活力。支持湾沚区建设全省高质量发展样板区，支持繁昌区建设全省高质量发展先行区。支持无为市、南陵县完善副中心城市功能，推进南陵县撤县设市，做大做强县域经济。加强城市设计，突出“半城山、半城水”的自然禀赋，展示“有山有水有文化、大江大湖大梦想”的城市气场。

提升城市建设水平。深化人民城市建设合伙人制度，充分激发社会各界参与人民城市建设的主人翁意识，形成人民城市建设的强大合力。实施城市功能品质提升三年行动，下大力气解决工期拖延、“马路拉链”、交通拥堵、停车难等人民群众深为诟病的问题，力争每个领域每年干成几件群众拍手称赞的事、干好几件对城市长久发展有益的事。聚焦打造全国性综合交通枢纽，优化“一核两翼”航线布局，将芜湖港建成上海国际航运中心的重要组成部分、长三角城市群核心枢纽港，开工芜宣机场改扩建工程，建设芜湖（京东）全球航空货运枢纽港，力争2023年开通国家航空一类口岸，构建空水公铁多式联运交通体系，提升芜湖在长三角中的重要节点、战略链接地位。提高市域各组团之间通行效率，构建轨道—公交—慢行“三网融合”通勤体系，让道路提档、交通升级、群众出行更便捷。加强城市防洪体系建设和内涝治理，实施城市防洪改造提升、地下雨污管网整治等工程，建设节水型城市、海绵城市、韧性城市。加快老旧小区、棚户区改造和社区建设，赋予区级政府更大自主权，推动“规划师进社区”，打造城市更新的芜湖样板。科学布局城市绿环绿廊绿道，推进楼栋微整治、空间微改造、景观微提升，增强城市与人的情感黏性，充分彰显烟火气、人情味。实施“百年历史建筑复活”计划，探索传统历史文化更富创意的“打开方式”，推动更多“工业锈带”变成“生活秀带”“文化秀带”。

突出城市精细管理。下足绣花功夫，全面盘活城市公园闲置房屋等国有资产，用好管好城市的每一寸空间。打造“数字芜湖”“智慧芜湖”，推行城市运行“一网统管”，实现“城市大脑”智慧治理。坚持用大概率思维应对小概率事件，建设城市生命线安全工程，构建城市安全常态化和应急保障体系，提高应对极端天气、突发事件的能力，争创国家安全发展示范城市。深化街道管理体制改革，做实“街道吹哨、部门报到”机制，把街道和社区打造成城市管理的稳固底盘。加强小区物业监督管理，着力解决“重收费、轻服务”、管理手段简单粗暴等问题，创造温馨和谐的小区居住环境。推进城市软实力建设，大力弘扬敢闯敢试、敢为人先的创新精神，挖掘传承地域特色文化，厚植城市内涵底蕴。

（三）全面推进乡村振兴，加快农业农村现代化。坚持用大历史观看待农业、农村、农民问题，把乡村振兴战略作为新时代“三农”工作总抓手，全面推进乡村产业振兴、人才振兴、文化振兴、生态振兴、组织振兴。

推动农业提质增效。实施藏粮于地、藏粮于技战略，落实最严格的耕地保护制度，加强农业水利设施建设，推进“千亩方、万亩方”高标准农田建设，做大做强“芜湖大米”品牌，确保粮食安全。大力发展有机农业、都市农业，落实生猪生产任务，提高蔬菜本地自给率，打造农业现代化示范区。鼓励重点农机装备制造企业提高自主研制能力，支持智能农机装备和智慧农场建设，推动智慧农业示范应用。支持“紫云英”种业发展，打造现代种业强市。围绕青梅、螃蟹、坚果等特色农产品，打造“一区一业”“一镇一品”升级版，到2025年争创国家级现代农业园区3个、农业产业强镇4个。实施品牌强农工程，支持国家级农业龙头企业发展壮大。深化供销合作社综合改革，开展生产、供销、信用“三位一体”综合合作试点。建立乡村振兴产业要素联盟，加强各类专业协会、社会化服务组织建设，健全“龙头+基地+农户”模式，完善利益联结机制，让农民更多分享产业增值收益。

实施乡村建设行动。坚持政府有形之手、市场无形之手、群众勤劳之手联动，大力实施农村人居环境整治提升五年行动，深入推进“三大革命”，加快补齐农村基础设施、公共服务短板。加快推进美丽乡村建设，充分绽放芜湖独特的自然生态之美、田园人文之韵，力争到2025年新建350个左右省级美丽乡村中心村。推动数字化与村庄建设深度融合，探索未来乡村建设新模式。发展农村电商，加快完善县乡村三级农村物流体系，打通进村入户“最后一公里”。推广“跟着节气游乡村”活动，打造一批乡村休闲旅游精品线路。构建简约高效的乡镇管理体制，创新乡村治理方式，推动形成文明乡风、良好家风、淳朴民风，提高乡村善治水平。

深化城乡融合发展。高起点推进巩固拓展脱贫攻坚成果同乡村振兴有效衔接，保持现有政策稳定，完善“两不愁三保障一安全”动态清零机制，做好防止返贫动态监测和帮扶工作。探索村党支部领办农民合作社，实施新一轮村级集体经济发展壮大工程。深化县域内城乡融合发展，高标准实现供水、供气、公交、垃圾处理城乡一体化。加快农业转移人口市民化，保障进城落户农民土地承包权、宅基地使用权、集体收益分配权，鼓励依法自愿有偿转让。支持引导知识青年、乡贤、退役军人等返乡创业，培育各类乡村英才，为乡村振兴提供坚强人才保障。深化农村土地管理制度改革，有序推进农村集体经营性建设用地入市，建立工商资本下乡促进机制，实现城乡要素双向流动、跨界配置。

（四）推动经济社会发展全面绿色转型，促进人与自然和谐共生。深入践行习近平生态文明思想，协同推进经济高质量发展和生态环境高水平保护，让人民群众畅享“绿色福利”，让绿色成为芜湖最动人的色彩。

深入实施“双碳”战略。把碳达峰、碳中和纳入生态文明建设整体布局，科学编制碳达峰时间表、路线图，建设城市“虚拟电厂”，实现减污降碳协同增效。坚决遏制高耗能、高排放项目盲目发展，持续整治“散乱污”企业。推动市场导向的绿色技术创新，支持水泥、钢铁、玻璃、铸造等重点行业绿色化改造，培育壮大节能环保、循环经济、清洁能源等绿色产业。健全碳排放权交易机制。实施绿色生活创建活动，发展绿色建筑、绿色交通，倡导简约适度、绿色低碳的生活方式。

狠抓长江生态保护修复。坚持共抓大保护、不搞大开发，扎实开展“三大一强”专项攻坚行动，着力改善生态环境质量。拓展智慧长江综合管理平台应用场景，给长江穿上“生态防护服”、装上“生态避雷针”。全面夯实长江禁渔常态化监管机制，做好退捕渔民转产就业和社会保障政策落实。建设长江渔文化博物馆，深入挖掘长江渔文化的精神内核，传承渔历史、传播渔文化、讲好渔故事，充分展示人与长江“人水合一”、共生共荣、生生不息的生态文明画卷。

提升生态系统质量和稳定性。以更高标准打好蓝天、碧水、净土保卫战，推进山水林田湖草一体化保护和修复。推深做实河湖长制，加强青弋江、裕溪河、漳河、黑沙湖、奎湖等河流湖泊湿地生态保护治理，巩固提升城市黑臭水体整治成果，持续改善水生态。推进林长制改革示范区建设，健全“五绿”协同推进机制，实施国土绿化提升行动。探索开展田长制改革和生态环境保护专项监督长制度试点。强化土地资源节约集约利用，加大批而未供、供而未用和闲置土地清理力度。大力实施“生态+”战略，加快龙窝湖湿地公园、惠生联圩生态公园等项目建设，让良好生态赋能高质量发展。

（五）坚定不移推进改革开放，形成全面深化改革、全面扩大开放新格局。聚焦打造改革开放新高地，以深化市场化改革激发新活力，以扩大高水平开放塑造新优势，把改革开放这面旗帜举得更高更稳。

推进更深层次改革。深化“合芜蚌”“全创改”建设，抓好一批标志性、引领性改革，形成更多可复制可推广的“芜湖经验”。加快国资国企改革，增强国有股权投资基金实力，推动国有资本更多投向新型基础设施、战略性新兴产业、公共服务等领域，提高国有企业竞争力。大力推进开发区体制机制改革，探索建立公司制园区管理机构和资产运营机构，实行全员聘任制和绩效工资制，充分激发开发区发展活力。全面深化金融、科技创新、财政体制、税收征管等领域改革。纵深推进“放管服”改革，实行“一网一门一次”“一业一证一码”改革，最大限度减环节、优流程、压时限，促进政务服务提质提速提效。坚持包容审慎监管，实施首次轻微违法行为免罚制度，为各类市场主体提供更有温度的执法。优化民营经济发展环境，促进非公有制经济健康发展和非公有制经济人士健康成长，让更多民营资本扎根芜湖、更多民营企业发展壮大。建设惠企政策网上超市，推动政策资金“一键直达”，像“网购”一样方便。全力构建积极健康、充满活力的亲清政商关系，打造“1%工作法”“畅聊早餐会”“企业家沙龙”“国际会客厅”等营商环境品牌，让芜湖成为商家必争之地。

扩大更高水平开放。认真落实长三角一体化等国家战略，高标准建设自贸试验区芜湖片区，加大制度创新力度，聚焦贸易企业招引服务，赋能外向型经济发展，更好地带动皖江、辐射皖南。全面提升综保区、跨境电商综试区等平台功能，加快投资贸易便利化，大力支持企业“走出去”，提高经济外向度。支持三山经济开发区申报国家级经开区。主动与沪苏浙等先发地区结对共建友好城市、经济园区，对标先进招大引强，在城市建设、产业协同、创新共育、生态共保等方面达成更多合作事项。争取承办国际国内一流高端峰会、商务活动、重大赛事，努力成为项目、人才、资金落户的优选地。

（六）树牢以人民为中心的发展思想，扎实推动共同富裕。牢记“江山就是人民、人民就是江山”，积极回应人民对美好生活的新期待，办好民生实事，兜牢民生底线，让群众有更多更直接更实在的获得感、幸福感、安全感。

着力保障和改善民生。围绕民生需求，在“七有”上持续加力，补短板、强弱项、提品质、增福祉，让群众幸福指数跑赢经济增长指数。深入实施全民参保计划，健全多层次社会保障体系。坚持“房住不炒”，稳地价、稳房价、稳预期，促进房地产市场平稳健康发展。创新市场监管方式，实行综合监管全覆盖，坚决守牢食品药品、特种设备、产品质量等安全底线。完善城乡多层次救助体系，健全农村留守儿童和妇女、老人、残疾人关爱服务体系，做好优抚工作，让困难群众生活有保障、心中有温暖。

大力发展社会事业。落实立德树人根本任务，扎实做好“双减”工作，实施中小学“三心”工程，优化集团化办学、名校办分校等模式，扩大优质教育资源供给，提高教育质量，促进教育公平。实施基础教育高质量发展十二条，着力解决“入园贵”“培训乱”“作业多”“家长累”“接娃难”等突出问题。支持安徽师范大学创建一流学科，支持安徽工程大学、皖南医学院申报博士学位授权单位，支持皖南医学院更名大学，支持市属高职高专院校升本。围绕打造区域医疗卫生中心，全面深化医药卫生体制改革，提升公立医院和基层医疗卫生服务能力。推进安徽省公共卫生临床中心（芜湖）建设，提高公共卫生应急管理能力。毫不松懈做好新冠肺炎疫情防控，完善常态化疫情防控体制机制，确保人民群众生命健康安全。创建国家卫生（健康）城市。充分利用公园绿地等城市“金角银边”区域，布局更多举步可达的体育健身设施，创建全民运动健身模范市，建设体育强市。落实“三孩”生育政策，发展普惠托育服务体系。推动养老事业和养老产业协同发展，加强老年人关爱服务，办好各级老年大学（学校），构建居家社区机构相协调、医养康养相结合的养老服务体系。

积极创建共同富裕样板区。坚持经济发展就业导向，调整优化产业结构，大幅增加中等收入就业岗位供给，提升就业质量，促进充分就业。提高劳动报酬在初次分配中的比重，落实以税收、社保、转移支付等为主要手段的再分配调节机制，发挥慈善等社会公益事业第三次分配作用，推动更多低收入群体迈入中等收入行列。健全城乡一体、区域协调发展体制机制，加快基本公共服务均等化，不断缩小城乡、区域差距。多措并举丰富群众精神文化生活，加强新时代文明实践中心建设，不断满足群众多样化、多层次、多方面的精神文化需求。坚持系统观念、统筹推进，努力实现城乡之间、行业之间、群体之间、物质生活与精神生活之间共同发展，打造共同富裕的芜湖范例。

加强和创新社会治理。扎实推进全国市域社会治理现代化试点，提高风险预测预警预防能力，推动社会治理现代化体制机制更加成熟定型、社会治理能力取得突破性进展。创新运用新时代"枫桥经验"，加强和改进人民信访工作，加快县级社会矛盾纠纷调处中心建设。完善社会治安防控体系，常态化开展扫黑除恶斗争，巩固政法队伍教育整顿成果。夯实社会治理基层基础，推动社会治理和服务重心下移，加强和完善县镇村三级综治中心，健全城乡社区管理服务机制，打造社区治理共同体。全面落实安全生产责任制，加强安全生产监管执法，建设更高水平的平安芜湖。

（七）加强民主法治建设，发展社会主义政治文明。坚持党的领导、人民当家作主、依法治国有机统一，大力发展全过程人民民主，最大限度凝聚全市人民团结奋斗合力。

发展社会主义民主。支持人大及其常委会依法履行职能，围绕城乡建设与管理、环境保护、历史文化保护等方面事项立务实管用之法，实行正确监督、有效监督，促进"一府一委两院"加强和改进工作。拓宽人大代表同人民群众联系渠道，保障人民依法通过各种途径和形式管理国家事务、经济文化事业、社会事务。支持政协发挥协商民主重要渠道和专门协商机构作用，深化"请你来政协，有事好商量"协商平台建设，推动政协协商与基层协商有效衔接，将制度优势转化为治理效能。完善党政领导领衔重点协商议题、督办重点提案、参加政协活动机制，加强党政部门与政协专委会双向联系，推动协商成果转化落地。健全基层群众自治制度，推进党建引领城乡基层治理，增强群众自我管理、自我服务、自我教育、自我监督实效，实现政府管理和基层自治良性互动。

巩固和发展最广泛的爱国统一战线。加强同各民主党派、工商联和无党派人士团结合作，支持更好履行职能、发挥作用。全面贯彻党的民族宗教政策，促进民族关系、宗教关系和谐。加强新时代民营经济统战工作，做好党外知识分子和新的社会阶层人士统战工作，加强港澳台和侨务工作。发挥工青妇等人民团体作用。加强党管武装工作，推动军民融合深度发展，巩固和发展军政军民团结大好局面。

全面推进依法治市。深入践行习近平法治思想，一体推进法治芜湖、法治政府、法治社会建设。坚持用法治明确政府边界、规范市场行为，开展依法推进公共政策兑现、创优法治化营商环境专项行动试点，切实维护市场主体和群众合法利益。深化司法体制综合配套改革，支持法院、检察院依法独立公正行使审判权和检察权，让人民群众在每一件司法案件中感受到公平正义。深入开展"八五"普法，增强全民法治观念，提升公民法治素养，推动全社会形成办事依法、遇事找法、解决问题用法、化解矛盾靠法的法治氛围。

（八）提升文化自信，建设新时代文化强市。聚焦举旗帜、聚民心、育新人、兴文化、展形象的使命任务，以社会主义核心价值观为引领，不忘本来、吸收外来、面向未来，不断提高文化软实力。

牢牢掌握意识形态工作领导权。坚持党管宣传、党管意识形态、党管媒体，严格落实意识形态工作责任制，守好阵地、把好方向、管好队伍。坚持内宣外宣联动、线下线上互动，健全新闻发布、媒体沟通、舆论引导联席会议等机制，强化舆情分析研判处置。加强对外传播能力建设，深化媒体融合改革，讲好芜湖故事，传播芜湖声音，塑造芜湖形象。走好新时代"网上群众路线"，加强网络阵地管理和内容建设，深入开展"净网"行动，营造清朗有序的网络空间。

促进文化事业发展。广泛开展群众性精神文明创建活动，深化拓展志愿服务，深入推进社会公德、职业道德、家庭美德、个人品德建设，倡导现代文明新风尚。实施文化惠民工程，打造“书香芜湖”系列阅读品牌，加快建设市公共文化艺术中心，提升公共文化服务均等化、便利化水平。加强非物质文化遗产保护、传承和开发利用，深度挖掘芜湖铁画“以铁的资料创造优美的图画，以铁的意志创造伟大的中华”的时代内涵，推动本土文化遗产与旅游、文创等融合发展，让文化遗产焕发新活力、绽放新风采。实施文化精品战略，创作更多有筋骨、有道德、有温度的作品，更好满足人民群众精神文化需求。

做大做强文化产业。坚持把社会效益放在首位、社会效益和经济效益相统一，做优文化产品，做活文化市场，做亮文化品牌。高水平建设城东文化旅游集聚区，推进硬件标准、软件服务国际化，不断扩大“欢乐芜湖”知名度、影响力。加快“两江”文旅走廊建设。创建国家历史文化名城。深化文化体制改革，推动文化与科技、信息、金融等产业融合发展，创新文化业态，促进文化消费，将文化“软实力”打造成发展“硬支撑”。

三、推进全面从严治党向纵深发展

实现芜湖未来奋斗目标，必须坚持和加强党的全面领导。我们要牢记打铁必须自身硬，大力弘扬伟大建党精神，全面贯彻新时代党的建设总要求和新时代党的组织路线，不断把党建设得更加坚强有力。

坚持把政治建设摆在首位。牢固树立“四个意识”、坚定“四个自信”、做到“两个维护”，提高政治判断力、政治领悟力、政治执行力，始终在思想上政治上行动上同以习近平同志为核心的党中央保持高度一致。严守党的政治纪律和政治规矩，全面落实新形势下党内政治生活的若干准则，加强党内政治文化建设，营造风清气正的政治生态。坚持一切工作从政治上考量、在大局下行动，完善习近平总书记重要指示批示精神闭环办理机制，推动党中央决策部署在芜湖不折不扣贯彻落实。严格执行民主集中制，坚持集体领导和个人分工负责相结合，做到科学决策、民主决策、依法决策，提高各级领导班子创造力、凝聚力、战斗力。

加强理论武装工作。健全“逢会必学”“第一议题”等制度，及时跟进学习习近平总书记最新重要讲话指示批示精神，深刻领悟蕴含其中的马克思主义立场观点方法，更好地提升思想方法，改造工作方法，探索守正创新的新打法。巩固拓展“不忘初心、牢记使命”主题教育成果，扎实推动党史学习教育，用好“学习强国”“得到”等平台，实施“共读计划”，进一步强化理想信念教育和党性教育，让党的创新理论在党员干部心中扎根。坚持思想建党与制度治党紧密结合，加强党内法规制度建设，让每一名党员都把党章党规党纪印刻在心。

打造高素质专业化干部队伍。落实新时代好干部标准，让优秀干部脱颖而出。坚持干什么学什么、缺什么补什么，加大干部教育培训力度，滚动选派干部赴沪苏浙、粤深等先发地区跟班学习、实践锻炼，使广大干部的政治素养、理论水平、专业能力、实践本领紧跟时代步伐。推进镇街与市直机关干部双向交流，注重在基层一线培养锻炼年轻干部。精准落实“三个区分开来”要求，坚决打消干部“洗碗越多、摔碗越多”的顾虑，充分调动干事创业积极性。统筹做好培养选拔女干部、少数民族干部和党外干部工作。认真做好离退休干部工作。坚持党管人才，统筹抓好各类人才队伍建设，激发创新创业创造活力。

抓牢基层党组织建设。牢固树立大抓基层的鲜明导向，全面加强基层组织、基础工作、基本能力建设，深化“两应”基层党组织创建，打造一批叫得响、立得住、推得开的党建品牌。推深做实农村基层党建“一抓双促”、党建引领信用村建设，抓好城市基层党建“三抓一增强”工程，加强和改进新形势下机关、学校、国有企业、非公企业、社会组织等基层党组织建设，努力把各领域基层党组织建设成为宣传党的主张、贯彻党的决定、领导基层治理、团结动员群众、推动改革发展的坚强战斗堡垒，让党旗在基层一线高高飘扬。加强党员队伍建设，严把入口、畅通出口，严格教育管理，确保平常时候看得出来、关键时刻站得出来、危难关头豁得出来。

持之以恒正风肃纪。严格落实中央八项规定精神，驰而不息纠治“四风”，力戒形式主义、官僚主义，坚决整治不担当不作为、推诿扯皮、“庸懒散浮拖”

等问题。健全基层减负常态化机制，持续推动精文减会，让基层干部腾出更多精力抓落实。深化“一抓双比五提升”专项行动，开展市直机关“满意科长大家评”活动，推动全市上下进一步转变作风、优化服务、提升效能。科学精准运用监督执纪“四种形态”，在用好第一种形态上下更大功夫，以党的政治纪律和组织纪律为重点，带动“六大纪律”全面严起来。

坚定不移推动反腐败斗争。坚持无禁区、全覆盖、零容忍，坚持重遏制、强高压、长震慑，始终保持惩治腐败高压态势。将正风肃纪反腐与深化改革、完善制度、促进治理贯通起来，把查办违纪违法案件与堵塞制度漏洞、强化监督管理结合起来，一体推进不敢腐、不能腐、不想腐体制机制建设。加强对基层小微权力的监督，深入整治群众身边腐败和不正之风，让人民群众在反腐“拍蝇”中增强获得感。精准落实政治巡察要求，强化上下联动，深化提级交叉，切实发挥巡察利剑作用。常态化开展廉政教育，注重用身边事教育身边人，引导党员干部廉洁修身、廉洁齐家。

同志们！加快打造省域副中心、建设人民城市，奋力谱写全面建设社会主义现代化国家的芜湖篇章，我们必须强化争创一流的劲头，进一步解放思想、放宽眼界，跳出芜湖看芜湖，学习合肥、追赶合肥，对标沪苏浙，干就干到最好，做就做到一流。必须强化主动担当的意识，把全部心思用在干事创业上，把全部精力用在推动发展上，把全部智慧用在破解难题上，主动去当“热锅上的蚂蚁”，锤炼铁一般的责任担当，永葆火一样的奋斗激情。必须强化真抓实干的作风，把身子从凳子上挪开来，把步子从办公室迈出去，多到工作第一线矛盾最深处，多用脚步去丈量自己负责的辖区、领域，察实情解难题抓落实，在基层在一线在现场发现问题分析问题解决问题，不断积累经验、提升能力，努力创造经得起实践、人民和历史检验的发展实绩。必须强化敢于斗争的精神，问题面前不躲闪，挑战面前不畏惧，困难面前不退缩，始终铆足一股冲劲、拼劲、闯劲，敢于斗争、敢于胜利，蹚出一条新时代芜湖改革发展的新路。

同志们！积力所举，则无不胜；众智所为，则无不成。这次党代会，坚持开门问策，广泛征求各方面意见建议，在网上发出“喜迎党代会、共答十道题”的邀请，得到全体市民和广大网友的热烈响应，会议召开前留言已达4000多条，广大市民和网友强烈的主人翁意识让我们深受感动、备受鼓舞。我们高度重视，认真研究吸纳，努力使报告更好地反映群众心声、回应群众关切、汇聚群众智慧。我们坚信，这次党代会确定的目标任务，一定能够转化为全市上下的共同行动，一定能够成为芜湖未来发展的美好现实。

同志们！生逢伟大时代，是我们难得的人生际遇；推动芜湖发展，是我们肩负的重大责任。让我们更加紧密地团结在以习近平同志为核心的党中央周围，在省委的坚强领导下，不忘初心、牢记使命，居之无倦、行之以忠，为加快打造省域副中心、建设人民城市，奋力谱写全面建设社会主义现代化国家的芜湖篇章而不懈奋斗！

中国共产党芜湖市第十一次代表大会会场

（郑　远　杨大伟 提供）

政府工作报告

——2022年1月10日在芜湖市第十七届人民代表大会第一次会议上

宁　波

各位代表：

现在，我代表市人民政府，向大会报告政府工作，请予审议，并请市政协各位委员提出意见。

一、2021年和本届政府工作回顾

过去一年，是我市创造优异成绩庆祝建党100周年的奋进之年，是“十四五”开局实现“芜湖起飞”的启航之年。全市人民在中共安徽省委、省人民政府和中共芜湖市委的坚强领导下，统筹疫情防控和经济社会发展，扎实做好“六稳”“六保”工作，推进党史学习教育走深走实，学习合肥、追赶合肥，加快打造省域副中心、建设人民城市，招引了一批百亿级投资项目，成功举办了科博会、私募股权投资大会、机器人“恰佩克”等一批盛会，“1%工作法”入选国务院大督查典型经验做法，经济社会实现持续健康发展，较好完成了市十六届人大五次会议确定的主要目标任务。

初步核算，全市实现地区生产总值4200亿元左右，增长11.5%以上；一般公共预算收入增长9%；固定资产投资增长15%；社会消费品零售总额增长20%；居民人均可支配收入增长12%；单位生产总值能耗降低3.2%。主要指标增速在全省领先。

一年来，我们主要做了以下几个方面工作。

（一）构建“多链协同”，产业生态不断优化

实施“双招双引”一号工程。坚持项目全程顶格推进、顶格倾听、顶格协调，新签约亿元以上招商项目643个，增长56%，其中50亿元以上项目10个。新开工亿元以上项目586个，增长37%。比亚迪新能源电池、会通聚乳酸、信义玻璃七期、奇瑞未来工厂等一批重大项目开工，长信科技触控显示、美的厨热智能家电、中航华东光电新型显示等一批重大项目投产。实施“紫云英人才计划”，成立全省首家人才发展集团，全力打造人才工作的“总服务商”，开展“全国百所高校大宣讲”“万名高校学子进百企直通车”等活动。招引高层次科技人才团队74个、高层次人才1650人。

全面推动产业升级。规上工业增加值预计增长14%。奇瑞汽车成为中国品牌乘用车首个年出口超20万辆的车企，名列全国企业科技创新500强第21位；海螺集团位居世界500强企业第315位。实施亿元以上技改项目115个，总投资360亿元。战略性新兴产业产值预计增长35%。以旷视科技等人工智能龙头企业为牵引，谋划建设“中国视谷”。中电科钻石飞机出货量稳居全国第一。获批中国家电智能制造基地。服务业增加值预计增长11.5%。新晋10家省级服务业集聚区和集聚示范区，增量居全省第一。获批线上经济创新发展试验区。入选康复辅助器具产业国家综合创新试点。高新技术开发区和奇瑞控股集团获批国家“两业融合”试点区域和企业。宝特现代物流产业园获批全国示范物流园区。国家检验检测高技术服务业集聚区汇集专业机构65家、国家认定实验室48家。入选全国信息消费示范城市、首批国家文化和旅游消费试点城市，方特入选首批国家级夜间文化和旅游消费集聚区。南陵县获评国家电子商务进农村综合示范县。粮食产量超27亿斤。成功召开全国智慧农业现场交流会，建成全国主粮领域首个地块级“数字农业示范基地”，繁昌区入选全国首批创建农业现代化示范区。

营造良好发展生态。出台“民企改革发展32条”“激发民企创意创新创造26条”支持政

策，设立垂直崛起奖，对快速发展的百亿级企业，给予一次性专项奖励。举办34场“畅聊早餐会”，架起政企民直接沟通新桥梁，解决企业诉求112项，促进项目落地总额达300亿元。全面实施“1%工作法”，帮助企业降低用工、用能、物流、融资等成本，为企业减、退、缓税80亿元，盘活批而未供和闲置土地1万余亩，建设用地报批面积增长96.5%。在全省率先实现中小微企业用电接入“零投资”。长江中下游首个水上LNG加注站投用。在全省率先出台政府投资基金政策，建立市县两级全覆盖和天使、风险、产业投资全周期基金架构，政府股权基金总数达16只，规模160亿元，参股子基金33只，规模达558亿元。全省首个公募基金牌照落户芜湖。私募基金规模超1400亿元，居全省首位。深化与海尔卡奥斯、信通院合作，成立5G+工业互联网产业发展联盟，与檬豆科技合作建设区域性工业互联网集采平台，建成全国首个3D打印工业互联网平台。累计“登云”中小企业2612家。依托中国电信云计算中心建成全市统一的政务云服务体系。成功举办中国工业互联网大赛暨首届工业互联网+数字孪生大赛。建成全省首个专业化工业互联网应用推广中心和汽车行业大规模定制工业互联网平台体验中心。酷哇智能环卫、京东无人配送等一批应用场景落地见效。

（二）培育科创矩阵，产创融合不断深化

国家创新型城市建设取得突破。获批合芜蚌国家科技成果转移转化示范区。国家级知识产权公共服务平台技术与创新支持中心授牌运行。启动建设“创业芜优”之城，省级以上科技企业孵化器、众创空间达43家。全社会研发投入占GDP比重达3.34%，科技创新驱动力指数居长三角第6位，较上年度跃升3位。入选“科创中国”试点城市。

科技创新攻坚力量体系建设初显成效。围绕关键核心技术开展攻关，探索科研经费“包干制”，启动重大项目“揭榜挂帅”制度，新能源汽车半固态电池等48个项目列入国家、省科技攻关计划，成功揭榜18个省重点关键技术攻关任务。国产双发四座多用途飞机、碳化硅核心器件制造工艺等科技创新成果填补国内空白。

新型研发机构蓬勃发展。筹建安徽省新能源和智能网联汽车产业研究院。与国际半导体产业协会合作成立创新平台。西电芜湖研究院运营公司、海螺三碳科技研究院、美的厨热电器创新研发中心等新型研发机构成立。海螺、中国科技大学共建新材料与智能制造联合实验室。奇瑞、中科院上海光机所成立先进激光联合实验室。省级以上研发机构总数达475家，新型研发机构占全省四分之一。净增重点研发创新平台10个，总数达55个。

科技创新主体培育壮大。新增高新技术企业240家、科技型中小企业305家、省级企业技术中心23家、省级产业创新中心3家。21家企业入选国家专精特新“小巨人”，11家企业获批省级专精特新冠军企业。39家企业入围全省研发经费支出“双百强”规上企业。

（三）强化开放引领，发展活力不断迸发

自贸试验区芜湖片区释放“红利”。注册企业超4000家，进出口总额增长34.2%。在全省率先推行增值税一般纳税人、内销选择性征收关税业务，4项制度创新入选全省首批10个标志性建设成果。推进以法定机构为目标的体制机制改革，面向全球招揽人才。跨境电商交易额增长67%，B2B直接出口实现零突破。

江北新兴产业集中区建设全面推进。高质量编制江北“十四五”发展规划和专项规划。启动“一片一路”建设，省公共卫生临床中心（芜湖）、皖江学院、湾谷科技园、西湾花园及中小学校等项目开工。总投资120亿元的磷酸铁锂正极材料项目和总投资70亿元的锂电池材料项目等一批新兴产业项目布局江北。

重点领域改革取得新突破。建立健全建设管理体制，成立人民城市建设委员会，首创“城市建设合伙人”制度，选定首批10个人民城市建设合伙人。在全国率先开展自贸试验区与海关特殊监管区域统筹发展改革，启动“相对集中行政审批权改革”，成立行政审批局，推行“一颗印章管审批”。建立十大新兴产业协同推进机制，出台加快制造业高质量发展实施意见。深化投资项目标准地、承诺制改革，社会类投资、工业类工程建设项目审批时限分别压缩至60和30个工作日以内。在全国营商环境评价中获优良等次，其中“纳税”指标成为全国标杆。创新开展“一业一证一码”试点。在全省率先实施零基预算改革，优化处置存量资金31亿元。深入推进国企改革三年行动，组建前湾集团、中江城建集团、国投公司，市本级29家国有企业整合重组为9家，企业资产总额、净资产分别增长11.3%和14.9%。

长三角一体化发展推深走实。与上海松江区开展战略合作，G60科创走廊芜湖产创中心一期项目签约，成为全省首个在上海购地自建的“科创飞地”，首批入驻企业10家。扎实推进“五个区块链接”，与沪苏浙新达成9项合作事项。与G60科创走廊城市30余家高校院所签订合作协议100余项，研发投入38亿元。芜湖航空产业园成为首批G60科创走廊产融结合高质量发展示范园区。芜湖-洋山港“联动接卸”入选长三角一体化发展十大典型制度创新案例。建设省级长三角绿色农产品基地16个。

（四）推动绿色发展，生态环保不断走实

污染防治攻坚战成效显著。全市PM2.5平均浓度33.8微克/立方米，空气优良率达84.9%，国考断面由6个增加到10个，全部保持水质达到或优于III类，危险废物利用和处置能力分别提升5.5万吨、1.7万吨。新增、提升绿地245万平方米，铺设城市绿道27.8公里。新一轮“三大一强”专项攻坚行动有序推进，城东污水处理厂突出环境问题已经省级验收。

“碳达峰碳中和”工作稳步推进。编制碳排放达峰行动方案，海螺集团、南开大学共建碳中和新材料研究机构。与中石化合作启运全省首座加氢站。海螺水泥窑碳捕集纯化示范项目填补水泥工业技术空白，捕集二氧化碳8万余吨。全国首台套CKB锂电池回收利用项目竣工。开展重点工业企业节能诊断绿色技改，率先完成火电行业全国碳排放权注册登记和交易开户。推进绿色金融，落地全省首单“绿创组合贷款”。

长江生态环境保护修复取得实效。建成全省首个智慧长江综合管理平台，实现长江芜湖段全流域、全天候、全方位监测预警。全省首个智慧生态环境平台（二期）上线试运行。完成长江生态廊道造林3.37万亩。成功举办长江禁渔暨渔文化论坛。

（五）坚持人民至上，城市底蕴不断厚植

疫情防控常态化开展。妥善处置3例入境和1例关联无症状感染者，3天内完成市区全员核酸检测。圆满完成3—11岁儿童和12岁以上人群新冠疫苗全程接种任务，规范化建设和改造新冠定点医院2家、发热门诊20个。在全省率先上线新冠病毒核酸检测信息系统。

城市品质全面提升。出台推进人民城市建设若干意见，实施首批14个子方案。启动人民城市建设“双百攻坚”，落实“三级调度”机制，芜黄高速、赤铸山路快速化改造、高速公路芜湖东出入口等项目竣工通车，城区污水系统提质增效工程、残疾人综合服务中心改造、长江路地下综合管廊等民心工程投用。改造棚户区1165套。老旧小区改造标准提高至400元/平方米，完成改造187个。建成“芜湖书房”15座，共享城市阅读空间。神山公园6.7公里健身步道投入使用。芜宣机场开通15条客运航线和3条全货机航线，通航8个月旅客吞吐量超16万人次。轨道交通1号线、2号线一期通车，是全国首个全自动跨座式单轨项目，我市迈入轨道交通新时代。完成轨道交通沿线36公里道路修复、32个车站广场和25万平方米绿化提升。“芜优出行”智慧停车平台上线，接入7万个泊位，推动解决停车难问题。

乡村振兴步伐加快。市乡村振兴局挂牌，成立乡村振兴产业要素联盟。建成高标准农田34.5万亩。投入资金4.5亿元，实施衔接推进乡村振兴补助资金项目260个。湾沚区红杨镇、六郎镇官巷村分别入选全国乡村旅游重点镇村。农村居住环境持续改善，完成农村改厕1.9万户，实现农村“千吨万人”集中式饮用水水源水质监测全覆盖，新建、改造“四好农村路”680公里，建成省级美丽乡村中心村55个。繁昌区入选全国村庄清洁行动先进县。

人民生活持续改善。民生类支出占财政总支出比例达83.4%。扎实做好退捕渔民等重点人群参保工作，职工基本养老、失业、工伤保险参保总数225.7万人，城乡居民养老保险参保156万人。城镇登记失业率2.1%，新增城镇就业7.6万人。城乡低保标准统一提高至742元/月。城镇职工医保基金实现市级统筹，我市专属的补充医疗保险“芜优保”正式上线。完成居家养老服务设施提升改造296个，开展老年人助餐试点工作。新增社会化养老机构床位1000余张。房地产领域办证难问题得到基本解决。安全生产事故发生率和死亡率持续“双下降”，社会治安形势保持良好态势。

社会事业繁荣发展。新成立优质学校（幼儿园）教育集团19个，优质学校办分校（分园）80所，公办幼儿园在园幼儿占比过半，普惠性幼儿园覆盖率达85.6%。推动“双减”工作落地。全面实施中小学“三心工程”，惠及22万余名学生。安工程机器人学院跻身教育部首批现代产业学院。埃夫特智能装备产业学院、乡村振兴产业学院等一批产教融合项目启动。北京天坛医院安徽项目签约，华东师大附院博士后工作站、阜外医院心血管培训中心、国家中医急重症医学区域诊疗分中心挂牌，在全省率先全面成立村（居）公共卫生委员会。出台婴幼儿照护奖补政策，设立托位数7100余个。信义慈善基金成立。成功举办市第十四届运动会，参赛人数过万，创历史新高。市奥体中心改造及田径（足球）副场项目开工。获“中国围棋之乡”称号。认真做好退役军人服务管理工作。国防动员、外事侨台、民族宗教、史志档案、科普、人防、残疾人、关心下一代等工作取得新成效。

（六）提高治理能力，政府建设不断加强

在政府系统扎实开展党史学习教育，为群众办实事3万余件。进一步深化“三个以案”警示教育，完成中央脱贫攻坚专项巡视整改。实施“共读计划”，打造学习型政府。开展全省首个依法推进公共政策兑现创优法治化营商环境专项行动试点工作，搭建政策网上超市，让政策兑现像网购一样方便。全面兑现各类扶持资金50.3亿元。办理人大议案建议180件、政协提案255件。行政机关负责人出庭应诉率达100%。深入落实中央八项规定精神，市本级“三公”经费支出下降5%。持续开展“一抓双比五提升”行动。12345政务服务便民热线在全省率先完成归并、率先挂牌。借助国家发改委国际合作中心、生态环境部环境与经济政策研究中心、上海前滩新兴产业研究院等智库“外脑”，提升决策专业化水平。

本届政府任期的四年，是芜湖发展史上极不平凡、具有里程碑意义的重要阶段。我们经受住了新冠肺炎疫情、洪涝灾害等重大考验，全面建成小康社会，经济社会发展的含金量、含技量、含绿量、人均量全省领先，确立了省域副中心城市地位，“四个名城”建设迈出坚实步伐，城市影响力、美誉度和市民认同感、自豪感显著增强。

这四年，我们强主体、创平台，创新能力更加硬核。城市创新能力跃居全国创新型城市第25位，建成国家级创业孵化基地3家。万人有效发明专利拥有量达53件，连续十年保持全省第一。引进高层次人才团队311个，人才资源总量超100万人。新兴产业取得重大技术突破，形成中电科钻石飞机、酷哇机器人、跨座式单轨列车、航瑞航空发动机等一批“芜湖制造”新品牌。一批工业产品跃居国际国内领先水平，其中光伏玻璃等9项全球第一、机载液晶显示模块等35项全国第一。

这四年，我们抓统筹、促优化，城乡发展更加协调。行政区划调整有序推进，城镇化率由62%上升到72.3%。一般公共预算收入、增值税占GDP比重分别达8.6%、6.4%。人均GDP突破十万元，人均一般公共预算收入居全省第一，居民人均可支配收入年均增长8.9%，城乡收入比水平居全省前列。荣膺全国文明城市“三连冠”。

这四年，我们保生态、优环境，城市颜值更加靓丽。累计投入水环境治理103亿元，新增污水处理能力30.5万吨/日，成为全国黑臭水体治理示范城市、长江大保护试点城市，地表水环境质量持续保持优良水平，“芜湖蓝”成为人们生活的标配。芜湖古城、十里江湾公园、松鼠小镇等建成开放，芜湖新晋“网红城市”。

这四年，我们抓改革、促开放，发展活力更加彰显。自贸区芜湖片区揭牌，叠加综合保税区、跨境电商试验区等多个功能区优势。全市年进出口总额突破100亿美元。集装箱吞吐量突破115万标箱，形成“一核两翼”布局。芜宣机场、商合杭高铁等一批标志性工程开通，形成立体化对外交通网。上市公司达23家。推广38项“全创改”举措，“放管服”、财税金融、农村“三变”等改革不断深化，综合监管分类执法、企业信用贷等改革走在全国前列。市场主体数量超48万户、实现倍增，民营经济、民间投资占比分别达65.3%、75.4%。网约车“芜湖模式”获中国法治政府奖。

这四年，我们补短板、兜底线，民生福祉更加殷实。全面打赢脱贫攻坚战。高标准农田占基本农田比重达78%。累计投入421.6亿元滚动实施48项民生工程。优质学校（幼儿园）教育集团达70个，优质学校办分校

（分园）达229所。打造肿瘤防治、儿童医学、中医骨伤、精神卫生、康复医学五大诊疗中心，千人拥有床位数从5.5张增加到7.4张，全面取消大病保险封顶线。开展全国首个第三代社保卡试点工作，居民服务实现“一卡通”。社区养老服务站实现全覆盖。在全省率先建成自助服务一体化平台。连续四届成功创建“全国双拥模范城”。

各位代表！这些成绩的取得，是习近平新时代中国特色社会主义思想指引的结果，是在省委、省政府和市委的正确领导下，在市人大、市政协的大力支持和监督下，全市人民团结拼搏的结果。在此，我代表芜湖市人民政府，向全市广大干部群众，向各民主党派、工商联、无党派人士和离退休老干部，向驻芜企事业单位、驻芜解放军、武警官兵、公安干警和消防救援人员，向各位人大代表、政协委员和所有关心支持芜湖发展的社会各界人士表示崇高的敬意和衷心的感谢！

同时，我们也清醒认识到工作中存在的不足和问题，主要是：城市能级不高，产业和人口规模与省域副中心不匹配。产业结构不优，传统产业偏重，新兴产业规模不大，企业利润空间压缩，开发区产业发展的主平台作用发挥还不显著。城市综合交通体系不完善，多式联运的格局还没有完全形成。土地管理比较粗放，能耗“双控”约束趋紧，金融活水不够畅通。创新资源较少，人才集聚能力较弱，省级以上研发平台、科技企业孵化器和高新技术企业数量相对较少。产城融合存在短板，城市品质不高，公共服务与群众期望有差距。争先进位意识不强，标杆树的不高，满足于纵向比较的提升，横向比较不足。抓落实不到位，缺少发现问题和解决问题的主动意识。

对此，我们将坚持问题导向，做到目光所至看到问题、耳听范围想到问题、所思所想直面问题、所作所为解决问题，持续攻克一个个问题堡垒，积小胜为大胜。

二、今后五年的奋斗目标和战略任务

芜湖作为省委省政府明确支持建设的省域副中心城市，处于经济发展水平最高的长三角和经济增速最快的中部地区的交汇枢纽位置，随着城市能级的不断提升，重点产业集群的持续壮大，一批重大项目的陆续建成，综合交通枢纽地位进一步巩固，芜湖垂直崛起迎来重大利好，未来五年将是我们冲击全国50强、构筑发展新优势的关键战略机遇期。我们必须衷心拥护“两个确立”、忠诚践行“两个维护”，坚决做到“总书记有号令、党中央有部署，安徽见行动、芜湖走在前”，进一步抬高标杆、争先进位，以更宽广的视野，在新的坐标系中谋划更高质量发展，加快在一些优势领域和创新赛道实现从跟跑到并跑、再到领跑，进一步把区位优势转化为竞争优势、发展胜势，奋力飞得更高、飞得更稳，让全市人民因芜湖而自豪。

面对新坐标、新使命，今后五年政府工作总体要求是：坚持以习近平新时代中国特色社会主义思想为指导，深入贯彻习近平总书记考察安徽重要讲话指示精神，完整、准确、全面贯彻新发展理念，服务和融入新发展格局，坚持稳中求进工作总基调，不断解放思想，全面深化改革开放，坚持创新驱动发展，推动高质量发展，在变局中主动识变、应变、求变，围绕加快建设“五个安徽”和“六个现代化芜湖”，发展指标对标全国前50强城市，发展模式对标长三角先发地区，加快打造省域副中心、建设人民城市，奋力谱写全面建设社会主义现代化国家的芜湖篇章！

今后五年的奋斗目标是：创新能力持续提升，区域协同发展能力明显增强，生态环境持续改善，开放优势不断扩大，人民健康水平和居民生活品质显著提高。发展质量核心指标稳居长三角第一方阵，人均水平全省领先，研发经费投入强度年均增长9%，制造业增加值占生产总值比重保持在35%以上。到2026年，力争地区生产总值达到7000亿元，人均地区生产总值基本达到长三角中心区平均水平。建成高标准市场体系，数字化治理达到国内先进水平。

为实现上述目标，今后五年重点抓好五个方面战略任务。

（一）推动模式变革，催生新发展动能

我们要打破发展的思维定势、工作惯性，大胆凿开新的发展泉眼，创新垂直崛起的模式，打造新思路的试验地、新事物的生发地、新产品的首发地。创新思想理念。善于用市场的逻辑谋事、用资本的力量干事、用平台的思维成事。常态化开展“学习合肥、追赶合肥”和向沪苏浙先发地区学习，以长三角先发城市标准来检视、衡量每一项工作。抢占数字化和数字经济区域竞争制高点，运用工业互联网思维推动产业发展、改造政府工作流程，提高数字经济思维能力和专业素质。创新体制机制。持续推进“全创改”，善于用市场的手段推进改革，激发市场活力和发展内生动力，推动有为政府与有效市场更好结合。全面深化城市规划建设、土地管理、财政金融、国资等领域改革，全面推进“放管服”改革，构建绝对便利、相对便宜、持续开放、普遍公平、全面安全的一流营商环境。大力推进自贸片区规则、规制、管理、标准等制度型开放，全面建设联动创新区。创新项目落实。推动“亩均论英雄”改革全面落地，深化要素市场化配置改革，用最快的速度让最好的项目获得最优的资源要素，着力破解土地、能耗、人才、资金等要素制约。推动“区域评估+标准地+承诺制”改革落地见效，做到“拿地即开工”。实行清单化、闭环式工作机制，确保各项目标按时按质按量落到实处。创新管理服务。树立管理的核心就是赋能的理念，持续做好“1%工作法”“畅聊早餐会”等创新服务，实施小升规奖、上台阶奖、安家补助等惠企惠民政策，推动更多政策纳入网上政策超市，实施“一屏通办”改革，增强企业和群众获得感。组建模式创新策划团队，引导企业发展模式变革。

（二）深化融通赋能，服务融入新发展格局

我们要充分发挥战略叠加效应，打造国内大循环的重要节点和国内国际双循环的战略链接，提升国内外市场链接功能和全球资源配置能力。促进交通融通，构建开放大通道。加快建设“翅膀上的芜湖”“轨道上的芜湖”“航道上的芜湖”“高速公路上的芜湖”，形成“空铁水公”多式联运交通体系。建设动车运用基地，提升高铁枢纽始发能力。加快港口型国家物流枢纽建设，打造现代航运服务集聚区，开通国家航空一类口岸，建设全球航空货运枢纽港。促进数字融通，打通信息大动脉。把数字化转型作为高质量发展的基础性、引领性、战略性工程，以产业数字化带动数字产业化，打造全国一体化算力网络枢纽节点，争创国家数字经济创新发展试验区。进一步提升数字经济核心产业竞争力，以数字化变革催生发展新动能。促进两业融通，提升产业大价值。挖掘制造业供应链消费链两端潜力，推动现代物流、金融服务、信息服务、节能环保、人力资源等生产性服务业向专业化和价值链高端延伸，推动健康、养老、教育、文旅、育幼等生活性服务业向高品质和多样化升级。促进区域融通，落实国家大战略。深度融入长三角一体化发展，积极参与合肥都市圈、南京都市圈建设。共建G60科创走廊和长三角科创产业融合发展带，推进沿江智造走廊建设。

（三）建设“八个平台”，激发新发展活力

我们要坚持系统谋划、统筹规划、搭建平台、整合资源、创新发展，加快构建“多链协同”的发展生态。做大产业平台。以拓展内需市场提高产业链稳定性，以打造本土全能冠军提高产业链控制力，以培育隐形冠军提高产业链韧性，以改善新营商环境提高产业链协同性。把新能源和智能网联汽车作为首位产业，支持企业在上市融资、扩大产能、跨界融合、提升品牌、完善配套等方面取得突破，打造世界级产业集群。发挥各类开发区产业主阵地作用，争创智能制造装备、新能源汽车2个国家级战略性新兴产业集群，打造5家千亿级企业、15家百亿级企业。做强创新平台。争创综合性国家产业创新中心、制造业创新中心和技术创新中心。打造总面积超300万平方米的主题鲜明、专业运营、服务完善的创新园。围绕产业链，推动龙头企业、大院大所、政府三方共建创新联合体，孵化人才团队、催生专精特新。夯实金融平台。推进企业股改上市，打造“政府母基金+产业引导基金+市场化基金”联动发展的“基金丛林”。大力发展科技金融、绿色金融、普惠金融、乡村振兴新金融，实施好“政银担”、税融通、信用贷等金融政策，升级市综合金融服务平台。做优政策平台。运用系统思维，强化政策统筹，破解政策碎片化问题。用政策的确定性对冲外部环境的不确定性。健全政策制定—兑现—评估—反馈体系，形成政策闭环落实机制。共享智慧平台。创建国家智能社会治理实验基地，设立城市运行管理中心、大数据公司、数字治理研究院，打造“三位一体”的智慧城市管理平台，赋能智慧城市和工业互联网发展，把智慧城市建设成为创新生产、创新生活、创新交易、创新治理的试验场和竞赛场，催生更多传奇式创业、现象级事件和颠覆性创新。用活人才平台。大力实施“紫云英人才计划”，推进“3113”人才工程，发挥人才发展集团“强磁场”作用，建设安徽创新中心，打造“创业芜优”之城。创新场景平台。把最优质的资源和盘托出，打造“场景引领+技术突破+体制创新+产业培育”模式，将未来趋势变成现实场景，将现实场景变成具体项目，用具体项目催生创新企业。优化生活服务和社会治理平台。打造30个集社会福利、文化体育等八大服务功能于一体的城市“两级中心”，培育连锁型、品牌型社会服务中心，构建5分钟生活服务圈和15分钟综合服务圈，推进市域社会治理现代化。

（四）建设人民城市，开拓文化和社会发展新局面

我们要将“人民城市人民建、人民城市为人民”这一重要理念作为公共资源分配、城市规划建设管理的总遵循，让城市发展处处围绕人、时时为了人、真正服务人。优化国土空间布局。统筹生产、生活、生态空间，科学编制市县镇三级国土空间总体规划，构建国土空间开发保护“一张图”，形成“一湾四极”大城市空间布局。强化土地资源节约集约利用，严格落实“三线一单”生态环境分区管控，实现中心城区单元控规全覆盖。提升城市品质。实施城市功能品质提升行动，坚持同心打造、系统锻造、共同缔造，推进楼栋微整治、空间微改造、景观微提升，让市民感受城市脉动，塑造人性化城市。实施“百年历史建筑复活”计划，让“工业锈带”变身“生活秀带”“文化秀带”。提升城市软实力和品牌传播力，建设“两江”文旅走廊，升级“欢乐芜湖”品牌，围绕老古城老船厂老租界，扩大时尚文化产品供给，塑造城市情调，牵引城市情怀，让城市更具底蕴气质。提高人民生活水平。促进共同富裕，实施城乡居民收入十年倍增计划和中等收入群体倍增计划。提高职工工资占生产总值和企业收益比重。健全多层次社会保障体系，完善城市多层次救助体系。推进基本公共服务均等化、标准化。持续在“七有”上发力，加大教育投入，推动跨区域一体化和城乡一体化办学，提高引进教师的质量和待遇，把教育办成推动城市吸引人才、创新创业、跨越发展的最积极因素。推动新生育政策落地见效，推进托幼一体化建设，完善养老服务体系，着力解决好“一老一小”问题，建设老年友好型、儿童友好型城市。创建全民运动健身模范市。建设市公共卫生服务中心，实施农村人居环境整治提升五年行动，创建全国卫生（健康）城市。

（五）推动全面绿色转型，打造生态文明建设新高地

我们要把修复长江生态摆在压倒性位置，协同推进经济高质量发展和生态环境高水平保护。前瞻布局“双碳”战略。加快构建“双碳”政策体系，推动形成节约资源和保护环境的产业结构、空间布局、生产方式、生活方式。加快新能源基础设施建设和推广应用。高位推进长江大保护。擘画百里生态湾，建设龙窝湖生态公园、惠生联圩生态公园。扎实开展新一轮“三大一强”专项攻坚。打好“十年禁渔”持久战，建设长江渔文化博物馆。健全生态保障体系。推深做实河湖长制、林长制、田长制和生态环境保护专项监督长制。积极融入长三角跨区域排污权交易试点，健全排污权有偿使用制度。完善生态环境公益诉讼和损害赔偿、责任终身追究制度。

三、2022年工作安排

今年经济社会发展的主要预期目标是：地区生产总值增长9%以上，一般公共预算收入增长与经济增长基本同步，固定资产投资增长12%以上，社会消费品零售总额增长9%左右，居民人均可支配收入增长与地区生产总值增长同步，单位生产总值能耗和二氧化碳排放量降低、主要污染物排放总量削减完成省下达任务。

主要工作任务：

（一）继续做好“六稳”“六保”工作

激发市场主体活力，充分尊重企业的创意创新创造，推动市场主体提质增量，新增市场主体8万户，推动国有资本更多投向新型基础设施、十大新兴产业，引导民营经济向专精特新发展，形成国引民进、相互渗透、相互触发的格局。深化“1%工作法”，落实新的减税降费政策，创新财政贴息方式，帮助中小微企业、个体工商户减负纾困。用好用活金融工具，鼓励金融机构扩大制造业、小微、科创、绿色、乡村振兴信贷规模，落地“碳减排”工具政策，发放中小微企业信用贷款90亿元以上。发挥投资拉动作用，更新固定资产投资三年滚动计划和2022年项目库，切实用好用足专项债券，适度超前开展基础设施投资，加快“双招双引”项目建设

投资，计划实施项目1466个，年度计划总投资约2000亿元，市级政府性投资增长20%以上。开工建设游泳跳水馆、全民健身中心、少年宫改扩建等公共服务设施。发挥政府投资基金投大、投早作用，新增本地股权融资30亿元以上。鼓励有条件的商协会参与基金募集和投放。做好高校毕业生、农民工、退役军人等重点群体就业工作，加大对青年人才购房政策的倾斜力度，提高高校毕业生留芜率，新增城镇就业8.5万人。提升新兴产业的就业潜力和容量，健全灵活就业劳动用工和社会保障政策。实施一批生产消费双升级项目，鼓励新能源汽车消费，加快充电桩等设施建设。支持商品房市场更好满足购房者的合理住房需求，促进房地产业平稳健康发展。开展消费中心培育行动和“皖美消费·乐享芜湖”行动计划。

（二）推动三次产业高质量协同发展

发展创新型、服务型、总部型、开放型、流量型五型经济，促进经济循环和产业链畅通。实施一产“两强一增”行动。推动科技强农，农业科技进步贡献率提高至66%，引进培育推广优质水稻品种10个以上，新建高标准农田46万亩。建设省级数字乡村试点4个。实施6个百亿级绿色食品产业建设行动。加快机械强农，实施农机制造优势产业壮大行动，创建国家农业现代化示范区，主要农作物耕种收综合机械化率达到88%。实施二产“提质扩量增效”行动。实施高新技术企业和上市企业倍增计划、规上企业递增计划、专精特新企业培育计划，推动个转企、小升规、规改股、股上市，新增规上工业企业260家、上市企业3家。新增国家级专精特新“小巨人”企业8家、省级专精特新企业48家。实施“数字赋能”行动，培育数字化车间、智能工厂50个以上，实施亿元重点技改项目150个，新增省级绿色工厂4家。建成产业用地节约集约利用和企业亩均效益评价平台，实现工业用地全生命周期监管。有序推进“双碳”战略，坚决遏制“两高”项目盲目发展。鼓励海螺、信义等龙头企业加快推进低碳零碳负碳产业化应用，探索建设虚拟电厂，推广光伏等可再生能源规模化应用。实施三产“锻长补短”行动。加大对供应链消费链两端行业企业的政策支持力度，支持各类开发区、产业园区大力发展科技研发、节能环保、信息服务、金融商务等生产性服务业，围绕产业集群构建区域型生产性服务体系，推动两业融合。引导生产性服务业集聚发展，推进省机器人及智能装备产业计量中心建设，力争获批省级现代服务业集聚区和集聚示范区3家。启动外贸倍增计划，培育贸易龙头企业、交易平台型企业，壮大贸易主体规模，进出口实绩企业达1200家。举办中国国际动漫创意产业交易会，增强主题公园核心竞争力，打造“周末剧场”，让城市充满更多欢乐元素、烟火气息。

（三）打出“双招双引”新攻势

完善十大新兴产业链“双招双引”工作方案，绘制产业链图谱，按图索骥，实行项目专员、项目专班推进制，力争引进50家以上头部企业。实施签约项目“红黄绿”亮牌预警机制，全过程动态管理项目签约、拿地、开工、入统、投产、入规、达产进度。推动美的空调绿色智能新基地、华夏云天航空发动机维修、中邮科技智能装备等项目开工。发挥商协会等平台作用，建立十大新兴产业联盟，定期举办沙龙，发布技术攻关、招商引资、人才招引、场景引领、资本需求等清单，广泛链接全链条资源。围绕产业链延链补链强链，发挥重点研发创新平台的人才团队孵化、专精特新培育作用。制定“双招双引”、政府投资重大项目金融综合解决方案，强化资金保障。实施企业资本市场业务培训专项行动，开展“上市管家”服务，形成上市流程节点可预期的工作机制。破解项目用地制约，实施存量土地盘活利用三年计划，开展闲置建设用地、工业低效土地“全域治理”，消化批而未供和闲置土地1万亩以上。全面提升产业用地容积率，探索增加混合产业用地供给，实现同一地块内工业、仓储、研发、办公、商服等功能混合布置。实施“菁英人才”“返芜创业”“青年启航”等计划，设立人才驿站，全方位引育各类人才，新招引高层次科技人才团队60个、领军人才170名、高端人才1700名、大学生5.5万名。

（四）持续强化创新驱动发展

提升创新平台支撑能级，支持各类新型研发机构创建国家和省级研发机构。推动梦溪科创走廊、数字经济产业园等十大创新园建设。高水平建设合芜蚌国家科技成果转移转化示范区，建立“沿途下蛋”对接机制，新增省级以上科技企业孵化器、众创空间9家以上，新设技术转移机构2家，加大首台套、首批次、首版次示范应用和政府采购力度。打通专利快速申报通道，争设知识产权保护中心。通过揭榜挂帅、定向攻关等机制实施市级科技计划项目200个以上。引育科技创新主体，力争新增高企240家、科技型中小企业300家。实施人才培育计划，对优秀人才申报项目给予资金支持。激发“创业芜优”政策效应，推出5亿元大学生创业基金，建成市级以上创业孵化载体70家，打造青年创业城，增加适合年轻人的教育、体育、文化、娱乐等公共服务供给，让创业英才当主角、占C位。

（五）加快培育壮大新经济

锚定智能网联汽车、工业互联网、人工智能、新能源、智慧农业、数字文旅、新金融、智慧物流、电商与新零售、在线教育等10条产业新赛道，为企业抢滩登陆新经济提供“导航地图”。抓住省新经济联合会落户芜湖的契机，打造技术创新+应用创新+模式创新的新经济生态圈。大力发展数字核心产业，将“中国视谷”作为引领工程，导入智能车联网、医学人工智能等板块，打造未来产业发展新标杆。聚焦首位产业，打造聪明的车、聪明的路、聪明的感知设备“三位一体”的智慧交通应用场景。建设未来城市数字治理全景实验室，定期发布“场景机会清单”，形成更多应用场景IP，打造30个典型应用案例。加快建立“雏鹰—瞪羚—独角兽”企业梯度培育体系。推动一二三产与数字化智能化深度融合发展，催生新业态，提升数字经济比重。推动大企业平台化生态化服务化转型，建设直播电商示范基地。

（六）建设高能级开放大平台

高标准建设自贸片区，有效上报30条制度创新，建设易货贸易平台，加快国际贸易创新产业园建设。争创进口贸易促进创新示范区，全面提升综合保税区、跨境电商综合试验区等开放载体功能。与宁波片区共同打造数字化港口综合服务平台，推进智慧数码港建设。完善江北新兴产业集中区与主城区的空间衔接，楚江大道东段建成通车。加速推进江北新兴产业集中区创新发展、联动发展，完善城市新区功能。开工建设湾谷总部经济园、数字软件园和青年创业产业园。推进开发区人事和管理机构改革，鼓励社会资本参与开发区公共服务、基础设施类项目建设。推进“标准地”改革，“标准地”占产业用地比重提高到50%。加快芜宣机场改扩建，力争实现旅客吞吐量50万人次、货邮吞吐量5000吨，申建空港保税物流中心（B型）。开展低空空域管理改革试点，加快发展低空经济。规划建设宁安铁路与巢马扬铁路联络线，推动芜宣机场接入宁宣高铁。举办全球航空货运枢纽港启航大会、“中国视谷”发布会、低空经济发展大会、中国家博会，建立进博会和世界制造业大会“双招双引”对接机制。

（七）开展“双百攻坚”行动

按照清单化、闭环式方式，全力促开工、促进度、促建成。创新开展规划师进社区，以安全、干净、整洁、设施完好为标准，改造老旧小区125个、棚户区3344户，加快建设生活垃圾分类处置设施，实现“零填埋”。加快解决“拆而未安”历史遗留问题，建成安置房6000套以上。加强市到县及周边市高等级公路联通，峨山路一期、八里湾大桥建成通车，开工建设天天高速等9条高速、通江大道等8条快速通道。提高市域通行效率，新建续建93条城市次支道路，新增公共停车位2500个，构建“三网融合”通勤体系。按照“道路平、侧石挺、绿化美、排水畅、衔接顺”的标准，实施城区道路整治。启动“小老树”整治、“增花添彩”、口袋公园项目。新增公共绿化面积170万平方米，布局更多举步可达的体育设施。实施老船厂地块改造、沿江步道品质提升等群众关心的项目，建成“芜湖书房”10座以上。开展“行走芜湖”行动，用脚步丈量城市建设管理水平。全流程管理地下雨污管网建设，争创系统化全域推进海绵城市建设示范城市。

（八）全面推进乡村振兴

持续巩固拓展脱贫攻坚成果同乡村振兴有效衔接，保持现有政策稳定，实施好防止返贫动态监测和帮扶工作。推进“四化同步”，加快现代农业生产要素优化配置，鼓励人才下乡、能人返乡，把产业链延伸到田间地头。成立乡村振兴投资发展集团，建立工商资本下乡促进机制，发展休闲农业和乡村旅游、文化创意等新业态，打造5条全域旅游廊道。培育新型经营主体400家，创建市级以上现代农业产业园4个。促进农村电商与寄递物流融合发展，便利农产品出村进城、消费品下乡进村。推进水电路气网等往村覆盖、往户延伸，新建、改造“四好农村路”810公里。实施现代种业提升行动，新增芜湖大米品牌种植面积5万亩，新认证绿色食品、有机农产品、农产品地理标志30个。持续推进农业面源污染治理，从源头确保“舌尖上”的安全。科学编制多规合一的实用性村庄规划，新建60个省级美丽乡村中心村。加快农村集体经营性建设用地入市，推进村党组织领办合作社，开展生产、供销、信用“三位一体”试点，集体经营性收入50万元以上村占比达35%。

（九）不断增进民生福祉

科学精准做好疫情防控工作，健全“源头查控+硬核隔离+精密智控”机制，有序推进疫苗接种，构建免疫屏障。推进义务教育学校100%达省定标准，普通高中多样化特色化发展，积极稳妥推进新高考改革。打造“三心工程”升级版，构建中央厨房配餐系统。启动光明行动，呵护青少年和老年人视力健康。培育6所优质中职学校。支持安徽师范大学创建一流学科、皖南医学院更名大学和芜湖职业技术学院等高职高专升本，推动新设安徽航空职业技术学院等高职院校，支持安徽信息工程学院新设人工智能、智能制造产业学院。围绕我市产业需求调整优化学科专业结构，建设一批新型人才培养基地。吸引国内外强校强院强所来芜建设分支机构。支持重点医院打造优势学科群。推进皖南医学院与北京天坛医院合作建设神经系统疾病国家区域医疗中心，依托华东师范大学附属芜湖医院（市二院）建设省级区域医疗中心。深入开展爱国卫生运动。推动经济社会发展全面绿色转型，空气优良率保持在85%以上。狠抓长江生态环境大保护，实施山水林田湖草一体化生态保护修复，将更多水域纳入地表水生态补偿范围。新增8家省级绿色矿山。创建生态文明示范市。进一步扩大养老保险覆盖面。持续提高城乡低保、特困供养等对象社会救助水平。保障妇女、未成年人和残疾人合法权益。完善现代公共法律服务体系。打造“网络+网格”基层社会治理升级版，开工建设15个“两级中心”。创建国家安全发展示范城市，完成城市生命线安全工程一期建设，全面落实极端天气安全防范应急处置措施，加快重点领域监测预警、指挥调度、抢险救援工程建设。坚决守住食品药品、特种设备等安全底线，打造“食芜优”品牌。强化社会面治安管控，常态化开展扫黑除恶斗争。研究制定风险防范化解预案，加快化解存量债务，坚决遏制新增政府隐性债务。保障能源、重要资源供给，确保产业链供应链稳定安全。

（十）更好发挥政府作用

坚决把政治建设摆在首位，增强“四个意识”，坚定“四个自信”，做到“两个维护”，扛牢扛实全面从严治党主体责任和意识形态工作责任。推动政府工作更科学。牢固树立系统思维，着力强化顶层设计，建立“规划—政策—行动计划—项目清单—闭环管理”的一体化工作机制，防止合成谬误和分解谬误。依法接受市人大及其常委会的监督，自觉接受市政协的民主监督，主动接受社会和舆论监督。规范重大行政决策程序，完善合法性审核提前介入、重大行政决策后评估等机制。推动政府工作更严格。坚持用身边事教育身边人，让每一名干部真正严起来、紧起来、实起来。出台《芜湖市人民政府关于建立健全政府工作闭环管理机制的意见》，所有事项实施台账管理、督导督办、智慧督查，确保跟踪到底、层层落实、销号清零。严格落实中央八项规定精神。树立过紧日子的思想，加强审计监督，严肃财经纪律。推动政府工作更精准。精准制定和兑现公共政策，确保企业、群众快速享受政策红利。精准选择“双招双引”对象，引进更多优质资源。精准提供要素保障，加快项目建设进度。推动政府工作更细致。持续开展“市长在现场”，“一把手”主动“跨出一步”，坚决整治“庸懒散浮拖”，把“人民勤务员”的意识体现到政府工作的每个环节。办好初心热线等互动平台，持续推进信访积案化解，落实领导干部接访下访、包案化解和阅批群众来信制度。推动政府工作更专业。强化学习型政府建设，滚动选派干部赴先发地区学习实践，锻造敏锐、果断、执着的干部队伍。探索实施政府财务顾问、统计管家、上市管家等工作机制。组建新型智库，用好专家“最强大脑”。

各位代表！路虽远行则将至，事虽难做则必成。我们只有一步一步干在实处，才能昂首阔步走在前列。让我们在市委的坚强领导下，在市人大、市政协的监督支持下，不忘初心、牢记使命，攻坚克难、奋勇争先，加快打造省域副中心、建设人民城市，以优异成绩迎接党的二十大胜利召开！

中共芜湖市委　芜湖市人民政府关于推进人民城市建设的若干意见

（2021年7月22日）

为深入贯彻习近平总书记“人民城市人民建、人民城市为人民”重要论述和考察安徽重要讲话指示精神，扎实推进以人为核心的新型城镇化，为人民群众创造更加幸福的美好生活，现提出以下意见。

一、充分认识建设人民城市的深刻内涵和重大意义

（一）深入领会建设人民城市的深刻内涵。习近平总书记“人民城市人民建、人民城市为人民”的重要论述，为城市建设确立了“一切为了人民，一切依靠人民，成果共享于民”的要旨。建设人民城市是贯彻落实习近平总书记重要论述的具体举措，就是把人民群众对美好生活的向往作为目标追求，让城市发展处处围绕人、时时为了人、真正服务人，让共建、共治、共享成为城市发展的主基调，用实实在在的建设成果满足人民群众日益增长的美好生活需要。

（二）深刻把握建设人民城市的重大意义。践行人民城市重要理念、推进人民城市建设，是贯彻习近平总书记关于人民城市建设重要论述和考察安徽重要讲话指示精神的政治责任，是落实省委省政府决策部署、建设人民群众获得感幸福感安全感明显增强的省域副中心城市和长三角具有重要影响力的现代化大城市的现实要求，是全心全意为人民谋幸福、满足人民日益增长的美好生活需要的历史使命，是芜湖在更高起点、更深层次、更宽领域、更大格局上加快推进“二次创业”发展的重大战略机遇，是全市广大党员干部思想认识大解放、作风本领大提升、精神干劲大提振的宝贵实践契机。全市上下要将建设人民城市作为一项必须长期坚持的重大政治任务，集中全部精力、用足全部智慧，在打赢经济高质量发展攻坚战、创造高品质生活上迈上新台阶，在打赢城市能级提升大会战、增强城市核心竞争力上实现新跃升，在打赢乡村振兴总体战、推进城乡一体化发展上创造新经验，在打赢蓝天碧水净土保卫战、实现人与自然和谐共生上取得新成绩，不辜负省委省政府的信任、不辜负全市人民的期待、不辜负历史和时代赋予的使命。

二、建设人民城市的指导思想和发展目标

（一）指导思想

以习近平新时代中国特色社会主义思想为指导，深入贯彻习近平总书记考察安徽重要讲话指示精神，全面贯彻新发展理念，牢牢把握人民城市的根本属性，坚持以共建为根本动力，坚持人民在城市建设和发展中的主体地位，激发全市人民创新创业创造的热情；坚持以共治为重要方式，把全过程民主、实质性民主贯穿到城市生活的各个方面，把人民民主的制度优势转化为治理效能；坚持以共享为最终目的，把人民对美好生活的向往作为城市工作的出发点和落脚点。积极顺应城市发展规律，对标合肥、苏州等标兵城市，不断创新思想理念、创新体制机制、创新项目落实、创新管理服务，服务广大人民群众所需所盼的大民生，加快建设人民群众获得感幸福感安全感明显增强的省域副中心城市和长三角具有重要影响力的现代化大城市。

（二）发展目标

对照“两个一百年”奋斗目标，站在新的历史方位，坚持目标导向和问题导向，用5年左右的时间，有序实施一系列专项行动方案，建立覆盖城市建设发展全过程的长效常态治理机制，不断增强城市的整体性、系统性、生长性。到2025年，实现人、自然、空间、数据、文化等要素的融合互动，城市功能品质显著提升，规划建设管理水平明显提高，生态环境质量进一步改善，人居环境持续优化，城市治理更加和谐有序，把美丽江城建设成为宜居、宜业、宜游、宜学、宜养、宜创的“六宜”城市，从生活、生态、生产三个维度，呈现

出“古今交映、中西交融，山水相间、欢乐相伴，空间共享、产城共创”的人民城市风范。

——古今交映、中西交融。立足老古城、老海关、老船厂等独特资源禀赋，延续城市文化脉络，加强传承创新，营造精致典雅和烟火气息并存的生活氛围，动态串联文化资源，使红色文化、商贸文化、长江文化、西洋文化在交相辉映中激发新的时代魅力，实现经典与时尚、“中国风”与“国际范”，各美其美、美美与共。

——山水相间、欢乐相伴。立足山水兼备、生态环境本底良好的优势，坚持山水城林融合理念，坚持山水相间、精致繁华的城市设计定位，凸显“半城山半城水”特色风光，营造“有山有水有文化，大江大湖大梦想”的城市气场。坚持人民至上，把更多善意与温暖转化为城市规划建设管理的每个界面、每个细节、每个角落，彰显民生幸福感，增强市民归属感。聚焦“欢乐芜湖”品牌，让创新型、人民性、主客共享的城市魅力尽显、声誉日隆。

——空间共享、产城共创。立足扩大优质公共服务和公共空间供给，打造“智能嵌入、场景应用”的创新空间单元，构筑更多富有亲和力的人民生活空间、充满活力的城市公共空间，发展融合、赋能、便利的智慧化城市形态。秉持创新基因，推动产城融合发展，全面调动人的积极性、主动性、创造性，让每一位新、老芜湖人都能通过奋斗改变命运、拥有自己的舞台、获得成长进步，共同创造和享受殷实、富足的更高品质生活。

三、建设人民城市的主要任务和重点举措

（一）发挥规划引领作用，塑造人民城市的特色风韵围绕省域副中心城市发展定位，聚焦城市功能提升和形态塑造，构建全市统一的空间规划体系，保护传承历史特色，合理运用自然风貌，实现生产空间集约高效、生活空间温馨宜人、生态空间山清水秀。

1. 持续优化城市布局。高起点高标准编制国土空间总体规划和各专项规划，形成国土空间开发保护“一张图”。坚持生态优先、绿色发展的原则，以生态屏障和生态廊道为骨架，以集中连片的农业空间为本底；以市区为主、无为和南陵为副，按照集约节约要求划定城镇开发边界；构建“一江两屏、南北两圩、一主两副”的市域国土空间开发保护格局。建成国土空间信息管理平台，建立健全国土空间规划动态监测评估预警和监管机制。进一步强化土地利用规划、收储和出让统筹管理，提高土地开发质量效益。推进“西进、南扩、中提升”空间战略，构建以江湾为心、主城区优化引领极、江北融合发展极、东南新兴发展极、西南绿色发展极的“一湾四极”空间布局。加快跨江发展，大力推进江北新区建设，打造产城融合绿色发展新城区，推动江南片区空间重构与资源优化配置，建设航空新城，提升城市综合服务能力和产业发展层级，形成两岸联动、拥江发展格局。（牵头责任单位：市自然资源和规划局，皖江江北新兴产业集中区管委会）

2. 高水平推进城市设计。贯彻总体城市设计，充分考虑节水型城市、海绵城市、韧性城市等内容，统筹布局生产生活生态空间和公共服务设施，通过“留白增绿”等方式适当增加开敞空间和公共活动空间。强化片区设计引导和风貌管控，加强建筑设计管理，引入国内外优秀设计团队参与大型公共建筑设计，推动建筑与自然景观相协调融合，让建筑成为“阅读城市”的重要载体。力争到2025年，实现中心城区单元规划全覆盖。（牵头责任单位：市自然资源和规划局、市住建局）

3. 加快打造城市特色。保护和利用好古建筑，启动芜湖古城二期建设，系统实施“百年历史建筑复活”计划，挖掘西式古建筑和古街的文化内涵，激活“芜湖记忆”，使市民能从更广阔的视角来体验街道和建筑。到2025年，形成系统完善的保护利用体系，城市文化得到良好传承，成为展示城市形象的良好名片。推进市公共文化艺术中心等地标性公共文化空间建设，以沿江历史文化遗存、工业遗址、老建筑、生态节点等为支撑，滨江为轴，整体规划培育阅读、艺术、文创、体育、非遗、康养、党建等空间体系，打造标志性文旅“滨江秀带”。利用扁担河、芦花荡、响水涧等优质景观资源，营造新的创新空间。多样化发展特色街区小镇，规划建设机器人设计创意街区、特色商业街区和历史文化名街区，打造环市区特色小镇风情旅游带。提升长江沿线亮化水平，优化滨江景观设计，开通长江观光游船夜游线路。（牵头责任单位：市自然资源和规划局、市住建局、市文旅局）

（二）加强基础设施建设，构建人民城市的开放格局围绕“大交通、大物流、大贸易、大投资、大价值”体系建设，着力构建城市高质量发展的支撑体系，不断提升城市能级，打造联通长三角和中部地区枢纽型的开放名城。

4. 积极构建绿色便捷交通体系。大力推动基础设施建设，建设长三角交通枢纽。统筹高铁、机场、港口、高速，打造“空铁水公”多式联运的综合物流枢纽。建设塔桥铁路物流基地，规划建设G60科创走廊高速磁悬浮通道合肥—芜湖试验线、合芜宣城际铁路、安徽北沿江高铁，争取纳入全国高铁物流基地布局规划。机场年旅客吞吐量达到200万人次，打造国际航空货运枢纽港。加快建设普通国省干线公路，80%以上国省道达到二级及以上公路标准。实施一批快速化改造项目，构建由城际快线、市域快线、城区干线组成的市域快速路网体系。加快过江通道建设，建成城南过江隧道，推动城市轨道2号线二期过江通道、泰山路长江大桥建设。加快轨道交通建设，2021年城市轨道1、2号线建成运营，规划建设2号线二期，启动3号线、市域线路前期工作，推进轨道—公交—慢行“三网融合”交通体系建设。治理城市交通堵点，完善非机动车道及行人过街设施，构建城市慢行系统，人民出行更加安全便捷。〔牵头责任单位：市发改委、市交通运输局、市住建局、市重点处、机场（空港）公司〕

5. 完善城市静态交通系统。建设智慧停车系统，综合运用新一代信息技术，对全市公共停车场、社会停车场、路内泊位设施进行一体化运营监管，实现停车智慧化管理，提高停车泊位的利用率和周转率。2021年建成运营面向广大机动车驾驶人、经营管理单位的共治共享服务平台，同步对路内停车泊位进行智能化改造，接入全市所有公共停车场，按年度逐步推进新增公共停车场建设，切实缓解群众出行停车难题。（牵头责任单位：市住建局、市交投公司）

6. 全面完善市政基础设施建设。完善圩区和城市易涝区域排涝体系，实施长江芜湖段整治、长江洲滩圩垸分类治理、城市防洪改造提升等水利工程。建设人水和谐的海绵城市，到2025年，全市50%以上建成区达到海绵城市建设标准要求。在城市新区规划建设中，同步做好地下综合管廊的规划设计建设工作，减少马路拉链和乱开挖现象。持续维护市区水体，节约水资源，保护水环境，创建国家节水型城市。建立健全水体维护养护长效机制，建立完善的污水在线监控体系，探索推进“厂网河湖岸”一体化运营管理模式，实现城市建成区污水“全收集、全处理”，消除城区黑臭水体，国控断面水质和县级以上水源地全面达标，城市污泥无害化处理处置率达100%。（牵头责任单位：市住建局、市水务局、市生态环境局）

7. 加速推进新基建和数字化建设。实施“1115”行动计划，加快以5G网络和数据中心为重点的新一代信息基础设施建设，统筹互联网数据中心、云计算中心等功能性基础设施布局，建设完善城市级数据共享交换平台。到2025年，建成1万个5G基站，实现5G网络全覆盖，数字基础支撑体系建设跻身全国一流方阵。突出数字化引领、撬动、赋能作用，构建“物联、数联、智联”三位一体的信息支撑体系。推进数据要素市场化配置改革，引导培育大数据交易市场，加快成立大数据公司，建立大数据运营管理机制。实施工业互联网创新发展三年行动计划，以工业互联网带动产业数字化转型，畅通供应链和消费链，促进上下游产业融合联动，线上线下融合消费双向提速，实现价值链提升。推进智慧社区建设，实现社区党建、社区安全、社区政务、社区管理、社区共治、社区服务六大核心领域多项场景应用。（牵头责任单位：市发改委、市数据资源管理局、市大数据中心、市经信局、市民政局）

（三）扩大公共服务有效供给，催生人民城市的情感归属顺应人民对美好生活的新期待，着力优化创新创业生态，提供完善便捷的公共服务，创造丰富多彩的生活体验，统筹抓好底线民生、基本民生和质量民生，让和谐包容温暖人心。

8. 以经济高质量发展保障创业就业。将产业立市与人才优先发展战略有机结合，全力推进“双招双引”一号工程，以经济高质量发展打牢人民城市物质基础，培育更多充满活力的市场主体，推动更高质量更加充分就业，打造安徽创业之城，让人人都有通过奋斗改变命运的机会，都有成长进步的空间。实施“紫云英人才计划”，将人才招引、培养、服务、激励、保障整合成系统性的政策，构建具有芜湖特色和区域竞争力的人才制度优势。推进“双创”工作，建设全域孵化区，探索就业创业服务市场化路径，鼓励创业带动就业，引导新就业形态发展，开展国家级人力资源产业园建设行动、承接长三角创新创业平台建设行动、芜湖市公共职业训练基地建设行动。分类定制高校毕业生、退役军人、贫困劳动力等重点群体就业服务。到2025年，力争新引进300个高层次科技人才团队、1000名领军人才、城镇累计新增就业30万人，建成市级以上科技企业孵化器、众创空间100家，引进市外高校毕业生和留住在芜高校毕业生数量均翻一番。（牵头责任单位：市人才办、市人社局、市科技局、市产业创新中心）

9. 更好满足多层次多样化民生需求。更大力度优化生活新空间，向市民开放所有城市公共空间，建设城市“15分钟便民生活圈”。推进城乡特色阅读空间建设，完成“15分钟阅读圈”。构建完善文艺演出场所，打造“欢乐芜湖·周末剧场”品牌，鼓励组织国际级、国家级优质资源开展歌剧、话剧、芭蕾舞等品牌、新业态演出。利用滨江岸线、城市商圈、绿地公园等公共空间，定期举办文创市集、公共展览、创意快闪等文化活动，营造新型消费场景，创造现代时尚的生活体验和充满活力的创新平台。利用城市“边角料”空间，开展微改造，建成一批城市口袋公园、街头文化展厅、花园走廊等小而美的公共空间。打造长三角文化旅游热点城市和文化旅游强市，持续推进国家数字出版基地芜湖园区、城东文化旅游度假区建设。建设长江渔文化博物馆，深度挖掘长江渔文化资源。增强社会活力新元素，引导鼓励“夜间经济”快速发展，让全体市民及游客感受到夜空下江城的美丽与温情。（牵头责任单位：市文旅局、市农业农村局、市城管局）

10. 提供更加普惠均衡的基本公共服务。推进学前教育普及普惠发展、义务教育优质均衡发展、高中教育特色化发展，加快基础教育集团化学区化办学，提高基础教育质量水平，到2025年，全市普惠性幼儿园覆盖率达到90%，优质教育资源覆盖率达到70%。全面实施放心午餐、安心午休和爱心托管“三心工程”。推进3岁以下婴幼儿照护和幼儿园一体化进程，建立3岁以下婴幼儿照护服务体系，促进3岁以下婴幼儿照护服务向好发展。加快建设省级区域医学中心，依托市二院、市一院、市中医院、市四院、市五院，分别创建皖南肿瘤防治中心、儿童医学中心、中医骨伤中心、精神卫生中心、康复医学中心。健全重大疫情救治体系，构建突发公共卫生事件智慧监测网络，建设安徽省公共卫生临床中心（芜湖）。实行门诊看病“最多付一次”，推行老年人舒心就医。深化医疗保障制度改革，执行全民参保计划。到2025年，基本完成待遇保障、筹资运行、医保支付等改革。聚焦群众就近健身需要，“见缝插针”建设贴近社区、方便可达的全民健身中心、多功能运动场等健身设施。建成游泳跳水馆、奥体中心田径足球场、神山公园体育生态公园等。推动社区探索建设运动促进健康服务中心，鼓励医院培养和引进运动康复师。到2025年，人均体育场地面积达到2.6平方米，建成全国全民运动健身模范市。加快推进社区中心和睦邻中心“两级中心”建设，夯实基层生活服务、居民自治的平台，成为人民城市建设的重要功能载体，形成布局合理、功能完善、环境优美、管理高效、适宜各类人士生活、学习和创业的新型和谐社区格局。到2025年，建成运营30个“两级中心”，有效覆盖社区居民200万人以上。（牵头责任单位：市教育局、市卫健委、市医保局、市体育局、市宜居公司）

11. 守牢民生保障底线。完善覆盖全民的社会保障体系，推动养老保险制度改革，落实企业职工基本养老保险统筹制度。实施“工伤预防”“工伤补偿”“工伤康复”三位一体的工伤保险制度，持续扩大第三代社保卡覆盖面和应用范围。健全农村社会保障，执行统一的城乡医疗救助政策。积极应对人口老龄化，优化居家社区机构养老服务网络。到2025年，社区养老服务设施覆盖率、养老机构护理型床位占比分别达100%和55%。构建完善城乡多层次救助体系，提升残疾人、特困人员救助供养水平，推动慈善事业与社会救助、社会福利有效对接，让困难群体在新发展阶段享有更加幸福美好的生活。（牵头责任单位：市人社局、市民政局）

12. 促进城乡融合发展。全面实施乡村振兴战略，强化“以工补农”“以城带乡”，健全城乡融合发展机制，将乡村建设成为充满活力、令人向往的美好家园。深化农村土地管理制度改革，建立工商资本入乡促进机制，实现城乡要素跨界配置和产业有机融合。着力巩固拓展脱贫攻坚成果同乡村振兴有效衔接。推动城乡基础设施一体化发展，全面实现城乡生活垃圾处理一体化，促进基本公共服务普惠共享。扶持壮大村集体经济，拓宽农民增收途径。到2025年，农村土地流转率达75%，村集体经营性收入50万元的强村达到30%以上。（牵头责任单位：市乡村振兴局、市农业农村局）

13. 推进共同富裕。建立健全先富带动后富新机制，推进城乡一体化新格局，逐步形成以中等收入群体为主体的橄榄型社会结构。保障不同群体更好共享发展红利，深化收入分配制度改革，多渠道增加城乡居民收入。健全统筹城乡的就业公共服务体系，加快探索知识、技术、管理、数据等要素价值的实现形式，扩大中等收入群体。完善农村产权交易平台，稳步提高土地出让收入用于农业农村比例。探索赋予农民集体资产股份权能机制，深化农村资源变资产、资金变股金、农民变股东“三变”改革，增加农民的财产性收入。到2025年，农村居民人均可支配收入超3.4万元，城乡居民收入比1.8，差距进一步缩小。（牵头责任单位：市发改委、市乡村振兴局、市农业农村局、市人社局）

14. 打造安全城市。牢固树立生命至上、安全第一的思想，完善社会治安防控体系，高水平建设平安芜湖。构筑城市安全常态化防控和应急保障体系，加快建立城市安全治理长效机制，建立健全城市公共安全体系，强化城市安全风险防控，加强城市规划、设计、建设、运行等各个环节的安全管理，争创国家安全发展示范城市，让城市更安全、社会更安定、群众更安心。到2025年，建成与高水平全面建成小康社会相适应的安全发展示范城市，全面提升重点行业领域事故防控能力，人民群众安全感进一步增强。（牵头责任单位：市委政法委，市应急管理局、市公安局、市自然资源和规划局、市住建局、市城管局）

（四）打造宜居环境，彰显人民城市内外气质

深入践行习近平生态文明思想，坚持绿水青山就是金山银山的理念，加强长江保护与生态修复，依托自然资源禀赋，打造天更蓝、水更清、山更绿、城更美、空气更清新的城乡环境，实现人与人、人与自然、人与城市和谐共生。

15. 加快绿色低碳发展。开展全市“碳达峰、碳中和”行动，构建绿色低碳循环可持续发展的经济体系。打好蓝天碧水净土保卫战，完善党委领导、政府主导、企业主体、社会组织和公众共同参与的现代环境治理体系。到2025年，基本形成绿色发展和绿色生活方式，工业污染源全面达标排放，基本消除重污染天气。助力打造新阶段现代化美丽长江（安徽）经济带，加强长江干流和支流岸线、自然保护区、湿地公园、风景名胜区、森林公园、饮用水水源保护区等保护力度，以江北惠生联圩、江南龙窝湖为重点，打造百里长江生态湾，实现“一江碧水向东流”。不断优化城市绿地结构，达到“300米见绿、500米见园”。（牵头责任单位：市发改委、市生态环境局、市水务局、市住建局、市自然资源和规划局、市城管局）

16. 实施城市更新行动。加强老旧小区、街区、厂区改造，补齐社区短板，探索建立改造资金由政府与居民、社会力量合理共担机制。创建绿色社区，在老旧小区试点开展“适老化”和“节能化”改造，统筹旧区改造和城市更新区域空间资源，提升居住环境，实现城市功能和空间资源整体提升。到2025年，完成老旧小区改造600个、棚户区改造1.9万户。开展“规划师进社区”活动，聚焦社区美化、环境改造、公共空间功能优化等，打造共建共治共享的生活共同体。把推进老旧住宅小区物业管理与社区建设相结合，小区整治改造与市场化物业管理相结合，进一步完善物业服务标准，形成规范长效的小区物业管理运行机制。推动功能设施、公共空间、城市风貌、老旧城区等方面的修补工作，全市人民不但有房可住，而且住得舒心。（牵头责任单位：市住建局、市自然资源和规划局）

17. 促进房地产市场健康发展。坚持“房子是用来住的、不是用来炒的”定位，通过增加土地供应、安排专项资金、集中建设等办法，切实增加保障性租赁住房和共有产权住房供给，规范发展长租房市场，落实租赁住房税费减负政策，完善住房市场体系和住房保障体系，加快建立多主体供给、多渠道保障、租购并举的住房制度，实现“稳地价、稳房价、稳预期”的发展目标，让来芜创业就业的新市民、本地青年人等各类人群都拥有自己的

住房。（牵头责任单位：市住建局、市宜居公司）

18. 提升城市软实力。自觉弘扬“开放、诚信、务实、创新”的城市精神、城市品格，完美传承敢为人先、自主创新、兼收并蓄、重信守诺等融入城市血脉灵魂的文化基因，悉心擦亮“皖江明珠、创新之城”这张城市名片。始终把人的感受度作为最根本的衡量标尺，塑造人性化城市、人本化关怀、人文化气息、人情味生活，让越来越多的人喜欢芜湖、点赞芜湖、心往芜湖、宣传芜湖。强化城市品牌形象塑造，精心设计城市地标、城市天际线、城市徽标、城市标语、城市LOGO等形象标识，持续打造“芜湖服务”“芜湖制造”“创业芜湖”等新时代芜湖品牌。加强城市传播能力建设，精心构筑对外交流平台，着力扩大城市“朋友圈”，讲好人民城市建设、省域副中心城市功能、“四个名城”打造等芜湖故事。充分发挥城市软实力的“加速器”作用，让核心价值凝心铸魂、让文化魅力竞相绽放、让现代治理引领未来、让文明名片更加闪亮、让名城风范充分彰显、让天下英才近悦远来，增强城市凝聚力、吸引力、创造力、竞争力、影响力，为人民城市建设提供不竭内生动力。（牵头责任单位：市委宣传部）

19. 深入开展文明城市建设工作。聚焦“举旗帜、聚民心、育新人、兴文化、展形象”使命任务，丰富全国文明城市建设内涵，大力培育和践行社会主义核心价值观，全面推进新时代文明实践中心建设，深化文明城市、文明村镇、文明单位、文明校园和文明家庭等群众性精神文明创建活动，大力激发人们向上、向善、向美的精神力量。完善文明城市创建常态长效机制，全力建设全国文明典范城市。（牵头责任单位：市文明办）

（五）创新建设管理体制，完善人民城市的现代治理体系探索城市开发建设新机制，充分发挥各方面力量和人民群众的主人翁精神，汇聚起城市共建共治共享的磅礴力量，探索出一条具有芜湖特色的人民城市建设路径。

20. 设立芜湖市人民城市建设委员会。委员会由市委主要负责同志任主任，市政府主要负责同志任第一副主任，市有关负责同志任副主任，办公室设在市住建局。委员会旨在把握人民城市的根本属性，在人民城市建设过程中打破部门壁垒、实现统筹推进。（牵头责任单位：市委办，市政府办、市住建局）

21. 建立人民城市建设合伙人制度。定期选择一批为芜湖城市建设发展作出突出贡献的高等院校、知名企业等单位，作为芜湖人民城市建设合伙人。深化长期战略友好合作伙伴关系，支持合伙人深耕芜湖，进一步扩大投资、加快发展，共同建设人民城市；支持合伙人为城市发展建言献策，建立定期会商制度；支持合伙人将相关总部机构迁至芜湖，在与城市共生共荣中加快自身发展，呈现双赢局面。（牵头责任单位：市政府办、市投资促进中心）

22. 创新投融资模式。发挥国企作用，盘活政府存量闲置资产，整合国企资本参与组建、承建融资平台，对于具备收益的基础设施，可通过资产证券化方式来筹集新项目资金。争取国开行、农发行等政策性金融机构为城市建设项目提供长周期、低成本资金。用好地方政府专项债券，充分利用国家基础设施领域不动产投资信托基金试点政策。鼓励社会资本积极参与城市建设，通过债权、股权、基金等多种形式在资本市场直接融资。（牵头责任单位：市国资委、市地方金融监管局、市财政局、市发改委）

23. 构建智慧城市建设新模式。加快智慧芜湖建设，以数据资源为基础，以大数据创新应用、AI视频应用为引领，将整个城市的服务和运行汇聚在一张网上，实现信息整合共享、智慧协同的全生命周期城市管理，实现单一事项100%“最多跑一次”，更多事项“一件事一次办”，使政务服务“一网通办”、城市运行“一网统管”。推进民生应用场景建设，基于“一端（皖事通・城市令）、一卡（第三代社保卡）、一码（安康码）”加快健康、教育、旅游、养老等民生领域应用共享，实现“一码畅行芜湖”。搭建智慧长江平台，实现长江干线智慧监管。到2025年，智慧城市建设达国内同类城市领先水平。（牵头责任单位：市数据资源管理局、市发改委、市政府办）

24. 推进城市精细化管理。用绣花功夫抓城市管理，加强系统治理、依法治理、综合治理、源头治理，推动城市管理走向城市治理，建设政府、社会组织和市民“三位一体”、共同参与的精细化管理体系，让人民群众生活得更方便、更幸福。坚持项目化推进，持续抓好生活垃圾分类、公厕规范化管理，推进美丽街区建设。建设“智慧城管”，完善监督、指挥、考核、分析、服务等功能。（牵头责任单位：市城管局）

25. 提升基层治理能力和水平。创新基层社会治理方式，将社会治理的重心落到基层一线，扩大“三社联动”“三治融合”试点范围，发挥村（社区）作为党和政府联系、服务群众“最后一公里”的堡垒作用，拓宽和规范群众参与基层治理的渠道。完善区（县）—街道（镇）—社区（村）三级社会组织培育体系，大力培育社区服务类、公益慈善类社会组织，加大政府向社会组织购买服务力度。推动社会治理向前端、基层延伸，实现重心下移、资源下沉、权力下放，建设社会治理共同体，更好为基层赋权增能。（牵头责任单位：市委政法委，市民政局）

四、保障措施

（一）强化党建引领。坚持和加强党对人民城市建设的全面领导，健全党委统一领导、党政齐抓共管、全市人民共同参与的城市工作格局。深化基层党建，联结城市各类组织、各项工作，推动群团组织、社会组织、企事业单位积极参与，构建人民城市建设共同体。建立职责清晰、分工明确、监管到位的人民城市建工作责任体系，各级党委（党组）要切实担负起主体责任，主要负责同志要主动扛起第一责任人职责。

（二）坚持全民共建。坚持党的群众路线，充分激发人民群众的主人翁意识，坚持问政于民、问策于民、问计于民，畅通民意表达渠道，更好发挥政务服务“一网通办”系统、“12345”市民服务热线等渠道作用，坚持有求必应、有问必答、有策必研，让人民群众真正成为城市建设的积极参与者、最大受益者、最终评判者。支持人大、政协和统战部门发挥职能优势，完善听民意、聚民智、惠民生的制度机制，更好发挥工会、共青团、妇联等群团组织以及行业协会等社会组织作用，团结带领全市人民群策群力，增强人民城市共建有我、奋斗有我的责任意识。

（三）压实工作责任。建立督查通报和考核机制，对各项重点工作任务落实情况进行分析、督办、考核，将各责任单位工作任务落实情况作为综合考核评价的重要参考。健全系统化工作机制，统筹好规划、建设、管理、运营、服务五大环节，统筹好空间和时序，做好地上地下、水中岸上、平面立面等各类项目的整合衔接，构建人民城市建设全流程、闭环链模式。

（四）完善制度供给。健全城市规划、建设、管理、运营、服务的制度体系，发挥法治对城市治理的引领保障作用。完善科学决策、民主决策、依法决策的机制和程序，健全和完善决策后评估机制。围绕人民城市建设的总体部署，各有关部门要聚焦重点领域、针对群众关切，加强政策研究、协调联动，对照任务清单进行二次分解，研究制定专项工作方案，形成“1+N”制度政策体系。各县市区、开发区要结合本意见，研究制定本地区人民城市建设工作方案及配套措施，明确目标、任务和实施计划。

（五）引进专业人才。成立市人才发展集团有限公司，招引人民城市建设所需要的规划、建设、管理、运营、服务等方面的专业人才。建立健全干部挂职锻炼的常态机制，建立与长三角先进地区双向挂职机制，充分利用江北新区、自贸片区等平台，采取交流任职、人才选调、挂职锻炼、跟班学习等多种方式，推动干部人才在更大范围畅通流动。

（六）加强项目调度。严格落实项目“三级调度”机制，坚持工作项目化、项目清单化、清单责任化、责任时效化，建立健全人民城市建设项目谋划、储备和实施工作机制，将当前的开发建设项目与长远发展后备项目相结合，持续滚动增加支撑项目。创新可量化、可操作、可考核的项目推进机制，强化城市建设项目全生命周期跟踪管理，推动按序时进度落地落实。

（中共芜湖市委办公室）

大事记

Major Event

1月

1日

Δ中共芜湖市委召开常委会会议认真学习贯彻习近平总书记重要讲话精神研究部署“三农”、常态化疫情防控等工作，市委书记潘朝晖主持会议。

Δ长江重点水域“十年禁渔”启动仪式芜湖分会场活动在老海关广场举行。安徽省副省长周喜安出席活动。省政府秘书长、芜湖市委书记潘朝晖出席活动并致辞。省政府副秘书长戴启远主持活动。

Δ历经五年筹划建设，芜湖古城迎来正式开放。省文旅厅副厅长张健，市领导张志宏、程刚出席开放活动。

2日

Δ鸠江区在白茆镇套北村举办首批农村房地一体调查确权登记颁证仪式，套北村72户村民现场领到农村房地一体不动产证书。

3日

Δ元旦假日期间，铁路芜湖站发送旅客139607人次，元旦当天是客流最高峰，日发送客流量达到40641人次。芜湖公交3天安全运送乘客近100万人次。

6日

Δ市委党史和地方志研究室、市新四军历史研究会联合举办纪念“皖南事变”80周年座谈会。

7日

Δ芜湖市成功入选由国家文化和旅游部、国家发展改革委、财政部联合公布的第一批国家文化和旅游消费示范城市、国家文化和旅游消费试点城市名单。

9日

Δ国家发展改革委、科技部近日联合印发首批绿色产业示范基地名单，芜湖高新技术产业开发区名列其中。

Δ国家卫生健康委、中国红十字会总会、中央军委后勤保障部卫生局联合发文，芜湖市再次荣获“全国无偿献血先进市”称号，至此芜湖市六度蝉联此殊荣。

15日

Δ芜湖市城市道路涉路施工交通管理暨“城市清洁”专项治理行动动员部署会召开，市重点处、轨隧办、水环境治理办公室等相关部门负责人参加会议。

17日

Δ市安委会2021年度第一次全体会议暨春运安全工作视频调度会议召开。市委副书记、市长单向前主持。市领导宁波、桑宝庆、程刚出席。

21日

Δ安徽繁昌农村商业银行繁阳支行自身网点成功通过测试，启用繁昌区首台商业银行代理个人信用报告自助查询设备，标志着芜湖所辖各区征信自助查询代理服务点实现全覆盖。

22日

Δ芜湖造船厂有限公司为瑞典建造的全球首艘22000吨混合动力化学品船成功下水。填补安徽省双燃料船型和冰区加强级船型的建造空白。

23日

Δ全市规模最大的畜禽屠宰加工项目——芜湖大地畜禽集中屠宰加工基地在鸠江开发区西区沈巷工业园开工建设。

25日

Δ位于芜湖市武夷山路的安徽自贸区芜湖片区综合服务中心启动试运行。

2月

5日

Δ国家知识产权局发布公告，批准“南陵大米”为地理标志保护产品，自即日起实施保护。

6日

Δ作为全国第40个获批建

设轨道交通的城市，芜湖市轨道交通1号线全线热滑试验圆满完成。

8日

Δ市委副书记冯克金赴渔政趸船码头慰问渔政一线执法人员，并主持召开全市长江流域禁捕退捕工作调度会署。

10日

Δ市委副书记、市长单向前率队调研市级林长巡林工作，督导检查春节期间森林防火措施落实情况。

Δ芜湖火车站西广场投入使用，使用后芜湖火车站东西广场和站房完全联通，旅客进出站更加便捷。

13日

Δ市疫情防控指挥部常务副指挥长、副市长贺东率相关部门负责人，检查调研春节期间疫情防控工作开展情况。

15日

Δ市委副书记、市长单向前前往部分企业，实地调研了解企业发展现状，看望慰问春节期间坚守岗位和留芜职工，副市长贺东参加。

16日

Δ文化进万家活动首场走进芜湖造船厂有限公司，为春节期间坚守岗位的留芜职工送上一份“文化年货”。

18日

Δ加快新兴产业高质量发展暨全省第二批贯彻“六稳”重大项目集中开工现场推进会芜湖分会场活动，在仁联集团总部经济园区举行。市委副书记、市长单向前宣布项目集中开工。

19日

Δ春节假日期间，全市文旅行业联动发力，“就地过年”活动丰富多彩，七天假日全市接待游客98万人次，实现旅游收入7.5亿元。全市道路客运平安发送旅客17.8万人次，其中班线客运发送旅客7.78万人次，9条市域城际公交发送旅客10.07万人次，全市未发生交通安全责任事故。

Δ春节期间全市消费市场总体平稳有序，市场监管部门受理消费者投诉、举报、咨询663件，与上年同期1880件同比下降64.73%。

21日

Δ由中央农办、农业农村部日前印发的《关于通报表扬2020年全国村庄清洁行动先进县的通知》，对全国106个措施有力、成效突出、群众满意的村庄清洁行动先进县予以通报表扬。繁昌区榜上有名，成为芜湖市唯一入选的县（区），也是安徽省入选的4个县（区）之一。

25日

Δ团市委依托“鸠兹平安护航团”，组织青少年权益服务团开展“情暖童心”送温暖活动，为农村留守儿童、城乡流动儿童等送去关心关爱。

3月

1日

Δ市委副书记、市长单向前率队代表市委市政府感谢海螺集团为芜湖发展作出的贡献，推动地企深化合作。海螺集团经营业绩2020年再创历史新高，蝉联世界500强榜单，名列第367位，并首次跻身中国企业100强，位列第92位。

Δ《中华人民共和国长江保护法》实施。芜湖市完成长江建新绿1144公顷，构建起完备高效的森林、湿地生态系统。

2日

Δ芜湖市民政局印发《关于改革完善社会救助制度的工作举措》，提出7个方面24条工作举措。

3日

Δ副省长何树山率省“双招双引”高端装备制造产业专班推进组调研芜湖市高端装备制造产业发展情况，省政府副秘书长汪春明陪同。市领导单向前、贺东参加调研。

Δ市委农村工作会议暨全市巩固拓展脱贫攻坚成果同乡村振兴有效衔接工作会议召开，市委副书记、市长单向前出席会议并讲话。

7日

Δ中国人民政治协商会议第十三届芜湖市委员会第四次会议在市政务文化中心开幕。会议应出席委员374人，实到358人，陆雷主持会议。10日，会议完成各项议程，在市政务文化中心闭幕。

8日

Δ芜湖市第十六届人民代表大会第五次会议在市政务文化中心开幕。会议应到代表382人，出席本次全体会议的代表352人。11日，会议完成预定的各项任务，在市政务文化中心闭幕。

11日

Δ全市政法队伍教育整顿领导小组（扩大）第一次会议召开，市委副书记、市长、市政法队伍教育整顿领导小组组长单向前主持会议并讲话。

15日

Δ副省长章曦率队赴海螺集

团走访调研，了解企业发展历程、产业布局、科技研发、新材料应用等情况。市领导单向前、宁波参加。

Δ全市新冠病毒疫苗扩大接种工作调度会召开，副市长贺东出席会议并讲话。

17日

Δ由安徽扬子职业技术学院牵头成立的皖江职业教育集团成立。省委教育工委委员、省教育厅副厅长解平，市委常委、市委秘书长、宣传部长张志宏出席。

Δ16—17日，国务院发展研究中心副主任王安顺一行来芜，就“江河港口航运发展与长三角港口一体化”开展专题调研。副省长何树山，市委副书记、市长单向前等省、市领导参加座谈或陪同调研。

19日

Δ自江苏、浙江、安徽、上海三省一市联合印发的《关于长三角地区交通运输电子证照互认事宜的通知》文件发布以来，在芜湖，市民通过皖事通进行申领居住证、驾驶证、出生医学证明、营业执照、不动产登记证明等多个电子证照。

20日

Δ安徽省江南十校联谊会第三十四届年会在芜湖市第十二中学召开，来自全省各地117所学校的教师代表齐聚一堂，纵论新课程新高考改革，评析“江南十校”联考试卷。

22日

Δ在芜湖全市召开疫苗接种专题调度会，传达全国和全省新冠病毒疫苗接种工作电视电话会议精神，部署全市疫苗接种工作。市委副书记、市长单向前，副市长贺东参加。

27日

Δ芜湖市建成区74条水体全部完成治理工作，并通过省级“初见成效”验收，城市建成区黑臭水体消除比例为100%。

30日

Δ省政协副主席李和平一行来芜，围绕“加快科技创新攻坚力量体系建设，打造具有重要影响力的科技创新策源地”资政会议题开展调研，市政协副主席陈怡陪同。

Δ芜湖农行开展“金融消费教育进校园”专题教育活动，手把手教学生识别诈骗，防范诈骗。

4月

2日

Δ芜湖市市直单位关心下一代工作委员会（联合）揭牌。市委常委、市委秘书长、宣传部长张志宏，市关工委主任魏道斌出席成立大会。

5日

Δ芜湖市开通运行未成年人保护热线。热线受理范围覆盖全市，受理时间为全天24小时。

7日

Δ受公安部委托，省公安厅党委派员赴芜湖市公安局，为许少斌举行“全国公安系统二级英雄模范”追授仪式。

Δ市生态环境保护委员会召开2021年第三次会议，贯彻落实全省动员会精神，部署中央生态环境保护督察相关工作。

9日

Δ芜湖市“市人才一体化综合服务平台”上线。这是安徽省首个人才综合服务管理平台。

Δ由市委统战部、市委政法委联合举办的反邪教宣传教育进场所专题活动在无为市举行。

10日

Δ“乐享镜湖”2021全民超级生活节启动仪式在芜湖古城谯楼广场举行，副市长汤劲松出席启动仪式。

12日

Δ安徽省科学技术奖励暨加快建设科技创新攻坚力量体系推进大会公布，芜湖市36个项目（个人）获奖，创历史最好成绩。

14日

Δ全国政法队伍教育整顿中央第七督导组进驻芜湖并召开工作汇报会。中央第七督导组副组长张常韧主持会议。芜湖市委副书记、市长、市政法队伍教育整顿领导小组组长单向前汇报工作情况并作表态发言。

Δ生态环境部环境与经济政策研究中心主任钱勇率队来芜开展污染物与温室气体协同控制调研。

15日

Δ全国外语特色学校教育研究会第19届芜湖理事会在芜举行，来自全国75所会员学校及单位的175名代表齐聚一堂共谋发展大计。

Δ国家退役军人服务中心副主任盛保晨率队来芜调研。省退役军人服务管理中心主任江勇，副市长、市公安局局长桑宝庆陪同调研。

Δ14—15日，省政协副主席孙丽芳一行来芜湖，围绕“推进安徽自贸区建设”开展专题调研，副市长贺东、市政协副主席陈怡陪同调研座谈。

18日

Δ安徽省检察院检察长陈武一行来芜调研指导芜湖市检察队

伍教育整顿、基层院建设等工作。市检察院检察长赵昊平陪同调研。

20日

Δ市召开第二轮中央生态环保督察信访件“边督边改”调度会，通报全市对中央生态环保督察组转办信访件整改进展情况，副市长贺东出席。

Δ党史学习教育市委宣讲团成员、市委党史和地方志研究室副主任谢迎春赴江北集中区开展党史学习教育宣讲。

24日

Δ副省长张曙光率队来芜督导调研突出生态环境问题整改推进情况。市领导贺东陪同。

Δ第二届芜湖市青少年机器人竞赛在芜湖一中鸣锣开赛。来自全市50余所中小学校的221支队伍700余名师生参赛。市政协副主席、科协主席陈怡出席开幕式并宣布比赛开始。

28日

Δ市公共法律服务体系建设推进会暨市公共法律服务中心揭牌仪式举行，市领导何友旺、桑宝庆出席。

27—28日

Δ全国人大常委会原副委员长、中国关心下一代工作委员会主任顾秀莲来芜调研指导关工委工作。

29日

Δ芜湖青年庆祝中国共产党成立100周年主题团日活动在安徽工程大学举行。市委副书记、常务副市长宁波出席并讲话。

30日

Δ芜宣机场通航并举行通航仪式，首飞航线为北京大兴机场到芜宣机场。芜湖宣州机场于2018年10月开工建设，2020年建成并完成校飞；2021年1月完成试飞。

5月

4日

Δ省委常委、常务副省长、省政协副主席邓向阳率队来芜督导检查“五一”安全生产和疫情防控等工作。

5日

Δ市委副书记、常务副市长宁波带队赴繁昌区开展“五一”期间安全生产检查，市应急管理局、消防救援支队负责人参加。

Δ“五一”小长假，芜湖宣州机场迎来通航后的首个客流高峰，保障航班22个班次。

6日

Δ第四届江淮信息技术发展论坛在芜开幕。省科协党组书记、副主席王洵，市委副书记、常务副市长宁波，中科院院士陈国良出席开幕式。

7日

Δ副省长张曙光率队来芜督导检查突出生态环境问题整改工作。督导组就长江岸线治理、工业污废排放、生产噪音处理等问题，现场分析核实并督查整改进展。

Δ芜湖市人民政府与中国科学技术大学、安徽海螺集团签署合作协议，三方共建新材料与智能制造联合实验室。

Δ7—8日，省政协主席张昌尔赴芜湖市，就“打造乡村全面振兴安徽样板”进行调研。市委副书记、市长单向前，市政协主席张峰，市领导张志宏、陆雷，市政协秘书长刘见君参加调研或出席座谈会。

9日

Δ“我要上全运”全国社区运动会（试点赛区）暨芜湖市首届“乐动芜湖”社区运动会在奥体中心南广场拉开帷幕。

Δ2021年芜湖市青少年科技创新大赛暨第二届芜湖市青少年智能设计大赛拉开帷幕。

10日

Δ市人大常委会副主任董萍率队对全市防汛排涝准备工作情况进行专题调研。调研组先后来到无为市、繁昌区等7个县市区，现场查看长江二坝崩岸点、三山新大洲水毁修复工程、天门山路下穿、宝塔根隐患治理项目等16个防汛排涝点的防汛物资准备等方面情况。

11日

Δ省文旅厅及芜湖、马鞍山、铜陵、安庆、池州皖江5市文旅局相关负责人在芜湖市启动“美好安徽·欢乐皖江游”仪式。

12日

Δ2021年幼儿园招生工作意见出台，全市政府办幼儿园原则上仍采取就近入园、电脑派位或其它公平公正的方式招生。

13日

Δ芜宣机场与三元通用机场“两场”融合运行顺利启动。“两场”围界建成开通，后期通航试飞和训练航空器将使用芜宣机场跑道起降。

14日

Δ市委副书记、市长、市疫情防控指挥部指挥长单向前主持召开新冠肺炎疫情防控工作紧急会议，对全市防范疫情输入和常态化疫情防控工作进行再部署。副市长、市疫情防控指挥部专职副指挥长贺东参加。

15日

Δ芜湖山东商会成立。

16日

Δ安徽省副省长张曙光率队来芜督导检查疫情防控工作，并召开工作座谈会，对全市疫情防控工作进行再部署再动员。

17日

Δ市委副书记、市长单向前深入部分医疗机构、基层社区、疫苗接种点督导检查疫情防控工作。

18日

Δ市教育局根据2021年市区义务教育阶段招生工作意见，市区公办学校实行免试就近划片入学，优先保障符合“两个一致”的适龄学生就近入学。

Δ17—18日，副省长张红文率队来芜调研航空和机器人产业发展情况等。市领导宁波、贺东陪同调研并参加座谈。

19日

Δ芜湖市企业开办“一日办结”系统“供水、供电、供气报装”模块上线，为企业后续办理水、电、气安装提供便利。

20日

Δ19—20日，省政协副主席肖超英率队来芜，就环保督察、民营经济发展、“我为群众办实事”实践活动等方面展开调研。

23日

Δ湾沚区城市管理局为一线环卫工人接种新冠病毒疫苗开辟绿色通道，全力确保城区环卫工人“应接尽接”。

Δ历时8个多月的施工，逾400万元的投入，弋江区中南街道境内月河新村和相邻的农行宿舍两个老旧小区“组团”改造完成。

25日

Δ中央广播电视总台《今日中国》栏目在安徽省六个直播点中，芜湖城南过江隧道作为直播第一站“首发”出场。

26日

Δ2021年5月26日8时长江芜湖水位达到7.35米，超当地设防水位0.47米，创36年来同期第二高值，当日大通站下泻流量达到每秒59200立方米。

27日

Δ市委常委、政法委书记何友旺赴安徽扬子鳄国家级自然保护区长乐片区开展市级林长巡林工作。

Δ由安徽工程大学、市委宣传部、市总工会合作共建的“芜湖市产业工人队伍思想政治工作研究中心”揭牌暨签约仪式在安徽工程大学举行。

Δ镜湖区法院公开开庭审理并当庭宣判芜湖市首例高空抛物案件。

Δ25—27日，安徽省副省长周喜安来芜湖就智能家电产业发展、城市体检与更新、自然保护区建设等进行调研。

28日

Δ芜湖富春染织股份有限公司登陆A股市场，在上海证券交易所主板挂牌上市，成为芜湖市第23家境内外上市企业。

28日

Δ22—28日，全国科技活动周期间，芜湖市组织各类科技科普活动，集中展示芜湖市“十三五”期间科技创新成果。

Δ芜湖市举办首届“智汇中江”大学生科技创新创业大赛，开展送科技下乡、“四送一服”专项行动等活动。

29日

Δ芜湖市委召开全市领导干部大会，宣布省委关于芜湖市委主要负责人职务调整的决定。省委决定：单向前任芜湖市委书记；潘朝晖不再担任芜湖市委书记、常委、委员职务。

Δ中共芜湖市委党史和地方志研究室与安徽工程大学马克思主义学院联合成立皖江红色文化研究中心，立足于挖掘、整理、研究和利用皖江红色文化资源，全方位服务全市党史学习教育。

31日

Δ中国共产党芜湖市第十届委员会第十五次全体会议召开。全会由市委常委会主持。市委书记单向前作讲话。市委副书记、市政府党组书记宁波，市人大常委会党组书记、副主任丁祖荣，市委委员出席会议。全会审议通过《关于召开中国共产党芜湖市第十一次代表大会的决议》。

6月

2日

Δ省委常委、省委宣传部部长、省政法队伍教育整顿领导小组副组长陶明伦赴芜湖市，实地督导调研政法队伍教育整顿。

Δ芜湖市召开新闻发布会，发布2020年芜湖市生态环境状况和“十三五”生态环境目标完成情况。全市有省级及以上自然保护地13个，其中国家级自然保护区2个、省级自然保护区1个；国家森林公园2个、省级森林公园2个；国家地质公园2个；国家级水产种质资源保护区1个；省级湿地公园2个；省级风景名胜区1个。自然保护地正在不断整合优化。

3日

Δ省人大常委会副主任魏晓明率执法检查组来芜，就《中华人民共和国中医药法》和《安徽省中医药条例》实施情况开展执法检查。

4日

Δ全市食品安全委员会第三次暨药品安全委员会第一次全体会议召开。市食品安全委员会常务副主任、市药安委副主任，副市长贺东参加会议。

5日

Δ全市举办“六·五”世界环境日芜湖环保宣传周暨芜湖市首届“生态名城、美丽芜湖”主题优秀摄影作品展启动仪式，副市长贺东出席。

7日

Δ根据省委编办批复，经市委、市政府批准，芜湖市扶贫开发工作办公室重组为芜湖市乡村振兴局。市乡村振兴局挂牌成立，市委书记单向前为市乡村振兴局揭牌，市领导张志宏、汤劲松出席挂牌仪式。

Δ2021年高考如期拉开帷幕。市委副书记、市政府党组书记宁波率队巡视市高考工作，看望慰问考务工作者。2021年全市2.4万余名考生参加高考，市区设8个考点。

8日

Δ芜湖市成功入选“科创中国”试点城市。

Δ7—8日，省人大常委会党组副书记、副主任沈素琍率执法检查组来芜，就《中华人民共和国固体废物污染环境防治法》贯彻实施情况开展执法检查。

9日

Δ省委常委、常务副省长、省政协副主席邓向阳率队来芜调研防汛备汛及引江济淮工程建设情况。

Δ安徽省庆祝中国共产党成立100周年新创优秀剧目展演活动陆续举行。芜湖市入选的优秀剧目、大型原创现代黄梅戏《江城飞絮》在百花剧场上演。

10日

Δ芜湖市“光荣在党50年”老党员老干部座谈会举行，市委书记单向前为20名老党员代表发放纪念章。

Δ2021年全国智慧农业建设现场经验交流会在芜举办。

Δ全市第七批选派工作总结表扬暨第八批选派干部驻村动员部署电视电话会议召开。

Δ芜湖市大企业工会工作联系会召开。新兴铸管、奇瑞汽车等22家大企业工会干部齐聚双钱集团（安徽）回力轮胎有限公司，共同探讨深入推进产业工人队伍建设改革工作。

11日

Δ全市巩固拓展脱贫攻坚成果集中排查调度推进暨培训会议召开，传达省巩固拓展脱贫攻坚成果集中排查动员会议精神，部署全市相关工作。市委常委、秘书长、宣传部长张志宏出席会议并讲话。

12日

Δ由市委组织部、市外办、自贸试验区芜湖片区管委会组织开展的“双招双引”外籍人才专场推进会暨外资企业集中注册发证仪式举行，这是自贸试验区发放的首批新设外资商业企业营业执照。

Δ2021年“文化和自然遗产日”芜湖主场活动暨“芜湖市非遗购物节”在鸠兹古镇开幕。30个非遗项目与游客“零距离”开展互动交流，多位非遗传承人现场展示非遗技艺。

13日

Δ芜湖在全省率先开通“皖事通”线上人工客服功能。

15日

Δ芜湖市第十六届人民代表大会第六次会议在市政务文化中心开幕。市十六届人大六次会议应到代表379人，出席本次全体会议的代表352人，符合法定人数。市委书记、大会执行主席单向前主持大会。

Δ芜湖军分区党委第一书记任职大会召开。省军区政委王贵胜出席会议并代表省军区党委宣布：单向前任芜湖军分区党委委员、常委、第一书记。

16日

Δ市安全生产委员会、市应急管理局主办，鸠江区安全生产委员会、鸠江区应急管理局承办的2021年芜湖市“安全生产月”宣传咨询日活动举行。

Δ14—16日，2021年初中学业水平考试于6月14—6月16日举行，全市30939名考生报名，设28个考点、929个考场，其中市区考生11840人，设13个考点、398个考场。

18日

Δ市委组织部、市委宣传部、市直机关工委、芜湖传媒中心、市总工会、市文联联合主办的“永远跟党走”芜湖市直属机关庆祝建党100周年合唱比赛举行。

Δ京东物流货运包机一架波音737—300全货机在芜宣机场完成首航，芜宣机场首班全货机航班顺利进出港。

Δ安徽航瑞航空动力装备有限公司自主研发的全国首款300

千瓦级二级增压重油活塞发动机“猛雕”首发点火成功，为国内大型无人机提速发展注入“芜湖动能”。

19日

Δ2021年全省第六批重大项目集中开工动员会芜湖分会场公共基础设施建设提升系列项目开工活动，在江北集中区西湾花园中小学项目现场举行。

Δ市委党校（芜湖行政学院）以“永远跟党走”为主题，举行师生共庆建党100周年文艺汇演。

21日

Δ省关心下一代爱国主义教育基地授牌仪式在市王稼祥纪念园举行。省关工委常务副主任陈履祥，省关工委常务副主任刘玉尧，市关工委主任魏道斌出席。

22日

Δ“心中的歌儿献给党”——芜湖市庆祝中国共产党成立100周年主题音乐会在芜湖大剧院精彩上演。音乐会由市委宣传部、市精神文明建设指导委员会办公室、市文学艺术界联合会共同主办，市音乐家协会承办。

Δ市加快5G发展专项协调小组2021年第一次工作会议举行，市领导贺东出席。芜湖是全国47个首批建设的5G城市之一。

23日

Δ芜湖至日本快运航线成功首航，满载着集装箱的“顺达集99”号从芜湖港出发开往日本。

Δ“欢乐芜湖号”冠名飞机首飞成功。该客机除直飞芜宣机场外，还将执飞多条国内外城市航线，面向世界展示芜湖形象。

24日

Δ芜湖市政府与南开大学、海螺集团战略合作协议签约仪式在铁山宾馆举行。市委书记单向前，市委副书记、市长宁波，南开大学副校长、中科院院士陈军，海螺集团党委书记、董事长王诚等出席签约仪式。

25日

Δ市卫健委召开新闻发布会，对2021年3月发布的《芜湖市无偿献血实施细则》进行解读。新修订的《芜湖市无偿献血实施细则》是芜湖市无偿献血相关政策自2000年以来的首次调整。

26日

Δ“安徽省芜湖市水稻育种创新项”项目列入中央预算内投资。

Δ由市总工会、市书法家协会、市美术家协会共同主办的以“中国梦·劳动美——永远跟党走 奋进新征程”为主题，芜湖市庆祝“中国共产党成立100周年”全市职工书画作品展在市政务文化中心开展。

27日

Δ26—27日，市委书记单向前赴无为市驻村蹲点督导乡村振兴、防汛抗旱等工作，开展“七一”走访慰问老党员活动。市领导张志宏参加。

28日

Δ国家级绿色技术示范项目——奇瑞新能源汽车四期基地签约活动在铁山宾馆举行。市委书记单向前，市委副书记、市长宁波，市领导何友旺、贺东，奇瑞控股集团董事长尹同跃参加。

29日

Δ中共芜湖市委主办的芜湖市庆祝中国共产党成立100周年表彰大会暨“永远跟党走”主题党日在市政务文化中心举行。会议表彰芜湖市优秀共产党员100名、优秀党务工作者99名、先进基层党组织100个。

7月

1日

Δ由市委组织部、市委党史和地方志研究室、市档案馆共同组展的“芜湖·红色记忆”庆祝中国共产党成立100周年档案资料图片展在市政务文化中心开展。

Δ全市政法队伍教育整顿总结大会召开。省第一批政法队伍教育整顿驻芜湖指导组组长倪建胜到会指导。市委书记、市政法队伍教育整顿领导小组组长单向前出席会议并讲话。

2日

Δ中国工程院院士、全国政协委员、上海市政协副主席、华东理工大学副校长钱锋一行来芜开展产学研合作对接并举行座谈会。

3日

Δ2021年中国（芜湖）智能制造大会暨维达智谷揭牌仪式在经开区举行。覆盖工业互联网全产业链约300余家企业参加活动，首批10家国内知名工业互联网领域头部企业签约。

Δ由市委宣传部主办，安师大党委宣传部、市文旅局、芜湖传媒中心承办，市艺术剧院、中国海螺创业控股有限公司协办，安师大音乐学院师生演出的庆祝中国共产党成立100周年“红心向党 红歌传唱”大型红色经典史诗《长征组歌》在芜湖大剧院唱响。

4日

Δ芜湖市印发《关于深化医

疗保障制度改革的实施办法》。这是继国家、省出台关于深化医疗保障制度改革文件后，安徽省首部以市级层面高规格出台的实施办法。

5日

Δ市委召开常委会会议，学习贯彻习近平总书记在庆祝中国共产党成立100周年大会上的重要讲话精神，研究部署优化营商环境、常态化疫情防控等工作。市委书记单向前主持会议。

Δ芜湖市委组织荣获全国全省“七一”表彰人员座谈交流会。座谈会上，与会人员集中观看庆祝中国共产党成立100周年大会、“七一勋章”颁授仪式和会见“两优一先”代表等视频。

6日

Δ芜湖市召开学习宣传贯彻习近平总书记“七一”重要讲话精神工作会。市委常委、秘书长、宣传部部长张志宏出席会议并讲话。

Δ市委副书记、市长宁波会见来芜考察的中国科学院院士、清华大学教授雒建斌一行，就科技创新成果应用、城市科研环境提升等问题展开交流。

Δ5—6日，全国人大常委会委员、安徽省人大常委会副主任谢广祥率队来芜，就安徽省制定教育督导条例开展立法调研，广泛征求修改意见和建议。

7日

Δ商务部发布2020年度新认定国家外贸转型升级基地名单。芜湖经济技术开发区汽车零部件出口基地通过国家级外贸转型升级基地考核，并予授牌为安徽省芜湖经济技术开发区国家外贸转型升级基地（汽车及零部件）。

Δ国营芜湖机械厂获批第46届世界技能大赛飞机维修项目中国集训基地，芜湖技师学院获批第46届世界技能大赛机电一体化项目和移动应用开发项目中国集训基地。

8日

Δ2021年度市人才工作领导小组第一次会议召开。会议通报2020年芜湖全市人才工作总体情况，审议《2021年全市人才工作要点》《关于实施新时代“紫云英人才计划”加快推进芜湖高质量发展的实施意见》等相关文件。

Δ7—8日，长三角质量提升示范试点项目推进会议在繁昌召开。2021年全国“质量月”苏浙皖赣沪共同行动筹备会和增材制造产业长三角质量提升示范试点项目建设推进座谈会也在会议期间召开。

9日

Δ全市召开防汛抗旱工作会。市委书记单向前在会上听取市防汛抗旱指挥部办公室及有关成员单位汇报并作工作指导。

Δ由团市委、市乡村振兴局、市人社局、市农业农村局、市文旅局联合举办的芜湖市乡村振兴示范青创项目评选启动。

10日

Δ省委常委、常务副省长、省政协副主席邓向阳率队来芜调研新能源汽车产业发展。

Δ安徽省发展改革委公布“十四五”首批先进制造业和现代服务业融合发展试点名单。其中，芜湖经济技术开发区、芜湖高新技术产业开发区入选省首批试点区域，溜溜果园集团股份有限公司、三只松鼠股份有限公司、奇瑞控股集团有限公司入选省首批试点企业。

Δ六郎镇农业综合服务站作为芜湖市唯一一家单位入选全国星级基层农技推广机构。

11日

Δ由中共芜湖市委宣传部、芜湖市卫生健康委员会、芜湖市护理学会主办的“红心向党 生命护航”芜湖卫健系统庆祝建党100周年文艺汇演暨芜湖市“最美护士”颁奖活动在芜湖传媒中心演播大厅成功举办。

12日

Δ由芜湖市台湾同胞亲属联谊会、市台湾同胞投资企业协会共同主办的“走进芜湖 感受乡情”青少年台胞夏令营在芜开营。

15日

Δ全市召开2021年下半年新冠病毒疫苗接种工作视频会议，传达全国、全省相关会议精神，部署疫苗接种相关工作。

Δ13—15日，党史学习教育中央第三指导组来芜调研指导党史学习教育工作。省委常委、省委宣传部部长陶明伦，省委宣传部副部长李兵，省委党史学习教育第十一巡回指导组组长刘新跃，市委书记单向前，市委副书记、市长宁波，市领导张志宏、黄干、杨志斌等陪同调研或出席座谈会。

16日

Δ市义务教育阶段学校正式放暑假。出于常态化疫情防控需要，市教育局要求暑假期间师生员工原则上“非必须不出省”。

19日

Δ中集瑞江与海螺集团旗下海慧供应链在安徽芜湖签署战略合作协议。双方旨在推动中国水泥运输行业智慧物流体系建设，围绕车、货及后市场构建一站式服务平台，实现传统销售模式向“互联网+运输”转型。

Δ全市依法整治非法经营成品油行为专项行动推进会召开，副市长贺东出席。

21日

Δ全市乡镇（街道）党（工）委书记党史专题培训班（读书班）在市委党校举行开班仪式。市委常委、秘书长、宣传部长张志宏作开班动员并讲党课。

22日

Δ国家发展改革委发布物流业制造业深度融合创新发展案例名单，芜湖市2家企业入选典型案例（全省4家）、1家企业入选入围案例（全省1家）。

23日

Δ市政协召开重点提案督办协商会，就2021年度重点提案“推进芜湖市主要公共场所AED（自动体外除颤器）配置，加快构建公共安全救助体系”进行督办协商。

24日

Δ是日晚，芜湖市发现1例南京禄口机场新冠肺炎疫情关联无症状感染者，连夜开展隔离管控、流调溯源、核酸检测、环境消毒等各项应急处置工作。

25日

Δ芜湖市新冠肺炎疫情防控指挥部召开工作汇报和视频调度会。省政府副秘书长、省疫情防控指挥部办公室第一主任李必方，市委书记单向前，市委副书记、市长宁波，市领导张志宏、桑宝庆、贺东参加。各县市区开发区通过视联网会议系统参会。

Δ芜湖市在城区开展全员核酸检测。

27日

Δ芜湖市召开规范校外培训机构发展联席会议，专题安排部署全市校外培训机构整治工作。副市长程刚参加。

28日

Δ市疫情防控专项应急处置指挥部召开疫情防控工作会议，传达省领导有关批示精神，分析研判疫情防控形势，研究部署当前工作。市委书记单向前出席会议并讲话。市委副书记、市长宁波主持，市政协主席张峰，市委副书记张庆亮，市人大常委会党组书记、副主任丁祖荣等出席。

Δ四川航空3U8945航班7月28日上午8点43分平稳降落至芜湖宣州机场，标志着芜宣机场至成都双流机场航线开通，这是芜宣机场首次迎来空客A321机型。

29日

Δ市疫情防控指挥部发布公告，从7月25—28日，芜湖市三天内在城区采样、检测2294753人，结果均为阴性。

Δ市运管中心严格落实落细各项疫情防控措施，持续做好道路交通疫情防控工作。

30日

Δ芜湖市人才发展集团揭牌成立，这是安徽省成立的首个人才发展集团。市委书记单向前出席揭牌活动并讲话。

31日

Δ市疫情防控专项应急处置指挥部召开视频会议，继续就疫情防控专项应急处置工作最新进展和督查中发现的突出问题进行通报，研究部署防疫工作。各县市区、开发区设分会场，市委常委、常务副市长贺东主持会议并讲话。

8月

1日

Δ芜湖市医保局联合市财政局、税务局和中国人民银行芜湖中心支行共同印发《关于完善城镇职工医疗保险基金市级统筹管理的通知》，在全省率先实行城镇职工医保基金市级统筹，正式实施。

2日

Δ截至2021年8月1日，芜湖市累计接种新冠病毒疫苗4014807剂次。其中，第一剂次2217762人，第二剂次1447794人，第三剂次349251人。全市第一剂次任务完成率74.95%，第二剂次完成率49.61%，全程接种任务完成率36.52%。而全市15—17周岁接种84182人，接种完成率85.61%。

3日

Δ鸠江区举行京东物流智能快递车发车仪式。这是安徽省投入使用的首批智能快递车，也是全省无人配送技术进入防疫应用场景的首次尝试。

Δ安徽师范大学学子王春雨闯入32届夏季奥运会女子800米决赛，并以1分57秒的成绩获得该项目的第五名。

4日

Δ芜湖市首座环境空气VOCs自动监测站建成。

Δ由团市委、市文明办联合开展的芜湖市希望工程2021“爱心圆梦大学”阳光助学行动启动。

Δ芜湖港务公司荣获“中国江河港口集装箱吞吐量超110万标箱集装箱码头”称号，在中国江河港口集装箱吞吐量排名位列第四。

5日

Δ中国物流与采购联合会完成全国物流示范园区评审工作并对第三批示范物流园区进行公示，芜湖市宝特芜湖现代物流产业园成功入列。

Δ截至8月4日，全市80480名15—17周岁在校在籍学生接种新冠疫苗第一剂，接种率为93.87%，完成省定接种任务。

7日

Δ文化和旅游部发布《关于公示第三批全国乡村旅游重点村名单和第一批全国乡村旅游重点镇（乡）名单的公告》，芜湖市湾沚区红杨镇和六郎镇官巷村分别入选。

Δ经过15个月的施工，投资1.95亿元的芜湖市第二中学（安澜中学）改扩建工程完工，老校区整体搬迁工作同步启动。

8日

Δ市级疫情防控专项应急处置指挥部召开会议，通报全市新冠肺炎疫情阶段性风险评估情况，经区、市专家组评估后，市区涉疫区域全部解除隔离，全部解封。

9日

Δ《芜湖市国企改革三年行动实施方案（2020—2022年）》8个部分36条改革举措印发。

10日

Δ美国森萨塔科技与湾沚区新能源汽车高压接触器生产项目签约仪式在铁山宾馆举行。

Δ《芜湖市村（居）民委员会设立公共卫生委员会的实施意见》印发，在省内率先启动全市范围村（居）公共卫生委员会建设。

11日

Δ安徽省2021年度省级绿色工厂评定结果公布，芜湖市5家企业入选。5家企业分别是：芜湖新兴铸管有限责任公司、瑞鹄汽车模具股份有限公司、德力西电气（芜湖）有限公司、安徽古麒绒材股份有限公司和建华建材（安徽）有限公司。

12日

Δ2021年度芜湖市“专精特新”中小企业名单对外公布，芜湖力钧轨道装备有限公司、安徽奇瑞瑞弗特种车辆技术有限公司等60家企业入榜。

Δ芜湖市第七届社会组织公益创投22个立项项目完成公示和签约，进入落地实施阶段。

13日

Δ学习贯彻习近平总书记“七一”重要讲话精神省委宣讲团宣讲报告会暨市委党史学习教育专题读书班开班式举行。市委书记单向前主持会议并讲话。

Δ芜湖市党员干部共读计划项目推进暨业务培训会召开。市委常委、秘书长、宣传部长张志宏出席。

15日

Δ由市委党史学习教育领导小组办公室、市委组织部、市委宣传部主办，市直机关工委、市委党校（行政学院）、市委党史和地方志研究室、芜湖传媒中心、芜湖新华书店有限公司承办的芜湖市党史知识竞赛，在政务文化中心E区1号会议室开考。

16日

Δ第八批驻村工作队工作用车发放启动仪式在奇瑞新能源汽车股份有限公司举行，现场为驻村工作队配发新能源电动汽车改善驻村工作条件，畅通进村入户“最后一公里”。

20日

Δ市委平安芜湖建设领导小组会议暨市扫黑除恶专项斗争领导小组会议召开。市委书记单向前主持会议并讲话。

22日

Δ芜湖市级双总河长签发第2号总河长令《关于全面落实长江保护法深入推进河湖问题整治的决定》，以河长令形式，坚决贯彻落实《长江保护法》。

23日

Δ市人大常委会副主任董萍率执法检查组，对全市贯彻实施《中华人民共和国固体废物污染环境防治法》（简称《固废法》）情况开展执法检查。

Δ第十届中国创新创业大赛安徽赛区芜湖市赛决赛开赛，39支创业团队携项目参赛。

24日

Δ市关工委主任魏道斌率队深入鸠江区开展预防青少年儿童溺水工作专项调研。调研组一行先后来到沈巷镇、鸠江区听取青少年儿童防溺水工作情况汇报，详细了解防溺水设施、隐患排查及救援措施等落实情况。

Δ23—24日，市人大常委会副主任董萍率执法检查组，对全市贯彻实施《芜湖市居家养老服务条例》情况开展执法检查。

25日

Δ芜湖市政府召开突出生态环境问题整改工作约谈会，就全市部分重难点突出生态环境问题约谈整改责任单位，严紧压实整改工作。市委常委、常务副市长贺东参加，副市长姚凯主持。

Δ芜湖造船厂为荷兰船东建造的5800吨级多用途船顺利下水。该船服务于无限航区，可具备1A冰区加强航行，是安徽省首艘5800吨级冰区加强多用途船。

27日

Δ市召开2021年全民健身工作委员会（扩大）会议，会议通报总结全市全民健身工作情况，部署今后重点任务。副市长王芳出席会议。

28日

Δ2021年全省第八批重大项目集中开工动员会芜湖分会场活动在鸠江区智能仓储及汽车智能座舱系统集成研发生产项目现场举行。市委书记单向前宣布项目集中开工。

29日

Δ孚能科技与芜湖市人民政府举行年产能24GWh新能源电池项目签约仪式。安徽省委副书记、省长王清宪，省政府秘书长潘朝晖，中国国新控股有限责任公司党委副书记、总经理莫德旺，芜湖市委书记单向前，市委副书记、市长宁波等见证签约。

Δ由市委党史学习教育领导小组办公室、市委组织部、市委宣传部主办，市直机关工委、市委党校（行政学院）、市委党史和地方志研究室、芜湖传媒中心、芜湖新华书店有限公司承办的全市党史知识竞赛决赛在芜湖传媒中心演播大厅举行。

30日

Δ芜湖经济技术开发区管委会与纬湃汽车电子（芜湖）有限公司在铁山宾馆签署《动力总成智能化电气化项目投资合同》。

9月

1日

Δ第七届全国职工职业技能大赛数控机床装调维修工赛项安徽省选拔赛在安徽机电职业技术学院拉开帷幕。竞赛由理论考试和实际操作比赛两部分组成，12支代表队近40名选手参加。

Δ芜湖人专属的补充医疗保险“芜优保”上线，标志着芜湖市多层次医疗保障体系建设迈上新台阶。副市长姚凯出席启动仪式。

2日

Δ“书香政协·香飘鸠江”揭牌暨“红色阅读”分享会启动仪式在鸠江区图书馆举行。市政协主席张峰出席活动并作基层政协工作辅导报告。

Δ全市希望工程“爱心圆梦大学”励志助学金发放活动举行。市委副书记张庆亮出席并讲话。

3日

Δ国家发展改革委公布2021年国家级先进制造业和现代服务业融合发展试点名单，芜湖市高新技术产业开发区获批试点区域（安徽省唯一），奇瑞控股集团获批试点企业（安徽省仅两家）。

Δ2021年芜湖市政府残工委会议暨市残联第七届主席团第四次会议召开，副市长王芳出席会议。

Δ芜湖市住房和城乡建设局、网信办、发改委、教育局等九部门联合发布《关于进一步促进芜湖市房地产市场平稳健康发展的通知》，进一步明确“房住不炒”的定位，坚持稳地价、稳房价、稳预期，确保房地产市场平稳健康发展。

4日

Δ由芜湖市委市政府主办、市委宣传部承办的芜湖市党政干部“共读计划”开讲。市委主要领导作领学发言，勉励全市党员干部多读书、读好书，长本事、增才干。

Δ2021年秋季开学，芜湖全市义务教育阶段7所新校园投入使用，义务教育阶段新增学位11940个，进一步促进全市义务教育优质均衡发展。

6日

Δ芜湖宣州机场迎来东海航空DZ6255航班首航，标志着芜湖打通与深圳、天津的“空中走廊”，再次通过航线串起珠三角、长三角与京津冀，为打造联通长三角和中部地区枢纽型的开放名城增添新动能。

Δ市文体共享空间——芜湖书房·悦享书吧对公民开放。市委常委、秘书长、宣传部长张志宏，副市长王芳出席活动。芜湖书房·悦享书吧位于鸠江区中江大道与涌金路的交会处，使用面积约2000平方米，藏书近3万册，是一个集免费阅读、文化活动、文化展示、休闲娱乐等多元功能于一体的公益性公共文化场所。

Δ芜湖市教育局会同市发改委等部门联合印发《关于进一步做好义务教育阶段学校课后服务工作的指导意见》，对义务教育阶段学校课后服务流程、经费保障机制、师资队伍建设等方面内容予以明确。

7日

Δ人民城市建设工作座谈会召开，对人民城市建设进行再动员、再部署。市委书记单向前出席会议并讲话。市委副书记、市长宁波主持会议。

8日

Δ芜湖市政府与省农村信用社联合社签订金融服务乡村振兴

战略合作协议，双方就资源配置、综合服务、金融创新等方面开展合作。

9日

Δ芜湖市召开平安芜湖建设及常态化机制化开展扫黑除恶斗争推进会、国家安全人民防线建设领导小组会议。市委副书记张庆亮主持并讲话，市领导何友旺、桑宝庆、陆雷，市一级巡视员凤剑峰出席。

10日

Δ芜湖市举办“寻找江城最美教师，共筑芜湖教育脊梁”庆祝第37个教师节颁奖活动。263名市级优秀教师、36名优秀教育工作者获得表扬。

Δ9—10日，南京都市圈全媒体联盟新闻行动聚焦芜湖市。采访组走进园区、企业、社区零距离感受芜湖新面貌、新气象、新成果。

13日

Δ芜湖市第十六届人民代表大会常务委员会第三十一次会议，听取和审议《市政府关于提请审议我市与河南省南阳市缔结友好城市关系的议案》，决定批准芜湖市与南阳市缔结友好城市。

Δ一年一度的“99公益日”温暖落幕，在为期3天的活动中，全市组建2218个爱心团队，8.28万人次参与线上爱心捐款，公众筹款总额累计146.36万元。

14日

Δ2021第十一届中国国际机器人高峰论坛暨第七届恰佩克颁奖仪式在芜开幕。副省长何树山宣布开幕。市委书记单向前致欢迎辞。

15日

Δ中国共产党芜湖市第十届委员会第十六次全体会议召开。全会审议通过十届市委的报告，审议批准十届市纪委的工作报告；审议通过《中国共产党芜湖市第十届委员会第十六次全体会议决议》，决定市第十一次党代会于2021年9月24日召开。

Δ省政协副主席夏涛率队来芜，围绕“推进乡村治安防控体系建设”情况进行专题调研。

16日

Δ15—16日，全国工商联党组成员、副主席李兆前一行来芜深入基层工商联、商会和民营企业进行考察调研。实地走访慰问基层工商联工作人员，了解基层工商联组织建设以及市县工商联换届等工作情况。

Δ中国（芜湖）科普产品博览交易会科技志愿者服装设计大赛的终评暨颁奖仪式举行。本次科技志愿者服装设计大赛面向省内外高校及社会各界征集创新设计方案，组委会共收到来自长三角及周边六省市参赛作品83件。

17日

Δ长江芜湖段，全长5.96千米的“八百里皖江第一隧”开启穿越长江江底之旅。市委书记单向前参加城南过江隧道“皖江奋斗号”始发活动并调研江北新区规划建设工作。

Δ第三届中国工业互联网大赛暨首届工业数字孪生大赛在芜启动。此次大赛由工业和信息化部等单位主办，中国信息通信研究院和芜湖市人民政府联合承办。

18日

Δ由市委组织部、市农业农村局、市乡村振兴局主办的芜湖市党建引领乡村振兴大讲堂开讲。全市4038名镇村干部、选派干部通过视联网系统在线收看乡村振兴大讲堂第1期。

Δ芜湖市12345政务服务便民热线挂牌仪式在市智慧城市协同创新中心举行。

19日

Δ市第十四届运动会青少年部、残运特奥部羽毛球比赛在市奥体中心拉开帷幕。此届市运会青少年部设置21个大项，其中中小学组15项、高校组6项，各项比赛于9月19日开始持续到11月上旬结束。

20日

Δ芜湖组织53家企业参展在合肥举办的第十三届中国安徽名优农产品暨农业产业化交易会，会展上“芜湖大米”“无为螃蟹”“溜溜梅”“紫约蓝莓”等一系列芜湖特色农产品亮相。

Δ在2021第十届中国创新创业大赛安徽赛区总决赛上，芜湖舍达激光科技有限公司荣获高端装备制造和智能家电组第一名，安徽荣灿控释药业有限公司荣获初创组二等奖。

Δ在全国群众体育先进及体育系统先进表彰大会上，芜湖市体育局、湾沚区文化旅游体育局、鸠江区文化旅游体育局、芜湖市气排球协会、芜湖职业技术学院体育教学部、无为市光明体育用品有限公司、繁昌区平铺镇7家单位荣获“2017至2020年度全国群众体育先进单位”称号。

22日

Δ芜湖市城市生命线安全工程启动暨芜湖泽众城市智能科技有限公司揭牌活动在中国电信芜湖大数据产业园举行。省住建厅厅长贺懋燮，市委书记单向前共同为公司揭牌。市委副书记、市长宁波致辞。

Δ芜湖传媒中心与澎湃新闻签订战略合作框架协议。市委书记单向前与上海报业集团党委书记、社长裘新会谈并见证签约。

Δ“上港集团——安徽港航”芜湖集装箱联合服务中心揭牌暨赫伯罗特定制航线首航仪式在芜举行。

23日

Δ第十八届“振兴杯”安徽省青年职业技能大赛工业机器人系统操作员决赛在芜启动。

24日

Δ中国共产党芜湖市第十一次代表大会在政务中心开幕。单向前代表中国共产党芜湖市第十届委员会作题为《加快打造省域副中心》的报告。大会应出席代表457名，实际到会代表447名，符合规定人数。

25日

Δ芜湖轨道交通1号线启动为期1个月的免费试乘活动，每周1万人，4万名市民代表将率先体验国内首条无人驾驶跨座式单轨。

Δ2021中国量产车性能大赛CCPC专业站首日，奇瑞集团高端品牌——星途汽车旗下的星途凌云，在雨水路面制动、颠簸挑战、麋鹿测试、直线加速4个科目竞技中，连夺中大型SUV组的“三项冠军”。

26日

Δ中国共产党芜湖市第十一次代表大会胜利闭幕，单向前主持大会并讲话。会议选举出由53名委员、10名候补委员组成的中共芜湖市第十一届委员会；选举出由39名委员组成的中共芜湖市第十一届纪律检查委员会；选举出37名芜湖市出席安徽省第十一次党代会代表；通过关于十届市委报告的决议、关于十届市纪委工作报告的决议。

Δ中国共产党芜湖市第十一届委员会第一次全体会议在市政务文化中心举行。会议选举产生新一届市委领导机构，单向前、宁波、张庆亮、张志宏、黄干、贺东、杨志斌、钱远喜、黄维群、张东、韦秀芳11人当选为市委常委；单向前当选为市委书记，宁波、张庆亮当选为市委副书记。单向前主持会议。

Δ中共芜湖市第十一届纪律检查委员会在市政务文化中心举行第一次全体会议，选举产生新一届市纪委常委和书记、副书记。受中共芜湖市第十一次代表大会主席团委托，黄干主持会议。通过全会选举，黄干当选为第十一届市纪委书记；曹建新、袁胜、曹多斌当选为第十一届市纪委副书记。

27日

Δ安徽省副省长周喜安率队来芜，实地调研林业产业发展、乡村生态建设等工作。

Δ2021安徽（芜湖）健康养老服务产业首届博览会在芜湖宜居国际博览中心举行。市领导董萍、桑宝庆出席。

Δ芜湖乡村振兴产业要素联盟成立，旨在探索乡村振兴发展模式，助力全市乡村全面振兴。副市长汤劲松主持成立大会。

29日

Δ市委书记单向前赴安徽师范大学，面向市内外线上线下20余万大学生开展“新学期公开课”宣讲，与大家共同学习领会习近平总书记在中央人才工作会议上的重要讲话精神，畅聊青年成长话题，共寻青年成才路径。

Δ芜湖市政府与清华四川能源互联网研究院、厦门邑通软件科技有限公司签署虚拟电厂建设战略合作协议，共同推动低碳发展和能源高效利用。

30日

Δ芜湖市在市烈士陵园举行公祭活动，市委、政府、人大、政协几大班子等主要领导人等参加。

10月

1日

Δ市委书记单向前率队“四不两直”调研督导安全生产、文明创建等工作，看望慰问假日期间坚守一线的劳动者。

Δ市举办全市最长健身步道启用暨步量神山全民健跑、芜湖书房·赤铸书院开放运营等文体活动。市委书记单向前出席并宣布活动启动。

7日

Δ市委副书记、市长宁波赴华电芜湖发电有限公司、芜湖新兴铸管有限公司、芜湖供电公司，调研电力保供情况，检查安全生产工作等。

Δ国庆黄金周运输期，芜湖火车站发送旅客36.63万人次，日均4.57万人次，较2020年同比多发送旅客6000余人次，其中高铁客流占比近八成。

8日

Δ省妇联党组成员、副主席王希锦一行来芜走访调研芜湖市妇女维权工作并“送奖到基层”。调研组还为市公共法律援助中心送去省维护妇女儿童权益先进集体奖牌。

Δ7—8日，“美好安徽·欢乐皖江”成果展暨“人民城市·

欢乐芜湖”文旅体验季开幕式在繁昌区途居马仁山露营地举行。

10日

Δ长三角九个城市政协共商G60科创走廊更高质量发展第八次活动在芜举行，来自松江、嘉兴、杭州、金华、苏州、湖州、宣城、芜湖、合肥的政协领导和部分委员齐聚江城，围绕“碳达峰、碳中和与高质量发展”主题共商低碳合作之举、共议绿色转型之计。

11日

Δ由中共芜湖市委网信办、芜湖传媒中心主办，芜湖新闻网、今日芜湖APP、芜湖发布承办的2021年“国家网络安全宣传周”活动开启。

Δ2021年芜湖市“戏曲进校园”活动启动仪式在市二中西洋湖校区举行，该校300余名师生参加并现场观摩优秀剧目展演。

12日

Δ全国政协常委、经济委员会主任尚福林率全国政协调研组，就“推动金融与制造业协同发展”在芜湖市开展专题调研。

14日

Δ芜湖市选派干部赴先发地区开展百日实训专项行动动员部署会召开。市委书记单向前出席并作动员讲话。市领导杨志斌主持。

Δ市委副书记、市长宁波深入镜湖区范罗山、雨耕山等地进行古建筑保护与复兴项目调研。

Δ13—14日，山东省政协副主席王修林一行来芜，围绕“医养结合机构建设”专题开展调研。

16日

Δ致公党芜湖市委第六次党员大会召开。省人大常委会副主任、致公党安徽省委会主委谢广祥，致公党安徽省委会副主委、合肥学院校长吴春梅，市委副书记张庆亮，市领导何向阳、崔执凤出席会议。

Δ芜湖市家庭教育研究会召开第七次会员大会。省妇联党组成员、副主席蔡小莉，市委副书记张庆亮出席。

Δ15—16日，九三学社芜湖市第九次代表大会召开。省政协副秘书长、九三学社省委专职副主委张腊梅，市领导张东、奚南山、程刚、陈怡出席会议。

17日

Δ中国民主同盟芜湖市第十五次代表大会召开。省政协副主席、民盟省委主委郑永飞，省政协副秘书长、民盟省委专职副主委侯宇虹，市领导张志宏、贺东、董萍、陈怡等出席大会。

Δ由芜湖圆融村镇银行主办，主题为“网络安全为人民，网络安全靠人民”的宣传活动在位于湾沚区的京师实验学校拉开帷幕。

18日

Δ市委书记单向前与率团来芜考察的宁波市侨商会会长薛惊理一行座谈交流。市领导杨志斌、汤劲松参加。

19日

Δ中国增材制造产业发展芜湖（繁昌）高峰论坛暨2021年中国增材制造产业年会在芜开幕。

20日

Δ芜湖市政府与国家发展改革委国际合作中心签署全面战略合作框架协议。国家发展改革委国际合作中心主任黄勇、副主任常皓，市委书记单向前，市委副书记、市长宁波，市领导贺东、韦秀芳等出席签约仪式并见证签约。

Δ芜湖经开区企业服务中心举行揭牌仪式，与安徽自贸试验区芜湖片区共建。市委常委、经开区党工委书记、管委会主任张东出席。

21日

Δ中国农工民主党芜湖市第十三次代表大会召开。省政协副秘书长、农工党省委专职副主委余成林，市领导杨志斌、姚凯、陈怡出席大会。

22日

Δ第十届中国（芜湖）科普产品博览交易会在芜湖市宜居国际博览中心开幕。此届科博会分为展览展示、论坛研讨、支撑活动三大板块。

Δ第十届中国（芜湖）科博会期间活动，大型话剧《今夜星辰》晚间在芜湖大剧院上演。

Δ长江之滨上演无人机灯光秀，数百架无人机变换展示出“科创科普两翼齐飞、创新创造决胜未来”“芜湖欢迎您”等字样。

23日

Δ长三角科技志愿服务联盟首次年会在芜举行，安徽省科协党组书记、副主席王洵，上海市科协副主席梁兆正，江苏省科协副主席徐春生，浙江省科协副主席陆锦，安徽省科协副主席刘旭，市政协副主席、市科协主席陈怡出席。

24日

Δ省委常委、常务副省长刘惠来芜调研战略性新兴产业发展、调度重点项目建设，听取市政府有关重点项目情况汇报，并与相关企业座谈。

Δ中国科学院杨焕明院士来

芜作《从抗疫说起：人类基因组计划和人类的未来》专题报告。市委副书记张庆亮主持。

Δ中国民主促进会芜湖市第七次代表大会召开。

Δ23—24日，“追梦中华·科技兴皖”2021海外华文媒体团在中国侨联信息传播部部长左志强和省侨联党组成员、副主席、秘书长杨冰陪同下，来芜开展采访考察活动。

25日

Δ由中国食品工业协会坚果炒货专业委员会指导、三只松鼠股份有限公司承办的第六届中国坚果健康周在芜湖开幕。

Δ长三角“三省一市”长江禁捕联动监督联合执法行动安徽省活动在芜举行。

26日

Δ市政府与中联重科签署科技新材料项目战略合作框架协议。中联重科董事长、CEO詹纯新，市委书记单向前，市委副书记、市长宁波出席仪式并见证签约。

Δ市城管局举行“环卫工人节”系列庆祝活动，为环卫工人办实事、送关爱。市人大常委会副主任、市总工会主席董萍，市政协副主席陆雷出席。

Δ25—26日，吉林省政协副主席赵晓君一行来芜湖市，开展“构建科技创新生态”专题调研。

27日

Δ芜湖市出席省第十一次党代会的芜湖代表团在驻地召开全体代表会议，会议推选市委书记单向前担任团长，市委副书记、市长宁波担任副团长。

Δ26—27日，芜湖中院、黄山中院联合组织开展的“办实事 开新局”省人大代表跨区视察人民法院活动在芜举行。来自两市的省人大代表及群众代表走进芜湖法院开展调研视察活动。

29日

Δ全市数字创意（线上经济）产业“双招双引”工作汇报会召开，市政协主席张峰出席会议并讲话，副市长王芳主持。

Δ中储粮芜湖直属库首次举办“公众开放日”活动，以“筑牢粮食安全压舱石”为主题，邀请50余名来自芜湖社会各界的代表走进“大国粮仓”，亲身体验智慧储粮“黑科技”。

30日

Δ29—30日，安徽省村（社区）“两委”换届工作第二督导组来芜督导调研村（社区）“两委”换届工作。督导组一行先后深入无为市、繁昌区所辖部分基层村（社区）督导调研，现场观摩繁昌区峨山镇沈弄村党组织换届选举党员大会，全面了解芜湖市的村（社区）“两委”换届工作进展情况，召开芜湖市村（社区）“两委”换届工作座谈会。

Δ国家文化和旅游部发布《关于第一批国家级夜间文化和旅游消费集聚区名单的公示》，芜湖方特旅游区入选第一批国家级夜间文化和旅游消费集聚区。

Δ中国国民党革命委员会芜湖市第十四次代表大会召开。

31日

Δ安徽信息工程学院技术与创新支持中心（TISC）获得世界知识产权组织和国家知识产权局授牌，成为芜湖市获批的第一个国家级知识产权公共信息服务平台，也是安徽省2021年唯一获批的TISC中心。

11月

1日

Δ全国乡村治理示范村镇第二批名单公布，芜湖市湾沚区花桥镇花桥村、繁昌区峨山镇东岛村、南陵县籍山镇三连村入选第二批全国乡村治理示范村。

Δ由安徽省总工会、省人力资源和社会保障厅、省港航集团共同举办的“2021年全省港航系统职业技能竞赛”和2021年“航道上的安徽”职工技能大赛安徽省港航集团芜湖港赛区开赛。

3日

Δ芜湖轨道交通1号线开通运营活动在鸠兹广场站举行。市委书记单向前出席活动并宣布开通。市委副书记、市长宁波致辞。

Δ三碳（安徽）科技研究院有限公司与芜湖高新技术开发区举行项目合作签约活动。市委书记单向前，海螺集团董事长王诚、总经理任勇，市领导贺东、黄维群等见证。

4日

Δ安徽广播电视台驻芜湖市全媒体记者站成立。市委书记单向前与安徽广播电视台党委书记、台长、总编辑聂庆义为记者站揭牌。

Δ芜湖人民城市建设首批合伙人——信义集团（玻璃）有限公司践行“合伙”初心、献上“信义”之举，由信义光伏产业（安徽）控股有限公司将旗下资产值1亿元人民币的“芜湖信义太阳能科技有限公司”100%股权无偿捐赠予“芜湖信义慈善基金会”。

Δ全省企业服务工作现场会暨中小企业服务体系建设和创新发展培训会在芜召开。

5日

Δ芜湖市第十四届运动会开幕式在市奥体中心体育馆举行。市委书记、市人大常委会主任单向前宣布开幕。

Δ芜湖市弋矶山医院89岁退休医生张舜华，荣获第八届全国道德模范（孝老爱亲类）称号。

7日

Δ市住建局印发《关于开展芜湖市居民住房情况和保障租赁住房需求民意调查的通告》，启动住房摸底调查工作。

8日

Δ芜湖市启动“人民城市建设的芜湖实践”大型融媒体采访，来自各个媒体的近百名记者用一场大型融媒体采访活动，来庆祝第22个记者节。

Δ由安徽省广播电视局、安徽省广播电视联合会主办为期两天的2021全省动漫训练营在市松鼠小镇开班。训练营吸引全省几十家优秀的影视动漫企业负责人齐聚一堂。

9日

Δ芜湖大江传媒有限责任公司揭牌成立。市委书记单向前，市领导张志宏、贺东，上海报业集团副总经理、澎湃新闻董事长程峰出席揭牌仪式并参观大江传媒展示厅。

Δ全市职业教育大会召开。市委副书记张庆亮出席会议并讲话，副市长程刚主持。会议传达全国、全省职教大会精神和《关于推动现代职业教育高质量发展的意见》精神。

10日

Δ2021年芜湖市文化旅游突发事件应急救援演练在芜湖方特旅游区东方神画主题乐园展开。演练由芜湖市人民政府、安徽省文化和旅游厅主办，鸠江区人民政府、市文化和旅游局、市应急管理局、市市场监督管理局、芜湖市消防救援支队、芜湖方特旅游区承办，安徽省应急管理厅、安徽省市场监督管理局参与指导。

Δ三山经济开发区峨桥镇农庄村66.67公顷贡菊喜获丰收，当地种植户趁晴好天气，完成采摘。

12日

Δ芜湖中小学“明日行知青悦课堂”大学生志愿者课后服务项目启动。市委副书记张庆亮，安徽工程大学党委副书记苏国红，副市长程刚，安徽师范大学党委委员、副校长陆林参加启动仪式。

Δ芜湖市举办“最美退役军人”“最美拥军人物”命名大会。副市长、市双拥工作领导小组副组长桑宝庆出席。大会宣读《关于命名芜湖市“最美退役军人”“最美拥军人物”的决定》并颁发证书和奖杯。

13日

Δ市委书记单向前会见上海合作组织副秘书长卓农·舍拉利一行，与其就开展文化交流合作进行座谈，并共同见证芜湖市古建筑复兴项目合作签约。

15日

Δ经市政府同意，市人社局、财政局印发《关于加发城乡居民基本养老保险高龄基础养老金的通知》，全市41万余名领取城乡居民基本养老保险待遇符合条件人员受益。

17日

Δ上海临港松江科技城与芜湖市签约，在上海松江共建长三角G60科创走廊芜湖产业创新中心一期项目。市委常委、常务副市长贺东，上海临港松江科技城副总经理、总规划师杜玉梅等见证签约。

18日

Δ市委常委会召开会议，学习党的十九届六中全会公报、《中共中央关于党的百年奋斗重大成就和历史经验的决议》以及习近平总书记关于《决议》的说明，研究部署十九届六中全会精神学习宣传贯彻等工作。市委书记单向前主持会议。

Δ市委副书记张庆亮赴市农业综合行政执法支队调研长江禁捕退捕工作。张庆亮认真听取全市禁捕退捕工作情况汇报，检查重点水域渔政执法工作，查看智慧长江（芜湖）综合管理平台运行情况。

19日

Δ安徽省新四军历史研究会学习贯彻习近平总书记重要回信精神情况（皖南片）交流会在芜湖市召开。省及皖南片各市新四军历史研究会负责人参加会议，市委副书记张庆亮出席并致辞。

22日

Δ第一届中国新型智慧城市建设峰会发布《2021年中国城市数字化转型竞争力》评估结果，公布“2021数字化转型百强城市名单”。芜湖市成功入选，位居第38位。

Δ农业农村部发布中国美丽休闲乡村推介和监测结果。湾沚区陶辛镇沙墩村入选中国美丽休闲乡村，南陵县何湾镇丫山村被纳入中国美丽休闲乡村监测合格名单。

24日

Δ芜湖市与上海前滩新兴产业研究院签署战略合作框架协议，并举行前滩综研安徽研究基地（芜湖）揭牌仪式。市委书记单向前与上海前滩新兴产业研究院院长、首席研究员何万篷一行开展会谈、见证签约、共同揭牌。

25日

Δ23—25日，副省长、省公安厅厅长李建中率队深入芜湖市企业、社区、农村，宣传宣讲党的十九届六中全会精神、省第十一次党代会精神，并开展相关调研。

Δ芜湖市第十四届运动会暨第二届全民健身运动会、第二届残特奥运动会完成既定赛事，圆满落下帷幕。市人大常委会副主任董萍，副市长王芳，市政协副主席梁清宇出席闭幕式。

Δ市住房和城乡建设局、市财政局联合印发《芜湖市青年英才租房补贴发放实施细则》，在芜就业创业的“青年英才”最高可领取每人每年2万元租房补贴。

26日

Δ芜湖市红十字会第五次会员代表大会召开。市委书记单向前出席会议并讲话，省红十字会党组书记、常务副会长张青出席会议并致辞。

30日

Δ市政协界别“我为人民城市建设商一事”活动开展情况汇报会召开。市政协主席张峰出席会议并讲话，副主席陆雷主持会议，副主席陈怡、孙四平，秘书长刘见君出席会议。

Δ第三届中国工业互联网大赛——数字孪生专业大赛颁奖仪式在芜举行。

12月

1日

Δ市委书记单向前赴深圳比克电池有限公司招商考察，与企业董事长李向前就加强合作事宜开展工作会谈。

Δ市委副书记、市长宁波赴安徽工程大学，宣讲党的十九届六中全会精神，并结合芜湖市实际与青年大学生畅聊成长成才话题。

Δ市委副书记张庆亮深入第四人民医院等地调研指导卫健系统党建工作，并宣讲党的十九届六中全会精神。

Δ智慧长江（芜湖）综合管理平台启动运行。平台通过多部门共享一套感知设备、共建一个长江专题数据库平台、共用人工智能调度系统，形成闭环管理，全面整合涉江执法力量，打通数据孤岛，构建起覆盖长江禁捕、打击非法采砂、岸线和自然保护区侵占、水质和大气污染防治、坝体崩岸监测等要素的一张图监管。

2日

Δ农业农村部长江流域渔政监督管理办公室主任马毅一行来芜湖市调研水生产业发展，并举行农业农村部芜湖珍稀水生生物保护基地和芜湖长江软体动物保护基地挂牌仪式。

Δ省人大常委会副主任沈强率调研组来芜湖市开展《安徽省实施〈中华人民共和国土地管理法〉办法》立法调研。

Δ全国城镇燃气安全排查整治动员部署电视电话会议召开。市委副书记、市长宁波在芜湖分会场出席并就贯彻落实会议精神讲话。

3日

Δ住建部、工信部联合印发《智慧城市基础设施与智能网联汽车协同发展第二批试点城市的通知》，芜湖市入选。

4日

Δ市委书记单向前深入繁昌区、南陵县、湾沚区督导粮食安全保障和“1%工作法”推进等工作，宣讲党的十九届六中全会精神。

Δ武汉海事法院芜湖法庭揭牌，成为“八百里皖江”第一座海事法庭。

7日

Δ全市村党组织领办合作社壮大集体经济实现共同富裕培训班开班，市委常委、组织部部长杨志斌出席开班仪式并作动员讲话。

Δ全市扫黑除恶斗争四大行业领域整治工作推进会召开。市委政法委、市扫黑除恶斗争领导小组负责人出席会议，市扫黑除恶斗争领导小组成员单位负责人参加会议。

8日

Δ九三学社安徽省委员会首个“乡村振兴实践基地”揭牌仪式在芜湖市殷港艺创小镇举行。

Δ第四届中国国际旅游景区装备博览会在安徽国际会展中心举办。市文旅局组织部分县市区文旅局及20余家重点文旅企业参展，推介欢乐芜湖的品牌形象和特有魅力。

10日

Δ长江禁渔暨渔文化论坛在芜湖市举行，全国渔业及渔文化保护领域专家学者齐聚芜湖市，共同见证中国（芜湖）长江渔文化博物馆项目启动。农业农村部副部长马有祥，中国科学院院士曹文宣分别作主旨报告。副省长周喜安讲话，市委书记单向前致辞。

11日

Δ由市委宣传部、市教育局、市妇联、团市委、芜湖传媒中心共同主办的芜湖市中小学“家校共育 同心筑梦”大讲堂启动仪式举行，副市长程刚出席活动。

Δ由芜湖市老年学会（协会）、市文联、芜湖传媒中心主办，芜湖艺术研究院等承办的“奋斗百年路 启航新征程”喜庆中国共产党成立100周年书画摄影展在市书画院展出。

12日

Δ市委副书记张庆亮率队赴无为市开展巡湖巡林，调研检查水生态保护、森林防火等工作。

13日

Δ学习贯彻党的十九届六中全会精神市委宣讲团走进南陵县。市委宣讲团成员、市委党史和地方志研究室主任魏超作宣讲报告。

Δ《芜湖市青年英才购房补贴发放实施细则》发布，符合条件的青年英才最高可获得10%购房款补贴。

15日

Δ全市乡村振兴推进大会召开。市委书记单向前出席并讲话，市委副书记、市长宁波主持。市委副书记张庆亮，市领导贺东、杨志斌、韦秀芳、董萍、程刚、汤劲松、陆雷出席。

16日

Δ全省“县县通高速”暨交通重点项目集中开工仪式芜湖分会场活动在无为市赫店镇交通重大项目开工现场举行。市委副书记、市长宁波讲话并宣布开工。

Δ市委副书记、市长宁波深入无为市、鸠江区，调研督导粮食安全储备、疫情防控、食品安全，统计基层基础建设、基层党建等工作，并慰问困难退役军人。

17日

Δ市委副书记、市长宁波率队赴安徽楚江投资集团有限公司开展“四送一服”活动，通过调研企业生产经营和项目建设情况、召开专题座谈会，为企业发展把脉问诊、解决难题。市领导何向阳、程刚，市政府秘书长王志鹏参加。

Δ安徽省第八届工业设计大赛“镜湖杯”都市智造专项赛颁奖仪式暨制造业单项冠军培训班活动在芜湖市举行。

19日

Δ省政府办公厅向各市和省直有关部门下发《安徽省“一业一证一码”改革试点工作实施方案（送审稿）》征求意见函，芜湖市在全省率先推行的“一业一证一码”改革被写入省政府文件。

Δ市人社局最新发布《“创业芜优”——返芜创业、双创承载平台相关政策实施细则》。返芜创业者，单个申请对象最高可享受补贴1万元；引荐返芜创业，引荐单个企业最高可奖励1万元。

20日

Δ位于三山港区高安圩作业区的芜湖长江LNG船舶加注站完成“新长江26007”LNG动力船加注作业，标志着全国内河首座岸基式LNG加注站建成并投入试运营，“气化长江”迈出实质性步伐。

Δ华东师范大学附属芜湖医院（市第二人民医院）与上海瑞金医院合作开通航空医疗救援通道，一架医用直升机在市第二人民医院新建的医用直升机停机坪试飞成功，成为芜湖市第二个具备停机能力的医用航空服务设施。

21日

Δ芜湖市召开全市根治拖欠农民工工资工作领导小组会议暨根治欠薪冬季专项行动推进会议，市根治拖欠农民工工资工作领导小组组长、副市长姚凯出席会议并讲话。

22日

Δ21—22日，全省乡村产业高质量发展暨农村人居环境整治提升现场会在芜湖市召开。副省长张曙光出席会议并讲话，省政府副秘书长戴启远，省农业农村厅厅长卢仕仁，市领导汤劲松出席。

Δ美的厨热智能家电产业园洗碗机项目投产仪式暨直播基地开启活动在经开区举行。市委书记单向前，市领导丁祖荣、贺东，美的集团厨房和热水事业部总裁徐旻锋现场见证。

Δ芜湖市2021年度打击传销工作会议召开。市委常委、政法委书记黄维群，副市长桑宝庆出席会议。会议通报全市2021年度打击传销工作开展情况、经验做法、存在问题，对下一步工作进行部署。

23日

Δ安徽省第七批援藏工作队临时党委书记、领队、西藏自治区山南市委副书记、常务副市长汪华东率山南市党政代表团来芜湖市考察。

24日

Δ春光慧谷·智能航空科创园项目开工活动举行。市委书记单向前宣布项目开工，市委副书记、市长宁波，市委常委、宣传部长韦秀芳参加。

Δ市委副书记、市长宁波与率企业家考察团来芜参观考察的洪泰基金创始合伙人兼董事长盛希泰举行座谈，双方就产业合作、创新发展等内容进行交流。

25日

Δ第十届科博会短视频大赛颁奖仪式在宜居国际博览中心举行。市委副书记张庆亮出席并讲话。

28日

Δ芜湖轨道交通2号线一期开通运营活动举行。市委书记单向前出席活动并宣布开通。市委副书记、市长宁波致辞。2号线一期线路呈东西走向，全长15.787千米，其中地下线长1.409千米，地面及高架线长14.378千米，设车站11座。

Δ中国首台套CKB锂电池回收利用项目竣工仪式在安徽海螺川崎节能设备制造有限公司锂电池厂房举行。市委书记单向前宣布项目竣工，市委副书记、市长宁波讲话。

Δ芜湖“Q乐节”启动仪式暨奇瑞QQ冰淇淋上市发布会在滨江公园举行。市委书记单向前，市委副书记、市长宁波，市政协主席张峰，市人大常委会党组书记、副主任丁祖荣，奇瑞控股集团董事长尹同跃，市领导张志宏、贺东、韦秀芳等出席。

Δ安徽省信用融资担保集团有限公司芜湖市分公司揭牌成立。

Δ芜湖市召开第32届见义勇为先进个人表彰大会。市委常委、政法委书记黄维群，市人大常委会副主任奚南山，市政协副主席陆雷，市检察院检察长赵昊平出席。

29日

Δ“市民心声”网络服务平台上线。市委书记单向前，市委副书记、市长宁波，市政协主席张峰，市委副书记张庆亮，市人大常委会党组书记、副主任丁祖荣等共同启动平台。

30日

Δ市委书记单向前，市委副书记、市长宁波，市政协主席张峰，市委副书记张庆亮，市人大常委会党组书记、副主任丁祖荣等市几大班子负责人分别走访慰问驻芜部队、困难群众、困难退役军人和烈属，向他们致以新年问候和祝福，送去党和政府的关怀与温暖。

Δ29—30日，芜湖市新四军历史研究会举行2021年度工作总结交流会及成立30周年报告会。各县（市）区新四军历史研究会成员、新四军老战士及后代、从事党史军史研究的专家学者等参会。

Δ“人民城市 欢乐芜湖”2022年芜湖市新年音乐会在百花剧场举行。全市道德模范、抗疫英雄、扶贫干部等社会各界代表欢聚一堂，市领导韦秀芳、董萍、陈怡观看演出。

市情概览

Overview of the City's Situation

建置沿革

芜湖历史悠久。春秋时，因“湖沼一片，鸠鸟繁多”而见于史载，名“鸠兹”，属吴国。战国时，先属越，后属楚，秦时属鄣郡。西汉元封二年（公元前109年），改鄣郡为丹阳郡，芜湖为所辖17县之一。因其治旁有“芜湖”“蓄水不深而多生芜藻，因以名县”，芜湖县名即始于此。吴黄武二年（223年），县治由鸠兹故地（今属芜湖县花桥镇）迁至青弋江北岸鸡毛山一带，仍属丹阳郡。东晋宁康二年（374年），上党百姓南渡，于芜湖县侨立上党郡，置襄垣县。东晋义熙九年（413年），芜湖县治被撤，为襄垣等所代达500余年。隋文帝开皇九年（589年），并襄垣、于湖、繁昌等县入当涂，原芜湖（城）降为当涂属镇。唐代，芜湖仍为当涂属镇。南唐李昪元年（937年），复置芜湖县，属江宁府。宋太平兴国二年（977年），芜湖属江南路太平州。元至正十五年（1355年），芜湖属太平府。明永乐十八年（1420年），芜湖属南直隶太平府。清顺治二年（1645年），芜湖属江南布政使司太平府。清康熙六年（1667年），芜湖属安徽省太平府。民国时期，芜湖历属安徽省芜湖道，安徽省第二、五、九、六行政督察专区，皖南行署。

1949年4月24日芜湖解放，4月27日成立芜湖军事管制委员会，直属南京军事管制委员会。1949年5月10日，成立芜湖市人民政府。从此芜湖市、县分置。5月13日设皖南行署驻芜湖市，辖芜当、池州、宣城三专区，芜湖市直属皖南行署。芜湖县属皖南行署芜当专区。1950年撤销芜当专区，芜湖县直属皖南行署。1952年2月4日，芜湖县改属皖南行署芜湖专区。1952年8月27日，撤销皖南、皖北行署，成立安徽省人民政府，芜湖市直属安徽省。芜湖县仍属芜湖专区，芜湖专区及芜湖县均驻芜湖市。

1958年2月27日，和县裕溪口镇划入芜湖市。6月21日芜湖市改属芜湖专区领导，同年11月27日专区和市合并，以芜湖专区名义出现，直属安徽省。1959年3月12日，并芜湖县入芜湖市。1960年1月14日，专区和市分开设置，市属省和专区双重领导。1961年4月26日，芜湖市直属安徽省。同年12月5日复置芜湖县，属芜湖专区，专区与县仍驻芜湖市。1965年7月

芜湖城市大景

（郑　远　提供）

19日，又划芜湖市归属芜湖专区。1971年3月，芜湖县迁驻湾沚镇。同年3月29日芜湖专区改名为芜湖地区，芜湖市、芜湖县同属芜湖地区。1973年2月25日芜湖市直属安徽省。1980年1月29日，芜湖地区改名宣城地区，行署移驻宣城，芜湖县属芜湖市。1983年7月1日，当涂县的大桥公社划入芜湖市。同时将原属宣城地区的繁昌、南陵、青阳三县及九华山管理处划归芜湖市管辖。2011年8月22日，无为县、和县沈巷镇划归芜湖市管辖。2019年12月26日，撤销无为县，设立县级无为市。2020年7月6日，芜湖三山区整体并入弋江区，设立新的芜湖市弋江区；撤销芜湖县，设立芜湖市湾沚区；撤销繁昌县，设立芜湖市繁昌区。

地理位置

芜湖市位于安徽省东南部，地处北纬30° 38′ 30″ —31° 32′ 25″、东经117° 28′ 28″ —118° 43′ 41″，属东八时区，市区坐落在长江与青弋江交汇处。全市东西两端最长距离约119千米，南北两端最长距离约100千米。市域东与马鞍山市、宣城市相连，南邻宣城市，西南与铜陵、池州市相连，西与合肥市接壤，北接马鞍山市。截至2021年底，全市总面积6009.02平方千米，全市常住人口367.2万人，比上年增加2.6万人。

地貌属长江下游冲积平原，主要由河漫滩和阶地构成，还有台地和丘陵。地表河湖交织，残蚀山丘散布。地属北亚热带和中亚热带的交接地带。土壤类型复杂多样，自然土壤有黄壤、棕壤；耕作土壤有水稻土和潮土。植被属北亚热带——常绿阔叶混交林地带。由于人为影响，原生植被不存，多为次生林和人工林，沿江平原则以栽培作物为主。2012年2月，芜湖市获得国家园林城市称号。2015年2月，芜湖市成为全国文明城市。2016年10月，芜湖市荣获“中国雕塑之城”称号。2018年，芜湖市获批建设国家创新型城市，被全国绿化委员会、国家林业和草原局授予“国家森林城市”荣誉称号。2019年，芜湖市入围跨境电子商务综合试验区城市。2020年9月24日，中国（安徽）自由贸易试验区芜湖片区揭牌。

芜湖交通便捷，是华东水陆交通的枢纽，芜湖港是长江溯江而上的最后一个深水良港；建成通车的高速公路在芜湖市形成东接苏浙沪长三角经济区、南连闽粤沿海发达地区、北接皖江江淮大地的“十字型”高速主通道。芜湖市经济地理位置优越，濒江近海，处于沿海开放向内地梯度推进的交汇点，具有向两翼腹地延伸辐射的区位优势，是通往世界名山黄山、佛教圣地九华山和太平湖风景区的重要门户。

（市委党史和地方志研究室）

自然资源

芜湖市地处长江下游，属北亚热带和中亚热带的交接地带，水资源、土地资源、矿产资源、动植物资源和旅游资源都非常丰富。丰富的自然资源，为芜湖的经济发展提供良好的基础。

水资源。芜湖市地处长江下游，地貌类型多样，平原丘陵皆备。全市总面积6009.02平方千米，其中水面面积916.32平方千米，占15.25%。（使用三调2020年度更新调查成果数据）

土地资源。全市耕地面积225889.28公顷；种植园地5546.17公顷；林地123525.25公顷；草地2941.43公顷；城镇村及工矿用地95007.26公顷；交通运输用地12871.83公顷；水域及水利设施用地128239.44公顷；其他土地3820.94公顷。（使用三调2020年度更新调查成果数据）

矿产资源。芜湖市是安徽省重要的化工及水泥建材生产基地，也是重要的有色金属生产基地。全市境内已发现各类矿产48种，其中，能源矿产4种、金属矿产13种、非金属矿产30种（含亚种）、水气矿产1种。查明资源储量的固体矿产40种，其中水泥用灰岩、电石用灰岩、陶瓷土等为芜湖市优势非金属矿产。目前在开发利用的矿产19种：铁、铜、铅、锌、金、沸石、电石用灰岩、熔剂用灰岩、水泥用灰岩、建筑石料用灰岩、建筑用白云岩、水泥配料用砂岩、陶瓷土、高岭土、膨润土、水泥配料用红土、建筑用砂岩、建筑用角闪岩、建筑用玄武岩等。

芜湖市矿产资源分布相对集中，铁矿主要分布在鸠江雍镇地区；铜矿等主要分布在南陵工山至何湾地区及无为昆山地区；金矿分布在南陵三里地区；水泥用灰岩主要分布在繁昌荻港—马坝地区，无为石涧及南陵何湾地区；建筑石料矿主要分布在无为石涧—严桥、繁昌新港—荻港—孙村、南陵工山—何湾、三里等地。截至2021年底，已查明主要非金属矿产保有资源量：水泥用灰岩约12.04亿吨；建筑石料用砂石约3.12亿立方米；电石用灰岩约1.84亿吨。已查明主要金属矿产保有资源量：铁矿石量约1.87亿吨；铜金属量约59.93万吨。

植物资源。芜湖属于北亚热带、中亚热带的落叶阔叶林与常绿阔叶林混杂林地带，由于人为影响，原生天然植物已基本不存在，多为次生和人工林，芜湖市有维管束植物1163种，其中蕨类植物21科32属39种，裸子植物9科19属41种，被子植物142科604属1083种。乔木树种主要有泡桐、臭椿、刺槐、枫香、樟树、乌桕、香椿等，花卉主要有月季、牡丹、菊花等。

动物资源。芜湖市境内野生动物组成丰富而复杂。兽类43种，隶属于8目21科，其中，国家Ⅰ级重点保护动物3种：穿山甲、小灵猫、江豚；国家Ⅱ级重点保护动物4种：水獭、獐、豹猫、貉。安徽省地方重点保护动物有6种：果子狸、黄鼬、鼬獾、狗獾、猪獾、小麂。爬行类24种，隶属于4目8科，国家Ⅰ级保护的物种1种（扬子鳄）；安徽省Ⅰ级保护的物种1种：金头闭壳龟；安徽省Ⅱ级保护的物种8种，如黄缘闭壳龟、短尾蝮等。两栖类9种，隶属于2目5科。市内分布有国家重点保护鸟类有30种，国家Ⅰ级重点保护鸟类1种（鹳形目的东方白鹳）。此外，安徽省地方重点保护鸟类有48种，国家三有保护鸟类164种。

（庞师泉）

气　候

2021年芜湖市平均气温17.3—17.9℃，其中市区年均气温17.9℃，偏高1.2℃。高温日数为12天，低温日数23天。全市降水量1212.9—1485.3毫米，与常年持平。其中市区年降雨量1248.1毫米，比历史均值(1211.2毫米)偏多3.1%。2021年6月10日入梅，7月11日出梅，梅雨量276.8—449.8毫米，较历史同期偏多29%。

2021年主要气候事件有：全市年平均气温为1961年以来最高；高温日数为近22年来最少，高温终日出现晚；梅雨期降水偏多，全年降水与常年持平；台风“烟花”对全市影响显著。

2021年，全市年平均气温均显著偏高，均为1961年以来历史最高。自2016年起芜湖市区持续偏暖0.7℃以上，其中2020年及2021年市区年平均气温均达到17.9℃，连续偏高1.0℃以上。2021年年初为暖冬，2月份异常偏高4.5℃，为历史同期最高。上中旬气温快速回升，22日气温最高市区最高气温达到26.9℃，为本站2月第二高值（历史极值为2009年2月12日29.4℃）。市区极端最高气温为37.9℃，出现在7月15日，极端最低气温为-7.2℃，出现在1月8日。

根据气候学上四季划分标准，2021年芜湖市2月11日入春，比历史同期（3月25日）偏早42天；5月25日入夏，较历史同期（6月2日）偏早8天；10月15日入秋，较历史同期（9月22日）偏晚23天，为有完整气象记录以来最晚。；12月1日入冬，较常年同期（11月20日）偏晚11天。春季103天，夏季143天，秋季47天，冬季72天。2021年夏季明显偏长32天，冬季偏短39天。

2021年高温日数为近22年来最少，高温终日出现晚。2021年高温日数（日最高气温≥35℃）为12天（异常偏少9天），为1999年以来最少。高温天气主要出现在7月中到下旬。8月高温日数仅2天，8月10－16日和21－26日全市出现两段连阴雨过程，导致高温日数异常偏少。

9月下旬—10月上旬秋老虎发威，出现3天高温天气，特别是10月3—4日市连续两天出现高温天气，创高温终日最晚记录。9月全市平均气温异常偏高2.7℃以上，为1961年以来同期最高，其中23日市区最高气温为本站9月份有气象记录以来最晚高温天气。

梅雨期降水偏多，全年降水与常年持平。芜湖市6月10日入梅，较常年偏早6天，7月11日出梅，接近常年（7月10日）；梅雨期长达31天，较常年偏多7天。梅雨期全市累计雨量276.8—449.8毫米（见表2），平均雨量为346.6毫米，较历史同期267.8毫米偏多29%；雨量分布不均，市区、无为市、南陵县偏多3—6成，湾沚区、繁昌区偏多1—2成。入梅以来，分别在6月12—13日、15日夜里—16日、26—27日以及7月2日、4日、8日出现暴雨。其中入梅第一场暴雨出现在6月12日20时至13日20时，累计降雨量54.6—138.5毫米，42个区域观测站超过50

附：芜湖市2021年气象要素表

	年均气温（℃）	距平（℃）	年降水量（毫米）	距平百分比	雪日（天）	极端高温（℃）	极端低温（℃）
芜湖市区	17.9	1.2	1248.1	3.1%	0	37.9	−7.2
无为市	17.7	1.3	1267.3	2.1%	8	36.8	−8.6
湾沚区	17.7	1.4	1212.9	−4.3%	1	37.7	−8.6
繁昌区	17.4	1.3	1329.5	−1.0%	1	38.9	−10.1
南陵县	17.3	1.3	1485.3	7.3%	1	38.0	−9.5

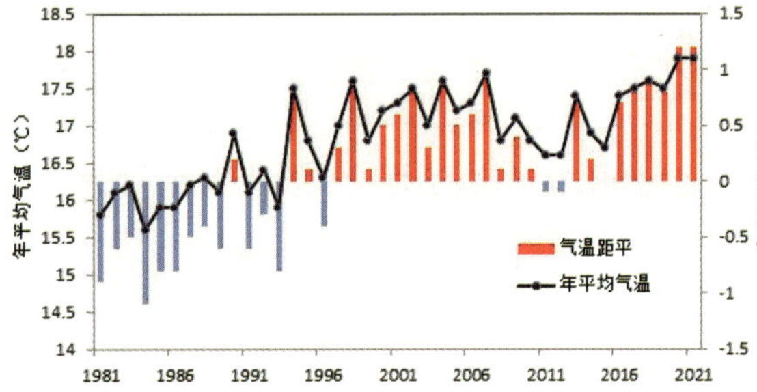

芜湖市区1981—2021年逐年气温变化

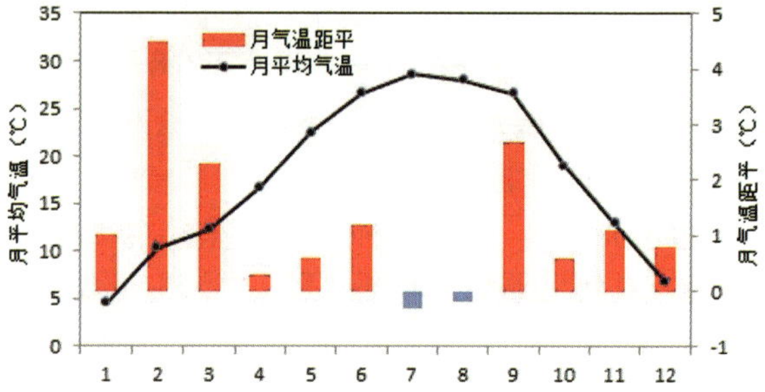

芜湖市区2021年逐月气温变化

附：2021年6月10日08时至7月11日08时降雨量统计（单位：毫米）

	市区	无为市	湾沚区	繁昌区	南陵县
累计雨量	348.4	353.6	276.8	304.5	449.8
历史同期平均	257.3	265.4	261.5	269.7	285.2
偏离（%）	35	33	6	13	58

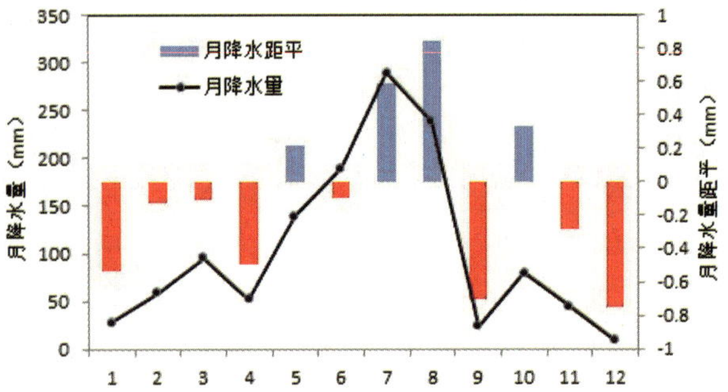

芜湖市区2021年逐月降水量变化

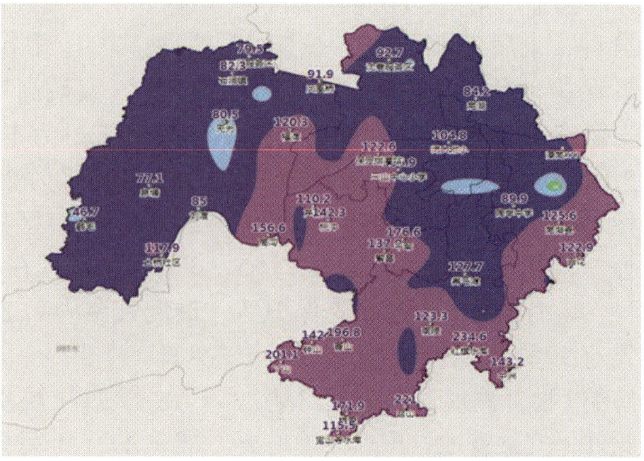

7月24日14时至28日10时芜湖市累计雨量图

（毕靖钰）

毫米，13个区域观测站超过100毫米，最大小时雨强为南陵县籍山镇红旗水库站69毫米（6月13日14—15时）。

2021年芜湖市降水量1212.9—1485.3毫米（表1），与常年持平。市区年降雨量1248.1毫米，比历史均值(1211.2毫米)仅偏多3.1%，月际降水分布不均匀，其中，5月、7—8月、10月降水偏多，其他月份降水偏少。年降水日数（日降水量≥0.1毫米）121天，接近历史均值；暴雨日数（日降水量≥50毫米）7天，异常偏多4.1天。

台风“烟花”对全市影响显著。2021年2106号强台风“烟花”于7月18日凌晨在西北太平洋洋面生成，25日中午和26日上午分别在浙江省舟山普陀和嘉兴平湖市沿海两次登陆，28日凌晨进入我省滁州境内并减弱为热带低压，28日20时前后在淮南市境内回旋，29日5时移出我省。

“烟花”持续时间长、影响范围广、雨势相对平缓、累计雨量大。7月24日起台风“烟花”外围云系开始影响全市，至28日降水过程趋于结束，全市累计降水如下：芜湖84.2毫米、南陵县123.3毫米、无为市80.5毫米、湾沚区125.6毫米、繁昌区137.9毫米，全市130个测站出现50毫米以上降水，其中70个测站超过100毫米，最大为南陵县红旗水库测站234.6毫米，最大小时雨强23.4毫米；无为市石涧服务区测点出现7级阵风（16.9米/秒）。

人口和人民生活

人口。2021年末，全市常住人口367.2万人，比上年增加2.6万人。

人民生活。据国家统计局芜湖调查队抽样调查，全年城镇常住居民人均可支配收入48668元，增长9.2%；人均消费支出29205元，增长15.0%；人均住房建筑面积36.3平方米。农村常住居民人均可支配收入27202元，增长11.2%；人均消费支出16747元，增长14.7%；人均住房建筑面积44.2平方米。城镇居民的恩格尔系数为32.2%；农村居民的恩格尔系数为34.8%。

附：芜湖市第七次全国人口普查公报

（芜湖市统计局）

行政区划

芜湖市为安徽省辖市，位于安徽省东南部，长江下游。东与马鞍山市、宣城市相连，南与宣城市、池州市接壤，西与铜陵市、合肥市政交界，北与合肥市、马鞍山市毗邻。芜湖市人民政府驻鸠江区政通路66号。

芜湖市辖镜湖、鸠江、弋江、湾沚、繁昌5个区，南陵1个县，代管无为1个县级市。有27个街道、44个镇，下设314个社区、623个村。

镜湖区位于市区中心。区境东、北与鸠江区及湾沚区接壤，

附：2021年芜湖市各县（市、区）行政区划概况表

县（市、区）	政府驻地	镇（个）	街道（个）	社区（个）	村（个）
镜湖区	张家山街道		10	55	12
鸠江区	官陡街道	4	7	78	56
弋江区	中南街道	1	10	56	51
湾沚区	湾沚镇	5		19	66
繁昌区	繁阳镇	6		26	70
无为市	无城镇	20		55	221
南陵县	籍山镇	8		25	147
合计		44	27	314	623

南与弋江区隔青弋江相望，西濒长江与鸠江区交界。辖张家山、赭麓、范罗山、赭山、弋矶山、汀棠、天门山、大砻坊、荆山、方村10个街道，有社区55个，村12个。区政府驻张家山街道文化路35号。

鸠江区位于市区北部。东、北、西与马鞍山市当涂县、和县、含山县和无为市交界，南邻镜湖区、弋江区和湾沚区。辖四褐山、裕溪口、官陡、湾里、清水、龙山、万春7个街道和沈巷、二坝、汤沟、白茆4个镇，有社区78个，村56个。区政府驻官陡街道九华北路789号。

弋江区位于市区中南部。东与镜湖区接壤，南与繁昌区、南陵县相接，西与繁昌区交界，北濒长江和鸠江区交界。辖中南、马塘、澛港、火龙、白马、南瑞、三山、保定、龙湖、高安10个街道和峨桥镇，有社区56个，村51个。区政府驻中南街道利民西路418号。

湾沚区位于市域东南部。东、南与宣城市宣州区接壤，西邻镜湖区、南陵县，北与鸠江区、马鞍山市当涂县交界。辖湾沚、陶辛、六郎、花桥、红杨5个镇，有社区19个，村66个。区政府驻湾沚镇芜湖南路9号。

繁昌区位于市域西南部。北与鸠江区、弋江区相邻，东、南与南陵县相邻，西与无为市、铜陵市义安区交界。辖繁阳、荻港、新港、孙村、平铺、峨山6个镇，有社区26个，村70个。区政府驻繁阳镇繁阳大道1号。

无为市位于市域西部。东与鸠江区、繁昌区接壤，南与铜陵市义安区、郊区、枞阳县相邻，西与合肥市庐江县交界，北与合肥市巢湖市、马鞍山市含山县交界。辖无城、襄安、陡沟、石涧、严桥、开城、蜀山、牛埠、刘渡、姚沟、泥汊、福渡、泉塘、赫店、高沟、红庙、鹤毛、十里墩、昆山、洪巷20个镇，有社区55个，村221个。市政府驻无城镇二坝路1号。

南陵县位于市域南部。东与湾沚区、宣城市宣州区、泾县接壤，南与宣城市泾县、池州市青阳县相邻，西与铜陵市义安区交界，北与镜湖区、弋江区、繁昌区交界。辖籍山、弋江、许镇、三里、工山、家发、烟墩、何湾8个镇，有社区25个，村147个。县政府驻籍山镇籍山大道。

芜湖市国民经济和社会发展述要

2021年是具有里程碑意义的一年，是“十四五”开局实现“芜湖起飞”的启航之年。中国共产党成立100周年，踏上了向第二个百年奋斗目标进军的新征程。一年来，全市人民在市委、市政府坚强领导下，坚持以习近平新时代中国特色社会主义思想为指导，深入贯彻习近平总书记考察安徽重要讲话指示精神，认真落实市十六届人大五次会议形成的决议，统筹推进疫情防控和经济社会发展，做好“六稳”“六保”工作，大力实施“双招双引”一号工程、“1%工作法”，加快打造省域副中心、建设人民城市，全市经济社会保持平稳健康发展，实现“十四五”良好开局。

一、经济运行稳健向好，发展质量不断提高

经济指标实现较快增长。初步核算，全市实现地区生产总值4200亿元左右，增长11.5%以上；一般公共预算收入361.2亿元，增长9%；城镇新增就业7.6万人，城镇登记失业率2.1%；居民人均可支配收入41200元，增长12%；年末金融机构人民币存款余额5206亿元，增长11.9%；贷款余额4704亿元，增长14.9%。

“双招双引”成果丰硕。坚持项目全程顶格推进、顶格倾听、顶格协调，编制十大新兴产业招商地图，开展产业链精准招商。新签约亿元以上招商项目643个、增长56%，其中50亿元以上项目10个。比亚迪新能源电池、孚能科技、“春光慧谷·智能航空科创园”等一批百亿级项目成功落地。启动实施“紫云英人才计划”，在全省率先组建人才发展集团，加快打造“创业芜优”之城。建立第三方合作、校地合作等全新引才模式，产业链链长赴西安、武汉等地开展“百所高校大宣讲”活动14场。招引高层次科技人才团队74个、高层次人才1650人。成功举办私募股权投资大会，全省首个公募基金牌照落户芜湖，私募基金规模超1400亿元，居全省首位。

有效需求充分释放。投资形势持续向好，固定资产投资增速达15%。其中，工业投资、民间投资分别增长20%、19%。新开工亿元以上项目785个，总投资2570亿元。消费市场加速回暖，实现社会消费品零售总额增长20%，其中限额以上消费品零售额增长27%。新增进出口实绩企业80家，进出口总额110亿美元、增长30.5%。成功获批全国二手车出口试点城市，二手车出

口业务综合排名全国第三。

科技创新能力显著增强。合芜蚌国家科技成果转移转化示范区获批。科技创新驱动力指数位居长三角第6位，较上年度跃升3位。入选“科创中国”试点城市。科技创新主体不断壮大，新增高新技术企业240家、科技型中小企业305家，新获批国家级科技企业孵化器2家、省技术创新中心1家、省级科技企业孵化器众创空间3家。科技创新攻坚力量体系不断健全，新能源汽车高安全半固态电池等48个项目列入国家、省科技攻关计划，成功揭榜18个省重点关键技术攻关任务。

二、新旧动能加快转换，产业能级持续提升

优势产业巩固提升。印发制造业优势产业发展规划纲要，推动汽车及零部件、电子电器、材料和电线电缆产业转型升级。四大支柱产业增加值增长17%。实施亿元以上技改项目115个，总投资360亿元。新增规模以上工业企业232户。新增国家专精特新“小巨人”企业21家、省专精特新冠军企业11家。新增省级智能工厂3家、绿色工厂5家、数字化车间21个。获评省首台套重大技术装备45户。培育认定省级装配式建筑产业园区2个、装配式建筑产业基地2个。

数字经济快速发展。聚焦打造芜湖工业互联网综合服务平台，实施百家工业互联网企业“标杆示范培育行动”，建成卡奥斯（芜湖）工业互联网展示体验中心。“新基建+”行动深入实施，新增5G基站2000个。“登云”中小企业2612家。获批安徽芜湖线上经济创新发展试验区，线上经济板块交易额突破千亿。

新兴产业蓬勃发展。组建十大新兴产业推进组，制定产业发展实施方案，梳理十大战新产业链图，明确强链、补链、延链工作方向。战略性新兴产业在库企业654家、产值增长35%，占规模以上工业比重为38%。新能源汽车产业基地、通用航空产业基地获得省级基地考核评估A等次，其中新能源汽车产业基地在基地竞赛中获得质量单项冠军。获省“三重一创”引导资金2.7亿元。新获批第三代半导体材料与核心器件、高端罐式专用车、通用航空等3家省级产业创新中心。以旷视科技等人工智能龙头企业为牵引，谋划建设“中国视谷”。全省首座综合能源智慧服务站在芜启运。

服务业发展提质增效。出台进一步推进服务业改革开放发展工作方案、促进服务业发展政策及实施细则、芜湖港口型国家物流枢纽建设工作方案。跨境电商综合试验区全年交易额达27.5亿元，稳居全省第二。新获批芜湖古城、珩琅山玫瑰谷康养集聚区等10家省级优秀服务业集聚区及集聚示范区。国家和省“十四五”先进制造业和现代服务业融合发展试点单位分别获批2家、5家。快递业务量达3.3亿件、增长42%。25家重点商贸流通企业营业收入超10亿元，其中5家企业超百亿元。新增上市公司1家，总数达23家，总市值近6800亿元。新增直接融资345亿元。健全便民商贸服务体系，建设和改造菜市场28家，培育省级以上特色商业街区6处，新增连锁超市、社区邻里中心300多家，乡镇商贸中心、配送中心实现全覆盖。

农业发展持续向好。新增农业产业化国家重点龙头企业1家，新建省级长三角绿色农产品生产加工供应基地8家，新建高标准农田2.3万公顷。实施中央财政农业生产社会化服务项目14666.67公顷。新增农民专业合作社41个、家庭农场718个。持续推进农业数字化转型升级，建立“智慧芜湖大米”生产示范基地40个，推广种植面积2666.67公顷以上。三山经开区建成全国首个主粮领域地块级“数字农业示范基地”。

三、改革攻坚纵深推进，市场活力不断迸发

高标准市场体系建设取得新突破。健全公平审查制度，查办反不正当案件22件。在全省率先实施企业标准总监制度，出版发行全国首部《企业标准化工作指南》，获批全省唯一的国家级消费品标准化试点。完善知识产权保护机制，在全省率先建立知识产权公证服务中心，实现知识产权维权服务站全覆盖，挂牌成立知识产权纠纷调解委员会，立案查处商标案件139件，查处专利案件62件。万人有效发明专利拥有量达53件，连续十年保持全省第一。推进品牌建设，全市获评驰名商标44件，创建安徽老字号14家，其中4家获批中华老字号。

重点领域改革不断深化。完善信用体系建设，依托信用“一库一网一平台”，归集信用数据16.1亿条。为1540家中小企业提供信用贷款70亿元。推进个人信用积分应用，激励14万余

人次。深入推进国企改革三年行动，29家市属国有企业整合重组为9家。深化企业注销便利化、“证照分离”改革，智能审批系统在全市范围内推广使用。深化投资项目“标准地+承诺制”改革，完成省级及以上开发区区域评估工作，已出让35宗、323.8公顷“标准地”，社会投资类、工业类工程建设项目审批时限分别压缩至60、30个工作日以内。

营商环境持续优化。倾心打造企业服务“芜湖品牌”，服务企业“1%工作法”作为典型经验做法获国务院大督查通报表扬。全年为企业“减、退、缓”税80亿元，兑付政策类扶持资金50.3亿元。规模工业企业实现利润总额340亿元，同比增长12%。构建“1+9+N”企业服务平台体系，培训企业经营管理人才52.5万人次，研究解决历史遗留问题、发展难题274个，涉及企业123户。成功举办34场“畅聊早餐会”，解决涉企诉求112项，促进项目落地总额达300亿元。

四、人民城市启动实施，城乡品质显著提升

规划战略导向作用充分发挥。印发国民经济和社会发展第十四个五年规划和2035年远景目标纲要及专项规划12个、区域规划1个。基本完成国土空间总体规划阶段性成果，组织开展永久基本农田和城镇开发边界划定，“一湾四极”国土空间布局初步形成；完成江北、城东、三山及江北西湾花园等12个片区控制性详细规划编制。市辖区获省批复成片开发方案40个；完成湾沚区湾沚镇桃园村、花桥镇九十殿村省级村庄规划试点规划方案编制及审批工作。

人民城市建设迈出坚实步伐。坚持“人民城市人民建、人民城市为人民”，成立人民城市建设委员会，出台关于推进人民城市建设的若干意见，谋划实施首批14个子方案，形成“1+14+N”制度体系。首创“城市建设合伙人”制度，选定首批10个人民城市建设合伙人。启动人民城市建设“双百攻坚”活动。

基础设施建设稳步推进。芜宣机场建成通航，开通15条客运航线和3条全货机航线，通航8个月旅客吞吐量16万人次。京东物流货运包机在芜宣机场完成首航。中欧班列“芜合欧”开行，宁芜铁路扩能改造工程开工建设。芜湖港集装箱吞吐量突破115万标箱，三山港区通过验收，芜湖长江LNG内河接收（转运）站项目顺利推进。芜黄高速、宁芜高速芜湖东互通改扩建工程建成完工；G347泉塘至牛埠段、S208无城至高沟段及石涧街道改线段一级公路新改建工程完工。轨道交通1号线、2号线一期通车，完成轨道交通沿线36千米道路修复、32个车站广场品质提升和25万平方米绿化提升。建成公租房6.4万套，改造棚户区1165套。完成城镇老旧小区改造187个、农村危房改造498户。新增、提升绿地245万平方米，新建绿道27.8千米。

城乡融合发展与乡村振兴互促互进。常住人口城镇化率达到72.8%。无为市县域经济建设成效列入省政府督查激励表彰。脱贫攻坚成果持续巩固，全年实施衔接推进乡村振兴补助资金项目260个，投入资金4.47亿元。谋划乡村振兴重点储备项目370个，总投资1025.2亿元。完成农村改厕1.9万户。新建省级美丽乡村中心村55个。新建、改造“四好农村路”680千米。湾沚区红杨镇、六郎镇官巷村分别入选全国旅游重点镇、村。

五、开放水平持续提升，发展空间不断拓展

区域合作推深走实。长三角一体化进程提质提速，围绕城市能级提升、协同开放、科技共同体等9大合作领域，与上海松江区开展战略合作，G60科创走廊芜湖产创中心一期项目签约，首批入驻企业10家。推进“五个区块链接”，构筑与沪苏浙多维度的合作体系，新达成城区合作5项、园区合作4项，获批首个“沪苏浙皖”共建计量技术规范。深度参与中部地区崛起国家战略，与河南南阳市缔结为友好城市，探索城市建设管理合作，推动社会事业共建共享。推进“一带一路”建设，首次发布“一带一路”跨座式单轨系统国际联盟标准，省内首条外贸直航班线芜湖—日本快运航线开通运营。实际对外投资4.8亿美元，同比增加22.4%，总量居全省第一。

自贸区芜湖片区“试验田”作用凸显。一周年目标任务全面完成，注册企业超4000户，新签约项目201个，协议引资额1881亿元，进出口总额增长34.2%。推进以法定机构为目标的体制机制改革，4项制度创新事项入选全省首批10个标志性建设成果，洋山港—芜湖港“联动接卸”入选长三角一体化发展十大典型制度创新案例。B2B直接出口实现零突破，出口海外仓

落地。

江北新兴产业集中区建设加快推进。高质量编制江北“十四五”发展规划和有关专项规划。谋划布局江北大龙湾片区2021－2023年主干路网，总投资55亿元的城南过江隧道、总投资20亿元的湾谷科技园项目开工。安徽省公共卫生临床中心（芜湖）、青年创业城以及人才配套小区等一批重大项目加快推进。

六、绿色发展步伐加快，生态环境日益改善

碳达峰碳中和高位推进。在全省率先成立市级碳达峰碳中和工作领导小组，启动编制碳排放达峰行动方案。单位地区生产总值能耗降低3.2%。与海螺集团、南开大学共建碳中和新材料研究机构。大力发展绿色低碳产业，建设绿色制造体系，坚决遏制“两高”项目盲目发展。开展整县市区屋顶分布式光伏开发试点。总投资100亿元的信义七期江北光伏组件盖板项目开工建设，总投资60亿元的西形冲抽水蓄能电站项目纳入国家抽水蓄能中长期发展规划。

污染防治成果显著。PM2.5平均浓度为33.8微克/立方米，环境空气优良率为84.9%，重度及以上污染天数首次清零。国考断面水质达到或优于Ⅲ类比例达100%。县级及以上水源地水质达到或优于Ⅲ类比例达100%。全市固废（危废）和辐射环境安全形势总体稳定。完成“三大一强”127个突出生态环境问题整改，完成率98.5%。

长江生态环境保护修复系统推进。印发全面打造水清岸绿产业优美丽长江（芜湖）经济带的实施方案（升级版），推进生态环境污染治理“4+1”工程。启动运行智慧长江（芜湖）综合管理平台，实现对长江芜湖段全流域、全天候、全方位监管。实施龙窝湖生态公园、江北惠生联圩生态建设项目，打造百里长江生态廊道。启动建设中国（芜湖）长江渔文化博物馆，成功举办长江禁渔暨渔文化论坛，深度挖掘长江渔文化资源。

七、民生保障有力有效，社会事业繁荣发展

累计投入91.4亿元，实施33项民生工程，民生类支出占一般公共预算支出比例达85%。

就业创业形势稳定。实施人力资源区域合作计划，与河南、云南等地建立稳定的就业服务合作机制。采取“免申即享”方式，为1.6万户中小微企业发放稳岗补贴3841.2万元。启动“促进就业认知行动”，邀请金牌导游赴在芜各高校开展宣讲会58场，实现新生“城市认知”全覆盖。高校毕业生生活补贴和稳定就业补贴实现“即申即享”。

社会保障体系逐步完善。提升小微民营企业参保服务，将新业态从业人员、灵活就业人员等群体纳入全民参保计划。构建居民服务“一卡通”应用新模式，发放第三代社保卡152万张，签发电子社保卡232.2万张。持续推进居家养老服务设施提升改造，开展“互联网+居家养老”行动，居家养老信息平台注册家庭达6.8万户。全市养老金水平提高至2624.8元/月，工伤职工护理费标准提高至2680.2元/月。城乡低保标准统一提高到742元/月，居全省前列。

医疗卫生水平持续提升。聚集高端医疗人才，全面实施“华佗计划”，全职引进卫生高层次人才10名，分层培养市级名医10名、卫生优秀人才20名和卫生骨干人才40名。持续提升医疗服务能力，争取国家级、省级区域医疗中心项目，认定省级临床重点专科8个。开展知名专家“四固定”合作，柔性引进长三角专家来芜坐诊855人次、服务就诊患者2.1万人次。深化医药卫生改革，依托“两平台四中心”推行远程医疗协作，落实分级诊疗制度。大力实施健康芜湖行动，弋江区和南陵县先后通过国家级和省级健康促进县区验收，在全省率先全面成立村（居）公共卫生委员会。

教育文体事业健康发展。新成立优质学校（幼儿园）教育集团19个，优质学校办分校（分园）80所。公办幼儿园在园幼儿占比过半，普惠性幼儿园覆盖率达86.8%。出台婴幼儿照护奖补政策，设立托位数6300个。完成105个农村中小学校舍维修改造项目、3个高中办学条件改善项目。推动“双减”工作落地。全面实施中小学“三心工程”，课后服务惠及全市22万学生。坚持职业教育改革创新，113个项目入选安徽省职业教育创新发展试验区项目培育库。实施文化惠民工程，打造“书香芜湖”系列阅读品牌，建成“芜湖书房”15座。方特旅游区入选第一批国家级夜间文化和旅游消费集聚区名单。全年接待游客5150万人次，同比增长32%。成功举办市第十四届运动会。开展2021芜湖·湾沚半程马拉松赛、篮球、足球等全民健身活动3000余次，参加人次近60万。

粮食安全基础不断夯实。突出粮食收储保障，完成年度14000吨市级储备粮轮出任务和800吨市级食用油轮换计划，落实5000吨市级成品粮储备规模。完善粮食应急保障网点，建成市级粮食应急加工网点24家、应急供应网点22家和应急配送中心6家。构建粮食市场监测预警体系，确定24家企业为粮食市场监测预警网络价格监测点。运用“智慧皖粮”信息化系统对62个站点进行高效管理，实现科技储粮、安全储粮。生活必需品供给充裕、价格总体稳定，居民消费价格（CPI）上涨实现控制在3%以内年度目标。

八、治理效能加快提升，社会大局安定有序

常态化疫情防控抓实抓细。严抓重点环节，坚持做好“外防输入、内防反弹”“人物同防”各项措施，妥善处置3例入境和1例关联无症状感染者，3天内完成市区全员核酸检测。圆满完成3—11岁儿童和12岁以上人群新冠疫苗全程接种任务。改造新冠肺炎定点医院2家，设置发热门诊20个，核酸检测实验室36个，在全省率先上线新冠病毒核酸检测信息系统，日最大检测能力84万人份。

应急管理体系不断健全。建立“市—县（市、区）—镇”三级救灾物资储备网络，设立市级现代化立体救灾物资储备库，提升防灾减灾能力。开展安全生产专项整治行动，全年排查事故隐患4.1万个。创建安全发展示范城市，完成46个城市安全风险等级评估基础模型构建，研发芜湖市城市安全风险管理信息平台。

平安芜湖建设推进。常态化、机制化开展扫黑除恶专项斗争。“雪亮工程”深入推进，建成智慧技防小区230个，187个老旧小区纳入智慧技防改造。完善法治建设，“八五”普法全面启动，建成市法治宣传教育中心。创建全国民主法治示范村（社区）2个，省级民主法治示范村（社区）32个。建设“法援惠民生”系列法律援助品牌，开展“法援惠民”系列宣传活动百余场。

（陶自航）

芜湖市财政预算执行情况述要

一、2021年预算执行情况

2021年是“十四五”开局之年，在市委的正确领导和市人大、市政协的监督支持下，芜湖市各级财政部门坚持以习近平新时代中国特色社会主义思想为指导，认真落实党中央国务院、省委省政府决策部署和市委工作要求，严格执行市十六届人大五次会议、市人大常委会历次决议和财政经济委员会的审查意见，发挥财力保障、引导调节、政策协同的功能，服务保障“六稳”“六保”工作大局，全市财政预算执行情况良好。

（一）一般公共预算执行情况。全市一般公共预算收入361.2亿元，增长9%，为汇编预算的103.8%，加上级税收返还及补助收入151.4亿元、调入预算稳定调节基金和其他资金38.6亿元、上年结余收入1.1亿元、一般债券转贷收入85.7亿元，收入合计638亿元。全市一般公共预算支出503.3亿元，增长3.6%，为汇编调整预算的97%，加上解上级支出25.2亿元、一般债券还本支出81.3亿元、安排预算稳定调节基金12.8亿元，支出合计622.6亿元。收支相抵，滚存结余15.4亿元，全部结转下年。

市级（含市本级、皖江江北新兴产业集中区、经济技术开发区、三山经济开发区，下同）一般公共预算收入133.7亿元，增长7.8%，为预算的107.4%，加上级税收返还和补助及下级上解收入171.6亿元、上年结余收入1.1亿元、一般债券转贷收入22.9亿元、调入预算稳定调节基金及其他资金15.5亿元，收入合计344.8亿元。市级一般公共预算支出185.9亿元，与上年持平，为调整预算的96.3%，加上解上级支出22.1亿元、补助下级支出97.9亿元、一般债券还本支出20.9亿元、安排预算稳定调节基金10.9亿元，支出合计337.7亿元。收支相抵，滚存结余7.1亿元，全部结转下年。

（二）政府性基金预算执行情况。全市政府性基金预算收入312.9亿元，增长81.2%，为调整预算的111.1%，加上级补助收入2.1亿元、专项债券转贷收入107.1亿元，调入资金2.3亿元，上年结余13.9亿元，收入合计438.3亿元。全市政府性基金预算支出359.7亿元，增长30.2%，为调整预算的90.6%，加专项债券还本支出31.6亿元、调出资金9.5亿元，支出合计400.8亿元。收支相抵，滚存结余37.5亿元。

市级政府性基金预算收入224.7亿元，为调整预算的

109.3%，加上级补助收入2.1亿元、专项债券转贷收入59.4亿元，调入资金0.2亿元，上年结余13.7亿元，收入合计300.1亿元。市级政府性基金预算支出210.9亿元，为调整预算的84.3%，加专项债券还本支出19.1亿元、补助下级支出20.8亿元、专项债券转贷支出10.6亿元、调出资金3.5亿元，支出合计264.9亿元。收支相抵，滚存结余35.2亿元。

（三）国有资本经营预算执行情况。全市国有资本经营预算收入2.1亿元，为预算的119.4%，加上级补助收入0.1亿元，收入合计2.2亿元。全市国有资本经营预算支出0.9亿元，为预算的64.3%，调出资金1.1亿元，结转下年0.2亿元，支出合计2.2亿元。收支平衡。

市级国有资本经营预算收入2亿元，为预算的117.5%，加上级补助收入0.1亿元，收入合计2.1亿元。市级国有资本经营预算支出0.8亿元，为预算的90.1%，调出资金1.1亿元，结转下年0.2亿元，支出合计2.1亿元。收支平衡。

（四）社会保险基金预算执行情况。全市社会保险基金预算收入110亿元，为预算的106%，加上年结余86亿元，收入合计196亿元。全市社会保险基金预算支出97亿元，为预算的102%。收支相抵，年终结余99亿元。

市级社会保险基金预算收入94.2亿元，为预算的99.8%，加上年结余62.5亿元，收入合计156.7亿元。市级社会保险基金预算支出89.9亿元，为预算的102.2%。收支相抵，年终结余66.8亿元。

（五）地方政府债务情况。全市地方政府债务限额944.5亿元，其中一般债务限额411.2亿元、专项债务限额533.3亿元。截至2021年末，全市地方政府债务余额为919.1亿元，其中一般债务396.7亿元、专项债务522.4亿元。市级地方政府债务限额502.5亿元，其中一般债务限额179.5亿元、专项债务限额323亿元。截至2021年末，市级地方政府债务余额为497.6亿元，其中一般债务178.8亿元、专项债务318.8亿元。全市及市级债务余额低于债务限额，债务风险总体可控。

2021年，各级财政均实现收支平衡，略有结余。上述预计执行情况在年度决算后，可能还有一些变化。待决算编制完成并经审计后，再按程序报市人大常委会审查批准。

二、2021年市本级支出政策实施情况

2021年，市本级财政部门紧紧围绕中心工作，优化支出结构、精准支出投向、注重支出质效，服务保障经济社会平稳有序安全运行。市本级重点项目支出情况如下：

（一）聚焦“智造名城”建设，着力积蓄发展后劲。投入13亿元，推动重大产业项目建设；投入6亿元，持续引育高层次人才团队，推进“创业芜忧”之城建设，实施“紫云英人才计划”，组建全省首个人才发展集团，聚力推动“双招双引”。投入5.7亿元，培育壮大战新产业。投入4.5亿元，支持实施优势产业升级计划，培育专精特新中小企业。投入4.1亿元，支持现代服务业发展，培育数字经济。

（二）聚焦“创新名城”建设，着力培育发展动能。投入10亿元，支持重点研发创新平台建设，打造长三角创新成果孵化区，集聚创新资源，提升创新能力。投入9.8亿元，完善科技企业全生命周期的培育政策体系，支持产业链关键核心技术攻关，实施高企倍增和研发“双50强”企业培育计划，助力提升企业创新能力。

（三）聚焦“开放名城”建设，着力拓展发展空间。投入16亿元，支持安徽自贸区芜湖片区建设，推动江北新区建设提质增速。投入35亿元，推进综合交通枢纽建设，保障芜宣机场、轨道交通等重点项目建设运营，支持芜湖港国家物流枢纽建设。投入10.7亿元，支持实施城市更新行动，推进老旧小区改造；保障市政公建配套项目建设，完善城市综合配套。

（四）聚焦“生态名城”建设，着力提高发展质量。投入12亿元，支持打好蓝天、碧水、净土保卫战，推进新能源汽车示范运用，实施好长江“十年禁渔”；支持惠生联圩生态项目建设，推进新阶段现代化美丽长江（安徽）经济带建设。投入18.8亿元，推进乡村振兴，推动农业保险提质增效，支持美丽乡村建设，改善农村人居环境，支持乡村振兴投资发展集团组建，助推农业产业转型升级。

（五）聚焦人民城市建设，着力提升发展温度。投入18.4亿元，保障学前教育、义务教育、职业教育和高等教育发展，加快推进教育现代化建设。投入13.9亿元，加大就业帮扶力度，推动

就业创业；做好困难群众救助，支持提升居民养老水平，推动养老事业与养老产业协同发展。投入21.8亿元，支持卫生健康服务体系建设，深化公立医院改革，保障公共卫生安全，助力常态化疫情防控和疫苗免费接种。投入3.9亿元，支持实施芜湖书房等文化惠民工程，推进体育设施建设，提升全民健身氛围；支持大江传媒组建，推进媒体融合发展。

（王密密）

芜湖市招商引资述要

2021年，全市投资促进系统在市委、市政府的坚强领导下，把“双招双引”作为“一号工程”，凝心聚力抓招引、强推进、促落地，招商引资跑出“加速度”。

一、招商引资总体情况

（一）亿元以上项目签约数大幅增长。1—12月份，全市新签约亿元以上招商项目700个，较上年同期增加240个。其中，新签约10亿元以上项目92个、20亿元以上项目29个、50亿元以上项目10个。

（二）亿元以上项目加速落地。1—12月份，全市新开工亿元以上招商项目661个，较上年同期增加219个。其中，新开工10亿元以上项目50个、20亿元以上项目20个、50亿元以上项目3个。

（三）实际利用省外资金势头强劲。1—12月份，全市在建亿元以上省外投资项目763个，位居全省第一位；实际到位资金1664.6亿元，位居全省第二位，同比增长15.1%；新建亿元以上项目492个，位居全省第三位。在2021年度省对市考核中获A等次满分。

二、主要工作开展情况

（一）突出顶格战法，高位推进招商引资。相继召开全市集中调研总结会暨“双招双引”动员大会、全市招商顾问聘任仪式暨产业链招商培训会、全市产业链工作推进大会、招商引资考核办法暨投资要素培训会，规模、层次创历史新高。举办政企“畅聊早餐会”34场，市委、市政府主要负责同志与182位企业家及社会组织人士面对面交流，用顶格倾听、顶格协调、顶格推进的方式帮助企业排忧纾困，坚定投资芜湖信念。市领导亲自挂帅，赴北京、上海、深圳、天津、宁波等招商引资最前线城市开展招商，加快推进重点项目签约落地。全年市领导和载体单位、市直单位主要负责人拜访接待企业2737家（次），其中市领导拜访接待企业1180家（次）。成功举办2021年长三角民进企业家联盟峰会，开启长三角民进企业家联谊会融合发展新征程。组织参加2021世界制造业大会，99个项目参与对接签约，投资总额达930.4亿元，签约项目总数和总投资额均居全省第二位。

（二）聚力招大引强，筑牢新兴产业基础。出台《关于大力发展十大新兴产业打造具有重要影响力新兴产业聚集地的实施方案》，成立航天航空、新一代信息技术、数字创意等市十大新兴产业推进组，着力推动重大产业项目攻坚突破。常态化运用“一事一议”政策，破除招大引强配套政策瓶颈，总投资140亿元的孚能科技年产24GWh新能源电池、总投资130亿元的奇瑞未来一工厂及50万台发动机、总投资86亿元的会通新材料聚乳酸等一批重大招商项目签约落地，招大引强成果明显好于往年。

（三）丰富招商方式，拓展招商引资渠道。探索基金招商，举办2021芜湖私募股权投资大会，发布《芜湖市人民政府关于加快发展政府投资基金的意见》《芜湖市促进私募基金业健康发展的意见》。举办2场产业基金与投资项目对接沙龙，搭建基金、项目、银行与政府间的交流平台，目前全市各级在谈产业基金39支。强化驻点招商，市级驻京、驻沪、驻深经济联络办拜访企业893家，获取有效项目线索250条，推动项目224个。坚持以商招商，聘任市级招商顾问80名，引荐项目117个，总投资额近千亿元。借力商会招商，设立“双招双引”工作站58个，安排专项经费。实施委托招商，出台《芜湖市委托招商管理办法（试行）》。

（四）强化争先意识，加快项目落地见效。举行全市招商引资“互看互比”观摩活动，进一步营造“比学赶超”良好氛围。比亚迪新能源动力电池及Pack生产线、比亚迪新能源动力电池长三角制造中心项目半个月签约、一个月开工，美的厨热智能家电产业园项目3月签约、4月开工、12月投产，创造了重大项目推进的“芜湖速度”。开展全市招商引资“百日大会战”，围绕项目签约、开工，查问题、找差距、谋思路、抓落实，推动形成招商引资的强大合力。

（杨　帆）

芜湖市精神文明建设情况述要

2021年芜湖市精神文明建设工作紧紧围绕深入学习宣传贯彻习近平新时代中国特色社会主义思想，特别是举旗帜、聚民心、育新人、兴文化、展形象的使命任务和庆祝中国共产党成立100周年，着力唱响爱党爱国爱社会主义的时代主旋律，着力培育和践行社会主义核心价值观，推动全市精神文明建设工作迈向新台阶。

一、城乡环境有新提升

完善文明城市创建工作机制，建立市领导联系包保制度，成立市文明城市创建数据专班，做好“文明创建进行时”和“市民直通车”媒体报道，落实媒体问政文明创建工作。深入开展文明创建环境提升行动，对全市33个考察类型532个点位进行了全覆盖督查暗访，发现问题2395个，印发督查通报5期，下发问题整改通知单81期。围绕实施乡村振兴战略，以乡风文明建设和环境整治为重点，常态化开展“清洁城乡、美化家园”专项行动，印发“清洁城乡、美化家园”环境整治考核9期。

二、思想道德建设有新成就

出台《芜湖市礼遇帮扶道德模范和“身边好人”实施办法（试行）》，组织开展帮扶慰问道德模范及身边好人40名。开展“我推荐我评议身边好人”活动，全年有84人（组）当选芜湖好人，6人入选安徽好人，5人荣登“中国好人榜”。全市评选100户最美家庭、100名最美婆媳。深入开展“童心向党”“我们的节日”主题教育实践活动，组织开展“新时代好少年”评选活动，命名2020年芜湖市“新时代好少年”10名，成功承办2021年安徽省新时代好少年发布活动，1人获得“2021年度安徽省新时代好少年”荣誉称号。

三、志愿服务有新举措

成立了芜湖市新时代文明实践推进中心，开展新时代文明实践志愿服务活动，建立“线上点单、线下接单”服务模式，全市组建各类志愿服务队6127支，志愿者达166952人，开展各类便民活动5万多次，参与群众达100万余人次。印发《芜湖市志愿服务工作协调小组及其办事机构工作规则》，成立办事机构，形成共同推进志愿服务的整体效应。开展寻找“身边最美志愿者”活动，命名表彰宣艳等10名最美志愿者、南陵心予公益协会等10个“最美志愿服务团队”；许忠、“长江卫士”志愿服务项目、鸠江区清苑社区等9个个人、集体、组织入选安徽省“月评十佳”学雷锋志愿服务典型。

四、五大创建有新面貌

命名表彰第十五届市级文明单位标兵290个，第十九届市级文明单位221个，第七届市级文明街道25个，第十届市级文明社区193个，第九届市级文明村镇155个。评选表彰乡风文明示范村10个、“五星级文明户”100户。3个家庭成功当选第一届安徽省文明家庭，推荐5所学校为2021—2023年创建全国文明校园先进学校，开展了20期文明校园风采展示活动。

（靳　金）

组织机构及负责人名单

中国共产党芜湖市委员会

书　　记　潘朝晖(—2021年5月)
　　　　　单向前(2021年5月—)
副 书 记　单向前(—2021年5月)
　　　　　宁　波(2021年3月—)
　　　　　冯克金(—2021年3月)
　　　　　张庆亮(2021年7月—)
常　　委　汪华东　张志宏
　　　　　汤　勇(—2021年8月)
　　　　　晁　新(—2021年5月)
　　　　　何友旺(—2021年8月)
　　　　　宁　波(2021年3月—)
　　　　　黄　干(2021年6月—)
　　　　　贺　东(2021年7月—)
　　　　　杨志斌
　　　　　钱远喜(2021年8月—)
　　　　　黄维群(2021年9月—)
　　　　　张　东(2021年9月—)
　　　　　韦秀芳(女)(2021年9月—)
秘 书 长　张志宏(—2021年12月)
副秘书长　朱瑞文(—2021年6月)
　　　　　苏文中(2021年7月—)
　　　　　胡家宏(2021年7月—)
　　　　　张　敏(女)(—2021年6月)
　　　　　章世海
　　　　　史高江(—2021年7月)
　　　　　吕明跃(兼)
　　　　　赵贤好(兼)(2021年5月—)

芜湖市人民代表大会常务委员会

党组书记　丁祖荣
副 书 记　何友旺(2021年11月—)
主　　任　潘朝晖(—2021年6月)
　　　　　单向前(2021年6月—)
副 主 任　丁祖荣　孙国正(兼)
　　　　　凤剑峰(—2021年4月)
　　　　　何向阳　董　萍(女)
　　　　　奚南山(2021年6月—)
秘 书 长　后名文
委　　员　(按姓氏笔画排序)
　　　　　王　健　王连祥　王金保
　　　　　叶政林(—2021年7月)
　　　　　叶常林　冯　建　孙　铭
　　　　　孙玉富　李永宁　汪　斌
　　　　　张　敏(女)(2021年3月—)
　　　　　张　屏(女)　张佩华　张尚松
　　　　　陈永来　陈锦芳(女)　周守标
　　　　　郑　刚(—2021年9月)
　　　　　郑　锋　郑筱妍(女)　侯大寅
　　　　　骆臣飞
　　　　　徐昌华(2021年3月—)
　　　　　徐茂环　高光兴　席蔚菁(女)
　　　　　黄正德(—2021年3月)
　　　　　梁宝金　程树珏(女)　韩明新
　　　　　蒋庆贵(2021年3月—)
　　　　　童　明(女)　裴亚飞(女)
　　　　　管志鹏　翟文卉(女)
　　　　　魏　杰(—2021年7月)
副秘书长　陈锦芳(女)(—2021年7月)
　　　　　刘　萍(女)(2021年7月—)
　　　　　王贵成(2021年9月—)
　　　　　王　卓　王　谦　方晓晗　全良春

芜湖市人民政府

党组书记　单向前(—2021年5月)
　　　　　宁　波(2021年5月—)
党组副书记　宁　波(—2021年5月)
　　　　　贺　东(2021年7月—)
市　　长　单向前(—2021年5月)
　　　　　宁　波(2021年6月—)
副 市 长　宁　波(—2021年6月)
　　　　　贺　东　桑宝庆　程　刚
　　　　　王　芳(女)　汤劲松(挂职)
　　　　　姚　凯(2021年7月—)
秘 书 长　汤德余(—2021年3月)
　　　　　王志鹏(2021年7月—)
副秘书长　胡家宏(—2021年7月)
　　　　　汪世明
　　　　　黄锦超(—2021年6月)
　　　　　曹小明(兼)(2021年7月—)
　　　　　徐昌华(—2021年6月)

靳大鸣(—2021年7月)
赵贤好(兼)(2021年5月—)
丁亚敏(—2021年8月)
潘　枫(2021年9月—)
马兴起(2021年7月—)
常　拯(2021年7月—)
安　颢(2021年8月—)

中国人民政治协商会议芜湖市委员会

党组书记　张　峰
副 书 记　陆　雷
杨志斌(兼)(—2021年12月)
张志宏(兼)(2021年12月—)
主　　席　张　峰
副 主 席　陆　雷　吴万春(兼)
崔执凤(兼)　陈　怡(女)
孙四平(兼)　梁清宇(兼)
秘 书 长　刘见君
副秘书长　刘诗龙　吕明安
席　文(女)　金贤祥
常　　委　(按姓氏笔画排序)
王　芳(女)(兼)
王　萍(女)(兼)　王传玉(兼)
王江村(女)(兼)　王芳宝
仁　缘(兼)　古大海(兼)
吕明安(兼)　年　强(兼)
朱志权(兼)　朱国萍(女)(兼)
朱政明(兼)
刘　勤(女)(兼,—2021年5月)
(2021年5月—)
米振宁(兼)　江　哲(女)(兼)
江红梅(女)(兼)　许　洋(兼)
孙　涛(兼)　孙宇峰(兼)
孙基旺　李俊录(兼)
李艳午(兼)　李铁臣(兼)
杨　潘(女)(兼)　肖应泽(兼)
吴　玮(女)(兼)　汪志文(兼)
汪祖发(兼)　张　红(女)(兼)
张兆溶　陈娟娟(女)　范守斌
罗智全(兼,—2021年6月)
(2021年6月—)
周　光
周　育(兼)　周蓬安(兼)
宗　辉(兼)　官　蓉(女)(兼)
郝代伟(兼)　胡庆昊(兼)
洪宗元(兼)　贺兆昌(兼)
袁　鹏　夏传文
徐　丽(女)(兼)
徐竹琴(女)(兼)
奚要武(兼)　高金根(兼)
席　文(女)(兼)　陶松涛(兼)
曹锦平(兼)　章建华(兼)
彭凤莲(女)(兼)　董张应
韩　东(兼)　韩家林(兼)
储照虎(兼)　谢启庆
鲍爱国　褚云凤(女)(兼)
管先锋(兼)　魏　维(兼)
濮亚锋

中国共产党芜湖市纪律检查委员会

书　　记　晁　新(—2021年5月)
黄　干(2021年5月—)
常务副书记　罗　勇(—2021年7月)
曹建新(女)(2021年7月—)
副 书 记　曹建新(女)(—2021年7月)　袁　胜
曹多斌(2021年9月—)
常　　委　吴秀丽(女)(—2021年7月)
蒋卫东(—2021年8月)
颜新权(—2021年5月)
季和云(—2021年5月)
侯正权(2021年8月—)
笪秉槐(2021年8月—)
王成权(2021年9月—)
苏伟胜(2021年8月—)
陈　蓉(女)
秘 书 长　颜新权(—2021年5月)
苏伟胜(2021年8月—)

芜湖市监察委员会

主　　任　晁　新(—2021年6月)
黄　干(2021年6月—)
副 主 任　罗　勇(—2021年11月)
曹建新(女)　袁　胜
曹多斌(2021年11月—)

委　　员　蒋卫东（—2021年11月）
颜新权（—2021年7月）
季和云（—2021年7月）
笪秉槐（2021年11月—）
王成权　陈　蓉（女）

芜湖市中级人民法院

党组书记　胡　敏（—2021年12月）
钱明树（2021年12月—）
副 书 记　丁必勇（—2021年7月）
院　　长　胡　敏（—2021年12月）
副 院 长　丁必勇（—2021年7月）
李强国　胡丹凌

芜湖市人民检察院

党组书记　赵昊平
副 书 记　张先明（—2021年7月）
丁必勇（2021年7月—）
检 察 长　赵昊平
副检察长　张先明（—2021年9月）
丁必勇（2021年9月—）
奚要武　胡晶晶　凤为武

市委工作部门及直属事业单位

市委办公室
主　　任　朱瑞文（—2021年6月）
苏文中（2021年7月—）
副 主 任　张前进　明　星（女）

市委组织部
部　　长　杨志斌
常务副部长　郑　刚（—2021年7月）
高　文（女）（2021年9月—）
副 部 长　郝代伟（—2021年12月）
高　文（女）（兼，—2021年7月）
（2021年7月—2021年9月）
王满平（兼）
刘天魁（兼）（2021年7月—）
吴秀丽（女）（兼）（2021年7月—）
尹义府（2021年9月—）

市委宣传部
部　　长　张志宏（兼）（—2021年12月）
韦秀芳（女）（2021年12月—）
常务副部长　张克庚
副 部 长　何世文
赵继红（女）（—2021年9月）
罗智全（兼）（—2021年6月）
李　平（兼）（2021年9月—）
马　涛（兼）（2021年11月—）

市委统一战线工作部
部　　长　杨志斌（—2021年12月）
张志宏（2021年12月—）
常务副部长　褚云凤（女）
副 部 长　刘　勤（女）（兼）（—2021年5月）
韩家林（兼）（2021年5月—）
陶　涛　陈玉红（女）
马　涛（—2021年11月）
李德全（2021年11月—）

市委政法委员会
书　　记　何友旺（—2021年12月）
黄维群（2021年12月—）
常务副书记　周晓梅（女）
副 书 记　吴石生　王学军
顺　俊（2021年1月—）

市委政策研究室
主　　任　吕成军
副 主 任　孙安平（—2021年11月）
邢江平（2021年7月—）

市委网络安全和信息化委员会办公室
主　　任　罗智全（—2021年6月）
马　涛（2021年11月—）
副 主 任　李永顺　王东明

市委机构编制委员会办公室
主　　任　刘天魁
副 主 任　陈亨俊　方文革　李江峥（女）

市直属机关工作委员会
书　　记　王玉娟（女）
纪监工委书记　孙志翔
副 书 记　刘美宏
陈　嵘（2021年7月—）

市委巡察工作领导小组办公室
主　　任　吴秀丽（女）（—2021年7月）
侯正权（2021年8月—）
副 主 任　崔晓木　苏　俊

市委督查办公室
主　　任　苏文中（—2021年7月）

黄汇文(2021年11月—)
副 主 任 李德全(—2021年11月)
傅晓东

市委老干部局

局　　长 王满平
副 局 长 丁芳君
宋长生(—2021年7月)
任　强(—2021年11月)
毛月霞(女)(2021年11月—)

市精神文明建设指导委员会办公室

主　　任 李　平
副 主 任 骆红旗(—2021年9月)
韩正兵
张晓红(女)(2021年9月—)

市委党校

校　　长 冯克金(兼)(—2021年4月)
张庆亮(兼)(2021年7月—)
常务副校长 陈旭东(—2021年4月)
袁发林(2021年4月—)
副 校 长 张　勇
杨笑凯(—2021年11月)
赵继红(女)(2021年9月—)
教 育 长 胡　沐

市档案馆

馆　　长 陶泰山
副 馆 长 陶运明　陶文明
张照军(2021年9月—)

市委党史和地方志研究室

主　　任 刘　萍(女)(—2021年7月)
魏　超(2021年11月—)
副 主 任 谢迎春　龙遗华

芜湖传媒中心

党委书记 李　平(兼)
党委副书记 柯　南　金昌龙
主　　任 柯　南
副 主 任 李祥春
高　成(—2021年6月)
鲍志恒(挂职)(2021年11月—)
总 编 辑 韩万春
副总编辑 徐　巍(—2021年9月)
吴　梅(女)
李　嘉(女)(2021年9月—)
顾嘉健(挂职)(2021年11月—)

市人大常委会机关

办公室

主　　任 陈锦芳(女)(—2021年7月)
刘　萍(女)(2021年7月—)
副 主 任 吴昌林　朱　敏(女)

研究室

主　　任 陈春洋

法制工作委员会

主　　任 魏　杰(—2021年7月)
副 主 任 梁宝金
牛　凯(2021年8月—)

监察和司法(民族宗教侨务外事)工作委员会

主　　任 叶政林(—2021年7月)
副 主 任 陈永来　孙玉富
陈忠杰(—2021年8月)

财政经济工作委员会

主　　任 徐茂环
副 主 任 管志鹏　杨太中

预算工作委员会

主　　任

农业与农村工作委员会

主　　任 郑　锋
副 主 任 王连祥
魏迎萍(女)(2021年8月—)

城乡建设环境与资源保护工作委员会

主　　任
副 主 任 王金保　张佩华

教育科学文化卫生工作委员会

主　　任 张尚松
副 主 任 冯　建　徐　峰

人事代表选举工作委员会

主　　任 孙　铭
副 主 任 李永宁　胡国斌

社会建设工作委员会

主　　任
副 主 任 韩明新　孔令才

市政府工作部门及直属事业单位

市政府办公室

党组书记 汤德余(—2021年1月)
王志鹏(2021年7月—)
副 书 记 胡家宏(—2021年7月)

汪世明(2021年7月—)
主　　任　胡家宏(—2021年7月)
汪世明(2021年7月—)
副 主 任　安　颢(—2021年8月)
伍荣政　刘　勇　佘　波
李　萍(女)(兼)

皖江江北新兴产业集中区党工委、管委会

党工委书记
副 书 记　阳小玲(女)
主　　任
副 主 任　阳小玲(女)　童　新
汪　敏(兼)
方　忠(兼)(—2021年4月)
黄万勇(兼)(2021年4月—)
王　彤(兼)(2021年12月—)

芜湖经济技术开发区党工委、管委会

党工委书记　张　东(—2021年12月)
曹小明(2021年12月—)
副 书 记　刘国华(女)(—2021年7月)
罗　勇(2021年7月—)
主　　任　张　东(—2021年12月)
曹小明(2021年12月—)
副 主 任　王　翔　王社伏
张宇驰(挂职)(—2021年5月)

安徽芜湖三山经济开发区党工委、管委会

党工委书记　孙跃文
副 书 记　王贵成(—2021年7月)
潘　枫(—2021年9月)
杨　燕(女)(2021年5月—)
主　　任　孙跃文
常务副主任　王贵成(—2021年7月)
副 主 任　潘　枫(—2021年9月)
徐　平　谢　雷
戴　鸣(—2021年5月)
方序保　苏家明　王亚莉(女)
梅　梅

芜湖高新技术产业开发区党工委、管委会

党工委书记　黄维群(—2021年12月)
陈海俊(2021年12月—)
副 书 记　汪　敏
主　　任　黄维群(—2021年12月)
陈海俊(2021年12月—)
副 主 任　汪　敏
黄　静(女)(2021年5月—)
陈　平　刘美胜

中国(安徽)自由贸易试验区芜湖片区管委会

主　　任　贺　东(兼)(—2021年12月)
党组书记　季学敏(2021年5月—)
常务副主任　季学敏
副 主 任　张何斌
杨　磊(挂职)(2021年5月—2021年11月)

亳州芜湖现代产业园区党工委、管委会

党工委书记
主　　任　汤德余
副 主 任　马　军　刘希水　刘仲远
周　静　许柏林

市发展和改革委员会

党组书记
主　　任　周　浩
副 主 任　王爱清
许　兰(女)(—2021年7月)　黄　烈
徐　虎(2021年9月—)

市教育局

党委书记
局　　长　江　汛
副 局 长　唐　平　周自强　李　兵

市科学技术局

党组书记　杨少华(—2021年7月)
曹　洁(女)(2021年9月—)
局　　长　杨少华(—2021年7月)
曹　洁(女)(2021年9月—)
副 局 长　李广平　辛立民　王成君

市经济和信息化局

党委书记
局　　长　瞿　辉
副 局 长　朱春建(2021年9月—)
陈传宏(—2021年7月)
汤新亮
汪自强(—2021年7月)
沈怀宝(2021年7月—)

市公安局

党委书记　桑宝庆
副 书 记　胡建平
局　　长　桑宝庆
常务副局长　胡建平
副 局 长　方林红(女)(—2021年7月)

杨建伟(2021年7月—)
董　剑

市民政局

党委书记　夏冰馨(女)(—2021年12月)
局　　长　古大海
副 局 长　刘祖英
王　峰(2021年9月—)
樊开兵
靳　毅(—2021年7月)

市司法局

党委书记　项丰年
副 书 记　李　萍(女)
局　　长　项丰年
副 局 长　李　萍(女)　刘　琪
王　珏(女)
师家宏(2021年11月—)

芜湖仲裁委员会秘书处

秘 书 长　尚　蓉(女)

市财政局

党组书记
局　　长　童宗新
副 局 长　陈　军(—2021年9月)
韩永强(—2021年5月)
刘路阳(—2021年12月)
陈　国(2021年11月—)
李作果(2021年12月—)
王东祥(2021年8月—)

市人力资源和社会保障局

党委书记　高　文(女)(—2021年7月)
吴秀丽(女)(2021年7月—)
局　　长　高　文(女)(—2021年7月)
吴秀丽(女)(2021年7月—)
副 局 长　甘桂林(—2021年11月)
江红梅(女)　贾成龙
陆照海(2021年11月—)

市生态环境局

党组书记
局　　长　潘怀中
副 局 长　胡庆昊　张　东
魏玉渊(—2021年12月)

市住房和城乡建设局

党委书记　马兴起(—2021年7月)
朱发沐(2021年7月—)
局　　长　马兴起(—2021年7月)
朱发沐(2021年7月—)
副 局 长　李护林　吴文斌　陈厚明
丁敏生(2021年7月—)

市交通运输局

党组书记
局　　长　徐晓明
副 局 长　姚大方　苏传宝　夏本道

市农业农村局

党组书记
局　　长　曹荣富
副 局 长　江　哲(女)(—2021年9月)　廖晓红
洪本荣(2021年7月—)
曹秋宝(2021年9月—)
陈太华(2021年9月—)

市水务局

党组书记
局　　长　王津华(—2021年11月)
副 局 长　陈　良　赵成付
曾　美(女)(2021年8月—)

市商务局

党组书记
局　　长　何红旗
副 局 长　崔　宏　胡拥军　许宇武

市文化和旅游局

党组书记
局　　长　吴　群(女)
副 局 长　孙万胜
孙卫东(—2021年7月)
汪晓娟(女)(2021年9月—)
袁东方

市卫生健康委员会

党委书记
主　　任　秦正华
副 主 任　查忠海　沈建军　王少华

市爱国卫生运动委员会

专职副主任　张成胜

市退役军人事务局

党组书记
局　　长　李达志
副 局 长　魏祖国
青木平(—2021年11月)
张桂芬(女)

袁玉琴（女）（2021年11月—）

市应急管理局

党组书记 局长 宋玉辉

副局长 黄世兵 程克柱 赵成付（兼） 魏长山

市审计局

党组书记 王志鹏（—2021年7月） 江澜（2021年7月—）

局长 王志鹏（—2021年7月） 江澜（2021年7月—）

副局长 杨凛（女） 张文清（女） 吴祖满

市政府外事办公室

党组书记 主任 后力

副主任 滕慧（女） 叶明

市自然资源和规划局

党组书记 局长 金玉峰

副局长 王欣 鲍进（—2021年2月） 夏霖（—2021年2月） 戴安江 王彤

市政府国有资产监督管理委员会

党组书记 江澜（—2021年7月） 夏峰（2021年9月—）

主任 江澜（—2021年7月） 夏峰（2021年9月—）

副主任 朱毅 马盛 李红（女）

市市场监督管理局

党组书记 局长 曹德伟

副局长 朱寿发 王帮兰（女） 饶小侃（—2021年8月） 查为民 张国霞（女）

市体育局

党组书记 局长 殷琼（女）（—2021年12月）

副局长 吴小青（女） 吕效学

市统计局

党组书记 局长 方陵

副局长 朱春建（—2021年9月） 陈红琴（女）（2021年7月—） 朱翠萍（女） 孙昌保

市医疗保障局

党组书记 局长 冯文初（女）

副局长 韦武 夏建荣 夏锋（2021年11月—）

市机关事务管理局

党组书记 李东方（—2021年5月） 赵贤好（2021年5月—）

局长 李东方（—2021年5月） 赵贤好（2021年5月—）

副局长 尚玉勇 田敏 王祝明

市地方金融监督管理局

党组书记 王干劲（—2021年9月） 徐礼阳（2021年11月—）

主任 王干劲（—2021年9月） 徐礼阳（2021年11月—）

副主任 陈国（—2021年11月） 徐礼阳（—2021年11月）

市城市管理局

党组书记 朱发沐（—2021年7月） 杨绍华（2021年8月—）

局长 朱发沐（—2021年7月） 杨绍华（2021年8月—）

副局长 杨静 邵洁（女） 李文忠（2021年7月—）

市人民防空办公室

党组书记 主任 王慧山

副主任 陈本顺 程曙 邢永远 唐升平（2021年11月—）

市信访局

党组书记 局长 吕明跃

副局长 范贤道 王保健 丁少敏

市乡村振兴局

党组书记 靳大鸣（—2021年7月） 李合满（2021年8月—）

局长 靳大鸣（—2021年7月） 李合满（2021年8月—）

副局长 李合满（—2021年8月）

马　玮（女）
陈忠杰（2021年8月—）

市数据资源管理局

党组书记、局　长　翁　明（女）
副 局 长　刘宏柱　方　坚
王　健（—2021年11月）

市公共资源交易监督管理局

党组书记　曹多斌（—2021年11月）
杨笑凯（2021年11月—）
局　长　曹多斌（—2021年11月）
杨笑凯（2021年11月—）
副 局 长　江　兵

市供销社

党组书记　查永红（女）
副 书 记　魏安阳（2021年9月—）
理事会主任　查永红（女）
理事会副主任　胡光铭　陈中信
监事会主任　魏安阳（2021年11月—）
监事会副主任　张　云

市大数据中心

党组书记、主　任　王永璋（—2021年11月）
副 主 任　黄丽娟（女）
门亚楠（2021年9月—）

市投资促进中心

党组书记、主　任　曹小明
副 主 任　黄万勇（—2021年4月）
夏　磊　马劲松
张　健（2021年8月—）

市住房公积金管理中心

党组书记　蒋庆贵（—2021年6月）
陈　军（2021年9月—）
主　任　蒋庆贵（—2021年6月）
陈　军（2021年9月—）
副 主 任　陈鑫斌　许能才
陈丽芳（女）（2021年7月—）

市重点工程建设管理处

党组书记、主　任　吴永生
副 主 任　陈　明

市国有土地收购储备中心

党组书记、主　任　马卓渊
副 主 任　王　军
洪本荣（—2021年7月）

市产业创新中心

党组书记、主　任　赵雪松
副 主 任　胡兴宏　葛　雯（女）　孔向东

市地震局

党组书记　程　辉（2021年7月—）
局　长　程　辉
副 局 长　肖永东（—2021年5月）
陈　刚
汪　韬（2021年11月—）

市药品医用耗材管理中心

党组书记　柯先明（—2021年6月）
王海燕（女）（2021年8月—）
主　任　柯先明（—2021年6月）
王海燕（女）（2021年8月—）
副 主 任　陶　伟　刘　璐（女）（挂职）

市政协机关

办公室

主　任　刘诗龙
副 主 任　单增劲　胡金涛

研究室

主　任　石才良（—2021年12月）
副 主 任　徐　华（2021年8月—）

提案委员会

主　任　孙基旺
副 主 任　王有军　朱赤平（女）　吴一文
俞宏胜

经济委员会

主　任　周　光
副 主 任　王　华　毕道群　年　强
朱寿发　米振宁　苏福男

农业和农村委员会

主　任　夏传文
副 主 任　伍　臻（女）　江　哲（女）
束洋波

人口资源环境委员会

主　任　濮亚锋

副 主 任　朱志权　吴翠玉(女)　胡庆昊
查忠海　俞才贞

教科卫体委员会

主　　任　鲍爱国
专职常委副主任　张兆溶
副 主 任　王　芳(女)　江思红
许桃云(女)　唐　平　陶光晓

社会和法制委员会

主　　任　王芳宝
专职常委副主任　董张应
副 主 任　王学军　刘　萍(女)
张维琴(女)　陈邦龙　陈康华
胡建平

民族和宗教委员会

主　　任　袁　鹏
副 主 任　王　涛　仁　缘　吴学林
周　育　崔万国

港澳台侨和外事委员会

主　　任　范守斌
副 主 任　吴　俊　范碧清　靳　艳(女)

文化文史和学习委员会

主　　任　谢启庆
副 主 任　万晓晖　王　敏(女)
宋业文(女)　龚义龙

民主党派与工商联

中国国民党革命委员会芜湖市委员会

主任委员　吴万春(兼)(—2021年10月)
丁百静(女)(2021年10月—)
副主任委员　席　文(女)(兼)(—2021年10月)
高光兴
奚要武(2021年10月—)

中国民主同盟芜湖市委员会

主任委员　孙国正(兼)(—2021年10月)
陆　峰(2021年10月—)
副主任委员　童　明(女)周蓬安(兼)
储照虎(兼)(—2021年10月)
程炳杰(2021年10月—)

中国民主建国会芜湖市委员会

主任委员　王　芳(女)
副主任委员　王　健(兼)
汪祖发(2021年10月—)

中国民主促进会芜湖市委员会

主任委员　裴亚飞(女)(—2021年10月)
彭凤莲(女)(兼)(2021年10月—)
副主任委员　彭凤莲(女)(兼)(—2021年10月)
章建华(兼)　李艳午(兼)
王志宝(2021年10月—)

中国农工民主党芜湖市委员会

主任委员　梁清宇(兼)(—2021年10月)
刘育红(女)(兼)(2021年10月—)
副主任委员　张　红(女)(—2021年9月)
周守标(2021年10月—)
李铁臣(2021年10月—)
汪金龙(2021年10月—)

中国致公党芜湖市委员会

主任委员　崔执凤(兼)
副主任委员　古大海(兼)　翟文卉(女)

九三学社芜湖市委员会

主任委员　王　芳(女)(兼)
副主任委员　郑筱妍(女)(兼)(—2021年10月)
宗　辉
杨如意(2021年10月—)

芜湖市工商业联合会

党组书记　刘　勤(女)(—2021年5月)
韩家林(2021年5月—)
主　　席　孙四平
副 主 席　叶跃枝(女)(2021年8月—)

群众团体

芜湖市总工会

党组书记　曹锦平
主　　席　董　萍(女)(兼)
副 主 席　曹锦平
黄俊平(2021年7月—)
李笑虹(女)
张洪庆(2021年7月—)
贾成龙(挂职)　连明堂(兼)
徐有忠(兼)　魏建松(兼)

共青团芜湖市委员会

团市委书记　陈娟娟(女)(—2021年4月)
杨　磊(2021年9月—)
党组书记　陈娟娟(女)(—2021年4月)
杨　磊(2021年9月—)
团市委副书记　杨　磊(—2021年9月)

陶　涛　汪　磊(挂职)
钱彬彬(挂职)

芜湖市妇女联合会

党组书记
主　　席　蒋晓华(女)
副 主 席　王绎华(女)(2021年11月—)
张　勇(女)(2021年11月—)
陈娉婷(女)(—2021年11月)
江　宁(女)(挂职)
刘　涛(女)(兼)
萧　晟(女)(兼)

芜湖市文学艺术界联合会

党组书记
主　　席　韩　东
副 主 席　徐春芳　黄健松
孙卫东(兼)(—2021年7月)
韦斯琴(女)(兼)

芜湖市归国华侨联合会

党组书记　韩家林(—2021年5月)
李东方(2021年5月—)
主　　席　韩家林(—2021年5月)
李东方(2021年5月—)
副 主 席　孙　茹(女)　林丙来(兼)
周瑞传(兼)　汪效驷(女)(兼)
李长龙(兼)

芜湖市科学技术协会

党组书记　刘兴荣
主　　席　陈　怡(女)(兼)
副 主 席　刘兴荣　闻平
邹维银　刘丙友(挂职)

芜湖市残疾人联合会

党组书记
理 事 长　纪良柱
副理事长　李小农　陈开宏

芜湖市红十字会

专职副会长　孙　飚

中国国际贸易促进委员会芜湖市支会

党组书记
会　　长　常　拯(—2021年7月)
副 会 长　汪帮文　李良国

芜湖市黄埔军校同学会

会　　长　胡云峰
秘 书 长　张圣明

芜湖中华职业教育社

主　　任　胡锡萍(女)
常务副主任　刘小童(女)
副 主 任　张光胜　高　武　方　勇
朱贤忠　夏云兴　李　华(女)

驻芜军事单位

中国人民解放军安徽省芜湖军分区

司 令 员　汤　勇
政治委员　钱远喜
副司令员　王海波

中国人民武装警察部队安徽省总队芜湖支队

支 队 长　朱文超
政治委员　张建明
副支队长　高　强　黄　俊
副政治委员　孙　润
参 谋 长　葛　骏
政治工作处主任　吴　鹏
保障处处长　韩　飞

驻芜单位

芜湖海关

党委书记　刘良福(—2021年4月)
尹　俊(2021年4月—)
关　　长　刘良福(—2021年4月)
尹　俊(2021年4月—)
副 关 长　吴　宁(—2021年4月)
周爱芹(女)(—2021年7月)
郭宏先(2021年8月—)
常子勇　施立蔚　沈彦明

市税务局

党委书记　王　震
副 书 记　戴文艺
局　　长　王　震
副 局 长　戴文艺　邢华春
宋　玮(—2021年6月)
钱献群

市气象局

党组书记
局　　长　孙大兵
副 局 长　张安伟
张雪晨(—2021年3月)
刘怀明(2021年9月—)

市消防救援支队

党委书记、政治委员　陆学治
副书记、支队长　巩培爱（—2021年4月）
副支队长　李　斌　王　昭
李　锴（—2021年12月）
翁　韬

市邮政管理局

党组书记、局长　牛家红
副局长　伍卫东

中国邮政集团有限公司芜湖市分公司

党委书记、总经理　许悦林
副总经理　何文学（2021年8月—）
贾志平　汤伟伟
沈维淼（2021年8月—）
宋和平（—2021年8月）

市烟草专卖局

党组书记　胡家木（—2021年6月）
张　骥（2021年6月—）
局　长　胡家木（—2021年6月）
张　骥（2021年6月—）
经　理　胡家木（—2021年6月）
张　骥（2021年6月—）
副局长　舒　庆
副经理　程学文

芜湖出入境边防检查站

党委书记　李　明
副书记　何　斌
站　长　李　明
政治委员　何　斌
副站长　田　奇

芜湖海事局

党委书记、局长　徐丰收
副书记　谢西洲（—2021年7月）
甘　露（2021年7月—）
政治委员　谢西洲（—2021年7月）
甘　露（2021年7月—）
副局长　张亚军（2021年12月—）
陈业国（2021年12月—）
陈仕祥（—2021年12月）
李应武（—2021年12月）
奚家月　鲍振春（挂职）

省长江河道管理局

党委书记　杨月明（—2021年4月）
刘东风（2021年4月—）
副书记　徐建辉（—2021年4月）
局　长　杨月明（—2021年4月）
刘东风（2021年4月—）
副局长　徐建辉（—2021年4月）
刘东风（—2021年4月）
陈尚林
吴　晨（2021年4月—）
吕　平（2021年4月—）

芜湖水文水资源局

总支书记、局长　王　萍（女）
副局长　曹　润　刘东印　吕绍鹏

省无线电管理委员会办公室芜湖管理处

处　长　俞昌文

国家统计局芜湖调查队

党组书记、队长　朱维平
副队长　田　静（女）　肖　婧（女）

长江芜湖航道管理处

党委书记
副书记　韩东成（—2021年8月）
毛世红（2021年9月—）
夏　理
处　长　韩东成（—2021年8月）
毛世红（2021年9月—）
副处长　尚庭辉（—2021年11月）
胡定军（—2021年11月）
周庆雷（—2021年11月）
包卫东（2021年12月—）

安徽港口集团芜湖有限公司

党委书记　程　峥
副书记　杨运林
总经理　程　峥
副总经理　毕泗斌　高　隽　王晓峰
舒忠祥

国网芜湖供电公司

党委书记　张鹏飞

副书记
总经理　赵永军
副总经理　张鹏飞　唐　勇
刘　峰(—2021年8月)
凌晓斌(2021年8月—)
徐连杰

中国石化销售有限公司安徽芜湖石油分公司

党委书记　彭　琳(2021年8月—)
副书记
总经理　王海淞(2021年8月—)
副总经理　彭　琳(2021年8月—)
严　波
胡珍干(2021年8月—)

中国石油天然气股份有限公司安徽芜湖销售分公司

党委书记
总经理　李卫国(—2021年4月)
副总经理　黄忠柱(—2021年4月)
陈红艳(女)(—2021年4月)
胡厚清(2021年8月—)
王　晶(—2021年4月)

上海铁路局芜湖车务段

党委书记　韩　炜
段　长　朱耀清

上海铁路局芜湖工务段

党委书记　张　磊
副书记　陈付明　李　虎
段　长　陈付明
副段长　张　磊　侯贵成　周更生
罗木华　章环宇　陆亚峰
余朝晖

中国电信股份有限公司芜湖分公司

党委书记
总经理　谷开鸿
副总经理　廖　俊　章晓峰　王大保
陈四华(—2021年3月)

中国移动通信集团安徽有限公司芜湖分公司

党委书记
总经理　杨　震

中国联合网络通信有限公司芜湖分公司

党委书记　赫荣杰(—2021年12月)
邵　涛(2021年12月—)
总经理　赫荣杰(—2021年12月)
邵　涛(2021年12月—)

中国通信服务安徽公司芜湖分公司

党委书记
总经理　顾政维
副总经理　张　磊
董飞胜(2021年3月—)

金融单位

中国人民银行芜湖市中心支行

党委书记　王　林(—2021年5月)
副书记　何　玥(女)(2021年5月—)
行　长　王　林(—2021年5月)
副行长　何　玥(女)(2021年5月—)
姚　平(—2021年4月)
高　勇　刘　强　魏　维(女)

中国银行保险监督管理委员会芜湖监管分局

党委书记
局　长　管晓华
副局长　邢　丽(女)
李　莉(女)(—2021年5月)
许立新(2021年3月—)

芜湖市银行业协会

会　长　王汉志
副会长　刘世龙
徐伟东(—2021年8月)
王宏军(2021年8月—)
徐守荣　葛晓农

中国农业发展银行芜湖市分行

党委书记
行　长　董文朗
副行长　王　斌　周海银
束晓峰(2021年11月—)

中国工商银行股份有限公司芜湖分行

党委书记
行　长　徐广诚(2021年1月—)
副行长　钱　轶(女)
宋　磊(—2021年4月)
潘　军　袁新颜
丁　岩(2021年4月—)

中国农业银行股份有限公司芜湖分行

党委书记
行　长　王汉志
副行长　章新柱　马　力　陈祖达
高　静(女)

中国银行股份有限公司芜湖分行
党委书记　徐伟东（—2021年7月）
　　　　　王宏军（2021年7月—）
行　　长　徐伟东（—2021年7月）
　　　　　王宏军（2021年7月—）
副 行 长　段凤强　周存辉　郭　海
　　　　　杨　蓓（女）
中国建设银行股份有限公司芜湖市分行
党委书记
行　　长　高力平
副 行 长　蔡金龙　陶跃南　汪　庆（女）
交通银行股份有限公司芜湖分行
党委书记　王大坤（—2021年6月）
　　　　　王　培（2021年6月—）
行　　长　王大坤（—2021年6月）
　　　　　王　培（2021年8月—）
副 行 长　张文磊（2021年8月—）　李树声
中国邮政储蓄银行股份有限公司芜湖市分行
党委书记
行　　长　杨志强（2021年6月—）
副 行 长　王　芳（女）　朱军稳
　　　　　黄　杰　夏善华

中信银行股份有限公司芜湖分行
党委书记
行　　长　余志勇
副 行 长　潘华庆　杨　镭　童　俊（女）
中国光大银行股份有限公司芜湖分行
党委书记
行　　长　魏　武
副 行 长　凤良泾　许　鸣
招商银行股份有限公司芜湖分行
党委书记
行　　长　葛晓农
副 行 长　徐　一（—2021年5月）
　　　　　王　萍（女）（—2021年11月）
　　　　　吴永龙
　　　　　张　炜（2021年8月—）
　　　　　刘朝晖（2021年2月—7月）
上海浦东发展银行股份有限公司芜湖分行
党委书记
行　　长　魏翔鸿（2021年7月—）
副 行 长　杨学改　鲍卫权
李　琳（女）（—2021年9月）
　　　　　薛　慧（女）（—2021年5月）
　　　　　张文彬（2021年4月—9月）
中国民生银行股份有限公司芜湖分行
党委书记　牛鹏坤（2021年10月—）
行　　长　丁　帆（—2021年10月）
兴业银行股份有限公司芜湖分行
党委书记
行　　长　程　然
副 行 长　王　健（2021年6月—）
　　　　　路　荣（女）
华夏银行股份有限公司芜湖分行
行　　长　张武斌（—2021年10月）
　　　　　陶　萍（女）（2021年10月—）
副 行 长　邹　群（女）　李海炼
　　　　　张卫红（女）
广发银行股份有限公司芜湖分行
党委书记　胡爱武（女）（—2021年2月）
　　　　　陈　琼（女）（2021年2月—）
行　　长　胡爱武（女）（—2021年2月）
　　　　　陈　琼（女）（2021年5月—）
副 行 长　史跃春（—2021年3月）
　　　　　陈　灿（女）（—2021年6月）
　　　　　赵长兴（2021年10月—）
　　　　　闫　强（—2021年11月）
徽商银行股份有限公司芜湖分行
党委书记　徐守荣
副 书 记　朱　文
行　　长　徐守荣
副 行 长　朱　文　韦俊玺
　　　　　祖　捷（—2021年3月）
奇瑞徽银汽车金融股份有限公司
党委书记　曹运文
行　　长　余志勇
副 行 长　潘华庆　杨　镭　童　俊（女）
芜湖市保险行业协会
会　　长　陶　银（—2021年12月）
　　　　　徐　雷（2021年12月—）
中国人民财产保险股份有限公司芜湖市分公司
党委书记
总 经 理　陶　银
副总经理　范宏峰
中国人寿财产保险股份有限公司芜湖市中心支公司
党委书记　赵　璐

总 经 理　赵　璐
副总经理　翟青云（女）
　　　　　管文京（2021年8月—）

中国人民人寿保险股份有限公司芜湖中心支公司

党委书记
总 经 理　迟有汉
副总经理　周卫洁（女）

中国平安人寿保险股份有限公司芜湖中心支公司

总 经 理　宋中兴
副总经理　易向勇（2021年3月—）
　　　　　王　彭（2021年3月—）

和谐健康保险股份有限公司芜湖中心支公司

总 经 理　郑　军

高等院校　技术研究院

安徽师范大学

党委书记　胡朝荣
副 书 记　张庆亮（—2021年7月）
　　　　　蒋家平
校　　长　张庆亮（—2021年7月）
副 校 长　朱家存　陆　林　彭凤莲（女）
　　　　　熊宇杰（2021年6月—）
　　　　　任　永（2021年6月—）

安徽工程大学

党委书记　刘　宁
副 书 记　王绍武　苏国红（女）
校　　长　王绍武
副 校 长　叶常林　郭兴众
　　　　　费为银　郑　健

皖南医学院

党委书记　章　尧
副 书 记　廖圣宝　吴金月
院　　长　廖圣宝
副 院 长　郑兰荣（女）　徐朝阳
　　　　　文育锋（2021年6月—）

安徽信息工程学院

党委书记　汪奇燕
副 书 记　吴　敏　葛付才　程业涛
校　　长　吴　敏
副 校 长　王　彬　陈跃东　葛付才
　　　　　程业涛

芜湖职业技术学院

党委书记　汪　斌
副 书 记　高　武
　　　　　吴长湖（—2021年11月）
　　　　　袁家和（2021年11月—）
院　　长　高　武
副 院 长　孙晓雷　刘育红（女）　季慕寅

安徽中医药高等专科学校

党委书记　钱　健
副 书 记　姚应水　庆启顺
校　　长　姚应水
副 校 长　李广福（2021年11月—）
　　　　　马　波（—2021年11月）
　　　　　陈晓杰
　　　　　陈　静（女）（2021年1月—）

安徽商贸职业技术学院

党委书记　章顺来
副 书 记　李　忠　朱光应
院　　长　李　忠
副 院 长　郑承志　王　炜

安徽机电职业技术学院

党委书记　张光胜
副 书 记　刘　艺（女）
校　　长　侯大寅
副 校 长　徐春林　姜　绳
　　　　　段贤勇（2021年12月—）

安徽广播电视大学芜湖市分校

党委书记
校　　长　袁家和（—2021年11月）
副 校 长　吴启秀（女）　董德琳（女）
　　　　　鲁　华

安徽芜湖技师学院

党委书记　朱正飞
副 书 记
院　　长　方院生
副 院 长　刘宗斌　李　华（女）　谢道新
　　　　　颜宏滨

安徽芜湖医药卫生学校

理 事 长　刘会林
党委书记　张蒙恩

市关心下一代工作委员会

主　　任　魏道斌
常务副主任　李志国　谢业庆　鲍华明
　　　　　孔祥鸣　李光平
副 主 任　陈万茂　朱光国　高志远

宋建华　王亚平

市老年大学

校　　长　王沧江

副 校 长　李宗国　李荣生　王满平

赵全球　乐春慧

安徽华东光电技术研究所

党委书记　刘劲松

所　　长　吴华夏

副 所 长　贺兆昌

安徽省核工业勘查技术总院

党委书记
院　　长　邓舜喜

副 院 长　史春旺　桂　洲

企业单位

市建设投资有限公司

党委书记　夏　峰(—2021年9月)

王津华(2021年11月—)

副 书 记　邢　晖

董 事 长　夏　峰(—2021年9月)

王津华(2021年11月—)

总 经 理　邢　晖

副总经理　王德园　王孝伟

芜湖宣城机场建设投资有限公司

党委书记　孙跃进(—2021年12月)

副 书 记　许耀辉　姚　菁(女)

董 事 长　孙跃进

总 经 理　许耀辉

副总经理　姚　菁(女)　王　烽　张万峰

毕世平(2021年11月—)

芜湖宜居投资(集团)有限公司

党委书记
董 事 长　沈世跃

副总经理　徐　玲　黄　翔　张黎丽

市人才发展集团

党委书记　杨少华(2021年7月—)

副 书 记　许　兰(女)(2021年7月—)

董 事 长　杨少华(2021年7月—)

总 经 理　许　兰(女)(2021年7月—)

副总经理　朱　俊(2021年8月—)

张　元(女)(2021年8月—)

市轨道交通有限公司

董 事 长　汪毅明

副总经理　缪正祥　蒋　峰　吴春雨

芜湖发电有限责任公司

党委书记　刘治涛(—2021年5月)

黄学希(2021年5月—12月)

范守祥(2021年12月—)

副 书 记　黄学希(2021年12月—)

董 事 长　范守祥(2021年12月—)

总 经 理　范守祥(—2021年12月)

黄学希(2021年12月—)

副总经理　黄学希(—2021年5月)

黄允修

程家荣(2021年7月—)

奇瑞控股集团有限公司

党委书记　尹同跃

副 书 记　张　屏(女)

董 事 长　尹同跃

副总经理　李从山　刘　杨　鲍思语

中联重机股份有限公司

董 事 长
总　　裁　熊焰明

副 总 裁　苏　敏　潘振洋　高一平

刘忠礼

芜湖新兴铸管有限责任公司

党委书记　刘　涛

副 书 记　李伟成(—2021年3月)

朱利斌(2021年3月—)

连明堂(—2021年9月)

张永杰(2021年10月—)

执行董事　刘　涛

总 经 理　李伟成(—2021年3月)

朱利斌(2021年3月—)

副总经理　陈永峰　李宝峰　郑川立

中国人民解放军第五七二〇工厂

党委书记　凌凤文(—2021年8月)

陈文春(2021年12月—)

副 书 记
厂　　长　阚　艳

副 厂 长　张小辉　范　鑫　韩　梁

袁　荣

安徽中烟工业有限责任公司芜湖卷烟厂

党委书记　黄　剑

副 书 记　王礼胜(—2021年11月)

厂　　长　黄　剑

副 厂 长　刘春来　王　锋　吴蔚峰

安徽响水涧抽水蓄能有限公司

党委书记　孙汉尚
副 书 记　潘立刚(2021年10月—)
董 事 长　孙汉尚(2021年7月—)
总 经 理　孙汉尚(—2021年7月)
　　　　　潘立刚(2021年10月—)
副总经理　马祥龙(2021年12月—)
　　　　　孔祥武(2021年7月—)

中电科芜湖钻石飞机制造有限公司

党委书记　平丽浩(—2021年4月)
副 书 记　洪雨宁
董 事 长　平丽浩(—2021年4月)
　　　　　何　刚(2021年10月—)
总 经 理　洪雨宁
副总经理　田满林(2021年4月—)
　　　　　曾　锐
　　　　　张建江(2021年9月—)

埃夫特智能装备股份有限公司

董 事 长　许礼进

中车浦镇阿尔斯通运输系统有限公司

总 经 理　赵小文(—2021年5月)
　　　　　徐海大(2021年5月—)

芜湖市第一人民医院

党委书记　凌云熹
院　　长　丁百静(女)
副 院 长　吴　勇　彭东风(女)
　　　　　陈忠衡　许　艳(女)　刘昌阔

芜湖市第二人民医院

党委书记　李广福(—2021年11月)
副 书 记
院　　长　孙礼侠
副 院 长　徐利民　水心富　章如平
　　　　　薛双桃

芜湖市第四人民医院

党委书记　沈棫华(女)
副 书 记
院　　长　宋传福
副 院 长　蔡昌群
　　　　　查　颖(2021年8月—)
　　　　　张　军(2021年8月—)

芜湖市第五人民医院

党委书记　鲍建国(—2021年7月)
　　　　　林丙来(2021年7月—)
副 书 记　林丙来(—2021年7月)
院　　长　林丙来(—2021年7月)
　　　　　倪白云(2021年8月—)
副 院 长　王　萍(女)施志农
　　　　　倪白云(—2021年8月)
　　　　　胡剑辉(2021年8月—)

芜湖市中医医院

党委书记　杨　洁(女)
副 书 记
院　　长　彭俊宇
副 院 长　朱海云(—2021年10月)
　　　　　鄢　华　樊新甫　万　水
　　　　　徐茂奇

南陵县

中国共产党南陵县委员会

书　　记　陈海俊(—2021年12月)
　　　　　李新宇(2021年12月—)
副 书 记　李新宇(—2021年12月)
　　　　　强　健
　　　　　石才良(2021年12月—)

南陵县人民代表大会常务委员会

主　　任　刘顺宏(—2021年12月)
　　　　　巫　军(2021年12月—)
副 主 任　甘江龙(—2021年11月)
　　　　　杨利民(—2021年1月)
　　　　　汪花屏(女)
　　　　　凌显华(—2021年12月)
　　　　　朱晓进(2021年2月—)
　　　　　束洋波(2021年5月—)
　　　　　束　平(2021年12月—)

南陵县人民政府

县　　长　李新宇(—2021年12月)
　　　　　强　健(2021年12月—)
副 县 长　马成名(—2021年5月)
　　　　　袁学松
　　　　　刘　敏(—2021年5月)
　　　　　洪　俐(—2021年9月)
　　　　　褚亚红(女)　梅　菲(女)
　　　　　奚志波(2021年7月—)
　　　　　陆　明(2021年11月—)
　　　　　陶海波(2021年11月—)

何　军（2021年12月—）
赵学健（挂职）（2021年12月—）

中国人民政治协商会议南陵县委员会

主　　席　俞才贞（—2021年12月）
　　　　　夏冰馨（女）（2021年12月—）
副 主 席　吴宗财（—2021年12月）
　　　　　焦庆华（兼）
　　　　　高　沛（—2021年9月）
　　　　　凌显华（2021年12月—）
　　　　　郑松淼（2021年12月—）
　　　　　刘晓波（2021年12月—）
　　　　　王　健（2021年12月—）
　　　　　俞　悦（女）（2021年12月—）

无为市

中国共产党无为市委员会

书　　记　奚南山（—2021年4月）
　　　　　吴瑞新（2021年4月—）
副 书 记　吴瑞新（—2021年4月）
　　　　　匡　健
　　　　　唐　诚（2021年5月—）

无为市人民代表大会常务委员会

主　　任　吴文斌（—2021年5月）
　　　　　陶光晓（2021年6月—）
副 主 任　章长贵（—2021年9月）
　　　　　任金钟
　　　　　周永志（—2021年9月）
　　　　　汪玉华（—2021年1月）
　　　　　朱本芳（2021年1月—）
　　　　　梅　林（女）（2021年12月—）
　　　　　蒋光磊（2021年12月—）

无为市人民政府

市　　长　吴瑞新（—2021年4月）
　　　　　匡　健（2021年6月—）
副 市 长　徐启发（—2021年6月）
　　　　　雍成武（2021年6月—）
　　　　　王　峰（—2021年9月）
　　　　　李作果（—2021年12月）
　　　　　刘路阳（2021年12月—）
　　　　　马　荣（—2021年5月）
　　　　　黄万勇（挂职）（—2021年4月）
　　　　　朱本芳（—2021年1月）
　　　　　黄金龙（2021年1月—）
　　　　　许　立（2021年10月—）
　　　　　高　伟（2021年10月—）
　　　　　刘　萍（女）（—2021年11月）
　　　　　王江村（女）（2021年11月—）
　　　　　凌世宏（2021年12月—）

中国人民政治协商会议无为市委员会

主　　席　陶光晓（—2021年5月）
　　　　　徐启发（2021年6月—）
副 主 席　沈绍安
　　　　　左　华（兼）（—2021年11月）
　　　　　刘　萍（女）（2021年12月—）
　　　　　俞　林
　　　　　黄义发（—2021年9月）
　　　　　王江村（女）（兼）（—2021年11月）
　　　　　魏宝中（2021年12月—）
　　　　　曹　静（女）（2021年12月—）

镜湖区

中国共产党镜湖区委员会

书　　记　欧冬林（—2021年9月）
　　　　　郝代伟（2021年12月—）
副 书 记　鲁先贵（2021年4月—）
　　　　　赵贤好（—2021年5月）
　　　　　杨绍华（2021年5月—8月）
　　　　　王　莉（女）（2021年9月—）

镜湖区人民代表大会常务委员会

主　　任　靳立刚
副 主 任　朱光友（—2021年11月）
　　　　　樊道清（2021年12月—）
　　　　　谭闽月（女）（兼）
　　　　　芦　义（2021年12月—）
　　　　　王庭国（2021年3月—）

镜湖区人民政府

区　　长　鲁先贵（2021年7月—）
副 区 长　韩永强（2021年5月—）
　　　　　杨绍华（—2021年5月）
　　　　　徐江宝（2021年11月—）
　　　　　陈娟娟（女）（挂职）（—2021年4月）
　　　　　王　莉（女）（—2021年9月）
　　　　　许　伟　郑　锐
　　　　　芦　义（—2021年11月）
　　　　　束晓伟（—2021年5月）
　　　　　夏　彬（2021年10月—）

方　婷(女)(2021年10月—)
翟　翀(2021年12月—)

中国人民政治协商会议镜湖区委员会

主　　席　万晓晖(—2021年12月)
　　　　　刘见君(2021年12月—)
副 主 席　陈国强(—2021年1月)
　　　　　樊道清(—2021年11月)
　　　　　朱光友(2021年12月—)
　　　　　严兆清(女)(兼)　章建华
　　　　　江　琳(女)(兼)
　　　　　孙宇兵(2021年3月—)

鸠江区

中国共产党鸠江区委员会

书　　记　袁发林(—2021年4月)
　　　　　方　忠(2021年4月—)
副 书 记　方　忠(—2021年4月)
　　　　　黄万勇(2021年4月—)
　　　　　曹　洁(女)(—2021年9月)
　　　　　陈娟娟(女)(2021年11月—)

鸠江区人民代表大会常务委员会

主　　任　张再保(—2021年5月)
　　　　　毕道群(2021年7月—)
副 主 任　查林章(—2021年4月)
　　　　　郑江南(—2021年4月)
　　　　　俞祖传(2021年7月—)
　　　　　许　洋(2021年3月—)
　　　　　高俊杨
　　　　　林志凤(女)(2021年7月—)

鸠江区人民政府

区　　长　方　忠(—2021年4月)
　　　　　黄万勇(2021年7月—)
副 区 长　李祥龙(—2021年5月)
　　　　　戴　鸣
　　　　　束晓伟(2021年6月—)
　　　　　曹秋宝(—2021年9月)
　　　　　洪志强(—2021年11月)
　　　　　尹　兵(—2021年7月)
　　　　　李　瑾(2021年9月—)
　　　　　李　兵(2021年7月—)
　　　　　吕　宁(挂职)(2021年6月—)
　　　　　冯　中
　　　　　徐光耀(2021年5月—)
　　　　　李　娜(女)(2021年12月—)
　　　　　王学红(挂职)(—2021年6月)

中国人民政治协商会议鸠江区委员会

主　　席　毕道群(—2021年7月)
　　　　　李祥龙(2021年7月—)
副 主 席　王　芳(女)
　　　　　韩义明　郑明刚
　　　　　李　瑾(—2021年9月)
　　　　　李　强(2021年12月—)
　　　　　凌　飞(2021年12月—)

弋江区

中国共产党弋江区委员会

书　　记　黄维群(—2021年12月)
　　　　　陈海俊(2021年12月—)
副 书 记　汪　敏
　　　　　黄　静(女)(2021年5月—)

弋江区人民代表大会常务委员会

主　　任　项卫东(2021年3月—)
副 主 任　奚银华(—2021年9月)
　　　　　何召祥(兼)　王尔伦

弋江区人民政府

区　　长　汪　敏(2021年3月—)
副 区 长　汪　敏(—2021年3月)
　　　　　潘吉平(2021年6月—)
　　　　　李　兵(—2021年7月)
　　　　　柴青松(—2021年5月)
　　　　　汤　军(—2021年5月)
　　　　　王宏伟　吴　玮(女)
　　　　　尹　兵(2021年7月—)
　　　　　陈　军(挂职)(2021年6月—)
　　　　　凤海飞(2021年10月—)
　　　　　孙　辉(2021年10月—)

中国人民政治协商会议弋江区委员会

主　　席　吴学林
党组书记　张斌翔(2021年12月—)
副 主 席　杜少陵(兼)　王庭才
　　　　　陈　赳(兼)　顾　静(女)

湾沚区

中国共产党湾沚区委员会

书　　记　韦秀芳(女)(—2021年12月)
　　　　　殷　琼(女)(2021年12月—)

副 书 记　李国柱

湾沚区人民代表大会常务委员会

主　　任　杨文玲（女）
副 主 任　陶善生（—2021年9月）
　　　　　方佩凤（女）（兼）（—2021年12月）
　　　　　陶显松（—2021年9月）
　　　　　汪　铸（2021年12月—）
　　　　　袁晓武（2021年12月—）
　　　　　王艳梅（女）（2021年1月—）
　　　　　潘昌彪（2021年12月—）

湾沚区人民政府

区　　长　李国柱
副 区 长　许有龙
　　　　　陶　荣（女）（2021年7月—）
　　　　　汪　铸（—2021年11月）
　　　　　翟发金（—2021年5月）
　　　　　刘建军　陶　庆
　　　　　丁　刚（2021年1月—）
　　　　　徐　玮（女）（2021年11月—）
　　　　　后向前（2021年12月—）
　　　　　梁　燕（女）（挂职）（2021年5月—）

中国人民政治协商会议湾沚区委员会

主　　席　范碧清（—2021年5月）
　　　　　刘晓明（2021年12月—）
副 主 席　李　健　汪鉴如（女）　王赐宝
　　　　　方佩凤（女）（兼）（2021年12月—）
　　　　　程金明（2021年12月—）
　　　　　袁晓武（—2021年11月）

繁昌区

中国共产党繁昌区委员会

书　　记　向继辉
副 书 记　潘君齐
　　　　　鲁先贵（—2021年4月）
　　　　　王永璋（2021年11月—）
　　　　　侯正权（2021年5月—8月）

繁昌区人民代表大会常务委员会

主　　任　张天贵（—2021年1月）
　　　　　陈邦龙（2021年3月—）
副 主 任　乐家来（—2021年9月）
　　　　　马桢烈（—2021年11月）
　　　　　童少艳（女）（兼）（2021年12月—）
　　　　　汪金标　刘修林
　　　　　胡宗波（2021年12月—）

繁昌区人民政府

区　　长　潘君齐
副 区 长　杨　燕（女）（—2021年5月）
　　　　　王重娟（女）（—2021年11月）
　　　　　周　伟（2021年6月—）
　　　　　童　飞（—2021年9月）
　　　　　鲁胜启　秦文涛
　　　　　华　光（2021年11月—）
　　　　　濮思廷（2021年12月—）
　　　　　王　琳（女）（2021年12月—）
　　　　　张　伟（2021年12月—）

中国人民政治协商会议繁昌区委员会

主　　席　陈邦龙（—2021年1月）
　　　　　张文宝（2021年3月—）
副 主 席　王重娟（女）（2021年12月—）
　　　　　滕修朴（兼）（—2021年11月）
　　　　　马桢烈（2021年12月—）
　　　　　桂　严（女）
　　　　　童少艳（女）（兼）（—2021年11月）
　　　　　余祖祥（—2021年11月）
　　　　　洪智勇（—2021年9月）
　　　　　王家彬（2021年12月—）
　　　　　汪家新（2021年12月—）

（名录由各有关单位提供）

中国共产党芜湖市委员会

Wuhu City Committee of the Communist Party of China

综　述

【重点工作】2021年，芜湖市深入践行习近平新时代中国特色社会主义思想，完整、准确、全面贯彻新发展理念，服务和融入新发展格局，推动高质量发展，实现经济平稳健康发展，社会大局和谐稳定，党的建设全面加强。全年实现地区生产总值4302.6亿元、增长11.6%，增速居长三角第一，规上工业增加值增长14.1%，固定资产投资增长15.7%，社会消费品零售总额增长24.5%，进出口总额增长36.5%，一般公共预算收入增长9%，居民可支配收入增长10%，主要经济指标增速均居全省前列，经济发展质量效益进一步提高。

深入学习贯彻习近平新时代中国特色社会主义思想。坚持市委常委会"第一议题""逢会必学"等制度，及时跟进学习习近平总书记最新重要讲话指示批示精神，不断提高政治判断力、政治领悟力、政治执行力。开展党史学习教育，市委理论学习中心组先后开展学习研讨24次，市委宣讲团和150多支宣讲队开展分层分类宣讲1万多场，党史学习教育经验做法2次被中央学教办简报刊登，受到郑栅洁书记批示肯定。认真学习贯彻六中全会、省党代会精神，市级负责同志带头深入基层开展宣讲，举办全市领导干部学习贯彻六中全会精神专题研讨班，召开市委十一届二次全会对学习贯彻工作进行安排部署，在全市上下持续掀起学习宣传贯彻热潮。

奋力推动高质量发展。狠抓"双招双引"一号工程。市几套班子负责同志全部上阵，建立任务有清单、落实成闭环、专员带专班、考核在一线的工作机制，全力以赴抓招商、谋项目、稳投资。2021年全市新签约亿元以上项目700多个、增长52.2%，新开工亿元以上项目660多个、增长49.5%，比亚迪新能源电池、会通聚乳酸等一批重大项目开工建设，长信科技触控显示、美的厨热智能家电等一批重大项目建成投产。实施"紫云英人才计划"，成立全省首家人才发展集团，开展"全国百所高校大宣讲"，2021年新招引高层次科技人才团队74个、高层次人才1650人，引进高校毕业生3.3万人、增长105%。

加快建设现代产业体系。出台工业互联网创新发展三年行动计划，赋能支柱产业转型升级，2021年四个支柱产业增加值占比67.1%。奇瑞汽车销量突破96万辆、增长31.7%，销售收入近1500亿元。海螺位列世界500强第315位，实现营收2626亿元，与海尔卡奥斯合作打造型材行业首个工业互联网平台。"一产业一专班"推进十个战新产业发展，全市战新产业产值增长36.4%。埃夫特机器人销售收入实现翻番，奇瑞新能源汽车销量10.9万辆、增长144.6%，航瑞动力300千瓦级重油航空活塞发动机点火成功、打破国外技术垄断。大力发展现代服务业，组建第三产业发展壮大工作办公室，获批省级线上经济创新发展试验区，线上经济板块交易额突破千亿元。

强化创新驱动发展。安徽省新能源汽车和智能网联汽车产业研究院揭牌。万人有效发明专利拥有量53件、连续11年全省第一。实施高企倍增计划，2021年新增高企260家、科技型中小企业300多家。全社会研发投入占比3.34%，居长三角前列。强化创新金融支持，举办私募股权投资大会，一批备案私募基金管理人落户芜湖，芜湖市兴合基金成为中部六省首家公募基金公司。

全面优化营商环境。推深做实"1%工作法"，围绕影响企业利润的物流、用工、能源、税费等因素，逐一拿出降本增效举措，2021年全市工业企业利润率同比提高0.21个百分点，在全省排名前进4位、居第7位，“1%工作法”获国务院第八次大督查通报表扬。举办畅聊早餐会，面对面倾听企业家和行业代表意见建议，目前已举办45场，办理企业政策建议、问题诉求等140多个。建立市县两级企业服务中心，完善企业服务工作联席会议制度，常态化开展“企业家接待日”公开办公活动，构建为企服务生态圈，打造绝对便利、相对便宜、本质公平、全面安全、持续开放的一流营商环境。

加快建设人民城市。提升城市功能品质。召开人民城市建设推进大会，成立人民城市建设委员会，出台关于推进人民城市建设的若干意见，首批选定安师大、海螺、奇瑞等10个人民城市建设合伙人，发起人民城市建设总动员。加快交通基础设施建设，芜宣机场通航一年旅客吞吐量突破25万人次，轨道交通1号线和2号线一期建成通车，芜黄高速、赤铸山路快速化改造等一批重大项目竣工通车，外联内畅的交通让市民出行更加便捷。新建城北中心公园等4座城市公园、总数达67座，新增提升绿地面积245万平方米，“山水相间、精致繁华”的城市风貌充分彰显。中江书苑、赤铸书院等20多座城市书房建成开放，城市书香味日渐浓厚。统筹推进江北新区建设，安徽省公共卫生临床中心（芜湖）、皖江学院以及奇瑞超级工厂、海创锂电池等一批重大项目加快推进。

实施乡村振兴战略。推进科技强农、机械强农，全市农业科技进步贡献率达65%，主要农作物耕种收综合机械化水平达87%，中联农机智慧芜湖大米示范基地面积达2666.67公顷。加快培育新型农业经营主体，全市省级以上农业产业化龙头企业达64家，建成家庭农场7780多个、农民合作社3100多家。深化农村人居环境整治，农村垃圾无害化处理率100%，新建省级美丽乡村中心村55个。强化防止返贫动态监测和帮扶，巩固拓展脱贫攻坚成果同乡村振兴有效衔接。

扎实推进生态文明建设。狠抓中央及省生态环保督察反馈问题整改，“城东污水处理厂进水浓度低”问题通过省级验收。2021年全市PM2.5平均浓度34微克/立方米，环境空气质量优良率达85%，10个国控断面水质全部达到或优于Ⅲ类标准。搭建智慧长江综合管理平台，实现长江干线全流域、全时段、全覆盖监测预警，给长江穿上“生态防护服”，装上“生态避雷针”。坚持长江生态保护与渔文化传承并重，开工建设中国（芜湖）长江渔文化博物馆，努力将其打造成为践行习近平生态文明思想的生动实践。做好碳达峰碳中和工作，正在研究制订碳达峰行动方案，与海螺集团、南开大学合作共建碳中和新材料研究院，与生态环境部环境与经济政策研究中心合作共建芜湖市绿色发展研究中心，三碳（安徽）研究院挂牌。

坚定不移深化改革开放。推进更深层次改革。深化企业投资项目“标准地+承诺制”改革，完成35宗、323.8公顷“标准地”出让。搭建惠企政策网上超市，推动政策资金“一键直达”，像“网购”一样方便，上线政策670项，兑现资金9.2亿元。创新开展“一业一证一码”“证照分离”改革，发出全省首张营业执照和综合许可证明，2021年全市新登记各类市场主体8.9万户。

扩大更高水平开放。自贸试验区芜湖片区新设企业2500多家，有效上报制度创新案例70个，其中芜湖港—洋山港“联动接卸”模式入选长三角自贸试验区首批联动创新案例。2021年芜湖港集装箱吞吐量达115万标箱、增长7.4%。进出口总额首次突破百亿美元大关，达115.3亿美元、增长36.5%。推进长三角更高质量一体化发展，G60科创走廊芜湖产业创新中心实体化运作，成为全省首个在沪购地自建的“科创飞地”，2021年签约沪苏浙地区项目148个，总投资870多亿元。

扎实推进社会主义民主政治建设。支持人大及其常委会依法行使职权。召开市委人大工作会议，出台《关于加强新时代人大工作和建设的意见》。制定瓶装燃气管理条例，对河道管理、近代建筑保护、生活垃圾分类管理等3项立法项目开展调研论证。支持市人大围绕“双招双引”、环境保护等开展执法检查、视察调研、专题询问等。完善议案建议办理和督办机制，199件代表议案建议高质高效办结。推动制定代表履职管理办法，更好发挥人大代表作用。

发挥政协协商民主重要渠道和专门协商机构作用。支持市政协加强和改进全市政协工作，深化“请你来政协，有事好商量”协商平台建设，完善“互联网+政协”履职新模式，充分发挥专门协商机构作用和委员主体作用。坚持发扬民主和增进团结相互贯通、建言资政和凝聚共识双向发力，有效发挥委员专长和界别优势，为“双招双引”、人民城市建设等贡献智慧和力量。

巩固和发展爱国统一战线。认真学习宣传贯彻新修订的统一战线工作条例。扎实做好少数民族流动人口服务管理工作。加强和改进新形势下宗教工作。促进非公有制经济健康发展和非公有制经济人士健康成长。各民主党派圆满完成市级组织换届工作。持续拓展港澳台及海外统战工作。做好对口援疆援藏工作。加强和改进工青妇等群团组织工作。军民融合、双拥共建等工作扎实推进。

建设更高水平法治芜湖。将习近平法治思想纳入各级党委（党组）理论学习中心组学习和干部教育培训重点内容，推动领导干部、党员带头学习、模范践行。开展依法推进公共政策兑现、创优法治化营商环境试点工作，升级改造全省首个“招商引资合同履约监管信息系统”，政府、企业双方履约情况全程可视、违约亮灯。全省首个市级综合性公共法律服务中心建成使用。

加强和改进宣传思想文化工作。培育践行社会主义核心价值观，深入推进公民思想道德建设实践行动，5人荣登“中国好人榜”。芜湖籍“渡江英雄”马毛姐、著名交响乐作曲家吕其明获“七一勋章”，全市2名党员、1个党组织获全国“两优一先”表彰。推动文化事业和文化产业发展，实施“百年历史建筑复活”计划，加大商贸品牌培育力度，首期完成30家芜湖老字号品牌认定。入选首批国家文化和旅游消费试点城市，方特旅游区入选第一批国家级夜间文化和旅游消费集聚区。

加强民生保障和社会建设。全年累计投入91.4亿元实施33项民生工程。加强和创新社会治理，“解纷芜优”在线调解平台处理各类矛盾纠纷8000多起。构建党建引领的常态化、智慧化、精准化新时代群众工作机制，市委常委会坚持每月听取民情月报，推动群众所需与政府所为精准对接。深入开展信访积案化解“百案攻坚”专项行动，市级负责同志领衔包保，一批“骨头案”得到有效化解。严格落实领导干部接访下访、包案化解、阅批群众来信等制度，推行基层党建重点考核信访工作制度，2021年群众进京赴省来市上访量实现“三下降”。全面落实常态化疫情防控各项措施，坚决守护好人民群众生命安全和身体健康。严格落实安全生产责任制，安全生产形势稳中向好，涉企、涉众、涉教、房地产及征地拆迁等领域风险隐患妥善化解，社会大局和谐稳定。

坚定不移推进全面从严治党。坚持把党的政治建设摆在首位。建立“四大班子”月度通气会制度，充分发挥市委总揽全局、协调各方的领导作用。中央及省委巡视反馈问题整改基本完成，剩余的拆而未净、拆而未安等问题正按照序时进度加快攻坚。扎实开展党内政治监督谈话，全市各级党组织“两个维护”的自觉性进一步增强。

加强干部队伍建设。圆满完成市、县、乡三级领导班子集中换届。1名干部获评全国优秀县委书记。实施党政干部“共读计划”，每周线上共读一本经典书籍，持续提高全市党员干部政治理论素养。开展“百日实训”专项行动，2021年选派160名干部赴沪苏浙粤等先发地区跟班学习、实践锻炼，对标一流提升能力素质。

加强基层党组织建设。顺利完成村、社区“两委”换届，新一届村、社区党组织书记平均年龄较上届分别下降4.4岁、2.9岁，大专以上学历人数增加18%。全面启动“双联双应”工作，进一步密切党群干群关系、建强基层党组织。

持之以恒正风肃纪反腐。严格执行中央八项规定精神，2021年查处违反中央八项规定精神问题169起277人，其中给予党纪政务处分180人。开展十一届市委第一轮巡察，首次将市直单位27个重点二级机构纳入巡察范围，做到延伸拓展、应巡尽巡。开展涉粮问题上下联动专项巡察，坚决查处“靠粮吃粮”问题。2021年全市纪检监察机关立案916件，给予党纪政务处分938人，移送检察机关31人。

【重要活动】芜湖市举办系列活动庆祝建党百年。2021年7月1日，伟大的中国共产党在持续奋斗中迎来百年华诞。芜湖市社会各界及广大群众采取多种形式，热烈庆祝中国共产党成立100周年。2021年6月29日上午，庆祝中国共产党成立100周年“七一勋章”颁授仪式在北京人民大会堂隆重举行，会上有两位接受勋章者马毛姐、吕其明，均来自无为。他们是芜湖市广大党员的杰出代表。他们的感人事迹，生动诠释中国共产党人坚定信念、践行宗旨、拼搏奉献、廉洁奉公的高尚品质和崇高精神。2021年6月29日，中共芜湖市委主办的芜湖市庆祝中国共产党成立100周年表彰大会暨“永远跟党走”主题党日活动举行，共庆建党百年华诞，会上对芜湖市100名优秀共产党员、99名优秀党务工作者、100个先进基层党组织进行表彰。2021年7月1日上午，庆祝中国共产党成立100周年大会在北京隆重举行。芜湖市兴起学习宣传贯彻习近平总书记“七一”重要讲话精神的热潮，利用理论中心组学习、读书班、专题学习研讨等多种形式开展高质量学习研讨，用党的创新理论武装头脑、指导实践、推动工作。同时，结合党史学习教育，开展“我为群众办实事”活动，用实际行动“学党史　悟思想　办实事　开新局”。

芜湖市第十一次党代会举行。2021年9月24日上午，中国共产党芜湖市第十一次代表大会在政务中心隆重开幕。单向前同志代表中国共产党芜湖市第十届委员会作题为《加快打造省域副中心　建设人民城市　奋力谱写全面建设社会主义现代化国家的芜湖篇章》的报告。这个报告是开门问策、集思广益的结果，凝聚着全市广大党员干部群众、全体代表和社会各方面的智慧，符合中央精神、省委要求，契合芜湖实际，是指导芜湖市今后五年发展的纲领性文件。大会在广泛酝酿讨论和充分发扬民主的基础上，选举产生了新一届市委和市纪委，为芜湖各项事业发展提供了强有力的政治保障和组织保障。大会确定的“加快打造省域副中心　建设人民城市”的目标，是对全市人民的郑重承诺，是奋进“十四五”、开启新征程的行动宣言。以这次大会召开为标志，芜湖各项事业发展掀开崭新的一页。

芜湖市启动“双招双引”一号工程。2021年2月20日，市委市政府举行全市“加速推进‘双招双引’，奋力加快高质量发展”集中调研暨全市“双招双引”动员大会，确立“双招双引”作为重大发展举措的战略定位，把招商引资、招才引智作为芜湖高质量发展的“一号工程”，摆在全局工作的核心位置，以超常规的决心、力度、功夫加以推进实施。全市上下迅速掀起一波波“双招双引”热潮。数据显示，2021年1—10月，全市新签约亿元以上招商项目556个，新开工亿元以上招商项目533个。亿元以上项目签约数和开工数同比增幅均超过40%。在建项目数、新建10亿元以上项目数位居全省第一位，在建项目实际到位资金、新建项目数位居全省第二位。“双招双引”火热

6月29日，由中共芜湖市委主办的芜湖市庆祝中国共产党成立100周年表彰大会暨“永远跟党走”主题党日活动在市政务文化中心举行
（郑　远　提供）

实践点燃芜湖追赶发展的引擎，2021年地区生产总值为4302.63亿元，较2020年增长11.6%，增速全省第一、长三角城市第一，居全国百强城市第5位。

系列“畅聊早餐会”举行。2021年3月27日，第一场政企“畅聊早餐会”举行，自此，芜湖“畅聊早餐会”以每周1场的频次举办35场，近200位企业家和各行业代表参加。谈及举办早餐会的初衷，市委书记单向前在接受媒体采访时表示，主要是考虑如何以一个务实而具有创新性的举措，有效贯彻落实习近平总书记关于优化营商环境的重要论述，按照省委、省政府部署要求，对企业家诉求顶格倾听、顶格协调、顶格推进，进一步优化营商环境，服务打造“创新之城”。芜湖“畅聊早餐会”显现“破圈”效应，不仅国内主流媒体竞相报道，也被抖音、哔哩哔哩等社交媒体首页推送，受到社会各方面高度关注，全网阅读量逾2000万次，激起热烈反响，成为芜湖营商环境的“金字招牌”。

城市基础设施建设取得重大进展。芜湖宣州机场建成通航。2021年4月30日，芜湖宣州机场建成通航，进一步完善安徽“一枢十支”运输机场体系，拓展安徽对接全国、辐射亚太、通达国际的空中通道。截至2021年12月31日，芜宣机场开通北京大兴、广州、佛山、深圳、成都、重庆、昆明、长春、西安、天津、三亚、珠海、青岛、哈尔滨等城市航线，形成“北联京津冀、南通珠三角、连接西部重点城市群”的航线网络，并开通全货运航班。芜湖宣州机场坚持“客货并举、以货为主”的发展思路，谋划空港物流、航空器维修保障、通航制造等产业纳入长三角机场群规划，倾力打造面向长三角乃至全球的航空货运物流中心，真正成为“小机场、大货运”“小基地、大中心”。安徽首条过江隧道开启“穿江之旅”。2021年9月17日上午9时许，随着装有319把刀具，如巨大“摩天轮”般的红色刀盘在27米深的始发井中徐徐转动，标志着芜湖城南过江隧道右线盾构机——“皖江奋斗号”自江北向江南始发掘进，安徽首条过江隧道开启“穿江之旅”。芜湖城南过江隧道是八百里皖江首条大直径盾构隧道，北连鸠江区纬一路，下穿长江，南接弋江区大工山路，全长约5.96千米，其中有3.96千米采用盾构隧道形式穿越长江。芜湖阔步迈入轨道交通时代。2021年11月3日上午10时05分，芜湖轨道交通1号线开通运营，标志芜湖市阔步迈入轨道交通时代，芜湖成为全国首个以跨座式单轨为主干线的城市。2021年12月28日上午10时05分，芜湖轨道交通2号线一期开通运营。轨道交通项目承载着江城百姓的轨道交通梦，是惠及最广大市民的重大民生工程，对缓解城市交通拥堵、引导群众绿色出行、构建现代交通体系、提升城市能级具有重要意义。芜黄高速公路全线开通。2021年12月16日，芜黄高速公路全线开通，结束芜湖到黄山没有直达高速公路的历史。该高速进一步完善芜湖长江二桥过江通道功能和芜湖双环放射状高速路网结构。芜湖到黄山两地高速公路通行时间从3个多小时缩短至2小时内。芜湖高速通车里程也从276千米增加至312千米，并新增南陵南互通高速出入口，全市高速出入口达21个。

芜湖以“1%工作法”打造营商环境金字招牌。开局“十四五”，芜湖创造性提出“1%工作法”，通过“有效市场”和“有为政府”有机结合，深入分析影响企业利润的制约因素，逐一拿出降本增效措施，最终努力实现重点企业、重点行业和全市企业平均利润率在现有基础上提高1%。芜湖市成立由市委书记和市长任组长的高规格领导小组，重点围绕技术、能源、用工、物流、税费、融资等利润影响主要因素，设立9个工作组，面向全市300户重点工业企业建立利润监测分析平台，实行重点企业“一企一策”、重点行业“一行一策”，以及全市综合施策，逐一拿出降本增效举措。“1%工作法”实施近一年时间来，在推动企业降本增效方面成效明显，破解发展中的诸多难题，为全年经济增速、产业转型升级、城市美誉度提升等注入强劲动力。2021年11月，国务院办公厅通报表扬全国48项典型经验做法，芜湖实施“1%工作法”全力推动企业降本增效入选。

芜湖发起引才育才用才强大“攻势”。打造“创业芜优”之城。以推出《关于打造“创业芜优”之城的意见》为信号，芜湖开启了打造安徽创业“第一城”的序幕。根据意见，芜湖将通过三大计划聚英才、三大平台引创业、三大体系聚资本、三大生态优质服务，以极具含金量的优待政策，吸引各类人才来芜湖创新创业。力争到2025年，在芜湖大地上形成“青年创新业、众人创家业、能人创企业、高人创产业、干部创事业”的浓厚氛围，打造长三角地区有重要影响力的“创业芜优”之城。组建人才发展集团。聚力打造人才集聚的“强磁场”，创新芜湖走在全省前列——2021年7月30日，芜湖在全省率先组建人才发展集团，着力打造全市人才工作的“总服务商”和“城市HR”。实施“紫云英人才计划”。根据“紫云英人才计划”，芜湖将实行更加积极、开放、有效的人才政策，以高层次人才和团队集聚行动、青年英才倍增行动、芜湖籍人才“凤还巢”行动、海外人才支持行动、柔性引进人才汇智行动等“五大行动”为抓手，让人才引进更具区域竞争力，努力打造人才集聚的“强磁场”。开展“全国百所高校大宣讲”。2021年9月29日下午3时，市委书记单向前讲授“新学期公开课”，拉开芜湖“全国百所高校大宣讲”活动的序幕。芜湖党政领导干部走进全国各大高校，以满满的诚意向社会发出求贤若渴的强烈信号，期待高校优秀学子留芜就业创业，施展才华。

芜湖启动人民城市建设。2021年8月12日，芜湖市人民城市建设推进大会召开。市委书记单向前在会上指出，推进人民城市建设是贯彻落实习近平总书记“人民城市人民建、人民城市为人民”重要论述的有力举措，是落实省委、省政府支持芜湖打造省域副中心城市的实际行动，是完善城市功能、提升内在品质的迫切需要。会议发布《关于推进人民城市建设的若干意见》，锚定5方面重点任务和24项具体举措，紧扣群众最关心、最直接、最现实的利益问题，力求建立覆盖城市建设发展全过程的长效常态治理机制，不断增强城市的整体性、系统性和生长性。会上，安徽师范大学、安徽工程大学、皖南医学院、安徽海螺集团、三只松鼠等10家高校企业被授予首批“人民城市建设合伙人”称号。“书香芜湖”建设稳步推进。2021年以来，芜湖市围绕打造省域副中心城市、长三角文化旅游新热点城市，在人民城市建设中聚焦市民关注的公共文化设施需求，将“城市书房”建设作为全市文旅公共服务重点项目，打造高品质城市公共阅读空间，实现城区“15分钟阅读圈”。计划首批建成20个分布于各县市区，集免费阅读、文化活动、文化展示、文化休闲等多元功能于一体的城市书房，发挥示范引领作用，推进“书香芜湖”建设。截至2021年12月31日，芜湖市先后建成峨山书舍、悦享书吧、赤铸书院、中江书苑等各具特色的城市书房，让市民在“家门口”即可享受阅读和休闲服务。芜湖市党政干部“共读计划”开讲。在人民城市建设拉开帷幕之际，市委市政府决定组织全市干部职工进行为期一年的“共读计划”。“共读计划”阅读书籍涵盖马克思主义经典著作、习近平新时代中国特色社会主义思想、中国共产党百年历史、中华优秀传统文化、现代科技、金融资本、社会治理和企业管理等。每周读1本，全年40本。截至2021年12月31日，先后完成《共产党宣言》《人类简史》《海上丝绸之路》《中国为什么有前途》《枢纽》《莎士比亚全集》《论语》《大国宪制》等16期讲读，每期在线听课人数均有数万人。

城区全员核酸检测创下“芜湖速度”。2021年7月24日晚，芜湖市发现1例南京禄口机场新冠肺炎疫情关联无症状感染者，一场疫情防控阻击战就此打响。市委市政府连夜开展应急处置，果断决定：立即在城区主动开展全员核酸检测。3天时间，计划完成城区180多万人的核酸筛查；城区设置850个采样点，调派2300多名医护人员，确保应采尽采、应检尽检……在台风带来的风雨中，一把把五颜六色的雨伞有序“绽放”在街头巷尾、小区道路上，芜湖市民用最简单的行动，撑起战胜疫情的脊梁。芜湖以3天检测2294753人、全部阴性的成果，交出一张战“疫”的高效答卷。这场全市的疫情防控阻击战，不仅展现“芜湖速度”，也展现一座城市众志成城的力量和守望相助的温度。

奇瑞连续18年位居中国品牌乘用车出口第一。奇瑞作为最早走出国门的自主车企，在2021年出口20周年之际，连续18年位居中国品牌乘用车出口第一，刷新中国汽车“扬帆出海”的新纪录。奇瑞走向全球市场的过程中，将技术作为“通行证”，将质量作为“敲门砖”，把产品和服务带到全球80多个国家和地区。2021年，奇瑞克服全球疫情形势严峻、汽车行业“芯片荒”等不利影响，巩固国际、国内双市场格局。截至2021年12月31日，奇瑞集团累计拥有近1000万全球用户，其中海外用户190万。奇瑞还在国资委指导的中国企业海外形象评选中，连续5次获得“最佳海外形象”20强荣誉，蝉联制造业企业第一。

【重要会议】2021年，召开市委常委会议52次。

十届市委第178次常委会（2021年1月12日下午2:30）

1.学习习近平总书记在省部级主要领导干部学习贯彻党的十九届五中全会精神专题研讨班开班式上的重要讲话精神

2.学习习近平总书记在中央全面深化改革委员会第十七次会议上的重要讲话精神

3.学习习近平总书记二〇二一年新年贺词

4.学习习近平总书记在全国政协新年茶话会上的重要讲话精神

5.学习习近平总书记对政法工作作出的重要指示精神

6.学习《中国共产党党员权利保障条例》

7.学习《中国共产党统一战线工作条例》

8.学习《中国共产党地方组织选举工作条例》

议题

一、《政府工作报告（送审稿）》

二、《芜湖市国民经济和社会发展第十四个五年规划和二〇三五年远景目标纲要（送审稿）》

三、《关于芜湖市2020年国民经济和社会发展计划执行情况与2021年计划草案的报告（送审稿）》

四、《关于芜湖市2020年预算执行情况和2021年预算草案的报告（送审稿）》

五、《市人大常委会工作报告（送审稿）》

六、《市政协常委会工作报告（送审稿）》

七、《2021年度政协重点民主协商议题（送审稿）》

八、关于当前疫情防控工作情况的报告

九、《关于构建现代环境治理体系的实施方案（送审稿）》

十、关于2020年全市政法工作及扫黑除恶专项斗争、省委政法委政治督察反馈问题整改情况的报告

十一、关于全省节能减煤工作视频会议精神及我市贯彻意见的报告

十二、关于全省民营经济统战工作电视电话会议精神及我市贯彻意见的报告

十三、关于全市排查整顿农村发展党员违规违纪问题工作情况的报告

十四、关于全市“两应”基层党组织示范创建工作的报告

十五、讨论研究干部问题

十届市委第179次常委会（2021年1月25日星期一 下午2:30）

1.学习习近平总书记在十九届中央纪委五次全会上的重要讲话精神

2.学习习近平总书记在北京、河北考察并主持召开北京2022年冬奥会和冬残奥会筹办工作汇报会时的重要讲话精神

议题

一、学习贯彻《关于2020年中央政治局贯彻执行中央八项规定情况的报告》《关于持续解决形式主义问题深化拓展基层减负工作情况的报告》精神

二、关于当前疫情防控工作情况的报告

三、《中共芜湖市委关于习近平总书记重要指示批示精神贯彻落实情况“回头看”工作的报告（送审稿）》

四、《芜湖市党政主要领导任期经济责任审计发现问题整改方案（送审稿）》

五、《中共芜湖市委常委会对照检查材料（送审稿）》

六、《芜湖市市属企业领导人员管理办法（送审稿）》

七、关于全省离退休干部“双先”表彰大会精神及我市贯彻意见的报告

八、关于2020年统一战线工作情况的报告

九、关于2020年度林长制实施情况的自查报告

十届市委第180次常委会（2021年2月5日上午10:00）

1.学习习近平总书记在中共中央政治局第二十七次集体学习时的重要讲话精神（做好“十四五”时期我国发展开好局、起好步的重点工作）

2.学习习近平总书记在中共中央政治局会议上的重要讲话精神（审议《中央政治局常委会听取和研究全国人大常委会、国务院、全国政协、最高人民法院、最高人民检察院党组工作汇报和中央书记处工作报告的综合情况报告》等）

3.学习习近平总书记在出席世界经济论坛“达沃斯议程”对话会时的重要讲话精神

4.学习习近平总书记同党外人士共迎新春时的重要讲话精神

议题

一、传达学习贯彻省“两会”精神

二、听取市人大常委会、市政府、市政协、市中级法院、市检察院党组工作汇报以及落实全面从严治党主体责任情况汇报

三、关于当前疫情防控工作情况的报告

四、学习《中共中央办公厅〈关于加强巡视巡察上下联动的意见〉的通知》精神

五、《关于改革完善社会救助制度的工作举措（送审稿）》

六、关于我市贯彻执行中央八项规定精神情况的报告

十届市委第181次常委会
（2021年2月22日下午2:30）

1.学习讨论习近平总书记在党史学习教育动员大会上的重要讲话精神

2.学习习近平总书记在中央全面深化改革委员会第十八次会议上的重要讲话精神

3.学习习近平总书记在考察贵州时的重要讲话精神

4.学习习近平总书记在中共中央国务院春节团拜会上的重要讲话精神

5.学习习近平总书记在视察看望空军航空兵某师时的重要讲话精神

6.学习习近平总书记在中国－中东欧国家领导人峰会上的主旨讲话精神

第一阶段：专题研究全面从严治党工作

一、贯彻习近平总书记在听取中央第六轮巡视情况综合报告时的重要讲话精神，学习十九届中央第六轮巡视反馈视频会议精神

二、传达学习中央第五巡视组巡视安徽省情况反馈会议精神，研究我市贯彻落实工作

三、传达学习中央第五巡视组巡视安徽省反馈意见整改暨新一轮深化“三个以案”警示教育动员部署会议(电视电话会)精神

四、《中央巡视组巡视安徽省反馈意见芜湖市整改方案（送审稿）》

五、《中共芜湖市委常委会对照检查材料（送审稿）》

六、学习贯彻十九届中央纪委五次全会及省纪委十届六次全会精神

七、《关于开展新一轮深化“三个以案”警示教育的工作方案（送审稿）》

八、关于市纪委十届六次全会筹备情况的报告

九、《市纪委十届六次全会工作报告（送审稿）》

十、关于全国组织部长会议精神及我市贯彻意见的报告

十一、关于我市推荐“七一勋章”初步建议人选和全国优秀共产党员、优秀党务工作者、先进基层党组织初步建议对象有关情况的请示

十二、《关于开展全省“两优一先”表彰对象推荐工作和全市“两优一先”表彰工作的方案（送审稿）》

十三、关于2021年中央、省委政法工作会议精神及我市贯彻意见的报告

十四、关于全省宣传部长会议精神及我市贯彻意见的报告

十五、《中共芜湖市委关于庆祝中国共产党成立100周年活动实施方案（送审稿）》

十六、关于全省统战部长会议精神及我市贯彻意见的报告

第二阶段：议题

一、贯彻省委农村工作会议精神，审议《关于全面推进乡村振兴加快农业农村现代化的具体举措（送审稿）》

二、关于全省巩固拓展脱贫攻坚成果同乡村振兴有效衔接工作会议精神及我市贯彻意见的报告

三、《关于加快实现巩固拓展脱贫攻坚成果同乡村振兴有效衔接的实施方案（送审稿）》

四、关于当前疫情防控工作情况的报告

五、关于全市突出生态环境问题整改工作情况的报告

六、讨论研究干部问题

十届市委第182次常委会
（2021年3月4日下午2:30）

1.学习习近平总书记在全国脱贫攻坚总结表彰大会上的重要讲话精神

2.学习习近平总书记在中共中央政治局会议上的重要讲话精神

3.学习习近平总书记在中央党校（国家行政学院）中青年干部培训班开班式上的重要讲话精神

4.学习习近平总书记在中共中央政治局第二十八次集体学习时的重要讲话精神

5.学习习近平总书记在认真审阅有关述职报告时的重要要求精神

6.学习习近平总书记在会见探月工程嫦娥五号任务参研参试人员代表并参观月球样品和探月工程成果展览时的重要讲话精神

议题

一、传达学习李锦斌等同志在指导阜阳市委常委会2020年度民主生活会暨巡视整改专题民主生活会和在全省新一轮深化“三个以案”警示教育座谈会上

的讲话精神

二、关于杨波同志严重违纪违法问题及其教训警示的通报

三、传达学习李锦斌同志在全省党史学习教育动员大会上的讲话精神

四、关于全省党史学习教育动员部署大会精神及我市贯彻意见的报告

五、《中央巡视组专项检查安徽省委落实意识形态工作责任制情况反馈意见芜湖市整改方案（送审稿）》

六、《中央巡视组专项检查安徽省委选人用人工作情况反馈意见芜湖市整改方案（送审稿）》

七、关于全省组织部长会议精神及我市贯彻意见的报告

八、关于全省市县乡领导班子换届工作电视电话会议精神和我市贯彻意见的报告

九、《中央巡视指导督导组对安徽省委巡视工作开展指导督导情况反馈意见芜湖市整改方案（送审稿）》

十、贯彻全省政法队伍教育整顿动员部署会议精神，审议《芜湖市政法队伍教育整顿实施方案（送审稿）》

十一、关于当前疫情防控工作情况的报告

十二、《关于着力加强卫生健康行业党的建设推进医药卫生治理体系和治理能力现代化的实施意见（送审稿）》

十三、《芜湖市污染防治攻坚战成效考核实施方案（送审稿）》

十四、关于美的厨热智能家电产业园项目"一事一议"审议情况的报告

十五、"初心热线"（市长热线）工作情况汇报

十六、关于2020年法治政府建设情况的报告

十届市委第183次常委会（2021年3月11日上午8:30）

议题

一、《中共芜湖市委关于开展党史学习教育的实施意见（送审稿）》

二、《中共芜湖市委理论学习中心组2021年度学习计划（送审稿）》

三、《关于认真做好县市区、镇领导班子换届工作的通知（送审稿）》

四、《芜湖市人大常委会2021年立法计划（草案送审稿）》

五、关于当前疫情防控工作情况的报告

十届市委第184次常委会（2021年3月21日下午3:00）

1.学习全国"两会"精神及习近平总书记参加审议和讨论时的重要讲话精神

2.学习习近平总书记在主持召开中央财经委员会第九次会议时的重要讲话精神

3.十三届全国人大四次会议在京开幕

4.全国政协十三届四次会议在京开幕

5.十三届全国人大四次会议举行第二次全体会议

6.全国政协十三届四次会议闭幕

7.十三届全国人大四次会议在京闭幕

议题

一、学习省委全面深化改革委员会第十次会议精神

二、《中共芜湖市委常委会2021年工作要点（送审稿）》

三、《市直有关部门贯彻落实市委十届十四次全会<建议>重要举措分工方案（送审稿）》

四、《市人大常委会2021年工作要点（送审稿）》

五、《政协芜湖市委员会2021年工作要点（送审稿）》

六、关于全省优秀共产党员、优秀党务工作者、先进基层党组织推荐工作的请示

七、关于人防系统腐败案件及其教训警示的通报

八、传达市县巡察工作调研座谈会精神

九、《2020年度市委巡察工作总结》

十、《2021年全市巡察工作要点（送审稿）》

十一、《十届市委第七轮、第八轮、第九轮巡察整改验收情况汇报》

十二、关于当前疫情防控工作情况的报告

十三、关于长三角G60科创走廊建设工作情况的汇报

十四、关于投资建设皖江学院相关事项的请示

十届市委第185次常委会（2021年3月22日）

讨论研究干部议题

十届市委第186次常委会（2021年3月23日）

讨论研究干部议题

十届市委第187次常委会（2021年3月24日下午2:30）

第一阶段：市委审计委员会第四次会议

1.学习全国、全省审计工作

会议精神

2.2020年全市审计工作情况报告

3.《市委审计委员会2021年度工作要点（送审稿）》《全市审计机关2021年审计项目计划（草案）》（市审计局王志鹏同志汇报）

4.单向前同志讲话

第二阶段：市委常委会会议学习

1.学习习近平总书记关于碳中和、碳达峰的重要论述（单向前同志领学）

2.学习习近平总书记向哥伦比亚民众发表视频讲话、习近平总书记同朝鲜劳动党总书记金正恩互致口信（书面）

3.市生态环境局大气环境科王文婧同志作《以碳达峰 碳中和引领芜湖市高质量发展——芜湖市应对气候变化工作进展及下一步工作思路汇报》专题报告

第三阶段：议题

一、传达2021年全省对台工作会议精神，研究我市贯彻落实意见

二、关于十届省委第十轮巡视“回头看”发现巡视整改不力问题的通报

三、《市委宣传部2021年宣传思想工作要点（送审稿）》

四、《芜湖市落实省第三生态环境保护督察组督察反馈意见整改方案（送审稿）》

五、《关于全面加强危险化学品安全生产工作的工作方案（送审稿）》

十届市委第188次常委会（2021年4月12日下午3:00）

1.学习习近平总书记在福建考察时的重要讲话精神

2.学习中共中央政治局会议精神（审议《关于新时代推动中部地区高质量发展的指导意见》）（单向前同志领学）

3.学习习近平总书记对革命文物工作作出的重要指示精神

4.学习习近平总书记在参加首都义务植树活动时的重要讲话精神

5.学习习近平总书记对深化东西部协作和定点帮扶工作作出的重要指示精神

6.学习习近平总书记对打击治理电信网络诈骗犯罪工作作出的重要指示精神

7.学习习近平总书记致厦门大学建校100周年的贺信精神

8.学习习近平总书记在视察武警第二机动总队时的重要讲话精神

9.学习《中国共产党组织处理规定（试行）》

第一阶段：市委常委会会议议题

一、学习全国政法队伍教育整顿领导小组会议、全国第一批政法队伍教育整顿工作推进会、全省政法队伍教育整顿领导小组第一次会议、全省第一批政法队伍教育整顿查纠整改环节部署会精神

二、芜湖市政法队伍教育整顿进展情况暨学习教育环节各项任务完成情况报告

三、学习李锦斌同志在省委巡视整改工作领导小组第二次会议上的讲话精神

四、关于召开中央巡视整改专题民主生活会有关事项的汇报

五、关于2020年度省管领导班子和领导干部综合考核工作会议精神及我市贯彻意见的报告

六、《中共芜湖市委领导班子2020年度工作总结（送审稿）》

七、关于省委非公工委扩大会议精神及我市贯彻意见的报告

八、学习长三角一体化、长江经济带、“一带一路”、中部地区崛起文件材料汇编

九、《关于全面落实习近平总书记在扎实推进长三角一体化发展座谈会上重要讲话精神的实施意见（送审稿）》

十、《加快建设新阶段现代化美丽长江（芜湖）经济带的行动方案（送审稿）》

十一、《芜湖市公共资源交易监督管理办法（送审稿）》

十二、关于当前疫情防控工作情况的报告

十三、《中共芜湖市委2021年保密工作要点（送审稿）》

十四、关于全省档案工作暨表彰先进会议精神及我市贯彻意见的报告

第二阶段：市委常委会会议暨市委党的建设工作领导小组会议议题

1.学习习近平总书记近期关于党建工作的重要论述摘编

2.学习省委常委会会议暨省委党建工作领导小组会议精神

3.《中共芜湖市委党的建设工作领导小组工作规则（送审稿）》《中共芜湖市委党的建设工作领导小组办公室工作细则（送审稿）》

4.《关于建立市直机关工委兼职委员制度（试行）的通知（送审稿）》《关于建立市直机关基层党建工作分片协作制度（试行）的通知（送审稿）》

5.《市委党的建设工作领导小组2021年工作要点（送审稿）》（市委副秘书长张敏汇报）

6.《市直单位“模范机关”创建行动方案（送审稿）》《关于在市直机关开展党建突出问题专项整治的工作方案（送审稿）》（市直机关工委王玉娟同志汇报）

7.《关于在教育系统开展党建突出问题专项整治的工作方案（送审稿）》（市教育局江汛同志汇报）

8.《关于在卫健系统开展党建突出问题专项整治的工作方案（送审稿）》（市卫健委秦正华同志汇报）

9.《关于在市属国企开展“找差距、抓落实、提质量”专项行动的工作方案（送审稿）》（市国资委江澜同志汇报）

十届市委第189次常委会（2021年4月15日）

一、讨论研究干部问题

十届市委第190次常委会（2021年4月23日上午8:30）

1.学习习近平总书记在清华大学考察时的重要讲话精神

2.学习习近平总书记对职业教育工作作出的重要指示精神

3.学习习近平总书记在博鳌亚洲论坛2021年年会开幕式上发表主旨演讲精神

4.学习习近平总书记同法国、德国领导人举行视频峰会精神

第一阶段：市委理论学习中心组学习会议

1.学习《习近平关于力戒形式主义官僚主义重要论述选编》、习近平总书记在第十九届中央纪委五次全会上的重要讲话精神、李锦斌同志在中央第五巡视组巡视安徽省反馈意见整改暨新一轮深化“三个以案”警示教育动员部署大会上的讲话、李锦斌同志在阜阳市警示教育座谈会上的讲话、省纪委《关于杨波同志严重违纪违法问题及其教训警示的通报》等（会前自学）

二、拟请晁新、杨志斌、贺东、程刚、汤劲松同志进行交流发言，其他同志作书面发言

三、单向前同志讲话

第二阶段：市委全面深化改革委员会第七次会议

一、学习习近平总书记关于全面深化改革的重要论述和党的十八届三中全会以来以习近平同志为核心的党中央推进全面深化改革纪实；学习中央深改委第十七次、十八次会议精神；学习省委深改委第十次、十一次会议精神

二、审议《2021年市委深改委工作要点（送审稿）》《2021年市领导领衔推动重点改革事项工作台账》《关于对重点改革事项实施跟踪问效的办法（试行）》

三、听取《2020年市委全面深化改革工作总结》《2020年市委深化改革重点督察工作总结》和各专项小组关于2020年度工作总结及2021工作计划汇报

四、审议《自主创新示范区工作要点》《国家创新型城市总结评估迎检工作方案》（市科技局汇报）

五、听取芜湖综合性国家产业创新中心推进建设情况及国家技术创新中心、国家制造业创新中心进展情况（市产创中心、市科技局、市经信局依次汇报，每人5分钟以内）

六、市领导发言

七、单向前同志讲话

第三阶段：中央巡视我省反馈意见芜湖市整改工作领导小组会议

一、学习李锦斌同志在省委常委会会议暨省委巡视整改工作领导小组第四次会议上的讲话精神

二、市委整改办整改推进组通报各牵头责任单位整改进展及存在问题和建议

三、市委组织部汇报选人用人专项检查反馈问题整改进展及存在问题和下一步打算

四、市委宣传部汇报意识形态专项检查反馈问题整改进展及存在问题和下一步打算

五、市委巡察办汇报巡视指导督导专项检查反馈问题整改存在问题和下一步打算

六、讨论发言

七、单向前同志讲话

第四阶段：市委常委会会议议题

一、学习刘伟平、李锦斌、李春良同志在中央第三生态环境保护督察组督察安徽省工作动员会上的讲话精神

二、传达学习省委省政府《关于深入实施创新驱动发展战略加快建设科技创新攻坚力量体系打好关键核心技术攻坚战的意见》

三、关于信访积案化解情况及工作打算的汇报

四、关于当前疫情防控工作情况的报告

五、学习李锦斌同志在党史学习教育领导小组会议上的讲话精神

六、《党史学习教育重点任务分解（送审稿）》

七、《关于新时代加快完善

社会主义市场经济体制的工作清单（送审稿）》

八、《关于完善要素市场化配置降低制度性交易成本的工作举措（送审稿）》

九、《关于推动基础设施高质量发展的工作举措（送审稿）》

十、《关于全面落实过紧日子要求厉行节约反对浪费的通知（送审稿）》

十一、《芜湖市市本级国有金融资本管理暂行办法（送审稿）》

十二、关于提请表扬芜湖宣州民用机场项目前期审批和设计建设两个团队的请示

十三、关于市检察院开展扫黑除恶专项斗争情况的报告

十四、关于全省基层党建重点任务推进会暨业务培训会主要精神及贯彻落实建议的报告

十五、关于给予王亚奇开除党籍、开除公职处分的请示

十六、讨论研究干部问题

十届市委第191次常委会（2021年4月26日）

一、讨论研究干部问题

十届市委第192次常委会（2021年5月10日上午8:30）

学习习近平总书记致首届中国国际消费品博览会的贺信精神、《中国共产党地方组织选举工作条例》《中华人民共和国乡村振兴促进法》

第一阶段：市委常委会会议暨市委财经委员会第八次会议

一、学习中央财经委第九次会议、省委财经委第六次会议精神

二、2021年一季度经济运行情况汇报（市政府党组汇报）

三、《中共中央办公厅国务院办公厅关于坚决遏制“两高”项目盲目发展的通知》解读（市发改委汇报）

四、市领导发言

第二阶段：市委常委会会议议题

一、关于中央第二轮生态环境保护督察暨我市重难点突出生态环境问题整改情况的报告

二、学习李锦斌同志在省科学技术奖励暨加快建设科技创新攻坚力量体系推进大会上的讲话精神

三、学习丁向群同志在全省机构编制工作会议上的讲话精神

四、关于当前疫情防控工作情况的报告

五、中央巡视我省反馈意见芜湖市整改工作进展情况汇报

六、关于防范化解政府债务风险有关情况的报告

七、《芜湖市关于进一步推进服务业改革开放发展工作方案（送审稿）》

八、全省脱贫攻坚总结表彰先进个人和先进集体推荐对象

九、关于全省党建引领信用村建设联席会议第二次会议主要精神及我市贯彻意见的报告

十、关于提请审定各县市区委召开党代表大会有关事项的报告

十一、讨论研究干部问题

十届市委第193次常委会（2021年5月21日上午9:00）

1.学习习近平总书记在主持召开推进南水北调后续工程高质量发展座谈会上的重要讲话精神

2.学习习近平总书记在《求是》杂志发表的重要文章《用好红色资源 传承好红色基因 把红色江山世世代代传下去》

3.学习习近平总书记向首次火星探测任务指挥部并参加任务全体同志的贺电精神

议题

一、学习省委专题会议、省委常委会扩大会议、全省疫情防控工作调度会议精神

二、传达王清宪省长来芜调研指示情况（宁波同志传达）

三、关于当前疫情防控工作情况的报告

四、关于省委统战部《中国共产党统一战线工作条例》专题培训班精神及我市贯彻意见的报告

五、《关于安徽芜湖三山经济开发区行政执法工作有关问题的通知（送审稿）》

六、关于2020年度市对镇年度评价和市直、驻芜单位（重点非贫困村）定点帮扶工作考核情况的汇报

七、《关于召开中国共产党芜湖市第十一次代表大会有关工作建议方案》

八、《关于市第十一次党代表大会代表名额分配建议方案》

九、《市委十届十五次全体会议安排方案（送审稿）》

十、《中国共产党芜湖市第十届委员会第十五次全体会议关于召开中国共产党芜湖市第十一次代表大会的决议（草案）（送审稿）》

十一、讨论研究干部

十届市委第194次常委会（2021年5月29日下午4:00）

一、讨论研究干部问题

十届市委第195次常委会

（2021年6月6日下午3:00）

学习阶段：学党章党规、学系列讲话

1.学习《毛泽东邓小平江泽民胡锦涛习近平关于民主集中制的重要论述（选编）》

（会前学习，丁祖荣及几位常委分别作研讨发言）

2.学习5月31日中共中央政治局会议精神

3.学习习近平总书记在中共中央政治局第三十次集体学习时的重要讲话精神

4.学习习近平总书记在中国科学院第二十次院士大会、中国工程院第十五次院士大会、中国科协第十次全国代表大会上的讲话

5.学习习近平总书记在中央全面深化改革委员会第十九次会议上的重要讲话精神

6.学习《中国共产党组织工作条例》

7.学习《中共中央关于加强对“一把手”和领导班子监督的意见》

议题

一、传达学习《中共中央办公厅关于北京市开展违建别墅清查整治工作情况的通报》精神（单向前同志传达）

二、学习《关于深入学习贯彻习近平总书记重要讲话 全面贯彻实施〈中国共产党机要密码工作条例〉的通知》精神

三、学习全省脱贫攻坚总结表彰暨巩固拓展脱贫攻坚成果同乡村振兴有效衔接工作推进大会精神

四、传达省委常委、宣传部长陶明伦来芜督导调研指示要求

五、关于传达国家反恐办第三督导组刘慧组长指示精神暨全市上半年反恐怖工作情况的报告

六、全市信访积案化解进展情况及当前工作建议的汇报

七、学习近期全国、全省政法队伍教育整顿有关会议精神，听取关于全市政法队伍教育整顿进展情况的报告

八、关于当前疫情防控工作情况的报告

九、关于召开市第十六届人民代表大会第六次会议的请示

十、学习全国巡视工作会议精神和省委办公厅《关于加强巡视巡察上下联动的实施意见》精神，研究贯彻落实工作举措，听取十届市委巡察工作情况汇报

十一、《中国（安徽）自由贸易试验区芜湖片区管委会体制机制改革试点方案（送审稿）》

十二、《关于深化医疗保障制度改革的实施办法（送审稿）》

十三、《关于全面加强新时代大中小学劳动教育的工作方案（送审稿）》

十四、关于全省革命文物工作会议精神及我市贯彻意见的报告

十五、讨论研究干部问题

十届市委第196次常委会（2021年6月8日）

一、讨论研究干部问题

十届市委第197次常委会（2021年6月10日）

一、讨论研究干部问题

十届市委第198次常委会（2021年6月11日）

学习阶段：学党章党规、学系列讲话

1.学习毛泽东《党委会的工作方法》

（会前学习，丁祖荣及几位常委分别作研讨发言）

2.学习习近平总书记在青海考察时的重要讲话精神

议题

第一阶段：市委网信委第三次会议

1.学习《习近平关于网络强国论述摘编》和《省委网信委第三次会议主要精神》

2.听取《关于2020年全市网络安全和信息化工作情况的报告》

3.张志宏同志领学《党委（党组）网络意识形态工作责任制实施细则》

4.审议《芜湖市委网信委2021年工作要点（送审稿）》和《关于调整中共芜湖市委网络安全和信息化委员会委员的建议》（市委网信办汇报）

5.单向前同志讲话

议题

一、关于中国科协第十次全国代表大会精神及我市贯彻落实意见的报告

二、《芜湖市国企改革三年行动实施方案（2020—2022年）（送审稿）》

三、关于当前疫情防控工作情况的报告

十届市委第199次常委会（2021年6月22日）

学习阶段：学党章党规、学系列讲话

1.学习习近平总书记对湖北十堰市张湾区艳湖社区集贸市场燃气爆炸事故作出的重要指示精神（单向前同志领学）

2.学习习近平总书记在参观“‘不忘初心、牢记使命’中国

共产党历史展览”时的重要讲话精神

3.学习习近平总书记在《求是》杂志上发表的重要文章《以史为镜、以史明志，知史爱党、知史爱国》

第一阶段：市委常委会会议议题

一、学习中央保密委《关于2020年全国窃密泄密案件情况的通报》精神

二、学习李锦斌同志在5月6日省委常委会会议、6月11日省委理论学习中心组学习报告会、6月18日省委理论学习中心组学习会议、6月18日省委理论学习中心组学习报告会上的讲话精神

三、学习李锦斌同志在省政协十二届常委会第十八次会议暨加快科技创新攻坚力量体系建设打造具有重要影响力科技创新策源地资政会上的讲话精神

四、传达李锦斌、王清宪同志批示精神，听取关于城镇燃气有关情况的汇报

五、传达李锦斌、王清宪同志关于安徽航瑞航空动力装备有限公司300千瓦级重油航发首发点火活动的批示精神（单向前同志传达）

六、《关于进一步激发民营企业创业热情成就企业家创意创新创造推进民营经济高质量发展的若干措施（送审稿）》

七、关于提请审定全市“两优一先”表彰对象的报告

八、传达李锦斌同志政治监督谈话精神并研究整改措施（单向前同志传达）

第二阶段：市委国安委第四次会议暨市防范化解重大风险工作领导小组会议

一、学习习近平总书记关于坚持总体国家安全观重要论述、防范化解重大风险重要论述，省委国安委第三次会议暨省防范化解重大风险工作领导小组会议精神以及《国家科技安全知识百问》《国家核安全知识百问》《国家生物安全知识百问》

二、审议《中共芜湖市委国家安全委员会2021年工作要点（送审稿）》《关于调整市委国家安全委员会组成人员的请示》（市委国安办汇报）

三、听取关于《当前全市防范化解重大风险突出问题清单》处置情况的报告（市委国安办汇报）

四、听取市卫健委关于防范化解生物安全风险及疫情防控工作情况的报告、市金融监管局关于防范化解金融领域重大风险工作情况的报告、市住建局关于防范化解房地产领域重大风险工作情况的报告

五、市领导发言

六、单向前同志讲话

十届市委第200次常委会（2021年7月5日）

学习阶段：学党章党规、学系列讲话

1.学习习近平总书记在中央政治局第三十一次集体学习时的重要讲话精神（单向前同志领学）

2.学习习近平总书记在庆祝中国共产党成立100周年大会上的重要讲话精神

3.学习习近平总书记在“七一勋章”颁授仪式上的重要讲话精神

4.学习习近平总书记在《求是》杂志上发表的重要文章《学史明理、学史增信、学史崇德、学史力行》

5.学习《中国共产党党徽党旗条例》

第一阶段：市“四大班子”通气会

一、市领导发言（请汤劲松、桑宝庆、杨志斌、黄干、何友旺、张志宏、丁祖荣、张峰、宁波同志围绕近期工作安排依次发言。丁亚敏同志代为发言）

二、张志宏同志通报市委近期拟安排的重要活动

三、单向前同志讲话

第二阶段：市委统一战线工作领导小组会议

一、学习《中国共产党统一战线工作条例》

二、审议《市委统一战线工作领导小组成员名单（送审稿）》《中共芜湖市委统一战线工作领导小组2021年工作要点（送审稿）》《中共芜湖市委统一战线工作领导小组关于加强和改进工作、更好发挥作用的实施办法（送审稿）》《中共芜湖市委统一战线工作领导小组关于学习宣传贯彻<中国共产党统一战线工作条例>的实施方案（送审稿）》（褚云凤同志汇报，20分钟）

三、审议《芜湖市关于加强新形势下抵御境外利用宗教进行渗透工作的实施意见（送审稿）》（陶涛同志汇报，5分钟）

四、讨论发言

五、单向前同志讲话

第三阶段：市委常委会会议议题

一、专题传达学习《中共中央办公厅关于认真学习贯彻〈习近平总书记在庆祝中国共产党成立100周年大会上的讲话〉的通

知》精神以及李锦斌同志有关批示精神（单向前同志传达）

二、《省委书记李锦斌党内政治监督谈话指出问题整改方案(送审稿)》

三、关于李锦斌同志在省发改委《国家坚决遏制“两高”项目盲目发展专项检查组听取我省工作汇报》等三份材料上批示精神及我市贯彻意见的报告

四、《芜湖市依法推进公共政策兑现创优法治化营商环境专项行动试点工作实施方案（送审稿）》

五、关于调整市政府2021年度规章制定计划的请示

六、关于当前疫情防控工作情况的报告

七、省委统战部关于对各省辖市党委统战部2020年度工作评价情况的通报

八、关于开展整治非法宗教活动遏制宗教渗透蔓延工作进展情况的报告

九、《2021年芜湖县市区、开发区季度经济运行考核办法（送审稿）》

十、关于奇瑞控股董事会成员结构调整及建投公司提名奇瑞公司董事、监事更换事项表决权的请示

十一、讨论研究干部问题

十届市委第201次常委会（2021年7月17日）

一、讨论研究干部问题

十届市委第202次常委会（2021年7月22日）

学习阶段：学党章党规、学系列讲话

1.观看《生命重于泰山——学习习近平总书记关于安全生产的重要论述》专题片

2.学习习近平总书记对防汛救灾工作作出的重要指示精神；(单向前同志领学）

3.学习习近平总书记在中央全面深化改革委员会第二十次会议上的重要讲话精神

4.学习习近平总书记关于中国共产党成立100周年庆祝活动筹办工作的重要讲话精神

5.学习习近平总书记在中国共产党与世界政党领导人峰会上的重要讲话精神

6.学习习近平总书记在亚太经合组织领导人非正式会议上的重要讲话精神

议题

一、《关于推进人民城市建设的若干意见（送审稿）》

二、《关于选定第一批人民城市建设合伙人的决定（送审稿）》

三、关于2021年上半年全市经济运行情况的报告

四、传达《中共中央办公厅关于贯彻新发展理念专项督查调研的情况报告》精神（单向前同志传达）

五、传达《中共中央办公厅 国务院办公厅关于全国违建别墅问题清查整治专项行动工作情况的通报》精神（单向前同志传达）

六、关于全市公安机关2021年上半年总体工作情况及下一步工作打算的报告

七、《关于成立市碳达峰碳中和工作领导小组的通知（送审稿）》

八、《中国（安徽）自由贸易试验区芜湖片区制度创新工作推进办法（试行）(送审稿）》

九、关于当前疫情防控工作情况的报告

十、关于党史学习教育中央第三指导组来芜调研情况及我市贯彻意见的报告

十一、《中共芜湖市委办公室关于认真学习贯彻<习近平总书记在庆祝中国共产党成立100周年大会上的讲话>的通知（送审稿）》

十二、关于2021年上半年全市纪检监察工作情况的报告

十三、关于王鸿津同志在《关于加强巡视巡察上下联动的意见》专题培训班暨巡视指导督导总结会议上的讲话精神及我市贯彻落实举措的报告

十四、关于组建芜湖市人才发展集团有限公司的请示

十五、讨论研究干部问题

十届市委第203次常委会（2021年7月30日）

一、学党章党规、学系列讲话

1.学习习近平总书记对深入推进农村厕所革命作出的重要指示精神（单向前同志领学）

2.学习习近平总书记在西藏考察时的重要讲话精神

3.学习习近平总书记对档案工作的重要批示精神

二、《关于建立市委常委会会议“第一议题”制度的通知（送审稿）》

三、传达《中共中央关于印发〈中国共产党成立100周年庆祝活动总结报告〉的通知》精神（单向前同志传达）

四、学习李锦斌同志在省委党史学习教育专题读书班暨全省县（市、区）委书记“学党史、强动能、促一体”专题培训班结业式上的讲话精神

五、学习《中共安徽省委办公厅 安徽省人民政府办公厅 关于印发〈安徽省中央生态环境保护督察报告〉和〈李锦斌同志在中央第三生态环境保护督察组督察安徽省情况反馈会上的讲话〉的通知》精神，贯彻省环委办印发的《安徽省“严、重、促”突出生态环境问题“大起底”“回头看”清单》的通知要求，听取关于我市贯彻落实第二轮中央生态环境保护督察暨重难点突出生态环境问题整改情况的报告

六、关于当前疫情防控工作情况的报告

七、《关于实施新时代“紫云英人才计划”加快推进芜湖高质量发展的意见（试行）（送审稿）》

八、关于调整部分市管党组设置有关情况的报告

九、关于撤销芜湖机场建设工作领导小组的请示

十、深入学习贯彻习近平总书记关于国防和军队建设的重要论述，审议市委市政府“八一”慰问信，并听取“八一”慰问情况汇报

十一、讨论研究干部问题

十届市委第204次常委会（2021年8月5日）

一、讨论研究干部问题

十届市委第205次常委会（2021年8月6日）

第一阶段：市委退役军人事务工作领导小组第三次会议

1.传达学习《习近平总书记关于退役军人工作的重要论述摘编》《退役军人保障法》主要精神、省委退役军人事务工作领导小组第五次会议精神

2.听取关于市委退役军人事务工作领导小组2020年工作情况和2021年工作安排的汇报（市退役军人事务局汇报）

3.通过调整市委退役军人事务工作领导小组事项

4.审议《芜湖市退役军人工作高质量发展考核评价办法（试行）（送审稿）》《贯彻落实〈关于加强新时代退役军人工作的实施意见〉工作举措（送审稿）》《关于加强退役军人思想政治工作的主要举措及分工方案（送审稿）》

5.单向前同志讲话

第二阶段：市委常委会会议议题

一、学党章党规、学系列讲话

1.传达学习7月30日中央政治局会议精神（单向前同志领学）

2.传达学习《中共中央 国务院关于印发〈知识产权强国建设纲要（2021—2035年）〉的通知》精神（单向前同志领学）

3.传达学习习近平总书记在中央党外人士座谈会上的重要讲话精神

4.传达学习习近平总书记在中央政治局第三十二次集体学习时的重要讲话精神

二、传达学习李锦斌同志在8月2日省委常委会会议暨上半年经济形势分析会上的主持讲话精神

三、《美丽长江（芜湖）经济带生态环境新一轮“三大一强”专项攻坚行动方案（送审稿）》

四、《芜湖综合性国家产业创新中心创建方案（送审稿）》

五、传达学习李锦斌同志关于疫情防控工作的批示精神（单向前同志领学）

六、关于当前疫情防控工作情况的报告

十届市委第206次常委会（2021年8月7日）

一、讨论研究干部问题

十届市委第207次常委会（2021年8月11日）

第一阶段：市委全面依法治市委员会第四次会议

1.传达学习省委全面依法治省委员会第四次会议精神

2.审议《法治芜湖建设规划（2021—2025年）（审议稿）》《芜湖法治社会建设实施方案（2021—2025年）（审议稿）》（市委依法治市办副主任项丰年汇报，汇报时间10分钟以内）

3.审议《贯彻落实习近平总书记在中央全面依法治国工作会议上的重要讲话精神具体举措及责任分解（审议稿）》《芜湖市关于党政主要负责人履行推进法治建设第一责任人职责情况列入年终述职内容的工作方案（审议稿）》《芜湖市“法治融屏”项目建设方案（审议稿）》（市委依法治市办副主任周晓梅汇报，汇报时间15分钟以内）

4.听取镜湖区党委、湾沚区政府、市交通运输局主要负责人履行推进法治建设第一责任人职责情况述职（每人汇报时间5分钟以内）

5.单向前同志讲话

第二阶段：市委常委会会议议题

一、学党章党规、学系列讲话

1、《中国共产党党内法规体系》

2、传达学习习近平总书记向新冠疫苗合作国际论坛首次会议发表的书面致辞精神

二、传达学习省委十届十三次全会精神（单向前同志传达）

三、关于2021年上半年法治建设工作情况的报告

四、关于深化新一轮林长制改革工作情况的报告

五、关于当前疫情防控工作情况的报告

六、传达学习省纪委、省委组织部、省监委《关于严肃换届纪律加强换届风气监督的通知》，观看严肃换届纪律教育警示片《警钟长鸣》

十届市委第208次常委会（2021年8月20日）

第一阶段：市委平安芜湖建设领导小组会议暨市扫黑除恶专项斗争领导小组会议

1.传达学习习近平总书记关于平安中国建设重要论述摘编精神、全国第一次扫黑除恶常态化暨四大行业领域整治推进会精神、中办国办《关于建设更高水平的平安中国的意见》《关于常态化开展扫黑除恶斗争巩固专项斗争成果的意见》精神、全省扫黑除恶领导小组第一次会议精神、省委平安建设领导小组会议精神、全省市域社会治理现代化试点工作推进会精神

2.通报2020年度平安芜湖建设情况、扫黑除恶专项斗争总体情况、2020年度全省平安建设考核评价结果、省扫黑除恶专项斗争领导小组通报表扬决定

3.汇报2021年上半年平安芜湖建设情况（何友旺同志汇报）

4.市委平安芜湖建设领导小组各专项组汇报上半年工作开展情况，其中社会治安专项组（组长单位：市公安局）、重点人群专项组（组长单位：市司法局）、公共安全专项组（组长单位：市应急管理局）口头汇报（每位汇报时间控制在5分钟以内），其他各组书面汇报

5.听取关于芜湖市2020年度平安建设（综治工作）目标考核评价情况及相关建议的报告、关于芜湖市扫黑除恶与社会治理贡献奖评选表彰有关情况的报告（周晓梅同志汇报，汇报时间控制在5分钟以内）

6.审议《芜湖市社会面突发事件处置机制（送审稿）》（吴石生同志汇报，汇报时间控制在5分钟以内）

7.单向前同志讲话

第二阶段：市委常委会会议

一、学党章党规、学系列讲话

1.传达学习习近平总书记在中央财经委员会第十次会议上的重要讲话精神（单向前同志领学）

2.传达学习《中共中央、国务院关于印发〈国家标准化发展纲要〉的通知》精神（单向前同志领学）

3.重温习近平总书记考察安徽重要讲话指示精神

4.重温习近平总书记在扎实推进长三角一体化发展座谈会上的重要讲话精神

5.传达学习习近平总书记在《求是》杂志发表的重要文章《总结党的历史经验 加强党的政治建设》

6.传达学习习近平总书记给“国际青年领袖对话”项目外籍青年代表的回信精神

二、关于近期房地产市场调控工作情况的报告

三、关于孚能科技年产24GWh新能源电池项目“一事一议”审议情况的报告

四、关于《芜湖市“十四五”能耗“双控”及煤炭消费减量替代预警调控方案》的报告

五、《关于大力发展十大新兴产业打造具有重要影响力新兴产业聚集地的实施方案（送审稿）》

六、关于当前疫情防控工作情况的报告

七、关于设立芜湖经济技术开发区法院自由贸易试验区法庭的请示

八、讨论研究干部问题

十届市委第209次常委会（2021年8月23日）

一、讨论研究干部问题

十届市委第210次常委会（2021年8月27日）

第一阶段：市委常委会会议暨市委党的建设工作领导小组会议

1.传达学习习近平总书记关于党建工作重要论述摘编（2021年4月—7月）

2.市委党建办汇报市委党的建设工作领导小组2021年工作要点任务推进情况（市委副秘书长章世海汇报，8分钟左右）

3.听取汇报

①市教育局、市卫健委、市国资委党委书面汇报党建工作“找差距、抓落实、提质量”专项行动推进情况

②芜湖职业技术学院、安徽中医药高等专科学校党委书面汇报省委巡视反馈问题整改情况

③部分县市区委、市直单位党委（党组）汇报落实全面从严治党主体责任、2020年度党委（党组）书记抓党建述职评议反馈问题的整改情况和下一步打算（南陵县委、市交通运输局党委口头汇报，镜湖区委、市住建局党委、市数据资源管理局党组、市自然资源和规划局党组书面汇报，口头汇报时间每位5分钟以内）

④市纪委监委机关、市委组织部、市委宣传部、市委政法委、市直机关工委汇报落实全面从严治党主体责任情况和下一步打算（市纪委监委机关、市委组织部、宣传部口头汇报，市委政法委、市直机关工委书面汇报，口头汇报时间每位5分钟以内）

4.市领导发言

5.单向前同志讲话

第二阶段：市委常委会会议

一、学党章党规、学系列讲话

1.传达学习《中共中央、国务院转发〈国家发展和改革委员会关于上半年经济形势和做好下半年经济工作的建议〉的通知》精神（单向前同志领学）

2.传达学习习近平总书记在河北承德考察时的重要讲话精神

3.传达学习习近平总书记给云南省沧源佤族自治县边境村老支书们的回信精神

二、李锦斌同志在省贯彻落实习近平总书记考察安徽重要讲话指示精神推进“三地一区”建设领导小组第一次会议上的讲话精神

三、关于省委书记李锦斌党内政治监督谈话指出问题整改落实情况的报告

四、关于《芜湖市瓶装燃气管理条例》制定情况的报告

五、《关于印发〈《中共中央办公厅关于贯彻新发展理念专项督查调研的情况报告》反馈问题整改清单〉的通知（送审稿）》

六、关于当前疫情防控工作情况的报告

七、讨论研究干部问题

十届市委第211次常委会（2021年9月3日）

一、学党章党规、学系列讲话

1.传达学习习近平总书记在中央党校（国家行政学院）中青年干部培训班开班式上的重要讲话精神；（单向前同志领学）

2.传达学习8月31日中央政治局会议精神

3.传达学习习近平总书记在中央民族工作会议上的重要讲话精神

4.传达学习习近平总书记在中央全面深化改革委员会第二十一次会议上的重要讲话精神

5.传达学习习近平总书记在2021年中国国际服务贸易交易会全球服务贸易峰会上的致辞精神

6.传达学习习近平总书记致菌草援外20周年暨助力可持续发展国际合作论坛的贺信精神

7.传达学习习近平总书记在《求是》杂志上发表的重要文章《党的伟大精神永远是党和国家的宝贵精神财富》

二、《长江（芜湖）经济带生态环境污染治理“4+1”工程实施方案（送审稿）》

三、关于芜湖市2021年度单位GDP能耗降低目标安排的报告

四、关于当前疫情防控工作情况的报告

五、关于2020年度市委书记抓基层党建综合评价意见及等次有关情况的报告

六、关于我市出席省第十一次党代会代表候选人初步人选建议名单有关情况的报告

七、《法治芜湖建设规划（2021—2025年）（送审稿）》

八、《芜湖市法治社会建设工作方案（2021—2025年）（送审稿）》

九、《芜湖市法治政府建设督察自查报告（送审稿）》

十、讨论研究干部问题

十届市委第212次常委会（2021年9月14日）

一、学党章党规、学系列讲话

1.传达学习习近平总书记给全国高校黄大年式教师团队代表的回信精神

2.重温习近平总书记在全国教育大会上的重要讲话精神

3.传达学习习近平总书记在金砖国家领导人第十三次会晤上的重要讲话精神

4.传达学习习近平总书记在第六届东方经济论坛全会开幕式上的致辞精神

5.传达学习习近平总书记致可持续发展大数据国际研究中心成立大会暨2021年可持续发展大数据国际论坛的贺信精神

6.传达学习习近平总书记致第32届国际航空科学大会的贺信精神

7.传达学习习近平总书记致国际粮食减损大会的贺信精神

8.传达学习习近平总书记致第18届中国—东盟博览会和中

国—东盟商务与投资峰会的贺信精神

二、传达学习李锦斌同志在阜阳亳州淮北宿州调研时和在皖北调研座谈会上的讲话精神

三、《关于报送省委第四综合考核组对芜湖市2020年度综合考核反馈问题整改清单的报告（送审稿）》

四、关于中国共产党芜湖市第十一次代表大会筹备工作情况的报告

五、《市委十届十六次全体会议方案（送审稿）》

六、《中国共产党芜湖市第十一次代表大会日程（草案）（送审稿）》

七、《十届市委工作报告（送审稿）》

八、《十届市委工作报告起草情况的说明（送审稿）》

九、《十届市委十六次全会决议（草案）（送审稿）》

十、《十届市纪委工作报告（送审稿）》

十一、《十届市纪委工作报告起草说明（送审稿）》

十二、关于市第十一次党代表大会代表选举及党代会代表团划分有关情况的报告

十三、关于市第十一次党代表大会《选举办法（送审稿）》及市委十一届一次全会、市纪委十一届一次全会《选举办法（送审稿）》有关情况的报告

十四、《关于党费收缴、使用和管理情况的报告（送审稿）》

十五、《市第十一次党代表大会主席团、主席团常务委员会、大会秘书长副秘书长、代表资格审查委员会、代表团召集人和正副团长、大会列席人员建议名单（送审稿）》

十六、《芜湖市人民城市建设合伙人制度（送审稿）》

十七、《关于分解落实〈中共安徽省委、安徽省人民政府关于促进经济平稳健康发展确保“十四五”开好局起好步的意见〉主要任务的通知（送审稿）》

十八、关于当前疫情防控工作情况的报告

十九、《贯彻〈关于加强巡视巡察上下联动的实施意见〉的工作举措（送审稿）》

二十、关于成立芜湖欧美同学会（芜湖留学人员联谊会）群团组织的请示

二十一、关于给予方庆开除党籍、开除公职处分的请示

二十二、关于给予姜杰开除党籍处分、取消退休待遇的请示

市委常委会会议暨市委全面深化改革委员会第九次会议

1.传达学习习近平总书记关于全面深化改革的重要论述、中央深改委第二十一次会议精神、省委深改委第十三次会议精神

2.审议《关于芜湖市医疗保障管理体制改革方案（送审稿）》（市医保局汇报）

3.审议《关于推行生态环境保护专项监督长制度的实施方案（送审稿）》（市生态环境局汇报）

4.审议《芜湖市“科创中国”试点城市实施方案（送审稿）》（市科协汇报）

5.审议《中国（安徽）自由贸易试验区芜湖片区相对集中行政许可权改革试点方案（送审稿）》（市自贸办汇报）

6.市领导发言

7.单向前同志讲话

十一届市委第1次常委会（2021年9月26日）

一、《中共芜湖市委关于省第十一次党代表大会报告（征求意见稿）反馈意见的报告》

二、讨论研究干部问题

十一届市委第2次常委会（2021年9月30日下午15:00）

一、学党章党规、学系列讲话

1.传达学习习近平总书记在中央人才工作会议上的重要讲话精神（单向前同志领学）

2.传达学习习近平总书记在中央政治局第三十三次集体学习时的重要讲话精神

3.学习《中国共产党地方委员会工作条例》

4.传达学习习近平总书记致2021年世界互联网大会乌镇峰会的贺信精神

5.传达学习习近平总书记在上海合作组织成员国元首理事会第二十一次会议上的重要讲话精神

6.传达学习习近平总书记在第七十六届联合国大会一般性辩论上的重要讲话精神

二、传达学习李锦斌、王清宪、程丽华同志在全省推动皖北地区高质量发展大会上的讲话精神

三、《关于打造“创业芜优”之城的意见（送审稿）》

四、《关于建立自然保护地体系的工作举措（送审稿）》

五、关于当前疫情防控工作情况的报告

六、关于召开芜湖市红十字会第五次会员代表大会的请示

七、关于全省村（社区）“两委”换届工作电视电话会议精神及我市贯彻意见的报告

八、讨论研究干部问题

十一届市委第3次常委会（2021年10月8日）

一、讨论研究干部问题

十一届市委第4次常委会（2021年10月11日）

一、学党章党规、学系列讲话

1.传达学习习近平总书记在纪念辛亥革命110周年大会上的重要讲话精神

2.传达学习习近平总书记在迪拜世博会中国馆的致辞精神

二、传达学习省委书记郑栅洁在芜湖调研时的讲话精神，研究部署贯彻落实工作（单向前同志传达）

三、学习《安徽省“十四五”时期保密事业发展规划》

四、《关于加强新时代人大工作和建设的意见（送审稿）》

五、《芜湖市选派优秀年轻干部赴先发地区开展百日实训专项行动工作方案（送审稿）》

六、关于当前疫情防控工作情况的报告

七、关于芜湖市各民主党派市级组织换届工作的请示

八、关于给予汪良开除党籍处分、取消退休待遇的请示

九、关于给予童青松开除党籍处分的请示

十一届市委第5次常委会（2021年10月20日）

一、学党章党规、学系列讲话

1.传达学习习近平总书记在中央人大工作会议上的重要讲话精神（单向前同志领学）

2.传达学习中央政治局会议精神

3.传达学习习近平总书记对老龄工作作出的重要指示精神

4.传达学习习近平总书记在出席《生物多样性公约》第十五次缔约方大会领导人峰会时的主旨讲话精神

5.传达学习习近平总书记在第二届联合国全球可持续交通大会开幕式上的主旨讲话精神

6.传达学习习近平总书记致仰韶文化发现和中国现代考古学诞生100周年的贺信精神

二、学习《中共中央关于加强新时代党外知识分子思想政治工作和无党派人士队伍建设的意见》及省分工方案

三、《中共芜湖市委办公室关于成立市委群众工作领导小组的通知（送审稿）》

四、《关于在全市开展信访积案化解“百案攻坚”专项行动的方案（送审稿）》

五、《芜湖市诉调对接工作实施办法（送审稿）》

六、市关工委关于2021年工作和下一步主要工作安排的报告

七、《中共芜湖市委巡察工作规划（2022—2026年）（送审稿）》

八、《中共芜湖市委巡察全覆盖工作方案（送审稿）》

九、关于当前疫情防控工作情况的报告

十、关于市建投公司投资深圳联合飞机科技有限公司事项的请示

十一、关于给予许红斌开除党籍开除公职处分的请示

十二、关于给予施安新开除党籍开除公职处分的请示

十一届市委第6次常委会（2021年11月2日）

一、学党章党规、学系列讲话

1.传达学习习近平总书记在中央政治局第三十四次集体学习时的重要讲话精神

2.传达学习习近平总书记在《求是》杂志上发表的重要文章《坚定理想信念 补足精神之钙》

3.传达学习习近平总书记在参观国家“十三五”科技创新成就展时的重要讲话精神

4.传达学习习近平总书记在出席中华人民共和国恢复联合国合法席位50周年纪念会议上的重要讲话精神

5.传达学习习近平总书记在出席二十国集团领导人第十六次峰会第一阶段会议时的重要讲话精神

6.学习《中共中央、国务院关于完整准确全面贯彻新发展理念做好碳达峰碳中和工作的意见》

二、传达学习省第十一次党代会精神等

三、传达学习《国内动态清样4126期》（单向前同志传达）

四、《芜湖市委“两个责任制”落实情况自查报告（送审稿）》

五、关于市县乡人大政府政协换届有关工作的报告

六、《关于做好市及县市区、镇人民代表大会换届选举工作的意见（送审稿）》

七、关于市政协换届有关工作的报告

八、关于当前疫情防控工作

情况的报告

九、关于2020年度市管领导班子和领导干部综合考核工作的报告

十、关于市委巡察机构县处级干部、县市区纪委书记、市纪委监委派驻派出机构和市管企事业单位县处级纪检干部2020年度考核工作的报告

十一、传达全省加强换届风气监督工作电视电话会议上的讲话精神，学习中组部《关于查处四川省自贡市自流井区严重违反换届纪律问题的通报》

十二、讨论研究干部问题

十一届市委第7次常委会 (2021年11月10日)

市委常委会会议暨市委财经委员会第一次会议

1.传达学习中央财经委第十次以及省委财经委第七次、第八次会议精神

2.听取前三季度经济运行情况汇报（市政府党组汇报）

3.听取全市战略性新兴产业发展及前三季度投资运行情况汇报（市发改委汇报，汇报时间8分钟以内）

4.听取前三季度招商引资项目落地情况汇报（市投促中心汇报，汇报时间8分钟以内）

5.听取服务企业"百分之一工作法"工作汇报（市经信局汇报，汇报时间8分钟以内）

6.听取市人才发展集团运营情况汇报（市人才发展集团汇报，汇报时间8分钟以内）

7.市领导发言

8.单向前同志讲话

市委常委会会议

一、学党章党规、学系列讲话

1.传达学习习近平总书记在参加北京市区人大代表换届选举投票时的重要讲话精神

2.传达学习习近平总书记在第四届中国国际进口博览会开幕式上的主旨演讲精神

3.传达学习国家科学技术奖励大会精神

4.传达学习《中共中央、国务院关于深入打好污染防治攻坚战的意见》

二、传达学习郑栅洁同志在省委十一届一次全会（第三次全体会议）上的讲话精神

三、关于我市贯彻执行中央八项规定精神情况的报告

四、芜湖市2021年"扫黄打非"工作情况报告

五、关于我市防范化解恒大房地产项目逾期交付风险情况的报告

六、关于提请审定我市与上海前滩新兴产业研究院战略合作事项的报告

七、关于全面开展创建生态文明建设示范市的请示

八、《关于全面打造水清岸绿产业优美丽长江（芜湖）经济带的实施意见（升级版）（送审稿）》

九、关于当前疫情防控工作情况的报告

十、讨论研究干部问题

十一届市委第8次常委会 (2021年11月15日)

一、讨论研究干部问题

十一届市委第9次常委会 (2021年11月17日)

一、讨论研究干部问题

十一届市委第10次常委会 (2021年11月18日)

一、学党章党规、学系列讲话

1.传达学习《中国共产党第十九届中央委员会第六次全体会议公报》

2.传达学习《中共中央关于党的百年奋斗重大成就和历史经验的决议》

3.传达学习关于《中共中央关于党的百年奋斗重大成就和历史经验的决议》的说明

4.传达学习习近平总书记在中共中央党外人士座谈会上的重要讲话精神

5.传达学习习近平总书记在亚太经合组织工商领导人峰会上的主旨演讲精神

6.传达学习习近平总书记在亚太经合组织第二十八次领导人非正式会议上的重要讲话精神

7.传达学习习近平总书记同美国总统拜登视频会晤时的重要讲话精神

8.传达学习习近平总书记在《求是》杂志上发表的重要文章《坚持用马克思主义及其中国化创新理论武装全党》

二、《关于加强基层社会矛盾纠纷调处化解体系建设的指导意见（试行）（送审稿）》

三、《芜湖市田长制工作实施方案（送审稿）》

四、关于召开芜湖市第十七届人民代表大会第一次会议的请示

五、关于召开市政协十四届一次会议的请示

六、关于当前疫情防控工作情况的报告

七、《芜湖市2020年度市直机关事业单位一次性奖励办法

（送审稿）》

八、学习中央巡视办副主任罗礼平《完善上下联动工作格局，压实巡视巡察工作主体责任》辅导报告（视频30分钟）

九、讨论研究干部问题

十一届市委第11次常委会（2021年11月24日）

一、学党章党规、学系列讲话

1.传达学习11月18日中央政治局会议精神

2.传达学习习近平总书记在第三次“一带一路”建设座谈会上的重要讲话精神

3.传达学习习近平总书记在中国—东盟建立对话关系30周年纪念峰会上的重要讲话精神

4.传达学习习近平总书记致首届中国网络文明大会的贺信精神

5.传达学习习近平总书记致第四届世界媒体峰会的贺信精神

二、芜湖市贯彻落实习近平总书记考察安徽重要讲话指示精神情况报告

三、《中共芜湖市委关于深入学习宣传贯彻党的十九届六中全会精神的通知（送审稿）》

四、《芜湖市学习贯彻党的十九届六中全会精神宣讲工作方案（送审稿）》

五、讨论研究干部问题

十一届市委第12次常委会（2021年11月25日）

一、讨论研究干部问题

十一届市委第13次常委会（2021年12月2日）

一、学党章党规、学系列讲话

1.传达学习习近平总书记在中央全面深化改革委员会第二十二次会议上的重要讲话精神（单向前同志领学）

2.传达学习习近平总书记在中央军委人才工作会议上的重要讲话精神

3.传达学习习近平总书记对全军后勤工作会议作出的重要指示精神

4.传达学习习近平总书记在中非合作论坛第八届部长级会议开幕式上的主旨演讲精神

5.传达学习习近平总书记致中俄科技创新年闭幕式的贺信精神

6.传达学习习近平总书记致第三届中俄能源商务论坛的贺信精神

7.传达学习《中共中央、国务院关于加强新时代老龄工作的意见》

二、传达学习省委十一届二次全会精神

三、《市委十一届二次全体会议方案（送审稿）》

四、《中共芜湖市委关于深入学习宣传贯彻党的十九届六中全会精神的决定（送审稿）》及起草说明

五、学习《关于部分机关、单位工作人员使用图文识别微信小程序涉密案例的通报》精神

六、《中共芜湖市委关于2021年意识形态工作情况的报告（送审稿）》

七、涉粮问题巡视、粮食安全情况汇报

八、关于规范民办义务教育发展工作情况汇报

九、《关于强化知识产权保护的若干措施（送审稿）》

十、芜湖市2021年食品安全工作报告

十一、芜湖市2021年药品安全工作报告

十二、关于召开芜湖市工商联（总商会）第十四次会员代表大会的请示

十三、《中共芜湖市委关于全面加强新时代少先队工作的实施意见（送审稿）》

十四、关于市少工委2021年工作总结和2022年工作打算的报告

十五、关于市建投公司调整投资深圳联合飞机公司出资及先行实施该项目的请示

十六、关于给予李声敢开除党籍开除公职处分的请示

十七、关于给予李圣才同志留党察看两年政务撤职处分的请示

十一届市委第14次常委会（2021年12月7日）

一、学党章党规、学系列讲话

1.传达学习习近平总书记在全国宗教工作会议上的重要讲话精神

2.传达学习习近平总书记向“2021从都国际论坛”开幕式的视频致辞精神

3.传达学习中共中央办公厅、国务院办公厅印发的《农村人居环境整治提升五年行动方案（2021—2025年）》

二、讨论研究干部议题

三、《关于打造乡村振兴样板推进农业农村现代化的实施意见（送审稿）》

四、关于芜湖市2021年国家安全工作情况的报告

五、关于当前疫情防控工作情况的报告

六、传达学习省纪委《关于芜湖政法系统腐败案件的通报》精神，并提出我市贯彻意见（黄干同志汇报）

十一届市委第15次常委会(2021年12月15日)

一、学党章党规、学系列讲话

1.传达学习习近平总书记在中央经济工作会议上的重要讲话精神

2.传达学习习近平总书记在中央政治局第三十五次集体学习时的重要讲话精神

3.传达学习习近平总书记在中国文学艺术界联合会第十一次全国代表大会、中国作家协会第十次全国代表大会上的重要讲话精神

4.传达学习习近平总书记致2021年大湾区科学论坛的重要贺信精神

5.传达学习习近平总书记致2021·南南人权论坛的重要贺信精神

二、传达学习郑栅洁同志在省委金融工作座谈会上的讲话精神

三、传达学习《中共安徽省委关于加强新一届省委班子政治建设的决定》

四、《中共芜湖市委关于构建党建引领的常态化、智慧化、精准化新时代群众工作机制的意见（送审稿）》

五、2021年11月份全市群众诉求分析报告

六、《中共芜湖市委关于2021年度省委巡视整改进展情况的报告（送审稿）》

七、《中共芜湖市委关于开展党内政治监督谈话有关情况的报告（送审稿）》

八、《关于新时代推动中部地区高质量发展芜湖市实施方案（送审稿）》

九、关于当前疫情防控工作情况的报告

十、《关于2021年统一战线工作情况的报告（送审稿）》

十一、关于芜湖市2021年保密工作情况的报告

十一届市委第16次常委会(2021年12月24日)

市委常委会会议暨市委议军会议

1.传达学习习近平总书记关于国防和军队建设重要讲话精神摘编

2.市医保局、市发改委、市应急管理局依次汇报2020年市委议军会议精神落实情况

3.芜湖军分区副司令员王海波汇报年度重点工作完成情况以及国防和后备力量建设需研究解决事项

4.市国动委综合办（市政府办）汇报答复意见

5.讨论发言

6.单向前同志讲话

市委常委会会议暨十一届市委全面深化改革委员会第一次会议

1.传达学习习近平总书记在中央深改委第二十二、二十三次会议上的重要讲话精神及十一届省委深改委第一次会议精神

2.传达学习习近平总书记关于全面深化改革最新重要论述摘编

3.审议有关改革文件

（1）审议《芜湖市关于深化新时代教育督导体制机制改革的实施方案（送审稿）》《芜湖市关于进一步减轻义务教育阶段学生作业负担和校外培训负担的实施方案（送审稿）》（市教育局汇报）

（2）审议《关于加强公共卫生体系建设的实施意见（送审稿）》（市卫健委汇报）

（3）审议有关改革事项申请延期完成的请示（申请单位：经开区、市发改委、市卫健委、市科技局、市生态环境局、市应急管理局、市农业农村局）

4.听取有关工作汇报

（1）听取关于2021年度重点改革督察工作总结的报告（市委改革办汇报）

（2）听取8个专项小组关于2021年度改革任务进展情况和重点督察项目推进情况的汇报

（3）听取各县市区主要负责同志关于亲力亲为抓改革情况的汇报（鸠江区口头汇报，其余6个县市区书面汇报）

（4）听取市直有关单位主要负责同志关于亲力亲为抓改革情况的汇报（市经信局口头汇报，自贸区书面汇报）

5.讨论发言

6.单向前同志讲话

市委常委会会议

一、学党章党规、学系列讲话

1.传达学习习近平总书记对党内法规工作作出的重要指示精神

2.传达学习习近平总书记对全国老干部工作作出的重要指示精神

3.传达学习习近平总书记致厦门经济特区建设40周年的重要贺信精神

4.传达学习习近平总书记在会见来京述职的林郑月娥、贺一

诚时的重要讲话精神

5.传达学习中共中央办公厅、国务院办公厅印发的《关于更加有效发挥统计监督职能作用的意见》

二、传达学习郑栅洁书记在宿州市埇桥区公开接访群众工作情况（单向前同志传达）

三、《市级领导干部接访下访制度（送审稿）》

四、《政府工作报告（送审稿）》

五、《关于芜湖市2021年国民经济和社会发展计划执行情况与2022年计划草案的报告（送审稿）》

六、《关于芜湖市2021年预算执行情况和2022年预算草案的报告（送审稿）》

七、《中共芜湖市委2021年全面工作情况的报告（送审稿）》

八、《中共芜湖市委2021年党的建设工作情况的报告（送审稿）》

九、《中共芜湖市委落实党风廉政建设责任制情况的报告（送审稿）》

十、《中共芜湖市委关于中央巡视组巡视安徽省反馈意见芜湖市整改落实情况的报告（送审稿）》

十一、2021年全市政法工作情况的报告

十二、全市平安建设、市域社会治理现代化试点工作情况的报告

十三、芜湖市扫黑除恶斗争领导小组组成人员名单

十四、2021年芜湖市常态化机制化开展扫黑除恶斗争工作总结

十五、关于市公安局2021年工作总结及2022年工作计划的报告

十六、《关于在全市开展法治宣传教育的第八个五年规划（2021—2025年）（送审稿）》

十七、《关于2021年宣传思想工作情况的报告（送审稿）》

十八、关于2021年污染防治攻坚战工作情况的报告

十九、关于中央及省委人才工作会议主要精神和我市贯彻意见的报告

二十、关于当前疫情防控工作情况的报告

二十一、关于芜湖市优化营商环境先进集体和先进个人评选表彰有关情况的报告

二十二、关于芜湖市全面建成小康社会先进集体和先进个人评选情况的报告

二十三、讨论研究干部问题

十一届市委第17次常委会（2021年12月31日）

市委常委会会议暨市委军民融合发展委员会会议

1.传达学习《中共中央关于推进新时代军民融合深度发展的意见》、十九届中央军民融合发展委员会第五次全体会议精神

2.市委军民融合办（市发改委）汇报全市2021年军民融合发展推进情况及下一步工作安排

3.湾沚区、三山经开区、鸠江区分别汇报通用航空、海洋工程装备及高技术船舶、机器人及智能装备制造省级军民融合产业基地建设情况

4.讨论发言

5.单向前同志讲话

市委常委会会议

一、学党章党规、学系列讲话

1.传达学习中共中央办公厅、国务院办公厅印发《关于做好2022年元旦春节期间有关工作的通知》（单向前同志领学）

2.传达学习习近平总书记在中央政治局党史学习教育专题民主生活会上的重要讲话精神

3.传达学习习近平总书记对党史学习教育作出的重要指示精神以及党史学习教育总结会议精神

4.传达学习习近平总书记对做好“三农”工作作出的重要指示精神以及中央农村工作会议精神

5.传达学习习近平总书记给中国国家话剧院艺术家的重要回信精神

二、传达学习省委经济工作会议主要精神（单向前同志传达）

三、《芜湖市人大常委会工作报告（送审稿）》

四、《十三届市政协常委会工作报告（送审稿）》

五、《2022年度政协重点民主协商和监督议题（送审稿）》

六、关于全市2021年度巩固深化“两应”基层党组织创建工作的报告

七、关于省委国有企业党的建设工作推进会暨省委国有企业党的建设工作领导小组会议精神及我市贯彻落实意见的报告

八、关于市总工会2021年工作总结和2022年工作打算的报告

九、关于团市委2021年工作总结和2022年工作打算的报告

十、关于市妇联2021年工作总结和2022年工作打算的报告

十一、关于当前疫情防控工作情况的报告

十二、讨论研究干部问题

（凤　熠　杨海文）

综合事务管理

【概况】2021年，市委办公室自觉践行“五个坚持”，围绕中心、服务大局、辛勤工作，“三服务”工作取得新成效。严格履行全面从严治党主体责任，落实意识形态工作责任制，推进机关党组织建设，优化干部队伍，开展“找差距、提质量、抓落实”专项行动，持续强化作风建设和纪律建设，打造示范党建品牌，成功创建“创新型”模范机关，推进党建与业务工作深度融合。

【文字工作】牵头起草市委主要领导交办和办公室文稿60余篇，从严审核、起草重大项目、重要事项、突发事件等报省材料。做好市委会议旁听记录和纪要整理等工作，起草、审核有关纪要16篇。做好法规审查，前置审核提交市委常委会会议、市委全会审议的规范性文件68件。牵头开展重点党内法规执行情况的监督检查工作，督促各县市区、市直牵头责任单位进行自查，开展实地督查。

【会务工作】牵头建立市级重要会议、重大活动跨部门、跨层级统筹协调机制。圆满完成省、市党代会服务保障任务。做好南阳市、宣城市等党政代表团来芜交流服务工作。做好市委领导乡村振兴、生态环保、安全生产调研检查等服务保障工作。联络对接华为公司、上海前滩新兴产业研究院、信义集团等客商来芜考察。

【信息工作】全年约稿120余次，上报省信息快报1106条、省信息专报156条，被省每日快报采用75条、省各类专报采用41条；编发市综合快报95期、市要情专报51期、昨日要情173期，信息考核得分位居全省第二，信息服务决策作用进一步发挥。

【公文处理】制发市委文件，审改市委各类议事协调机构文件，按时按质向省委报备规范性文件。办理中央及省委文件、省直部门文件、市级及以下各类文件未出现错办、漏办、误办情况。建立包含文书、科技、实物等门类相对齐全的综合档案室，做好公文档案立卷管理工作。完成《中共中央办公厅通讯》《秘书工作》等刊物征订工作，芜湖市通联部被省委办公厅评为先进通联部。

【机要工作】编制《芜湖市机要密码工作“十四五”规划》，率先在全省完成安可替代工程、受到省安可办通报表扬，保障各类加密和非密高清视频会议，译传办理各类电报，每季度开展密码安全检查。

【保密工作】编制《芜湖市“十四五”时期保密事业发展规划》，开展全市微信泄密专项整顿行动，依法查处各类失泄密案件，组织保密专题培训128场、2620人次，保密工作在全省考核中连续两年位列第一。

【国家安全工作】加强国家安全风险研判和监测预警。组织“4·15”全民国家安全教育日宣传教育活动，荣获“安徽省2021年度国家安全人民防线建设先进单位”。

【档案管理】组织全市档案部门学习研讨习近平总书记关于档案工作重要批示精神。牵头谋划编制《芜湖市档案事业发展“十四五”规划》，做好脱贫攻坚、疫情防控、重点建设项目档案归集、移交进馆工作，开展镇村档案规范化建设试点。组织开展重大活动、民生领域档案专项执法检查和档案安全大检查，提出整改意见，推动整改落实。档案系统4人被评为全省档案系统先进工作者。

【后勤保障】落实24小时值班制度和节假日三级值班带班要求，严明值班值守纪律，加强对全市值班工作的检查和指导。推进节约型机关建设，严格财务管理和预算控制，严格执行公务接待标准和公车管理使用规定，动态掌握经费使用进度，确保各项工作正常运转。做好双拥、老干部、工会等方面工作。

【政务服务】参与策划“畅聊早餐会”“1%工作法”“喜迎党代会　共答十道题”活动、“共读计划”“企业家接待日”公开办公活动、紫云英人才计划、人民城市建设合伙人制度等，在全市广大干部群众中引起热烈反响、形成品牌效应。特别是承办的畅聊早餐会经验做法被中央党史学习教育简报刊载，人民日报、人民网、新华网、学习强国等20多家国家级媒体先后进行宣传报道。打破科室界限，成立办公室综合调研组、信息反馈组、督查督办组，先后开展建筑可阅读、城市建设工程延期问题、“畅聊早餐会”、合芜蚌自主创新示范区建设等调研10余次，开展城东污水处理厂、轨道交通通车、中央八项规定精神落实等专项督查，形成的调研专报、督查专报多次获市委、市政府主要负责人批示。搭建信息共享大平台，主动打破信息壁垒，打通信息渠道，与市政府办、市发改委、市经信局、市统计局、市住建局等部门建立重要信息共享机制，进一步发挥“枢纽”作用。

（凤　熠　杨海文）

附：2021年度文件目录（芜市发文号）

序号	文件名称	发布文号
1	中共芜湖市委　芜湖市人民政府印发《关于全面推进乡村振兴加快农业农村现代化的具体举措》的通知	芜市发〔2021〕1号
2	中共芜湖市委　芜湖市人民政府印发《关于贯彻〈交通强国建设纲要〉的工作举措》的通知	芜市发〔2021〕2号
3	中共芜湖市委　芜湖市人民政府印发《关于营造更好发展环境支持民营企业改革发展的若干措施》的通知	芜市发〔2021〕3号
4	中共芜湖市委印发《关于庆祝中国共产党成立100周年活动实施方案》的通知	芜市发〔2021〕4号
5	中共芜湖市委　芜湖市人民政府印发《关于加快实现巩固拓展脱贫攻坚成果同乡村振兴有效衔接的实施方案》的通知	芜市发〔2021〕5号
6	中共芜湖市委关于印发《芜湖市政法队伍教育整顿实施方案》的通知	芜市发〔2021〕6号
7	中共芜湖市委关于印发《中央巡视组巡视安徽省反馈意见芜湖市整改方案》等5个文件的通知	芜市发〔2021〕7号
8	中共芜湖市委关于认真做好县市区、镇领导班子换届工作的通知	芜市发〔2021〕8号
9	中共芜湖市委关于开展党史学习教育的实施意见	芜市发〔2021〕9号
10	中共芜湖市委　芜湖市人民政府关于着力加强卫生健康行业党的建设推进医药卫生治理体系和治理能力现代化的实施意见	芜市发〔2021〕10号
11	中共芜湖市委关于印发《中共芜湖市委常委会2021年工作要点》的通知	芜市发〔2021〕11号
12	中共芜湖市委　芜湖市人民政府关于印发《加快建设新阶段现代化美丽长江（芜湖）经济带行动方案》的通知	芜市发〔2021〕12号
13	中共芜湖市委　芜湖市人民政府印发《关于完善要素市场化配置降低制度性交易成本工作举措》的通知	芜市发〔2021〕13号
14	中共芜湖市委　芜湖市人民政府印发《关于新时代加快完善社会主义市场经济体制工作清单》的通知	芜市发〔2021〕14号
15	中共芜湖市委关于中国共产党芜湖市第十一次代表大会代表选举工作的通知	芜市发〔2021〕15号
16	中共芜湖市委　芜湖市人民政府印发《关于深化医疗保障制度改革的实施办法》的通知	芜市发〔2021〕16号
17	中共芜湖市委　芜湖市人民政府印发《关于进一步激发民营企业创业热情成就企业家创意创新创造的若干措施》的通知	芜市发〔2021〕17号
18	中共芜湖市委　芜湖市人民政府印发《关于全面加强新时代大中小学劳动教育的工作方案》的通知	芜市发〔2021〕18号

序号	文件名称	发布文号
19	中共芜湖市委关于印发《省委书记李锦斌党内政治监督谈话指出问题整改方案》的通知	芜市发〔2021〕19号
20	中共芜湖市委 芜湖市人民政府关于推进人民城市建设的若干意见	芜市发〔2021〕20号
21	中共芜湖市委 芜湖市人民政府关于实施新时代“紫云英人才计划”加快推进芜湖高质量发展的意见（试行）	芜市发〔2021〕21号
22	中共芜湖市委 芜湖市人民政府印发《关于大力发展十大新兴产业打造具有重要影响力新兴产业聚集地的实施方案》的通知	芜市发〔2021〕22号
23	中共芜湖市委关于印发《芜湖市法治社会建设工作方案（2021—2025年）》的通知	芜市发〔2021〕23号
24	中共芜湖市委关于印发《法治芜湖建设规划（2021—2025年）》的通知	芜市发〔2021〕24号
25	在中国共产党芜湖市第十一次代表大会上的报告	芜市发〔2021〕25号
26	中共芜湖市委关于加强新时代人大工作和建设的意见	芜市发〔2021〕26号
27	中共芜湖市委关于印发《中共芜湖市委巡察工作规划（2022—2026年）》的通知	芜市发〔2021〕27号
28	中共芜湖市委 芜湖市人民政府关于打造“创业芜优”之城的意见	芜市发〔2021〕28号
29	中共芜湖市委转发《中共芜湖市人大常委会党组关于做好市及县市区、镇人民代表大会换届选举工作的意见》的通知	芜市发〔2021〕29号
30	中共芜湖市委 芜湖市人民政府关于印发《芜湖市田长制工作实施方案》的通知	芜市发〔2021〕30号
31	中共芜湖市委关于深入学习宣传贯彻党的十九届六中全会精神的通知	芜市发〔2021〕31号
32	中共芜湖市委关于深入学习宣传贯彻党的十九届六中全会精神的决定	芜市发〔2021〕32号
33	中共芜湖市委关于全面加强新时代少先队工作的实施意见	芜市发〔2021〕33号
34	中共芜湖市委 芜湖市人民政府关于打造乡村全面振兴样板推进农业农村现代化的实施意见	芜市发〔2021〕34号
35	中共芜湖市委关于构建党建引领的常态化、智慧化、精准化新时代群众工作机制的意见	芜市发〔2021〕35号
36	中共芜湖市委 芜湖市人民政府关于印发《中国（安徽）自由贸易试验区芜湖片区相对集中行政许可权改革试点方案》的通知	芜市发〔2021〕36号
37	中共芜湖市委 芜湖市人民政府印发《关于新时代推动中部地区高质量发展芜湖市实施方案》的通知	芜市发〔2021〕37号
38	中共芜湖市委 芜湖市人民政府转发《市委宣传部、市司法局关于在全市开展法治宣传教育的第八个五年规划（2021—2025年）》的通知	芜市发〔2021〕38号

附：2021年度文件目录（芜市办文号）

序号	文件名称	发布文号
1	中共芜湖市委办公室 芜湖市人民政府办公室印发《关于构建现代环境治理体系的实施方案》的通知	芜市办〔2021〕1号
2	中共芜湖市委办公室 芜湖市人民政府办公室关于印发《芜湖市党政主要领导任期经济责任审计发现问题整改方案》的通知	芜市办〔2021〕2号
3	中共芜湖市委办公室 芜湖市人民政府办公室关于印发《芜湖市市属企业领导人员管理办法》的通知	芜市办〔2021〕3号
4	中共芜湖市委办公室 芜湖市人民政府办公室印发《关于改革完善社会救助制度的工作举措》的通知	芜市办〔2021〕4号
5	中共芜湖市委办公室关于印发《中共芜湖市委理论学习中心组2021年度学习计划》的通知	芜市办〔2021〕5号
6	中共芜湖市委办公室关于转发《市委宣传部2021年宣传思想工作要点》的通知	芜市办〔2021〕6号
7	中共芜湖市委办公室 芜湖市人民政府办公室关于印发《市直有关部门贯彻落实市委十届十四次全会〈建议〉重要举措分工方案》的通知	芜市办〔2021〕7号
8	中共芜湖市委办公室 芜湖市人民政府办公室关于印发《芜湖市落实省第三生态环境保护督察组督察反馈意见整改方案》的通知	芜市办〔2021〕8号
9	中共芜湖市委办公室 芜湖市人民政府办公室印发《关于全面落实习近平总书记在扎实推进长三角一体化发展座谈会上重要讲话精神的实施意见》的通知	芜市办〔2021〕9号
10	中共芜湖市委办公室 芜湖市人民政府办公室印发《关于推动基础设施高质量发展的工作举措》的通知	芜市办〔2021〕10号
11	中共芜湖市委办公室关于庆祝中国共产党成立100周年组织开展“永远跟党走”群众性主题宣传教育活动的通知	芜市办〔2021〕11号
12	中共芜湖市委办公室 芜湖市人民政府办公室关于印发《进一步推进服务业改革开放发展工作方案》的通知	芜市办〔2021〕12号
13	中共芜湖市委办公室 芜湖市人民政府办公室关于印发《中国（安徽）自由贸易试验区芜湖片区管委会体制机制改革试点方案》的通知	芜市办〔2021〕13号
14	中共芜湖市委办公室 芜湖市人民政府办公室关于印发《芜湖市国企改革三年行动实施方案（2020—2022年）》的通知	芜市办〔2021〕14号
15	中共芜湖市委办公室 芜湖市人民政府办公室关于印发《芜湖市依法推进公共政策兑现创优法治化营商环境专项行动试点工作实施方案》的通知	芜市办〔2021〕15号
16	中共芜湖市委办公室 芜湖市人民政府办公室关于印发《2021年芜湖市县市区、开发区季度经济运行考核办法》的通知	芜市办〔2021〕16号
17	中共芜湖市委办公室关于认真学习贯彻《习近平总书记在庆祝中国共产党成立100周年大会上的讲话》的通知	芜市办〔2021〕17号

序号	文件名称	发布文号
18	中共芜湖市委办公室 芜湖市人民政府办公室印发《关于切实加大工作力度进一步推进“紫云英人才计划”落实落地的行动方案（2021—2025年）》的通知	芜市办〔2021〕18号
19	中共芜湖市委办公室 芜湖市人民政府办公室关于印发《芜湖综合性国家产业创新中心创建方案》的通知	芜市办〔2021〕19号
20	中共芜湖市委办公室 芜湖市人民政府办公室关于印发《美丽长江（芜湖）经济带生态环境新一轮“三大一强”专项攻坚行动方案》的通知	芜市办〔2021〕20号
21	中共芜湖市委办公室关于印发《贯彻〈关于加强巡视巡察上下联动的实施意见〉的工作举措》的通知	芜市办〔2021〕21号
22	中共芜湖市委办公室 芜湖市人民政府办公室关于印发《芜湖市贯彻落实第二轮中央生态环境保护督察报告整改方案》的通知	芜市办〔2021〕22号
23	中共芜湖市委办公室 芜湖市人民政府办公室印发《关于推行生态环境保护专项监督长制度的实施方案》的通知	芜市办〔2021〕23号
24	中共芜湖市委办公室 芜湖市人民政府办公室转发《市委组织部、市民政局关于高质量做好全市村（社区）“两委”换届工作的实施意见》的通知	芜市办〔2021〕24号
25	中共芜湖市委办公室 芜湖市人民政府办公室印发《关于建立自然保护地体系的工作举措》的通知	芜市办〔2021〕25号
26	中共芜湖市委办公室 芜湖市人民政府办公室关于印发《贯彻落实〈芜湖市国民经济和社会发展第十四个五年规划和2035年远景目标纲要〉主要目标和任务分工方案》的通知	芜市办〔2021〕26号
27	中共芜湖市委办公室 芜湖市人民政府办公室印发《关于加强基层社会矛盾纠纷调处化解体系建设的指导意见（试行）》的通知	芜市办〔2021〕27号
28	中共芜湖市委办公室 芜湖市人民政府办公室印发《关于全面打造水清岸绿产业优美丽长江（芜湖）经济带的实施方案（升级版）》的通知	芜市办〔2021〕28号
29	中共芜湖市委办公室转发《市委统战部关于工商联（总商会）2021—2022年换届工作的实施方案》的通知	芜市办〔2021〕29号
30	中共芜湖市委办公室 芜湖市人民政府办公室印发《关于强化知识产权保护的若干措施》的通知	芜市办〔2021〕30号
31	中共芜湖市委办公室 芜湖市人民政府办公室印发《芜湖市关于进一步减轻义务教育阶段学生作业负担和校外培训负担的实施方案》的通知	芜市办〔2021〕31号

附：2021年度文件目录（办文号）

序号	文件名称	发布文号
1	中共芜湖市委办公室 芜湖市人民政府办公室转发《中共安徽省委办公厅 安徽省人民政府办公厅关于进一步规范重要紧急信息报送工作的通知》的通知	办〔2021〕1号
2	中共芜湖市委办公室关于命名全市第一批“两应”基层党组织示范创建单位的通知	办〔2021〕2号
3	中共芜湖市委办公室关于印发《贯彻落实〈关于巩固深化“不忘初心、牢记使命”主题教育成果的意见〉分工方案》的通知	办〔2021〕3号
4	中共芜湖市委办公室 芜湖市人民政府办公室关于做好人民群众就地过年服务保障工作的通知	办〔2021〕4号
5	中共芜湖市委办公室关于做好全省、全市“两优一先”推荐工作的通知	办〔2021〕5号
6	中共芜湖市委办公室关于做好“光荣在党50年”纪念章颁发工作的通知	办〔2021〕6号
7	中共芜湖市委办公室转发《市关工委关于2020年工作情况和2021年工作要点的报告》的通知	办〔2021〕7号
8	中共芜湖市委办公室 芜湖市人民政府办公室关于印发《芜湖市污染防治攻坚战成效考核实施方案》的通知	办〔2021〕8号
9	中共芜湖市委办公室 芜湖市人民政府办公室 政协芜湖市委员会办公室关于印发《2021年度政协重点民主协商计划》的通知	办〔2021〕9号
10	中共芜湖市委办公室 芜湖市人民政府办公室 政协芜湖市委员会办公室关于印发《芜湖市政协协商成果办理规程》的通知	办〔2021〕10号
11	中共芜湖市委办公室 芜湖市人民政府办公室印发《关于全面加强危险化学品安全生产工作的工作方案》的通知	办〔2021〕11号
12	中共芜湖市委办公室印发《关于进一步解决形式主义问题做好2021年为基层减负工作具体落实举措清单》的通知	办〔2021〕12号
13	中共芜湖市委办公室 芜湖市人民政府办公室关于调整扶贫工作机构设置的通知	办〔2021〕13号
14	中共芜湖市委办公室印发《关于开展党史、新中国史、改革开放史、社会主义发展史宣传教育的重点工作安排》的通知	办〔2021〕14号
15	中共芜湖市委办公室关于印发《芜湖市社会科学界联合会机关职能配置、内设机构和人员编制规定》的通知	办〔2021〕15号
16	中共芜湖市委办公室关于建立市委常委会会议“第一议题”制度的通知	办〔2021〕16号
17	中共芜湖市委办公室 芜湖市人民政府办公室关于2020年度全市平安建设（综治工作）目标管理考评结果的通报	办〔2021〕17号

序号	文件名称	发布文号
18	中共芜湖市委办公室印发《〈中共中央办公厅关于贯彻新发展理念专项督查调研的情况报告〉反馈问题整改清单》的通知	办〔2021〕18号
19	中共芜湖市委办公室关于组织开展“喜迎党代会 共答十道题”活动的通知	办〔2021〕19号
20	中共芜湖市委办公室 芜湖市人民政府办公室关于分解落实《中共安徽省委 安徽省人民政府关于促进经济平稳健康发展确保“十四五”开好局起好步的意见》主要任务的通知	办〔2021〕20号
21	中共芜湖市委办公室 芜湖市人民政府办公室关于认真做好2021年国庆期间有关工作的通知	办〔2021〕21号
22	中共芜湖市委办公室 芜湖市人民政府办公室关于印发《芜湖市“科创中国”试点城市建设方案》的通知	办〔2021〕22号
23	中共芜湖市委办公室 芜湖市人民政府办公室关于印发《芜湖市医疗保障管理体制改革方案》的通知	办〔2021〕23号
24	中共芜湖市委办公室关于印发《芜湖市选派优秀年轻干部赴先发地区开展百日实训专项行动工作方案》的通知	办〔2021〕24号
25	中共芜湖市委办公室 芜湖市人民政府办公室转发《中共安徽省委办公厅 安徽省人民政府办公厅关于切实做好党的十九届六中全会和省第十一次党代会期间安全生产和社会稳定等工作的通知》的通知	办〔2021〕25号
26	中共芜湖市委办公室关于认真学习宣传贯彻省第十一次党代会精神的通知	办〔2021〕26号
27	中共芜湖市委办公室关于印发《芜湖市学习贯彻党的十九届六中全会精神宣讲工作方案》的通知	办〔2021〕27号
28	中共芜湖市委办公室 芜湖市人民政府办公室关于巩固违建别墅清查整治成果扎实推动违法占地违法建设问题全面整改系统治理的通知	办〔2021〕28号
29	中共芜湖市委办公室 芜湖市人民政府办公室关于印发《芜湖市档案事业发展“十四五”规划》的通知	办〔2021〕29号
30	中共芜湖市委办公室 芜湖市人民政府办公室关于印发《市级领导干部接访下访制度》的通知	办〔2021〕30号
31	中共芜湖市委办公室 芜湖市人民政府办公室关于做好2022年元旦春节期间有关工作的通知	办〔2021〕31号
32	中共芜湖市委办公室 芜湖市人民政府办公室印发《芜湖市关于深化新时代教育督导体制机制改革的实施方案》的通知	办〔2021〕32号
33	中共芜湖市委办公室关于命名全市第二批“两应”基层党组织示范创建单位的通知	办〔2021〕33号

附：2021年度文件目录（芜文号）

序号	文件名称	发布文号
1	关于芜湖市行政区划调整有关人事事宜的请示	芜〔2021〕1号
2	关于成立市政协十三届四次会议临时党委的通知	芜〔2021〕2号
3	关于2020年统一战线工作情况的报告	芜〔2021〕3号
4	关于顺俊等同志职务任免的通知	芜〔2021〕4号
5	关于陈锦芳同志职务变动的通知	芜〔2021〕5号
6	免去陈锦芳同志的市人大常委会机关党组副书记职务	芜〔2021〕6号
7	关于徐昌华等同志任职的通知	芜〔2021〕7号
8	关于汤德余同志职务变动的通知	芜〔2021〕8号
9	关于陈静、项卫东同志职务任免的通知	芜〔2021〕9号
10	关于陈静同志职务变动的通知	芜〔2021〕10号
11	关于朱本芳等同志职务任免的通知	芜〔2021〕11号
12	关于汪玉华等同志职级晋升的通知	芜〔2021〕12号
13	关于王庭国等同志职务任免的通知	芜〔2021〕13号
14	关于项卫东、郎俊杰同志职务任免的通知	芜〔2021〕14号
15	关于王艳梅同志任职的通知	芜〔2021〕15号
16	关于陈邦龙等同志职务任免的通知	芜〔2021〕16号
17	关于汪绍华同志职级任免的通知	芜〔2021〕17号
18	关于王月镜同志职级晋升的通知	芜〔2021〕18号
19	关于高翔、裴群同志职级晋升的通知	芜〔2021〕19号
20	关于谢雷、罗彦顺同志职级晋升的通知	芜〔2021〕20号
21	关于刘美胜同志职级的通知	芜〔2021〕21号

序号	文件名称	发布文号
22	关于吴一文等同志任职的通知	芜〔2021〕22号
23	关于王晓等同志任职的通知	芜〔2021〕23号
24	关于项卫东、张文宝同志职务变动的通知	芜〔2021〕24号
25	关于2020年度林长制实施情况的自查报告	芜〔2021〕25号
26	关于杨科安违纪案处分决定执行情况的报告	芜〔2021〕26号
27	中共芜湖市委 芜湖市人民政府关于申报芜湖市2021年市县级党委和政府表彰奖励项目的请示	芜〔2021〕27号
28	关于上报地方政府隐性债务年报的报告	芜〔2021〕28号
29	关于习近平总书记重要指示批示精神贯彻落实情况“回头看”工作的报告	芜〔2021〕29号
30	关于弋江区人大、政府、政协、监委、法院、检察院领导成员候选人提名的通知	芜〔2021〕30号
31	关于胡翠微同志任职的通知	芜〔2021〕31号
32	关于郑海涛同志任职的通知	芜〔2021〕32号
33	关于刘福荣同志职级晋升的通知	芜〔2021〕33号
34	关于陈胜天同志职级晋升的通知	芜〔2021〕34号
35	关于2020年芜湖市生态环境损害赔偿制度改革工作情况的报告	芜〔2021〕35号
36	关于2020年法治政府建设情况的报告	芜〔2021〕36号
37	关于市委常委会2020年度民主生活会暨中央巡视整改专题民主生活会有关情况的报告	芜〔2021〕37号
38	关于汪华东等同志晋升工资的请示	芜〔2021〕38号
39	关于延长汤劲松同志挂职时间的请示	芜〔2021〕39号
40	关于吴文斌同志职级晋升的请示	芜〔2021〕40号
41	中共芜湖市委关于市委常委会2020年度民主生活会暨中央巡视整改专题民主生活会有关情况的通报	芜〔2021〕41号
42	关于芜湖市委书记潘朝晖同志、市人民政府原市长贺懋燮同志任期经济责任履行情况审计报告发现问题整改情况的报告	芜〔2021〕42号
43	关于宁波、冯克金同志职务任免的通知	芜〔2021〕43号

序号	文件名称	发布文号
44	关于丁必勇、方林红同志晋升法官等级职级的请示	芜〔2021〕44号
45	关于芜湖市政协负责同志工作分工调整的备案报告	芜〔2021〕45号
46	关于报送《芜湖市落实省第三生态环境保护督察组督察反馈意见整改方案》的报告	芜〔2021〕46号
47	关于吴文斌同志职级晋升的通知	芜〔2021〕47号
48	关于凤剑峰、陈旭东同志职级晋升的请示	芜〔2021〕48号
49	关于奚南山、袁发林同志职务任免的请示	芜〔2021〕49号
50	关于吴瑞新等同志职务任免的请示	芜〔2021〕50号
51	关于陈娟娟同志职务变动的通知	芜〔2021〕51号
52	关于陈娟娟同志职务任免的通知	芜〔2021〕52号
53	关于赵世宏等同志职务任免的通知	芜〔2021〕53号
54	关于程克定等同志职务任免的通知	芜〔2021〕54号
55	关于林志凤等同志职务任免的通知	芜〔2021〕55号
56	关于陈娟娟同志职务变动的通知	芜〔2021〕56号
57	关于姚放等同志职务任免的通知	芜〔2021〕57号
58	关于杨利民等同志职级晋升的通知	芜〔2021〕58号
59	中共芜湖市委 芜湖市人民政府关于邀请省委、省政府领导出席芜湖宣州机场通航活动的请示	芜〔2021〕59号
60	关于报送市委书记专题会议听取十届市委第十一轮巡察情况汇报的报告	芜〔2021〕60号
61	中共芜湖市委关于给予王亚奇开除党籍处分的请示	芜〔2021〕61号
62	中共芜湖市委 芜湖市人民政府关于通报表扬芜湖宣州民用机场项目前期审批和设计建设两个团队的决定	芜〔2021〕62号
63	关于赵文波等十名同志提高享受副省（部）长级医疗待遇的请示	芜〔2021〕63号
64	关于凤剑峰、陈旭东同志职级晋升的通知	芜〔2021〕64号
65	关于奚南山、凤剑峰同志职务任免的通知	芜〔2021〕65号

序号	文件名称	发布文号
66	关于奚南山、凤剑峰同志职务任免的通知	芜〔2021〕66号
67	关于凤剑峰同志职务变动的通知	芜〔2021〕67号
68	关于袁发林同志职级变动的通知	芜〔2021〕68号
69	关于袁发林、陈旭东同志职务任免的通知	芜〔2021〕69号
70	关于袁发林、陈旭东同志职务任免的通知	芜〔2021〕70号
71	关于吴瑞新等同志职务任免的通知	芜〔2021〕71号
72	关于匡健、吴瑞新同志职务任免的通知	芜〔2021〕72号
73	关于鲁先贵、李声敌同志职务任免的通知	芜〔2021〕73号
74	关于黄万勇、方忠同志职务任免的通知	芜〔2021〕74号
75	关于鲁先贵等同志职务任免的通知	芜〔2021〕75号
76	关于黄万勇同志职务变动的通知	芜〔2021〕76号
77	关于黄万勇、方忠同志职务任免的通知	芜〔2021〕77号
78	关于张宇驰、季和云同志职务任免的通知	芜〔2021〕78号
79	关于季和云同志职务变动的通知	芜〔2021〕79号
80	关于张宇驰同志任职的通知	芜〔2021〕80号
81	关于季和云同志职级变动的通知	芜〔2021〕81号
82	关于方国华同志退休的通知	芜〔2021〕82号
83	中共芜湖市委关于同意召开中国共产党无为市第一次代表大会的批复	芜〔2021〕83号
84	中共芜湖市委关于同意召开中国共产党南陵县第十四次代表大会的批复	芜〔2021〕84号
85	中共芜湖市委关于同意召开中国共产党镜湖区第十一次代表大会的批复	芜〔2021〕85号
86	中共芜湖市委关于同意召开中国共产党鸠江区第八次代表大会的批复	芜〔2021〕86号
87	中共芜湖市委关于同意召开中国共产党弋江区第四次代表大会的批复	芜〔2021〕87号

序号	文件名称	发布文号
88	中共芜湖市委关于同意召开中国共产党湾沚区第一次代表大会的批复	芜〔2021〕88号
89	中共芜湖市委关于同意召开中国共产党繁昌区第一次代表大会的批复	芜〔2021〕89号
90	关于方林红同志职级晋升的通知	芜〔2021〕90号
91	关于丁必勇同志等级晋升的通知	芜〔2021〕91号
92	关于赵贤好等同志职务任免的通知	芜〔2021〕92号
93	关于赵贤好、李东方同志职务任免的通知	芜〔2021〕93号
94	关于李东方、韩家林同志职务任免的通知	芜〔2021〕94号
95	关于韩家林、刘勤同志职务任免的通知	芜〔2021〕95号
96	关于吴翠玉同志职务变动的通知	芜〔2021〕96号
97	关于梁燕同志挂职的通知	芜〔2021〕97号
98	关于陈军同志挂职的通知	芜〔2021〕98号
99	关于吕宁同志挂职的通知	芜〔2021〕99号
100	关于污染防治攻坚战开展情况的报告	芜〔2021〕100号
101	关于陶光晓等同志职务任免的通知	芜〔2021〕101号
102	关于黄静等同志职务任免的通知	芜〔2021〕102号
103	关于朱武等同志职务任免的通知	芜〔2021〕103号
104	关于奚志波、刘敏同志职务任免的通知	芜〔2021〕104号
105	关于束洋波、马成名同志职务任免的通知	芜〔2021〕105号
106	关于韩永强等同志职务任免的通知	芜〔2021〕106号
107	关于侯正权等同志职级任免的通知	芜〔2021〕107号
108	关于黄静同志任职的通知	芜〔2021〕108号
109	关于韩永强、戴鸣同志职务变动的通知	芜〔2021〕109号

序号	文件名称	发布文号
110	关于李祥龙、束晓伟同志职务任免的通知	芜〔2021〕110号
111	关于毕道群等同志职务任免的通知	芜〔2021〕111号
112	关于张斌翔等同志职务任免的通知	芜〔2021〕112号
113	关于刘晓明等同志职务任免的通知	芜〔2021〕113号
114	关于李国柱等同志职级晋升的通知	芜〔2021〕114号
115	关于潘吉平同志职务变动的通知	芜〔2021〕115号
116	关于颜新权、汪学德同志职务变动的通知	芜〔2021〕116号
117	关于周伟、杨燕同志职务任免的通知	芜〔2021〕117号
118	关于高亚同志职务变动的通知	芜〔2021〕118号
119	关于阎晶晶同志职务变动的通知	芜〔2021〕119号
120	关于单向前等同志职务任免的通知	芜〔2021〕120号
121	关于宁波等同志职务任免的通知	芜〔2021〕121号
122	关于宁波、单向前同志职务任免的通知	芜〔2021〕122号
123	关于召开中国共产党芜湖市第十一次代表大会的请示	芜〔2021〕123号
124	中共芜湖市委 芜湖市人民政府 芜湖军分区关于明确新弋江区武装工作的通知	芜〔2021〕124号
125	中共芜湖市委 芜湖市人民政府关于严格规范村庄撤并工作情况的报告	芜〔2021〕125号
126	关于杨永清等67名同志提高享受按副省（部）长级标准报销医疗费待遇的请示	芜〔2021〕126号
127	关于成立市第十六届人民代表大会第六次会议临时党委的通知	芜〔2021〕127号
128	关于肖小发同志职务变动的通知	芜〔2021〕128号
129	关于黄锦超等同志职务变动的通知	芜〔2021〕129号
130	关于朱瑞文同志职级变动的通知	芜〔2021〕130号
131	关于朱瑞文等同志职务变动的通知	芜〔2021〕131号

序号	文件名称	发布文号
132	关于叶政林、魏杰同志职级晋升的请示	芜〔2021〕132号
133	中共芜湖市委关于邀请省委领导出席安徽航瑞航空动力装备有限公司300千瓦级重油航发首发点火活动的请示	芜〔2021〕133号
134	关于无为市委、市纪委换届候选人预备人选的通知	芜〔2021〕134号
135	关于南陵县委、县纪委换届候选人预备人选的通知	芜〔2021〕135号
136	关于镜湖区委、区纪委换届候选人预备人选的通知	芜〔2021〕136号
137	关于鸠江区委、区纪委换届候选人预备人选的通知	芜〔2021〕137号
138	关于弋江区委、区纪委换届候选人预备人选的通知	芜〔2021〕138号
139	关于湾沚区委、区纪委换届候选人预备人选的通知	芜〔2021〕139号
140	关于繁昌区委、区纪委换届候选人预备人选的通知	芜〔2021〕140号
141	关于芜湖市人大常委会负责同志分工调整的备案报告	芜〔2021〕141号
142	中共芜湖市委关于表彰芜湖市优秀共产党员、优秀党务工作者和先进基层党组织的决定	芜〔2021〕142号
143	中共芜湖市委关于十届市委巡察工作情况的报告	芜〔2021〕143号
144	关于叶政林、魏杰同志职级晋升的通知	芜〔2021〕144号
145	关于苏文中等同志职务任免的通知	芜〔2021〕145号
146	关于王志鹏、江澜同志职务任免的通知	芜〔2021〕146号
147	关于汪世明等同志职务任免的通知	芜〔2021〕147号
148	关于史高江、刘萍同志任职的通知	芜〔2021〕148号
149	关于黄俊平、张洪庆同志任职的通知	芜〔2021〕149号
150	关于黄俊平同志职务变动的通知	芜〔2021〕150号
151	关于张立功、江济同志职务变动的通知	芜〔2021〕151号
152	关于李兵、尹兵同志职务任免的通知	芜〔2021〕152号
153	关于尹兵、李兵同志职务任免的通知	芜〔2021〕153号

序号	文件名称	发布文号
154	关于张先明同志职务变动的通知	芜〔2021〕154号
155	关于樊月琴等同志职务任免的通知	芜〔2021〕155号
156	关于刘志同志任职的通知	芜〔2021〕156号
157	关于鲍时英、王世勇同志职务变动的通知	芜〔2021〕157号
158	关于鲍时英等同志职级晋升的通知	芜〔2021〕158号
159	中共芜湖市委 芜湖市人民政府关于将中国（安徽）自由贸易试验区芜湖片区列为相对集中行政许可权改革试点的请示	芜〔2021〕159号
160	关于罗勇同志职务变动的请示	芜〔2021〕160号
161	关于丁必勇等同志职务任免的请示	芜〔2021〕161号
162	中共芜湖市委关于邀请省领导出席2021安徽省邮政快递“双招双引”项目签约暨“智慧邮政”生态环保高峰会议的请示	芜〔2021〕162号
163	关于罗勇同志任职的通知	芜〔2021〕163号
164	于罗勇同志职级任免的通知	芜〔2021〕164号
165	关于黄太华同志职务变动的通知	芜〔2021〕165号
166	关于黄太华等同志职务任免的通知	芜〔2021〕166号
167	关于蒋仲春等同志职务任免的通知	芜〔2021〕167号
168	关于曹建新同志任职的通知	芜〔2021〕168号
169	关于杨少华等同志职务任免的通知	芜〔2021〕169号
170	关于董亮同志任职的通知	芜〔2021〕170号
171	关于丁敏生等同志职务任免的通知	芜〔2021〕171号
172	关于曹登军等同志职务任免的通知	芜〔2021〕172号
173	关于马军、张兆农同志职务任免的通知	芜〔2021〕173号
174	关于曹小永同志任职的通知	芜〔2021〕174号
175	关于陈丽芳同志职务变动的通知	芜〔2021〕175号

序号	文件名称	发布文号
176	关于李冬生等同志任职的通知	芜〔2021〕176号
177	关于汪自彬等同志职级晋升的通知	芜〔2021〕177号
178	关于汪自彬、程向晖同志职务变动的通知	芜〔2021〕178号
179	关于熊诗全、朱治民同志职务变动的通知	芜〔2021〕179号
180	关于孙玉富等同志职级晋升的通知	芜〔2021〕180号
181	关于杨文玲同志职级晋升的通知	芜〔2021〕181号
182	关于杨少华同志职务变动的通知	芜〔2021〕182号
183	关于杨少华、许兰同志任职的通知	芜〔2021〕183号
184	关于杨少华、许兰同志职级变动的通知	芜〔2021〕184号
185	关于罗勇同志职务变动的通知	芜〔2021〕185号
186	关于罗勇同志职务变动的通知	芜〔2021〕186号
187	关于张庆亮同志任职的通知	芜〔2021〕187号
188	关于姚凯同志任职的通知	芜〔2021〕188号
189	中共芜湖市委关于张庆亮同志工作分工的备案报告	芜〔2021〕189号
190	中共芜湖市委 芜湖市人民政府关于选定第一批人民城市建设合伙人的决定	芜〔2021〕190号
191	中共芜湖市委 芜湖市人民政府关于同意组建芜湖市人才发展集团有限公司的批复	芜〔2021〕191号
192	关于贺东同志任职的通知	芜〔2021〕192号
193	关于张庆亮同志任职的通知	芜〔2021〕193号
194	关于贺东、姚凯同志任职的通知	芜〔2021〕194号
195	关于马兴起等同志职务任免的通知	芜〔2021〕195号
196	关于王贵成同志任职的通知	芜〔2021〕196号
197	关于马兴起等同志职务任免的通知	芜〔2021〕197号

序号	文件名称	发布文号
198	关于吴秀丽等同志职务任免的通知	芜〔2021〕198号
199	关于朱发沐等同志职务任免的通知	芜〔2021〕199号
200	关于罗智全、刘勤同志任职的通知	芜〔2021〕200号
201	关于丁必勇同志任职的通知	芜〔2021〕201号
202	关于丁必勇同志职务变动的通知	芜〔2021〕202号
203	关于杨建伟同志职务变动的通知	芜〔2021〕203号
204	关于沈怀宝同志职务变动的通知	芜〔2021〕204号
205	关于孙卫东同志职务变动的通知	芜〔2021〕205号
206	关于靳大鸣同志任职的通知	芜〔2021〕206号
207	中共芜湖市委关于设置、撤销部分市直单位党组等事项的通知	芜〔2021〕207号
208	中共芜湖市委关于宁波等同志晋升工资的请示	芜〔2021〕208号
209	关于芜湖市政府部分负责同志工作分工调整的备案报告	芜〔2021〕209号
210	中共芜湖市委关于同意撤销芜湖机场建设工作领导小组的批复	芜〔2021〕210号
211	中共芜湖市委关于十届省委以来芜湖市工作总结和今后五年工作思路的报告	芜〔2021〕211号
212	中共芜湖市委关于张庆亮同志工作分工的通知	芜〔2021〕212号
213	关于方庆免职的通知	芜〔2021〕213号
214	关于丁必勇同志等级调整的通知	芜〔2021〕214号
215	关于张先道等同志职务任免的通知	芜〔2021〕215号
216	关于笪秉槐同志职务变动的通知	芜〔2021〕216号
217	关于笪秉槐、蒋卫东同志职务任免的通知	芜〔2021〕217号
218	关于苏伟胜同志职务变动的通知	芜〔2021〕218号
219	关于侯正权同志职级变动的通知	芜〔2021〕219号

序号	文件名称	发布文号
220	关于侯正权等同志职务任免的通知	芜〔2021〕220号
221	关于杨绍华等同志职务任免的通知	芜〔2021〕221号
222	关于牛凯等同志职务任免的通知	芜〔2021〕222号
223	关于杨绍华等同志职务任免的通知	芜〔2021〕223号
224	关于饶小侃同志职级晋升的通知	芜〔2021〕224号
225	关于丁亚敏同志职级晋升的通知	芜〔2021〕225号
226	关于徐华同志任职的通知	芜〔2021〕226号
227	关于张月林同志任职的通知	芜〔2021〕227号
228	关于胡伟同志任职的通知	芜〔2021〕228号
229	关于程铁同志任职的通知	芜〔2021〕229号
230	关于叶跃枝同志任职的通知	芜〔2021〕230号
231	关于冯家荣、雍成武同志职务任免的通知	芜〔2021〕231号
232	关于何长江等同志职务任免的通知	芜〔2021〕232号
233	关于奚晓荣同志任职的通知	芜〔2021〕233号
234	关于朱俊、张元同志任职的通知	芜〔2021〕234号
235	中共芜湖市委 芜湖市人民政府关于清理规范违规发放公务员工资津贴补贴专项行动自查清理工作的报告	芜〔2021〕235号
236	关于中共芜湖市委、市纪委换届人事安排问题的请示	芜〔2021〕236号
237	关于何友旺同志任职的请示	芜〔2021〕237号
238	关于钱远喜、汤勇同志职务任免的请示	芜〔2021〕238号
239	关于唐开强免职的请示	芜〔2021〕239号
240	关于曹多斌同志任职的请示	芜〔2021〕240号
241	中共芜湖市委 芜湖市人民政府关于表彰芜湖市扫黑除恶与社会治理贡献奖先进集体和先进个人的决定	芜〔2021〕241号

序号	文件名称	发布文号
242	关于钱远喜、汤勇同志职务任免的通知	芜〔2021〕242号
243	关于欧冬林同志职务变动的通知	芜〔2021〕243号
244	关于欧冬林同志职级变动的通知	芜〔2021〕244号
245	关于曹洁等同志职务任免的通知	芜〔2021〕245号
246	关于巫军、马成名同志职务变动的通知	芜〔2021〕246号
247	关于潘枫等同志职务任免的通知	芜〔2021〕247号
248	关于夏峰同志职务变动的通知	芜〔2021〕248号
249	关于曹洁同志职级变动的通知	芜〔2021〕249号
250	关于杨磊同志任职的通知	芜〔2021〕250号
251	关于吴竞等同志职务任免的通知	芜〔2021〕251号
252	关于徐虎同志职务变动的通知	芜〔2021〕252号
253	关于朱春建同志职级任免的通知	芜〔2021〕253号
254	关于王峰同志职务变动的通知	芜〔2021〕254号
255	关于李瑾、曹秋宝同志职务任免的通知	芜〔2021〕255号
256	关于童飞同志任职的通知	芜〔2021〕256号
257	关于童飞同志职务变动的通知	芜〔2021〕257号
258	关于汪维明同志任职的通知	芜〔2021〕258号
259	关于曹仁坤同志任职的通知	芜〔2021〕259号
260	关于盛晓敏同志职务变动的通知	芜〔2021〕260号
261	关于曹洁同志任职的通知	芜〔2021〕261号
262	关于何友旺同志任职的通知	芜〔2021〕262号
263	关于唐开强免职的通知	芜〔2021〕263号

序号	文件名称	发布文号
264	关于我市出席省第十一次党代会代表候选人预备人选酝酿产生情况的报告	芜〔2021〕264号
265	中共芜湖市委关于中央巡视组巡视安徽省反馈意见芜湖市整改落实情况的报告	芜〔2021〕265号
266	关于曹多斌同志任职的通知	芜〔2021〕266号
267	关于芜湖市委领导班子成员排序问题的请示	芜〔2021〕267号
268	关于选举产生芜湖市出席中国共产党安徽省第十一次代表大会代表情况的报告	芜〔2021〕268号
269	中共芜湖市委 芜湖市人民政府关于批准实施《中国（安徽）自由贸易试验区芜湖片区相对集中行政许可权改革试点方案》的请示	芜〔2021〕269号
270	关于王干劲同志职务变动的通知	芜〔2021〕270号
271	关于王干劲同志职务变动的通知	芜〔2021〕271号
272	关于李璐同志职级变动的通知	芜〔2021〕272号
273	关于风海飞同志职务变动的通知	芜〔2021〕273号
274	关于芜湖市委换届工作总结的报告	芜〔2021〕274号
275	关于吕修木同志职级变动的通知	芜〔2021〕275号
276	关于华光等同志职务任免的通知	芜〔2021〕276号
277	关于徐玮等同志职务任免的通知	芜〔2021〕277号
278	关于风海飞等同志职务任免的通知	芜〔2021〕278号
279	关于方婷等同志职务任免的通知	芜〔2021〕279号
280	关于陶海波等同志职务任免的通知	芜〔2021〕280号
281	关于许立等同志职务任免的通知	芜〔2021〕281号
282	关于章长贵等同志晋升职级的通知	芜〔2021〕282号
283	关于汪绍华等同志晋升职级的通知	芜〔2021〕283号
284	关于金成宁同志任职的通知	芜〔2021〕284号
285	关于谷先斌同志任职的通知	芜〔2021〕285号

序号	文件名称	发布文号
286	关于王志宝等同志职务任免的通知	芜〔2021〕286号
287	关于杨俊同志任职的通知	芜〔2021〕287号
288	关于金成宁、姬增胜同志职务变动的通知	芜〔2021〕288号
289	关于项东文同志职务变动的通知	芜〔2021〕289号
290	关于陈军等同志职务任免的通知	芜〔2021〕290号
291	关于李璐等同志职务任免的通知	芜〔2021〕291号
292	关于魏安阳同志任职的通知	芜〔2021〕292号
293	关于赵继红等同志职务任免的通知	芜〔2021〕293号
294	关于高文同志任职的通知	芜〔2021〕294号
295	关于吴学林等同志职级晋升的请示	芜〔2021〕295号
296	中共芜湖市委关于邀请省领导出席第十届中国（芜湖）科普产品博览交易会开幕式相关活动的请示	芜〔2021〕296号
297	关于吴学林等同志职级晋升的通知	芜〔2021〕298号
298	关于何友旺同志任职的通知	芜〔2021〕299号
299	关于王津华等同志职务任免的通知	芜〔2021〕300号
300	关于李广福等同志职务任免的通知	芜〔2021〕301号
301	关于王津华同志职务变动的通知	芜〔2021〕302号
302	关于朱亚莉等同志职务任免的通知	芜〔2021〕303号
303	关于孙昌保同志职务变动的通知	芜〔2021〕304号
304	关于王江村等同志职务任免的通知	芜〔2021〕305号
305	关于王健等同志职务任免的通知	芜〔2021〕306号
306	关于樊道清等同志职务任免的通知	芜〔2021〕307号
307	关于甘国蓬、李军同志职务职级任免的通知	芜〔2021〕308号

序号	文件名称	发布文号
308	关于汪铸等同志职务任免的通知	芜〔2021〕309号
309	关于童少艳等同志职务任免的通知	芜〔2021〕310号
310	关于李军同志职务职级变动的通知	芜〔2021〕311号
311	关于王津华同志任职的通知	芜〔2021〕312号
312	关于陈国同志职级任免的通知	芜〔2021〕313号
313	中共芜湖市委关于张庆亮等2名同志公务员登记的请示	芜〔2021〕314号
314	关于芜湖职业技术学院新一届党委书记候选人预备人选的请示	芜〔2021〕315号
315	关于芜湖职业技术学院党委、纪委换届候选人预备人选的通知	芜〔2021〕316号
316	关于黄汇文等同志职务任免的通知	芜〔2021〕317号
317	关于杨笑凯等同志职务任免的通知	芜〔2021〕318号
318	关于毕世平等同志任职的通知	芜〔2021〕319号
319	关于王高华同志任职的通知	芜〔2021〕320号
320	关于赵明、黄俊东同志职务职级任免的通知	芜〔2021〕321号
321	关于吴燕同志任职的通知	芜〔2021〕322号
322	关于王绎华等同志职务任免的通知	芜〔2021〕323号
323	关于毛月霞同志职务变动的通知	芜〔2021〕324号
324	关于胡宏斌同志任职的通知	芜〔2021〕325号
325	关于鲍志恒、顾嘉健同志挂职的通知	芜〔2021〕326号
326	关于蒋光磊等同志职务任免的通知	芜〔2021〕327号
327	关于束平等同志职务任免的通知	芜〔2021〕328号
328	关于李强等同志职务任免的通知	芜〔2021〕329号
329	关于张倚剑同志职务任免的通知	芜〔2021〕330号

序号	文件名称	发布文号
330	关于潘昌彪等同志任职的通知	芜〔2021〕331号
331	关于胡宗波等同志职务任免的通知	芜〔2021〕332号
332	关于艾珍珍、王高华同志职务任免的通知	芜〔2021〕333号
333	关于李德全同志职级任免的通知	芜〔2021〕334号
334	关于甘桂林等同志晋升职级的通知	芜〔2021〕335号
335	关于甘江龙同志晋升职级的通知	芜〔2021〕336号
336	关于魏超、赵明同志职级变动的通知	芜〔2021〕337号
337	关于黄汇文同志职级变动的通知	芜〔2021〕338号
338	关于田生同志晋升职级的通知	芜〔2021〕339号
339	中共芜湖市委关于给予丁必勇等270名同志嘉奖和于旭文等28名同志记个人三等功的决定	芜〔2021〕340号
340	中共芜湖市委关于2020年度市管领导班子和领导干部综合考核结果的通报	芜〔2021〕341号
341	关于徐礼阳等同志职务任免的通知	芜〔2021〕342号
342	关于徐礼阳等同志任职的通知	芜〔2021〕343号
343	关于孙晨同志任职的通知	芜〔2021〕344号
344	关于毛少华同志任职的通知	芜〔2021〕345号
345	关于盛茂松等同志任职的通知	芜〔2021〕346号
346	关于吴刚、朱应华同志职务任免的通知	芜〔2021〕347号
347	中共芜湖市委关于张庆亮等同志工资变动的请示	芜〔2021〕348号
348	关于鲁月平等同志职务任免的请示	芜〔2021〕349号
349	关于赵学健同志挂职的通知	芜〔2021〕350号
350	关于罗智全等同志职级晋升的请示	芜〔2021〕351号
351	中共芜湖市委关于贯彻落实习近平总书记考察安徽重要讲话指示精神情况的报告	芜〔2021〕352号

序号	文件名称	发布文号
352	中共芜湖市委 芜湖市人民政府 芜湖军分区关于申报全省双拥模范城（县）的报告	芜〔2021〕353号
353	中共芜湖市委 芜湖市人民政府关于落实2020年安徽省生态环境保护专项督察反馈意见整改情况的报告	芜〔2021〕354号
354	中共芜湖市委关于2021年意识形态工作情况的报告	芜〔2021〕355号
355	中共芜湖市委 芜湖市人民政府关于严格规范村庄撤并工作“回头看”情况的报告	芜〔2021〕356号
356	关于曹小明、张东同志职务任免的请示	芜〔2021〕357号
357	关于郝代伟等同志职务任免的请示	芜〔2021〕358号
358	关于湾沚区人大、政府、政协、监委、法院、检察院换届各项候选人提名的通知	芜〔2021〕359号
359	关于繁昌区人大、政府、政协、监委、法院、检察院换届各项候选人提名的通知	芜〔2021〕360号
360	关于韦秀芳、张志宏同志职务任免的请示	芜〔2021〕361号
361	关于张志宏等同志职务任免的通知	芜〔2021〕362号
362	关于张志宏同志职务变动的通知	芜〔2021〕364号
363	关于席文同志任职的通知	芜〔2021〕365号
364	关于席文同志职级任免的通知	芜〔2021〕366号
365	关于李作果等同志职务任免的通知	芜〔2021〕367号
366	关于李作果、刘路阳同志职务任免的通知	芜〔2021〕368号
367	关于夏冰馨同志职级任免的通知	芜〔2021〕369号
368	关于刘见君同志职级任免的通知	芜〔2021〕370号
369	关于刘见君、席文同志职务变动的通知	芜〔2021〕371号
370	关于李作果同志职务变动的通知	芜〔2021〕372号
371	关于潘家武同志职务变动的通知	芜〔2021〕373号
372	关于无为市人大、政府、政协、监委、法院、检察院换届各项候选人提名的通知	芜〔2021〕374号
373	关于南陵县人大、政府、政协、监委、法院、检察院换届各项候选人提名的通知	芜〔2021〕375号

序号	文件名称	发布文号
374	关于镜湖区人大、政府、政协、监委、法院、检察院换届各项候选人提名的通知	芜〔2021〕376号
375	关于鸠江区人大、政府、政协、监委、法院、检察院换届各项候选人提名的通知	芜〔2021〕377号
376	关于弋江区人大、政府、政协、监委、法院、检察院换届各项候选人提名的通知	芜〔2021〕378号
377	关于李光菊等同志职务变动的通知	芜〔2021〕379号
378	中共芜湖市委 芜湖市人民政府关于卫生健康和计划生育工作情况的报告	芜〔2021〕380号
379	中共芜湖市委关于开展党内政治监督谈话有关情况的报告	芜〔2021〕381号
380	中共芜湖市委关于2021年度省委巡视整改进展情况的报告	芜〔2021〕382号
381	关于陈海俊等同志职务任免的通知	芜〔2021〕383号
382	关于黄维群、张东同志职务变动的通知	芜〔2021〕384号
383	关于张东同志职务变动的通知	芜〔2021〕385号
384	关于郝代伟等同志职务任免的通知	芜〔2021〕386号
385	关于李新宇同志职务变动的通知	芜〔2021〕387号
386	中共芜湖市委 芜湖市人民政府关于2021年度林长制工作落实情况的报告	芜〔2021〕388号
387	中共芜湖市委 芜湖市人民政府关于2021年全面推行河湖长制工作情况的报告	芜〔2021〕389号
388	关于芜湖市人大、政府、政协换届党外干部建议人选的请示	芜〔2021〕390号
389	关于芜湖市人大、政府、政协、监察委员会、法院、检察院换届候选人问题的请示	芜〔2021〕391号
390	关于贺东同志职务变动的通知	芜〔2021〕392号
391	关于石才良等同志职务任免的通知	芜〔2021〕393号
392	关于王彤等同志职务任免的通知	芜〔2021〕394号
393	关于石才良等同志职务变动的通知	芜〔2021〕395号
394	关于孙四平等同志任职的通知	芜〔2021〕396号
395	关于吴胜祥同志职务变动的通知	芜〔2021〕397号

序号	文件名称	发布文号
396	关于马红涛、陈厚明同志职务任免的通知	芜〔2021〕398号
397	关于魏文生同志职务变动的通知	芜〔2021〕399号
398	中共芜湖市委 芜湖市人民政府关于2021年污染防治攻坚战工作情况的报告	芜〔2021〕400号
399	中共芜湖市委关于中央巡视组巡视安徽省反馈意见芜湖市整改落实情况的报告	芜〔2021〕401号
400	中共芜湖市委关于2021年统一战线工作情况的报告	芜〔2021〕402号
401	中共芜湖市委关于2021年全面工作情况的报告	芜〔2021〕403号
402	中共芜湖市委关于落实党风廉政建设责任制情况的报告	芜〔2021〕404号
403	中共芜湖市委关于2021年党的建设工作情况的报告	芜〔2021〕405号
404	中共芜湖市委关于2021年宣传思想工作情况的报告	芜〔2021〕406号
405	中共芜湖市委 芜湖市人民政府关于乡村振兴战略实施情况的报告	芜〔2021〕407号
406	关于罗智全等同志职级晋升的通知	芜〔2021〕408号
407	关于钱明树、胡敏同志职务任免的通知	芜〔2021〕409号
408	中共芜湖市委 芜湖市人民政府关于表彰芜湖市优化营商环境先进集体和先进个人的决定	芜〔2021〕410号
409	中共芜湖市委 芜湖市人民政府关于表彰芜湖市全面建成小康社会先进集体和先进个人的决定	芜〔2021〕411号
410	关于增补推荐十二届党外省政协委员有关情况的报告	芜〔2021〕412号
411	关于省委常委会专题民主生活会前征求意见情况的报告	芜〔2021〕413号
412	关于钱明树、胡敏同志职务任免的通知	芜〔2021〕414号
413	中共芜湖市委 芜湖市人民政府关于2021年食品安全工作情况的报告	芜〔2021〕415号
414	中共芜湖市委 芜湖市人民政府请求出台《关于支持芜湖市加快建设省域副中心城市的实施意见》的请示	芜〔2021〕416号

附：2021年度文件目录（市办通文号）

序号	文件名称	发布文号
1	中共芜湖市委办公室关于2020年市委常委会民主生活会前征求意见的通知	市办通〔2021〕1号
2	中共芜湖市委办公室关于召开2020年度县市区委、市管党（工）委书记抓党的建设工作述职评议会议的通知	市办通〔2021〕2号
3	中共芜湖市委办公室关于召开市纪委十届六次全会第一次大会的通知	市办通〔2021〕3号
4	中共芜湖市委办公室关于召开市委农村工作会议暨全市巩固拓展脱贫攻坚成果同乡村振兴有效衔接工作会议的通知	市办通〔2021〕4号
5	中共芜湖市委办公室关于举办市委理论学习中心组学习会暨全市领导干部学习贯彻党的十九届五中全会精神集中培训班、召开全市党史学习教育动员部署大会的通知	市办通〔2021〕5号
6	中共芜湖市委办公室关于举行党史学习教育省委宣讲团宣讲报告会的通知	市办通〔2021〕6号
7	中共芜湖市委办公室关于召开芜湖市2020年度省管领导班子和领导干部综合考核会议的通知	市办通〔2021〕7号
8	中共芜湖市委办公室关于召开市委十届十五次会议的预通知	市办通〔2021〕8号
9	中共芜湖市委办公室关于举办芜湖市庆祝中国共产党成立100周年表彰大会暨“永远跟党走”主题党日的通知	市办通〔2021〕9号
10	中共芜湖市委办公室关于举行市委理论学习中心组专家报告会的通知	市办通〔2021〕10号
11	中共芜湖市委办公室关于召开芜湖市2020年度省管领导班子和领导干部综合考核反馈会的通知	市办通〔2021〕11号
12	中共芜湖市委办公室关于举办深入学习贯彻《中国共产党统一战线工作条例》专家报告会的通知	市办通〔2021〕12号
13	中共芜湖市委办公室关于举办深入学习贯彻习近平法治思想专家报告会的通知	市办通〔2021〕13号
14	中共芜湖市委办公室关于举办学习贯彻习近平总书记“七一”重要讲话精神省委宣讲团报告会暨市委党史学习教育专题读书班的通知	市办通〔2021〕14号

序号	文件名称	发布文号
15	中共芜湖市委办公室 芜湖市人民政府办公室关于召开芜湖市人民城市建设大会的通知	市办通〔2021〕15号
16	中共芜湖市委办公室关于召开市委十届十六次会议的通知	市办通〔2021〕16号
17	中共芜湖市委办公室关于召开中国共产党芜湖市第十一次代表大会的通知	市办通〔2021〕17号
18	中共芜湖市委办公室 芜湖市人民政府办公室关于举行芜湖市公祭烈士活动的通知	市办通〔2021〕18号
19	中共芜湖市委办公室关于召开市委人大工作会议的通知	市办通〔2021〕19号
20	中共芜湖市委办公室关于举办资产证券化及产业合作专家报告会的通知	市办通〔2021〕20号
21	中共芜湖市委办公室关于召开纪念市关工委成立30周年暨全市关心下一代工作表彰大会的通知	市办通〔2021〕21号
22	中共芜湖市委办公室关于举办学习贯彻省第十一次党代会精神省委宣讲团宣讲报告会的通知	市办通〔2021〕22号
23	中共芜湖市委办公室关于举办市委理论学习中心组专家报告会的通知	市办通〔2021〕23号
24	中共芜湖市委办公室关于举办学习贯彻党的十九届六中全会精神省委宣讲团报告会的通知	市办通〔2021〕24号
25	中共芜湖市委办公室关于召开市委十一届二次全会的通知	市办通〔2021〕25号
26	中共芜湖市委办公室关于召开市委经济工作会议的通知	市办通〔2021〕26号
27	中共芜湖市委办公室关于召开走好新时代群众工作路线工作推进大会的通知	市办通〔2021〕27号

（凤　熠　杨海文）

组织建设

【概况】2021年，全市组织系统坚持以习近平新时代中国特色社会主义思想为指导，认真贯彻党的十九届历次全会精神，深入贯彻新时代党的建设总要求和新时代党的组织路线，全面贯彻全国和省市组织部长会议精神，认真落实省市第十一次党代会精神，聚焦主责主业，狠抓任务落实，各项工作取得新进展。

【组织庆祝建党100周年活动和党史学习教育】做好全国、全省“两优一先”推荐评选工作，芜湖市2名党员和1个基层党组织荣获全国“两优一先”表彰，24名党员和11个基层党组织荣获省委表彰，数量创历年之最。高规格举办市委庆祝“七一”表彰大会暨“永远跟党走”主题党日、全国全省“七一”表彰对象座谈活动和市委“光荣在党50年”老党员老干部座谈会，评选299名（个）市级“两优一先”表彰对象，向2万余名老党员颁发“光荣在党50年”纪念章。着力抓好党史学习教育专题培训、专题民主生活会和组织生活会。结合“我为群众办实事”实践活动，组织开展“党旗在基层一线高高飘扬”活动，深化“党课开讲啦”“学习身边榜样”党员教育专题活动，创新开展“百堂党史课程进基层”“党史知识网上测试”“学党史、庆百年”学习竞答等系列活动。

【深化党的创新理论武装】深入实施“习近平新时代中国特色社会主义思想教育培训计划”，市县联动举办党的十九届五中全会精神集中培训和网络专题培训。抓好党的十九届六中全会、省市第十一次党代会精神教育培训，推动中央及省市委重大决策部署入脑入心、落地生根。连续第五年举办全市年轻干部政治理论测试，4100多名干部参考，测试成绩优异的238名干部和平均成绩较好的2个县市区、12个市直单位受通报表扬。做好干部调训和专题培训，选调257名干部参加上级各类培训，聚焦“双招双引”、人民城市建设、乡村振兴等重大战略，举办各类专业化能力培训班38期，培训各级各类干部3200余人次。

【完成市县乡领导班子集中换届工作】市级领导班子及7个县市区、44个镇领导班子全部顺利完成换届工作，组织提名人选均全票或高票当选。严肃换届纪律，全覆盖开展谈心谈话，层层派出换届风气监督组和换届工作指导组下沉全程督导。集中换届过程平稳有序，全市加强换届人选政治把关、档案审核、风气监督等做法被中组部《组工信息》宣传推介，受到省委换届工作指导组肯定。

【建设高素质专业化干部队伍】做好区划调整“后半篇文章”，争取设立芜湖三山经济开发区人民法院、人民检察院，获最高法、最高检批复同意。突出政治标准，出台新提任副县级单位主要负责人“八小时以外”延伸考察办法，为市管干部逐人制定政治监督档案，对政治素质考察不合格的“一票否决”。结合集中换届做好干部日常调整配备，全年市委常委会研究干部567人次，其中提拔144人次、进一步使用56人次、交流轮岗126人次。结合政法队伍教育整顿，分级分类推进政法单位重要岗位干部交流轮岗，全年交流调整县处级政法干部49名、县市区“法检”两院班子副职和政治部主任20人。开展干部交往互派、交流互访系列活动，接收首批15名南阳市县处级领导干部来芜跟班学习。做好对口援藏工作，选派6名优秀干部人才支援西藏山南市及浪卡子县建设，全年安排1200万元计划外援藏资金。

【强化领导干部管理监督】优化党建和发展双千分考核机制，4个进步明显的市管单位领导班子首次获评“争先进位奖”，13个考核等次排名靠后的领导班子和26名领导干部被约谈提醒。开展首届市直单位“满意科长大家评”活动，评选“满意科长”28名，40名获“满意科长”提名奖。全年预审把关干部选拔任用方案183批次，责令修改方案24次。落实“凡提必核”要求，干部个人有关事项报告查核一致率提升至96%，重点查核653名拟提拔或进一步使用领导干部个人事项，批评教育10人、诫勉16人。做好领导干部配偶、子女及其配偶经商办企业自查工作，组织开展市管干部档案专项审核“回头看”“领导干部和公职人员一人多证、违规获取外国身份问题”专项整治。落实受处分干部影响期满专项考核和重新任用办法，对7名受处分县处级干部影响期满后进行专项考核。

【规范管理公务员队伍】健全完善公务员录用、转任、平时考核、及时奖励、带薪疗养休假等制度。新接收定向选调生40人、常规选调生55人。完成3次市直机关公开遴选工作，从基层遴选公务员51人、事业单位工作人员5人。发挥职务与职级双重激励作用，全年晋升一级巡视员2人、二级巡视员12人；市管干部晋升一级至三级调研员104人次；科级干部晋升三级、四级调研员77人次；各县市区、市直单位晋升一级至四级主任科员628人次。对市直单位年度考核优秀的860名公务员进行嘉奖，对连续3年考核优秀的122名公务员记三等功。全市2名公务员个人、1个集体分别荣获第七届“安徽省人民满意公务员”和“人民满意公务员集体”称号，并在全省“七一”表彰大会上交流发言。在全省率先推行公务员平时考核工作，有序开展公务员绩效管理试点工作。高质量完成中组部公务员法律法规实施监督检查工作，推进公务员工资津贴补贴清理规范工作。

【培养选拔优秀年轻干部】贯彻落实《2019—2023年全市年轻干部队伍建设规划》，实施党政正职“2510”梯队建设计划，严格落实年轻干部“456”硬性配备要求，全年提拔40岁以下县处级领导干部29人。择优遴选75名优秀年轻干部开展素质能力提升大培训，“一人一档”建立成长档案。实施优秀年轻干部百日实训专项行动，首批选派100名年轻干部到沪苏浙粤等先发地区跟班学习、实践锻炼。

【增强基层党组织政治功能】以“两应”党组织示范创建为抓手，统筹推进各领域基层党组织建设。实施机关企事业单位党建“强基领航”工程，推进公办高校和国有企业党建工作“找差距、抓落实、提质量”专项行动，在公立医院和公办中小学校领域开展党建工作“质量提升月”活动。强化党员教育管理，全年新发展党员5049名，持续推进“万名书记进党校”工作，抓好党员普遍轮训，《明星书记》等党员教育电视片荣获全省一等奖。

【强化党建引领城市基层治理】全市基层党组织新入选省级示范库4个、市级示范库22个。巩固拓展街道管理体制改革成果，深化“双联系”工作机制，建成全市首家城市基层党建馆，探索开展5个党建引领城市基层治理市级示范项目，帮助社区党组织提升治理能力。出台“小个专”党建工作规范指引实施意见，成立市快递行业党总支、网约车司机流动党支部，全省园区非公企业党建工作推进会在芜召开。

【推进党建引领乡村振兴】完成全市936个村（社区）“两委”换届工作，新一届村（社区）党组织书记年龄、学历结构进一步优化。深化农村基层党建“一抓双促”工程，完成全市新一轮96个村、288名驻村干部、171名选调生村官、18名老干部选派工作，整顿软弱涣散村党组织40个。推进党建引领信用村试点工作，启动村党组织领办合作社试点，建成全市首家农村基层党建馆。推进发展壮大村级集体经济“百千万”工程，全市50万元以上经济强村增长到200个，占比近30%。芜湖市获评“五个好”乡镇党委标兵2个、村党组织标兵5个、“皖美村支书”7名；湾沚区荣获“全省农村基层党建工作先进县”。

【实施人才强市战略】出台“紫云英人才计划”，实施“3113”人才工程，组织实施“新学期公开课”“全国百所高校大宣讲”“万名高校学子进百企直通车”等招才引智活动，全年引进高校毕业生3.3万人，同比增长85%。新招引高层次人才团队74个、总数达580个，集聚科研人才近4000人。实施“鸠兹英才”工程，推进“行知计划”“华佗计划”，在优势产业、现代服务业、现代农业等产业领域，遴选产生市“鸠兹英才”69人。在全省率先成立市人才发展集团，探索构建“人才+服务+资本+产业”运作机制，打造全市人才工作的“总服务商”和城市HR。上线运行“芜湖紫云英人才服务平台”，发放“芜湖人才绿卡”151张，在医疗卫生、子女入学、配偶安置、人才公寓、住房公积金等方面为高层次人才开辟“绿色通道”。

【打造模范部门和过硬组工队伍】带头抓好党史学习教育，完成中央巡视和专项检查反馈问题整改任务。发挥驻部纪检监察组作用，全年线上发文数同比减少近50%，督办批示件276件次，落实率100%。启动大组工网向市直单位延伸项目，推进“云上组工”建设，应用涉密文件“扫码定位”技术。推进组工信息宣传调研工作争先进位，芜湖市组工信息、组工网络宣传工作均位列全省组织系统第2名。市委组织部荣获全省组织部门信息报送先进单位、全省组织系统网络宣传先进单位、市直单位“学习型”模范机关等称号。

（刘　峰）

宣传教育

【概况】2021年，市委宣传部坚持以习近平新时代中国特色社会主义思想为指引，以《中国共产党宣传工作条例》为遵循，聚焦举旗帜、聚民心、育新人、兴文化、展形象的使命任务，推进各项工作。芜湖市党史学习教育做法2次被中央学教办刊载。市“扫黄打非”工作领导小组办公室获评2021年全国先进集体。

【加强理论武装】深入开展习近平新时代中国特色社会主义思想学习教育，组织市委理论学习中心组学习26次，举办专家报告会11场。健全并落实党委（党组）理论学习中心组学习巡听旁听、通报批评机制，形成常态化、实现全覆盖。创新理论宣传宣讲，全年开展“举旗帜·送理论”专题宣讲1.2万场，做好“学习强国”学习平台推广使用和供稿工作。面向全市名党政机关、企事业单位的党员干部职工创新推出“芜湖党政干部共读计划”，全年开展共读直播16场，参学人数77万人次，“共读一本书、共建一座城”理念深入人心，推动习近平新时代中国特色社会主义思想在芜湖落地生根。

【推进党史学习教育】初心地图、艺术党课、云端演讲、流动党员学习管理机制等做法受到中央第三指导组表扬。开展“我为群众办实事”实践活动，建立“我为群众办实事”项目3.3万项、市级重点民生清单20项，出台办实事制度774条。推进“进万户、访千企、走百县、解十难”行动，全市县处级以上领导干部走访企业5376家、群众4521户，解决一批突出问题，受到中央、省级主要新闻媒体广泛关注。

【引导舆论方向】做好全国、省、市“两会”，省、市第十一次党代会等重大会议活动宣传报道。精心组织“十三五”成就和“十四五”开局、长三角一体化发展、自贸区（芜湖）片区、“双招双引”等专题宣传。统筹做好疫情防控和经济社会发展宣传报道。庆祝建党一百周年“永远跟党走”主题灯光秀海外宣传受到中宣部、省委宣传部通报表扬。推进市级全媒体矩阵和县级融媒体中心深度融合发展，组建“大江传媒”，上线“大江资讯”，新型主流媒体新动能持续激发。对接中央省级媒体、长三角媒体，知名网络自媒体，通过构建网上网下一体、内宣外宣联动的主流舆论格局，持续讲好芜湖故事、传播好芜湖声音，“畅聊早餐会”“百分之一工作法”“紫云英人才计划”成为芜湖金字招牌，城市知名度和美誉度得到显著提升。

【引领文化事业发展】加强文艺精品创作生产，《江城飞絮》《吉祥草》入选安徽省庆祝中国共产党成立100周年新创优秀剧目展演活动。提升公共文化服务水平，开展“文化进万家”、《长征组歌》等系列文化文艺演出300余场。推进全民阅读工作，获评“读党史、守初心、担使命”2021年安徽省全民阅读主题演讲大赛优秀组织奖。深化市艺术剧院体制改革和机制创新。加快推进城市书房建设，引导全市干部群众多读书、读好书，助力书香城市建设。

7月3日，长征组歌音乐会在芜湖大剧院举行

（市委宣传部　提供）

【倡导提高社会文明程度】培育和践行社会主义核心价值观，选树各类典型33人，6人获评“安徽好人”，5人入选“中国好人”，渡江战役一等功臣马毛姐荣获“七一勋章”，国医大师张舜华被评为全国道德模范，抗疫英雄姜小敢被评为“全国岗位学雷锋标兵”。构建爱国主义教育长效机制，完成王稼祥纪念园等34个单位爱国主义教育示范基地申报审核命名工作。提升思想政治工作实效，组织开展思想政治重点调研课题调查研究，获评全省思想政治工作优秀研究成果评选优秀组织奖。

【落实意识形态工作责任制】统筹发展和安全两件大事，开展中央巡视安徽意识形态责任制落实反馈问题整改和省、市委“大起底、改到位、建机制”专项工作，梳理意识形态领域存在问题和薄弱环节，进一步加强监管，市委宣传部牵头的各项整改任务及意识形态专项整改均全部完成，建章立制18项。突出筑牢高校意识形态阵地，压实主管主办和属地管理责任，开展教学秩序巡查、教学检查、各类听课、教学督导等活动。推进网络舆论生态治理，妥善处置各类突发舆情，筑牢意识形态安全防线。以正道、新风两大集中行动为平台，推动“扫黄打非”专项任务落实，查办重点刑事、行政案件49件，其中全国挂牌督办案件4件。

（叶禹岑）

统一战线

【概况】2021年，全市统一战线坚持以习近平新时代中国特色社会主义思想为指导，深入学习贯彻习近平总书记关于加强和改进统一战线工作的重要思想和考察安徽重要讲话指示精神，贯彻落实中央及省、市委重大决策部署，学习宣传贯彻新修订《中国共产党统一战线工作条例》，突出强化思想政治引领这条主线，坚持守正创新，完善制度机制，搭建平台载体，打响“同心”品牌，推进统一战线各领域工作，为加快打造省域副中心、建设人民城市凝聚起强大合力。在省委统战部首次对省辖市党委统战部综合评价中被评为“好”等次。

【重视理论学习】《中国共产党统一战线工作条例》修订以来，市委高度重视，及时召开常委会会议传达学习。利用理论学习中心组扩大会、干部大会、党员大会等时机，采取“学、考、问”的方式检验全体干部学习成效，指导实践、推动工作。引导全市统一战线成员采取集中学习、个人自学、讨论交流等多种形式学习宣传。全市开展学习研讨、座谈交流、专题宣讲、理论测试等活动150余次，发放《条例》5000余册，举办各类培训班50余次，培训党政干部2000余人次、党外代表人士600余人次。

【展现统战事业新气象】落实年度政党协商计划，政党协商规范有序、务实高效。支持各民主党派不断巩固深化“不忘合作初心、继续携手前进”主题教育活动成果，引导各民主党派开展中共党史学习教育，组织民主党派市委主要负责人参加中共芜湖市委学习贯彻习近平总书记“七一”重要讲话精神座谈会，筑牢团结奋斗的共同思想政治基础。推动落实参政党建设“三个文件”精神，开展民主党派代表人士队伍建设、民主党派内部监督等工作调研。根据换届文件精神和省、市委统一部署，圆满完成7个民主党派市级组织换届工作，政治交接平稳有序、风清气正，得到中共芜湖市委肯定。

【推进民族团结进步事业】2021年，学习贯彻中央民族工作会议精神，围绕铸牢中华民族共同体意识这一主线做好新时代民族工作。开展民族团结进步宣传教育，组织示范社区、民族学校开展“江淮传情歌伟业　各族达意颂党恩”群众性歌咏活动。通过形式多样的宣传月活动，引导各族群众牢固树立“三个离不开”思想，营造民族团结的良好氛围。推进民族团结进步宣传教育进校园活动。组织开展民族团结进步宣传教育和创建工作现场观摩会，强化典型引领、示范带动，进一步推动民族团结进步创建工作深入开展。组织民族宗教界开展普法讲座活动，引导全市民族宗教界人士增强学法、守法、用法的意识，提升民族宗教事务管理法治化水平，促进全市民族宗教领域和谐稳定。

【推深做实民营经济统战工作】走访民营经济代表人士，加强民营经济人士思想政治建设。制定印发《关于加强新时代民营经济统战工作的实施方案》，建立民营经济统战工作联席会议制度。制定促进异地芜湖商会在芜湖市“双招双引”工作中发挥作用的“八项举措”，设立专项工作经费，组建“双招双引联络站”19个，举办“双招双引”推介会3场，参与企业家700余人次，签约合作项目7个，签约总额68.1亿元。

【发挥党外知识分子和新的社会阶层人士作用】围绕“双树双建”总目标，把“弘扬爱国奋斗精神　建功立业新时代”主题教育活动与党史学习教育结合起来，在党外知识分子中开展“五个一”活动，先后举办学习座谈会、文化沙龙、专题培训等10余次。支持和引导党外知识分子围绕党委、政府中心工作参政议政、建言献策，发挥市知联会“两部两委”作用，参加“长三角一体化产学研论坛”活动和“美好安徽智汇行”项目对接。加强对新的社会阶层人士的政治引领，举办新的社会阶层人士专场“畅聊早餐会”，开展“追寻红色记忆　喜迎建党百年”特色主题活动，持续举办“网民看芜湖”系列主题活动。市新联会拍摄的网络视频《追寻红色足迹》获省委统战部“网络名人看安徽”活动三等奖，3名新阶层艺术家作品入选全国建党100周年作品展。

【深化与港澳台同胞和海外侨胞的交流联系】深入宣传贯彻中央对台工作大政方针政策，开展“四送一服”等活动，协处解决40余起台胞台商陈情求助。主办国台办重点交流项目“走进芜湖·感受乡情”青少年台胞夏令营。加大台资项目招引力度，开展招商、邀商、会商活动，先后完成芜湖幽兰谷花卉有限公司等3个台资项目的引进落地，总投资近3亿元。完成2021世界制造业大会10个台资签约项目征集和上报，投资超13亿元。开展“海外芜湖籍侨胞向家乡送祝福”活动，举办芜湖市“侨心向党　侨颂中华”吟诗会。贴心开展系列暖侨、爱侨、助侨活动，向罗马尼亚安徽华人华侨联谊会赠送中药香囊。芜湖海外联谊会与香港安徽联谊总会及与会代表分别签订《“双招双引”合作协议》《投资合作意向协议》。

【加强党外代表人士队伍建设】加强教育培养，发挥社会主义学院主阵地作用，举办全市统一战线学习贯彻《条例》培训班，继续办好“芜湖统一战线大讲堂”。建立完善全市党外代表人士名单，抓好党外干部“三案”精准管理。进一步落实党外干部选拔使用工作要求，建立健全组织部门、统战部门协作配合机制。2021年，市级政府部门中新增1名党外副职，市级政府部门配备党外领导干部总数为9人（1正8副）；县级政府领导班子中新增1名党外副区长，7个县市区政府党外副职均配备到位。

【强化统战部门自身建设】开展党史学习教育，推进“我为群众办实事”实践活动。发挥党建引领作用，“先锋引领·凝聚同心”党建品牌荣获市直机关“示范党建品牌”称号。举办“同心庆华诞·携手新征程”芜湖市统一战线庆祝中国共产党成立100周年书画摄影展，展出作品225幅（件）。举办“奋斗百年路　同心跟党走”统战系统第七届同心运动会，全市统一战线59支代表队、近1500名运动员参加。强化学习培训，创新举办统战干部业务能力提升班。成立青年理论学习小组，建立“天天学”“月月读”“季季讲”机制，落实“共读计划”，着力做好统战理论政策研究和实践创新工作，市委统战部被评为市直单位学习型“模范机关”。不断强化全面从严治党、党风廉政建设和反腐败斗争主体责任，持续营造

“奋斗百年路　同心跟党走”芜湖市统战系统第七届“芜湖苏商杯”同心运动会　（黄先铭 提供）

全市统一战线良好政治生态。

（黄先铭）

网络安全和信息化管理

【概况】2021年，全市网信系统全面贯彻中央和省市委决策部署，落实网络意识形态工作责任制和网络安全工作责任制，组织习近平总书记重要活动、重要讲话网上宣传报道，策划“100秒100年”“互联网上党旗红”等网络作品征集活动，完成政务云IPv6升级改造和互联网出口整合优化，开展网络攻防演练、“江淮净网”“清朗”“网剑”等专项行动。全市网络防护体系完善，正面舆论导向鲜明，网络综合治理有效，数字赋能发展全面，为加快打造省域副中心城市、建设人民城市提供网上舆论支持、可靠网络安全保障、有力信息化支撑。

【市网络安全应急指挥中心建成投入使用】市网络安全应急指挥中心建设项目作为芜湖市网信建设重要工程，于2021年10月建成。该项目位于芜湖市传媒中心南区13楼，占地面积近1000平方米，包括指挥调度中心、视频会议室、多功能会议室、约谈室、直播室、值班室等办公区域。以“一引擎，一门户，七系统”运行模式，整合全网涉芜舆情的多源渠道，扩展网络综合管理的业务手段。

【芜湖市出台《自媒体管理暂行办法》】2021年1月，芜湖市出台《芜湖市自媒体管理暂行办法》，对全市自媒体按粉丝量数量等级实行分级分类管理，建立全市自媒体激励榜和惩戒榜机制，实行自媒体信用积分动态管理，每个自然年为一个评分周期。列入激励榜名单的自媒体，被邀请参与网络重大主题宣传，优先申报各类扶持项目，获得政策、奖励经费支持；列入惩戒榜名单的自媒体，被依规实施限制从事互联网信息服务、网上行为限制、行业禁入等惩戒。为促进自媒体内容建设健康发展，保护自媒体信息内容生产者合法权益，营造良好的网络舆论环境。

【推出网络红色旅游手绘地图】由市委网信办牵头，联合市委宣传部、市委党史和地方志研究室、芜湖传媒中心、市文旅局等部门拍摄制作芜湖市网络红色旅游手绘地图。制作部门搜集整理相关资料，选取芜湖市20个具有代表性的红色景点，采取VR摄影技术，制作手绘地图直观呈现各点位周边环境及内部环境，搭载语音详解，详细介绍各点位的人文历史、红色文化等，给用户带来加强版沉浸式体验感受，并提供智能导航链接。手绘地图包括一份电子版VR地图和一套纸质版地图。VR5.0电子版手绘地图，整体以手绘形式体现，纸质版手绘地图除电子版地图所含有的直观页面以外，配有各个点位的详细介绍及精美图片、红色故事、红色旅游线路推荐等。

【举办提升城市软实力专场畅聊早餐会】8月19日，芜湖市举办第19场畅聊早餐会——提升芜湖城市软实力专场，市委书记单向前，市委副书记、市长宁波，市委常委、秘书长、宣传部张志宏，市委常委、组织部长、统战部长杨志斌和芜湖大司马等6名自媒体工作者共同出席早餐会。在听取自媒体工作者发言后，单向前指出，省委省政府赋予芜湖市“省域副中心”城市定位，不仅要求城市体量规模上要更进一步，在能级品质上也要不断提升，一座城市能够被记住、被尊重、被向往，除了体量规模等硬实力外，还要看城市文化等软实力，如果说硬实力是自身腰杆硬不硬的问题，那么软实力则是别人佩不佩服、服不服气的问题。自媒体应当成为拥有强大正能量的队伍，做党和政府政策主张的积极传播者，做广大群众和网友的知心人，做新时代建设的参与者和奉献者，从传播理念、路径上，守正创新、推陈出新。各相关部门出台各类公共政策、推进各项重要工作时，要善于通过各类媒体扩大知晓率，征询群众意见建议，虚心接受善意的建设性批评，广泛凝聚共识，让正能量更充沛、主旋律更高昂，构筑起让广大市民放心安心舒心的精神家园。

【芜湖市网信系统开展党史学习教育学习】3月26日，芜湖市网信系统牵头组织开展“学党史　守初心　担使命”党史学习教育活动。本次活动创新报名通道，通过开发的王稼祥纪念园党史学习教育微信小程序报名，在报名的100多个名单中精选40名互联网企业、自媒体、网络人士代表参与线下活动；创新党课微课堂，市委宣传部副部长、市委网信办主任、市互联网行业党委书记罗智全精心准备微党课《世界上最牛的创业团队——中国共产党百年启示录》，全体人员线下聆听党课，线上观看微视频、参与微博互动；创新小程序学党史，开展线上党史知识答题闯关活动，精选100道党史题目，参与答题人数超过3万人；创新分享网络沙龙，参与互动的属地互联网企业、自媒体、网络人士和网信专家分享“我身边的党史小故事”，并在朋友圈、微博账户进行互动。

【举办网络意识形态工作专题培训】7月中旬，芜湖市委网信办举办全市网络意识形态工作专题培训，邀请省委网信办综合处副处长宋俊杰主讲《做好新时期网络意识形态工作》，芜湖各县市区、市直单位、驻芜单位领导参加培训。芜湖市委常委、秘书长、宣传部长做开班动员讲话。

【2021年网络安全宣传周成功举办】2021年8月18日，召开2021年芜湖市网络安全宣传周工作部署会，组织市教育局、市经信局、市公安局等22家单位提前谋划。10月11—17日，开展主题为“网络安全为人民，网络安全靠人民”的网络安全宣传周活动，在芜湖新闻网开设“中国·芜湖2021 国家网络安全宣传周”专栏，今日芜湖客户端开设“2021年芜湖市网络安全宣传周”专题，转载集纳相关稿件105篇，报道全市活动开展情况及新经验、新举措。研发制作网络安全线上展馆，点击量12万余次，网友留言信息10万余次。联合芜湖传媒中心推出“网络安全知多少，线上答题赢红包”的活动，网民参与量达到52万余人次。开展网络安全大讲堂活动，邀请中国科学技术大学蒋凡教授、安徽师范大学陈付龙教授进行专题授课，直播观看人数约30万，点赞数6万。围绕《网络安全法》、网络安全知识、网络安全案例、活动开展情况等，推出一批原创新闻、评论文章和H5、公益广告、卡通漫画、微视频访谈、微电影等作品，宣传网络安全相关知识，取得良好的社会效果。

【开展数字乡村试点申报工作】数字乡村试点项目建设，主要通过运用互联网、大数据、云计算、人工智能、区块链等新一代信息化技术，建立健全上下层联动，推进信息及时更新。打破传统农村经济壁垒，提高农村经济活力。拉升农村数字化、信息化、科技化水平，推进乡村治理数字化、产业数字化和数字产业化。2021年2月，组织相关单位开展芜湖市数字乡村试点申报工作。6月22日，经过筛选评审，芜湖市繁昌区、湾沚区陶辛镇、湾沚区花桥镇、南陵县何湾镇成功入选省级试点。组织社会力量参与全市数字乡村试点建设，17家单位申报。9月10日，摸排全市数字乡村试点地区建设项目10个，计划投入资金总计约1.06亿元。

【举办第二届网络春晚】由芜湖市委网信办等部门牵头主办、芜湖传媒中心等具体承办的芜湖市第二届网络春晚拉开帷幕。晚会紧扣“人民城市 共建e家”主题，围绕“人民城市”和“最芜湖”两个篇章，聚焦芜湖轨道交通开通、芜宣机场通航、“双招双引”一号工程、畅聊早餐会、“紫云英计划”“百分之一工作法”、城市书房等城市发展亮点及重大项目实施，以普通百姓视角讲述一年来身边的点点滴滴变化、一桩桩好事、一件件实事，生动展示百年来“芜”与伦比的芜湖故事、芜湖精神和芜湖力量。晚会运用歌曲、舞蹈、小品、快板等大众喜闻乐见的形式，融入网络语言、融合短视频等网络元素，汇集罗振宇、芜湖大司马、王春雨等网络正能量名人，倡导网络文明建设，以时代新风塑造网络空间，号召广大网民携手共建人民城市。

（贾代权）

机构编制管理

【概况】2021年，市委编办以习近平新时代中国特色社会主义思想为指导，认真学习贯彻党的十九大及历次全会精神和习近平总书记考察安徽重要讲话指示精神，围绕全市经济社会发展大局，统筹推进重点领域改革，深化行政管理体制改革，强化机构编制管理，加强自身建设，圆满完成各项目标任务。

【健全完善清单制度建设】完成清单年度集中调整，对市级政府权责清单及公共服务清单、行政权力中介服务清单进行年度集中调整。开展清单即时动态调整，对市场监管、林业、农业农村等7部门28项清单事项调整完善。同时根据自然资源部关于规范临时用地管理的相关要求，调整省级以上开发区赋权清单事项1项；完成市区依职权类权责事项统一规范。对市区行政处罚和行政强制事项进行统一规范，实现依职权类事项要素统一、标准统一、数量相当；推进优化乡镇权责清单厘清县乡职责边界试点工作，在南陵县开展优化乡镇权责清单厘清县乡职责边界试点，制定出台南陵县镇工作事项准入实施办法、“镇级吹哨、部门报到”工作机制和考核评价工作办法、镇清单依单监管问责办法；赋予自贸区芜湖片区经济社会管理权限，结合芜湖片区发展需要和实际情况，赋予自贸区芜湖片区经济社会管理权限，着力推进市区联动赋权，建立芜湖片区特别清单。

【深入推进经济发达镇行政管理体制改革】省委编办批复确定芜湖市高沟等8镇纳入改革范围，根据“一镇一策”原则，科学研究制定经济发达镇行政管理体制改革实施方案，统筹设置经济发达镇10个综合性机构，在统一设置“六办一队一中心”基础上，根据产业特色、发展需求等实际，另行设置2个综合性机构。依法合规将基层管理迫切需要且能够有效承接的县级管理服务权限赋予经济发达镇，市级出台“菜单式”赋权指导目录（行政权力与公共服务类）87项，指导各县市区具体实施。

【推进行政许可权改革试点】市委、市政府印发《中国（安徽）自由贸易试验区芜湖片区相对集中行政许可权改革试点方案》，在全省自贸片区率先开展相对集中行政许可权改革试点工作，推动审批服务理念、制度、作风全方位深层次变革，加快形成一批可复制推广的“芜湖经验”。组建芜湖片区行政审批局，有序推进自贸区赋权清单建设，依法行使授权范围内的行政许可及公共服务事项，实行“一颗印章管审批”；完善监管体系，依托市综合监管分类执法改革，协同推进自贸片区相对集中行政监管，实现行政审批与监管信息双向反馈、及时联动，建立统一高效的事中事后监管体系。

【持续深化综合监管分类执法改革】为统筹“放得开”与“管得住”，芜湖市打破部门界限，将20个部门的332项监管事项集中，依托一支沉在基层的网格员队伍，实施跨部门综合监管，重点承接“放”权事项和聚焦日常风险排查。同时，为适应芜湖自贸片区相对集中行政许可权改革试点，主动开展自贸片区相对集中行政监管改革，依托5个市场监管所，组建一支31人的网格员队伍，将首批21项省级赋权事项纳入监管清单，建设自贸区相对集中行政监管平台。“跨部门风险排查‘一支队伍’全覆盖监管机制”创新课题入选省自贸试验区首批复制推广最佳实践案例，正在申报国家级制度创新。

【推进开发区清理规范和体制机制创新】对全市各级各类开发区管理机构进行统一规范，经中央编办备案，保留经开区、高新区管理机构厅级建制，明确2个县属开发区处级管理机构，明确开发区功能定位，聚焦主责主业，精简优化内部管理架构，重新制定“三定”规定。探索“管委会+公司”管理模式，用市场化方式推动建设、招商、运营。在自贸片区建立管理体制，人员实行员额管理，按照全员竞聘、择优上岗原则，形成择优聘用的岗位竞争机制。

【组建市县两级乡村振兴机构】市扶贫开发工作办公室重组为市乡村振兴局，承担巩固拓展脱贫攻坚成果、统筹推进实施全市乡村振兴战略等职能，各县市区扶贫工作机构调整改革工作同步完成。

【开展医疗保障管理体制改革】实行市以下医保保障部门垂直管理。整合上收县市区医疗保障职能、机构、编制、人员，重新组建市医疗保障局和市医疗保障经办、基金监管等机构，做实基本医疗保险市级统筹，建立管用高效的医保支付机制，健全严密有力的基金监管机制，协同推进医药服务供给侧改革，优化医疗保障公共管理服务，建立和完善覆盖全民、城乡统筹、权责清晰、保障适度、可持续的多层次医疗保障体系。

【构建“三位一体”智慧城市管理体系】将分散在各部门的信息化职能优化整合，建立“一局、一中心、一公司”（市数据资源管理局、市城市运行管理中心、市大数据公司）“三位一体”运行机制，推动建立以城市管理、社会治理统筹推进和系统集成为特点的智慧城市管理体系。

【强化机构编制服务保障】组建市社会科学界联合会机关，筑牢意识形态工作阵地；加强社会治安综合治理工作职能，统一设置区级综治中心；设立人民城市建设委员会相关组织机构，加强化轨道交通行业监管；加强市人才办工作人员力量，为推动落实“紫云英人才计划”出台《芜湖市高层次人才编制保障实施细则》，调剂100名周转池专项事业编制，重点保障教育、卫生领域“行知计划”“华佗计划”高层次人才用编需求。

【深化编制周转池制度建设】建立中小学教职工编制动态调整机制，对全市中小学教职工编制总量，按规定标准实行跨区域统筹调剂；对全市公办幼儿园教职工队伍建设情况开展专题调研，在镜湖区、繁昌区开展公办幼儿园“管理团队编制保障法”试点工作；规范公立医院周转池编制使用管理，全市卫生领域累近千名专业技术人员纳入周转池编制管理，发挥编制资源在人才汇聚、激励和发展等方面的基础保障作用。

【完成全国第二次机构编制核查工作】印发《中共芜湖市委机构编制委员会开展第二次全国机构编制核查实施方案》，按照时间节点和进度安排，精心谋划、有序推进，顺利完成机构编制核查工作。

【持续规范事业单位法人登记管理】优化登记管理流程，推行办理事项一次性告知、现场一次性办结、印发工作指南等服务方式，实行容缺受理、承诺登记，实现年度报告“零跑腿”、办理登记“最多跑一次”。开展应注销未注销事业单位法人清理工作。根据《事业单位登记管理暂行条例》和省委编办《关于开展应注销未注销事业单位法人清理工作的通知》精神，厘清注销登记的范围，明确主体责任，建立注销台账，有序推进应注销事业单位法人清理工作。

（黄　迟）

直属机关党建

【概况】2021年，市直机关工委坚持围绕中心、建设队伍、服务群众，突出党建与业务互融共促，纵深推进党的各项建设，市直机关党的建设质量有效提升，机关治理和各项事业发展稳步推进。

【庆祝建党100周年】组织市直机关党员干部集中收听收看庆祝中国共产党成立100周年大会实况。召开“七一”表彰大会，隆重表彰市直机关“两优一先”150名（个）。成功举办“永远跟党走”芜湖市直属机关庆祝建党100周年合唱比赛，市直机关68家单位2600多名党员参加。组织开展“我与党旗合张影、一句祝福献给党”评选活动。参加省直工委组织开展的“我把颂歌献给党”歌词征集和“永远跟党走”全省党政机关群众歌咏大会活动，被省直机关工委评为“优秀组织奖”。

【坚守政治机关定位】在市直机关掀起学习贯彻习近平总书记在庆祝中国共产党成立100周年大会上的重要讲话和党的十九届五中、六中全会精神及省、市党代会精神热潮，组织参与重大主题宣讲12场次，近万名党员干部参加。“学习合肥　赶超合肥”，赴省直机关工委及合肥市直机关工委学习考察。组织召开市直机关党代会，保障市第十一次党代会第十代表团的会务工作。开展“喜迎党代会　共答十道题”活动，收到3000人答题24796条。组织市直单位模块22946人参与党政干部“共读”活动，推出“读家报道”16期。

“永远跟党走”合唱比赛

（市委机关工委 提供）

【建设“模范机关”】深入机关基层开展调研，广泛征求对策建议，印发《市直单位“模范机关”创建行动方案》，督促市直单位党组（党委）开展分类型“模范机关”创建，举办第二届

“模范机关”创建微视频大赛。推进机关党建品牌创建，76个直属机关党组织已申报创建特色党建品牌44个，评选优秀品牌10个。实施基层党建“领航”计划“1311”工程，市直机关入选市级“示范库”6个、“培育库”6个。

【持续强化理论武装】建立健全“四个第一”的学习对标制度和“五学”机制。打造市直机关党员干部研学基地12个。加强机关青年干部理论武装工作，印发《关于加强市直机关青年理论学习的意见》，突出“关键少数”和年轻干部两个重点，创新学习方式和载体，实体化推进举办青年干部“红帆”读书会3场，首批建成“悦读空间”5个。常态化开展“党课开讲啦”、主题“读书季”、党员大家讲等活动。建好用好“芜湖机关党建网”和“芜湖机关党建”微信公众号，在《芜湖日报》开辟“模范机关”专版，印发《关于加强和改进市直机关意识形态工作的指导意见》《意识形态工作学习手册》，做好意识形态工作。

【推进党史学习教育】牵头组织开展“百年百人”主题宣讲比赛和全市党史知识竞赛，在线观看直播人数分别超过10万和6万。制定印发《党史学习教育“机关评学”方案》《市直机关工委“我为群众办实事”实践活动实施方案》等系列文件，举办5场党史学习教育宣讲报告会，开展4次参观学习活动，就近用好红色资源和教育基地。高标准编制“初心”地图、党史PK微信小程序和党史学习教育宣传展板，在门户网站上开展学习教育专栏，引导党员干部从地方党史中感悟初心使命、汲取奋进力量。参加省直机关工委组织党建优秀论文征集活动，被评为“组织奖”。

【加强新时代精神文明建设】举办“绿色生活　你我同行”签名活动和专题讲座，开展12.5国际志愿者日主题志愿服务活动。制作印发《禁放倡议书》150余份，开展义务献血活动，推进第十五届市级文明单位标兵申报评选和无烟机关创建，加强“扫黑除恶”“反邪教”“文明祭扫”“公民文明行为21条”“芜湖市养犬管理条例”等普法宣传教育，开展公共机构节能（生活垃圾分类）工作，坚持厉行节约，杜绝餐饮浪费，教育引导机关党员干部向上向善，引领文明风尚。

【夯实基层工作基础】市直机关410个基层党组织标准化规范化建设达标率为100%。以规范落实“主题党日”制度为切入点，组织开展主题党日“优秀案例”评选。年度发展党员160名，举办第33期党员发展对象培训班。开展8期“文经我手无差错、事交我办请放心”专题学习教育培训活动。为623名“光荣在党50年”老党员颁发纪念章，为机关党员发送“政治生日”问候短信6082条。制定印发《关于进一步加强市直机关党务干部队伍建设的意见》，注重选拔政治强、业务精、作风好的党员干部从事机关党务工作。落实全市“万名书记进党校”培训要求，培训机关党务干部6期350余人次。

【推进作风效能建设】面对突发疫情严峻形势，组织市直机关党员干部奔赴社区开展志愿服务2500余人次，统计报送市直单位疫苗注射数据5000余人次，组织市直机关干部职工注射新冠疫苗2000余剂。印发《2021年度党风廉政建设工作要点》，开展工委廉政风险点排查。做好市委巡察整改工作，参与做好市委巡察整改反馈问题“大起底、改到位、建机制”专项行动督查。坚持“严”的主基调，抓好机关基层党的纪检组织建设。全年受理审结市直单位科级干部违纪违法案件9件。组织政务服务改革创新优秀案例评审和展播。优化专业队伍，建立100名市直机关效能监督员队伍并进行2轮专项培训。深化督查测评，全年组织效能督查58次，督查检查348单位次，发现并反馈问题130个，开展省政府目标管理绩效考核“群众满意度”测评任务，芜湖市在2020年度省政府目标管理绩效考核中，“群众满意度”测评位次从第14位跃升至第6位。

【加强统战群团工作】抓好《中国共产党统一战线条例》的学习宣传贯彻，做好机关党外知识分子和新的社会阶层人士统战工作。推进全民健身进机关，举办“聚巾帼力量·立时代新功”女职工趣味定向活动、市直机关第七届职工运动会和“不忘初心路·健步新征程”健步行等活动，组织市直机关代表队参加市第十四届全民运动会，丰富干部职工业余生活。组建市直单位关工委（联合），印发《关于加强党建带关建进一步做好新时代市直机关关心下一代工作的意见》，实现市直单位关工组织100%覆盖，开展“银青结对”“七一”征文、“爱心助学”、送法进校园等活动，市直20余家单位组织老干部与青年结对，收集征文165篇，向困难家庭准大学生发放爱心助学金3.3万元，为市直单位退休党员干部发挥余热提供平台。

【开展“关爱帮扶送温暖”活动】慰问困难职工182人，发放慰问款34.9万元。向市直机关就地过年的140名外地单身党员干部职工发放总价值8.40万元“年夜饭大礼包”。投入55.64万元，组织市直机关158个基层工会、5563人参与助销西藏山南市浪卡子县特色农副产品。下拨19.4万元党费走访慰问810名老党员和生活困难党员，营造浓厚的党内激励关爱氛围。举办2021年度市直机关公务员荣誉退休仪式活动，市直机关40余名退休干部踊跃参加，直属机关基层党组织全覆盖参加。开展年轻干部子女入托入学需求专项调研，建设机关女职工“母婴室”，举办3期“云上鹊桥”青年交友联谊会、5期女干部瑜伽班，回应机关干部职工精神、健康、情感、生活等多方面的诉求。

（汪昌喜）

督查督办

【概况】2021年，市委督查办（市政府督查办）围绕疫情防控、物业大整治、人民城市建设、信访诉求办理、“六稳”“六保”等重点工作和群众关心关注的热点难点问题加强督查督办，发挥督查利剑作用，强化目标管理考核，推动党中央国务院重大决策部署和省委省政府、市委市政府重要工作任务贯彻落实。荣获市委年度综合考核“优秀”等次。

【贯彻落实习近平总书记重要讲话指示精神】严格执行《习近平总书记重要指示批示精神办理工作制度》，2021年将习近平总书记17条重要指示批示精神纳入台账管理，对2020年习近平总书记20条重要指示批示精神贯彻落实情况开展“回头看”，形成专报，经市委常委会审定后上报省委。狠抓习近平总书记考察安徽重要讲话指示精神贯彻落实，对省委深入学习贯彻习近平总书记考察安徽重要讲话指示精神决定《分工方案》中涉芜的9类32项任务、市委决定《分工方案》的106项任务、市政府贯彻落实的307项任务建立工作台账，持续跟踪督办。将习近平总书记重要指示批示精神贯彻落实情况纳入市委年度综合考核内容。开展贯彻落实习近平总书记考察安徽重要指示精神一周年情况督查，推动习近平总书记考察安徽重要讲话精神走深走实。

【贯彻部署中央及省、市重大决策落实】2021年，完成中央、省督查交办任务264件。核查办理国务院“互联网+督查”平台交办问题线索70件。分解确定省党代会报告涉芜113项重点工作和市党代会161项重点工作，推动清单化、闭环式抓好落实。对2021年市委常委会160项重点工作和市政府197件重点工作进行跟踪督办，办理市委市政府负责人批示763件。常态化开展“一抓双比五提升”专项行动督查，办结问题92个。承担市疫情防控指挥部督查督办组工作，办理省疫情防控指挥部交办问题279件，办结率100%。针对重难点问题开展督查调研，形成督查专报40期。

【加强督查督办基层干部群众关注事件】2021年，办理全国政协提案1件、省人大建议10件、省政协提案2件、省“两会”会议期间芜湖代表团代表提出的建议15件、市人大议案5件、市人大代表建议241件、市政协委员提案284件，办复率100%。牵头开展文山会海整治和统筹规范督查检查考核，每季度动态监测，及时预警提醒约谈。2021年，全市文件、会议数量同比分别下降81.8%、70%，督查检查考核实际启动数同比下降32%。牵头开展指尖上的形式主义专项整治，对全市机关单位开发使用移动互联网应用程序情况开展督查，推动清理整改，相关做法获《人民日报》头版头条刊文点赞。办理人民网网友给省委书记涉芜事项留言369条、给市委书记留言492条，被人民网授予“民心汇聚单位”荣誉称号。

【开展目标管理考核工作】研究起草市政府目标考核办法和市直党群部门目标考核办法，加强省、市目标考核结果联动，督促各县市区、开发区、各部门在全国全省考核中争先进位。加强省政府目标考核任务完成情况调度，全市2021年经济运行考核结果居全省第二位。争取国务院和省政府督查激励，起草的《关于我市争取国务院和省政府督查激励工作情况的督查调研报告》得到市委、市政府主要负责人批示肯定。2021年，芜湖市获省政府2020年度督查激励19项，数量居全省第3位，比上年度多13项。

（方　洁）

老干部工作

【概况】2021年，全市老干部工作坚持以习近平新时代中国特色社会主义思想为指导，深入学习贯彻党的十九大和十九届历次全会精神，服务全市党的建设和经济社会发展大局，离退休干部政治建设、思想建设和党组织建设进一步加强，精准化信息化规范化水平不断提升，为党和人民事业增添正能量活动深入开展，新时代老干部工作取得显著成效。市委老干部局被评为“全省老干部调研工作优秀单位”和“全省老干部宣传工作优秀单位”。

【关心离退休干部的生活学习】市委常委会召开专题会议，听取市委老干部局关于全省离退休干部“双先”表彰大会精神及全市贯彻意情况的汇报，并予以充分肯定。重要节假日，市委、市政府领导及市老干部局主要负责人组团对市离退休老干部走访慰问，关心他们的生活和学习需求。

【组织干部党史学习教育】2021年，市委老干部局深入学习贯彻习近平总书记在党史学习教育动员大会上的重要讲话精神，认真贯彻落实中央和省、市委关于党史学习教育的动员部署。市委组织部副部长、老干部局局长、离退休干部工委书记王满平对党史学习教育作动员部署。

【举办全市离退休干部庆祝建党100周年系列活动】2021年，围绕庆祝中国共产党成立100周年主题，以传承红色基因、讲述红色经典、诗书画影、表彰先进等形式开展丰富多彩的系列活动，举办八路军老战士赵文波“红心献给党”书画作品展、“永远跟党走”张振家油画展，组织开展“学党史、秉初心、写心得”“我看建党百年新成就”等系列活动。通过活动，激励广大老同志不忘初心、牢记使命，为开启全面建设社会主义现代化国家新征程不懈奋斗。

【获评“安徽省离退休干部职工示范党支部”】为庆祝中国共产党成立100周年，安徽省委组织部、省委老干部局表彰首批100个离退休干部职工示范党支部。无为市卫健委老干部支部委员会、弋江区南瑞街道沐荷园社区第七支部委员会、鸠江区二坝镇离退休干部支部委员会、市人大常委会机关第三支部委员会、市中级人民法院第六支部委员会5个单位的离退休干部职工党支部获得表彰。

【举办全市离退休干部职工示范党支部创建工作培训会】9月28日，全市离退休干部职工示范党支部创建工作培训会在市老干部活动中心召开。会议为芜湖市5个首批获得“全省离退休干部职工示范党支部”进行授牌，示范党支部代表作经验交流，省委老干部局二级巡视员张经雨重点围绕离退休干部党支部建设作专题辅导。市委组织部副部长、老干部局局长、离退休干部工委书记王满平出席并讲话，局机关全体人员和县市区老干部工作负责人、离退休干部党支部书记等70人参加会议。

【举行2021年度市直机关公务员荣誉退休仪式】10月12日上午，2021年度市直机关公务员荣誉退休仪式在市博物馆二楼会议厅举行。市委常委、组织部长、统战部长杨志斌出席并讲话，市委组织部副部长、老干部局局长、离退休干部工委书记王满平向全市广大离退休干部发出“七个助力”倡议。活动由市直机关工委书记王玉娟主持，市委组织部副部长郝代伟、市直基层党组织负责人、近一年来退休的市直机关公务员和市直机关新入职公务员120人参加活动。

【举办全市离退休干部党支部书记暨老干部工作人员培训】12月15日，全市离退休干部党支部书记暨老干部工作人员培训班在市老干部活动中心举行，来自各县市区以及部分市直单位的120名离退休干部党支部书记和老干部工作人员参加培训。培训班邀请市委党校教育长胡沭进行党的十九届六中全会精神专题辅导。市委组织部副部长、老干部局局长、离退休干部工委书记王满平出席开班仪式并作动员讲话。

【加强长三角老干部工作联盟交流合作】牵头承办长三角老干部工作联盟庆祝建党100周年“百年追梦”主题征文活动。来自上海、江苏、浙江、安徽各地市报送的老同志应征稿件2000余篇，评出一等奖11篇、二等奖22篇、三等奖33篇，优秀奖34篇。

（赵　磊　徐亮亮）

精神文明建设

【概况】2021年，芜湖市文明办深入学习宣传贯彻习近平新时代中国特色社会主义思想，围绕庆祝中国共产党成立100周年，聚焦举旗帜、聚民心、育新人、兴文化、展形象的使命任务，唱响爱党爱国爱社会主义的时代主旋律，培育和践行社会主义核心价值观，实施公民道德建设工程，持续深化群众性精神文明创建活动，推动新时代精神文明建设工作不断迈上新台阶。

【推进文明城市创建工作】开展文明创建环境提升行动。组织开展暗访督查52次，对全市33个考察类型532个点位进行全覆盖督查暗访，发现问题2395个，印发督查通报5期，下发问题整改通知单81期。开展“清洁城乡、美化家园”环境整治专项行动。印发“清洁城乡、美化家园”环境整治考核9期，抄告问题463个。全年委托第三方对各县市区（开发区）开展文明城市模拟测评4次和对南陵县的文明指数测评1次。

【开展文明单位申报评选工作】组织开展第十五届市级文明单位标兵、第十九届市级文明单位、第七届文明街道、第十届文明社区、第九届文明村镇评选工作。表彰25个市级文明街道，155个市级文明村镇，193个市级文明社区。表彰第十五届市级文明单位标兵290个，十九届市级文明单位221个。

【弘扬时代新风】通过组织开展乡风文明示范村和五星级文明户评选等活动倡导移风易俗，弘扬时代新风。市文明办制定《芜湖市2021年乡风文明示范村激励细则》，会同市农业农村局、市民政局评选出10个乡风文明示范村、100户五星文明户。

【加强公民思想道德建设】全年评选产生“芜湖好人”84人（组），获评“安徽好人”6人，入选“中国好人”5人；2人获评第七届安徽省道德模范，芜湖市张舜华获评第八届全国道德模范。举办“好人看芜湖”活动5场、各级各类道德模范与身边好人基层宣讲活动1600余场、各级道德讲堂等专题活动约1800场。开展“我们的节日”等主题实践活动，开展“把福‘袋’回家　留湾过大年”“网上祭英烈”“学党史·庆端午——粽香传情，感党恩”等各类主题实践活动600多场，受众人数15万余人次。联合市教育局等部门评选表彰10名芜湖市新时代好少年，承办2021年安徽省新时代好少年发布活动，1人获得“2021年度安徽省新时代好少年”荣誉称号。征集“童心向党·唱支红歌给党听”微视频大赛红色经典歌曲微视频111件，开展“童心向党　扣好人生第一粒扣子”“童心向党—我向党旗敬个礼”“童心向党，薪火传承”等各类主题实践教育活动1200余场，吸引全市约8万名青少年的广泛参与。开展文明家庭、文明校园创建活动。3个家庭成功当选第一届安徽省文明家庭，推荐5所学校为2021—2023年创建全国文明校园先进学校。申请财政资金45.5万元推动乡村学校少年宫建设工作，市文明办拨付补助资金39万元，支持无为市十里墩镇等6个省级试点乡村复兴少年宫建设。

【推进新时代文明实践中心建设工作】成立芜湖市新时代文明实践推进中心，依托“今日芜湖”APP，搭建市级新时代文明实践志愿服务云平台，开展新时代文明实践志愿服务活动，建立“线上点单、线下接单”服务模式，全市有8个新时代文明实践中心、72个文明实践所、917个文明实践站。组建各类志愿服务队6127支，志愿者达166952人，开展各类便民活动5万多次，参与群众达100万余人次。依托新时代文明实践中心、所、站等阵地，开展“文明实践·百年百人”庆建党100周年党史学习教育宣讲”“文明实践·益起造”志愿服务项目创意大赛、“学史知党恩　永远跟党走”“四史”知识竞赛、“永远跟党走　奋进新征程”等活动300余场，参与群众2.8万人。

【开展志愿服务活动】建立联动协调机制。印发《芜湖市志愿服务工作协调小组及其办事机构工作规则》，成立办事机构，推进志愿服务的整体效应。牵头组织百名“好人”成立好人志愿服务队，深入全市范围内各核酸检测采样点，引导群众进行扫码登记信息、搀扶老年人入座采样、及时做好解释沟通等工作，在助力核检任务落地落实中彰显榜样力量。组织发动全市18个全国文明单位、107家省级文明单位、470个市文明单位（标兵）志愿者近4万人，投身疫情防控各类志愿服务活动。举办芜湖市“12·5”国际志愿日主题志愿服务活动暨2021年芜湖市“最美志愿者、最美志愿服务团队”颁奖仪式。开展“举旗帜·送理论”等党史学习教育理论宣讲约300场、“我为群众办实事”主题实践活动约200次。围绕3·5学雷锋志愿服务主题月，组织开展寻找“身边最美志愿者”“学雷锋活动示范点和岗位学雷锋标兵”活动，联合市民政、市总工会、团市委、市妇联、芜湖传媒中心开展寻找“身边最美志愿者”活动，命名表彰宣艳等10名最美志愿者、南陵心予公益协会等10个“最美志愿服务团队”；许忠、“长江卫士”志愿服务项目、鸠江区清苑社区等9个个人、集体、组织入选安徽省“月评十佳”学雷锋志愿服务典型。

（王　永）

党校（行政学院）教育

【概况】2021年，市委党校（芜湖行政学院）开设各类培训班次68期，直接培训人数达4366人次。持续推进、指导全市“万名书记进党校”工作，直接承办市直机关、国有企业等单位书记培训班9期，培训书记567人。审批全市“万名书记进党校”18个培训班次。全年深入全市基层单位开展主题宣讲119场，带动宣讲6100余场，受众40余万人，完成覆盖全市目标。2021年，成功立项省（部）级课题3个、市领导圈定课题3个、省委党校重点课题4个、省委党校专项课题1个、其他市（厅）级课题1个，规范立项校级课题59项；省（部）级课题结项1个、省委党校重点课题结项1个、其他市（厅）级课题结项1个、校级课题结项31个。全年5篇咨政报告获市级领导肯定性批示。发表理论文章58篇，其中A类1篇、C类19篇。

【“田间地头”开展“三同”教育】2021年，校（院）组织在校学习的中青班学员来到繁昌区开展“三同”教育，让学员全方位深入农村生活，了解基层干部群众心声，树立为民服务意识，服务乡村发展。学员们在烈士陵园里重温红色革命历史，坚定理想信念；集体学习乡村振兴相关政策文件，学习研讨习近平总书记关于农业农村工作的重要论述；深入乡村企业、走访种植大户和致富带头人，进一步了解当前农业生产和村集体经济发展的现状、存在的问题；慰问老党员和困难群众，与村民们一起参加农事劳动，同流汗、共辛劳，锤炼党性，增进干群感情。

【《百年正青春》系列微视频献礼党的百年华诞】2021年，策划拍摄完成《百年正青春》青年教师讲党史系列微视频，选取10个芜湖党史上重要的人物和事件，由校（院）青年教师围绕“一人一事一主题”，用“小切口大主题”的方式讲述关于芜湖的党史故事。《百年正青春》系列微视频在校（院）微信公众号和芜湖生活频道播出后，反响热烈，并被选入学习强国安徽学习平台上线；该系列微视频在全市“学党史　悟思想　同心向党”宣讲短视频作品评比中荣获一等奖、在全市市第四届“先锋杯”党员教育电视片观摩评比活动中荣获二等奖。

5月8日，第53期中青班学员在繁昌区孙村镇田间开展“三同”教育

（韩　倩　提供）

【率先举办全市乡镇（街道）党（工）委党史教育专题培训班】2021年7月，芜湖市委党校举办乡镇（街道）党（工）委书记党史专题培训班（读书班），来自全市各乡镇、街道共65名党（工）委书记参加培训。通过党史专题讲座系统回顾中国共产党百年辉煌历程，引领大家深入理解把握习近平新时代中国特色社会主义思想的科学性真理性，系统掌握贯穿其中的马克思主义立场观点方法，提高思想理论水平，提升参训学员解决实际问题的能力。

【加快推进全市县级党校分类建设工作】在安徽省委《关于推进全省县级党校分类建设的指导意见》出台后，校（院）委会会议进行专题研究，成立校（院）县级党校分类建设领导小组，出台芜湖市《关于推进全市县级党校分类建设的实施方案》。结合召开全市党校系统校长分类建设专题培训会，邀请省校专家对关于推进分类建设相关文件精神进行进一步解读，统一思想加深认识。同时在推进分类建设工作上实现闭环管理，指导县市区委党校制订分类建设计划和方案，明确县级党校（行政学校）建设的总体目标、现有条件、存在问题短板等具体情况，逐步推进县级党校分类建设工作。

【举行2021年度全市党校（行政学院）系统中青年教师教学比赛】2021年9月，芜湖市委党校（行政学院）组织全市党校（行政学院）系统中青年教师教学比赛，全市党校（行政学院）系统16名教师参赛。

【开发设计新专题】聚焦党代会和市委市政府重点工作，开发设计《百分之一工作法——打造最优营商环境的芜湖实践》《“傻子现象”的内涵特质、产生渊源与时代价值》《数字经济赋能实体经济——海螺集团工业互联网创新升级的探索与实践》等新专题，纳入年度秋季学期主体班案例研讨式教学内容，引导学员学有所思、学有所悟、学有所得，切实发挥为党育才的现实作用。

（韩　倩）

档案管理

【概况】2021年，市档案馆接收档案2.3万卷、4.5万件，馆藏档案总量达30.6万卷、38.6万件，资料达4.46万册。年接待查档群众1665人次，调阅档案超过3.2万件。对1990—1991年度62536件馆藏档案进行开放鉴定，开放档案6751件。完成民生档案数据采集31.2万条，数字化扫描42.6万页，馆藏纸质档案数字化率超90%。协同市档案局编制《芜湖市档案事业发展“十四五”规划》。做好脱贫攻坚和抗疫斗争“两类档案”接收进馆工作。开展长三角地区民生档案“异地查档、便民服务”工作。深挖档案资源，通过举办系列红色专题展、出版红色图书等，服务党史学习教育和建党百年庆祝活动，精心筹备档案教育“课堂”，编印《档案信息参考》，努力用档案讲好红色故事、芜湖故事，发挥档案存史资政育人功用。

2021年，芜湖市档案馆荣获“全省档案系统先进集体”、市直机关先进基层党组织、市直单位学习型模范机关、市直机关“示范党建品牌”等荣誉称号，并在全省综合档案馆业务建设评价中被评为“好”等次。

【学习贯彻档案工作的重要批示精神】芜湖市档案馆学习传达习近平总书记对档案工作提出的“四个好、两个服务”的重要要求批示。芜湖市委并对此项批示召开常委会专题进行学习，联合市档案局召开学习贯彻习近平总书记对档案工作重要批示精神交流研讨会。为贯彻落实批示精神，馆领导带队深入县市区综合档案馆专题摸排调研全市红色档案现状，摸清家底、建立台账。

【深挖档案资源推出服务党史学习教育】芜湖市档案馆坚持把党史学习教育和庆祝建党百年活动作为重大政治任务，策划举办系列红色专题展，服务党史学习教育和庆祝建党百年活动。牵头举办“芜湖·红色记忆——庆祝中国共产党成立100周年档案资料图片展”。引入“建党百年、初心如磐——长三角红色档案珍品展”“不忘初心、牢记使命——主题教育档案文献展”，分别在馆及政务中心展出，馆系列红色专题展接待全市机关、企事业单位、学校、社区等近2万名党员干部群众参观学习。制作播出“芜湖·红色记忆”电视专题节目，面向社会公开征集中国共产党成立以来在芜湖地区形成和留存的与党史相关的档案文献资料，并从馆藏1680件革命历史档案中甄选124件珍品红色档案向社会开放。

【举办“读档学史·少年说”演讲比赛】联合有关单位举

办“读档学史·少年说”演讲比赛，组织全市7至12周岁青少年走进档案馆，参观红色展览，讲述红色故事，体验“沉浸式”教育，打造青少年“第二课堂”。

【开展“两类档案”接收进馆工作】做好脱贫攻坚和抗疫斗争“两类档案”接收进馆工作，归集“两类档案”目录7341条，接收脱贫攻坚档案3306件、疫情防控档案1902件。

【协助开展精准扶贫档案整理工作】组织开展调研、培训等，分两批对蜀山镇及5个贫困村扶贫档案开展整理并数字化，整理档案约1.47万件，数字化扫描超13万页，捐赠42组档案柜及5000余个档案装具，改善镇村档案保管条件，为规范全市扶贫档案整理作出示范引领。

读档学史·少年说演讲比赛

（张一尘 提供）

【综合档案馆业务建设在全省被评为“好”等次】对照业务评价82项指标，审视自身不足，查找薄弱环节，加强协调调度，成立工作专班，补齐短板弱项，完善档案设施设备等软硬件条件，获专家组高度肯定，在安徽省综合档案馆业务建设评价中被评为“好”等次。

【创建“守定初心，创美兰台”党建品牌】开展“守定初心，创美兰台”党建品牌创建工作，围绕思想引领有力、政治生活严肃、队伍作风严实、纪律规矩严明、互融成效凸显等目标和要求，制定实施年度工作计划，着力打造政治、思想、组织、作风、纪律全面过硬的模范机关。“守定初心，创美兰台”获评市直机关“示范党建品牌”。

【举办“品读红色档案·悦读红色经典”兰台读书会】芜湖市档案馆举办兰台读书会，结合庆祝中国共产党成立100周年和党史学习教育，明确“品读红色档案·悦读红色经典”为2021年读书会主题。坚持领导带头、全员参与，支部15名党员轮流分享研读馆藏红色档案和党内经典著作的心得感悟，将研读过程变成自我学习教育的过程。

（张一尘）

党史和地方志工作

【概况】2021年，中共芜湖市委党史和地方志研究室以中国共产党在芜湖的史迹整理记载和发掘芜湖地方传统文化为主线展开工作。组织指导全市及所辖县市区党史方志系统开展庆祝中国共产党成立100周年系列活动。学习习近平总书记“七一”重要讲话和党的十九大六中全会会议精神。以习近平总书记新时期中国特色社会主义思想理论精神指导研究室全体党员职工开展中国共产党芜湖地方历史和芜湖地情文化的研究编纂工作。编纂出版《红色芜湖》《中国共产党芜湖历史大事记》《芜湖年鉴》《芜湖报业先行者张九皋》等芜湖史志文化类图书，其中《红色芜湖》《芜湖年鉴（2021年）》分别荣获2021年度安徽省史志资料专题著作类一等奖和全省年鉴类二等奖；中共芜湖市委史志研究室获得“全省地方志系统先进集体”“2021年度安徽省党史宣传教育先进单位”光荣称号。

【开展“庆祝中国共产党成立100周年”党史宣讲教育活动】2021年，中共芜湖市委党史和地方志研究室组织推荐30名党史宣讲老师和党史专题课程入选全市干部教育师资库和党员教育师资库。利用线上线下在学习强国、芜湖先锋、史志芜湖微信公众号、爱党建、今日芜湖等平台进行党史知识竞答学习。联合档案、文旅等部门开展档案史料和红色文物寻访活动，并利用媒体和博物馆进行展示。6月下旬起在政务中心、档案综合楼、市博物馆展出的《百年记忆　红色芜湖——庆祝中国共产党成立100周年图片展》得到党政机关和各社会群体的广泛赞誉和认可。参与全市宣讲。研究室3名领导班子成员全员参加市委党史学习教育宣讲团，先后赴南陵、江北新兴产业集中区、鸠江区等单位开展党史宣讲活动40余场次，其他干部通过“七进”形式，在全市的机关事业单位、学校、社区、厂矿、农村开展“四史”宣讲活动，先后开展宣讲活动60余场次，策划完成2期党史专题“中江大讲堂”活动。

【拓展新时代史志研究创新】2021年，芜湖党史和地方志研究室围绕中国共产党成立百年大事，在完成《芜湖年鉴(2021年)》《芜湖大事记》《芜湖市情》等相关年度计划书籍编纂出版外，还专门集中组织本单位业务骨干和社会上芜湖历史专家，编纂出版《红色芜湖》《中共芜湖百年大事记》等芜湖地方红色历史文化书籍读本，供全市党员干部和市民开展党史学习。录制完成的《渡江第一船》网络干部教育课件被安徽省干部在线教育平台采用；协助和参与芜湖传媒集团推出“红色足迹”“烽火青弋江”宣传专栏和红色芜湖系列报道，制作《百年风云　红色江城》系列红色访谈宣传片。深入开展新四军在芜湖、渡江战役第一船在芜湖等红色历史课题研究，其中《芜湖红色文化资源的保护、整理和利用研究》这一课题获中央党史和文献研究宣传专项引导资金支持。推进方志数字馆项目建设，实现党史和地史志资料的信息化与数字化。

【召开《〈中国共产党芜湖历史〉(第三卷）撰写大纲》(草案）研讨会】12月14日，召开《〈中国共产党芜湖历史〉第三卷撰写大纲》（草案）研讨会，会议传达中共安徽省委党史研究院《关于全面推进中国共产党地方历史三卷编写工作的意见》文件精神，并邀请部分曾在芜湖市委领导岗位工作过的退休老同志、市委党校党史党建教研室和驻芜高校的党史专家教授参加研讨，对《中国共产党芜湖历史》（第三卷）编纂大纲纵分时段、横分门类的总体构想展开讨论，提出建议。

【传承研究红色资源】与安徽工程大学马克思主义学院联合成立皖江红色文化中心，建设红色驿站，挖掘芜湖红色资源，弘扬芜湖红色文化。征集、推荐、宣传乡村党史故事10个，为乡村全面振兴提供思想文化资源和精神力量。制作芜湖市红色旅游手绘地图，推出“峥嵘百年　辉煌芜湖”红色文旅研学线路和百人同行红色路等群众性党史学习活动。指导芜湖各类红色纪念场馆的建设和史实把关工作，帮助指导南陵县家发镇锡箔山烈士纪念园的建设，审核《百年风云　红色江城》系列红色访谈宣传栏目和与今日芜湖客户端合作推出中共芜湖地方党史百问百答栏目，深入农村开展“忆百年党史，践初心使命”党课等活动。

【开展史志书籍进基层活动】2021年，广泛开展史志成果“进机关、进院校、进企业、进军营、进社区、进乡村”赠书、送课活动，将近年来研究室编纂出版发行的一批弘扬地方红色文化、反映芜湖地方特色的史志书籍赠送到全市多个机关部门和基层单位，在丰富增强机关部门和基层党史、地方史学习资料与效果同时，履行史志部门“以史为鉴、资政育人”职责。

【举办纪念“皖南事变”80周年座谈会】1月6日，市委党史和地方志研究室与市新四军历史研究会联合举办纪念“皖南事变”80周年座谈会。新四军老战士、亲属代表，市党史和地方志部门和市新四军历史研究会负责人，县（市）区党史部门和新四军研究会相关人员，相关党史军史研究专家参加座谈会。会上，安徽师范大学教授房列曙和新四军历史研究专家伍先华分别作《皖南事变的重要史实不容虚无》《繁昌“皖南事变”突围将士的“生命通道”》专题报告，深切缅怀为中华民族独立和解放而英勇牺牲的新四军将士。

【举办全市史志系统“四史”学习宣讲专题研讨交流会】2021年9月，举办召开全市史志系统“四史”学习宣讲专题研讨交流会。芜湖市、县（市）区史志部门负责人、部分驻芜高校优秀“四史”宣讲员、市委史志室机关干部职工参加会议，参会人员对“四史”学习宣讲经验进行交流，并一致表示以此为契机，把“四史”学习宣讲作为促进推动社会各阶层团体人员向上的工作动力，在实际工作中做出更好的成绩。

【组织召开“芜湖地方文化与人民城市建设”专家讲座】11月11日，中共芜湖市委党史和地方志研究室举办“芜湖地方文化与人民城市建设”专家讲座。会议围绕如何贯彻落实中共芜湖市委市政府《关于推进人民城市建设的若干意见》展开讨论。芜湖地方史志专家贺宿芜作题为《芜湖地方文化与人民城市建设几点思考》的主题报告，剖析芜湖地方文化在现代芜湖城市建设中的作用和贡献，对进一步发挥芜湖历史文化在人民城市建设中的作用提出见解和意见。市委党校党史党建教研部、镜湖区委党史和地方志研究室、弋江区委党史和地方志研究室有关人员参加报告会。

【践行“我为群众办实事”活动】建立常态化走访机制，持续关注“双联系”村里的工作建设和发展情况。对湖东村反映的抗旱渠道的修建、村基础设施的维护以及办公条件提升等方面的困难和自身无法解决的实际情况，及时向有关部门反映，协助做好项目的规划和立项工作，同时立足实际，选好切入点，想办法多方联系和筹措来解决问题。开展与“双联系”村“忆百年党史，践初心使命”共上一堂党课活动，慰问光荣在党50年老党员和困难群众。研究室副主任谢迎春多次赴“双联系”村，指导村两委干部党员开展“七一”讲话精神学习，并以此为契机，将党史学习教育和推动村两委工作结合起来，把学习教育与“我为群众办实事”结合起来，提高村两委成员们的理论水平与实践能力。

（赵朝兵）

新闻传媒

【概况】2021年，芜湖传媒中心坚持正确导向，聚力守正创新，推进媒体深度融合发展。努力打造具有更强传播力、引导力、影响力和公信力的新型主流媒体。探索经营方式转型，完成各项重大主题宣传任务。通过创新管理机制、简化管理，将人才向一线集聚。成立跨媒体的采编部门、打造采编枢纽“中央厨房”，以移动客户端今日芜湖的发展带动全媒体传播平台建设，在融合业务拓展上注重社会效益与经济效益的统一。注重提高采编队伍全媒体素质，打造一专多能人才队伍，聘用9人为传媒中心专业首席，探索融合发展的新模式新路径。注重以全媒体策划、分媒体实施，确保各媒体融合后既保持各自特色，形成整体合力。以放大整体平台效应寻求新的经济增长点，来稳定中心的经营创收。2021年，芜湖传媒中心在安徽新闻奖获奖数量、等次均居全省地市级媒体前列，其中《请善待返芜的每位员工他们是我们抗击疫情的战友》等获安徽新闻奖（报刊类）一等奖。芜湖日报“乡村振兴新发现”栏目获评全省2021年度报纸主题宣传原创优秀栏目。芜湖传媒中心在中国报业协会党报分会第六次会员代表大会上被推选为副会长单位。

【做好重大主题宣传】2021年，芜湖传媒中心精心策划习近平总书记考察安徽重要讲话指示精神宣传报道。及时转载刊播中央、省级媒体重要稿件，聚焦芜湖市各行各业在庆祝中国共产党成立100周年、建设人民城市、疫情防控、推进全市高质量发展中的亮点典型及时加以报道。紧紧围绕全市重点工作，关注人民群众生活，在芜湖经济社会高质量发展和芜宣机场、轨道交通等重大重点工程建设开通等方面加

3月17日，谢迎春副主任为全市检察系统党员干部作党史报告

（尹　澍　提供）

强宣传报道密度。

【创新宣传形式拓展主流舆论阵地】2021年，芜湖传媒中心的“今日芜湖APP”发布稿件38826条，专题108个，发布直播（视频、图文）142场，其中超过10万点击量的有11个。创新宣传形式，围绕主题宣传，采用直播、图解、文字、海报、音频、H5，短视频、圈子征文、活动等形式，制作167个新媒体产品。拓展主流阵地，加大抖音短视频平台的分发力量，向各大平台分发总稿件为4374条，被推荐10万+以上稿件近169篇，被推荐过万稿件1635条。

【组织庆祝第22个记者节活动】11月8日，来自芜湖全市各个媒体近百名记者用一场“人民城市建设的芜湖实践”大型融媒体采访活动，来启动第22个记者节。参与活动的记者当中，不仅有芜湖本地的媒体记者，还有驻皖、驻芜媒体的记者。采访活动通过聚焦芜湖市委、市政府在人民城市建设过程中涌现出的创新思想理念、创新体制机制、创新项目落实和创新管理服务，将所有记者分为四组，分赴市区以及各县市区进行沉浸式深入采访报道。通过采访报道，展现芜湖市推进以人为核心的新型城镇化，为人民群众创造更加幸福美好生活的壮丽画卷。

【与澎湃新闻签订战略合作框架协议】9月22日，芜湖传媒中心与澎湃新闻签订战略合作框架协议。市委书记单向前与上海报业集团党委书记、社长裘新会谈并见证签约。此次签约为双方深化合作开启崭新篇章。

【芜湖大江传媒有限责任公司揭牌成立】11月9日，芜湖大江传媒有限责任公司揭牌成立。市委书记单向前，上海报业集团副总经理、澎湃新闻董事长程峰等出席揭牌仪式并参观大江传媒展示厅。芜湖大江传媒有限责任公司由市委宣传部主管，隶属于芜湖传媒中心的国有独资企业，独立运营“大江”品牌系列新闻媒体产品，主要从事互联网传媒相关运营管理业务和投资活动。立足省域副中心城市定位，以芜湖、安徽及长三角地区时政、思想类新闻内容为报道主体，探索建立“新闻+政务服务商务”运营模式，致力打造在安徽及长三角地区具有强大影响力和竞争力的新型主流媒体。

【“芜湖党史故事宣讲团”走进基层】2021年，芜湖传媒中心“芜湖党史故事宣讲团”走进街道、社区，宣讲芜湖党史故事，用“举旗帜、送理论、学党史”讲述中国共产党百年光辉历程、伟大成就。宣讲员用生动的语言、鲜活的人物史料，对基层党员干部群众讲述中国共产党成立100年来领导中国人民进行革命、建设、改革的光辉历程。

【邀请专家“传经送道”】2021年，传媒中心邀请梁刚建、江跃进等国内媒体行业专家给中心员工“传经送道”。举办新闻采编业务培训会，提高全媒体编委会编委、各媒体一线采编人员的业务工作能力。专家们从当下的短视频流行出发，结合大量丰富翔实的案例，介绍在时政新闻、普法新闻、疫情防控、经济、社会、民生新闻及推广广播电视节目上的成功做法，到社会效益和经济效益“双赢”，并从精准把握报道时机、程度和效果到把握政治意识、大局意识方面，帮助参加培训人员增长知识、开拓视野。

（王熙之）

芜湖市人民代表大会常务委员会

Standing Committee of Wuhu City People's Congress

综　述

【概况】2021年，市人大常委会召开常委会会议11次、主任会议18次，全年审议通过地方性法规1件，调研论证3件，听取审议专项工作报告27项，开展执法检查6次，组织开展专题询问1次，作出决议决定18项，任免国家机关工作人员130人次，接受报备规范性文件219件。顺利完成市十六届人大五次会议确定的目标任务，各项工作取得新进展新成效。

【推进依法治市】2021年，芜湖市人大常委会对制定《芜湖市瓶装燃气管理条例》，推进生活垃圾分类管理立法，对河道管理、近代建筑保护等立法进行调研论证。开展法规清理，对《芜湖经济技术开发区条例》及3个配套办法深入研究论证，及时向省人大常委会提出修法建议。配合省人大常委会做好绿色建筑发展条例、创新型省份建设促进条例等立法调研，就教育督导条例、无线电管理条例等提出立法修法建议。做好《芜湖市养犬管理条例》实施工作，开展规范性文件备案审查工作，向省人大常委会报备18件。落实宪法宣誓制度，开展“国家宪法日”“江淮普法行”等活动，作出“八五”普法决议，推动全社会加强法治宣传教育。

【支持保障高质量发展】2021年，芜湖市人大常委会听取审议计划和预算执行、审计工作及审计查出问题整改、国有自然资源资产管理、农机化工作、旅游发展等报告，及时批准财政决算、预算调整、债务限额等，支持政府做好“六稳”“六保”工作。继续开展重点建设工程督查活动，牵头做好智能家电、新材料产业链工作，以加速推进“双招双引”为主题，开展专题调研，审议专项报告，组织专题询问。加强与G60科创走廊、南京都市圈城市人大交流协作。

【推动民生福祉改善】2021年，芜湖市人大常委会把交通出行、住房保障、就业创业、物业管理、食品安全、环境保护等事项，列入监督工作计划，听取审议医疗保障政策落实情况、长江岸线（芜湖段）生态环境突出问题整改督查等报告，专题调研公共文化服务、中小学教育服务综合改革、爱国卫生、乡村振兴、宗教事务等工作，组织开展固废法、芜湖铁画保护和发展条例、居家养老服务条例等执法检查，督查督导长江禁捕退捕、路长制实施、信访积案化解、文明创建、疫情防控等。听取审议民事合同纠纷案件审判、民事检察等报告，促进司法为民、公正司法。做好人大信访工作，受理群众来信来访143件次，督促解决群众合理合法诉求。

【发挥代表主体作用】2021年，芜湖市人大常委会举办2期代表培训班，对135名市、县、镇三级人大代表进行专题培训。落实常委会组成人员联系代表、主任会议成员接待代表日制度，每两个月开展一次接待代表日活动。完善代表联系群众制度，将群众呼声和意愿转化为议案建议。邀请72人次省、市人大代表列席常委会会议，参加常委会组织的法规起草、执法检查、视察调研、预决算审查、建议督办等活动，推广基层民生实事项目人大代表票决制。组织在芜省人大代表赴宣城、黄山等市视察调研。制定代表履职管理办法，加强议案建议督办，选择20件涉及经济社会发展、事关群众切身利益的代表建议作为重点处理建议，由主任会议成员牵头督办。市十六届人大五次会议收到的199件代表议案建议，全部办结并答复代表。

重要会议

【市第十六届人民代表大会第五次会议】 3月8日，市第十六届人民代表大会第五次会议召开。会议议程：1.听取和审议芜湖市人民政府工作报告；2.审查和批准芜湖市国民经济和社会发展第十四个五年规划和2035年远景目标纲要；3.审查芜湖市2020年国民经济和社会发展计划执行情况与2021年计划草案的报告，批准芜湖市2021年国民经济和社会发展计划；4.审查芜湖市2020年预算执行情况和2021年预算草案的报告，批准2021年市本级预算；5.听取和审议芜湖市人民代表大会常务委员会工作报告；6.听取和审议芜湖市中级人民法院工作报告；7.听取和审议芜湖市人民检察院工作报告；8.选举芜湖市第十六届人民代表大会常务委员会委员；9.通过芜湖市第十六届人民代表大会部分专门委员会组成人员人选。

大会表决通过芜湖市第十六届人民代表大会第五次会议关于芜湖市人民政府工作报告的决议、关于芜湖市国民经济和社会发展第十四个五年规划和2035年远景目标纲要的决议、关于芜湖市2020年国民经济和社会发展计划执行情况与2021年计划的决议、关于芜湖市2020年预算执行情况和2021年预算的决议、关于芜湖市人大常委会工作报告的决议、关于芜湖市中级人民法院工作报告的决议、关于芜湖市人民检察院工作报告的决议。

大会以无记名投票的方式，选举张敏、徐昌华、蒋庆贵为市第十六届人民代表大会常务委员会委员。大会以举手表决的方式，通过市十六届人大部分专门委员会组成人员名单。

352名市人大代表出席会议。

【市第十六届人民代表大会第六次会议】 6月15日，市第十六届人民代表大会第六次会议召开。会议议程：1.选举市人大常委会主任、副主任；2.选举市人民政府市长；3.选举市监察委员会主任。

大会以无记名投票的方式，选举单向前为市人大常委会主任，宁波为市人民政府市长，黄干为市监察委员会主任，奚南山为市人大常委会副主任。

353名市人大代表出席会议。

6月15日，芜湖市第十六届人民代表大会第六次会议在市政务文化中心开幕

（杨大伟 提供）

附：2021年市第十六届人大常委会第二十五次至第三十五次会议情况简表

会议名称	时间	地点	主持人	内容	参加人员
市第十六届人大常委会第二十五次会议	1月19日	市政务文化中心E区二楼二号会议室	丁祖荣	审议关于推迟召开市第十六届人民代表大会第五次会议的决定草案	常委会组成人员36人
市第十六届人大常委会第二十六次会议	3月5日	市政务文化中心E区二楼二号会议室	丁祖荣	审议代表资格审查委员会关于代表出缺和选举代表的代表资格审查报告	常委会组成人员34人
市第十六届人大常委会第二十七次会议	3月25日	市政务文化中心E区二楼二号会议室	丁祖荣	1. 传达十三届全国人大四次会议、省十三届人大四次会议精神（书面）； 2. 审议市人大常委会2021年工作要点（草案）； 3. 审议市人大常委会关于设立芜湖三山经济开发区人民检察院的决定（草案）； 4. 审议人事任免事项。	常委会组成人员37人
市第十六届人大常委会第二十八次会议	5月28日	市政务文化中心E区二楼二号会议室	丁祖荣	1. 审议市政府关于我市2020年度环境状况和环境保护目标完成情况的报告； 2. 审议《芜湖市瓶装燃气管理条例（草案）》； 3. 审议人事任免事项。	常委会组成人员38人
市第十六届人大常委会第二十九次会议	6月9日	市政务文化中心E区二楼二号会议室	丁祖荣	1. 审议人事任免事项； 2. 审议市人大常委会关于召开市第十六届人民代表大会第六次会议的决定（草案）； 3. 审议市第十六届人民代表大会第六次会议议程、日程（草案）； 4. 审议市第十六届人民代表大会第六次会议主席团和秘书长等名单（草案），决定列席人员名单； 5. 审议代表资格审查委员会关于代表出缺和补选代表的代表资格审查报告。	常委会组成人员38人

会议名称	时间	地点	主持人	内容	参加人员
市第十六届人大常委会第三十次会议	7月27日	市政务文化中心E区二楼二号会议室	丁祖荣	1. 审议市政府关于芜湖市2020年财政决算的报告； 2. 审议市政府关于芜湖市市级2020年度预算执行及其他财政收支的审计工作报告； 3. 审议市政府关于芜湖市2021年上半年国民经济和社会发展计划执行情况及下半年工作意见的报告； 4. 审议市政府关于芜湖市2021年上半年预算执行情况及下半年工作意见的报告； 5. 审议市政府关于芜湖市2021年市级地方政府债券收支及预算调整方案的报告； 6. 审议市人大常委会执法检查组关于检查《芜湖市电梯安全管理条例》贯彻实施情况的报告； 7. 审议《芜湖市瓶装燃气管理条例（草案修改稿）》； 8. 审议人事任免事项。	常委会组成人员33人
市第十六届人大常委会第三十一次会议	9月13日	市政务文化中心E区二楼二号会议室	丁祖荣	1. 审议市政府关于提请审议我市与河南省南阳市缔结友好城市关系的议案； 2. 审议市政府关于我市法治宣传教育第七个五年规划实施情况及第八个五年规划制定情况的报告； 3. 审议市政府关于2020年度国有资产管理情况的综合报告（书面）和关于2020年度国有自然资源资产管理情况的专项报告； 4. 审议市政府关于我市农机化工作情况的报告； 5. 审议市人大常委会执法检查组关于检查《中华人民共和国固体废物污染环境防治法》贯彻实施情况的报告； 6. 审议市人大常委会执法检查组关于检查《芜湖铁画保护和发展条例》贯彻实施情况的报告； 7. 审议市人大常委会执法检查组关于检查《芜湖市居家养老服务条例》贯彻实施情况的报告； 8. 审议市人大常委会主任会议关于终止审议《芜湖市湿地公园保护管理条例（草案）》的报告（书面）； 9. 表决《芜湖市瓶装燃气管理条例（草案表决稿）》； 10. 审议关于个别代表的代表资格审查报告； 11. 审议人事任免事项。	常委会组成人员34人

会议名称	时间	地点	主持人	内容	参加人员
市第十六届人大常委会第三十二次会议	11月4日	市政务文化中心E区二楼二号会议室	丁祖荣	1. 传达中国共产党安徽省第十一次代表大会会议精神（书面）； 2. 审议《芜湖市第十七届人民代表大会代表名额分配方案（草案）》的议案。	常委会组成人员34人
市第十六届人大常委会第三十三次会议	11月23日	市政务文化中心E区二楼二号会议室	丁祖荣	1. 审议市中级人民法院关于全市法院民事合同纠纷案件审判工作情况的报告； 2. 审议市人民检察院关于全市检察机关民事检察工作情况的报告； 3. 审议《芜湖市人民代表大会常务委员会关于开展第八个五年法治宣传教育的决议（草案）》； 4. 审议市政府关于2021年我市招商引资工作情况的报告、关于2021年我市招才引智工作情况的报告，并开展专题询问； 5. 审议市政府关于市第十六届人大五次会议代表建议办理情况的报告； 6. 审议市政府关于市第十六届人大五次会议第1号议案办理情况的报告； 7. 审议市政府关于市第十六届人大五次会议第2号议案办理情况的报告； 8. 审议市政府关于市第十六届人大五次会议第3号议案办理情况的报告； 9. 审议市政府关于市第十六届人大五次会议第4号议案办理情况的报告； 10. 审议市第十六届人大五次会议代表议案建议处理情况的报告（书面）； 11. 审议市人大常委会代表资格审查委员会关于个别代表的代表资格审查报告； 12. 审议《芜湖市人民代表大会常务委员会关于召开市第十七届人民代表大会第一次会议的决定（草案）》； 13. 审议人事任免事项。	常委会组成人员38人
市第十六届人大常委会第三十四次会议	12月17日	市政务文化中心E区二楼二号会议室	丁祖荣	审议人事任免事项。	常委会组成人员32人

会议名称	时间	地点	主持人	内容	参加人员
市第十六届人大常委会第三十五次会议	12月31日	市政务文化中心E区二楼二号会议室	丁祖荣	1. 审议市政府关于芜湖市市级2020年度预算执行和其他财政收支审计查出问题整改情况的报告； 2. 审议市政府关于芜湖市2021年市级地方政府债务限额的报告； 3. 审议市政府关于2021年芜湖市市级第二次预算调整方案（草案）的报告； 4. 审议关于2021年规范性文件备案审查工作情况的报告； 5. 审议市第十七届人民代表大会第一次会议建议议程、日程（草案）； 6. 审议市人大常委会工作报告（讨论稿）； 7. 审议市人大各专门委员会工作报告（书面）； 8. 补选芜湖市出席安徽省第十三届人民代表大会代表。	常委会组成人员36人

芜湖市人大常委会主任会议

1月19日，市第十六届人大常委会举行第五十一次主任会议。会议议程：1.讨论关于提请审议《市人大常委会关于推迟召开市第十六届人民代表大会第五次会议的决定（草案）》的议案；2.讨论市第十六届人大常委会第二十五次会议建议议程、时间。

3月3日，市第十六届人大常委会举行第五十二次主任会议。会议议程：讨论关于市第十六届人民代表大会第五次会议召开时间的决定（草案）。

3月5日，市第十六届人大常委会举行第五十三次主任会议。会议议程：1.听取关于代表出缺和选举代表的代表资格审查报告；2.讨论市第十六届人大常委会第二十六次会议建议议程、时间。

3月22日，市第十六届人大常委会举行第五十四次主任会议。会议议程：1.听取市政府关于人事任免情况的报告；2.讨论关于提请审议《市人大常委会关于设立芜湖三山经济开发区人民检察院的决定（草案）》的议案；3.听取市中级法院关于人事任免情况的报告；4.听取市检察院关于人事任免情况的报告；5.讨论市人大常委会2021年工作要点（草案）；6.讨论市人大常委会2021年监督工作计划（草案）；7.讨论市人大常委会2021年立法计划（草案）；8.听取关于2021年督查市重点建设工程任务安排情况的报告；9.讨论市人大常委会审议我市市级2019年度预算执行及其他财政收支审计查出问题整改情况报告的意见（讨论稿）；10.讨论芜湖市人民代表大会代表履职管理办法（讨论稿）；11.讨论关于提请任命王晓等工作职务的议案；12.听取关于市政府部分组成部门向市人大常委会书面报告2020年度工作情况的安排意见的报告；13.讨论市第十六届人大常委会第二十七次会议建议议程、时间。

4月13日，市第十六届人大常委会举行第五十五次主任会议。会议议程：1.听取市政府关于江北集中区2020年预算执行和2021年预算安排情况的报告；2.听取市政府关于芜湖经济技术开发区2020年预算执行和2021年预算安排情况的报告；3.听取关于市人大常委会主任会议成员牵头督办重点处理建议的安排意见；4.听取关于长江岸线（芜湖段）生态环境突出问题整改督查情况的报告。

5月15日，市第十六届人大常委会举行第五十六次主任会议。会议议程：1.听取市政府关于我市防汛排涝准备工作情况的报告；2.听取市政府关于我市公共文化服务工作开展情况的报告；3.讨论关于我市2020年度环境状况和环境保护目标完成情况的调研报告（讨论稿）；4.听取关于《芜湖市瓶装燃气管理条例（草案）》审查意见的报告；5.讨论市第十六届人大常委会第二十八次会议建议议程、时间。

5月28日，市第十六届人大常委会举行第五十七次主任会议。会议议程：1.听取市检察院关于人事任免情况的报告；2.讨论关于接受辞职请求的议案和决定（草案）。

6月7日，市第十六届人大常委会举行第五十八次主任会议。会议议程：1.讨论市人大常委会审议我市2020年度环境状况和环境保护目标完成情况报告的意见；2.讨论关于接受辞职请求的议案和决定草案；3.讨论关于提请审议《芜湖市人民代表大会常务委员会关于召开市第十六届人民代表大会第六次会议的决定（草案）》的议案；4.讨论市第十六届人民代表大会第六次会议建议议程、日程（草案）和会务工作安排；5.讨论市第十六届人民代表大会第六次会议主席团和秘书长等名单（草案），并听取说明；6.讨论关于代表出缺和补选代表的代表资格审查报告；7.讨论市第十六届人大常委会第二十九次会议建议议程、时间。

7月19日，市第十六届人大常委会举行第五十九次主任会议。会议议程：1.听取市监委关于人事任免情况的报告；2.听取市中级法院关于人事任免情况的报告；3.听取市检察院关于人事任免情况的报告；4.听取市政府关于人事任免情况的报告；5.听取市政府关于贯彻实施宗教事务条例情况的报告；6.听取市政府关于我市医疗保障政策落实情况的报告；7.听取市政府关于长江流域（芜湖段）生态环境状况及保护和修复情况的报告；8.讨论关于检查《芜湖市电梯安全管理条例》贯彻实施情况的报告（讨论稿）；9.讨论市人大常委会关于批准2020年市级财政决算的决议（草案）；10.讨论市人大常委会关于批准2021年芜湖市市级预算调整的决议（草案）；11.听取关于《芜湖市瓶装燃气管理条例（草案）》修改情况的说明；

12.讨论关于接受辞职请求的议案和决定草案；13.讨论关于提请任免刘萍等工作职务的议案；14.讨论市第十六届人大常委会第三十次会议建议议程、时间。

7月26日，市第十六届人大常委会举行第六十次主任会议。会议议程：听取市政府关于人事任免情况的报告。

8月19日，市第十六届人大常委会举行第六十一次主任会议。会议议程：1.听取市政府关于我市国家森林城市巩固提升情况的报告；2.听取关于《芜湖市生活垃圾分类管理条例（草案）》审查意见的报告；3.讨论市人大常委会审议我市2021年上半年国民经济和社会发展计划执行情况及下半年工作意见报告的意见（讨论稿）；4.讨论市人大常委会审议检查《芜湖市电梯安全管理条例》贯彻实施情况报告的意见（讨论稿）；5.讨论市人大常委会审议我市市级2020年度预算执行及其他财政收支审计工作报告的意见（讨论稿）；6.讨论市人大常委会审议我市2021年上半年预算执行情况及下半年工作意见报告的意见（讨论稿）

9月8日，市第十六届人大常委会举行第六十二次主任会议。会议议程：1.听取市政府关于人事任免情况的报告；2.听取市中级法院关于人事任免情况的报告；3.听取市检察院关于人事任免情况的报告；4.听取市政府关于提请审议我市与河南省南阳市缔结友好城市关系的议案；5.讨论市人大常委会关于批准芜湖市与南阳市缔结友好城市的决定（草案）；6.讨论关于我市国有自然资源资产管理情况的调研报告（讨论稿）；7.讨论关于我市农机化工作情况的调研报告（讨论稿）；8.讨论关于检查《中华人民共和国固体废物污染环境防治法》贯彻实施情况的报告（讨论稿）；9.讨论关于检查《芜湖铁画保护和发展条例》贯彻实施情况的报告（讨论稿）；10.讨论关于检查《芜湖市居家养老服务条例》贯彻实施情况的报告（讨论稿）；11.讨论关于终止审议《芜湖市湿地公园保护管理条例（草案）》的报告（讨论稿）；12.听取关于《芜湖市瓶装燃气管理条例（草案）》审议结果的报告，决定将《芜湖市瓶装燃气管理条例（草案表决稿）》提请常委会全体会议表决；13.讨论关于提请任命王贵成工作职务的议案；14.讨论关于提请免去汪自彬等工作职务的议案；15.讨论关于个别代表的代表资格审查报告；16.讨论市第十六届人大常委会第三十一次会议建议议程、时间。

10月26日，市第十六届人大常委会举行第六十三次主任会议。会议议程：1.听取市政府关于我市旅游发展情况的报告；2.讨论市人大常委会审议我市2020年度国有自然资源资产管理情况专项报告的意见（讨论稿）；3.讨论市人大常委会审议我市农机化工作情况报告的意见（讨论稿）；4.讨论市人大常委会审议检查《中华人民共和国固体废物污染环境防治法》实施情况报告的意见（讨论稿）；5.讨论市人大常委会审议检查《芜湖铁画保护和发展条例》实施情况报告的意见（讨论稿）；6.讨论市人大常委会审议检查《芜湖市居家养老服务条例》实施情况报告的意见（讨论稿）；7.讨论关于我市加速推进“双招双引”工作情况专题询问的实施方案（讨论稿）。

11月4日，市第十六届人大常委会举行第六十四次主任会议。会议议程：1.传达学习中国共产党安徽省第十一次代表大会会议精神；2.讨论关于提请审议《芜湖市第十七届人民代表大会代表名额分配方案（草案）》的议案，并听取说明；3.讨论市第十六届人大常委会第三十二次会议建议议程、时间。

11月19日，市第十六届人大常委会举行第六十五次主任会议。会议议程：1.听取市政府关于人事任免情况的报告；2.听取市监委关于人事任免情况的报告；3.讨论市人大常委会关于开展第八个五年法治宣传教育的决议（草案），并作说明；4.讨论关于全市法院民事合同纠纷案件审判工作情况的调研报告（讨论稿）；5.讨论关于全市检察机关民事检察工作情况的调研报告（讨论稿）；6.讨论关于我市加速推进“双招双引”工作开展情况的调研报告（讨论稿）；7.讨论关于市第十六届人大五次会议代表议案建议处理情况的报告（讨论稿）；8.讨论关于个别代表的代表资格审查报告；9.讨论关于提请审议《芜湖市人民代表大会常务委员会关于召开市第十七届人大第一次会议的决定（草案）》的议案；10.讨论市第十六届人大常委会第三十三次会议建议议程、时间。

11月22日，市第十六届人大常委会举行第六十六次主任会议。会议议程：讨论关于接受辞职请求的议案和决定（草案）。

12月17日，市第十六届人大常委会举行第六十七次主任会议。会议议程：1.讨论关于接受辞职请求的议案和决定（草案）；2.讨论市第十六届人大常委会第三十四次会议建议议程、时间。

12月30日，市第十六届人大常委会举行第六十八次主任会议。会议议程：1.讨论关于2021年规范性文件备案审查工作情况的报告（讨论稿）；2.讨论市人大常委会审议全市法院民事合同纠纷案件审判工作情况报告的意见（讨论稿）；3.讨论市人大常委会审议全市检察机关民事检察工作情况报告的意见（讨论稿）；4.讨论市人大常委会审议我市加速推进“双招双引”工作开展情况报告的意见（讨论稿）；5.讨论市人大常委会关于批准芜湖市2021年市级地方政府债务限额的决议（草案）；6.讨论市人大常委会关于批准2021年市级第二次预算调整的决议（草案）；7.讨论关于补选芜湖市出席安徽省第十三届人民代表大会代表的议案；8.讨论市第十七届人民代表大会第一次会议建议议程、日程（草案）和会务工作安排；9.讨论市第十六届人大常委会第三十五次会议建议议程、时间；10.讨论市人大常委会工作报告（讨论稿）；11.讨论市人大各专门委员会工作报告（讨论稿）。

常委会工作

【执法检查】6月3日，省人大常委会副主任魏晓明率执法检查组来芜，就《中华人民共和国中医药法》和《安徽省中医药条例》实施情况开展执法检查。省人大常委会委员、省人大教科文卫委员会副主任委员李俊参加检查。市委书记单向前，市人大常委会党组书记、副主任丁祖荣，市领导孙国正、贺东陪同或参加检查。

6月7—8日，省人大常委会党组副书记、副主任沈素琍率执法检查组来芜，就《中华人民共和国固体废物污染环境防治法》贯彻实施情况开展执法检查。省人大常委会秘书长白金明，省人大常委会委员、副秘书长、研究室主任黄晓求等参加检查。省生态环境厅厅长贺泽群，市委书记单向前，市委副书记、市政府党组书记宁波，市人大常委会党组书记、副主任丁祖荣，市领导董萍、贺东、汤劲松等陪同或参加检查。

6月10—11日，市人大常委会副主任何向阳率执法检查组，对芜湖市贯彻实施《芜湖市电梯安全管理条例》情况开展执法检查。

8月11—12日，市人大常委会副主任孙国正率执法检查组，对芜湖市贯彻实施《芜湖铁画保护和发展条例》情况开展执法检查。

8月中下旬，市人大常委会副主任董萍率执法检查组，对芜湖市贯彻实施《芜湖市居家养老服务条例》情况开展执法检查。

【视察调研】1月12—13日，省人大常委会办公厅二级巡视员郭世东率省人大常委会法工委来芜对《安徽创新型省份建设促进条例（草案修改稿）》进行立法调研。市人大常委会副主任凤剑峰陪同调研。

3月23日，市人大常委会副主任董萍率城建环资工委对芜湖市城市水环境整治工作情况进行专项督查。

3月下旬，市人大常委会党组书记、副主任丁祖荣，副主任董萍分别率督导组赴相关县市区，对推进长江岸线突出生态环境问题整改进行实地督导。市人大常委会秘书长后名文参加督导。

4月上旬，市人大常委会副主任董萍率社会建设工委对市总工会、团市委、市妇联创新创业工作情况进行专题调研。

4月13—14日，市人大常委会副主任孙国正率教科文卫工委对芜湖市公共文化服务工作开展情况进行专题调研，并对“关于加强公共文化建设，增强文化供给渠道的建议”重点处理建议开展督办。

4月14日，市人大常委会副主任凤剑峰率调研组赴湾沚区开展《宗教事务条例》贯彻执行情况进行调研。

4月15日，青海省人大常委会副主任吴海昆一行来芜，对芜湖市优化营商环境情况进行考察调研。安徽省人大财经委副主任委员洪艳群，市人大常委会党组书记、副主任丁祖荣陪同考察调研。

4月19日下午，市人大常委会副主任凤剑峰率民宗侨外工委调研组，前往无为市开展侨务工作情况调研。

4月20日，市人大常委会副主任董萍率调研组，对芜湖市2020年环境状况和环境保护目标完成情况开展专题调研。

4月22日，中山市人大常委会党组副书记、副主任冯煜荣及部分在中山市的广东省人大代表一行来芜，对芜湖市在推动健康中国建设、乡村振兴发展及人大换届选举等方面情况开展考察调研。市人大常委会副主任凤剑峰陪同考察调研。

4月28—29日，省人大常委会城建环资工委副主任庄庆生率调研组来芜对《安徽省绿色建筑发展条例（草案）》开展立法调研，市人大常委会副主任董萍陪同调研。

5月7—8日，市人大常委会副主任董萍率队对芜湖市防汛排涝准备工作情况进行专题调研。

5月11日，市人大常委会副主任孙国正率教科文卫工委对芜湖市历史文化发掘保护工作情况进行调研。

6月21至22日，上海市闵行区人大常委会副主任张国荣一行来芜，对芜湖市中运量轨道交通和城市雕塑等方面情况进行考察调研。市人大常委会副主任董萍陪同考察调研。

6月24—25日，省人大常委会法工委副主任曹林生率省人大常委会法工委、省经信厅、省无线电管理委员会办公室来芜对《安徽无线电管理条例（修订草案征求意见稿）》开展立法调研。市人大常委会一级巡视员凤剑峰陪同调研。

6月30日，市人大常委会副主任董萍率城建环资工委，对芜湖市长江流域生态环境状况及保护和修复情况进行调研。

7月5—6日，全国人大常委会委员、省人大常委会副主任谢广祥率队来芜，就我省制定教育督导条例开展立法调研。省人大教科文卫委员会副主任委员辛生，省委教育工委委员、省教育厅总督学吴金辉，市委书记、市人大常委会主任单向前，市委副书记、市长宁波，市人大常委会党组书记、副主任丁祖荣，副主任孙国正，副市长程刚，市人大常委会秘书长后名文等陪同调研或参加座谈。

7月14日，市人大常委会党组书记、副主任丁祖荣到无为市开城镇幸福村实地调研，联系指导乡村振兴工作。市人大常委会秘书长后名文参加。

8月19—20日，市人大常委副主任奚南山率监察和司法工委、市人大代表、常委会法律咨询专家组成调研组，对全市检察院民事检察工作开展调研。

8月24至26日，市人大常委会副主任奚南山副主任率监察和司法工委、人大代表、常委会法律咨询专家等组成的调研组，先后前往镜湖区、鸠江区法院开展专项工作调研。

8月30—31日，省人大代表、滁州市人大常委会党组书记、主任王图强率在滁部分省人大代表来芜开展专题调研。市委书记、市人大常委会主任单向前，市人大常委会党组书记、副主任丁祖荣，秘书长后名文会见或陪同考察。

9月1日，省人大代表、马鞍山市人大常委会党组书记、主任钱沙泉率在马部分省人大代表来芜进行考察，省人大代表、马鞍山市人大常委会副主任朱来友参加。市委书记、市人大常委会主任单向前，市人大常委会党组书记、副主任丁祖荣，秘书长后名文会见或陪同考察。

9月6—7日，省人大常委会办公厅二级巡视员郭世东率省人大常委会法工委、监司工委、省委政法委综治督导处来芜对《安徽省见义勇为人员奖励和保障条例（修订草案修改初稿）》开展立法调研。市人大常委会一级巡视员凤剑峰陪同调研。

9月9—10日，省人大常委会城建环资工委副主任庄庆生一行来芜，对传统村落保护及乡村旅游发展情况开展调研。市人大常委会副主任董萍陪同调研。

9月15—16日，新乡市人大常委会副主任鹿建宇一行来芜对芜湖市完善科技创新体制机制工作情况进行考察。市人大常委会副主任孙国正陪同考察。

9月17—18日，滁州市人大常委会副主任查镜波一行来芜对芜湖市推动基础教育高质量发展工作情况进行考察。市人大常委会副主任孙国正陪同考察。

9月22—23日，省人大常委会委员、外事工委主任黄晓求率队来芜外教管理工作情况开展调研。市人大常委会党组书记、副主任丁祖荣，一级巡视员凤剑峰，秘书长后名文参加或陪同调研。

9月27—28日，兰州市人大常委会副主任王俊东一行来芜对城市安全发展工作进行考察。市人大常委会副主任董萍陪同考察。

10月12日，市人大常委会副主任孙国正率队对芜湖市中小学教育服务综合改革工作进行专题调研，重点了解“三心工程”实施情况。

10月12日，市人大常委会副主任董萍率农业与农村工委对芜湖市长江禁捕工作巩固深化情况进行调研。

10月18—19日，省人大常委会民宗侨外工委陪同广西壮族自治区人大常委会外事华侨委副主任委员于洁一行来芜对重点产业园区招商引资工作进行考察交流。市人大常委会副主任何向阳陪同考察。

10月19—20日，省人大代表、市人大常委会党组书记、副主任丁祖荣和在芜的部分省人大代表赴黄山市、宣城市对历史文化保护、生态环境高质量发展和乡村振兴工作情况开展专题调研。

10月20—21日，省人大常委会委员、省人大教科文卫委委员会副主任委员王英俭率省人大常委会传染病防治及疫情防控工作调研组来芜开展专题调研。市人大常委会副主任孙国正陪同调研。

10月21日，市人大常委会副主任董萍率队赴弋江区、三山经开区对《芜湖市文明行为促进条例》实施情况调研。

10月28日，市人大常委会党组书记、副主任丁祖荣赴无为市开城镇对乡村振兴工作开展调研。市人大常委会秘书长后名文参加。

11月2日，市人大常委会副主任孙国正率调研组，对芜湖市爱国卫生工作情况进行专题调研。

11月3—4日，省人大常委会委员、省人大城建环资委主任委员赵馨群率调研组，对芜湖市贯彻落实《安徽省实施〈中华人民共和国人民防空法〉办法》情况进行调研。市人大常委会党组书记、副主任丁祖荣，副主任董萍，秘书长后名文及市政府有关负责人陪同调研。

11月16日，市人大常委会副主任董萍率农工委对芜湖市种业发展和优质绿色水稻品种示范推广情况进行调研。

11月25日，省人大城建环资委副主任委员鲍挺率调研组来芜，对芜湖市第五代移动通信基站建设及工业互联网运用进行专题调研。市人大常委会副主任董萍陪同调研。

12月2日，省人大常委会副主任沈强率调研组来芜对《安徽省实施〈中华人民共和国土地管理法〉办法》开展立法调研。市委书记、市人大常委会主任单向前，市人大常委会党组书记、副主任丁祖荣，市领导董萍、程刚，市人大常委会秘书长后名文陪同或参加座谈。

12月7—8日，省人大常委会法工委副主任曹林生一行来芜对《中国（安徽）自由贸易试验区条例（草案修改初稿）》开展立法调研。市人大常委会副主任奚南山陪同调研。

12月16—17日，省人大常委会委员、省人大城建环资委主任委员赵馨群一行来芜联系走访代表，了解芜湖市贯彻落实中央及省委人大工作会议有关精神情况，并征求对拟提请省十三届人大五次会议审议的省人大常委会工作报告（征求意见稿）的意见。市人大常委会党组书记、副主任丁祖荣，副主任董萍，秘书长后名文陪同。

【督导和包保工作】 1月22日，市人大常委会党组书记、副主任丁祖荣带领督导检查组检查繁昌区疫情防控工作。市人大常委会秘书长后名文参加督导检查。

2月4日，市人大常委会党组书记、副主任丁祖荣带领第五督导检查组前往繁昌区，采取“四不两直”督导疫情防控工作。市人大常委会秘书长后名文参加。

5月18日，市人大常委会党组书记、副主任丁祖荣带领第五督导检查组前往繁昌区，实地督导检查疫情防控和防汛工作。市人大常委会秘书长后名文参加。

5月26日，市人大常委会党组书记、副主任丁祖荣带领督导检查组前往繁昌区，实地督导检查信访积案化解、疫情防控、防汛备汛等工作。市人大常委会秘书长后名文参加。

7月19日上午，市人大常委会副主任奚南山率监察和司法工委、部分市人大代表组成的督查组前往湾沚区，开展《芜湖市人民代表大会常务委员会关于加强检察公益诉讼工作的决定》（以下简称《决定》）督查“回头看”活动。

7月26日，市人大常委会党组书记、副主任丁祖荣带领督导检查组前往繁昌区，督导检查疫情防控工作。市人大常委会秘书长后名文参加。

10月28—29日，市人大常委会副主任孙国正、何向阳、董萍分别带领部分常委会委员和议案领衔代表对市十六届人大五次会议关于进一步加大招才引智力度加快建设更高水平人才强市的议案（并案）、关于镜湖区试点打造城市更新示范区的议案、关于保护和开发芜湖市近代西洋历史建筑的议案办理情况进行检查。

12月6日，市人大常委会副主任董萍带队，就城市水环境突出问题整改工作进行督导。

12月7日下午，市人大常委

会党组书记、副主任丁祖荣深入三山经济开发区部分小区、道路、背街小巷、农贸市场等，实地督导文明城市创建迎检工作。

【制定《芜湖市瓶装燃气管理条例》】9月13日，《芜湖市瓶装燃气管理条例》经市第十六届人大常委会第三十一次会议审议通过并经11月19日省第十三届人民代表大会常务委员会第三十次会议批准。该条例于2022年5月1日起施行。

【加速推进“双招双引”工作专题询问】11月23日下午，市第十六届人大常委会第三十三次会议召开联组会议，对全市加速推进“双招双引”工作情况开展专题询问。8位常委会委员和市人大代表轮流发言询问。市人社局、市科技局、市投资促进中心、市人才发展集团、市发改委、市经信局、市财政局、市地方金融监管局等部门主要负责人到会应询、回答问题。市人民政府副市长姚凯到会听取意见，并代表市政府作表态发言。

【出席第三次南京都市圈城市人大常委会主任协商联席会议】5月13—14日，第三次南京都市圈城市人大常委会主任协商联席会议在扬州召开。市人大常委会党组书记、副主任丁祖荣出席。会议分别就贯彻《关于支持和保障南京都市圈共建长三角一体化高质量合作示范区的决定》、助推《南京都市圈发展规划》落实情况进行深入交流，共同增强都市圈人民群众获得感、幸福感、安全感。

【出席第三届长三角G60科创走廊九城市人大工作交流会暨人大代表科创企业（人才）交流会】4月15—16日，第三届长三角G60科创走廊九城市人大工作暨人大代表科创企业（人才）交流会在苏州举行。会议以“聚焦科技创新　助力高质量发展”为主题，开展九城市人大工作交流，共同推动G60科创走廊九城市开展科技创新、智能制造等方面的合作交流。市人大常委会副主任凤剑峰、秘书长后名文出席会议。市科技局负责人及部分企业家人大代表参加。

【出席第四届长三角G60科创走廊九城市人大工作交流会】10月15—16日，第四届长三角G60科创走廊九城市人大工作交流会暨“贯彻新发展理念　推进高质量发展”交流大会在合肥市举行。市人大常委会党组书记、副主任丁祖荣出席会议。秘书长后名文，市经信局负责人及部分企业家人大代表参加。市经信局以“创新引智　勇立潮头”为题，介绍芜湖市新能源和智能网联汽车产业发展经验做法。

【开展主任会议组成人员接待代表活动】4月9日，市人大常委会秘书长后名文接待6名来自基层的市人大代表，6月25日，市人大常委会党组书记、副主任丁祖荣接待5位来自基层的市人大代表，8月30日，市人大常委会副主任奚南山接待6位来自基层的市人大代表，通过面对面的方式听取代表的意见和建议，进一步加强常委会同人大代表的直接联系。

【办理代表议案建议】芜湖市十六届人大五次会议期间，代表10人以上联名提出议案36件，经议案审查委员会审查，并经大会主席团决定，5件列为议案（并案为4件），其余31件转为建议、批评和意见。代表在会议期间还对全市各方面工作提出建议、批评和意见164件，合计195件（以下简称建议）。这些建议由党委、人大、政府系统等有关机构负责办理。市人大常委会主任会议成员还从中选择20件作为重点建议进行督办。在规定的办理期限内，市人大常委会人选工委收到代表建议办理答复函647件，其中主办单位的答复函195件，答复率100%，协办单位的答复函452件。市人大常委会人选工委收到代表建议答复意见反馈表152份，表示满意的143份，表示基本满意的9份。

【督查重点建设工程】市人大常委会领导带队，分6组对芜湖市三山水厂原水管线迁改工程、芜湖市中医医院中医传承与创新研究中心建设项目、商合杭铁路芜湖北站北广场枢纽工程、梦溪路（荆山路—北京东路）、G205九华南路快速化改造工程八里湾跨芜铜铁路桥改造、芜湖市城区污水系统提质增效（一期）PPP项目—滨江污水处理厂一期二阶段扩建工程、S334峨山路东延伸（沿江高速—芜宣高速）新建工程（一期）等12个项目进行实地督查，督促重点建设工程加快实施。

（宋　亮）

芜湖市人民政府

Wuhu Municipal People's Government

综　述

【概况】2021年，市政府办公室始终坚持以习近平新时代中国特色社会主义思想为指导，完整、准确、全面贯彻新发展理念，深入学习贯彻习近平总书记最新重要讲话指示批示和考察安徽重要讲话精神，立足于打造省域副中心、建设人民城市工作大局，超前谋划、主动作为，忠实践行“五个坚持”，不断开创“三服务”事业新局面。

2021年，芜湖市人民政府先后获评“2020年度全省政务公开工作先进单位”“2020年度全省政府网站暨政务微博微信工作先进单位”和“2020年度全省政务信息工作先进单位”等荣誉。

【优化产业生态】实施“双招双引”一号工程。新签约亿元以上招商项目643个、增长56%，其中50亿元以上项目10个。新开工亿元以上项目586个、增长37%。全面推动产业升级。规上工业增加值预计增长14%。奇瑞汽车成为中国品牌乘用车首个年出口超20万辆的车企，名列全国企业科技创新500强第21位；海螺集团位居世界500强企业第315位。实施亿元以上技改项目115个，总投资360亿元。战略性新兴产业产值预计增长35%。以旷视科技等人工智能龙头企业为牵引，谋划建设“中国视谷”。中电科钻石飞机出货量稳居全国第一。获批中国家电智能制造基地。服务业增加值预计增长11.5%。新晋10家省级服务业集聚区和集聚示范区，增量居全省第一。获批线上经济创新发展试验区。入选全国信息消费示范城市、首批国家文化和旅游消费试点城市，方特入选首批国家级夜间文化和旅游消费集聚区。南陵县获评国家电子商务进农村综合示范县。粮食产量超27亿斤。成功召开全国智慧农业现场交流会，建成全国主粮领域首个地块级“数字农业示范基地”，繁昌区入选全国首批创建农业现代化示范区。出台“民企改革发展32条”“激发民企创意创新创造26条”支持政策。举办34场“畅聊早餐会”，架起政企民直接沟通新桥梁，解决企业诉求112项，促进项目落地总额达300亿元。全面实施“1%工作法”，帮助企业降低用工、用能、物流、融资等成本，为企业减、退、缓税80亿元。

【培育科创矩阵】获批合芜蚌国家科技成果转移转化示范区。国家级知识产权公共服务平台技术与创新支持中心授牌运行。启动建设“创业芜优”之城，省级以上科技企业孵化器、众创空间达43家。全社会研发投入占GDP比重达3.34%，科技创新驱动力指数居长三角第6位，较上年度跃升3位。入选“科创中国”试点城市。新能源汽车半固态电池等48个项目列入国家、省科技攻关计划，成功揭榜18个省重点关键技术攻关任务。国产双发四座多用途飞机、碳化硅核心器件制造工艺等科技创新成果填补国内空白。筹建安徽省新能源和智能网联汽车产业研究院。省级以上研发机构总数达475家，新型研发机构占全省四分之一。净增重点研发创新平台10个，总数达55个。新增高新技术企业240家、科技型中小企业305家、省级企业技术中心23家、省级产业创新中心3家。21家企业入选国家专精特新“小巨人”，11家企业获批省级专精特新冠军企业。39家企业入围全省研发经费支出“双百强”规上企业。

【强化开放引领】注册企业超4000家，进出口总额增长34.2%。在全省率先推行增值税一般纳税人、内销选择性征收关税业务，4项制度创新入选全省首批10个标志性建设成果。省公共卫生临床中心（芜湖）、皖江学院、湾谷科技园、西湾花园及中小学校等项目开工。总投资120亿元的磷酸铁锂正极材料项目和总投资70亿元的锂电池材料项目等一批新兴产业项目布局江北。成立人民城市建设委员会，首创“城市建设合伙人”制度，选定首批10个人民城市建设合伙人。建立十大新兴产业协同推进机制，出台加快制造业高质量发展实施意见。创新开展“一业一证一码”试点。在全省率先实施零基预算改革，优化处置存量资金31亿元。深入推进国企改革三年行动，组建前湾集团、中江城建集团、国投公司，市本级29家国有企业整合重组为9家，企业资产总额、净资产分别增长11.3%和14.9%。与上海松江区开展战略合作，G60科创走廊芜湖产创中心一期项目签约，成为全省首个在上海购地自建的“科创飞地”，首批入驻企业10家。推进“五个区块链接”，与沪苏浙新达成9项合作事项。与G60科创走廊城市30余家高校院所签订合作协议100余项，研发投入38亿元。芜湖航空产业园成为首批G60科创走廊产融结合高质量发展示范园区。芜湖－洋山港“联动接卸”入选长三角一体化发展十大典型制度创新案例。建设省级长三角绿色农产品基地16个。

【推动绿色发展】全市PM2.5平均浓度每立方米33.8微克，空气优良率达84.9%，国考断面由6个增加到10个，全部保持水质达到或优于III类，危险废物利用和处置能力分别提升5.5万吨、1.7万吨。新增、提升绿地245万平方米，铺设城市绿道27.8千米。城东污水处理厂突出环境问题已经省级验收。编制碳排放达峰行动方案，海螺集团、南开大学共建碳中和新材料研究机构。与中石化合作启运全省首座加氢站。海螺水泥窑碳捕集纯化示范项目填补水泥工业技术空白，捕集二氧化碳8万余吨。全国首台套CKB锂电池回收利用项目竣工。开展重点工业企业节能诊断绿色技改，率先完成火电行业全国碳排放权注册登记和交易开户。推进绿色金融，落地全省首单“绿创组合贷款”。建成全省首个智慧长江综合管理平台，实现长江芜湖段全流域、全天候、全方位监测预警。全省首个智慧生态环境平台（二期）上线试运行。完成长江生态廊道造林2246.7公顷。成功举办长江禁渔暨渔文化论坛。

【常态化疫情防控】妥善处置3例入境和1例关联无症状感染者，3天内完成市区全员核酸检测。完成3—11岁儿童和12岁以上人群新冠疫苗全程接种任务，规范化建设和改造新冠定点医院2家、发热门诊20个。在全省率先上线新冠病毒核酸检测信息系统。

【提升城市品质】出台推进人民城市建设若干意见，实施首批14个子方案。启动人民城市建设“双百攻坚”，落实“三级调度”机制，芜黄高速、赤铸山路快速化改造、高速公路芜湖东出入口等项目竣工通车，城区污水系统提质增效工程、残疾人综合服务中心改造、长江路地下综合管廊等民心工程投用。改造棚户区1165套。老旧小区改造标准提高至每平方米400元，完成改造187个。建成“芜湖书房”15座，共享城市阅读空间。神山公园6.7公里健身步道投入使用。芜宣机场开通15条客运航线和3条全货机航线，通航8个月旅客吞吐量超16万人次。轨道交通1号线、2号线一期通车。

【加快乡村振兴步伐】市乡村振兴局挂牌，成立乡村振兴产业要素联盟。建成高标准农田23000公顷。投入资金4.5亿元，实施衔接推进乡村振兴补助资金项目260个。湾沚区红杨镇、六郎镇官巷村分别入选全国乡村旅游重点镇村。农村居住环境持续改善，完成农村改厕1.9万户，实现农村“千吨万人”集中式饮用水水源水质监测全覆盖，新建、改造“四好农村路”680公里，建成省级美丽乡村中心村55个。繁昌区入选全国村庄清洁行动先进县。

【改善人民生活持续】民生类支出占财政总支出比例达83.4%。职工基本养老、失业、工伤保险参保总数225.7万人，城乡居民养老保险参保156万人。城镇登记失业率2.1%，新增城镇就业7.6万人。城乡低保标准统一提高至742元/月。城镇职工医保基金实现市级统筹，芜湖市专属补充医疗保险“芜优保”上线。完成居家养老服务设施提升改造296个，开展老年人助餐试点工作。新增社会化养老机构床位1000余张。房地产领域办证难问题得到基本解决。安全生产事故发生率和死亡率持续“双下降”，社会治安形势保持良好态势。

综合政务

【党建工作】建立“逢会必学”“第一议题”等制度，机关党组全年开展19次中心组理论学习、5次交流研讨，各基层党支部开展80余次集中学习。深入抓好党的十九届六中全会及省市第十一次党代会精神的学习宣传贯彻，梳理“我为群众办实事”33件。参与“安徽干部教育在线”“学习强国”“得到”APP等线上平台学习，参学率、通过率均达到100%。组织党员赴宪法馆、王稼祥纪念馆、市档案馆开展实地学习。组织20余人次参加调学轮训，6人在全市年轻干部政治理论测试获通报表扬。组织干部参加省、市相关部门各类脱产培训17人次。

【综合文字工作】深化“文经我手无差错，事交我办请放心”主题活动，不断提升“三服务”质量和效率。起草市政府工作报告及市政府主要负责人在各类会议活动上的讲话、致辞等400余篇；起草各级领导来芜视察考察交流汇报材料及各类总结、报告等材料150余篇。聚焦全市经济社会发展，顺利完成《芜湖市发展新经济研究实务》《长三角先发地区发展模式研究》等7个行政决策重点研究课题，编印《决策参考》6期。

【会务接待】组织承办市政府全体会议、市政府廉政工作会议各1次，市政府常务会议29次，国家、省级电视电话会议49次，办理省级会议通知247次。接待各级领导来芜调研、考察419次。协调市领导接待客商200余批次；参加各类督查、督导23批次；参加省人大、省政协相关活动12次。组织“人民城市建设大会”“全省重大项目集中开工主会场”等大型活动20余场次。

8月6日，芜湖市委副书记、市长宁波参加市政府办公室机关党委第一支部举行的主题党日活动，同支部成员一起重温入党誓词

（市政府办公室 提供）

【政务信息】收集各类信息1.4万余篇，编报市级《昨日要情》249期2985篇、《信息专报》33期，上报省政府办公厅信息213期1821篇，被国办采用28篇、获国务院领导批示14篇，省办采用200篇、获省长批示3篇。2021年度信息报送工作考核考评居全省第四。

【文秘值班】办理各类收文10126件、发文1391件，上报省政府文件100件。通过易政网发放市领导各类抄告单3444件，其中处理市长批示收文100余件、发放市长抄告10期。严格落实在编在岗人员24小时轮流值班、节假日三级带班制度，上报较大及敏感突发事件信息28期、省政府领导批示15次，向市委市政府领导报送各类突发事件信息430余条、市委市政府领导批示50次，未发生漏报、瞒报和迟报较大以上突发事件信息。

【优化营商环境工作】实施“四送一服”双千工程，印发专项检查情况通报2期，通过省“四送一服”综合服务平台办理问题8506个，上报工作信息（范例）155篇。印发《芜湖市人民政府关于落实和衔接国务院取消和下放行政许可事项的通知》，对应取消4项行政许可事项、承接落实1项。深化投资项目标准地、承诺制改革，社会投资类、工业类工程建设项目审批时限分别压缩至60和30个工作日以内。2021年，芜湖市在全国营商环境评价中获优良等次，其中“纳税”指标成为全国标杆。

【政务公开】强化政策发布解读和回应，对2021年以来市本级出台的42件规范性文件的文字解读进行完善；市本级全年制作图文解读26篇、动漫视频解读8篇，市本级主动公开各类信息23万余，组织各部门召开重点领域新闻发布会84场，出版政府公报13期、刊登政策文件110条。上线“芜湖市规划蓝图”专题，展示芜湖市规划体系；上线“芜湖市政策文件库”，发布各类政策信息1100余条；上线“招商引资、招才引智”专题，归集整理芜湖市“双招双引”政策申报指南184项等。《芜湖市构建政务公开全流程综合服务体系》被国办政务公开办采纳。

【初心热线】围绕“打得通、记得下、交得出、办得好”建设12345政务服务便民热线，归并汇总各类为民服务热线37条，落实“一线一策”，在全省率先完成归并、挂牌。建立工单即时交办工作机制，省交办件、直办件办理时长分别压缩至6个和1个工作日。常态化开展日常交办、督办和重点督办，全年开展现场督办9次，下发督办单28件、抄告单31件，召开协调会6次。受理各类群众有效诉求57万件，同比上升41.91%，办复率100%。

2021年市政府常务会议议题

第82期（2021.1.25）

1.芜湖市建设“中国快递示范城市”工作方案

2.关于改革完善社会救助制度的工作举措

3.芜湖市党政主要领导任期经济责任审计发现问题整改方案

4.市政府与长江生态环保集团有限公司合力打造水环境治理样板实施方案

5.市国资委关于国资国企部分监管事项管理权限调整的请示

6.关于提请继续实施《芜湖市环境空气质量生态补偿暂行办法》的请示

7.（保密文件）

第83期（2021.2.2）

1.关于营造更好发展环境支持民营企业改革发展的若干措施

2.芜湖市市直有关部门生态环境保护责任清单

3.关于公布市级权责清单中依职权类权责事项目录的通知

4.2019年《芜湖市妇女发展规划》《芜湖市儿童发展规划》执行情况报告

5.关于调度库款垫付专项债券项目建设资金的请示

6.芜湖市2021年市政府投资项目计划

第84期（2021.3.2）

会前学习：政府督查工作条例

1.关于美的厨热智能家电产业园项目“一事一议”审议情况的报告

2.关于北京昆尚文化传媒有限公司昆仑决总部基地项目“一事一议”审议情况的报告

3.关于加快推进开发区“标准地”改革工作实施方案、芜湖市开发区区域评估工作实施方案

4.芜湖市关于促进线上经济发展的实施方案

5.芜湖市污染防治攻坚战成效考核实施方案

6.关于着力加强卫生健康行业党的建设推进医药卫生治理体系和治理能力现代化的工作举措

7.芜湖市居民住宅小区安全防范设施建设和管理实施办法

8.芜湖市市区房屋使用安全管理办法

9.芜湖市重大行政决策程序规定

10.安徽海螺集团有限责任公司　中国科学技术大学　芜湖市人民政府“新材料与智能制造联合实验室”共建合作协议

11.关于与国家林业和草原局华东调查规划设计院开展林业战略合作的请示

第85期（2021.3.15）

会前学习：1.关于转发国务院安委办关于近5年来特别重大生产安全事故整改措施落实情况回头看工作情况的通报（宁波同志领学）

2.政务信息（青岛市出台措施加快工业互联网高质量发展）第23期

3.《芜湖市应对气候变化工作进展及下一步工作思路——以碳达峰　碳中和引领芜湖市高质量发展》（市生态环境局大气环境科　王文婧）

议题

1.关于全市做好中央第二轮生态环保督察准备工作情况的报告

2.市司法局关于开展政法队伍教育整顿工作报告

3.关于芜湖公安队伍教育整顿工作开展情况的报告

4.芜湖市公共资源交易监督管理办法

5.关于全面加强危险化学品安全生产工作的实施细则

6.芜湖市工业互联网创新发展标杆示范培育行动实施方案、芜湖市工业互联网创新发展三年行动计划（2021—2023年）

第86期（2021.3.23）

会前学习：

中共安徽省委办公厅关于成立省政法队伍教育整顿领导小组的通知（书面）

单向前传达3月23日市委常委会会议精神

议题

1. 关于2021年重点工作及责任分解的通知

2. 芜湖市落实省第三生态环境保护督察组督察反馈意见整改方案

3. 芜湖市无偿献血实施细则

4. 芜湖市上市挂牌后备企业资源库管理办法、芜湖市上市后备企业定增跟投管理办法、芜湖市上市奖补专项资金清算管理办法

5. 关于进一步规范财政收入管理秩序的通知

6. 芜湖市综合性消防救援装备发展规划（2020—2024年）

7. 芜湖市弋江区“2020.11.28”较大火灾事故调查报告

8. 芜湖市人民政府　中车城市交通有限公司战略合作协议

9.（保密文件）

10.（保密文件）

第87期（2021.4.2）

1. 关于建立芜湖市经济运行监测预警机制的通知

2. 关于加快政府投资基金的意见

3. 芜湖市市本级国有金融资本管理暂行办法

4. 关于进一步贯彻落实“过紧日子”要求的请求

5. 芜湖市推动“五个区块链接”加快与长三角对接合作工作方案

6. 芜湖市关于新时代加快完善社会主义市场经济体制的实施意见

7. 芜湖市关于构建更加完善的要素市场化配置体制机制的若干措施

8. 关于2021年度水清岸绿产业优美丽长江（芜湖）经济带专项资金分配的请示

9.（保密文件）

10.（保密文件）

第88期（2021.4.16）

会前学习：

刘伟平、李锦斌、李春良同志在中央第三生态环境保护督察组督察安徽省工作动员会上的讲话

1. 芜湖市城市排水管理办法

2. 关于在中国（安徽）自由贸易试验区芜湖片区实施“一业一证一码”改革试点实施方案

3. 芜湖市养犬管理条例实施办法

4. 关于会通新材料35万吨聚乳酸一期项目“一事一议”审议情况的报告

5. 芜湖市江河岸线及陆域资源保护与合理利用实施意见、芜湖市江河岸线及陆域资源管理委员会议事规则

6. 关于2019年度芜湖太赫兹工程中心有限公司研发设备投入补助资金事项的请示

7. 关于提请表扬芜湖宣州民用机场项目前期审批和设计建设两个团队的请示

8. 芜湖市人民政府　交通银行股份有限公司安徽省分行战略合作协议

9. 上海市松江区人民政府　安徽省芜湖市人民政府战略合作框架协议

10. 芜湖市人民政府　中国石化销售股份有限公司安徽石油分公司战略合作框架协议

11.（保密文件）

第89期（2021.4.27）

会前学习：

中共安徽省委宣传部转发中央党史学习教育领导小组关于认真学习贯彻习近平总书记在福建考察期间重要讲话精神的通知

1. 关于中央第三生态环境保护督察组刘伟平组长来芜督导调研情况的报告

2. 关于扩大农业农村有效投资加快补上“三农”领域突出短板的实施意见

3. 芜湖市市直行政事业单位国有资产处置和出租出借管理办法

4. 关于深化医疗保障制度改革的贯彻意见

5. 宁芜高速芜湖段“2021.1.16”较大道路交通事故调查报告

6. 关于安徽芜湖三山经济开发区行政执法工作有关问题的通知

7. 关于安排2021年信息化项目计划的请示

8.（保密文件）

第90期（2021.5.8）

会前学习：

一、市政府党组理论学习中心组学习：1.《中华人民共和国乡村振兴促进法》；2.省委书记李锦斌在省委专题会议暨中央环保督查安徽省整改工作领导小组会议上的讲话。

二、党史学习教育专题学习：新民主主义革命时期历史。

议题

1. 关于中央第二轮生态环境保护督察暨我市重难点突出生态环境问题整改情况的报告

2. 关于促进金融机构服务高

质量发展的实施意见

3.关于贯彻落实加强新时代大中小学劳动教育的工作方案

4.安徽自贸试验区芜湖片区制度创新工作推进办法（试行）

5.中国（安徽）自由贸易试验区芜湖片区管委会体制机制改革试点方案

6.芜湖市人民政府 信义光伏产业（安徽）控股有限公司太阳能光伏电站项目战略合作协议

7.关于全市以商招商优秀项目评审结果的请示

第91期（2021.5.13）

会前学习：

一、市政府党组理论学习中心组学习：

1.李克强在国务院第四次廉政工作会议上的讲话；2.中共中央办公厅 国务院办公厅印发《关于建立健全生态产品价值实现机制的意见》及解读；3.省委书记李锦斌在省委外事工作委员会第四次会议上的讲话精神。

二、党史学习教育专题学习：党的十八大以来的历史 4.党的十八大和实现中华民族伟大复兴的中国梦（《中国共产党简史》）；5.党的十九大和确立习近平新时代中国特色社会主义思想为党的指导思想、决胜全面建成小康社会（《中国共产党简史》）；6.决胜全面建成小康社会夺取新时代中国特色社会主义伟大胜利——在中国共产党第十九次全国代表大会上的报告；7.中国共产党第十九届中央委员会第五次全体会议公报。

议题

1.芜湖市优势产业发展规划纲要（2021—2025）

2.芜湖市瓶装燃气管理条例（草案）

3.芜湖市城市供水管理办法

4.芜湖市城市节约用水管理办法

5.芜湖市创建国家节水型城市实施方案

6.关于交投公司筹资建设铁山宾馆改造项目的请示

7.（保密文件）

第92期（2021.5.21）

会前学习：

一、市政府党组理论学习中心组学习

1.习近平在推进南水北调后续工程高质量发展座谈会上的讲话精神；2.《中华人民共和国民办教育促进法实施条例》及解读；3.省委书记李锦斌在5月16日省委专题会议上的讲话精神；4.省委书记李锦斌在5月17日《人民日报》发表署名文章《加快建设新阶段现代化美好安徽》；5.省长王清宪在芜湖市督导调研时的讲话精神（宁波同志领学）；

二、党史学习教育专题学习

6.《求是》杂志发表习近平总书记重要文章《用好红色资源，传承好红色基因，把红色江山世世代代传下去》；7.习近平：《论中国共产党历史》（2016年部分）；8.《毛泽东、邓小平、江泽民、胡锦涛关于中国共产党历史论述摘编》（第一部分）。

议题

1.芜湖市市区土地储备管理办法（草案）

2.芜湖市人民政府 生态环境部环境与经济政策研究中心战略合作框架协议

3.华中师范大学 芜湖市人民政府全面合作战略协议

4.芜湖市人民政府 杭州安恒信息技术股份有限公司战略合作协议书

5.芜湖市人民政府 海尔卡奥斯物联生态科技有限公司战略合作框架协议

6.关于我市第七次全国人口普查主要数据的报告

第93期（2021.6.11）

会前学习：

一、市政府党组理论学习中心组学习

1.习近平在青海考察时的讲话精神；2.习近平在全球健康峰会上的讲话；3.习近平在中央全面深化改革委员会第十九次会议上的讲话精神；4.习近平在两院院士大会、中国科协第十次全国代表大会上的讲话；5.习近平在中共中央政治局第三十次集体学习时的讲话精神；6.中共中央政治局关于听取“十四五”时期积极应对人口老龄化重大政策举措汇报 审议《关于优化生育政策促进人口长期均衡发展的决定》的会议精神；7.《中国共产党组织工作条例》；8.中共中央关于加强对“一把手”和领导班子监督的意见；9.《国务院关于深化“证照分离”改革进一步激发市场主体发展活力的通知》及解读；10.《关于进一步推进〈优化营商环境条例〉落实落细的若干举措》；11.6月4日省委常委会会议精神；12.王清宪在全省深化“放管服”改革着力培育和激发市场主体活力电视电话会议上的讲话精神；13.王清宪在省政府专题会议上的讲话精神；

二、党史学习教育专题学习

14.《求是》杂志发表习近平总书记重要文章《学好“四史”，永葆初心、永担使命》；15.《毛泽东、邓小平、江泽民、胡锦涛关于中国共产党历史论述摘编》（第二部分）；16.《关于在全社会开展党史、新中国史、改革开放史、社会主义发展史宣传教育的通知》；17.二〇二一年度长三角地区主要领导座谈会会议精神。

议题

1.《关于进一步推进〈优化营商环境条例〉落实落细的若干举措》解读材料

2.全市信访积案化解进展情况及当前工作建议的报告

3.芜湖市规模以上工业企业三年递增行动计划（2021—2023）

4.关于进一步激发民营企业创业热情成就企业家创意创新创造推进民营经济高质量发展的若干措施

5.2021年推进制造业企业高质量发展上台阶竞赛活动方案

6.关于公布市级政府权责清单及公共服务清单行政权力中介服务清单目录（2021年本）的通知

7.芜湖市人民政府2021年依法行政重点工作安排

8.关于调整市政府2021年度规章制定计划的请示

9.关于支持无为农商行股权置换及增资扩股方案的请示

10.芜湖市人民政府关于2021年实施33项民生工程的通知

11.安徽海螺集团有限责任公司　南开大学　芜湖市人民政府　战略合作协议

12.芜湖市人民政府　SEMI　China（国际半导体产业协会）战略合作框架协议

13.关于国家级绿色技术示范项目奇瑞新能源汽车四期基地“一事一议”审议情况的报告

14.关于调整综合保税区财税管理体制的请示

第94期（2021.6.24）

会前学习：省委书记李锦斌在省委平安安徽建设领导小组会议上的讲话精神。

1.关于奇瑞控股董事会成员结构调整及建投公司提名奇瑞公司董事、监事更换事项表决权的请示

2.关于市级2020年度预算执行和其他财政收支审计结果的报告

3.芜湖市市区电动车综合整治工作实施方案

4.2021年芜湖市县市区、开发区季度经济运行考核办法

5.芜湖市依法推进公共政策兑现　创优法治化营商环境专项行动试点工作实施方案

6.关于建立自然保护地体系实施方案

7.关于解决芜湖军分区军转干部经济适用房的请示

8.芜湖市人民政府关于芜湖长江三桥公路桥运营收费的通告

9.（保密文件）

10.芜湖市人民政府　中国信息通信研究院战略合作框架协议

第95期（2021.7.2）

会前学习：传达王清宪同志政治监督谈话精神并研究整改措施（宁波同志传达）

1.芜湖市重大行政决策咨询论证智库管理办法

2.芜湖市促进私募基金业健康发展的意见

3.芜湖市生产安全事故应急预案

4.关于申请批准轨道交通1号线及2号线一期PPP项目核定初始总投资的请示

5.关于第八批驻村工作队工作用车的请示

6.芜湖市人民政府　农业农村部农村经济研究中心　战略合作协议

第96期（2021.7.13）

会前学习：

一、李锦斌同志7月3日和王清宪同志7月4日在《中共中央办公厅关于认真学习贯彻〈习近平总书记在庆祝中国共产党成立100周年大会上的讲话〉的通知》上的批示（宁波同志传达）

二、观看《生命重于泰山—学习习近平总书记关于安全生产重要论述》专题片

议题

1.关于我市行政处罚信息公示有关工作建议的报告

2.关于推进人民城市建设的若干意见、关于选定第一批人民城市建设合伙人的决定

3.关于芜湖市2021年上半年国民经济和社会发展计划执行情况及下半年工作意见的报告

4.关于芜湖市2020年财政决算的报告

5.关于芜湖市2021年上半年预算执行情况及下半年工作意见的报告

6.关于市本级全面实施零基预算管理的意见

7.芜湖市生活垃圾分类管理条例

8.芜湖综合性国家产业创新中心创建方案

9.芜湖市市级天使、风险、产业投资基金管理办法

10.关于2021年新增地方政府债券资金安排意见的请示

11.关于对市农业农村局现代农业大厦等资产处置的请示

12.关于移交市高级职业技

术学校二坝职高老校区资产的请示

13.芜湖市人民政府与安徽省信用担保集团有限公司全面战略合作协议及子协议

14.芜湖市人民政府　安徽省投资集团控股有限公司战略合作框架协议

15.关于芜湖市人民政府与中国人工智能学会开展战略合作相关事宜的请示

16.关于全市公安机关2021年上半年总体工作情况及下一步工作打算的报告

17.芜湖市人民政府关于金融支持科技创新的意见

18.关于提请审定《芜湖市第十四届运动会总体工作方案》的请示

19.（保密文件）

20.（保密文件）

21.关于组建芜湖市人才发展集团有限公司的请示

第97期（2021.7.20）

会前学习：

一、《国务院办公厅关于加快发展外贸新业态新模式的意见》及政策解读；

二、7月15日省委常委会会议精神；

三、省政府第147次常务会议会议精神。

议题

1.芜湖市与宣城市一体化发展战略合作框架协议

2.关于建立芜湖市企业破产处置府院协调联动机制的实施意见

3.关于芜湖市村（居）民委员会设立公共卫生委员会的实施意见

4.（保密文件）

5.芜湖市政府投资工程建设项目标后监督管理办法

6.调整和完善市区国有经营性用地管理及土地使用权出让收支管理体制方案

7.关于重新选择市本级国库集中支付代理银行的请示

8.关于清理2020年底财政存量资金及盘活意见的请示

9.关于调整社会保险基金财政专户开户银行及存量资金实行竞争性存放的请示

第98期（2021.7.26）

1.芜湖市人民政府　比亚迪股份有限公司战略合作框架协议

2.比亚迪新能源动力电池长三角制造中心项目“一事一议”审议情况的报告

3.关于实施新时代“紫云英人才计划”加快推进芜湖高质量发展的意见（试行）

第99期（2021.8.11）

会前学习：

一、国务院办公厅关于完善科技成果评价机制的指导意见；

二、中华人民共和国土地管理法实施条例；

三、习近平总书记关于防汛救灾工作的重要指示精神。

议题

1.关于京东城市（芜湖）数字经济创新基地项目“一事一议”审议情况的报告

2.芜湖市营商环境评价指标整改提升工作方案

3.芜湖市进一步优化政务服务便民热线实施方案

4.芜湖市承接省政府委托用地审批权实施方案

5.芜湖市江北区域集体土地上房屋征收补偿安置规定

6.2021年度载体单位招商引资目标管理考核办法（送审稿）、2021年度市直单位招商引资目标管理考核办法（送审稿）

7.芜湖市关于加强水上搜救工作的实施方案

8.芜湖市轨道交通运营突发事件应急预案

9.关于芜湖市深化农村公路管理养护体制改革实施方案、芜湖市关于深化农村公路管理养护体制改革试点的工作方案

10.芜湖市人民政府关于做好“食安安徽”品牌建设工作的行动方案

11.关于鼓励教育、卫健相关专业技术人员支援基层开展服务实施办法

12.关于大力发展十大新兴产业　打造具有重要影响力新兴产业聚集地的意见

13.芜湖市城市书房建设实施方案

14.关于提高2021年度社会救助保障标准的请示

15.芜湖市人民政府　安徽工业大学战略合作协议

16.芜湖市人民政府　长江生态环保集团有限公司城市水管家合作框架协议

17.（保密文件）

第100期（2021.8.18）

会前学习：

一、《求是》杂志发表习近平总书记重要文章《总结党的历史经验，加强党的政治建设》；

二、中共中央办公厅　国务院办公厅印发《关于进一步减轻义务教育阶段学生作业负担和校外培训负担的意见》。

议题

1.关于孚能科技年产24GWh新能源电池项目“一事一议”审议情况的报告

2.关于比亚迪年产10GWh新能源动力电池及PACK生产线

项目“一事一议”审议情况的报告

3.关于兴合基金管理有限公司招商项目“一事一议”审议情况的报告

4.关于奇瑞未来一工厂及50万台发动机项目“一事一议”审议情况的报告

5.芜湖市委托招商管理办法（暂行）

6.关于构建便民出行交通网促进人民城市建设的工作方案

7.芜湖市防汛抗旱应急预案

8.关于推动民政事业高质量发展促进人民城市建设的工作方案

9.关于创建全民运动健身模范市促进人民城市建设的工作方案

10.关于推动文化旅游高质量发展促进人民城市建设的工作方案

11.关于呈报〈芜湖市人民政府文化顾问工作规则（送审稿）〉并聘任朱明德等4位同志为芜湖市政府文化顾问的请示

12.关于市属国有企业2021年融资计划的请示

13.芜湖市人民政府　安徽省农村信用社联合社金融服务乡村振兴战略合作协议

14.关于加快推进市区土地成片综合开发工作的实施意见

15.关于推进教育高质量发展促进人民城市建设的工作方案

16.芜湖市人民政府中铁二十局集团有限公司基础设施建设合作框架协议书

第101期（2021.8.31）

会前学习：

一、《国家发展和改革委员会关于上半年经济形势和做好下半年经济工作的建议；

二、习近平主持召开中央财经委员会第十次会议强调：在高质量发展中促进共同富裕　统筹做好重大金融风险防范化解工作；

三、习近平在河北承德考察时强调：贯彻新发展理念弘扬塞罕坝精神　努力完成全年经济社会发展主要目标任务；

四、习近平在中央民族工作会议上强调：以铸牢中华民族共同体意识为主线　推动新时代党的民族工作高质量发展；

五、中办国办《关于建立健全审计查出问题整改长效机制的意见》的主要内容；

六、李锦斌在省委理论学习中心组学习会议上强调：深入贯彻习近　平总书记考察安徽重要讲话指示精神　牢记嘱托砥砺奋进加快建设新阶段现代化美好安徽；

七、习近平在安徽考察时强调：坚持改革开放坚持高质量发展　在加快建设美好安徽上取得新的更大进展；

八、习近平主持召开扎实推进长三角一体化发展座谈会并发表重要讲话。

议题

1.芜湖市人民城市建设合伙人制度

2.长江（芜湖）经济带生态环境治理“4+1”工程实施方案

3.南阳市人民政府　芜湖市人民政府合作框架协议

4.关于2021年市政府投资项目计划中期优化调整情况的请示

5.关于2020年度市重点研发创新平台绩效考核情况的报告

6.芜湖市“科创中国”试点城市实施方案

7.关于推进惠生联圩生态项目建设工作的实施方案

8.关于在雕塑公园设立“曾成钢雕塑艺术馆”的请示

9.关于年产2亿平方米锂电隔膜、3.8万吨高阻隔尼龙薄膜项目“一事一议”审议情况的报告

10.关于加快推进夜间经济发展的实施意见

11.芜湖市关于推行生态环境保护专项监督长制度的实施方案

第102期（2021.9.7、2021.9.8）

学习习近平总书记最新重要讲话指示精神

1.习近平在中央党校（国家行政学院）中青年干部培训班开班式上发表重要讲话强调　信念坚定对党忠诚实事求是担当作为　努力成为可堪大用能担重任的栋梁之才；

2.习近平在2021年中国国际服务贸易交易会全球服务贸易峰会上的致辞（全文）；

3.共克时艰，同谋发展携手谱写远东合作新篇章——在第六届东方经济论坛全会开幕式上的致辞。

议题

1.关于安庆市太湖县“9·5”车辆翻车事故的紧急通报。

2.学习《中华人民共和国行政处罚法》

3.芜湖市人民政府　国家开发银行安徽省分行“十四五”开发性金融合作备忘录

4.芜湖市人民政府　南阳市人民政府缔结友好城市协议书

5.关于打造“创业芜优”之城的意见

6.中国（安徽）自由贸易试

验区芜湖片区相对集中行政许可权改革试点方案

7.关于进一步发挥政府性融资担保作用促进经济高质量发展的实施意见

8.芜湖市财政局关于安排公交集团2021年度新能源公交车更新购置经费的请示

9.中共芜湖市委　芜湖市人民政府关于芜湖市医疗保障管理体制改革方案

10.芜湖市城市建设档案管理办法

11.关于提升生态环境质量促进人民城市建设的工作方案

12.关于提升卫生健康服务能力促进人民城市建设的工作方案

13.关于分解落实〈中共安徽省委　安徽省人民政府关于促进经济平稳健康发展确保“十四五”开好局起好步的意见〉主要任务的通知

14.关于芜湖市轨道交通票价制定方案的请示

15.芜湖市人民政府　清华四川研究院　厦门邑通软件科技有限公司战略合作框架协议

16.关于芜湖长江三桥公路桥运营收费相关事项的请示

第103期（2021.9.23）

学习习近平总书记最新重要讲话指示精神

1.习近平在陕西榆林考察时强调：解放思想改革创新再接再厉　谱写陕西高质量发展新篇章；

2.习近平回信勉励“高原戍边模范营”全体官兵：忠诚履行好卫国戍边职责　努力为党和人民再立新功；

3.习近平向第18届中国—东盟博览会和中国—东盟商务与投资峰会致贺信；

4.习近平复信国际友人亲属；

5.习近平向2021“一带一路”·长城国际民间文化艺术节致贺信；

6.习近平在视察驻陕西部队某基地时强调：聚焦备战打仗加快创新发展全面提升履行使命任务能力；

7.习近平向首届北斗规模应用国际峰会致贺信；

8.不忘初心　砥砺前行开启上海合作组织发展新征程—在上海合作组织成员国元首理事会第二十一次会议上的讲话。

议题

1.芜湖市与亳州市新一轮合作共建协议

2.芜湖市人民政府　杭州王澍业余建筑工作室有限公司　东南大学三方战略合作框架协议

第104期（2021.9.29）

学习习近平总书记最新重要讲话指示精神（习近平向2021中关村论坛视频致贺、习近平向全国广大农民和工作在“三农”战线上的同志们致以节日祝贺和诚挚慰问、坚定信心　共克时艰　共建更加美好的世界——在第七十六届联合国大会一般性辩论上的讲话、习近平向2021年世界互联网大会乌镇峰会致贺信、中国共产党芜湖市第十一次代表大会关于十届市委报告的决议）；党史学习教育专题学习；传达市第十一次党代会精神和市委十一届一次全会精神。

1.芜湖市推动制造业高质量发展　打造智造名城若干政策意见

2.关于全面开展创建生态文明建设示范市的请示

3.（保密文件）

4.关于提升城市品质　促进人民城市建设的工作方案

5.关于打造“宜业芜湖”促进人民城市建设的工作方案

6.关于推进城市精细化管理促进人民城市建设实施方案

7.关于住房城乡建设领域人民城市建设方案

8.关于报送市人大常委会2022年立法计划和2022—2026年立法规划建议项目的请示

9.关于请求审定市政府规章和行政规范性文件全面清理结果的请示

10.关于提高数字化建设水平促进人民城市建设的工作方案

11.“上市管家”服务机制暨多层次资本市场培训实施方案

第105期（2021.10.12）

学习习近平总书记最新重要讲话指示精神

1.在纪念辛亥革命110周年大会上的讲话；

2.习近平在中央人才工作会议上强调：深入实施新时代人才强国战略　加快建设世界重要人才中心和创新高地；

3.习近平在中共中央政治局第三十三次集体学习时强调：加强国家生物安全风险防控和治理体系建设　提高国家生物安全治理能力

议题

1.关于推动城乡融合发展促进人民城市建设的工作方案

2.关于全面推进乡村振兴的实施意见

3.芜湖市人民政府　上海麦金地集团股份有限公司战略合作协议

4.关于2020年度市政府目标考核评分结果及结果运用的

请示

5.服务“六稳”“六保”进一步做好“放管服”改革有关工作若干举措

6.关于完善社区服务功能促进人民城市建设的工作方案

7.芜湖市航空货运物流发展奖励办法

8.关于给予天弋能源科技有限公司相关补贴的请示

9.国家发展和改革委员会国际合作中心 安徽省芜湖市人民政府全面战略合作框架协议

10.上海对外经贸大学 芜湖市人民政府全面战略合作协议

11.关于城东污水管网剩余病害缺陷整治工作的请示

第106期（2021.10.26）

习近平论“三农”工作和乡村振兴战略（2020年、2021年部分）、中共中央 国务院关于完整准确全面贯彻新发展理念做好碳达峰碳中和工作的意见

议题

1.关于当前疫情防控工作情况的报告

2.关于加快光伏发电推广应用的实施意见

3.关于全面打造水清岸绿产业优美丽长江（芜湖）经济带的实施意见（升级版）

4.芜湖市城市生命线安全工程建设工作方案

5.芜湖市城市地下管线管理办法

6.关于河运职业（技工）学校移交地方管理有关事项的请示

7.芜湖市人民政府 中联重科股份有限公司 中联新材芜湖项目战略合作框架协议

第107期（2021.11.10）

学习习近平总书记最新讲话指示精神；传达学习省第十一次党代会精神；传达学习习近平总书记关于粮食安全系列重要讲话精神

议题

1.关于我市防范化解恒大房地产项目逾期交付风险情况的报告

2.关于加强基层社会矛盾纠纷调处化解体系建设的指导意见

3.芜湖市田长制工作实施方案

4.芜湖市政府性融资担保、再担保业务防错容错纠错机制工作指引

5.关于进一步深化我市医养结合 促进健康养老发展的若干举措

6.芜湖市航空货运物流发展奖励办法

7.关于深化市属国有金融企业改革工作相关问题的请示

8.关于中国（安徽）自由贸易试验区芜湖片区财政体制的请示

9.关于江北新区大龙湾片区财政收入、财政事权和支出责任划分事项的请示

10.关于原无为（二坝）滨江新城保障房烂尾项目土地处置方案的请示

11.芜湖市铁路客运车站区域综合管理办法

12.关于公布2021年度芜湖市人民政府重大行政决策事项目录的通知

第108期（2021.11.16）

1.中共十九届六中全会公报、习近平出席亚太经合组织第二十八次领导人非正式会议并发表重要讲话

2.关于强化知识产权保护的若干措施

3.芜湖市人民政府与上海电缆研究所有限公司战略合作协议

4.芜湖市声环境功能区划分方案

5.关于建立芜湖市医疗保障基金使用监管长效机制的具体举措、芜湖市医疗保险基金监管工作情况的报告

6.关于调整市公立医疗机构药品耗材集中采购管理模式的请示

7.芜湖市森林火灾应急预案

8.关于解决发热门诊建设补助资金的请示

9.（保密文件）

10.关于芜湖市2020年度市直机关事业单位一次性奖励办法的请示

第109期（2021.12.17）

学习习近平总书记最新重要讲话指示精神（中央经济工作会议在北京举行习近平李克强作重要讲话；习近平在中国文联第十一次全国代表大会中国作协第十次全国代表大会开幕式上的讲话；《求是》杂志发表习近平总书记重要文章《深入实施新时代人才强国战略加快建设世界重要人才中心和创新高地》；《习近平法治思想学习纲要》出版发行）；习近平总书记对统计数据真实性作出指示

议题

1.芜湖市招商引资合同监督管理办法

2.芜湖市人民政府工作报告

3.关于芜湖市2021年国民经济和社会发展计划执行情况与2022年国民经济和社会发展计划草案的报告

4.关于芜湖市2021年预算执行情况和2022年预算草案的报告

5.关于芜湖市市级2020年

度预算执行和其他财政收支审计查出问题整改情况的报告

6.2021年度市政府对县市区、部门及垂直管理部门工作目标考核实施办法及目标考核任务

7.芜湖市人民政府　华夏航空控股（深圳）有限公司战略合作协议

8.芜湖市人民政府　青岛檬豆网络科技有限公司合作协议

9.关于提请审议芜湖市人民政府　中科院虚拟经济与数据科学研究中心《战略合作协议》的请示

10.关于进一步加强统计基层基础建设的实施意见

11.关于加强公共卫生体系建设的实施意见

12.芜湖市关于深化新时代教育督导体制机制改革的实施方案

13.芜湖市关于进一步减轻义务教育阶段学生作业负担和校外培训负担的实施方案

14.关于芜湖市优化营商环境先进集体和先进个人评选表彰有关情况的报告

15.关于芜湖市全面建成小康社会先进集体和先进个人评选情况的报告

16.关于2021年安徽港口集团芜湖有限公司集装箱奖补政策相关问题的请示

17.关于给予安徽扬子职业技术学院升本专项补助经费的请示

18.关于我市2021年地方政府债务限额相关建议的请示

19.创建安全发展示范城市促进人民城市建设工作方案

20.芜湖市人工影响天气工作高质量发展实施方案

21.芜湖市气象灾害应急预案

22.芜湖市全面推进城镇老旧小区改造工作实施方案

23.（保密文件）

第110期（2021.12.21）

学习习近平总书记最新重要讲话指示精神；新修订审计法的解读；《安徽省重大行政决策程序规定》

1.关于芜湖市委原书记潘朝晖同志、市人民政府原市长贺懋燮同志任期经济责任履行情况审计发现问题整改情况的报告

2.关于国务院第八次大督查通报繁昌问题整改情况的报告

3.关于贯彻落实《全省高新技术产业开发区高质量发展的实施意见》的报告

4.关于2021年市级地方政府新增专项债券资金和政府性基金预算超收收入安排意见的请示

5.关于收回财政预算资金统筹安排支出的请示

6.关于提请审议《2021年芜湖市重点研发创新平台认定名单（送审稿）》的请示

7.“芜湖智造”品牌认证五年行动方案（2021—2025年）

8.关于开展质量提升行动加快建设质量强市的若干政策规定

9.关于提请市政府批准2021年度芜湖市政府质量奖企业名单并予以通报的请示

10.关于芜湖市轨道交通1号线运行情况的报告

11.芜湖市新能源和智能网联汽车产业发展行动计划（2021—2023年）

12.芜湖市促进夜间经济发展若干政策规定

13.芜湖市人民政府关于中国（安徽）自由贸易试验区芜湖片区实施市区级经济社会管理事项（第一批）的决定

14.芜湖市人民政府　中国航天科工飞航技术研究院战略合作框架协议

15.关于打造“永不落幕”新型家博会项目“一事一议”审议情况的请示

16.关于2021年污染防治攻坚战工作情况的报告

17.芜湖市康复辅助器具产业综合创新试点工作实施方案

18.关于在全市开展法治宣传教育的第八个五年规划（2021—2025年）

19.关于请求审定市政府2022年度行政规范性文件制定计划的请示

20.关于市公安局2021年工作总结及2022年工作计划的报告

附：2021年芜政发文登记表

序号	标题	文号
1	芜湖市人民政府关于印发芜湖市重大行政决策程序规定的通知	芜政〔2021〕1号
2	芜湖市人民政府关于落实和衔接国务院取消和下放行政许可事项的通知	芜政〔2021〕2号
3	芜湖市人民政府关于2020年度粮食安全目标责任制落实情况的报告	芜政〔2021〕4号
4	芜湖市人民政府关于2020年度目标管理绩效考核任务完成情况的报告	芜政〔2021〕5号
5	芜湖市人民政府关于芜湖市2020年度实行最严格水资源管理制度考核工作自查情况的报告	芜政〔2021〕6号
6	芜湖市人民政府关于2020年法治政府建设情况的报告	芜政〔2021〕7号
7	芜湖市人民政府关于印发中国（安徽）自由贸易试验区芜湖片区建设实施方案的通知	芜政〔2021〕9号
8	芜湖市人民政府关于《优化营商环境条例》第三方评估发现主要问题的自查报告	芜政〔2021〕15号
9	芜湖市人民政府关于加快发展政府投资基金的意见	芜政〔2021〕16号
10	芜湖市人民政府关于印发《芜湖市无偿献血实施细则》的通知	芜政〔2021〕18号
11	芜湖市人民政府关于印发芜湖市国民经济和社会发展第十四个五年规划和2035年远景目标纲要的通知	芜政〔2021〕19号
12	芜湖市人民政府关于印发芜湖市公共资源交易监督管理办法的通知	芜政〔2021〕23号
13	芜湖市人民政府关于印发《芜湖市江河岸线及陆域资源保护与合理利用实施意见》《芜湖市江河岸线及陆域资源管理委员会议事规则》的通知	芜政〔2021〕28号
14	芜湖市人民政府关于举办2021中国机器人产业发展论坛暨第七届恰佩克颁奖仪式的报告	芜政〔2021〕29号
15	芜湖市人民政府关于芜湖市部分行政区划调整组织实施情况的报告	芜政〔2021〕31号
16	芜湖市人民政府关于组建战略新兴产业并购基金的报告	芜政〔2021〕34号
17	芜湖市人民政府关于公布市级政府权责清单及公共服务清单行政权力中介服务清单目录（2021年本）的通知	芜政〔2021〕48号

序号	标题	文号
18	芜湖市人民政府关于实施33项民生工程的通知	芜政〔2021〕49号
19	芜湖市人民政府关于开展营商环境评价指标整改提升工作情况的报告	芜政〔2021〕53号
20	芜湖市人民政府关于印发芜湖市承接省政府委托用地审批权实施方案的通知	芜政〔2021〕63号
21	芜湖市人民政府关于省政府行政复议决定履行自查情况的报告	芜政〔2021〕69号
22	芜湖市人民政府关于印发芜湖市城市建设档案管理办法的通知	芜政〔2021〕71号
23	芜湖市人民政府关于新能源汽车产业创新发展和推广应用落实推进情况的报告	芜政〔2021〕72号
24	芜湖市人民政府关于近期房地产市场调控工作落实情况的报告	芜政〔2021〕73号
25	芜湖市人民政府关于第十届中国（芜湖）科普产品博览交易会风险评估研判的报告	芜政〔2021〕77号
26	芜湖市人民政府关于首届中日欧氢能产业合作发展大会总体方案有关情况补充说明的报告	芜政〔2021〕85号
27	芜湖市人民政府关于印发推动制造业高质量发展打造“智造名城”若干政策的通知	芜政〔2021〕86号
28	芜湖市人民政府关于深刻汲取肥东县乡村建设资金浪费问题教训举一反三深入开展专项排查整治工作情况的报告	芜政〔2021〕87号
29	芜湖市人民政府关于S11芜湖至黄山高速公路芜湖境内设站收费社会稳定风险评估的报告	芜政〔2021〕94号
30	芜湖市人民政府 安徽省科学技术协会关于报送第十届中国（芜湖）科普产品博览交易会总结的报告	芜政〔2021〕96号
31	芜湖市人民政府关于2021年度县级行政区域界线联合检查工作情况的报告	芜政〔2021〕107号
32	芜湖市人民政府关于印发《开展质量提升行动加快建设质量强市的若干政策规定》《“芜湖智造”品牌认证五年行动方案（2021—2025年）》的通知	芜政〔2021〕108号
33	芜湖市人民政府关于中国（安徽）自由贸易试验区芜湖片区实施市区级经济社会管理事项（第一批）的决定	芜政〔2021〕111号

附：2021年芜政办发文登记表

序号	标题	文号
1	芜湖市人民政府办公室关于印发《关于加快推进开发区“标准地”改革工作实施方案》《芜湖市开发区区域评估工作实施方案》的通知	芜政办〔2021〕1号
2	芜湖市人民政府办公室关于印发芜湖市环境空气质量生态补偿暂行办法的通知	芜政办〔2021〕2号
3	芜湖市人民政府办公室关于印发芜湖市市区房屋使用安全管理办法的通知	芜政办〔2021〕4号
4	芜湖市人民政府办公室关于印发芜湖市居民住宅小区安全防范设施建设和管理实施办法的通知	芜政办〔2021〕5号
5	芜湖市人民政府办公室关于印发《芜湖市工业互联网创新发展三年行动计划（2021—2023年）》《芜湖市工业互联网创新发展标杆示范培育行动实施方案》的通知	芜政办〔2021〕6号
6	芜湖市人民政府办公室关于印发芜湖市综合性消防救援装备发展规划（2020—2024年）的通知	芜政办〔2021〕8号
7	芜湖市人民政府办公室关于建立芜湖市经济运行监测分析机制的通知	芜政办〔2021〕9号
8	芜湖市人民政府办公室关于印发芜湖市推动“五个区块链接”加快与长三角对接合作工作方案的通知	芜政办〔2021〕10号
9	芜湖市人民政府办公室关于印发芜湖市市本级国有金融资本管理暂行办法的通知	芜政办〔2021〕11号
10	芜湖市人民政府办公室关于印发《芜湖市养犬管理条例实施办法》的通知	芜政办〔2021〕12号
11	芜湖市人民政府办公室关于在中国（安徽）自由贸易试验区芜湖片区实施“一业一证一码”改革试点的通知	芜政办〔2021〕13号
12	芜湖市人民政府办公室关于印发《芜湖市城市供水管理办法》《芜湖市城市节约用水管理办法》《芜湖市城市排水管理办法》的通知	芜政办〔2021〕14号
13	芜湖市人民政府办公室关于印发创建国家节水型城市实施方案的通知	芜政办〔2021〕15号

序号	标题	文号
14	芜湖市人民政府办公室关于印发芜湖市规模以上工业企业三年递增行动计划（2021—2023）的通知	芜政办〔2021〕16号
15	芜湖市人民政府办公室关于印发中国（安徽）自由贸易试验区芜湖片区制度创新工作推进办法（试行）的通知	芜政办〔2021〕17号
16	芜湖市人民政府办公室关于调整和完善市区国有经营性用地管理及土地使用权出让收支管理体制的通知	芜政办〔2021〕18号
17	芜湖市人民政府办公室关于印发芜湖市政府投资工程建设项目标后监督管理办法的通知	芜政办〔2021〕19号
18	芜湖市人民政府办公室关于印发芜湖市城市地下管理办法的通知	芜政办〔2021〕20号
19	芜湖市人民政府办公室印发关于建立芜湖市医疗保障基金使用监管长效机制的具体举措的通知	芜政办〔2021〕21号
20	芜湖市人民政府办公室关于印发芜湖市招商引资合同监督管理办法的通知	芜政办〔2021〕22号
21	芜湖市人民政府办公室关于印发芜湖市全面推进城镇老旧小区改造工作实施方案的通知	芜政办〔2021〕23号
22	芜湖市人民政府办公室关于加快发展保障性租赁住房的实施意见	芜政办〔2021〕24号
23	芜湖市人民政府办公室关于印发芜湖市新能源和智能网联汽车产业发展行动计划（2021—2023年）的通知	芜政办〔2021〕25号

（董　振）

应急管理

【概况】2021年，全市发生各类生产安全事故50起、死亡53人（含下落不明1人），同比分别下降24.2%、17.2%，全市安全生产实现“双下降”。其中发生较大事故2起、死亡8人（道路交通、长江水上交通各1起），同比事故起数持平、死亡人数上升33.3%。无为市昆山镇发生一起森林火灾，未发生其他重大自然灾害。全市安全生产和自然灾害形势总体平稳。

【安全生产】推动建立市政府领导班子成员安全生产责任清单，强化十五个安全生产专门委员会运行。明确游乐场所和游乐设施安全监管职责，推动制定市有关部门安全生产职责任务清单，进一步消除监管盲区。市政府、市安委办分别组织对弋江区、繁昌区、三山经开区进行安全生产约谈，有效督促各级各部门安全生产责任落实。挂牌督办重大事故隐患50处，解除挂牌督办48起。挂牌督办事故30起，完成事故报告审核并解除挂牌督办23起。督促企业构建风险分级管控和隐患排查治理双重预防机制，668家企业完成安全生产标准化达标创建工作，327家高危企业购买安全生产责任险。深入推进安全生产专项整治三年行动，全市各行业领域排查事故隐患41667处，整改37910处，停产停业整顿企业129家，罚款1758万元。

【安全监管】对全市非煤矿山、危险化学品、工贸等行业企业行政处罚195家次，罚款1024.9万元。对5家重点危化品生产企业、所有在产在建矿山、30家重点金属冶炼企业以及156家上市和拟上市企业开展“专家会诊”“安全体检”等检查服务，助力企业夯实安全基础。

【风险防范】研判安全生产和自然灾害风险24次，摸排重大风险20个，并及时采取有效措施管控风险，对2020年排查的388个防汛险情隐患，在2021年汛期前全部完成销号。完成46个行业领域城市安全风险等级评估基础模型构建，在全省率先建立城市安全风险评估模型体系，完成覆盖全市危化品企业、港口码头、高层建筑、九小场所、燃气管网等46类对象的第一轮风险评估填报工作。完成闭库2座，4座尾矿库预计春节完成销号工作，另有1座正在闭库施工。完成全市尾矿库安全生产监测预警系统建设，推进非煤矿山安全监测预警平台建设，实现非煤矿山安全动态监测和风险预警。推行工贸企业信息化监管，采用“互联网+执法”模式，对隐患治理实施“红黄牌”管理制度，逐步实现“线上线下”相结合的监管模式。开展危化品企业分类整治、非法经营成品油专项整治等，排查整治各类隐患600余条。优化危化品安防系统功能，维护系统有效运行，持续加强危化品安防系统完善和实战化运用。

【完善应急管理体系】修订《芜湖市突发事件总体应急预案》，牵头制定完善专项应急预案11个，指导、督促各县市区、开发区完成有关预案的修订，进一步完善应急预案体系。有序推进市、县两级应急指挥中心建设，目前《芜湖市应急指挥中心建设方案》通过评审并报省应急厅。完善各级防汛抗旱和森林防灭火指挥体系，健全防汛抗旱责任制，建立分级包保责任制和网格化管理制度，将责任压实到各个环节。

【提升应急救援能力】市政府每年投入800万元，向中信海洋直升机股份有限公司采购直升机应急救援暨综合飞行服务，设置直升机库、起降点并派直升机常驻芜湖，实行7×24小时全天候待命，保障快速应急救援、应急救援演练、巡查监测预警、公共事务保障等。与中电科芜湖钻石飞机、安徽通用航空签订应急救援空中巡查合作协议，安排固定翼飞机2架、无人机1架，开展森林防灭火、防汛、高速公路、生产安全事故及自然灾害救援等空中巡查监测服务，不断强化航空救援能力。首倡发起沿江、皖南应急联动暨航空救援系列活动，与周边6个地级市的应急管理局签订联动协议，开展应急救援演练，提升应对突发事件能力和水平。持续推进军民融合，与芜湖军分区、武警芜湖支队、消防等防汛救灾主力军建立应急协作机制。全市各级防指组建抢险救援队伍98支，14000余人。全市森林防灭火队伍7支，170人，在2021年全省森林火灾扑救技战术比武中，获得全省森林火灾扑救技战术比武团体第一名的好成绩。

【减灾救灾】在全省率先完

成第一次全国自然灾害综合风险普查应急管理系统数据调查工作，数据审核通过率100%，普查经验和做法作为典型推广到全省。开展救灾和救助工作，筹集并发放中央、省级自然灾害冬春临时生活困难救助资金2905万元，配套资金40万元，救助困难群众10万余人。推动救灾物资储备工作，设立市级现代化立体救灾物资储备库，面积达7000平方米。完成12个国家级综合减灾示范社区，23个省级综合减灾示范社区申报工作并通过省评估组考评，申报数量在全省位居前列。推进多灾地区设置灾害信息员AB岗，全年发展灾害信息员1300余人。

5月12日，芜湖市应急管理局在南瑞湖举办5.12全国防灾减灾日宣传咨询活动

（丁忠先 提供）

【强化服务思维】开展“一抓双比五提升”专项活动，受理各类信访举报投诉525起，完成513起举报投诉核查工作，按期核查和反馈率达100%；开展“我为群众办实事”“我为农民工办实事”专项活动，组织体检机构为企业职工开展体检，组织基层疫情防控志愿者参与疫情防控值班21班次，36人次参与。开展乡村振兴工作，加大对帮扶户慰问力度，为帮扶村白湖村联系荸荠速冻冷藏保鲜设施项目，帮助白湖村团结圩北埂辅助埂隐患治理。开展法治宣传教育活动，以“安全生产月”“5.12全国防灾减灾日”“国际减灾日宣传”等为载体，加强安全生产、应急管理、防灾减灾知识普及；开展宣传“五进”活动1035场，开发制作各类安全宣传产品2428部，播放科普知识音频1436次，不断强化全民安全意识，增强公众风险防范、安全应急、自救互救能力。

（丁忠先）

数据资源和政务服务

【概况】2021年芜湖市数据资源管理局（政务服务管理局）围绕中心、突出重点、狠抓落实，做优智慧政务服务，持续加强数据应用管理，统筹推进智慧城市建设，顺利完成各年度工作任务，自身建设取得较大进展。2021年数据资源管理局获得芜湖市文明单位、和市直机关服务型“模范机关”等称号；局机关党支部和第五党支部被市委表彰为全市先进党组织、第五党支部被评为基层党组织标准化建设“星级示范点”和全市第一批“两应”示范党组织。机关党支部“数据赋能　惠企为民”和第五党支部“出入有境　先锋有我”党建品牌，被评为2021年度市直机关“示范党建品牌”。

【优化“皖事通办”事项】开展安徽政务服务网网办事项“可办、好办”，规范实施清单，保障线上线下办事一致。实时做好18个省直部门26个系统4529个政务服务事项的配置测试，完成市域17个政务服务系统对接。开展电子证照应用专项行动，提升电子印章、电子证照、电子签名、电子档案、统一支付等能力。2021年，全市人均电子证照8.69个，电子印章备案5601个，实现让数据多跑路、群众少跑腿。多渠道汇聚593万次评价信息，好评率99.99%，差评整改率100%。

【拓宽“五端办事”范围】建设安徽政务服务网芜湖分厅电脑端，形成市、县、镇、村“一张网”，发布事项73982个，推行“综窗办理”“一站式”便捷窗口端服务。市县两级规范建设7×24小时政务服务大厅，提供24小时不打烊“随时办”自助端服务。探索推进电视端专区建设，提供办事指引、操作视频和基本服务。上线运行长三角政务服务地图手机移动端，关联政务服务事项70459个，让群众“一图在手、办事无忧”。

【扩大“异地通办”成效】在政务服务网芜湖分厅设置“跨省通办”、长三角“一网通办”专栏，推动实现公交、易企网、违章查询等120个事项接入长三角无感“换乘”专区，数量长三角地区位列第一。在市、县、开发区均设立长三角“一网通办”综合窗口，便于异地办理过程中工作人员的交流沟通。加强与南京都市圈的深度对接，实现高频事项“跨区通办”。2021年开展芜湖宣城异地通办，报销医保医药费278笔、金额逾264.7万元、涉船舶船员事项218件。

【打造惠民应用服务】基于“一端、一卡、一码”，联合各业务部门协同打造城乡居民参保登记缴费、义务教育网上报名、等高频优质服务。“皖事通”提供各类线上服务206项，注册总用户数已达182万人，服务访问量超1.7亿人次。依托2020年“安康码”应用建设成果，在支撑常态化疫情防控工作的同时，实现安康码在疫苗接种、核酸检测、扫码购药等场景应用。2021年“安康码”申领数达459万人，核验数超2.4亿人次，亮码数达1.7亿人次。

【夯实数据资源基础】常态化开展数据归集共享，印发《关于开展2021年度第一批政务数据资源共享工作的通知》和《关于进一步完善政务数据目录的通知》，2021年全年完成5705个实施清单编目工作，完成率100%。归集省市226个单位、2199大类的基础数据，沉淀50.4亿条数据，建成19个专题库。按照“1+3+X”架构，完成芜湖市政务云服务项目建设。全年建成CPU20504核、内存49760GB、存储2485TB，完成50家单位110个业务系统迁移部署。

【推进智慧城市建设】编制芜湖市“十四五”数字芜湖建设规划，印发《关于提高数字化建设水平促进人民城市建设的工作方案》，统筹开展人民城市建设。筹划“城市大脑”生态体系项目并已完成招标。组织省第二批“城市大脑”试点应用场景申报。推动数字经济发展，参加新一代信息技术、数字创意（线上经济）产业链活动，协助拟制产业链双招双引方案云农仓、胜投、文沥、51word、链世科技、鼎峯云6家公司已签约落地，总投资2.1亿元。

中国（安徽）自由贸易试验区芜湖片区综合服务中心试运行启动仪式
（市数据资源管理局 提供）

【助力基层减负】不断优化芜湖市基层综合服务平台，采用多技术技术手段，开发217个接口，整合9个信息系统179事项，初步实现“平台一号登录、数据一口采集、业务一点办理、信息一处查询、报表一键生成”的目标。研究梳理基层高频事项TOP20，对养老资格认证、高龄津贴申请审批、高龄老人生存认证、独生子女证补办、退休一次性补贴等事项进行流程再造。开发社区换届功能，用大数据辅助基层智能生成选民登记表、选民证、选民榜，帮助基层减负。

【数据赋能城市治理】借鉴上海“一网统管”建设运行经验，编制完成《芜湖市“城市大脑”生态体系顶层设计方案（初稿）》，初步拟定“1234”总体架构。即一个城市运行管理中心、两大支撑体系、三大领域业务应用、四级区域治理。“城市大脑”生态体系（一期）项目即将建设，主要搭建数字赋能中枢、城市运行管理平台，整合接入智慧交通、智慧生态等4大领域18个应用场景，实现运行动态展示、统一支撑、协同指挥。

【打造惠企政策网上超市】依托皖事通办平台，开设芜湖市惠企政策网上超市，开发政策直达、政策沙盘、政策计算器、政策质询、合同履约五个模块，建立公共政策“受理、办理、反馈、监督”机制，着力实现公共政策统一公布、政策兑现统一办理、问题反映统一受理“三统一”的目标。2021年9月开设以来，上线惠企政策856项（即申即享276项、免申即享427项、限时即享153项），申报材料精简79.5%，办理时限压缩79.2%，兑现政策资金12.33亿元，其中企业11.61亿元（5480次）、个人0.72亿元（25087次）。

【特色工作成效明显】高标准打造自贸区芜湖片区综合服务中心，全省率先建设7×24自助服务一体化平台，完成2项省地方标准研制并已发布实施，提升工程建设项目全程免费代办服务，推进国家算力枢纽节点申报建设，信息化大数据助力疫情防控，搭建起疫情防控扁平化视频指挥调度系统、开发疫情防控电子通行证、疫情防控无人机航拍巡察、打造疫情防控协同子平台。

（马卓娅）

城市大数据应用管理

【概况】2021年，市大数据中心围绕“智慧芜湖”三年行动计划，以推动城市治理体系和治理能力现代化为目标，建设城市级大数据中心，构建数据共享应用基础能力，全方位支撑智慧城市建设，为全市打造“四个名城”贡献“数据”力量。

【夯实智慧城市底座基础】完善政务云网络架构，全年迁移整合业务系统38个，新增政务外网链路61条，党政专网链路9条，促进网络整合利用；加强政务云管理，制定并发布《芜湖市政务云管理办法》（试行），提升资源管控效率，发布《芜湖市政务云网运行现状分析一图读懂》2期，并配合资源使用率较低的单位开展资源回收工作，下线和降配虚拟机884台，回收CPU5444核、内存13570GB、存储193TB。

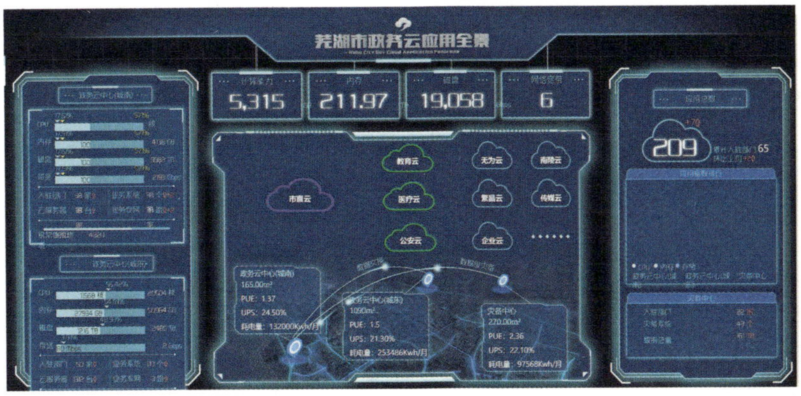

政务云应用全景图

（邵静岚 提供）

【构建数据中台支撑体系】2021年发布《关于开展2021年度第一批政务数据资源共享工作的通知》和《关于开展2021年度第二批政务数据资源共享工作的通知》，更新迭代数据超过802类；统筹开展数据需求对接，支撑市人社局“困难群众城乡医疗保险代缴”、市生态环境局“智慧环保”（二期）、自贸区“一业一证一码”改革、市扶贫办“易返贫人员”核查、市消防支队“智慧消防”项目、市数据局“政策直达项目”、繁昌区“智慧社区”等项目建设工作；会同长三角信息智能创新研究院共同制定并发布《市县一体化数据中心建设指南》（征求意见稿）；完成政务信息资源治理与大数据开放应用（二期）项目建设；深化数据开放开发，开放26家部门、107个数据集的数据，发布可调用API接口数16个，以线上“数据资源开发应用平台”为载体，促进政务数据在第三方机构间应用，释放数据应用红利。

【提升应用支撑基础能力】2021年，完成电子证照制证468类3559万张，归集电子材料166类3441680张，制作绑定电子印章5112个；拓展智慧城市应用场景，首次实现《土地承包经营权证》《养犬登记证》《电动自行车行驶证》等数据共享制证；为市公安局不见面服务提供电子证照应用支撑；为市城管局制发《在城市建筑物、设施上悬挂、张贴宣传品审批许可证》全市统一电子证照；实现市卫健委新冠疫苗预防接种电子凭证全流程线上发证3309036张；连续4年保障市委组织部人才绿卡申领，制发人才绿卡电子证照466张；对接市教育局为全市智慧教育网上报名提供统一认证、数据校验和电子证照服务，服务报名人数43154人；为自贸区“一业一证一码”改革提供17类电子证照数据支撑；为市数据局“政策直达项目”提供19类数据应用支撑。

【构建“信用+服务”能力】完善信用平台及网站功能，强化信用信息归集共享，推动特定领域信用信息归集力度和广度；印发《芜湖市加快推进“信易+”守信激励工作方案》，推动“信易+”服务场景落地，新增信易医、信易养老等场景；在全市156个行政事项中推行信用承诺制，其中审批替代型信用承诺达29项，探索形成信用承诺履约反馈机制；创新信用监管模式，在42个领域开展信用分级分类监管工作，联合惩戒失信行为40353例；做好日常监测工作，在全国261个地级市城市信用状况监测排名中位列第30名，全省位列第3名。

【开展各类培训指导工作】组织开展《2021年度数据管理与网络安全培训》，宣贯数据管理及网络安全相关法律、法规；开展市县区各级安全与网络培训6次，技术交流10次，现场检查指导4次；信用专题培训和指导500余人次。

【保障数据和云网安全】常态化开展数据安全运维及运营服务，每月发布各类数据安全监测报告，加强数据安全和隐私保护力度；完善网络安全体系建设，完成政务云统一互联网出口安全架构规划和部署，完善现有政务外网安全监测与预警体系；开展机房巡查365次、网络安全检查3次、安全隐患排查3次、应急演练5次，形成政务云态势感知报告96期（含内部）、发布网站安全通报12期，制定并贯彻落实各类应急预案和安全保障方案13次，全年无重大安全事件发生。

（邵静岚）

外事　港澳事务

【概况】2021年，接待来自韩国、埃塞俄比亚等国家及地区外宾团组2批4人（次），市领导出席重要外事活动7次12人（次）。办理APEC商务旅行卡8人次，申办专家及家属《邀请函》4批7人（次）。全年维护及更新市政府英文网站各类英文信息125条（次），网站浏览量达7403832人（次）。

【芜湖市、高知市结好35周年纪念展览会成功举办】2021年1月25—2月5日，芜湖市、高知市友好城市缔结35周年大型纪念展览会在日本高知市新政府大楼成功举办。芜湖市人民政府市长单向前、日本高知市市长冈崎诚也分别为两市结好35周年纪念展览会发表致辞。展览会集中展示芜湖、高知两市自1985年结好以来开展的经济文化等诸多领域合作交流的成果，回顾两市友好交往历程，展望未来合作发展前景，在高知市市民中引起强烈反响。

【魏澜一行来芜访问】2021年7月8—9日，埃塞俄比亚驻沪总领事魏澜先生一行来芜访问。副市长汤劲松与总领事魏澜先生进行会面。市贸促会以及安徽长江药业等5家企业与总领事魏澜先生一行就医药、皮革、纺织服装、人文旅游等领域合作进行座谈交流。魏澜表达希望与芜湖市建立友好城市的良好愿望。访问期间赴安徽长江药业有限公司、芜湖圣大医疗器械技术股份有限公司进行实地考察。

【贺东会见韩方代表】11月5日，芜湖市委常委、常务副市长贺东在上海国际会议中心会见韩国（财）京畿道经济科学振兴院上海代表处首席代表姜成权，

埃塞俄比亚驻沪总领事魏澜先生一行来芜访问

（宫庆来 提供）

双方就友好城市合作事宜进行交流，市外事办参加会见。贺东副市长向姜成权代表介绍芜湖的人文历史、区位产业优势，以及最新的经济社会发展情况，表示在推动共建“一带一路”高质量发展等方面，芜湖和京畿道之间将有很多合作空间，希望双方能够建立友好城市合作关系，共同促进双方在商贸、文化、旅游等领域的合作共赢。姜成权代表介绍韩国京畿道的发展情况，表示下一步会努力促进京畿道特色产业城市与芜湖建立友好城市事宜，希望中韩双方能够优势互补、携手合作。

【刘永凤来芜调研】2021年6月24—25日，外交部亚非司刘永凤公使率调研组一行来芜，赴重点“走出去”企业进行调研考察。王芳副市长会见调研组一行。调研组一行赴海螺集团、奇瑞汽车股份有限公司就海外经营发展、境外安保和疫情防控等工作进行座谈交流，刘永凤公使对企业海外管理、疫情防控、海外党建和人才发展等工作给予充分肯定，并重点对企业提出的海外疫苗接种、跨境物资运输、海外行业竞争等问题有针对性的提出具体的意见建议。

【雍成瀚来芜调研】2021年1月26日，省外办党组书记、主任雍成瀚一行到芜宣机场、芜湖航空产业园进行调研。副市长贺东、市外事办、湾沚区主要领导陪同调研。

【芜湖、镇江外事办签署友好单位协议】2021年5月26日，芜湖市人民政府外事办公室与镇江市人民政府外事办公室友好单位协议签约座谈会在镇江市外事办举行。镇江市外事办党组书记、主任卢利林主持会议，并代表镇江市外事办与芜湖市外事办党组书记、主任后力签署友好单位协议。双方表示，今后以“两市”外事办为主导、以推进“两市”外事工作一体化高质量发展为导向、以推进外事港澳资源服务经济社会发展为目标，形成“信息互通、经验互学、工作互动、资源共享”的工作格局。签约过后，镇江市外事办和芜湖市外事办牵头，发起“长三角区域外事联盟”成立倡议书。

【举办芜湖市外事办组织“双招双引”外籍人才专场推进会暨外资企业集中注册发证仪式】2021年6月8日，由芜湖市政府外事办主办的“双招双引”外籍人才专场推进会暨外资企业集中注册发证仪式在中国（安徽）自由贸易试验区芜湖片区成功举办。来自俄罗斯、摩洛哥、埃塞俄比亚、巴基斯坦、孟加拉国、津巴布韦、印度尼西亚、泰国、几内亚、加纳等“一带一路”沿线国家的近20名外宾应邀参加活动。

【举行芜湖市政企第九场“畅聊早餐会”】2021年6月6日，芜湖市政企第九场“畅聊早餐会”举行。邀请马瑞利汽车零部件（芜湖）有限公司工厂厂长迪特尔、安徽海螺川崎工程有限公司总经理根本雅章、安徽海螺川崎工程有限公司总经理根本雅章3位外国企业家参加。市委书记单向前，市委副书记、市长宁波与3为企业家交流探讨，解决在营商环境等方面存在的问题。

【举办第五届日语演讲大赛】2021年12月10日，芜湖市第五届日语演讲大赛成功举办。大赛由芜湖市人民对外友好协会和芜湖翻译协会主办，作为芜湖市和高知市建立友好城市36周年庆祝活动之一，为芜湖市各院校日语学习者提供展示风采、交流学习的平台，也是芜湖市中日民间友好交流的重要成果。

【出席“促进中日韩地方政府合作”线上研讨会】2021年8月5日，由中日韩合作秘书处主办的“促进中日韩地方政府合作”线上研讨会如期举行，深化中日韩在经济、文化等诸多领域的交流。会议介绍中日韩地方友好交流总体情况、成就和挑战，分享地方政府间交流合作的有效成果和典型案例，探讨恢复和促进后疫情时代三国地方交流的新模式。市外事办应邀出席。

【芜湖市出席“聚焦长三角　共叙中日情”中日地方合作论坛】2021年10月18日，由江苏省外事办主办，上海市外事办、浙江省外事办、安徽省外事办协办的“聚焦长三角　共叙中日情”中日地方合作论坛在苏州市举行。论坛围绕“长三角一体化背景下的中日地方交流”开展深入探讨，旨在加强中日地方政府间合作，推动构建新时代背景下的中日友好关系。芜湖市外事办应邀出席活动。

【参加“安徽省与英国德比郡低碳减排和新能源”视频会议】2021年10月21日，安徽省与英国德比郡共同举办的低碳减排和新能源视频会议召开。会议就低碳减排及新能源领域的政策、产业进行深入交流探讨，德比郡气候变化和碳减排项目负责人就相关领域的经验与措施进行分享与解答。芜湖市外事办出席会议，并邀请奇瑞新能源、海螺水泥、信义光伏等相关企业参会。

【组织外籍人士接种国产新冠疫苗】 2021年6月3日，依据“知情、自愿、风险自担”原则，市外事办在芜湖市第二人民医院专场安排对外籍人士进行国产新冠疫苗接种，接种对象来自美、英、法、德等17个国家。为方便沟通交流，市外事办安排翻译和志愿者，在接种告知单填写个人信息登记、接种等环节全程一对一陪同服务，确保接种效率。

【宋美娜获“我·中国和十四五”主题作品征集三等奖】 中国日报社举办的“我·中国和十四五”主题征文和视频作品征集活动中，芜湖市芜湖职业技术学院印度尼西亚籍留学生宋美娜荣获三等奖。

【芜湖市人民对外友好协会召开第四届理事会换届大会】 11月11日，芜湖市人民对外友好协会第四届理事会换届大会。大会选举产生芜湖市友协第四届理事会，表决通过《芜湖市人民对外友好协会章程》（草案），选举后力为芜湖市友协会长。市外事办、市委组织部、市发改委、市财政局等市直相关单位代表，国有企业代表、民营企业代表，相关学校代表等共24人参会。

【芜湖市应邀出席庆祝香港特别行政区成立24周年暨驻沪办成立15周年酒会】 2021年7月16日，芜湖市应邀赴上海参加庆祝香港特别行政区成立24周年暨驻沪办成立15周年酒会，王芳副市长代表出席活动，并代表芜湖市向香港驻沪办表示祝贺。与会期间同参会嘉宾沟通交流，宣传推介芜湖，希望进一步加强与香港驻沪办等机构的联系，促进两地的交流和合作。市外办主要负责人陪同。

【王芳拜访中国香港贸易发展局驻上海代表处】 2021年7月15日，芜湖市副市长王芳赴中国香港贸易发展局驻上海代表处进行拜访。中国香港贸发局华东华中总代表吕剑等人进行接待，并介绍中国香港贸发局的组织结构、工作职责以及在内地开展工作的情况。王芳副市长介绍在芜港资企业的情况以及芜湖在历史、人文、区域发展等方面的优势，期待通过贸发局这一“桥梁”与更多的中国香港企业开展合作。

王芳副市长代表芜湖市出席庆祝香港特别行政区成立24周年暨驻沪办成立15周年酒会

（宫庆来 提供）

【参加“企业香港上市融资培训班”】 2021年10月19日，芜湖市参加“企业香港上市融资培训班”（线上会议）。此次培训班由安徽省外办与中国香港贸发局共同举办，进一步促进安徽企业利用中国香港平台进行境外上市融资，推动皖港经贸的交流合作。芜湖造船厂、中江城建、来邦科技等近20家企业参会。

（宫庆来）

信访工作

【概况】 2021年，围绕做好建党100周年信访工作这条主线，以党史学习教育为契机，紧盯“减存量、控增量、争先进”的工作目标，开展市级领导公开接访，持续推动信访工作提质增效，着力打造信访工作新格局、新模式，确保全市信访秩序规范有序。2021年，全市信访总量为9068批次，与2019年同期相比下降16.26%，比2020年同期相比上升9.39%，总量相对保持稳定。

【做好“四下基层”工作】 市、县两级领导严格落实“四下

市委书记单向前公开接访

（何艳艳 提供）

基层”制度和信访工作联系点制度，深入基层开展接访下访、调查研究和政策宣传等，带头为群众排忧解难。市、县两级信访部门采用“点对点”提示的方式，做好领导干部“四下基层”服务保障。全年市、县两级领导786人次主持开门接访，其中主要领导有166人次；551人次深入基层开展现场办公，其中主要领导180人次；564人次深入基层开展调研，其中主要领导221人次；314人次深入基层开展政策宣传，其中主要领导128人次。

【开展“五比五看”活动】深化在全市信访系统开展的“一抓双比五提升”专项行动效果，组织开展“五比五看”活动，把初信初访办理质效贯穿“比作风、比效能”的全过程。结合党史学习教育，在全市信访系统开展“迎百年、讲奉献、创先进”活动，对各单位推荐的11个基层信访工作先进单位和15名优秀信访干部进行广泛宣传，推动工作落实。

【抓实专项“百案攻坚”工作】贯彻落实省委书记郑栅洁关于信访工作的批示精神，开展全市信访积案化解“百案攻坚”专项行动，梳理出128件疑难复杂信访积案，纳入集中“百案攻坚”范围，由市四大班子领导及“两院”主要领导亲自包案处理。截至2021年底，“百案攻坚”化解积案124件，化解率为96.87%，实体化解10年以上信访积案24件，5年以上信访积案31件。

【规范基层工作】2021年，市信访局与市委政法委共同起草《关于加强基层社会矛盾纠纷调处化解体系建设的指导意见（试行）》，经市政府常务会议和市委常委会议审议通过，以市委办、市政府办名义发布实施。将基层化解矛盾纠纷力量资源进一步整合，构建上下联动、左右协调、网上网下相结合的新时代社会治理新模式，推动实现人民群众矛盾纠纷调处化解“最多跑一地”和“小事不出村（社区）、大事不出镇（街）、矛盾不上交”的目标，切实解决群众急难愁盼问题。

【筑牢“清单+闭环”】印发《芜湖市党政领导阅批人民来信和接待群众来访工作规程》，进一步规范领导批示信访件登记、呈批、交办、办理、报告、督办、回访、归档、考核等办理程序，形成工作闭环。坚持接访不走过场。建立健全《市级领导干部接访下访制度》，市党政主要负责人带头下沉基层公开接访，其他市级领导轮流公开接访，落实提前公示制度，坚持“三不三推定”信访接待工作法，逐案明确责任主体、包案领导、办理时限，并将承办责任单位办理绩效情况纳入责任单位党建和信访目标责任考核。2021年，市党政主要领导共阅批信访件498件，其中群众致中央领导来信阅批率达100%，群众致省委书记、省长信件阅批率为34.03%，达到省信访局工作要求。

【提升督办实效】2021年，芜湖信访工作坚持运用“三步法”落实闭环管理，对一般事项采取“提示单”指出问题、指导改进；对重点信访矛盾采取“督办函”督查督办，明确要求、限期落实；对突出信访事项和信访工作，采取“联合督办”实地督办，推动责任落实、工作落地。强化“回头检视”，对整改不力和案情复杂的信访事项持续跟踪问效，落实好“一份函单、一份通报、一份反馈”，确保工作落到实处。2021年推进专项工作期间，发出工作提示单45张、督办函18封，开展专项实地联合督办26次，推动信访积案的化解，并被《人民信访》杂志刊发。

（何艳艳）

机关事务管理

【概况】2021年，芜湖市机关事务管理局拟定《芜湖市机关事务工作的规划和规章制度》《市机关后勤服务社会化改革相关政策和制度》并监督实施。指导市机关后勤服务单位业务工作，负责市政务文化中心、市信访档案综合楼办公场所的统一调整、分配和修缮，各项公共设施、设备的管理及维护，后勤保障服务、环境卫生、安全保卫、消防和绿化，协助有关部门做好群众来访秩序的维护工作。会同有关部门制定公共机构节约能源相关规划、规章制度并组织实施，推动公共机构节能工作；贯彻执行党政机关国内公务接待工作有关政策规定，制定相关管理办法；负责重要接待活动的综合协调，安排来芜的党和国家领导人的接待工作；负责来芜湖市委、市人大、市政府、市政协的地（市）级以上领导干部和部队军职以上领导干部的接待工作；负责省级以上领导机关派出的检查、调查、督查、视察团（组）的接待工作。

【组织开展全国公共机构节能宣传系列活动】2021年，芜湖市机关事务管理局印发《关于2021年全市公共机构节能宣传活动安排的通知》，组织开展公共机构节能宣传周系列活动。围绕“节能降碳，绿色发展”主题，组织公共机构工作人员线上观看“绿色节能”系列知识讲座；会同市发改委等单位开展市直机关节能宣传周“千人签名”活动，倡导节约用能，绿色出行。

【开展节约型公共机构创建】2021年，芜湖市机关事务管理局会同市水务局完成第6批共48家节水型公共机构和7家水利行业节水型单位创建工作；会同市住建局开展创建省级节水型城市相关工作。2021年8月市机关事务管理局被国管局、国家发展改革委、水利部评为2021—2023年公共机构水效领跑者。推进全市节约型机关创建工作，组织开展节约型机关创建业务培训，通过线上线下多渠道加强督促指导，全市节约型机关创建上报率达到100%。

【实施垃圾分类回收试点】2021年，芜湖市机关事务管理局进一步推进公共机构生活垃圾分类、塑料污染治理和反食品浪费工作。及时印发文件，加强监督检查，有效推动全市公共机构落实生活垃圾分类，塑料污染治理和节约粮食制止餐饮浪费等工作。芜湖市政务文化中心、中共芜湖市委党校（芜湖行政学院）、芜湖市瑞阳小学和安徽省皖南康复医院（芜湖市第五人民医院）被列为安徽省第一批公共机构生活垃圾分类示范点。

【接待工作】2021年，市机关事务管理局完成接待任务682批次13756人次，其中等级任务1批次，203人次。完成共商长三角G60科创走廊更高质量发展第八次会议、芜宣机场通航、第十届科博会、市第十一次党代会等大型活动以及畅聊早餐会等各项工作会议的保障工作。

【招商引资】2021年，市机关事务管理局加大双招双引工作力度，局党组会专门研究，局长赵贤好亲自带队赴上海、宁波、合肥，分管副局长田敏带队到武汉、宁波招商引资，全年外出招商10次，线索18次，其中有效线索6条，成功引进芜湖市俊岭酒店管理有限公司入驻鸠江区，芜湖帷山文化传媒有限公司入驻镜湖区，芜湖市创赫钢结构有限公司入驻南陵县，亳州市乐活凡品科技有限公司入驻亳芜产业园，奥宝杰电机科技有限公司落户鸠江区。

【推动乡村振兴】2021年，市机关事务管理局坚持把乡村振兴工作作为重点任务之一，完成驻无为市刘渡镇庆丰村干部轮换，局领导班子定期到帮扶户走访慰问，结合党史学习教育活动，深入无为市刘渡镇庆丰村开展上党课和宣讲十九届六中全会精神，与镇村干部共谋乡村振兴事。经多方筹措，解决资金20万元，推进庆丰村路灯建设，首批路灯已经建设到位。为庆丰村和古城社区开展金秋助学工作，赠送口罩、方便面、面包、帐篷等疫情防疫物资给庆丰村，为古城社区解决办公空调等等，解决村里实际问题。

（张姝娟）

中国人民政治协商会议芜湖市委员会

Wuhu Committee of the Chinese People's Political Consultative Conference

综　述

【概况】2021年，中国人民政治协商会议芜湖市委员会及其常委会在中共芜湖市委坚强领导下，坚持以习近平新时代中国特色社会主义思想为指导，认真学习贯彻党的十九大和十九届历次全会精神，学习贯彻习近平总书记在庆祝建党一百周年大会上的重要讲话精神，认真履行政协职能，发挥专门协商机构作用，为芜湖市经济社会高质量发展贡献智慧力量。

【深化党的建设】坚持党的全面领导。坚持把习近平新时代中国特色社会主义思想作为统揽政协工作的总纲，学习贯彻省、市第十一次党代会精神，把省、市委决策部署转化为政协具体工作任务。深化“一人四建”党建工作格局，制定专委会功能型党支部工作职责，开展新一轮深化“三个以案”警示教育，落实意识形态工作责任制，着力弘扬主旋律、传递正能量。在省政协党的建设工作会议上作《推深做实政协工作召集人制度，将党的工作深度融入到便民协商之中》经验介绍。开展党史学习教育。制定《市政协及机关关于开展党史学习教育的实施方案》，邀请市政协智库专家作专题讲座，与各民主党派共同开展“共学中国共产党领导的多党合作和政治协商制度”活动，组织委员实地接受红色教育，举办喜迎建党100周年摄影大赛，引导社会各界感受新成就、奋进新征程。

【发挥政协职能优势】落实“双碳”重大决策部署，召开专题资政会。聚焦乡村振兴重点问题，就“打造乡村全面振兴芜湖样板”召开议政性常委会，献良策、出实招、聚共识。响应市委、市政府“双招双引”一号工程部署。向市委、市政府报送《关于促进我市人水和谐的建议案》，市委领导作出专门批示，有关部门采纳落实。就“支持归国留学人才在芜创业”深入协商，提出修订完善归国留学人才政策、成立欧美同学会、加强留学生创业园建设等建议，得到采纳。

【强化凝聚共识工作】制定《关于加强和促进凝聚共识工作的实施意见》，学思践悟明共识，协商交流聚共识，团结联谊增共识，主动发声传共识，担负“落实下去、凝聚起来”的政治责任。完善与市各民主党派、工商联、有关人民团体和无党派代表人士的合作共事机制，引导广大委员和各界人士同心协力贯彻中央及省市委决策部署。发挥宣传引导作用，高效运行人民政协报、政协头条、江淮时报合作建立的工作站，推介芜湖经济社会发展成效，着力讲好芜湖故事。

重要会议

【市政协十三届四次会议】中国人民政治协商会议芜湖市第十三届委员会第四次会议，于3月7—10日举行。会议议程：1.听取和审议政协第十三届芜湖市委员会常务委员会工作报告；2.听取和审议政协第十三届芜湖市委员会常务委员会提案工作报告；3.听取和协商讨论芜湖市人民政府工作报告，协商讨论芜湖市国民经济和社会发展第十四个五年规划和2035年远景目标纲要（草案）、关于芜湖市2020年国民经济和社会发展计划执行情况与2021年计划草案的报告、关于芜湖市2020年预算执行情况和2021年预算草案的报告；4.听取和协商讨论芜湖市中级人民法院、芜湖市人民检察院工作报告；5.选举事项；6.审议通过政协第十三届芜湖市委员会第四次会议决议。会议期间，来自全市各党派团体、各族各界的政协委员汇聚一堂，共商改革良策，共谋发展大计，为推动芜湖市“十四五”高质量发展献良策、凝共识、聚合力。大会通过市政协十三届四次会议决议，听取市政协十三届四次会议提案征集情况的报告，命名市政协十三届三次会议以来优秀提案、提案办理先进承办单位和先进工作者。

【市政协十三届四十次至五十二次主席会议】1月18日，市政协召开十三届四十次主席会议。市政协主席张峰主持会议并讲话，市政协副主席陆雷、吴万春、杨高、方国华、陈怡、孙四平，秘书长刘见君出席会议。会议审议通过市政协十三届二十三次常委会议议程（草案）。

3月4日，市政协召开十三届四十一次主席会议。市政协主席张峰主持会议并讲话，市政协副主席陆雷、杨高、崔执凤、方国华、孙四平、梁清宇，秘书长刘见君出席会议。会议审议通过《市政协十三届二十四次常委会议议程（草案）》；协商讨论《市政协十三届四次会议列席人员增加范围和名单（草案）》《市政协十三届四次会议总监票人调整名单（草案）》《关于接受杨高、方国华同志辞去政协第十三届芜湖市委员会副主席职务请求的决定（草案）》、协商讨论《关于中国人民政治协商会议第十三届芜湖市委员会第四次会议召开时间的决定（草案）》；审议通过《市政协十三届四次会议大会主持人分工（草案）》。

3月25日，市政协召开十三届四十二次主席会议。市政协副主席陆雷主持会议，副主席崔执凤、陈怡、孙四平，秘书长刘见君出席会议。会议学习习近平总书记系列重要讲话精神、全国“两会”精神，协商讨论《芜湖市政协2021年工作要点（讨论稿）》《芜湖市政协协商成果办理规程（讨论稿）》，审议通过《芜湖市政协关于进一步加强协商能力建设的实施意见（讨论稿）》，并审议通过其他事项。

4月27日，市政协召开十三届四十三次主席会议。市政协副主席陆雷主持会议，副主席崔执凤、陈怡、孙四平，秘书长刘见君出席会议。会议审议通过《2021年度市政协重点提案建议目录》《芜湖市政协关于加强和促进凝聚共识工作的实施意见》《十三届市政协有关专门委员会新增委员名单》和《十三届市政协有关界别组组长、副组长调整名单》。

5月25日，市政协召开十三届四十四次主席会议。市政协副主席陆雷主持会议，副主席崔执凤、陈怡、孙四平、梁清宇，秘书长刘见君出席会议，相关专委会委员在线听取有关情况通报。会议听取关于芜湖市防汛排涝准备工作情况的通报、关于芜湖市公共文化服务工作开展情况的通报，并就相关工作提出意见建议。会议指出，芜湖市全面压实防汛排涝工作责任，坚持人民至上、生命至上的原则，未雨绸缪，多措并举，防汛排涝工作组织有力，成效明显。聚焦打造长三角文化旅游新热点城市目标，不断优化公共文化服务体制机制，加快公共文化服务设施建设，有力推动芜湖市公共文化服务品质发展、均衡发展、开放发展、融合发展。

6月29日，市政协召开十三届四十五次主席会议。市政协副主席陆雷主持会议，副主席崔执凤、陈怡、孙四平、梁清宇，秘书长刘见君出席会议，相关专委会委员在线听取有关情况通报。会议听取关于芜湖市2020年度环境状况和环境保护目标完成情况及突出生态环境问题整改情况的通报，协商讨论《关于促进我市人水和谐的建议案（讨论稿）》。会议指出，芜湖市深入贯彻习近平生态文明思想，牢固树立“绿水青山就是金山银山”的理念，持续推进生态环境保护。2021年，全市生态环境质量持续向好，推进大气、水、土壤等污染防治工作，突出环境问题整改成效显著。

7月26日，市政协主席张峰主持召开十三届四十六次主席会议。副主席陆雷、吴万春、崔执凤、陈怡、孙四平、梁清宇出席会议，相关专委会委员在线听取有关情况通报。会议专题学习习近平总书记对防汛救灾工作作出的重要指示精神，听取关于芜湖市机制化常态化推进扫黑除恶工作情况的通报、关于芜湖市医疗保障政策落实情况的通报，并就相关工作提出意见建议。会议还传达芜湖市加强疫情防控工作的有关要求。

8月24日，市政协主席张峰主持召开十三届四十七次主席会议。副主席陆雷、崔执凤、陈怡、孙四平，秘书长刘见君出席会议。会议传达学习习近平总书记在中央财经委员会第十次会议上的重要讲话精神等，听取关于《芜湖市居民住宅小区安全防范设施建设和管理实施办法》贯彻落实情况的通报，审议通过《市政协助力人民城市建设工作方案》。会议还就市政协近期重点工作任务进行部署。

9月10日，市政协主席张峰主持召开十三届四十八次主席会议。副主席陆雷、吴万春、崔执凤、孙四平、梁清宇，秘书长刘见君出席会议。会议传达学习习近平总书记在中央党校（国家行政学院）中青年干部培训班开班式上的重要讲话精神，重温习近平总书记在庆祝中国共产党成立100周年大会上重要讲话和考察安徽重要讲话指示精神，听取关于芜湖市防范化解政府债务风险工作情况的通报，审议通过市政协十三届二十八次常委会会议暨"碳排放达峰背景下芜湖市未来产业培育"资政会议程、九城市政协共商G60科创走廊更高质量发展第八次活动暨九城市政协委员企业联盟论坛筹备工作方案。

10月19日，市政协主席张峰主持召开十三届四十九次主席会议。副主席陆雷、崔执凤、陈怡，秘书长刘见君出席会议。会议传达学习习近平总书记在纪念辛亥革命110周年大会上的重要讲话精神，省委书记郑栅洁在芜湖调研时的讲话精神和全省政协党的建设暨宣传思想工作交流座谈会精神，听取关于芜湖市水资源保护与利用工作情况的通报，审议通过市政协十三届二十九次常委会会议暨"打造乡村全面振兴芜湖样板"专题协商会议程。

11月8日，市政协主席张峰主持召开十三届五十次主席会议。副主席陆雷、陈怡、孙四平、梁清宇，秘书长刘见君出席会议。会议传达学习省第十一次党代会精神，审议通过市政协十三届三十次常委会会议议程，协商讨论《关于中国人民政治协商会议第十四届芜湖市委员会组成若干问题的决议（草案）》。

11月19日，市政协主席张峰主持召开十三届五十一次主席会议。副主席陆雷、崔执凤、孙四平，秘书长刘见君出席会议。会议传达学习党的十九届六中全会精神，审议通过《关于2021年度市政协委员履职量化考核情况的报告》《市政协十四届一次会议有关工作安排》。

12月28日，市政协主席张峰主持召开十三届五十二次主席会议。副主席陆雷、吴万春、崔执凤、陈怡、孙四平出席会议。会议审议通过市政协十三届三十一次常委会会议议程、日程，协商讨论市政协十四届一次会议有关事项等。

市政协召开十三届二十八次常委会会议暨"碳排放达峰背景下未来产业培育"资政会

（市政协办公室 提供）

附：市政协十三届二十三次至三十一次常委会议情况简表

会议名称	时间	地点	主持人	主要内容
市政协十三届二十三次常委会议	2021年1月19日上午	市政务文化中心D425会议室（主会场）、各位常委所在办公室	张峰	一、关于市政协十三届四次会议顺延召开的意见； 二、市政协主席张峰讲话。
市政协十三届二十四次常委会议	2021年3月4日上午	市政务文化中心D425会议室（主会场）、各位常委所在办公室	张峰	一、审议通过《市政协十三届四次会议列席人员增加范围和名单（草案）》； 二、协商讨论《市政协十三届四次会议总监票人调整名单（草案）》； 三、审议通过《关于中国人民政治协商会议第十三届芜湖市委员会第四次会议召开时间的决定（草案）》； 四、审议通过《关于接受杨高、方国华同志辞去政协第十三届芜湖市委员会副主席职务请求的决定（草案）》。
市政协十三届二十五次常委会议	2021年3月10日上午	市政务文化中心E区2楼2号会议室	张峰	一、听取各组审议十三届市政协常委会工作报告和提案工作报告情况的汇报（书面），讨论市政府工作报告、芜湖市国民经济和社会发展第十四个五年规划和2035年远景目标纲要（草案）、计划报告、预算报告情况的汇报（书面），讨论市中级人民法院、市人民检察院工作报告情况的汇报（书面），酝酿常委候选人名单（草案），讨论选举办法（草案），大会总监票人、监票人、总计票人名单（草案），会议决议（草案）情况的汇报； 二、通过常委候选人名单； 三、通过选举办法； 四、通过大会总监票人、监票人、总计票人名单； 五、通过会议决议（草案）。
市政协十三届二十六次常委会议	2021年3月29日上午	市政务文化中心E区2楼2号会议室	张峰	一、学习习近平总书记系列重要讲话精神、全国“两会”精神（书面）； 二、审议通过《芜湖市政协2021年工作要点（协商稿）》； 三、通报《2021年度政协重点民主协商计划》； 四、审议通过有关人事事项； 五、市政协主席张峰讲话。

会议名称	时间	地点	主持人	主要内容
市政协十三届二十七次常委会议	2021年7月7日上午	市政务文化中心E区2楼2号会议室	张峰	一、专题传达学习《中共中央办公厅关于认真学习贯彻〈习近平总书记在庆祝中国共产党成立100周年大会上的讲话〉的通知》精神以及李锦斌同志有关批示精神； 二、学习习近平总书记在庆祝中国共产党成立100周年大会上的重要讲话精神； 三、学习习近平总书记在中央政治局第三十一次集体学习时的重要讲话精神； 四、学习习近平总书记在“七一勋章”颁授仪式上的重要讲话精神； 五、学习习近平总书记在《求是》杂志上发表的重要文章《学史明理、学史增信、学史崇德、学史力行》； 六、审议通过《关于促进我市人水和谐的建议案（草案）》； 七、市政府副市长桑宝庆讲话； 八、市政协主席张峰讲话。
市政协十三届二十八次常委会会议暨“碳排放达峰背景下未来产业培育”资政会议程	2021年9月29日上午	市政务文化中心E区2楼2号会议室	张峰	第一阶段 (一)、听取市政协专题调研组《关于碳排放达峰背景下我市未来产业培育的建议（讨论稿）》的汇报； (二)、会议发言； (1) 海螺集团 (2) 奇瑞汽车 (3) 市民盟 (4) 湾沚区政协 (5) 弋江区政协 (6) 无为市政协 (三) 市委书记单向前讲话。 第二阶段 市委统战部常务副部长褚云凤作《中国共产党统一战线工作条例》学习辅导。 第三阶段 (一)、通过《关于碳排放达峰背景下我市未来产业培育的建议（讨论稿）》； (二)、审议通过有关人事事项； (三)、市政协主席张峰讲话。

会议名称	时间	地点	主持人	主要内容
市政协十三届二十九次常委会议	2021年10月21日上午	市政务文化中心E区2楼2号会议室	张峰	第一阶段 1.听取市政协专题调研组《关于打造乡村全面振兴芜湖样板的建议（讨论稿）》的汇报； 2.会议发言； （1）无为市政协 （2）湾沚区政协 （3）市政协委员汪琼 （4）同福集团股份有限公司 3.市委副书记张庆亮讲话。 第二阶段 学习讲座：市发改委主任周浩作关于今年以来我市经济社会发展情况专题报告。 第三阶段 1.专题学习； （1）学习习近平总书记在纪念辛亥革命110周年大会上的重要讲话精神； (陆雷同志领学) （2）学习习近平总书记在《生物多样性公约》第十五次缔约方大会领导人峰会上的重要讲话精神； （3）学习习近平总书记在迪拜世博会中国馆的致辞精神； （4）学习省委书记郑栅洁在芜湖调研时的讲话精神； (5）学习全省政协党的建设暨宣传思想工作交流座谈会精神。 2.通过《关于打造乡村全面振兴芜湖样板的建议（讨论稿）》； 3.市政协主席张峰讲话。
市政协十三届三十次常委会议	2021年11月9日下午	市政务文化中心E区2楼2号会议室	张峰	一、传达学习省第十一次党代会精神； 二、听取市政府关于我市加速推进“双招双引”情况的通报； 三、审议通过《关于中国人民政治协商会议第十四届芜湖市委员会组成若干问题的决议（草案）》； 四、市政协主席张峰讲话。

会议名称	时间	地点	主持人	主要内容
市政协十三届三十一次常委会议	2021年12月30日下午	市政务文化中心E区2楼2号会议室	张峰	一、传达学习中共十九届六中全会和中央、省委经济工作会议精神； 二、听取市政府关于市政协十三届四次会议以来提案办理情况的通报（书面）； 三、听取市政府关于我市民生工程实施情况的通报（书面）； 四、审议通过市政协十四届一次会议召开时间； 五、协商讨论市政协十四届一次会议议程（草案）、日程（草案）； 六、审议通过《关于接受刘见君、席文两位同志辞去政协第十三届芜湖市委员会秘书长、副秘书长职务请求的决定》； 七、审议通过十四届市政协委员的人事说明及人选名单； 八、协商讨论市政协十四届一次会议提案审查委员会建议名单； 九、审议通过十三届市政协常委会工作报告（协商稿）、提案工作报告（协商稿），并确定报告人； 十、各专委会向常委会报告工作（书面）； 十一、市政协主席张峰讲话。

协商议政

【推进协商平台建设】组织实施年度重点民主协商计划，助力经济社会发展大局，促进治理体系和治理能力现代化建设。各专委会对口联系办理提案，深化提案办理协商，促进工作开展。立案交办318件提案，确定36件重点提案，办复率100%。各界别深入31个镇街村居联系点就环保、就业、养老等问题开展便民协商，增进群众获得感幸福感安全感。各县市区政协依托72个“好商量工作室”，组织委员深入一线访民情、解民忧、惠民生。32个“委员工作室”发挥各自特色优势，开展知情、公益、协商类活动，得到群众欢迎。“请你来政协，有事好商量”平台成为第二届“中国城市治理创新优秀案例奖”17个入围项目之一。政协“新芜湖人之家”委员工作室获评首届人民政协“优秀委员工作室”。

【提高协商能力】研究制定《市政协关于进一步加强协商能力建设的实施意见》，推动增强政治把握能力、调查研究能力、联系群众能力、合作共事能力、围绕中心服务大局能力、“两支队伍”建设能力，全面提升履职质量。建设“书香政协”，参与全市“党政干部共读”计划，开展委员读书活动。深化“九位一体”线上工作法运用，开展线上协商、线上调研、线上培训。2021年，市委主要负责人对政协建言成果作出批示达23次。

【助力重大战略落实】落实“双碳”重大决策部署，从支柱产业低碳转型、新兴产业低碳发展、培育绿色产业等方面，组织调查研究，召开“碳排放达峰背景下未来产业培育”资政会，市委主要负责人出席会议听取意见，对建言报告给予充分肯定，要求有关部门吸纳借鉴。聚焦巩固拓展脱贫攻坚成果同乡村振兴有效衔接和组织、人才、生态、文化、产业“五大振兴”的重点问题，就“打造乡村全面振兴芜湖样板”召开议政性常委会，献良策、出实招、聚共识。

【推进高质量发展】响应市委、市政府“双招双引”一号工程部署，党组专题研究谋划，制定实施方案，主席会议成员带队拜访客商，政协委员踊跃当好“双招双引”宣传员、信息员、战斗员。围绕贯彻“节水优先、空间均衡、系统治理、两手发力”新时代治水思路，从水资源利用与发展、水环境治理与修复等方面深入调研，向市委、市政府报送《关于促进我市人水和谐的建议案》，市委主要负责人作出专门批示。就“支持归国留学人才在芜创业”深入协商，提出的修订完善归国留学人才政策、成立欧美同学会、加强留学生创业园建设等建议得到采纳。围绕“以深化改革推进市级媒体深度融合发展”进行专题协商，提出完善体制机制、突出内容建设、加大政策支持等建议。

民主监督

【组织调研】安排委员领衔负责协商子课题，围绕课题内容，组织调研视察，支持委员开展创新性履职活动。就“委员工作室”运行情况开展专题调研，指导委员把准方向、明确特色、选准议题。开展“我为人民城市建设商一事”活动，27个界别和9个专委会，围绕医疗、教育、交通等民生实事深入调研，组织开展视察协商，形成一批有价值的意见建议。围绕年度民主协商议题，组织委员深入基层调研，提出针对性意见。

【组织视察联动】承办全国政协、省政协领导来芜调研视察任务，参与省政协协商议题。就县市区镇街政协工作开展情况开展专题调研视察，指导基层政协

九城市政协共商G60科创走廊更高质量发展第八次活动在芜举办

（唐陈焰 提供）

更好履职尽责。参加九城市政协共商G60科创走廊更高质量发展第七、第九次活动，围绕“生态赋能、文化铸魂”和“数字赋能”主题，组织专题调研。以“碳达峰、碳中和与高质量发展”为主题成功举办第八次活动，省政协领导，市委、市政府主要负责人及有关负责人到会指导，获得良好反响。

【聚焦人民城市建设】召开助力建设人民城市工作动员会，制定工作实施方案，联系人民城市建设合伙人，推动抓落实。组织开展“我为人民城市建设商一事”活动，27个界别和9个专委会，围绕医疗、教育、交通等民生实事深入调研，开展民主监督系列活动，形成一批有价值的意见建议。

【助力增进民生福祉】针对群众普遍关注的体育健身、养老保障等民生议题开展监督协商。围绕“加强全民健身场地设施建设，打造‘10—15分钟健身圈’”议题，分析在投入、规划、管理、共享等方面存在的不足，提出针对性意见。就“结合老旧小区改造，加强居家养老服务配套设施建设”议题，深入基层调研，提出加强组织协调、盘活存量资源、提高资金使用效益等意见。就“推进完善我市公共法律服务体系建设”组织系列履职活动，建议加强宣传引导、均衡配置资源、创新供给方式，推动涉及群众切身利益问题的解决。

提案和社情民意

【提案工作】市政协十三届四次会议共征集提案310件，并案处理后实际立案数为276件。收到平时提案8件，均已立案。

【社情民意】2021年，向全市政协委员、各民主党派、工商联、人民团体等政协各参加单位收集社情民意400余篇。整理编发市级社情民意11篇，收到市委、市政府领导批示11篇次，其中3篇获得市委主要领导批示。向省政协报送35篇社情民意信息，其中《关于打造安徽长江旅游品牌的建议》《关于完善我省公职律师制度，发挥公职律师在建设法治安徽作用的建议》《关于支持芜湖航空产业发展的建议》《关于推进构建农村多部门综合服务体系的建议》等4篇被省政协采纳。

委员会工作

【提案委员会】十三届四次会议以来，市政协收到提案338件（含平时提案6件），其中：集体提案65件，委员提案273件，经审查，有316件提案符合立案标准，并案处理后实际立案数为282件。坚持提案办理与各种履职形式紧密结合，遴选36件提案，分不同层次交由市委市政府领导、政协主席会议、机关各委室，以及提案委成员分别督办。探索重点提案督办与全案对口联系相互补充。坚持在实践中创新，用好新载体新平台，运用远程协商、在线会议等方式，开展线上线下相结合的调研督办活动。

【经济委员会】“碳排放达峰背景下未来产业培育”作为市政协常委会会议暨专题协商会议题，采用召开沙龙的方式，听取专家、学者、委员意见，明确课题方向，根据委员专长结合课题研究重点，成立6个专题研究小组。在广泛协商、深入调研的基础上撰写《关于碳排放达峰背景下我市未来产业培育》的报告，结合全市实际提出新能源及智能网联汽车产业等十大产业发展建议。在9月29日召开的市政协十三届二十八次常委会会议暨“碳排放达峰背景下未来产业培育”资政会上，获得市委领导充分肯定。

【农业和农村委员会】按照市政协年度工作要点和三办联合下发的民主协商计划安排，围绕“关于促进我市人水和谐的建议案”和“打造乡村全面振兴芜湖样板”重点民主协商课题，分别开展专题资政协商和常委会议专题协商。以精准建言为抓手，提升协商成效。在广泛调查和研究的基础上，形成专题资政建议，为市委、市政府决策提供真知灼见；征集发言材料，2个常委会协商课题共形成35篇调研报告，提出的建设性意见和建议，受到党委政府充分肯定。市委书记就“关于促进我市人水和谐的建议案”专题建言报告专门作出批示。在“打造乡村全面振兴芜湖样板”专题建言报告上，市委领导作出批示，望能在实际工作中借鉴。搭建提案督办协商平台。开展重点提案分层督办，主席会议成员，专职常委、专职副主任领衔协商督办3件重点提案。对10件提案开展全案对口联系办理协商。

【人口资源环境委员会】成立“促进人水和谐·加强水环境保护”专题调研组，制定协商方案。召开情况通报会，分别赴鸠江区、弋江区、南陵县等地实地调研，邀请生态文明建设类智库专家，全面参与水环境保护协商议题。同芜湖中铁规划设计研究院签订合同，不断推进协商议题的科学实施，建言报告得到市委主要负责人高度评价。召开人口资源环境口单位联席会议，召开提案办理工作座谈会，对联系单位主办的76件提案开展全案对口联系，邀请全体提案人参会，全面听取相关单位汇报提案办理情况。加强与省政协的沟通交流，向省政协双月协商会、人口资源环境发展态势分析会等报送材料。加强学习交流，接待外地来芜调研7批次。加强对县市区政协工作的指导，组织召开县市区政协人资环委主任座谈会。

【教科卫体委员会】组织召开“加强全民健身场地设施建设，打造10—15分钟健身圈”双月专题协商会。广泛征求市直有关单位和部门的意见建议，形成《关于加强全民健身场地设施建设，打造10—15分钟健身圈的建议》。做好政协提案督办，确保提案按照时间节点要求办理完成。4月9日，对芜湖市初中学业水平体育与健康学科考试进行现场监督。6月3日，组织委员参加全市高考考点听力设备检查督查，为考生保驾护航。配合省政协教科卫体委布置开展的各项工作，参加全省政协教科卫体委主任座谈会，作《加强“四个能力”建设　更好发挥专门协商机构作用》的经验交流发言。做好外省市交流接待，接待省政协副主席李和平一行来芜，就“加快科技创新攻坚力量体系建设，打造具有重要影响力的科技创新策源地”资政会议题开展调研。先后接待重庆市政协、湖北省政协、山西省吕梁市政协、河南南阳市政协等省市政协来芜调研考察。

【社会和法制委员会】组织部分委员和司法局等有关单位赴山西太原、晋中、大同等地，深入公共法律服务中心、公共法律服务工作站（室）、村（居）服务中心等，进行实地调研，形成专题建言材料。10月份，分管副主席陆雷主持召开双月专题协商会，与会社法委委员和承办单位、参加单位，线上线下结合，充分协商讨论，建言献策。桑宝庆副市长出席会议并给予充分肯定，认为专题调研组所提的建议针对性强、可操作性强，要求市直有关部门抓好会议协商成果的转化运用。

【民族和宗教委员会】围绕“结合老旧小区改造，加强居家养老服务配套设施建设”双月专题协商会议题，开展专题调研4次，通过实地考察、听取部门情况通报、邀请专家专题研讨、组织经验交流，召开协商会议，形成建言报告，得到市委主要负责人肯定并作出批示“请相关部门认真借鉴，大力推动。”加强上下联动，做好省政协民宗委在芜开展的各项走访慰问、调研视察的协调、联络等服务工作。开展全市宗教场所建设调研视察活动。

【港澳台侨和外事委员会】围绕“支持归国留学人才在芜创业”双月专题协商会议题，开展专题调研7次，召开座谈协商11场次，形成《关于“支持归国留学人才在芜创业”的建议》建言报告和《关于归国留学人才在芜创业政策效率研究》等建言材料5篇。督办提案11件。做好在芜侨眷（非洲莫桑比克）与华侨联谊会联系对接的服务工作，参与省委统战部联合安徽师范大学举办的2021年线上中华文化大乐园—加拿大园活动等联谊活动。围绕专题协商与提案督办相互渗透、线上协商与线下协商两线融合、政协协商与基层协商有效衔接等方面的经验做法，在全省政协系统港澳台侨和外事工作经验交流会上进行介绍。

【文化文史和学习委员会】做好“以深化改革推进市级媒体深度融合发展”双月协商议题工作。参加全省政协文化文史和学习委员会工作经验交流会。召开全市政协文化文史和学习委员会工作经验交流会。督促办理17项年度政协提案和重点提案督办工作。做好机关相关工作。牵头推进《芜湖政协志（2013—2017）》编纂工作。开展“书香政协”书画公益展。参与芜湖市建党百年百人百幅书画作品邀请展活动。主要负责人担任市委党史学习教育第七巡回指导组组长，圆满完成相关巡回指导任务。

（唐陈焰）

中共芜湖市纪律检查委员会　芜湖市监察委员会

Discipline Inspection and Supervision

综　述

【概况】2021年，全市各级纪检监察机关自觉增强“四个意识”、坚定“四个自信”、做到“两个维护”，把学懂弄通做实习近平新时代中国特色社会主义思想作为首要政治任务，忠实履行党章和宪法赋予的职责，牢记初心使命，协助市委一以贯之全面从严治党、一刻不停推进反腐败斗争，围绕现代化建设大局充分发挥监督保障执行、促进完善发展作用，全市纪检监察工作高质量发展开创新局面。

【开展“共庆建党百年　弘扬清风正气”活动】2021年，围绕“中国共产党成立100周年”庆祝活动，市纪委监委机关、芜湖市文联于6月中旬联合主办“共庆建党百年　弘扬清风正气”全市廉政书画作品展，在市美术馆（书画院）开幕。书画展共展出作品87幅，内容主要围绕建党100周年和党风廉政建设，歌颂党、歌颂祖国，讴歌建党百年的丰功伟绩。

【优化政治生态】强化管党治党政治责任监督。聚焦加强党的政治建设，深入实施政治生态

9月10日，中国共产党芜湖市第十届纪律检查委员会第七次全体会议在市政务文化中心举行

（向　玲　提供）

建设三年提升行动，对市直单位责任落实实行清单化管理，推动形成净化优化政治生态的整体合力。聚焦严明政治纪律和政治规矩，对15名违反政治纪律党员干部给予党纪政务处分。聚焦严肃党内政治生活，市纪委监委机关安排人员参加全市89个领导班子民主生活会，督促95名党员领导干部对群众反映、巡视巡察反馈、组织约谈函询等情况在会上作出说明或检查。

【深化纪检监察体制改革】 2021年，加强探索创新，推动顶层设计，促进优势互补形成监督合力，提高监督执纪执法综合效能。在全省率先制定《市纪委监委"室组地"联动监督执纪执法工作意见》及三个配套办法，建立六项联动机制，有关做法被中央纪委国家监委网站首页、中国纪检监察报创新版报道。加强与政法、组织人事、审计、金融监管等部门的反腐败协作，促进线索移送、通报会商、办案协作顺畅高效。深化派驻机构改革，细化制定加强派驻机构与驻在部门党组织会商机制建设的工作指引，推动更好发挥派驻机构"探头"作用和贴身监督优势，全年立案数、处分数同比分别增长96.6%、70.4%。推进基层纪检监察体制改革，进一步规范村（社区）纪检委员和村（居）务监督委员会履职管理。

重要会议

【市纪委十届七次全会】 9月10日，中国共产党芜湖市第十届纪律检查委员会第七次全体会议在市政务文化中心举行。会议审议通过《中国共产党芜湖市第十届纪律检查委员会向市第十一次党代会的工作报告（审议稿）》和《中国共产党芜湖市第十届纪律检查委员会第七次全体会议决议》。会议指出，要高举习近平新时代中国特色社会主义思想伟大旗帜，全面贯彻新时代党的建设总要求，深刻把握党风廉政建设和反腐败斗争依然严峻复杂的形势，牢记初心使命，知责于心、担责于身、履责于行，协助党委全面从严治党，把严的主基调长期坚持下去，一刻不停推进党风廉政建设和反腐败斗争，为全市顺利实现"十四五"发展目标任务更好发挥监督保障执行、促进完善发展作用，为加快打造省域副中心、建设人民城市，谱写全面建设社会主义现代化国家芜湖篇章作出新的更大贡献。

【市纪委十一届一次全会】 9月26日，中共芜湖市第十一届纪律检查委员会在市政务文化中心举行第一次全体会议，选举产生新一届市纪委常委和书记、副书记。会议以举手表决的方式通过市纪委十一届一次全会选举办法；听取杨志斌作关于十一届市纪委常委和书记、副书记候选人预备人选名单的说明；酝酿和确定十一届市纪委常委和书记、副书记候选人；通过监票人名单。

党风政风建设

【具体化常态化推进政治监督】 监督推动重大决策部署贯彻落实。聚焦习近平总书记对安徽作出的系列重要讲话指示批示，细化监督清单，加强闭环管理，建立月汇报、季调度机制，组织194个监督检查组开展明察暗访1060次，督促整改问题416个。聚焦贯彻落实新发展理念，"室组地"联动开展生态环保专项督查405次，督促整改问题111个；牵头抓好中央环保督察反馈问题整改，对整改推进缓慢问题进行核查并持续跟进监督，推动城东污水处理厂问题通过省住建厅验收。聚焦推动高质量发展，结合省委巡视反馈问题"大起底、改到位、建机制"专项行动，开展滚动监督，及时约谈提醒，推动解决"拆而未净""拆而未安""区域性债务风险"等制约经济社会发展的突出问题。

【深化政治巡察】 做好十届市委巡察整改落实和成果运用。对第十轮、第十一轮巡察对象开展整改验收评估，对4个整改成效不明显的单位负责人进行谈话提醒或予以延期整改，督促48个单位出台改革措施138项，开展专项治理83个，制定完善制度867项，挽回直接经济损失1.22亿元。开展十届市委巡察发现问题"大起底、改到位、建机制"专项行动，组建9个专项行动组现场督查，推动巡察整改走深走实。研究制定十一届市委巡察工作规划和全覆盖方案，创新启动首轮巡察，运用上下联动、提级交叉、"机动式"等巡察方式，聚焦粮食购销领域突出问题、"半拉子"工程项目"肠梗阻"问题、民生领域群众急难愁盼问题，派出12个巡察组巡察39个单位党组织，精准消除制约发展的障碍因素，以问题的有效解决推动经济社会高质量发展。

【做好查办案件“后半篇文章”】注重做好查办案件“后半篇文章”。贯彻省委关于一体推进“三不”体制机制建设的指导意见，做实以案为鉴、以案促改、以案促治。协助市委制定《关于以案为鉴进一步加强政法系统全面从严治党的实施意见》，督促政法系统深化全员警示教育，肃清案件恶劣影响，完善监督制约体系，破除庸俗“官场文化”，营造良好政治生态，巩固教育整顿成果。全市纪检监察机关制发纪检监察建议书103份，推动工程建设等重点领域、“双招双引”等重点工作建立制度56个，从源头加强制约、防范风险。常态化开展警示教育，编印严重违纪违法领导干部忏悔录，拍摄《我叫胡志广》微电影和典型案例警示教育片，用身边事教育身边人。市反腐倡廉教育馆接待参观5655人次，引导党员干部知敬畏、存戒惧、守底线。

纪检监督

【加强对“一把手”和领导班子监督】聚焦“一把手”第一责任和领导班子成员“一岗双责”，协助开展党内政治监督谈话，全市纪检监察机关共约谈领导班子成员、重点岗位人员1263人次，处分乡科级以上“一把手”9人，问责各级“一把手”21人，督促领导干部以身作则、担好责任。

【精准运用“四种形态”】精准规范监督执纪问责。综合运用专项检查、谈心谈话、下沉调研等方式，做实做细近距离常态化监督。精准恰当运用监督执纪“四种形态”，批评教育帮助和处理3715人次，第一、二、三、四种形态分别占比73.7%、18%、3.1%和5.2%。坚持失责必问、问责必严，全年问责党组织6个，问责党员领导干部、监察对象48人。落实“三个区分开来”要求，推动有关单位落实人才工作、招商引资等方面容错纠错制度，为受到失实检举控告的8名干部澄清正名，对被问责和受处分干部跟踪回访509人次，严肃查处诬告陷害行为，提振干事创业精气神。

【强化巡察暨提级交叉巡察工作】10月22日，十一届市委第一轮巡察暨提级交叉巡察工作动员部署会召开。市委常委、市纪委书记、市委巡察工作领导小组组长黄干出席会议并作动员讲话，市委常委、市委组织部长、市委巡察工作领导小组副组长杨志斌主持会议。本轮巡察，市委组建12个巡察组，分别对市发改委等15个市直单位和24个县市区直单位开展巡察。

【保持惩治腐败高压态势】推进政法队伍教育整顿，优先处置政法系统问题线索1045件，立案93件，处分73人，留置11人，移送检察机关10人。开展粮食购销领域腐败问题专项治理，优先处置涉粮问题线索99件，处分34人，移送检察机关6人。持续推进人防系统专项治理，督促立改废制度63项，追缴易地建设费1.08亿元。深化工程建设领域专项治理，严肃查办“小吏巨腐”典型案件。紧盯关键少数，严肃查处“一把手”严重违纪违法案件。办理和保障省监委指定管辖案件，在芜湖市执行留置22人。推进受贿行贿一起查，查处多次行贿、巨额行贿、向多人行贿行为，留置行贿人员17人，移送检察机关1人。依规依纪依法安全文明办案，保障被调查人合法权益，确保“零事件”“零事故”“零疫情”。市纪委监委立案审查调查县处级干部25人；全市纪检监察机关立案916件，处分938人，办理留置案件56件，移送检察机关31人；全市有21人向纪检监察机关主动投案，101人主动交代问题。

党风政风监督

【纠正“四风”】会同三山经开区开展“庸懒散浮拖”作风问题专项整治，督促整改问题24个，完善制度39项，以“小切口”推动“大转变”。聚焦政务服务、民生保障等领域，查处“不用心、不担当、不作为、慢作为、假作为、乱作为”问题41个。协助市委开展新一轮深化“三个以案”警示教育，督促县处级以上党组织整改问题1280个。全市查处形式主义、官僚主义问题50起，批评教育帮助和处理90人，其中给予党纪政务处分45人。坚决防止享乐主义、奢靡之风反弹回潮。坚守节日节点，派出748个检查组开展明察暗访、专项督查，全市共查处享乐主义、奢靡之风问题119起，批评教育帮助和处理187人，其中给予党纪政务处分135人。全年通报曝光违反中央八项规定精神典型问题27批51起74人，同比分别增长28.6%、

54.5%、39.6%，释放纠“四风”越往后越严的强烈信号。

【整治群众身边腐败和作风问题】深入整治群众反映强烈的突出问题。聚焦巩固拓展脱贫攻坚成果同乡村振兴有效衔接开展过渡期专项监督，查处腐败和作风问题74个116人，其中给予党纪政务处分89人。深化民生领域腐败和作风问题专项治理，督促整改执法司法、养老社保、惠农财政补贴资金、医疗医保等重点领域突出问题460个，追缴资金4387万元。深挖彻查黑恶案件背后的“腐伞网”，查处涉黑涉恶腐败和“保护伞”问题78个，给予党纪政务处分26人，移送检察机关11人，市纪委监委机关获评“安徽省扫黑除恶专项斗争先进集体”。全市纪检监察机关查处群众身边腐败和作风问题208个296人，其中给予党纪政务处分166人。

【开展“我为群众办实事”实践活动】2021年，市纪委监委开展重复信访举报突出问题专项治理。提高信访举报办理质效，全年接收信访举报5873件次，其中检举控告类999件次。积极试点并完善“监督一点通”服务平台功能。推动村级小微权力公开信息化、数据化、规范化。截至目前，950个终端平台公开内容逐步延伸到原始凭证，群众参与度和满意度进一步提升。

自身建设

【强化队伍建设】市纪委常委会带头加强政治建设，严格执行民主集中制、双重组织生活、重要事项请示报告等制度，不断提高政治判断力、政治领悟力、政治执行力。开展模范机关创建，强化党支部政治功能，加强机关纪委建设。树立干事担事选人用人导向，优化领导班子和干部队伍结构。深化全员培训，组织参加省纪委监委“视频讲堂”3300人次，全市举办纪检监察专题培训班61个，全面提升能力素质。

【开展党史学习教育专题党课】2021年，市纪委监委机关加强全体机关工作人员对中国共产党党史的学习教育，形成党史学习教育热烈氛围。7月5日，市委常委、市纪委书记、市监委主任黄干以《赓续红色基因，永葆初心使命，锻造新时代纪检监察铁军》为主题讲授党史学习教育专题党课。市纪委监委领导班子成员、调研员，市委巡察机构全体人员，市纪委监委派驻（出）纪检监察机构主要负责人，市纪委监委机关全体人员参加党课学习。

【严格干部监督】完善内部监督制约机制，严格执行禁止打听案情、说情干预、违规过问案件各项制度，对涉及纪检监察干部的问题线索实行下管一级。压实各级纪委书记第一责任人职责，着力加强对纪检监察干部的日常监督。组织学习“时代楷模”李夏等先进事迹，深刻汲取王琦等违纪违法案件教训。全市处置纪检监察干部问题线索15件，批评教育帮助和处理4人，坚决整治“灯下黑”。

【举办全市巡察干部理论培训班】2021年5月中旬，全市巡察干部理论培训班在市委党校举行开班动员和专题授课。全市巡察机构干部、市纪委监委派驻纪检监察组和市属有关高校等103人参加培训会。市委常委、市纪委书记、市委巡察工作领导小组组长晁新到会动员并进行首场专题辅导。

（向　玲）

军事

Military

芜湖军分区

【概况】2021年，芜湖军分区党委坚持以习近平强军思想为指导，狠抓练兵备战、强化工作落实、从严正风肃纪、勇于担当作为，各项工作有力有序推进。坚持党委理论学习，及时跟进学习习近平最新讲话精神。深入开展党史学习教育，组织参观探访红色遗址等系列活动。多次召开党委议战议训会议，定期组织应急情况处置训练，动态细化各种方案预案。适应“一年两征”改革要求，借助社会公共服务平台开展征兵宣传。全面加强正规化建设，对军分区机关办公秩序进行统一和规范，狠抓保密办公，做好老干部服务保障工作。开展政治纪律教育，布省市县三级问题线索反馈热线、邮箱。强力推动违规领取地方福利补贴补助清理清退，圆满完成清退任务。

【组织全市专武干部集训】2021年，军分区按照“统思想、学业务、练指挥、训技能、砺作风”总体思路，分两个阶段组织全市66名专武干部在市训练基地进行综合理论、基本技能、组织指挥和基础体能课目等4个专题21个课目学训和4类9个项目考核，考核成绩总评合格。训练突出主官任教、领导任教、干部任教、骨干任教。军分区司令员汤勇带头授课，机关各处处长、人武部主官和副部长、参谋骨干等现役干部和文职人员担负主要教学任务，组织参训人员评教评学，邀请军校6名专家教授作授课辅导；组织参训人员赴市党风党纪廉政教育基地实地开展廉政警示教育。训练采取上下结合、统分结合的方式进行；设立考评公示栏，组织每日评比；对培训考核成绩和现实表现拉榜排名，下发通报表彰。

【召开党委全委（扩大）会议】2021年1月22日，军分区召开党委全委（扩大）会议。军分区各先进单位、先进个人代表、机关干部、文职人员列席会议。军分区党委副书记、司令员汤勇代表军分区党委作题为《坚定举旗铸魂　坚持提质增效　奋力实现军分区和国防后备力量建设新发展》的工作报告。会议组织各单位分组对报告进行讨论。会议表彰2020年度先进单位、先进个人。

【庆祝建党一百周年主题演讲】2021年7月，芜湖军分区组织机关、人武部、干休所开展“学党史、悟初心”主题演讲比

1月22日，军分区召开党委全委（扩大）会，总结2020年工作，部署2021年工作任务，表彰先进单位、先进个人　　（李声保 提供）

赛。演讲内容结合近代以来仁人志士为中华崛起而奋力求索的事迹，抒发对英雄先烈精神品格的理解感悟；结合讲述建党以来的历史，抒发对我党、我军红色血脉、光辉历史和优良传统的理解感悟；结合讲述党史学习成果，抒发对初心使命的理解感悟；结合讲述历史上有国无防的教训与当前国家安全形势，抒发对强国梦强军梦的理解感悟；结合自身参军入伍或考入部队文职的实践体会，抒发对火热军营和青春热血的理解感悟；结合讲述情系国防、献身国防的身边典型事迹，抒发对关心支持国防和军队建设理解感悟。军分区首长和机关各处长（主任）组成评委，按照表达、情感、举止、仪表、脱稿等要素进行评比打分。评选出一等奖1名、二等奖2名、三等奖3名。

【征兵宣传工作】2021年1月，芜湖市征兵办联合市委宣传部、网信办下发《芜湖市2021年征兵宣传教育暨舆论引导工作实施意见》，明确全市征兵宣传工作的指导思想、基本原则、组织领导、方式方法、宣传内容等。根据实施意见要求，各级征兵办公室会同地方同级党委宣传、网信部门，制定年度征兵宣传工作方案计划，牵头协调教育、文化、新闻出版、广播电视、交通运输等部门和各类网络媒体，归口负责征兵宣传工作的具体落实。在应征服役人员役前教育训练中开展爱国主义、献身国防教育，铸牢预定兵员思想根基，结合新兵回访，协助部队做好新兵思想稳定工作。

【开展党史军史学习教育活动】2021年，军分区在全区开展收集红色资源和先进典型线索工作。主要包括本辖区的纪念馆、纪念园、纪念碑、烈士陵园等，深入挖掘芜湖境内红色历史、红色精神、红色文化、红色人物等，寻访新时代传承、发扬、运用中的典型事例等。专门拟制下发《开展党史学习教育措施》，购买党史学习指定学习材料。“七一”前夕，军分区领导为50周年党龄的党员颁发“光荣在党50年”纪念章，走访慰问军分区生活困难党员、老党员、老干部；评比表彰一批优秀共产党员和优秀党务工作者。

【挖掘红色资源】2021年4月，军分区政治工作处主任查达广率有关人员赴湾沚区、繁昌区、鸠江区、南陵县等单位调研，挖掘芜湖市红色故事、红色遗址、烈士传人及见证人。分别与3个县的人武部领导、县委宣传部、党史及方志研究室负责人进行座谈了解，并分别到湾沚区西河镇新四军纪念馆、陶辛镇的白沙圩农民暴动旧址、繁昌区孙村镇中分村新四军三支队司令部旧址、南陵县新四军军部旧址土塘、父子岭战斗中牺牲的18名烈士墓、新四军三支队会计张洁雅烈士墓、鸠江区白茆镇的渡江战役第一船始发地等进行实地追寻。挖掘出很多不为人知的感人故事，为开展皖美追寻活动打下基础。

【理论学习】2021年，军分区党委组织党委中心组带机关理论学习。以党委理论学习中心组或党委、支部、小组会议的形式，学习习近平主席在中国共产党成立100周年大会上重要讲话精神。组织观看全军党史学习教育宣讲辅导录像和《渡江战役》《我们的身后是祖国——新时代卫国戍边英雄群体先进事迹教育片》《守岛人》《中国医生》等红色教育题材电影及辅导录像等。

【民兵整组】根据省国防动员委员会通知精神，2021年3—6月，芜湖市在全市开展民兵整组工作。芜湖市政府、军分区联合下发《关于做好2021年度民兵组织整顿工作的通知》。明确整组时间、目标要求、主要任务、方法步骤、措施要求等。整组分计划准备、组织实施、检查验收、整改提高四个阶段进行。各级按照任务牵引、平战结合、突出重点、建用一致原则，编实建强应急、专业、特殊三类基干民兵队伍，构建基干力量精实、应急应战一体的新型民兵力量体系。各县（市、区）在非公有制经济组织成建制编建。按照“市抽点、县（市、区）普点”的方式组织全面检查验收。

【开展枪支弹药大清查活动】2021年3月中旬，军分区在全区开展枪支弹药大清查活动。活动分动员部署、宣传教育、人员考核和账物核对四个阶段。组织传达学习上级文件要求，成立以汤勇司令员为组长、王海波副司令员为副组长、各处长（主任）为组员的枪弹大清查工作领导小组，具体负责活动的总体筹划、组织实施和跟踪督导。所属人武部、干休所均成立相应的领导小组，具体负责本单位排查整治工作。

【开展群众性练兵比武考核】根据省军区下发的《关于在全区广泛开展群众性练兵考核比武的通知》精神，军分区结合实际，拟制下发《芜湖军分区迎接省军区群众性练兵比武考核方案》，转发《2021年度省军区国防动员备战工作督导暨国防动员能力检验评估方案（试行）》。在全区开展群众性练兵考核比武活动。组织军分区两级首长、机关现役干部、文职人员进行军事理论、动员计算、想定作业、轻武器射击、军事体育等比武考核；组织现役士兵和干休所现役军人，并依案组织首长机关进行国防动员指挥演练。

【参与“皖美追寻”活动】2021年5月中旬，省军区杨学伦副政委一行6人来芜湖军分区开展“皖美追寻”活动。首先在军分区召开由军分区汤勇司令员、钱远喜政委、政治工作处主任查达广、市党史办、市档案馆专家、安师大历史系教授等人参加的座谈会，听取专家教授们介绍芜湖革命斗争史和革命先辈们的英勇壮举。先后到湾沚区西河镇的新四军三支队纪念馆、白沙圩农民暴动旧址、南陵县李家发纪念馆、繁昌区孙村镇中分村新四军三支队纪念馆、板子矶渡江先锋船登陆点、鸠江区白茆镇永胜村渡江第一船始发地、无为市泥汊镇渡江纪念碑（馆）等地走访调研。现地召开座谈会，请地方党史办负责人讲述革命先烈在芜湖地区进行革命斗争的感人故事和英勇事迹，邀请参加渡江战役的老船工、支前民工讲述当年他们参加渡江战役的亲力亲为的感人故事。小组人员在现场搜集整理有关资料，分别数次在省军区主办的“铸剑江淮”栏目宣传报道发生在芜湖地区的红色经典故事。

【防汛工作】2021年6月上旬，芜湖军分区王海波副司令员带领相关人员对无为市大堤凤凰颈排灌站、姚沟镇五洲江心洲、南陵县后港河、西七圩、花园圩、林都圩、繁昌区荻港镇庆大圩等部分防汛重点部位进行现地勘察。在南陵县许镇奎湖地区参加市防汛抗旱指挥部组织的军地联合防汛演练，展示转移受灾群众、应急水上救援、岸段截渗排险等课目联训联演成果。军分区与任务部队建立完善汛期相应机制，6月中旬，军分区与担任防汛任务部队进行对接，督导无为市、鸠江区人武部与之建立完善汛期相应机制，通告雨水汛息、重点险工险段、兵力预置点位等防汛准备情况。6月下旬至7月上旬，军分区组织修订军分区本级防汛预案，督导各单位做好防汛准备工作。

【制定出台征兵激励政策】为鼓励高学历青年参军报国，激励大学生参军热情，2021年，芜湖市各级纷纷出台征兵激励政策，按照学历高低分别给予不同的奖励。无为市政府第九十三次常务会议决定，提高大学生入伍奖励金。镜湖区出台《镜湖区激励大学生参军入伍若干措施》（2021年7月），鸠江区出台《关于补齐非鸠江籍大学毕业生义务兵退役金差额的通知》（2021年6月），弋江区出台《关于补齐非弋江区籍大学毕业生义务兵退役金差额的通知》（2020年6月），湾沚区出台《芜湖县征兵工作实施办法》（2020年5月），繁昌区出台《繁昌区征兵工作实施办法》（2021年6月）。

【组织新闻报道骨干培训】2021年7月19—23日，军分区举办新闻报道骨干培训班，进行新闻写作和摄影等业务培训。军分区集中进行动员部署，学习相机操作使用说明和新闻写作常识。各单位汇报先进典型事迹线索汇报。集中组织学习《关于严格军事宣传纪律的通知》，每人就先进典型撰写提交一篇新闻稿。组织参训人员赴繁昌区民兵训练场和繁昌区烈士陵园进行摄影实践并讲评摄影成果，组织新闻骨干进行体会交流，各单位组织学习宣传纪律法规，了解意识形态领域工作的严肃性，掌握新闻报道工作的政治纪律要求和新闻报道审批流程。

【推进脱贫攻坚与乡村振兴工作】2021年，芜湖军分区持续推进脱贫攻坚与乡村振兴工作。拟制脱贫攻坚与乡村振兴有效衔接总体帮扶措施。军分区本级与无为市红庙镇闸北村结成帮扶对子，从乡村振兴建设预算经费列支50万元经费用于第十抗大（七师教导大队）开挖修缮两口爱民井、6条机耕路路基、4个水塘建设。经费汇至红庙镇专用账户，由镇、村两级按要求组织实施。政治工作处加强对接、监督、验收。

【开展送法进军营活动】2021年9月，军分区协调市两级法院开展送法进军营活动。军分区政治工作处主任、芜湖市中级人民法院、市中级人民法院部分干部领导和芜湖市鸠江区、镜湖区人民法院审判庭庭长、农业银行金桥支行客户部经理等人参加活动。芜湖市鸠江区人民法院审判委员会委员、行政审判庭（综合审判庭）庭长就商品房买卖相关法律问题、芜湖市镜湖区人民法院民事审判一庭副庭长、审判员就民法典婚姻家庭编解读、芜湖农业银行金桥支行客户部经理就防范金融诈骗知识进行授课辅导。市中级法院向军分区赠送民法典及典型案例汇编。通过活动的开展，增长军分区官兵、职工增强利用法律来解决婚姻家庭矛盾、商品房买卖中产生的纠纷等问题。

【出台驻芜官兵就近医疗保障若干举措】为贯彻落实《军人地位和权益保障法》，进一步弘扬芜湖市拥军优属光荣传统，切实解决驻芜部队官兵远离体系医院“看病远、看病难”问题。2021年10月8日，芜湖市退役军人事务局、卫生健康委员会联合下发《关于做好驻芜官兵就近医疗保障若干举措的通知》文件，要求驻芜湖辖区各医院开通军人优先通道，完善驻芜部队官兵看病就医“优待窗口、绿色通道”。按照“热情、周到、细致、便捷”的原则，为驻芜部队官兵提供挂号住院等优待服务；制发拥军医疗卡。驻芜部队官兵持《拥军医疗卡》到指定医院看病就医；建立军地对口联系制度。

【召开议军会】2021年12月24日，芜湖市委在市政府会议室召开市委议军会。市委书记、芜湖军分区党委第一书记单向前主持会议，市政协主席张峰，市委副书记张庆亮，市人大常委会党组书记、副主任丁祖荣，市委常委，市政府、芜湖军分区负责人员出席会议。

（李声保）

中国人民武装警察部队芜湖支队

【概况】中国人民武装警察部队安徽省总队芜湖支队（简称芜湖支队），支队组建于1949年3月，前身是中国人民解放军第34军第100师第300团，参加过解放长春、天津战斗，四平、红河战役及抗美援朝战争，参战部队曾获“三模”“铁脚飞行连”“战斗英雄排”等荣誉称号。2021年，支队全体官兵围绕上级基本思路，聚力“两奋两先”目标，传承“三模”精神，秉持“夺冠”内涵，攻坚克难拔头筹，摘金夺银争上游，固本强基创“六无”，实现“四连冠”，展示武警部队抓建基层先进支队硬实力和影响力。

【聚焦忠诚】坚持用习近平强军思想统领发展、建队育人，规范落实党委中心组理论学习制度，建立干部理论学习“固化量化、考评测评”机制，抓深抓实理论武装。组织主题教育和党史学习教育，持续用好“教育日下沉、面对面抓教”载体，开展分享教育，群众性自我教育初见成效。突出习主席“七一”重要讲话和党的十九届六中全会精神学习，开展“两优一先”评比活动。编排渡江战役故事、音乐快板节目在总队“精品故事赛”和基层文艺汇演中获评三等奖。47篇理论文章在《解放军报》《人民武警报》和军委强军网刊发，支队新闻宣传影响力位居总队第一方阵。

【实备实训】承担总队先期赋予的“四勤”试点任务，规范执勤工作运行，武警部队朱副司令员、张参谋长助理现场调研指导给予肯定。繁昌中队成功处置一起犯罪嫌疑人入所羁押脱逃事件，受到武警部队通报表扬。支队连续37年执勤无事故。坚持立功受奖70%指标向备战打仗倾斜，专题召开军事训练总结表彰会，39名个人受到通报表彰。坚持军费投入、装备保障向战斗力聚焦，统筹调剂结余经费1078.4万元，用于弥补部队建设和战备训练，最大限度发挥军费使用效益，支队被总队表彰为装备管理“三化”达标先进单位。全年担负巡逻勤务109天，其中扑救无为杨树岭山林火灾，受到总队通报表扬。支队被总队表彰为维稳维权工作先进集体。

【固本强基】专题组织“学评先办法、立争先标准”大讨论，凝聚官兵争先创优意识，立起当先领先标准。建立“领导包队、股室挂钩、大队驻点、中队住班”帮建机制，量身定制《“立标杆、摘帽子”精准帮建方案》，开展“过一遍、帮到位”活动，研究下发“精准指导、精细落实、精心养成”指导意见和日周月季工作循环表，提高经常性基础性工作落实质量。以武警部队后勤部部长蹲点帮建船艇大队为契机，加大帮建指导力度，大队全面建设进步明显，执勤二中队、繁昌中队、南陵中队、机动二中队被总队表彰为“四铁”先进大队。

【稳中求进】落实安全工作协调督导机制，开展“密切官兵关系、杜绝打骂体罚”专项教育整顿，组织“四个不正常”问题排查，细致做好一人一事思想工作，全年成功转化34名重点关注对象，稳妥处置1名新兵自杀险情，清退2名不合格新兵。紧盯手机网络、对外交往、酒驾醉驾、枪弹管理等重难点问题，常态开展“四不两直”管理检查，专项组织秩序大检查暨安全隐患大排查，建立“三个1/3”手机抽查机制，召开警示教育大会公开处理违规违纪问题，部队安全基础不断巩固。支队连续32年实现安全无事故，被武警部队表彰为安全工作“六无”先进单位、“双零双优”车辆管理先进单位。

【扛旗夺冠】弘扬“有擂敢打、有难敢克、有坚敢攻”夺冠精神，全体官兵在各类比武考核中敢于亮剑、勇于胜利，为支队荣誉而战。参加总队半年军事训练考核、参谋人员比武、机要专业技能比武、特战侦察干部骨干集训考核、船艇操作手集训考核均取得第一名，教练员比武取得团体第二名，总队后装专业比武取得总评第二名，总队政治教员评比竞赛取得团体第四名，信通专业兵比武竞赛取得团体第六名；参加总队指挥员比武、机要专业技能比武取得个人第一名，特别是特战中队副中队长王达坤参加总队教练员比武获个人第一名，并代表总队参加武警部队标兵教练员考核获个人第五名，被武警部队表彰为“标兵教练员”，并报记个人二等功。

【保持风清气正】召开专题民主生活会和党史学习教育、“三个三性”组织生活会，将三级班子成员剖析材料挂网公示、接受监督。坚持公平公正处理敏感问题，全年调整使用干部45人、推荐考学提干11人、选晋士官108人、发展党员28人、表彰奖励219人，部队满意，上下服气。坚持规矩办事，工程建设招标210余万元、物资采购380余万元，全程公开透明。推进经济责任自查自纠和违规住房问题清仓起底，追缴退款40.14万元，1名长期滞留干部顺利移交地方，支队清账、清房、清人工作全部归零。总队干部考评组对支队党委班子测评满意率为100%，支队党委被总队评定为“先进党委”。

（张　旭）

人民防空

【概况】2021年，芜湖市人民防空办公室（芜湖市民防局）围绕全市发展大局，履行“战时防空、平时服务、应急支援”使命任务。“结建”政策依法严格落实，工程建设管理规范有序，指挥机构更加健全，通信设施更加完备，应急救援体系日趋完善，重要经济目标防护稳步推进，工程开发利用亮点纷呈，法治宣传教育不断深入，队伍建设不断加强。人防事业发展成效明显。

【推进人防工程标识标牌工作】加大巡查、抽查力度，强化事中事后监管，开展专项检查3次，完成双随机抽查2次，首次与市住建局开展联合抽查。加强行业安全监管，健全管理制度，增强防范意识，部署安全风险隐患专项排查、汛期人防工程安全排查、商业综合体消防安全专项检查等活动，每季度开展1次在建工程安全巡查，在汛期、冬春灾害易发期等开展专项检查3次，全年未发生安全责任事故。2021年，市县（区）联动全面推动人防车位标识标牌工作，截至2021年底，全市完成人防车位标识标牌267处，212万平方米。鼓励人防工程平时开发利用，支持万春新城财富广场人防工程升级改造，经人防设计单位设计改造，用于商业用途，有效发挥经济效益。

【推进“结建”审批服务水平】严格按照政策文件要求，开展人防行政审批工作。全市（不含无为市、南陵县、湾沚区、繁昌区）新建民用建筑建设人防设计指标批复37项，新建民用建筑建设意见书审查。规范易地建设费收缴，征收符合易地建设项目易地建设费。认真贯彻落实《中共安徽省委　安徽省人民政府关于促进经济平稳健康发展确保“十四五”开好局起好步的意见》文件精神，办理易地建设费用零收费手续32个，减免工业、仓储物流项目易地建设费。进一步落实优化营商环境改革举措，完善工程建设项目审批综合管理平台，优化办事环节、缩短办结时限、精简申请材料，提高办事效率。规范窗口服务制度，坚持政务公开制、首问责任制，严格落实一次性告知制。

【落实人防普法责任宣传教育】落实党组中心组集体学法制度。将《宪法》《安徽省实施〈人防法〉办法》等法律法规纳入年度学习计划，全年集中学法5次。落实“谁执法谁普法”责任制，制定2021年度普法责任清单并在门户网站上公示。加强法治培训，组织开展人防行政执法人员资格认证专门法律知识考试，全市各级人防部门近20人参加。在重要时段开展公益普法活动，参加“江淮普法行”，结合“美好生活·民法典相伴”民法典宣传月、宪法宣传周等活动，通过邀请法律顾问专题授课和宪法知识测试等形式开展普法宣传，营造良好的法治宣传教育氛围。开展人防法治宣传“进企业”活动，结合日常检查活动，通过送人防法律法规和防空防灾知识手册等，与企业交流座谈，解读政策规定，增强企业法治观念和防空防灾意识。开展防空防灾宣传。根据省人防办下发的训练工作计划，紧扣人防训练大纲，结合防灾减灾日、防空警报试鸣日等纪念日，定期不定期组织指导人防专业队、群众防空组织开展防空防灾演练。截至2021年底，先后在市区部分中学开展多次防空防灾宣传教育活动和演练，采取课堂教学、参观见学、基地式教学和中学生疏散演练等多种形式，扩大中、小学人防知识教育覆盖面，提升人防知识教育效果。

【提升实战应急支援能力】组织“9.18”防空警报试鸣及演练。制定试鸣宣传和活动方案，组织人员对市区警报器全面检修，通过广播、电视、报纸、网站、手机等发布试鸣公告。9月18日，成功开展防空警报试鸣，警报鸣响率100%，音响覆盖率98%以上。9月18日，在芜湖市中江中学开展芜湖市人防平战转换暨疏散掩蔽演练，邀请人防专业队、人防指挥部、中江中学师生600余人参与。

【参加全省人防战备能力建设评估检验】11月5—6日，省人防办副主任张卫国带领省人防指挥部检验评估组来芜湖市检查考核，对芜湖市人防战备建设能力给予肯定。省检验评估组采取自查自评和重点抽查相结合、静态检查和动态检验相结合、定性分析和量化评估相结合的方法，对芜湖市人防战备建设情况进行全面检验评估。先后听取全面建设情况汇报、组织理论考试、调阅查询26项文件资料，实地查看机动指挥所、应急指挥中心、重要经济目标防护试点和人防工程，组织机动指挥所开设、人防专业队伍拉动点验和人防指挥部带部分实兵综合演习。

【人防专业队组训】2021年4月27—29日，组织芜湖市人防通信专业队集训；6月18日，在繁昌区组织人防专业队队员拉动点验；10月21—22日，参加全省人防（民防）志愿者应急通信对抗赛，并获全省第二名的好成绩；11月5—6日，在芜湖市人民防空指挥所组织机动指挥所开设、人防专业队伍拉动点验和人防指挥部带部分实兵综合演习。

中江中学开展人防疏散掩蔽演练

（梁　旭 提供）

人防专业队专业化水平和应急救援协同能力显著提升。

【推进信息化建设】2021年新装电声警报器9台，全市警报器达到178台，接入市气象局预警信息发布系统。电声警报器占比56%，主城区音响覆盖率达98%以上，二次报警能力不断增强。定期组织全市防空警报器检查维护，确保音响覆盖率。截至2021年底，完成各县（市）区人防地面指挥中心建设，各单位互联互通，多次在地面指挥中心召开会议、培训，分别在镜湖区、鸠江区、弋江区各增设地面站3台。

（梁　旭）

退役军人事务

【概况】芜湖市退役军人事务局内设办公室（政策法规科）、移交安置科、就业创业科、双拥联络科、优抚褒扬科等5个科室，代管芜湖市委退役军人事务工作领导小组办公室秘书科，下属芜湖军队离退休干部服务中心、芜湖市军供站、芜湖市烈士陵园管理处、芜湖市退役军人服务中心、芜湖市光荣院等5个事业单位。2021年，芜湖市退役军人事务局聚焦退役军人服务保障工作落实，开展“我为退役军人办实事”，创新实施“情暖老兵”试点项目。在全市推广“军人驿站”社会化拥军模式，建立常态化军地联席座谈制度，每季度召开建制团以上军地联席座谈会。健全退役军人服务保障体系，完成全市146家“示范型”退役军人服务中心（站）创建，鸠江区官陡街道退役军人服务站被退役军人事务部评为全国百家红色退役军人服务站。

【注重思想政治引领】开展“向何志成学习，争当学习党史宣传英烈奉献社会标兵”活动，号召全系统向何志成学习。结合“七一”前走访慰问，开展“老兵上党课　精神永传承”主题党课活动，把党课搬进老兵家中。延伸开展自主择业干部党史学习专题培训，114名自主择业军转干部报名参与。利用重大节日和重要活动开展时机，邀请电视台和芜湖日报、大江晚报等媒体重点宣传报道，制作“一声到一生到”等微视频在公交电视滚动播放。开展百名老兵、百名退役军人工作者祭英烈和百名网络“大V”云宣传活动，举办李克农将军生平事迹图片展。与城市令合作开展“童声说英烈”网上征集活动，组建“红色宣讲团”全天候、开放式提供党史教育活动服务，将市烈士陵园打造成为党史教育平台。

【做好优抚褒扬工作】2021年，优选10个社会组织建立老兵之家，建立“市级统筹规范+县区谋划推动+乡镇具体指导+社会力量发力”的四级联动机制，基层服务站与社会组织为退役军人提供健康护理、生活照料、心理疏导等方面的服务，开展各类活动58次，服务退役军人1737人次。建立完善烈士纪念设施建设项目库，推进芜湖市烈士陵园等各类烈士纪念设施提质改造。开展芜湖市烈士纪念设施管理保护专项行动，精确掌握烈士纪念设施相关信息要素；印发《全市县级以下英雄烈士纪念设施整修计划》，重点对县级以下英雄烈士纪念设施进行集中整修。落实关爱帮扶长效机制，创新“康养旅疗”模式，全面升级短期疗养活动服务保障水平，圆满完成233人的短期疗养项目。春节以来，向1.84万名优抚对象发放慰问金637.3万元，召开座谈会336次、参加人数4255人，发放年画、对联、慰问信各13.4万份。

【推进移交安置工作】组织2021年度符合政府安排工作条件退役士兵和军转干部移交安置接收、岗前培训、岗位安置等工作，接收安置2021年秋季自主就业退役士兵。做好转业安置“双调查”跟踪服务，组织对近三年来计划分配到市直机关的军队转业干部和2020年度安置到国有企业的退役士兵进行跟踪调查，进一步制定完善培训实施方案和安置实施办法，逐步提升安置军人获得感、幸福感。推进部分退役士兵社保接续工作，先后组织召开专班会3次、赴基层检查督导5次、研究解决问题20余件次，完成录入8997人、审核8997人、养老办结8997人，养老办结率100%。

【就业创业】在全省率先出台加强退役士兵职业教育和技能培训配套政策，实行“一对一”向退役军人介绍职业技能培训优惠政策，与培训学校、用工单位搭建信息平台，建立市、县区两级退役军人职业技能培训目录，推出受欢迎的参训课程，培训科目由传统的几种调整为近20种。2021年，完成技能培训823人。推进退役军人就业创业培训基地、创业孵化基地、实训基地、创业园区建设，全市签约挂牌就业创业相关基地21个，其中市本级12个。开展线上线下专场招聘会，帮助退役军人实现稳岗就业。各级退役军人事务部门发放就业创业宣传材料10250余份，线上招聘提供就业岗位404个，开展线下退役军人专场招聘会13场，提供就业岗位8752余个，达成就业意向近300人。

【推进双拥高质量发展】建立常态化军地联系座谈制度，每季度召开建制团以上军地联席座谈会，贯彻落实军地互办实事“双清单”工作。支持空三师荣誉室重新布展，提升荣誉室展陈水平。印发《关于做好驻芜官兵就近医疗若干举措的通知》，通过建立对口联系制度、完善军人优先窗口、启动应急救治制度、印制“拥军医疗卡”等措施，解决驻芜官兵远离体系医院“看病远、看病难”问题。推广“军人驿站”社会化拥军模式，共建立“军人驿站”签约酒店13家。将18名军队离休干部纳入同城医疗体系，解决离休干部远离体系医院看病难问题。围绕“后路、后代、后院”难题，开展“情暖现役军人家庭”大走访大调研大落实活动，探索建立边海防官兵常态化关爱工作机制，建立“一对一”联系制度，为边海防官兵家庭解决看病就医、子女入学入托、家属就业创业等实际困难82件。

【构建工作体制体系】推进全国示范型退役军人服务中心（站）创建工作，官陡街道退役军人服务站入选为全国百家红色服务站点。全市建立“两站两中心”1009个，全部完成政府外网接入工作，信息化建设再上一个台阶。落实军休干部“两个待遇”，完成军休干部新式离退休证件换发183人，开展“军休风采·忆峥嵘”口述历史等系列活动；进一步打造芜湖军休老年大学品牌，推广普及网络“军休所”，军休服务保障提质增效。引导鼓励优秀退役军人党员参选村（社区）“两委”，入选人员总数较上一届稳步提高；实现全市退役军人服务中心（站）组建“红耀江淮”志愿服务队全覆盖，具有区域特色的志愿服务队伍有市退役军人事务局主导组建“向心力”法律援助志愿服务团队、鸠江区的“老营房”志愿服务队（“雪绒花”红色宣讲）、弋江区的芜湖市蓝天救援队等。

（何玉昌　陈孟浩）

6月22日，芜湖市退役军人事务局举行“光荣在党50年”纪念章颁发仪式，为50年以上党龄的老党员颁发纪念章

民主党派　工商联

Non—Communist Parties & Federations of Industry and Commerce

民革芜湖市委员会

【概况】民革芜湖市第十四届委员会下设农业和农村委员会、科教文卫体委员会、经济委员会、社会和法制委员会、妇女和青年委员会、祖国统一委员会六个专门委员会。机关设组织处，宣传处，办公室。现有基层支部29个，截至2021年12月底，全市党员746人。全市民革党员中，有省市区（县）人大代表、政协委员117人次，副处级及以上领导干部16人。在市政协会议上，以市委会名义提交大会发言3件、集体提案8件，联名提案6件，担任各级人大、政协委员的民革党员提交建议9件、提案81件。2021年市委会再次被聘为民革中央信息工作直报点。特别是被民革中央评为“民革全国组织工作先进集体”和“民革全国脱贫攻坚民主监督先进集体”等光荣称号。

【会议提案】民革芜湖市委会被评为2021年为民革安徽省会议发言和提案工作作出贡献的先进集体　。江琳、肖雪梅荣获先进个人。应省民革安徽省委会约稿，调研完成5件省政协重点民主协商调研课题，其中省政协副秘书长、民革安徽省委会副主委吴延利代表省民革在省政协重点民主协商会上作题为《大力发展绿色甲醇产业　占领“碳中和”技术制高点》交流发言。完成2件调研课题，以民革安徽省委会集体提案的形式在省政协会议上提出。

【开展庆祝中国共产党成立100周年系列活动】2021年，民革芜湖市委员会组织民革党员参加市政协、市统战系统举办的书画摄影展；民革省委会举办的征文活动；民革中央举办的网络知识竞赛；市委会举办书画摄影展，召开座谈会暨征文颁奖会，举办“民革与中国共产党合作史”专题讲座；29个基层支部亦开展“红色教育精神传承”主题教育活动。

【召开民革芜湖市第十四次党员代表大会】2021年10月29至30日，召开民革芜湖市第十四次党员代表大会。审议通过民革芜湖市第十三届委员会工作报告，选举产生民革芜湖市第十四届委员会和出席民革安徽省第十四次代表大会的代表。民革芜湖市十四届一次全委会议选举产生民革芜湖市第十四届委员会常委、主任委员、副主任委员，丁百静当选为主任委员，高光兴、奚要武当选为副主任委员。会议任命江琳为秘书长。

【举办纪念辛亥革命110周年系列活动】民革芜湖市委会和芜湖市黄埔军校同学会联合召开纪念辛亥革命110周年座谈会；举办为期一周的纪念辛亥革命110周年芜湖民革书画艺术作品展；精心推送40幅书画摄影作品参加纪念辛亥革命110周年安徽民革书画艺术作品展展出；征集纪念辛亥革命110周年30多篇优秀征文，作为史料选登在《芜湖民革》会刊上。

【参政议政】提议《关于对湾沚战役抗日将士墓进行保护的建议》，促成国家文物局下拨专项经费120万元修葺抗日将士墓；集体提案《关于在戴安澜故居旁建造其事迹陈列馆的建议》，推动市参照冯玉祥故居、张治中故居、卫立煌故居等计划建造戴安澜事迹陈列室；市委会和担任市政协委员的民革党员提出提案，促成芜湖二中西洋湖校区落成时，增挂“安澜中学”校牌。

【建言献策】在市政协全会上，市委会提交集体提案8件，联名提案6件。其中《关于我市脱贫攻坚与乡村振兴有效衔接的几点建议》列为中共市委书记领衔督办重点提案，《推动落实关爱残疾人相关政策法规的建议》集体提案被被选为年度优秀提案。《关于进一步做好垃圾分类的建议》的联名提案，其有关建议在市生活垃圾分类试点、垃圾处理能力提升等工作中得到吸纳。《关子公共场所自动体外除颤器（AED）配置的建议》推动首批50台自动体外除颤器在全市机场、学校、市民服务中心、体育馆等公共场所陆续安装。

【参加政协协商活动】2021年，民革芜湖市委员会完成《发挥我市产业比较优势　促进制造业高质量发展》等5件2021年市各民主党派、工商联重点调研课题；完成《支持归国留学人才在芜创业》《推动完善我市公共法律服务体系建设》2件市政协重点民主协商调研课题；完成《开启“十四五”交通发展新征程，当好全面融入长三角先行军》1件向中共市委建言的重点考察调研课题；完成《当前乡村振兴战略面临的难题与对策》1件省民革专题常委会调研课题；完成《大力发展绿色甲醇产业　占领“碳中和”技术制高点》等5件省政协重点民主协商调研课题。

【开展脱贫攻坚民主监督工作】贵州省毕节市是八大民主党派中央对口帮扶地区。市委会助推毕节工业职业技术学院和奇瑞控股集团有限公司签订战略合作框架协议。市委会被评为民革全国脱贫攻坚民主监督先进集体。机关支部被评为民革全省脱贫攻坚民主监督工作先进集体。3位党员被评为民革全省脱贫攻坚民主监督工作先进个人。

（张卫强）

民盟芜湖市委员会

【概况】民盟芜湖市第十五届委员会主委陆峰，副主委童明、周蓬安、程炳杰，下设参政议政专委会、教育专委会、文化专委会、科技专委会、经济专委会、社会与法制专委会、妇女专委会、青年专委会、老年专委会。截至2021年底，盟员1134人，平均年龄53.5岁，在职盟员848人，占比74.78%，高级职称387人，占比34.14%，中级职称416人，占比36.68%，本党派特色界别750人，占比66.14%。盟员年龄结构、学历构成、职称层次进一步优化。2021年，民盟芜湖市委荣获民盟中央思想政治建设和宣传工作先进集体，民盟安徽省委参政议政工作模范集体、脱贫攻坚民主监督工作先进集体等荣誉称号。

【中国民主同盟芜湖市第十五次代表大会召开】10月17日，中国民主同盟芜湖市第十五次代表大会召开，省政协副主席、民盟省委主委郑永飞，省政协副秘书长、民盟省委专职副主委侯宇虹，市领导张志宏、贺东、董萍、陈怡等出席大会。市各民主党派、工商联、无党派人士及相关单位负责人到会祝贺。会议审议通过民盟芜湖市第十四届委员会工作报告和大会决议。选举产生新一届领导集体，陆峰当选为新一届民盟市委主委，童明、周蓬安、程炳杰为副主委，选举产生11名常委、28名委员。

【加强参政党自身建设】民盟芜湖市委领导班子带领全市广大盟员，以习近平新时代中国特色社会主义思想为指导，学习贯彻中共十九大、十九届历次全会精神和习近平总书记考察安徽重要讲话指示精神，深入领会习近平总书记“七一”重要讲话、中央统战工作会议和民盟中央有关会议精神，组织基层组织负责人集中学习《中国共产党统一战线条例》《中国民主同盟纪律处分办法（试行）》等文件，组织盟员收看庆祝中国共产党成立100周年大会直播，学习贯彻省、市第十一次党代会精神，坚持主委会议、常委会议集体学习、基层组织常态学习、盟员培训集中学习等学习制度，组织基层组织负责人及机关干部参加中共党史学习培训班，组织新盟员前往无为市新四军七师纪念馆接受革命传统教育。持续做好“盟员之家”建设，2021年先后挂牌4个盟员之家（全市14个），分别是鸠江区基层委员会、弋江总支、湾沚区支部、无为总支的“盟员之家”。

【开展“学四史、读盟史”活动】制定《民盟芜湖市委开展中共党史学习教育方案》。举办庆祝民盟成立80周年大会，对15个先进基层组织，55名优秀盟员和22名优秀盟务工作者进行表彰，并通过举办诵读比赛、主题征文、红歌传唱、拍摄盟史宣传片、党史知识讲座等活动激发盟员学习热情。组织基层组织负责人及机关干部40余人参加中共党史学习培训班，组织新盟员前往无为市红庙镇新四军七师纪念馆接受革命传统教育。基层组织积极响应，将中共党史学习教育作为基层组织活动的重要内容，前往遵义会议会址、泾县云岭新四军军部旧址、南陵县李家发烈士纪念馆等地学习，结合实际创新开展党史学习教育徒步赛、党史知识讲座、读书交流会、党史盟史知识线上答题闯关、“红船”制作比赛等活动。

【重视理论研究】民盟芜湖市委组织盟员参加民盟中央及省委的各类论坛，理论论文的数量和质量均有所提升。其中，李振政撰写的《从“差序格局”角度理解“大先生”的“大”》一文在第九届民盟中央教育论坛上评为优秀论文，这是安徽省唯一获奖论文；民盟芜湖市委荣获民盟安徽省2021年教育论坛组织奖，11篇论文获得奖项，2篇论文荣获一等奖；文化论坛报送论文24篇并荣获组织奖，其中9篇论文获奖，1篇荣获一等奖；向民盟省委经济论坛报送论文8篇。2021年民盟安徽省委理论研究会成立，4名芜湖盟员受聘为研究员，1人应邀担任副会长。上报民盟省委参政党理论课题4篇。组织广大盟员和机关干部参加纪念民盟成立80周年征文，7位盟员分别获得一、二、三等奖。1名盟员荣获民盟中央思想政治建设和宣传工作先进个人。首次走出民盟、面向大众传播先进思想文化知识，举办第14期民盟讲坛。

【建言献策】在2021年市政协大会上，民盟芜湖市委《关于推进我市农村公路高质量发展的建议》获市委领导批示，《构建和谐劳动关系，促进民营经济健康发展》《关于“加快我市中心城区社区医院建设　切实解决群众就医难就医贵”的建议》《关于整治芜湖中燃燃气公司“乱收费”问题的建议》3篇提案被评为优秀提案。8月，市政协民盟界别组撰写的《关于解决小区停车难、大件垃圾堆放点扰民问题的建议》得到市领导批示。2021年上报市委统战部信息124篇，其中周蓬安撰写的《呼吁完善外卖小哥、快递小哥劳动保护措施》被全国政协采用，童明的《关于打造安徽长江旅游品牌的建议》、任良辉的《关于充分发挥公职律师在法制工作中的作用的建议》被省政协采用。刘震鹏的《关于加快推进我市住宅小区电梯安全报警装置建设的建议》得到市领导的亲自批示，史奇的《关于调整无为至芜湖公交线路票价和运营时间的建议》被采纳并转化为政府决策。

【助力乡村振兴】选派1名机关干部前往无为泉塘镇青龙村驻村开展乡村振兴工作。2021年春，第三次购买优质鸡苗送到青龙村，不断巩固脱贫攻坚成果。换届之后，陆峰主委亲自带队赴青龙村调研乡村振兴并看望驻村干部，与基层组织加强沟通，发动基层盟员全力支持乡村振兴。2021年，3位盟员被中共芜湖市委、市政府授予芜湖市“三大攻坚战”先进个人称号，1名机关干部荣获民盟中央脱贫攻坚先进个人。在民盟安徽省委脱贫攻坚表彰大会上，民盟芜湖市委员会、南陵县基层委员会、无为总支荣获民盟省委“脱贫攻坚民主监督先进集体”称号，7位盟员受到表彰，1名机关干部作为先进个人代表发言。

【持续开展“烛光行动”】民盟芜湖市委“烛光行动”第12年不间断地对三所结对学校开展帮扶、助学活动。坚持看望

12月14日，芜湖民盟“烛光行动”走进火龙岗中心学校

（孟　琴　提供）

民盟省委“烛光行动”帮扶的1名无为贫困生，发动盟员为其和罹患癌症的母亲募集善款5万余元。第三年为无为蜀山学校开展“烛光行动”艺术课堂，为偏远地区的学生提供优质艺术教学。“七一”前夕，民盟芜湖市委联合市博物馆向火龙岗中心学校捐赠庆祝中国共产党成立100周年展览。同时，南陵县基层委员会和无为总支也持续在结对学校开展活动。

【开展多样化社会服务】组织盟员医疗专家每月定点在镜湖新城社区卫生服务站开展“绿丝带”名医进社区活动。组织书画家赴绩溪采风，举办庆祝中国共产党成立100周年和民盟成立80周年暨芜湖民盟第六届书画摄影展，组织盟员书画家春节前夕深入贫困村开展送春联活动。文艺界盟员坚持义务开展戏曲进校园活动，在全市多所大中小学举行戏曲文化讲座或展示，弘扬中国传统戏曲文化。

【推进创新活动】科技专委会开展“智能交通助力人民城市发展”“碳达峰、碳中和与高质量发展”为主题的调研，青年专委会开展“扬先烈精神　颂爱国情怀”清明节烈士陵园祭扫活动，妇女专委会开展“烘焙幸福　共享甜蜜‘三八’”妇女节烘焙活动，老年专委会开展中秋节座谈会暨养生讲座，并组织委员赴巢湖李克农故居和张治中纪念馆参观学习。民盟“同心”合唱团来到新四军七师纪念馆参观学习并传唱红色歌曲。

（孟　琴）

民建芜湖市委员会

【概况】截至2021年底，民建芜湖市委员会有1个基层委，1个总支，全市会员686名，其中大学专科以上学历约占86.7%（本科以上约占59.5%）；中级以上职称约占51.6%；经济界人士约占73.8%。会员中担任政府机关及司法部门科级以上职务32人，处级以上职务13人，担任各级人大代表22人，各级政协委员83人。14名会员担任各级各类特约检察员、监督员等。

【民建芜湖市第十三次代表大会召开】10月13—14日民建芜湖市第十三次代表大会在芜召开。会议审议通过民建芜湖市第十二届委员会工作报告和大会决议。选举产生由18名委员组成的新一届市委会，王芳当选市委会主任委员，王健、汪祖发当选副主任委员，卢立新、刘锋、吴国香、官蓉当选常务委员。选举产生6名委员组成的监督委员会，王健任主任，汪祖发、胡靖任副主任，马桢烈、王敏、刘锋、俞悦任委员。选举出13名出席民建安徽省“十大”代表。政治交接平稳顺利，圆满完成换届工作。

【参政议政】2021年，报送40余篇参政议政材料，报送社情民意信息70多篇，其中《关于加快“智慧公共停车”建设的建议》《做好农村面源污染治理，推动长江生态环境保护修复》被省民建采用，《建议芜湖火车站加强宣导有效疏导高峰时段旅客拥堵》《关于春节期间稳生产保复工的建议》被市政府采纳。

【抗击疫情】7月25日，芜湖市确诊一例与南京禄口机场新冠疫情关联的无症状感染者，部分区域实行隔离。民建芜湖市委响应中共芜湖市委、市政府号召，动员全市会员投身战“疫”行动，为守卫家园贡献民建力量。民建芜湖市企业家联谊会组织班子成员第一时间捐款2万余元购买物资慰问一线疫情防控人员和隔离群众。

10月14日，民建芜湖市第十三次代表大会胜利召开

（周　琴　提供）

【乡村振兴】市委会多次开展乡村振兴调研活动，慰问驻村工作队。无为市泉塘镇青龙村是中共芜湖市委统战部结对帮扶的贫困村。民建芜湖市委长期关注该村脱贫攻坚工作和乡村振兴事业。在调研中，发现该村郑大自然村一段沿湖道路未修建护栏，存在极大安全隐患，民建芜湖市委主动承担，现场制订施工方案，同时发挥民建企联会优势，自发筹集款项4万余元，春节前完成200米临水路段护栏安装工程，保障村民出行安全，获得社会各界的一致好评。

【助力双招双引】2021年以来，民建芜湖市委充分发挥密切联系经济界的特色与优势，助力芜湖市“双招双引”工作。市委会主要领导多次带队，前往杭州、北京、南京等地开展招商工作。9月份，工商联支部主委周育引荐的“新再生平台网”招商引资项目正式签约，繁昌区即将建立芜湖运营中心，据测算，平台运营后仅繁昌区年交易额可达5亿元，税收2千万元。企业一支部主委茅红星引荐的智能仓储项目，总投资10亿元，落户繁昌。另外，全年获取招商引资有效信息5条，成效显著。

【举办中共党史学习教育讲座】6月4日下午，民建芜湖市委主办、民建鸠江区基层委和民建芜湖市企业家联谊会共同承办的芜湖民建中共党史学习教育讲座开讲。民建芜湖市委主委王芳、副主委王健、市委会委员、支部主委和部分骨干会员80余人参加。讲座邀请中共芜湖市委宣传部常务副部长张克庚讲述《认真百年　把握大势——学习党史的点滴体会》。活动还回顾民建芜湖老一辈领导张台望与中共精诚合作的历史，介绍张台望在渡江战役中的突出贡献。

【民建芜湖市青年工作委员会成立】8月12日，民建芜湖市委成立民建芜湖市第十二届青年工作委员会。陈韧担任主任，汤佳、唐肝翌、李旭、吴凌、聂元杰担任副主任，王磊等16名会员任委员。

【“新芜湖之家”委员工作室获奖】7月20日，由人民政协报和人民政协网主办的，政协助力基层治理和服务界别群众研讨会暨首届人民政协“委员工作室（站）”案例征集活动·“最美基层政协委员”颁奖礼在北京举行。芜湖市政协委员、民建会员郎婧领衔的“新芜湖人之家”委员工作室获得“优秀委员工作室（站）奖”。

（周　琴）

民进芜湖市委员会

【概况】截至2021年12月底，民进芜湖市委会有基层组织22个，其中总支委员会1个，支部委员会21个。有会员342人，会员中大学以上学历276人，副高以上职称125人，中级职称131人。会员中担任各级人大代表、政协委员62人。2021年，民进芜湖市委会荣获“民进全国脱贫攻坚民主监督工作先进集体”“民进全国反映社情民意信息工作先进集体”“2019－2020年度民进安徽省宣传工作先进单位”“2019－2020年度民进安徽省理论研究工作先进单位”称号，获“安徽民进社会服务暨脱贫攻坚工作特别贡献奖”等荣誉。

【参政议政】在2021年省市区两会上，提交大会发言、建议、提案65件。被市政协选为大会发言3件，集体提案10件。其中6件提案入选2021年市政协重点提案，3份人大建议被列为市人大重点建议。民进市委被各级采用社情民意64篇，其中被全国政协、省政协、民进中央等采用8篇，被民进省委和省委办公厅采用56篇。

3月13日，民进芜湖市委召开2021年度参政议政工作暨社情民意信息主题年动员会议

（沐俊波　叶雅卉 提供）

【召开新一届人大代表和政协委员座谈会】12月23日，民进芜湖市委在铁山宾馆组织召开新一届人大代表和政协委员座谈会。民进芜湖市委主委彭凤莲，副主委章建华、李艳午、王志宝出席会议，市委常委、骨干会员和新一届人大代表、政协委员40余人参加会议。会议由王志宝主持。

【换届工作】10月23—24日，中国民主促进会芜湖市第七次代表大会召开。大会听取并审议民进芜湖市第六届委员会工作报告，通过民进芜湖市第七次代表大会决议。选举产生民进芜湖市第七届委员会和芜湖民进出席民进安徽省第九次代表大会代表。民进省委秘书长高国友，市人大常委会副主任何向阳，市委统战部常务副部长褚云凤等领导出席大会。

【民进弋江、湾沚支部成立】9月23日，民进芜湖市弋江支部成立大会在润地商业广场3幢会议室举行。民进芜湖市委主委彭凤莲、副主委章建华，弋江区委统战部常务副部长、民宗局局长陶金汉出席会议，区委统战部四级调研员陈同才、民进市委秘书长王志宝、民进基层组织代表、民革基层组织代表、民进芜湖市弋江支部全体成员和市委会机关人员参加会议。10月28日，民进芜湖市湾沚支部成立大会在湾沚区文化馆召开。民进芜湖市委主委彭凤莲，中共湾沚区委常委、统战部长陈刚，民进芜湖市委副主委章建华、李艳午、王志宝，中共湾沚区委统战部常务副部长洪为福出席会议。民进芜湖市湾沚小组组长陈培及全体会员参加会议。

【举办主题书画摄影作品展】4月10日，由民进芜湖市委主办、芜湖民进开明书画摄影联谊会承办的庆祝中国共产党成立100周年和芜湖民进成立30周年书画摄影作品展在芜湖市美术馆（书画院）开展，展出书法、绘画、摄影作品50余幅，均为会员原创作品。市政协副主席陈怡、市委统战部二级调研员王涛、各民主党派相关负责人及民进芜湖市委领导班子成员出席开幕式。民进市委副主委李艳午主持开幕式。

【举办庆祝建党100周年暨芜湖民进成立30周年大会】4月29日，庆祝中国共产党成立100周年暨中国民主促进会芜湖市委员会成立30周年大会在芜湖汉爵阳明大酒店举行。全国政协常委、省政协副主席、民进省委主委李和平，中共芜湖市委常委、组织部长、统战部长杨志斌，民进省委专职副主委王容川，市政协副主席、农工党主委梁清宇，中共市委统战部常务副部长褚云凤及各民主党派负责人出席会议。会后，举行“奋进三十载 迈入新时代”庆祝建党100周年暨芜湖民进成立30周年文艺汇演。

【开展重阳茶话会活动】10月12日，民进芜湖市委组织退休会员在和府园林酒店开展重阳茶话会活动。民进芜湖市委主持工作副主委彭凤莲、副主委章建华、秘书长王志宝出席活动，五十余位退休会员参加活动。

【开展新春送温暖活动】2月4日，法律援助工作站骆臣飞、邓劲松、周平3名律师和商贸学院支部主委李亚华老师共同前往弋江区、镜湖区部分困难家庭开展新春送温暖活动，为8个困难家庭送上米、油和现金，鼓励他们坚定信心、克服困难，了解他们的生活现况和存在的困难，并对其遇到的法律问题进行解答。民进芜湖市委副主委章建华应邀参加活动。

【芜湖民进助学会开展助学活动】芜湖民进助学会一行在民进芜湖市委副主委章建华的带领下，先后走进三山区和镜湖区大庆路小学，开展芜湖民进第二十四次助学活动。芜湖民进助学会自1998年成立以来，每年都开展形式多样的助学活动，颁发助学金486500元，资助中、小学困难学生822名。其中，2021年度芜湖民进助学会第二十四次助学活动共资助32名贫困生，发放助学金25800元，助学款均为民进会员及民进之友爱心捐助。

（沐俊波　叶雅卉）

农工民主党芜湖市委员会

【概况】2021年，农工党芜湖市委会履行自身职能，全面加强自身建设。围绕中共芜湖市委、政府中心工作，精心组织选题、深入调查研究，全年开展参政议政调研32次，形成成果18个。2021年10月召开农工党芜湖市第十三次代表大会，选举产生当届即第十三届委员会。截至2021年底，芜湖市有农工党员736名，基层组织23个。

【召开中国农工民主党芜湖市第十三次代表大会】10月20—21日，中国农工民主党芜湖市第十三次代表大会在芜湖召开。会议审议通过农工党芜湖市第十二届委员会工作报告，选举产生农工党芜湖市第十三届委员会和出席农工党安徽省第十二次代表大会代表，并审议通过有关决议。中共芜湖市委常委、组织部长、统战部长杨志斌，市政府副市长姚凯，市政协副主席陈怡及芜湖市各民主党派、工商联、知联会以及对口联系单位相关负责人参加会议。

【组织开展《各民主党派中央关于纪律处分工作座谈会纪要》精神学习会】2021年5月上旬，农工党芜湖市委组织开展“以案为鉴　警钟长鸣”《各民主党派中央关于纪律处分工作座谈会纪要》精神学习，市委会领导班子、全体委员及基层组织负责人参加学习。各基层组织同时展开学习《各民主党派中央关于纪律处分工作座谈会纪要》和《中国农工民主党纪律处分办法》（试行），提高思想认识，使铁的纪律转化为日常习惯和自觉遵循，不碰底线、不越红线。

【举办庆祝中国共产党成立100周年文艺汇演】2021年6月中下旬，农工党芜湖市委“听党话　跟党走——庆祝中国共产党成立100周年文艺汇演”在镜湖区文化馆举办，市政协副主席、农工党芜湖市委主委梁清宇参加汇演。整场汇演以生动的艺术形式，展示农工党坚守合作初心，携手团结奋进的坚定信念。

【农工党芜湖市湾沚区、鸠江区支部委员会成立】2021年9月29日，农工党芜湖市湾沚区支部委员会成立大会在湾沚区政务会议中心2号会议室召开。市政协副主席、农工党芜湖市委主委梁清宇，中共湾沚区委常委、统战部长陈刚出席会议并讲话。在召开的农工党湾沚区第一次党员大会上选举产生第一届支部委员会，童加谭被推选为支部委员会主任委员。10月19日，农工党芜湖市鸠江区支部委员会成立大会在市民主党派大楼四楼会议室召开。芜湖市政协副主席、农工党芜湖市委主委梁清宇，中共鸠江区委常委、组织部部长、统战部部长刘雪冬出席会议并讲话。在农工党鸠江区第一次党员大会上，选举产生第一届支部委员会，赵晨当选为支部委员会主任委员。

【开展“我为人民城市建设商一事”】2021年，农工党芜湖市委组织部分市政协委员开展“我为人民城市建设商一事——加强智慧教育应用”调研。实地调研了解田家炳实验中学智慧学校建设和湾沚区智慧教育建设情况，并与市（区）教育局、相关学校管理层、部分教师、智慧教育项目建设方等开展座谈。

【开展“环境与健康”义诊活动】2021年，农工党芜湖市委多次组织开展“环境与健康”义诊活动。义诊涵盖内科、外科、骨科、妇科、小儿科、口腔科、中医科、检验科、医学美容科等多个科室，为社区居民提供健康服务。10月下旬，农工党芜湖市委专门组织医药卫生专家党员到南陵县家发镇麻阳河边广场，开展“同心健康芜湖”社会服务义诊活动，服务500余人次、发放各类宣传材料300余份。

【慰问敬老院老人】农工党芜湖市委前往汤沟敬老院开展“同心·情系夕阳”社会服务活动，连续8年在新春之际为敬老院老人送新年祝福、送新春慰问。

【开展乡村振兴调研】2021年，农工党芜湖市委多次组织党员前往无为市泉塘镇青龙村开展乡村振兴调研。参观该村基础设施改造项目、村养老院，与相关村干部进行交流讨论。

（傅阿庆）

致公党芜湖市委员会

【概况】截至2021年底，致公党芜湖市委会有基层支部10个，党员184人。其中归侨、侨眷、港澳台属及其他有海外关系人士占党员总数的86%，中上层人士占94%，有各级人大代表、政协委员45人（次）。全年发展新党员10名，大学本科以上学历9人，其中博士研究生1名，有侨海关系9人。

【致公党芜湖市委第六次党员大会召开】10月16日，致公党芜湖市委第六次党员大会召开。全国人大常委会委员、省人大常委会副主任、致公党安徽省委会主委谢广祥，中共芜湖市委副书记张庆亮，市领导何向阳、崔执凤出席会议。会议审议并通过致公党芜湖市第五届委员会工作报告和大会决议。选举以崔执凤为主任委员的新一届领导班子。

【举办“庆祝中国共产党建党一百周年”系列活动】举办“凝心聚力学四史，奋发有为开新局”网络知识答题活动，参与用户8215人，访问量达54250次；参加市直机关庆祝建党100周年“永远跟党走”红歌大家唱比赛；举办“中国共产党成立100周年庆祝大会暨红歌演唱会”；发动党员参加芜湖市统一战线“同心庆华诞·携手新征程”书画摄影展；举办学党史征文活动，收集党员征文12篇，其中两篇征文被《安徽致公》杂志刊登；举办“缅怀新四军丰功伟绩，传承新四军铁军精神”党史报告会；组织党员走进新四军七师旧址（胡竺冰故居）开展党史教育学习。

【开展助学活动】2021年，“芜湖致公爱心助学会”开展爱心助学活动，向弋江区南片3所小学7名困难家庭的学生捐助现金和学习用品。截至2021年底，捐助贫困学生11万余元，216人次。在开展爱心助学活动的同时，致公党芜湖市委会还从思想、学习、生活、心理等多方面关心和帮助受助学生，使他们树立自尊、自强、自立的精神，引导他们健康成长和全面发展，鼓励他们将爱心传递下去，造福社会。

【开展乡村振兴调研】12月中旬，市委会专职副主委带领机关干部和部分市委委员赴无为市泉塘镇青龙村调研乡村振兴，与驻村干部座谈交流，详细了解驻村工作队队员生活、工作情况，听取驻村工作队关于青龙村乡村振兴工作开展情况的介绍及工作计划。实地查看“一村一品”产业螃蟹养殖基地，并向该村98名小学生捐赠普法知识练习册和学生水壶。

【举办骨干党员暨新党员培训会议】12月24日，市委会举办骨干党员暨新党员培训会议。市委会主委、市政协副主席崔执凤主持会议并讲话。中共芜湖市委统战部常务副部长褚云凤作《中国共产党统一战线工作条例》专题辅导。市委委员、支部委员、监督委员会委员、“两会”人员及机关干部50多人参加培训。

【致公党芜湖市镜湖总支成立】4月16日下午，致公党芜湖市镜湖总支召开成立大会。大会选举产生致公党镜湖总支委员会，杨凛当选为总支主委，汪重楠、王润菁、强群慧当选为总支副主委。

【加强工作信息宣传发送】全年编发《芜湖致公》杂志3期，在各类宣传载体、公开媒体刊发稿件180余篇次，被采用145篇次，其中团结报1篇，安徽致公杂志2篇，安徽致公网站和公众号23篇次，市级网站和刊物（市政协、市委统战部、芜湖致公）119篇次。多渠道、多层次地宣传展示芜湖风貌，进一步扩大致公党的社会影响力。向致公党安徽省委和市委统战部各报送统战理论研究论文2篇。

（李文兰）

九三学社芜湖市委员会

【概况】2021年，九三学社芜湖市委员会下属基层组织14个，其中基层委员会2个，支社12个，社员总人数388人，平均年龄56岁，其中230人具有高级职称，占比59.3%，8人获得国务院或省政府专家特殊津贴，副厅级领导1人，市直部门和县区副职3人，53人分别担任全国、省、市、区人大代表和政协委员，12人担任市直有关单位特约特邀人员。2021年，九三学社芜湖市委获得全国九三学社中央脱贫攻坚民主监督先进集体表彰；获九三学社安徽省委2020—2021年度先进市级组织、2020—2021年度组织工作先进集体。

【召开九三学社芜湖市第九次代表大会】10月15—16日，九三学社芜湖市第九次代表大会召开。市领导张东、奚南山、程刚、陈怡出席会议，市各民主党派、工商联、无党派人士到会祝贺。会议审议通过九三学社芜湖市第八届委员会工作报告和大会决议。选举产生以王芳为主任委员的新一届领导集体。

【参政议政】2021年，九三学社芜湖市委员会开展课题申报和调研工作，其中社省委参政议政调研课题2个，市重点考察调研课题1个，市参政议政调研课题5个。在市政协十三届四次会议上，社市委作《关于进一步加强芜湖市突发公共卫生事件应急体系建设的建议》的大会发言和《积极创建米市学院，打造特色农业科技创新产业集聚区》《芜湖近代西洋历史建筑的保护和开发》书面发言。提交集体提案7件，其中《关于芜宣机场有效融入长三角机场群的几点建议》获市政协优秀提案，《深挖安徽稻田文化，打造新的农旅产业链》被选作省政协十二届四次会议大会书面发言。

【加强社会服务】2021年，九三学社芜湖市委员会进一步加强与市、县（区）科协沟通联系，深入边远学校开展“百名专家进学堂讲科普”活动17场，近3000名师生参加，活动效果显著，社会反响热烈。加强社市委与市聋哑职业技术学校、市培智学校合作，共同建设好“心灵阳光工程”基地，持续打造特色社会服务品牌。组织社员赴市培智学校开展关爱自闭症儿童融合教育志愿活动，举办“童心向党，快乐成长”庆“六一”文艺演出，邀请律师社员为学生家长宣讲残疾人权益保障法，举办秋冬儿童常见疾病预防与治疗讲座。

【首个“乡村振兴实践基地”落地殷港艺创小镇】12月8日，九三学社安徽省委“乡村振兴实践基地”揭牌仪式在殷港艺创小镇举行，社省委专职副主委张腊梅，中共芜湖市委常委、市委统战部部长张志宏共同为基地揭牌，社芜湖市委主委王芳主持揭牌仪式，夏云兴代表企业和小镇致欢迎辞。九三学社安徽省委员会首个“乡村振兴实践基地”落地殷港艺创小镇。

【开展科技对口联系活动】1月15日，市政协常委、社市委专职副主委宗辉带队赴芜湖高新技术创业服务中心龙山科技园，与市科技局开展对口联系活动并座谈。座谈会上，市科技局党组书记、局长杨少华通报芜湖市在推进自主创新体系建设、培育创新主体发展梯队、加强关键核心技术攻关、提高创新平台建设质量等方面工作情况。宗辉向市科技局简要介绍社市委历史沿革、组织发展、参政议政、社会服务等社务工作情况。双方就联合开展产业创新服务综合体、高层次科技人才交流等课题进行交流研讨。

开展心灵阳光活动，关爱孤独症儿童

（胡琼洁 提供）

【开展党史学习教育活动】5月，皖南医学院基层委赴黟县开展红色革命传统教育活动。6月19日，九三学社芜湖市第二支社组织社员前往繁昌区板子矶渡江战役纪念馆开展“学党史、悟思想、办实事、开新局”党史教育实践活动。6月22日，九三学社安徽工程大学支社组织社员前往王稼祥纪念园开展“庆祝建党100周年缅怀革命先烈”主题活动。7月，九三学社芜湖市委举办中共党史学习教育培训班，学习习近平总书记“七一”重要讲话精神，推动中共党史学习教育再升级。

【开展企业生产调研活动】4月20日，九三学社芜湖市青工委就“医用橡胶领域企业提升和发展”课题赴无为市姚沟工业区开展专题调研。课题组一行参观安徽华能医用橡胶制品股份有限公司并召开座谈会，听取公司关于发展规划、政产学研用现状及协同创新等情况介绍，双方围绕企业两化融合、高端产品研发、市场开拓以及发展瓶颈等相关问题进行讨论与交流。

【开展非物质文化遗产调研活动】10月27日，九三学社芜湖市青工委课题组拜访安徽省非物质文化遗产芜湖梨簧戏传承人丁国银，就梨簧戏的传承与保护问题开展专题调研。调研组详细了解梨簧戏的发展历史，就如何进行组织建设、培育名角，如何建立梨簧戏保护的人才队伍、完善推广机制，进行深入的讨论与交流。此次调研对于推动梨簧戏的传承和保护，进而打造成具有芜湖特色的文化品牌，调研组形成《加强梨簧戏的传承和保护》考察调研课题。

（胡琼洁）

芜湖市工商联

【概况】2021年，芜湖市工商业联合会（简称市工商联）围绕中心大局，参政议政、融资服务、开展“双招双引”、商会调解等重点工作，成效明显。新组建商会7家。截至2021年底，市工商联会员10225个，其中，企业会员6469个；商会组织122家，其中，行业商会32家，异地商会42家，乡镇街道商会42家，楼宇商会和园区商会各1家，其它类型5家。

2021年，获得省工商联“2021年度民营企业调查点工作市级示范单位”、“商会人民调解工作先进示范市级工商联”，“2020年度全市平安建设（综治工作）优秀单位”等荣誉。

【参政议政】向市政协提交《实现“医”“养”无缝对接推进芜湖市机构养老转型升级》《大力培育新型农业经营主体　推动农村产业融合快速发展》《关于公共资源交易中存在的问题及建议》《关于稳定芜湖市民办教师队伍的建议》等4份大会发言材料和集体提案，其中，《关于公共资源交易中存在的问题及建议》被市政协列为重点提案。主办政协提案和建议2份，协办2份。

【入企调研】围绕“商会和企业在双招双引工作中如何发挥作用”和“采取何种措施使企业进一步降低成本（1%）”开展调研，撰写调研报告《市工商联关于降低企业成本的建议》进行“结合老旧小区改造，加强居家养老服务配套设施建设”和“民营企业参与乡村振兴”专题调研。配合芜湖海关开展民营企业进出口情况调研。依托全国工商联民营企业调查系统，开展民营企业政策落实情况、优化营商环境条例问卷、万家民企评营商环境和4次民营企业运行状况等调查。

【夯实基层组织建设】召开市工商联（总商会）十三届五次执委会议，增补常务副主席1名、执委5名。成立芜湖市婚嫁产业商会、芜湖山东商会、芜湖市吉林商会、芜湖市辽宁商会、芜湖市商务服务业协会、芜湖市温州民营企业家联合会、芜湖河南商会，指导5家商会顺利换届。经逐级推荐，芜湖市所属无为市、南陵县、湾沚区、繁昌区工商联被确认为全国及全省“五好”县级工商联，镜湖区、弋江区工商联被确认为全省“五好”县级工商联。推荐所属商会申报“四好”商会，芜湖泉州商会、芜湖六安商会、芜湖徽州商会、芜湖苏商经济发展促进会、芜湖市汽车后市场联合会等5家商会被评为全国及全省“四好”商会。

【打造商会党建品牌】拓展商会党组织和工作覆盖面，市工商联直属商会中建立党支部23个，全年获得各级荣誉表彰21项。经商会党委指导推荐，芜湖市汽车后市场联合会党支部作为安徽省唯一市级商会，被确定为“全国商会党建工作示范单位”和“全省非公经济和社会组织党建工作示范点”。

【开展民营企业百强排序活动】联合市经信委，组织全市97家民营企业参加“2020年度安徽省上规模民营企业调研及百强排序活动”。芜湖入围营收、制造业综合、服务业百强企业34家（不重复计算）。其中，进入全省民营企业“营收百强”14家，安徽楚江科技新材料股份有限公司、广东美的集团芜湖制冷设备有限公司2家企业进入前二十强；进入全省民营企业“制造业综合百强”14家，芜湖美的厨卫电器制造有限公司、芜湖美智空调设备有限公司、信义光伏产业（安徽）控股有限公司、芜湖长信科技股份有限公司4家企业进入前二十强；进入全省民营企业“服务业百强”6家，芜湖顺荣三七互娱网络科技股份有限公司、安徽伟星置业有限公司2家企业进入前二十强。芜湖市入选民营企业营收百强数量位居全省第二。

【服务民营经济发展】2021年，调研企业310家次，为企业送政策、宣传“1%工作法”130家次，帮助部分企业解决了融资难和用工难问题。搭建融资对接平台，会同中国建设银行芜湖分行举办中小微企业“银企恳谈会”，组织全市24家中小微民营企业与银行对接交流，为265家民营企业融资24.1亿元。联合市税务局、江北产业集中区税务局开展“春雨润苗”税务服务专项行动，助力小微企业健康发展。通过开展2021年民营企业劳动关系状况监测工作，参加市协调劳动关系三方四家会议，与市人社局、市总工会、市企联联合开展“选树金牌劳动关系协调员和金牌协调劳动关系社会组织”“芜湖市打造金牌劳动人事争议调解组织”活动等，推动构建和谐劳动关系。帮助民营企业申报建筑（电力）工程专业技术职称，全市被评定为中级职称19人，初级职称21人。

【推进“双招双引”】发挥以会招商、以商招商作用，在商协会中建立38家“双招双引”联络站，并为每个联络站申请每年1万元的工作经费。全年拜访有投资意向企业153家，落地项目35个，总投资约43.82亿元；报送有意愿来芜人才、团队信息6个，其中物联网及清华人才团队经市工商联对接，于6月份在南陵县注册落地。

【搭建政企服务交流平台】通过组织企业走进政府部门等实际行动，进一步优化营商环境。1月15日，与市经信局在市企业服务中心联合组织召开部分商协会座谈会，听取各商协会的发展情况和对企业服务工作的意见和建议，对参会的商协会负责人使用易企网办理企业相关事项进行指导培训。5月25日，组织16家涉招投标工作的民营企业负责人走进市公管局，就市政协提案《关于公共资源交易中存在的问题及建议》办复进行现场座谈交流，对企业在项目投标过程中遇到的困难及问题给予解答，并跟进解决。

【深化涉企法律服务】会同市司法局、市律师协会启动芜湖市“万所联万会”联合合作机制，搭建“律企对接平台”，助力加快打造法治化营商环境，18家所属商协会与17家律师事务所签订《合作框架协议》。联合市人民检察院设立企业合规监管委员会，依法保护民营企业合法权益。编印下发《民法典+企业风险防控》手册1000份。为民营企业举办法律培训4场次，培训938人次，引导民营经济人士依法经营、依法维权。

【多元化解民营经济领域纠纷】协调市中级人民法院在鸠江区人民法院设立芜湖市商会人民调解委员会工作站，负责接收民营企业申请调解案件和法院诉转调案件的调解工作；8月，设立市总商会人民调解委员会驻经开区人民法院知识产权调解室，建立知识产权民事纠纷案件委派诉前调解机制，受理知识产权诉前调解案件19件，成功调解知识产权纠纷案件12件。发挥市总商会人民调解委员会平台作用，全年为民营企业提供法律咨询912次，受理民营企业民商事和劳动纠纷调解案件294件，调解成功126件，通过商会调解服务平台调解纠纷550件。

【举办民营企业创新能力提升培训班】4月25—29日，组织市工商联常执委企业家及县（市）区工商联相关负责人55人，赴上海交通大学进行“民营企业创新能力提升”培训。培训班开设“学习百年党史，重温入党初心”、2021全国两会精神解读及其对宏观经济的影响、产业理念变革与企业转型升级路径和案例、长三角一体化的机遇和挑战等专题讲座。

【助力乡村振兴】联合市委组织部、市乡村振兴局等单位共同启动“万企兴万村”行动，牵头成立乡村振兴“企业联心服务团”。各县市区工商联、所属商会全部与96个村进行对接，安庆商会、徽州商会、苏商经济发展促进会等先后与结对村签订产业发展合作协议。南陵在沪经济文化促进会执行会长回陵投资建成“沪碟·小格里养心谷”；芜湖顺荣汽车部件股份有限公司捐资3000万元修建青弋江中洲大桥，推动中洲村民发展致富；联合广东帕纳奇照明科技有限公司开展“照亮乡村促振兴”捐赠活动，为全市623个行政村捐赠价值近30万元的太阳能灯3000盏，打造乡村安全亮化的生活环境。2021年，“万企兴万村”行动各类产业、公益、消费等帮扶投入4050余万元。

【举办“弘扬企业家精神 促进‘两个健康’专题培训班”】9月13—17日，市工商联“弘扬企业家精神 促进‘两个健康’专题培训班”在繁昌马仁山庄举办，市工商联所属商协会会长、副会长、党支部书记代表等54人参加培训。培训以《学习“七一”重要讲话精神 促进我国经济高质量发展》为题，解读习近平总书记“七一”重要讲话的重大意义。邀请专家教授，分别讲授《遵循市场逻辑 汇聚资本力量，着力打造民营企业发展“热带雨林”》《国家枢纽 科创高地 产业名城——芜湖全力建设安徽省域副中心城市》。

（洪 芬）

人民团体

People's Organization

芜湖市总工会

【概况】2021年，芜湖市总工会围绕庆祝建党百年这条主线，狠抓“42101”重点工作落实，忠诚履职、担当作为，各项工作取得新进展新成效。在全省产业工人队伍建设改革、新就业形态劳动者入会、劳动领域维护政治安全等三项工作调研评估中，走在全省前列。

【开展宣传教育活动】忠诚履行引领职工群众听党话、跟党走的政治责任，把劳模工匠“五进”与党史宣教、日常宣传相结合，在庆祝建党100周年之际开展“中国梦·劳动美——永远跟党走 奋进新征程”主题宣传教育，百年党史百日学、百场阅读学党史、百年华章E起诵、百首颂歌献给党、百幅书画抒党情、百名劳模话党恩等“六个百”系列活动取得圆满成功，指导带动全市各级工会开展建党百年庆祝活动105场次，组织“看电影·学党史”红色主题电影展映50场次，开展“讲党史、话党恩、送服务”劳模工匠宣讲30余场次，举办新时代文明实践活动52场次。

【维护劳动领域政治安全】牵头成立劳动领域维护政治安全工作领导小组，建立“1+2+N”工作专班，研究制定《市总工会关于深入学习贯彻总体国家安全观 构建落实“五个坚决”要求长效机制的意见》，完善9个机制实施方案。组织召开市劳动领域维护政治安全工作联席会，构建地方联动机制，组建214人的工会信息员队伍，做到劳动领域“五个不发生”。2021年，市职工服务中心和联调中心接访并处理法律咨询、劳动争议315件，涉及608人次。

【服务职工群众】开展工会就业创业服务行动，组织工会网上招聘会28个专场，发布1421家企业、75213个就业岗位信息，帮助2300名以上就业困难人员实现稳定就业；开展关心关爱环卫工人“六个一”行动，新建环卫工人服务站点24家；全年免费为企业培训书画、摄影、合唱、烹饪等8个项目12个班次560名文体骨干，为412名困难职工提供家政服务等就业技能免费培训；为7200名“八大群体”职工赠送在职职工意外伤害互助保险。新培育市级职工书屋、书吧各30家，申报省级女职工“阳光家园”10家，组织开展“皖工鹊桥”单身职工婚恋交友活动31场次。推出芜湖市职工公园年票。

【构建常态化梯度帮扶体系】开展困难职工精准帮扶动态管理专项行动，构建起层次清晰、各有侧重、有机衔接的梯度精准帮扶工作格局。通过“大数据”共享，动态掌握全市1642名自付医疗费较多的职工和17043名就业年龄低保人口情况，对符合帮扶条件的指导其申请帮扶，并建立一户一档帮扶救助档案。2021年帮扶建档困难职工369户377人次，发放救助金额350.47万元。

【构建和谐劳动关系】编印《推进集体协商构建和谐劳动关系文件汇编》，发布市总2021年集体协商“春季要约”书和倡议书，召开全市集体协商“春季要约”推进会。期间全市发出1248份要约书，1243份应约，签订集体合同企业数1200家，覆盖职工18.7万人；积极参与协调劳动关系三方机制工作，依托智慧工会平台在全市建立完善30个劳动关系监测点，构建起市、县（市区）、企业三级劳动关系监测网络体系，健全具有工会组织自身特点的劳动关系发展态势监测、分析研判和预警机制。

【开展劳动和技能竞赛活动】组织“芜湖信义光伏六期”“芜湖启迪第三代半导体产业园”“长江大保护安徽区域”劳动竞赛活动，主办联办20项市级职工技能竞赛。全市各级工会举办劳动和技能竞赛1140余场，带动职工岗位练兵27万人次。在全国职工职业技能竞赛安徽4项选拔赛中，芜湖工会代表队获2项第一、2项第二；在2021年度海峡两岸职工焊接技能线上竞赛交流活动中，芜湖市两名选手分获一、二等奖。参加长三角城市工会各类交流和竞赛活动8次，市总工会获长三角地区劳动技能创新立功竞赛组委会“优秀组织奖”。连续两年选树“芜湖工匠年度人物”，举办发布和颁奖仪式，形成工会品牌。开展市第八届职工创新成果评选活动，39家企业143项成果入选。

【开展“跟着劳模去创新”活动】开展“跟着劳模去创新”活动，全市举办45场劳模创新大讲堂，组织7名劳模结对帮助22家非公企业技术创新，培育13项劳模重点创新项目。新增省级“劳模工匠创新工作室”3个，新培育市级“劳模工匠创新工作室”10个。市总工会联合市乡村振兴局在全省首创，选树命名“劳模助力乡村振兴示范基地”，首次命名的10个示范基地举办各类技术培训班、讲座5000余场，培训农民近58万人次，为当地提供就业岗位近2000个，季节性用工每日超过2万人，每年为本地农民增收3亿元以上，创造综合服务价值9亿元以上，帮助本地3000多位农户致富。

【推进产业工人队伍建设改革】与市委宣传部、安徽工程大学共建芜湖市产业工人队伍思想政治工作研究中心，为全国首家，得到全总调研组和省总的高度肯定。研究中心成立以来，展开四个重点课题研究，全部结题。其中，《新时代国有企业青年产业工人思想政治状况调查报告》获得安徽省思想政治工作理论研究成果一等奖。召开市产业工人队伍建设改革协调小组第四次会议，总结三年来芜湖市产改工作情况、研究部署深化产改工作任务。全市产业工人总数83万人，技能人才48.1万人，其中高技能人才13.6万人，受到省调研评估组充分肯定。

第七届全国职工职业技能大赛数控机床装调维修工理论考试赛场

（罗　杨　提供）

【巩固基层工会组织建设】全市所有县市区成立镇街总工会实现全覆盖，929个村（社区）全部成立工会组织，结合村（社区）两委换届，完成村社区工会组织换届；采取“条块结合、两线并行”的方法，开展以“八大群体”为主体的新就业形态劳动者集中入会行动，在全省率先实现“八大群体”市级行业工会联合会全覆盖、村（社区）工会组织全覆盖。2021年，全市新建工会组织786家，新增工会会员6.6万余人，新增农民工会员3.5万余人。成立市、县（市区）两级“八大群体”行业工会联合会25个，覆盖“八大群体”企业工会组织376家，发展工会会员5.2万余人。

【强化智慧工会平台普及运用】全面实现“芜湖智慧工会”平台网上服务“极简化”“一站化”和“手机化”，打通与省智慧工会云平台和市大数据中心接口，共享市大数据中心10个部门24项基础数据库。自平台上线以来，办理申报事项1.1万件、办结率99.6%，开展“好网民”“E起诵”和工会各类培训、竞赛、竞答等活动17项，参与职工群众达21万余人次。录入工会组织9439家、工会会员82.1

万人，全省首家实现“社保一卡通”工会会员身份核查。在省总、省委网信办举办的互联网+普惠服务优秀平台和项目评选中，芜湖市智慧工会荣获“十佳平台”。

【加强工会法治化建设】市总党组组织习近平法治思想学习研讨3次，机关安排习近平法治思想宣讲专题党课。全年开展工会各类普法宣传74场、参加职工7600多人。部署全市工会系统“八五”普法工作。

（罗　杨）

共青团芜湖市委员会

【概况】2021年，团芜湖市委着力推动全市团的建设和各项重点工作取得新进展。深化“青年讲师团”计划，开展互动式党史宣讲946场。实施“青年榜样”计划，开展“两红两优”“向上向善好青年”“双十佳”等评选表彰。深化“青马工程”，培训500余人。深化青年大学习行动，动员团员青年参与“青年大学习”网上主题团课超270万人次。开展“红领巾爱学习”主题实践活动，覆盖26万少先队员。做强团属新媒体宣传矩阵，2021年团属新媒体浏览量超1亿。

【夯实基层基础】坚持党建带团建，新建非公团组织306个。推动湾沚区全国县域共青团基层团组织改革试点工作，创新实施“青耘计划”，选拔芜湖高校优秀学生干部兼职村（社区）团支部副书记。

【促进青年全面发展】召开芜湖市青年工作联席会议第二次全体会议。发挥线下青年中心阵地作用，吸引800余人参加。扩大“芜聚青春”微信小程序有效覆盖，发布活动超150场，访问量超150万。

【助力芜湖经济社会发展】开展“扬帆计划”大学生政务实习、产业实习活动，开发实习岗位208个。开展芜湖市乡村振兴示范青创项目评选，评选示范性青创项目6个。开展助力乡村振兴·打造“筑梦空间”圆梦困境儿童专项行动，为全市100名困难青少年量身定制学习空间，认捐物资折合人民币17.08万元。开展“爱心圆梦大学”阳光助学行动，筹集爱心助学资金100余万元。

【开展青少年党史学习教育宣讲】4月16日，“学党史　强信念　跟党走”安徽省“扬青年之声　颂百年华诞”青少年党史学习教育宣讲暨芜湖市首场青少年宣讲报告会举行。团省委副书记郑兰荣，芜湖市委常委、秘书长、宣传部长张志宏等出席。

【召开大学生产业实习座谈会】8月6日，全市“扬帆计划”大学生政务、产业实习座谈会召开，市委副书记张庆亮出席并讲话，安徽工程大学党委副书记、校长王绍武参加。

【召开市青年工作联席会议第二次全体会议】8月19日，市青年工作联席会议第二次全体会议召开。市委副书记张庆亮主持并讲话，市领导王芳出席。

【举办紫云英人才留芜专场活动】12月16日，“百名企业家进高校”紫云英人才会客厅启动暨“飞Young江城”青春留芜专场活动举行。市委常委、组织部长杨志斌，安徽工程大学党委副书记苏国红，安徽工程大学副校长叶常林出席。

（陈子馨）

芜湖市妇女联合会

【概况】芜湖市妇女联合会是在中共芜湖市委领导下的人民团体，是党和政府联系妇女群众的桥梁和纽带。根据芜湖市编（〔2017〕185号），市妇联内

12月16日，“百名企业家进高校”紫云英人才会客厅启动仪式暨“飞Young江城”青春留芜专场活动

（陈子馨　提供）

设办公室、组织宣传部、妇女权益和发展部、家庭和儿童工作部4个内设机构和市政府妇女儿童工作委员会办公室。2021年，市妇联聚焦“巾帼心向党·奋斗新征程”，全面加强党的建设，深化组织建设改革，强化妇女思想政治引领，开展创业创新巾帼行动，深入推进家庭文明建设，维护妇女儿童合法权益，各项工作取得新成就、开创新局面。团结动员全市广大妇女围绕芜湖市第十一次党代会“四个聚焦用力”精神，凝心聚力、创新实干，为加快打造省域副中心、建设人民城市，奋力谱写全面建设社会主义现代化国家的芜湖篇章贡献巾帼力量。荣获2021年度全省妇联系统目标管理考核先进集体。

【春节关爱慰问】2月1日，市妇联党组领导班子和市女企业家协会第六届理事会成员先后前往芜湖通全科技有限公司、安徽格临检测有限公司、芜湖赛洋电气科技有限公司、奇瑞新能源汽车股份有限公司、中航华东光电有限公司、芜湖安展房地产开发有限公司、芜湖汉爵阳明大酒店有限公司、明基材料（芜湖）有限公司、安徽吉和律师事务所、埃夫特智能装备股份有限公司等数家企业，为家在外地留在芜湖过年的单身女职工送上新春慰问，确保不能回家与亲人团聚的一线女职工体会到人文关怀，幸福美满过好年。

【组织开展丰富多彩的“三八”活动】市妇联组织在位于芜湖市云创直播产业园的主会场直播开场。网友们在“云”上参观湾沚区中电科芜湖钻石飞机制造有限公司、芜宣机场和三山经开区中联农机机械股份有限公司、响水涧。市政府妇儿工委在芜湖日报上发表专题文章《全社会共同关心支持妇女儿童事业发展，芜湖市妇女儿童事业发展十年记》，关心支持妇女儿童事业发展，营造妇女儿童生存良好氛围。

【参观“创新名城”新成就】市妇联组织芜湖市部分女企业家走进互联网平台直播间，联动弋江区、繁昌区，带领网友们“云”上参观“创新名城”，奇瑞新能源汽车股份有限公司、芜湖海螺新材料有限公司、安徽省春谷3D打印智能装备产业园、安徽银峰春谷健康产业园。参观“开放名城”，南陵县邮政快递行业区块链联盟、来邦科技股份公司和鸠江区中国（安徽）自由贸易试验区芜湖片区、芜湖哈特机器人产业技术研究院有限公司、芜湖港国际集装箱码头。

【植树护绿】3月中旬，市妇联组织全体机关干部、各县市区妇联主席、市直机关妇委会代表、女企业家代表以及省、市三八红旗手代表在湾沚区六郎湿地花海开展以“美化芜湖我行动，植树护绿巾帼行”为主题的植树活动。

【举办“巾帼心向党奋斗新征程”】2021年“七一”前夕，芜湖市妇联庆祝建党100周年主题活动。市妇联执委、各县市区妇联代表、2020年度各类先进典型代表参加活动。

【南京都市圈城市联合举办融合协同发展活动】6月21日，南京都市圈10城市妇联联合举办融合协同发展活动，牵头建立都市圈城市妇联工作新格局，市妇联作为主办单位之一，全程积极参与。

【省妇联领导来芜调研】7月8日，省妇联党组成员、副主

3月11日，市女企业家协会会长向艳来到“三八”节带您“云”游“四个名城”芜湖系列活动直播间，带领网友们“云”上参观“生态名城”

（王若依　提供）

席蔡小莉，家庭和儿童工作部部长韩艳、主任陈琛一行来芜调研市妇联家庭和儿童工作情况。省妇联领导实地调研考察安徽省家庭教育创新实践基地—芜湖市赭山小学和芜湖市家风家教示范基地—南陵县籍山镇三连村家风家训馆，并进行座谈交流。市妇联党组书记、主席蒋晓华及相关部门负责人参加调研活动。

【组织开展主题演讲比赛】8月中下旬，市妇联举办“巾帼心向党，奋斗新征程”“党的女儿话初心”主题演讲比赛，各县市区妇联、三山经开区妇联、各市直机关妇委会选拔推荐的29名优秀选手参赛。

【参加长三角G60九城家政技能风采展示活动】9月27—28日，“巾帼心向党　家政展风采”长三角G60九城家政技能风采展示活动在上海市松江区成功举办，芜湖市妇联作为“九城”之一，认真贯彻落实市第十一届党代会精神，组建一支由六名优秀选手组成的代表队，与来自松江、嘉兴、杭州、金华、苏州、湖州、宣城、合肥的八支队伍同台竞技、共展风采。

【召开家庭教育研究会】10月16日，芜湖市家庭教育研究会第七次会员大会在市政务文化中心召开。省妇联党组成员、副主席蔡小莉，芜湖市委副书记张庆亮，芜湖市妇联、芜湖市文明办、市教育局、市民政局等有关市直部门负责人出席大会，安徽省家庭教育研究会来电祝贺大会胜利召开。市家庭教育研究会会员150余人参加会议。

【组织芜湖市女企业家协会赴黄山】10月下旬，芜湖市妇联组织芜湖市女企业家协会赴黄山市深入“妇字号”企业调研，并针对如何进一步加强在非公企业中建立妇女组织进行学习交流。省妇联、芜湖市妇联、黄山市妇联部分领导会同芜湖、黄山两市女企业家协会部分会员参加调研。

【召开十四届三次执行委员会】12月10日，芜湖市妇联召开十四届三次执行委员会（扩大）会议、十四届二次常委会议，增补3名十四届市妇联执委，增选3名十四届市妇联常委，选举产生2名市妇联副主席。市妇联党组书记、主席蒋晓华在执委会上对党的十九届六中全会精神进行专题宣讲。

（王若依）

芜湖市文学艺术界联合会

【概况】2021年，芜湖市文联围绕“建党100周年”，先后开展“颂歌献给党”主题征文、“百年铸辉煌　共圆中国梦”主题摄影展、“书写新时代　画大同心圆”百人百幅书法作品展、“同心向党　辉煌百年”文化交流演出、“心中的歌儿献给党”主题音乐会、“学党史、颂党恩、跟党走”书法作品展、2021美术双年展等大型主题展览展演20余场。组织广大文艺工作者开展“到人民中去”主题创作活动8次，创作文学、摄影、美术等作品600余件。组织开展2021年度市文联“五个一工程”文学、歌曲评选工作，扶持作品15部。另有长篇小说《光明到永远》《你怎么那么美》、歌曲《叶挺桥》、戏剧《杜鹃嫂》4部作品获市委宣传部文艺精品创作扶持。市作协和市评协会员出版文学类图书11部，在省级以上文学期刊上发表文学作品和评论文章95篇，另出版音乐教材1部。

【开展“走基层、送温暖”系列活动】2021年春节前夕，市文联党组书记、主席韩东带领市文联班子成员、县处级干部、书法家和书协志愿服务小分队等一行，先后前往无为市姚沟镇飞雁村、镜湖区汀棠街道杏园社区开展“走基层、送温暖”活动，书写新春送祝福，与基层群众共迎佳节。

【芜湖市文联召开四届二次全委会】芜湖市文联于4月2日，召开四届二次全委会，市文联四届委员会委员、文联机关40余人参加会议。会议传达省文联七届二次全委会和市委宣传工作会议精神。宣读省文联关于通报表扬全省文联系统2020年度先进单位、先进个人、优秀文艺作品和最美文艺志愿者的表彰。

【弋江区文联成立】弋江区文学艺术界联合会于4月10日成立并召开第一次代表大会。芜湖高新区管委会主任、弋江区委书记黄维群出席会议并讲话。市委宣传部副部长何世文，市文联党组书记、主席韩东莅临指导。区委、区人大、区政府副区长吴玮，区政协等领导出席。大会代表应到60人，实到57人。会议审议并举手表决通过弋江区文联章程（草案）、弋江区文联选举办法（草案）。选举产生第一届区文联委员，王婧当选为区文联主席。

【全国文联理论研究工作会在芜召开】由中国文联主办、芜湖市文联协办的全国文联理论研究工作会4月21—24日在芜湖召开。中国文联党组成员、书记处书记董耀鹏出席会议并讲话。中国文联理论研究室主任周由强，安徽省文联党组书记、副主席、书记处第一书记何颖，安徽省文联主席陈先发，各省、自治区、直辖市文联分管理领导出席会议。中共芜湖市委常委、秘书长、宣传部长张志宏致辞，市文联党组书记、主席韩东应邀全程参会。会议期间，全体与会代表赴市博物馆参观考察，赴南陵县许镇镇文联实地调研，了解基层文联工作开展情况。

全国文联理论研究工作会在芜召开

（洪　源　提供）

【“心中的歌儿献给党”主题音乐会在芜举办】6月22日，由中共芜湖市委宣传部、芜湖市文联联合主办的“心中的歌儿献给党”芜湖市庆祝中国共产党成立100周年主题音乐会在芜湖大剧院奏响。来自全市各条战线的道德模范和好人代表，与千余名芜湖市民现场一起聆听音乐会。音乐会受到场内场外、线上线下十几万观众的热情关注和好评。

【举办“百年铸辉煌　共圆中国梦”主题摄影展】2021年“七一”前夕，芜湖市文联、芜湖市文明办和芜湖市传媒中心共同举办的“百年铸辉煌　共圆中国梦”摄影展暨颁奖活动在芜湖市政府大厅举行。本次大赛的获奖作品多角度呈现中国共产党和中国人民取得的伟大成就，同时全景式反映多年来芜湖的城市面貌、经济发展、文化生活、社会民生等各方面的丰硕成果。

【“学党史、颂党恩、跟党走”书法作品展开展】9月30日，由市委党史学习教育领导小组办公室主办，市文联、市委党史和地方志研究室承办的“学党史、颂党恩、跟党走”书法作品展在安徽众藏文化艺术馆开展。本次展览展出书法作品100幅，内容包括习近平《论中国共产党历史》重要论述、新民主主义革命时期党史大事记、红色精神、革命诗抄四部分。一幅幅书法作品，从不同角度讴歌党的丰功伟绩，再现建党百年的辉煌历程。

【举办马克思主义文艺观能力提升培训班】芜湖市文联组织各县市区文联主要负责人及所属10个文艺家协会的文艺骨干于11月中下旬在湾沚区红杨镇集中进行为期3天的学习培训，以推动党的十九届六中全会精神及省、市第十一次党代会精神在江城文艺界落地生根，聚力打造“皖字号”文艺队伍主力军。集训期间，安徽省文联主席陈先发以“学习贯彻党的十九届六中全会精神和省党代会精神，提升文艺创作水平”为题作宣讲报告，芜湖市委党校副教育长刘金峰围绕学习“七一”讲话精神和市党代会精神，不断锤炼党性进行宣讲。

【开展历史文化研究】全年完成《渡江战役及“渡江第一船”始发地白茆》《安徽早期全省及中心区域中共领导机关在芜湖的设立与活动》等10个课题的研究，编印出版《庆祝中国共产党成立100周年历史文化研究论文专辑》，受到省、市委“党史教育”督导组的肯定。分别与鸠江区白茆镇、南陵县许镇镇、湾沚区桃园村，挖掘整理当地历史文化资料和研究成果，推动当地文化旅游工作向高质量发展。《中国文艺报》为此专题对芜湖市“历史为现实服务，文化为经济服务”的做法进行报道。

（洪　源）

芜湖市归国华侨联合会

【概况】2021年，芜湖市侨联围绕中心、服务大局，发挥优势、主动作为，全面履行“服务经济发展、依法维护侨益、拓展海外联谊、参政议政、弘扬中华文化、参与社会建设”职能，各项工作取得新进展。截至2021年底，全市有县（市）区级侨联组织6个，高校侨联4个，社区侨联1个，园区侨联2个，乡镇侨联1个，村级侨联工作站1个，省级“侨胞之家”8个，侨青会、老侨会、留联会等社团组织3个。

【出席教育合作云签约仪式】1月26日，安徽商贸职业技术学院与日本龙马学园举行国际教育合作云签约仪式，市侨联主席韩家林和日挥控股株式会社首席代表刘晓峰应邀出席。签约仪式分别由安徽商贸职业技术学院副校长郑承志及日本龙马学园常务理事泉田优主持。

【举办芜湖市赭山铁画博物馆揭牌仪式】1月28日，中国华侨国际文化交流基地“芜湖市赭山铁画博物馆”举行揭牌仪式。安徽省侨联党组成员、专职副主席兼秘书长杨冰，芜湖市人大副主任风剑锋共同为基地揭牌并讲话，芜湖市侨联主席韩家林主持揭牌仪式。省侨联有关部室、市侨联、镜湖区委统战部、镜湖区侨联、芜湖市赭山铁画博物馆工作人员及部分归侨侨眷代表参加揭牌仪式。

【开展春节前走访慰问活动】2021年春节前夕，市侨联领导班子一行赴无为市、南陵县、湾沚区、繁昌区、镜湖区、弋江区、鸠江区、芜湖经济开发区、三山经济开发区等地对部分归侨侨眷开展春节前走访慰问活动，为他们送去侨联组织的温暖和新春的祝福。并带领市侨青会部分成员前往市侨联扶贫联系点无为市牛埠镇新墩村开展扶贫慰问活动，向新墩村捐赠扶贫慰问款6000元。

【开展“双招双引”调研】2月下旬，市侨联主席韩家林陪同何强博士分别到中科大智慧城市研究院、梧桐航空公司就柔性引进到中国科大智慧城市研究院重点实验室、成立梧桐无人机博士工作站等问题，分别与中科大智慧城市研究院常务副院长承孝敏、梧桐航空公司董事长吴清槐进行洽谈并达成初步意向。

【赴侨资企业走访调研】3月5日，市侨联主席韩家林一行前往安徽熙泰智能科技有限公司、中皖智优产业园等侨资企业开展走访调研。在芜湖产业创新馆、中国（安徽）自由贸易试验区芜湖片区、芜宣机场等地开展“聚侨青活力，奋进十四五”主题活动。

【开展党史学习教育动活动】4月中旬，组织带领退休老干部和部分老侨会成员一行赴全国爱国主义教育示范基地——雨花台烈士陵园（雨花台烈士纪念馆）开展党史学习教育暨“侨心向党”主题教育活动。5月27日，由市侨联、市留联会以及都宝花园社区侨胞之家共同举办的“翰墨颂党恩”书画摄影展。市侨联领导带领20余位市侨青会的委员们前往芜湖市烈士陵园、繁昌渡江第一船、无为红庙新四军纪念馆开展“缅怀革命先烈，传承红色基因”红色基因传承活动。“七一”前夕，由芜湖市侨联、芜湖市美术馆（书画院）、芜湖市美术家协会主办，芜湖水天一色文化传媒有限公司承办的“侨心向党·翰墨情深—芜湖市侨界庆祝中国共产党成立100周年美术、书法作品展”在水天一色文化传媒有限公司艺术馆开幕。

【举办“亲情中华走进芜湖”慰问演出】2021年4月旬，由中国侨联、安徽省侨联、芜湖市人民政府共同主办，芜湖市委宣传部、芜湖市侨联、芜湖传媒中心承办的侨心永向党奋进新征程“亲情中华走进芜湖”慰问演出在芜湖大剧院举行。活动现场开通网络直播，世界各地的华人华侨、国际友人和全省广大归侨侨眷等35万余人次通过多个网络平台观看演出直播。

【召开七届三次全委（扩大）会】6月8日，市侨联七届三次全委（扩大）会在铁山宾馆召开，增补选举市侨联七届委员会委员、常委、主席、秘书长，李东方当选为主席。市侨联七届委员会全体委员，非委员的县（市）区侨联负责人，市老侨会、侨青会、留联会秘书长及以上负责人参加。

【参加南京都市圈发展高峰论坛暨城际侨界联盟成立大会】6月11日，由江苏省侨联、安徽省侨联指导，南京市侨联主办，常州、淮安、扬州、镇江、芜湖、马鞍山、滁州、宣城市侨联协办的南京都市圈发展高峰论坛暨城际侨届联盟成立大会在宁盛大举行。市侨联主席李东方率领芜湖市有关区（市）侨联及市侨联青年委员会负责人参加大会。

【参加省侨联“侨心永向党奋进新征程”系列活动】6月23—24日，安徽省侨联系统“侨心永向党奋进新征程”庆祝建党100周年文艺汇演及侨界书画展在合肥举行。市侨联主席李东方率领芜湖市留联会艺术团参加演出并出席书画展开展仪式。

【“侨心向党侨颂中华”吟诗会成功举办】由中共芜湖市委统战部、芜湖市归国华侨联合会共同主办的“侨心向党　侨颂中华”吟诗会2021年7月6日在天泰国际酒店举行。市委常委、组织部长、统战部长杨志斌出席并致辞。来自各县市区、高校统战部、侨联以及海联会、留联会、侨青会、老侨会的华侨、归侨、侨眷代表近160人登台吟诵。

【侨领侨商座谈会成功举办】“畅叙桑梓情谊　共话芜湖发展”侨界高层次人才、侨领侨商座谈会2021年7月17日在芜湖水天茶艺馆举办，市政协副主席陈怡出席座谈会并讲话。市侨联主席李东方，安徽伟华控股集团董事长、中国侨商会常务副会长、安徽省侨商会会长朱华及部分在芜侨界高层次人才、侨领侨商代表参加。

【参与一线疫情防控】2021年疫情期间，市侨联组织党员志愿服务队奔赴“双联系”的弋江区都宝花园社区，协助开展疫情防控工作。先后为6家企业500余名员工完成核酸检测，及时解决企业难题，得到企业一致认可。

【参加市政协集体提案重点督办会议】8月24日，市政协侨联界别组集体提案重点督办会议在市政协会议室召开。市政协党组成员、副主席陈怡出席会议，市侨联、市委组织部、市财政局、市人社局、市教育局等承办单位相关领导，以及部分回国留学生代表现场参加会议，部分未到会委员采用在线形式参加。

“畅叙桑梓情谊　共话芜湖发展”侨界高层次人才、侨领、侨商座谈会

（吴春琴　提供）

【举行2021芜湖侨界迎中秋庆国庆茶话会】9月17日，市政协港澳台侨和外事委员会、市归国华侨联合会、致公党芜湖市委主办，芜湖市海外留学生联谊会、芜湖市侨联青年委员会、《芜湖风情》杂志编辑部协办的“党心连侨心奋进新征程，2021芜湖侨界迎中秋庆国庆茶话会”在芜湖镜湖区举办。市委常委、组织部长、统战部长杨志斌出席并致辞。安徽省侨联党组成员、专职副主席兼秘书长杨冰，市政协副主席陈怡，市侨联主席李东方等出席茶话会。阿联酋、加拿大、澳洲、印尼等商会会长，归侨侨眷代表、留学回国人员代表以及各级侨联工作者代表120余人参加。

【海外华文媒体安徽采访团一行来芜开展采访考察】由中国侨联指导，安徽省委宣传部支持，安徽省侨联主办的“追梦中华科技兴皖”2021海外华文媒体安徽采访团一行于10月下旬来芜开展采访考察，来自澳大利亚、加拿大、德国、马来西亚、马达加斯加等13个国家和地区的16位海外华文媒体代表，和中新社、光明日报社、中国国际广播电台等涉侨中央媒体记者参加。市委常委、市委秘书长、宣传部长张志宏，市委常委、组织部长、统战部长杨志斌，市侨联主席李东方陪同考察或参加座谈。

【长三角区域部分城市侨界青年创新创业交流会成功召开】10月22日，由市侨联指导，芜湖市侨青会主办，南京市侨青会、马鞍山市侨青委、亳州市留联会、宣城市留联会共同参与的“侨青聚力创享青春，2021长三角区域部分城市侨界青年创新创业交流会”在芜湖弋江区召开。安徽省侨联党组成员、专职副主席兼秘书长杨冰出席并讲话。市侨联主席李东方参加。会议现场开展长三角侨界青年创新创业联盟合作意向签约。

【“侨连东瀛心系江淮”活动成功举办】12月26日，由安徽省侨联、日本安徽联谊会、日本徽商协会共同主办的“侨连东瀛心系江淮，网上回安徽”活动在合肥、东京、大阪、芜湖、安庆线上线下同步举行，芜湖分会场由芜湖市侨联和安徽师范大学共同承办。芜湖市委常委、统战部长张志宏出席活动并致辞。日本龙马学园和安徽商贸职业技术学院项目签约代表，芜湖籍日本侨胞、留学生亲属代表在芜湖分会场参加。

（吴春琴）

侨连东瀛　心系江淮——网上回安徽活动成功举办

（吴春琴　提供）

芜湖市科学技术协会

【概况】芜湖市科学技术协会内设一室四部（办公室、组宣部、科普部、学会部、国际部），下设一个直属事业单位芜湖科技馆，截至2021年底，拥有30个市级学会（协会、研究会），4个高校科协，11个园区科协，70个镇街科协，26个企业科协，112个农村专业技术协会。

【举办第十届中国（芜湖）科普产品博览交易会】2021年10月22—24日，第十届中国（芜湖）科普产品博览交易会在芜湖市会展中心举办。此届科博会以“科创科普两翼齐飞、创新创造决胜未来”为主题，由中国科协、安徽省政府主办，安徽省科协、芜湖市政府等单位承办，在内容设置上分展览展示、高峰论坛、支撑活动三大板块。线下展会吸引来自20个省（自治区、直辖市）和11个国家、地区278家单位参展，参展展品4000多件（项），展示面积3.6万平方米，现场观众16.2万人，交易额16.5亿元（含意向），均为历届之最。在线直播活动14场次，时长近百小时，观展次数超过2500万次。

【成功获批“科创中国”试点城市】2021年，芜湖市科学技术协会联合芜湖市发改委、经信局、科技局等部门，申报并获批中国科协第二批“科创中国”试点城市。先后深入安徽工程大学、奇瑞新能源、芜湖哈特机器人、安徽华宇电缆等多家高校企业，围绕人才双聘、新能源汽车、人工智能、机器人及智能装备等四个方面开展项目探索，深入园区企业摸排技术需求270余项，梳理出一批亟待解决的“卡脖子”问题，邀请中国汽车工程学会、中国电工技术学会、中国兵工学会等全国学会相关专家来芜开展科技服务、科技攻关。发布2021年芜湖市“科创中国”示范建设项目，探索试点建设新模式新机制。

【开展“全国科普日”系列活动】联合市委宣传部等部门组织举办全国科普日活动，全市开展活动500余场。鸠江区获中国科协全国科普日优秀组织奖、无为市获优秀活动奖，市科协、南陵县获安徽省科协优秀组织奖。

【开展“全国科技工作者日”活动】第五个“全国科技工作者日”期间，宁波市长率队赴生产一线看望科技工作者代表，详细了解他们工作和生活以及所在单位科研发展等情况。组织50名科技工作者代表试乘芜湖轨道交通，并召开“众心向党、自立自强”科技工作者座谈会，围绕全市产业发展、城市建设、科技创新等方面建言献策。梳理形成11条具有典型意义的建议递送给市直相关部门供决策参考。

【成立芜湖市科普场馆联盟】9月2日，芜湖科技馆、安徽省核科技馆、芜湖气象科普馆、安徽师范大学生物标本馆、安徽中医药高等专科学校中医药博物馆、芜湖赭山铁画博物馆、无为市电缆科技馆、南陵快递物流联盟特色科普馆、大浦现代农业科普教育基地、春谷3D打印（智能装备）产业科普馆、科大讯飞人工智能体验馆共11家单位作为发起单位，共同成立芜湖市科普场馆联盟。12月16日，芜湖市科普场馆联盟召开2021年度工作交流研讨会，殷港小镇、航空产业中心、蜜蜂大观园、芜湖消防支队科普馆4家场馆加入联盟。

【成立芜湖市“健康芜湖”联合体】由市医学会、市预防医学会、市心理学会、市护理学会、市中医药学会、市针灸学会、市睡眠研究学会、市心理咨询师协会、市心理卫生协会等9家市级卫生健康领域学会共同发起的芜湖市“健康芜湖”联合体于2021年9月17日成立。加强卫生健康领域沟通与资源共享，提升芜湖市健康医疗卫生服务水平。

【举办第36届芜湖市青少年科技创新大赛】由市科协、市教育局联合主办的2021年第36届芜湖市青少年科技创新大赛5月上旬在芜湖一中展开。全市160余所中小学校近1200名学生参与此次大赛。推荐优秀作品参加省赛，获全省一等奖6项，二等奖18项，三等奖24项。

【举办第二届芜湖市青少年创意编程与智能设计大赛】第二届芜湖市青少年创意编程与智能设计大赛于5月9日开赛。大赛申报作品434项，经网上初评、复评和线下（智能设计项目）终评，评选出一等奖63项、二等奖109项、三等奖151项。

【举办第二届芜湖市青少年机器人竞赛】由市科协、市教育局和鸠江区政府主办的第二届芜湖市青少年机器人竞赛4月24日在芜湖一中开赛。此届竞赛设置创意比赛、综合技能、机甲大师对抗等6个项目，分小学、初中和高中三个组别进行，吸引来自全市50多所中小学校的221支队伍、700余名师生参赛。被推荐参加省赛的优秀作品中，获全省一等奖5项，二等奖18项、三等奖26项。

【开展科普示范创建活动】2021年，芜湖市科学技术协会开展2021—2025年度科普示范社区和示范农技协、科普示范教育基地认定及科普示范县（市、区）创建活动工作。认定19个市级科普示范社区和8个示范农村专业技术协会，认定省级示范农技协8个，省级示范社区5个，省科普教育基地6个。鸠江区、无为市被中国科协确定为“2021—2025年第二批全国科普示范县（市、区）”创建单位。

【推进科技志愿服务】截至2021年底，全市注册科技志愿服务队283个，注册科技志愿者15748人，科技志愿服务队发布活动数497项。南陵县、鸠江区万春街道科技志愿服务队获2021年长三角优秀科技志愿服务组织，无为市、湾沚区各有1人获长三角优秀科技志愿服务先进个人。

【开展青少年系列科普活动】2021年，芜湖市科学技术协会组织参加中国科协举办的高校科学夏令营、青少年科学调查体验、青少年科学影像节等活动，组织全市中小学开展首届芜湖市青少年科学节活动。芜湖科技馆开展“遇见算法、爱上算法”“趣味做手工、快乐学物理”等系列活动近30场。全年有300多名学生在全国及省级比赛中获奖。芜湖市科协被评为全国青少年科学影像作品比赛优秀组织单位，南陵县6名同学获2021年青少年高校科学营优秀营员称号。

【加强科技社团党建工作】2021年，芜湖市科学技术协会清理整顿9个学会，自行注销2个学会，指导皖南医学院、芜湖职业技术学院成立高校科协。指导市医学会、预防医学会、气象学会、苗木花卉协会、青少年科技辅导员协会、芜湖科力机器人产业服务中心等6个单位成立功能性党支部，并举办党支部书记培训班。市药学会党支部、铁画研究会党支部获得市委组织部、市委非工工委2021年度非公企业和社会组织“五抓五送”活动奖补。

【推进科普场馆和科普设施建设】2021年，芜湖科技馆接待公众参访45万余人次，开展各项科普活动87场次。完成地方特色展厅升级改造和航天航空展区的布展工作。开展科普大篷车巡展活动24场次，湾沚、繁昌、南陵完成流动科技馆巡展任务，组织观展超2万人次。不断深化科普与新时代文明实践中心融合发展，新建科普e站10个。

【开展建党100周年系列活动】2021年，芜湖市科学技术协会开展“红色百年路·科普万里行，全国科普大篷车庆祝建党100周年联合行动”。先后深入芜湖市王稼祥纪念园、李家发烈士纪念馆、胡竺冰烈士故居等红色站点，搭建移动红色画廊，组织巡展宣传活动，被评为2021年度市直机关“优秀党建品牌”。

【发布2021年度创新驱动助力工程及学会能力提升调研课题】2021年，芜湖市科学技术协会面向所属市级学会等相关单位发布调研课题，遴选6家单位，分别围绕机器人产业、智能制造、高层次人才引进等方面展开调研，部分优秀调研报告报送市委市政府等市直相关部门，为芜湖市经济社会发展提供参考依据。

（钟　婷）

芜湖市残疾人联合会

【概况】截至2021年底，全市办证残疾人133655人，其中，持证残疾人103463人；视力残疾20456人，听力残疾7917人，言语残疾1412人，肢体残疾62268人，智力残疾11902人，精神残疾22633人，多重残疾7067人。全市残疾人中重度残疾68645人，占持证残疾人总数66.35%，农村户口重度残疾50795人，占重度残疾人总数的74%，非农户口重度残疾17850人，占重度残疾人总数的26%。

2021年度，翟俊斐获得全国残疾人工作先进个人，芜湖市残疾人综合服务中心获得全省残联系统先进集体以及安徽省首届孤独症儿童康复专业人员技能大赛优秀奖，程光霞等9人获得全省扶残助残先进个人，朱跃文等2人获得全省自强模范，陈笑妗等2人获得全省残联系统先进工作者。

【推进康复服务工作】2021年，芜湖市残联提前超额完成年度工作目标。省级下达全市年度困难精神残疾人药费补助任务数4504人，实际完成补助8224人，发放补助资金822.4万元，任务完成率182.6%；省级下达各类残疾儿童康复训练民生工程任务数590人，实际完成664人，任务完成率达112.54%。全市按照“应助尽助”要求额外完成残疾儿童康复训练504人，全市年度完成各类残疾儿童康复训练1168人；省级下达儿童辅助器具适配民生工程任务数40人，实际完成41人，任务完成率达102.5%。另外，全市按照“应助尽助”要求额外完成儿童辅助器具适配16人，全市年度完成儿童辅助器具适配57人；省级下达儿童假肢矫形器装配民生工程任务数45人，实际完成53人，完成率117.8%。全市按照“应助尽助”要求额外完成儿童假肢矫形器装配8人，全市年度完成儿童假肢矫形器装配61人。

【促进残疾人就业培训】截至2021年底，全市按比例安排残疾人就业残疾人533人，其中集中就业残疾人261人，全市所辖县市区都建成至少1家残疾人辅助性就业机构。召开全市残疾人就业创业现场培训会，扶持残疾人个人创业285人，免费职业技能培训802人，扶持残疾人就业基地20个，扶持残疾人辅助性就业机构10个，实施阳光大棚等农业设施补贴25个，超比例安置残疾人奖励27人，实施残疾大学生资助101人，残疾人创业就业工作使用资金427.3万元。与人社局共同举办全市第七届残疾人职业技能竞赛，首次引入网络直播技能比拼，展示残疾人积极乐观的自尊、自信、自强、自主的精神风貌。结合当前新业态，首次开展市本级残疾人职业技能直播带货培训，超额完成残疾人职业技能培训工作。

【推动教育工作】2021年，芜湖市残联组织开展2020—2021学年家庭经济困难残疾学生资助政策落实情况自评工作，全年资助残疾学生和经济困难残疾家庭学生3540人，资助金额245.26万元。其中，残疾学生1067人，经济困难残疾家庭学生2473人；资助学前教育阶段53人，义务教育阶段2507人。开展年度经济困难残疾大学生资助工作，全市资助家庭经济困难残疾大学生92名，资助金额15.15万元。配合安徽省特殊教育中专学校做好招生宣传工作，推荐5名，有3名学生被录取。

【开展群众性文体活动】2021年，芜湖市残联成功组织举办芜湖市第二届残疾人运动会、第二届特殊奥林匹克运动会，为2022年芜湖市组织参加省第八届残疾人运动会选拔人才，并为全国第十二届残运会挖掘、培训后备力量。同时在全国第十一届残疾人运动会暨第八届特殊奥林匹克运动会上，芜湖健儿取得5金4银的好成绩。发挥各残疾人专门协会作用，聋人协会举办第二届聋人才艺展示活动、智力协会组织参加特奥青少年融合交流活动及特奥家长论坛等，进一步营造扶残助残的良好氛围。市残联与市文明办成功举办第六届残疾人读书达人演讲比赛，围绕建党100周年的主题，来自各县市区的选手展现残疾人自信、自立的精神面貌。

【开展主题宣传活动】在第三十一次“全国助残日”期间，市残联开展走进963《公民与法—芜湖普法之声》栏目直播间，参加《关爱残疾人　法律来护航》特别节目直播，开展以“巩固残疾人脱贫成果　提高残疾人生活质量”为主题的助残日法治宣传活动。通过节目与残疾人朋友交流，开展法律法规宣传和咨询活动。动员残疾人五大协会和社会组织广泛开展各具特色的助残日主题活动。号召各级残联组织和残工委成员单位结合实际，开展义诊、慰问、文体、帮困等活动，解决残疾人实际困难，为残疾人带来更多的帮助。

【做好无障碍改造工作】为10户困难重度残疾人实施家庭无障碍改造，在实施过程中，按照残疾人的不同类别、状况，制定个性化“一户一策”改造方案。同时，配合市民政局做好特殊困难老年人家庭居家适老化改造。残疾人机动轮椅车燃油补贴政策是中国残联争取财政部惠及残疾人的一项福利制度，对于保障残疾人权益意义深远。2021年为630名残疾人机动轮椅车车主申报发放燃油补贴资金。

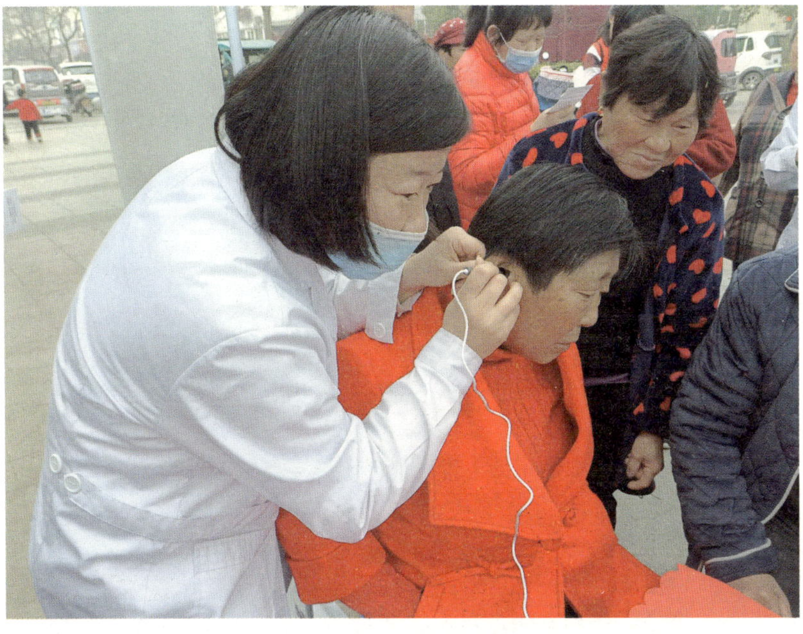

3月3日，弋江区残联开展爱耳日活动

（薛　磊　提供）

【维护残疾人合法权益】市残联提出对残疾人乘坐轨道交通优惠政策，对具有本市常住户口的视力残疾人，二级以上（含二级）听力残疾人、语言残疾人和肢体残疾人凭《残疾人证》办理轨道交通免费乘车卡，其他残疾人凭《残疾人证》办理轨道交通半价乘车卡。做好易返贫致贫残疾人跟踪检测和落实帮扶工作，掌握全市452名脱贫不稳定户，716名边缘易致贫户基本情况，以及残联数据库和卫健委数据库中签约不一致情况进行核查补录。截至2021年底，全市残联系统接待来访残疾人12人，办理市委督查办转办件1件，办理市统一政府热线服务平台交办件7件；电话咨询服务275余通次，临时救助异地困难残疾人3人。对受理的残疾人反映的问题，回复率达到100%。

（薛　磊）

芜湖市红十字会

【概况】芜湖市红十字会是从事人道主义工作的社会救助团体。2021年，市红十字会认真做好无偿献血、造血干细胞和遗体（器官）捐献的宣传和管理工作，开展救护知识普及和技能的培训活动；动员和组织红十字志愿服务队开展好志愿服务活动，弘扬“人道、博爱、奉献”的红十字精神，发挥党和政府在人道领域的助手和联系群众的桥梁纽带作用。

【会员代表大会胜利召开】芜湖市红十字会第五次会员代表大会11月25日在铁山宾馆胜利召开。市委书记单向前出席大会开幕式并讲话，市领导贺东、孙国正、崔执凤出席开幕式，省红十字会党组书记、常务副会长张青到会讲话。大会审议通过《芜湖市红十字会第四届理事会工作报告》《芜湖红十字事业发展“十四五”规划纲要（2021—2025年）》选举产生芜湖市红十字会第五届理事会和监事会。

【救护培训】2021年，芜湖市红十字会组织开展救护培训进机关、进学校、进企业、进社区、进农村、进家庭活动，全年开展专业救护员培训37批次1500余人，面向红十字志愿者、社区工作人员、学生等人群开展应急救护知识与技能的普及性培训6000多人次。

【参加“99公益日”活动】芜湖市红十字会动员市属各级红十字会及有关社会组织，依托腾讯公益平台，参加网上公益活动。通过系统申报“博爱江城情撒鸠兹”“志愿江城爱心同行”2个项目作为省红十字基金会项目内容于9月7—9日上线，提高红十字会“互联网+”人道资源动员能力。

【开展中国红十字会青少年社会实践项目】2021年，芜湖市红十字会作为全省唯一一个成功申报中国红十字会青少年社会实践项目的市级红十字会，携手安徽师范大学物电学院红十字志愿服务队走进6个社区、4所学校开展“疫情防控暨三救三献”相关宣传活动，弘扬红十字精神。

【开展红十字益行计划系列活动】芜湖市红十字会两支高校红十字志愿服务队成功申报全省益行计划系列活动，分别在6月和12月开展27余次以“三救三献”为主题的系列活动，并以“知识竞赛、互动宣讲、专家讲座、线上线下宣传”四种形式贯穿实践活动始终。引导和呼吁群众参与人道事业、传播人道价值、弘扬人道精神。

【开展造血干细胞志愿服务】2021年，芜湖市实现造血干细胞捐献6人。芜湖市红十字会组织市红十字造血干细胞志愿服务队，与前往弋矶山医院（皖医片造血干细胞采集定点医院）采集造血干细胞的省内其他城市红十字会对接近数10次，做好其他城市来芜湖捐献造血干细胞的联络和服务工作。

【开展红十字博爱送万家】芜湖市红十字会在2021年元旦、春节期间持续开展“红十字博爱送万家”活动，为大病、残疾等特殊困难群体、为参加人道捐献的家庭和需要帮助的红十字志愿者送去党和政府的关怀，送去冬日里的一份阳光和温暖。

【开展5·8世界红十字日主题宣传系列活动】为纪念第74个世界红十字日，弘扬红十字精神，结合党史学习教育活动，推动“我为群众办实事”行动深入开展，营造良好舆论氛围，动员更多社会力量参与和支持红十字事业，芜湖市红十字会联合各县区红十字会、各相关单位围绕“关爱生命　救在身边”这一主题，开展5·8红十字博爱周系列活动。芜湖市红十字会在第18个世界献血者日来临之际，联合市卫健委、市中心血站等有关单位在市和平广场隆重举行“红心永向党，热血铸忠诚”无偿献血宣传活动，来自全市无偿献血志愿者代表、红十字志愿服务队及医护人员代表200余人参

芜湖市红十字会联合市中心血站、皖南医学院红十字会学生分会走进皖南医学院滨江校区开展5·8红十字博爱周系列活动——造血干细胞捐献宣传活动

（周　童　提供）

加这次世界献血者日主题活动。

【芜湖市公共场所首批AED配置暨千人公众应急救护培训启动】2021年是红十字应急救护推进年。11月30日上午，“健康芜湖 珍爱生命 AED‘救’在你身边”——芜湖市公共场所首批AED配置暨千人公众应急救护培训启动仪式在市第一中学举行。推动公共场所配备AED急救设备，是市红十字会落实应急救护推进年活动的重要环节，此次AED公益项目的启动也标志着芜湖市在增强应急救护实力、建立完善救援设备长效机制上跨出坚实的一步。

（周 童）

贸促会工作

【概况】全年签发一般原产地证书7838份，同比增长28%，涉及出口金额15亿美元，同比增长25%；签发优惠原产地证书547份，同比增长16%；涉及出口金额3429万美元，同比增长81%；新增注册企业42家，同比增长16%，全市注册的外贸企业552家。其中一般原产地证书主要涉及中东、中欧、北非、南美等地区；优惠产地证书出口方向涉及9个自贸协定，12个国家。

【拓展对外联络渠道】为推动以国内大循环为主体、国内国际双循环相互促进的新发展格局，先后组织芜湖空港、卓尔航空、雄名航空、华明航空等企业参加2021中德航空产业发展会议；组织傻子瓜子、储氏铁画、荣第羽绒、平安橡胶等企业参加第四届21世纪海上丝绸之路博览会暨第二十三届海峡两岸经贸交易会；组织森瑞进出口、乾硕工艺品、大捷离合器等企业参加中国—中东欧国家联合商会第六次会议；举办埃塞俄比亚与芜湖市经济贸易合作交流座谈会；举办2021年中德职业技术教育论坛。展示芜湖企业新形象，助力企业开辟海外市场，推动全市企业“走出去”。

【搭建企业交流平台】结合百家企业大走访活动，充分利用线上线下资源，运用“走出去”“请进来”等方式，开展业务指导和交流。借助国际商会等平台，主动作为，开拓创新，为外贸企业特别是会员企业搭建老总沙龙、企业座谈会等平台，进一步加强企业交流互鉴，取长补短，相互促进。请芜湖海关向企业介绍芜湖外贸形势、RCEP协定及关税减让情况；请中国出口信用保险公司介绍与境外对接出口产品时需要注意的环节；请中国银行芜湖分行帮助解决外贸企业融资难、融资贵等方面问题。

【探索企业培训模式】举办“企业国际化经营合规风险排查”活动，邀请国家贸促会专家和北京知名律师授课，指导企业合规经营。全市164家外向型企业代表、县（市）区、开发区商务主管部门相关人员参加。合规法律专家团队为与会人员作专题培训，指导企业有效识别、评估及应对合规风险。专家组为企业作出评审报告，提出有针对性的合规建议，作为企业涉外经营决策参考。与国家、省贸促会的合作，拓展商法服务业务，助力芜湖企业“走出去”行稳致远。

（万 乐）

芜湖市黄埔军校同学会

【概况】芜湖市黄埔军校同学会成立于1987年6月16日。会长胡云峰，秘书长张圣明。现尚有会员3人。下设黄埔亲属联谊会，会长张圣明。副会长戴克宁。现有会员202人。

【清明节网络祭奠市抗日名将戴安澜烈士】2021年4月1日，市黄埔军校同学会响应政府疫情防控号召，组织50多位亲属联谊会会员通过网络祭扫抗日爱国将领戴安澜烈士墓。上午10时整，在秘书长主持下，在献花曲的悲壮回荡声中。大家面向烈士墓方向肃立默哀一分钟。大家有序发出纪念烈士的散文，诗歌及历史图片等30余篇作品。以表示对烈士的缅怀和敬仰之情。网祭活动历时持续一小时结束。

【赴湾沚镇祭祀抗日烈士墓】为纪念“九一八”事变90周年，勿忘国耻，缅怀烈士。9月22日上午，芜湖黄埔同学会组织黄埔联谊会骨干一行28人驱车前往坐落于湾沚镇三元立新村的《湾沚战役抗日将士墓》。肃立默哀，敬献花篮。祭奠抗日烈士们的英灵。

【举办纪念辛亥革命110周年座谈会】2021年，是辛亥革命爆发110周年。10月10日下午，市黄埔和市民革在市民主党派大楼三楼会议室共同举办纪念辛亥革命110周年座谈会。黄埔亲联会骨干及市民革机关部分党员30余人出席。座谈会气氛热烈，大家踊跃发言。纷纷表示，继承革命先辈的爱国情怀和民族精神。为祖国统一，为中华民族的伟大复兴而努力奋斗。

（张圣明）

芜湖中华职业教育社

【概况】中华职业教育社是由中国共产党领导的具有统战性、教育性、民间性的群众团体，主要由教育界、经济界、科技界从事和关心职业教育的人士组成，是党和政府团结联系国内外职业教育界有关人士的桥梁和纽带。中华职业教育社由黄炎培联合教育界、实业界社会知名人士于1917年5月在上海创立，是我国近百年历史的政社团体组织。芜湖中华职业教育社经上级组织批准于1998年筹建，2003年11月，芜湖中华职业教育社召开第一次社员代表大会，历时三届。胡锡萍任主任，刘小童任常务副主任，方勇任副主任、秘书长。芜湖中华职业教育社在全市发展规模扩大，覆盖全市高职院校、市县中职及各类培训学校。2021年先后吸纳1个单位为团体社员单位，现有团体社员单位48个，社员160人左右。根据省社要求，2021年全市职教团体社员单位广泛开展创建活动，创建11家“社员之家”。

【参观爱国教育基地安徽省核科技馆】5月15日，职教社机关领导和骨干社员集体参观全国核科普教育基地安徽省核科技馆。学习解国家核科学技术与核工业历史、现状和未来，展现中国核工业六十多年来取得的辉煌成就。

【营造舆论环境】2021年，职教社通过多种宣传途径和宣传手段对职教社的各项工作进行多层次的宣传报道，让广大社员和社会各界了解职教社的性质、地位以及所开展的工作，扩大职教社的社会影响力。密切与各类媒体的联系与合作。与芜湖日报、大江晚报、今日芜湖、芜湖电视台、芜湖人民广播电台、市委统战部网站、省社网站、中华职教社《社讯》等媒体建立联系，中华职教社《社讯》刊用3篇。今日芜湖“精彩政务”刊用7篇。

【举办新时代职业教育服务地方经济高质量发展论坛】10月28—29日，由芜湖中华职教社、芜湖职教联盟主办，南陵县教育局、芜湖科技工程学校承办的“新时代职业教育服务地方经济高质量发展论坛”在南陵县举办。芜湖中华职教社各社员单位、芜湖职教联盟各成员单位百余人参加论坛。本次论坛的主题是“强化中职教育基础地位　服务区域经济社会发展”。论坛特邀教育部职业技术教育中心研究所涂三广博士结合学习贯彻全国职业教育大。六位中职校长分别作交流发言。期间，针对芜湖职业技术学院等10所中高职院校，创建“社员之家”活动进行评估验收并给予高度评价。在会上颁发“社员之家”牌匾。

【开展防范中高职校园法律风险调研】2021年，职教社多批次组织调研组赴团体社员单位安徽瀛国伦律师事务所开展调研。调研参观看事务所荣誉榜和风彩榜，参观中国律师博物馆，视察模拟法庭等，召开的调研座谈会。对事务所普及宣传防范校园风险工作予以评估，并就如何进一步结合送法进校园活动，向全市中高职广大师生普及宣传如何防范校园风险知识，进行深入探讨、充分交流，并达成共识。

【加强其他城市职教系统的交流互动】9月24至25日，合肥市肥东县中华职教社组织合肥理工学校张良平校长等相关负责人一行15人，到职教社交流考察职业教育及校企合作、产教融合方面的经验和做法，并赴殷港小镇、中华艺术学校、无为电缆工业学校进行实地考察和座谈讨论，受到夏云兴副主任、陈斌校长的热情接待，为芜湖中华职教社增光添彩。

（杨　焱）

法 治

Nomocracy

政法委和综治

【概况】2021年，全市政法机关深入学习贯彻习近平新时代中国特色社会主义思想特别是习近平法治思想和党的十九大和十九届历次全会精神，贯彻中央、省委政法工作会议及全国、全省政法队伍教育整顿总结会精神，履行新时代政法机关职责，多项工作进入全省先进行列，为全市经济社会高质量发展，实现“十四五”良好开局贡献政法力量。2021年，芜湖市委平安办获评2017—2020年度平安中国建设先进集体；全市平安建设考核连续4年进入全省先进行列；扫黑除恶斗争居全省第一方阵。

【维护国家政治安全和社会稳定】2021年，芜湖政法机关深入贯彻总体国家安全观，打赢建党百年大庆系列安保维稳攻坚战。打击邪教捣乱破坏活动。实施市委防范化解重大风险“1+9+4”方案，成功化解30个重大风险。上线社会稳定风险评估信息系统，实施重大决策社会稳定风险评估事项144项。

【服务经济社会高质量发展】2021年，芜湖政法机关贯彻政法机关依法保障和服务民营企业健康发展工作措施。推动建立企业破产处置府院协调联动机制，加快推进涉法涉诉土地处置，审结破产清算案件54件，盘活土地资源237.33公顷，盘活资金75亿元。创新“区块链+溯源治理”，审结金融案件8365件，金融机构贷款合同逾期率下降60%。建立知识产权保护协作机制，审结知识产权案件1135件。起诉强迫交易、串通招投标等犯罪345人。借助公共法律服务平台受理法律咨询21854次，挽回经济损失6411.5万元；开展“法律服务走万企”活动，为380余家民营企业提供“法治体检”服务。

【常态化推进扫黑除恶斗争】芜湖市开展专项斗争以来涉黑涉恶案件“有黑无伞”“黑大伞小”问题“回头看”等六大专项工作。“常态化治理+突出问题专项整治”行业乱象，发出“三书一函”94份。1个单位、1名个人获全国扫黑除恶专项斗争先进表彰，8个单位、25名个人获省表彰。市级评选表彰15个单位，70名个人。三年专项斗争总成绩获省通报表扬。

【深化平安芜湖建设】推动县市区全部成立平安建设领导小组及相关专项工作组，平安建设体制机制不断完善。出台《关于加强基层社会矛盾纠纷调处化解体系建设的指导意见》《芜湖市诉调对接工作实施办法》《提升平安建设水平促进人民城市建设的工作方案》，开展“提升物业矛盾纠纷调处组织覆盖面，提升调处质效”为民办实事工作，推动成立市多元化解纠纷促进中心、县级房地产物业矛盾纠纷调解组织和基层调处工作站，持续推动“解纷芜优”矛盾纠纷在线调解平台应用，推进矛盾纠纷多元排查化解。开展“做实网格化，筑牢安全网”专项工作，排查化解各类矛盾纠纷5112件，平安建设和群防群治基层基础更为夯实。四级综治中心规范化建设基本达标，配备专兼职人员2432名。创新建设市治理型社会组织基地，入驻社会组织8家。34人获全国、省见义勇为表彰，建成首家见义勇为主题公园及文化长廊。

【推进政法领域全面深化改革】推进司法责任制综合配套改革，配合做好省政法领域全面深化改革督察。制定《政治督察和纪律作风督查巡查工作实施办法（试行）》《关于加强政法机关政治轮训工作的实施意见》等文件，做好省委政法委政治督察和市委巡察反馈问题整改工作。

【提升政法智能化水平】运用执法办案系统、刑事案件职能辅助办案系统、执法办案场所管理系统、执法办案积分制和执法监督360系统，实现对全流程全要素全方位无死角管控。“智慧政法”平台构建专题库12个，优化整合规整库12个数据5662万条。

【开展政法队伍教育整顿】全市政法系统开展政法队伍教育整顿，培训干警3万余人次，组织旁听或观看职务犯罪庭审5200余人次，选树典型369人；针对“6+8+4”顽瘴痼疾类型，整治违反防止干预司法“三个规定”等问题，推动建章立制400余项。通过开展“回头看”，推动六大类顽瘴痼疾528个问题全部整改到位；出台便民利民举措811项，为群众解决困难和诉求问题33157件。严格落实新时代政法干警“十个严禁”，彻查黑恶势力“保护伞”。完善各岗位职责清单和履职指引，健全程序性监督制度和风险管控机制。组织开展新任政法委书记（政法委员）“双提升”培训，健全完善政法干警素质能力提升制度机制。

【走好新时代群众路线】根据市委部署，市委政法委牵头，统筹推进全市群众工作，推动建立组织领导、民意征集、分办落实、诉求分析、考核评价等五项机制，组织开展“百案攻坚”专项行动，化解信访积案124件，建立应用群众工作感知系统，着力构建党建引领的常态化、智慧化、精准化“一领三化”新时代群众工作格局。工作做法获张韵声批示表扬。

（莫玲玉）

法治政府建设

【概况】截至2021年底，全市现行有效市政府规章7部，市政府行政规范性文件382件继续实施，4件废止和失效。市级政府权责事项3429项，公共服务事项1444项，行政权力中介服务事项保留162项、取消37项、规范39项创新上线“芜湖市政策文件库”，集中发布市级政策文件1084件，政策问答知识库信息1900余条，实现政策发布“多门合一”。全市纵深推进法治政府建设，政府工作法治化、规范化、科学化、数字化水平持续提升。

【推进法治政府建设】深入学习贯彻习近平法治思想。2021年，市政府党组理论学习中心组学法14次，常务会议会前开展专题法治讲座2次。举办习近平法治思想专题研讨班，有效提升各级各领域领导干部运用法治思维和法治方式深化改革、推动发展、化解矛盾、维护稳定的能力及水平。科学统筹规划法治蓝图。印发《芜湖市国民经济和社会发展第十四个五年规划和2035年远景目标纲要》《法治芜湖建设规划（2021—2025年）》《芜湖市法治社会建设工作方案（2021—2025年）》，明确提出尊法学法守法用法、严格依法行政、加强司法公正保障、推动法治芜湖建设等法治工作内容。有效凝聚法治力量。截至2021年底，全市668个村、268个社区法治宣传栏、法治学校、法律图书室和法律顾问实现全覆盖。完善法治政府建设推进路径。参评2021年度全国法治政府建设示范创建项目，经省级审核后推荐至中央依法治国办1个单项项目、1个综合地区，数量位居全省首位。

【依法履行政府职能】2021

长三角九城市司法局共同签署《长三角G60科创走廊优化营商环境法治保障倡议书》

（蒋洪潇 提供）

年度，市级政府权责事项3429项，公共服务事项1444项，行政权力中介服务事项保留162项、取消37项、规范39项。深化减证便民，推进“证照分离”改革全覆盖。成立人民城市建设委员会，首创“人民城市建设合伙人”制度，选定首批10个人民城市建设合伙人。推进市区联动赋权，赋予片区第一批市区级经济社会管理事项170项。率先开展自贸试验区与海关特殊监管区域统筹发展改革，推行“一颗印章管审批”，创新开展“一业一证一码”试点。深化投资项目标准地、承诺制改革，社会投资类、工业类工程建设项目审批时限分别压缩至60和30个工作日以内。深化“互联网+政务服务”，建设政务服务网芜湖分厅，发布事项73982个。为企业提供177项“办好一件事”集成套餐式服务，上线3008个“一件事一次办”导办。上线运行长三角政务服务地图，汇聚政务服务场所1357个、自助设备919台，关联事项70459个。建设7×24小时政务服务大厅，提供不打烊“随时办”自助服务。12345政务服务便民热线在全省率先完成归并、率先挂牌，2021年受理各类有效诉求57万件，同比上升41.91%。全面实施政务服务“好差评”制度，推动服务绩效由企业和群众点评，评价数1088万次，好评率99.99%。

【优化法治化营商环境】制定实施创优营商环境提升行动20个专项方案，对标全国标杆城市，注重系统集成，探索推出更多务实管用先进举措。做好“1%工作法”“畅聊早餐会”等服务。创新开展依法推进公共政策兑现、创优法治化营商环境专项行动试点工作，搭建“惠企政策网上超市”和“招商引资合同履约监管信息系统”两大平台，实现互联互通，不断完善政务履约践诺机制，有效打通政策落地“最后一公里”。2021年度，芜湖市试点区域梳理存量公共政策兑现问题289个，兑现97个，兑现金额2.43亿元，年度当期公共政策兑现14.69亿元，惠及企业或个人1729户次，相关工作经验受人民网、新华网等中央媒体接连刊载报道。

【健全依法决策机制】制定《芜湖市重大行政决策程序规定》，建立司法行政部门合法性审核提前介入、重大行政决策后评估、重大行政决策接受监督等机制。全年稳评备案项目144个，同比增长16.1%。印发《芜湖市重大行政决策咨询论证智库管理办法》，不断健全专家库运行管理制度。加强法律顾问和公职律师队伍建设，组建综合素质好、专业化程度高、涉及行业领域广的法律顾问队伍，为促进全市法治建设提供高质量、全方位服务。

【开展重大事项合法性审查】强化合法性审查队伍建设，采取政府购买法律服务的方式与律师事务所开展合作，同时扩充法律顾问智库，涵盖各个专业化领域。对政府重大决策、经济管理和社会事务、行政行为、合同行为及其他法律事务进行法律分析，并提出合法性审查意见。2021年度，市本级办理各类决策事项合法性审查370件，提出审查意见和建议800余条。

【提高监管效能】重点推进“双随机、一公开”监管与信用分级分类监管有机结合，全年完成随机抽查任务1616个，部门联合抽查率82.89%，信用等级运用率91.57%。实施包容审慎监管，推行市场监管领域轻微违法违规行为免罚清单3.0版，首创免于行政强制措施清单，着重推出免罚清单后处理行政指导工作规范，全面实施柔性执法新模式，打造企业合规经营体系。建成全省首个智慧长江综合管理平台。完善“互联网+监管”系统功能，监管行为覆盖率超过80%，其中行政检查24747条、行政处罚8455条、行政强制13条、其他3665条，监管行为36880条，有效促进政府监管规范化、精准化、智能化。

【推行政务公开】创新上线“芜湖市政策文件库”，集中发布市级政策文件1084件，政策问答知识库信息1900余条，实现政策发布“多门合一”、政策解读“多措并举”、政策咨询“多元互补”、政策兑现“多路直达”。开设“新冠肺炎疫情防控”“行政事业性收费和政府性基金目录清单”“社会公益事业和重点民生领域”“应急管理”“公共监管”等重点专题栏目，及时发布涉及疫情防控、教育医疗、环境保护、社会保障、促进就业、突发事件应对等群众热切关注的经济社会热点信息，加强舆情监测、研判、回应，及时解疑释惑，全年发布主动回应信息600余条，组织召开新闻发布会67场，完成全市44个重大建设项目全生命周期信息发布。

【健全多元化解纠纷机制】截至2021年年底，全市设立各类人民调解委员会1120家，其中行业性专业性人民调解组织107家，专兼职调解员3901名。建立警民联调工作机制，与公安派出所联合设立警民联调室82家，专职调解员142名。共建法院律师调解工作室10家，进驻律师调解员154名。调解案件30642件，调解成功率99.85%。稳步推进“解纷芜优”应用二期项目，线上平台进驻调解组织223家、调解员802名、智能咨询30万余次、调解案件7742件。2021年，全市法律援助民生工程案件办理4462件，完成率107.9%。

【建设公共法律服务体系】建成运营芜湖市公共法律服务中心，打造“法律专家门诊”服务、营商环境法治服务、智能公共法律服务，设置公证、仲裁、法律援助、人民调解、司法鉴定等服务窗口12个，引驻服务内容101项，月均受理公共法律服务案件1000余件。2021年，全市建成市级公共法律服务中心1家，县（市、区）级公共法律服务中心7家，镇（街）级公共法律服务站72个，村（居）公共法律服务工作室928个，“四纵三横”的公共法律服务实体平台全面建成。依托信息化手段，加大12348安徽法网的推广运用，畅通法律服务渠道，开设律师、公证、司法鉴定、仲裁、法律援助、人民调解等各类法律服务店铺176家，充实各类法律服务产品1091件，为企业和个人提供更优质、高效、规范的公共法律服务。

（蒋洪潇）

公　安

【概况】2021年，全市社会治安形势呈现“四升四降”的良好态势，即抓获犯罪嫌疑人数、提请逮捕数、移送起诉数、刑事案件破案数同比分别上升25%、9%、17%、10%；八类暴力犯罪发案数、可防性案件发案数、道路交通事故遇难人数、直接经济损失数同比分别下降3%、8%、4%、10%。

2021年，全市公安机关队伍中涌现出一大批先进集体和个人，45个集体和411名个人立功受奖，交警支队许少斌被追授为“全国公安系统二级英雄模范”并当选“敬业奉献”中国好人、湾沚分局胡健荣获“全国公安机关成绩突出青年民警”、繁昌区看守所被授予“全国公安监管部门抗击新冠肺炎疫情成绩突出集体”、市局情报指挥中心荣获“全国公安机关情报信息工作成绩突出集体”，繁昌分局刘飞荣获全省“最美基层民警”，经侦支队朱明、弋江分局周英坤、繁昌分局薛峰分别获评全省公安机关“忠诚卫士”“爱民模范”和“侦查尖兵”，刑警支队物证鉴定中心被省厅授予2021年度“十佳所队”荣誉称号，镜湖分局赭山派出所、弋江分局弋江派出所、湾沚分局陶辛派出所被命名为2021年度全省“枫桥式公安派出所”。

【交警支队“24小时自助服务”揭牌运行】1月1日，芜湖交警支队首个24小时车驾管自助服务区在市镜湖区铁艺路举行揭牌仪式。“芜湖交警24小时自助服务区”内设置驾驶人体检拍照一体机、车驾管业务自助一体机、交通违法自助处理缴款机和六年免检机等设备，可以办理机动车驾驶证联系方式变更、驾驶证补换证、机动车六年免检、交通违法处理缴款等车驾管业务，实现24小时不打烊“自助服务”。

【电子数据检验鉴定中心通过公安部网安局现场评审】1月6日，由公安部网安局委派的专家评审组对芜湖市公安电子数据检验鉴定中心进行现场评审。经过多轮考察、测评和审核，芜湖市局电子数据检验鉴定中心凭借装备齐全、体系完善、管理规范、专业能力突出，顺利通过公安部网安局二级实验室能力达标评审。

【举行“我最喜爱的民警”表彰活动】1月10日，为迎接首个“中国人民警察节”的到来，展现芜湖公安“学训词、立警魂、担使命、铸忠诚”的良好精神风貌，激励全市公安机关和广大公安民警更好地担负起党和人民赋予的新时代职责使命，下午，芜湖市公安局在弋江区海螺影剧院举行先进事迹报告暨“我最喜爱的民警”表彰活动。对20名从警30年的老民警颁发从警荣誉勋章，对在全市公安交警、刑警、派出所中评选出的40名“我最喜爱的民警、辅警”进行现场颁奖。

【验收评估“雪亮工程”项

目】1月下旬，国家部际“雪亮工程”协调工作组委托中国安防认证中心、公安部一所4名专家组成的验收评估组，对芜湖市“雪亮工程”重点支持城市项目开展验收评估。市政府副市长、市公安局局长桑宝庆，市委政法委常务副书记周晓梅，市局党委副书记、常务副局长胡建平，以及市“雪亮工程”领导小组有关成员单位负责人参加验收评估。

【开展“护卫1号”应急查控处置演练】为加强春节期间全市社会面防控，提升全市公安机关应急查控、快速反应、合成作战水平和应对街面违法犯罪活动的处置能力，营造安定祥和的节日环境，2月9日上午，市局组织开展“护卫1号”应急查控处置演练。此次特巡警、交警、派出所等多警种联动，出动300余名警力。

【公安部南京片区2021年警犬工作会议暨全省警犬工作调度会在芜召开】3月10—11日，公安部南京片区2021年警犬工作会议暨全省警犬工作调度会在芜湖召开。这是公安部警犬片区会议首次在非省会城市和计划单列市召开。公安部五局、公安部南京警犬研究所、安徽省公安厅的领导和芜湖市副市长、公安局长桑宝庆等领导莅临会议。公安部四大片区警犬基地负责人及公安部南京片区上海、安徽等六省市公安厅（局）分管警犬工作的领导和代表参加会议。

【获全国公安机关扫黑除恶专项斗争表集体一等功】5月17日，全国公安机关扫黑除恶专项斗争总结表彰电视电话会议在京召开。全国公安机关85个集体荣立集体一等功、85人被授予二级英模个人，芜湖市公安局扫黑办荣获集体一等功，市局党委委员、副局长董剑作为代表赴京领奖。

【2021芜湖公安处突机动集结暨“利剑出鞘”反恐实战演练】6月21日上午，“2021芜湖公安处突机动队拉动集结暨‘利剑出鞘’反恐实战演练”在特警新建战训基地火爆举行。来自各县（市）、分局约300名巡防警力投入到此次拉动集结和实战演练活动。此次演练是检验芜湖特巡警召之即来、来之能战、战则必胜的实力情况，检验建党100周年安保维稳能力情况。

市局开展“护卫1号”应急查控处置演练

（卢娅妮 提供）

【组织开展“利剑2号”清查行动】为在建党100周年大庆期间创造平安和谐的社会环境，芜湖市公安局于6月23日20时至24日0时，在全市组织开展“利剑2号”社会面统一清查行动。集中清查治安复杂场所，严厉打击“黄赌毒”和酒后驾驶等违法犯罪活动，在重点区域、重要路段设卡查控，集中整治突出治安问题和交通乱象，全面消除各类安全隐患。

【组织缉毒执法“怒潮”系列行动】2021年，市公安局连续组织开展“怒潮一号”“怒潮二号”缉毒执法专项行动，针对7月1日列管的大麻电子烟等新型毒品开展专项行动，经过10天持续打击，先后抓获涉案嫌疑人92人，其中，采取刑事强制措施27人，查处吸毒人员68人，缉毒执法取得重大战果。

【组织开展“秋风”行动】9月3日，市局采取异地用警方式组织开展“秋风1号”定点清剿行动。进一步强化全市社会面治安管控，为国庆假期创造平安祥和的社会治安环境。市局于9月28日20时至29日0时，在全市范围内组织开展社会面统一清查行动。集中清查治安复杂场所，严厉打击“黄赌毒”等违法犯罪行为。在重点区域、重要路段设卡查控酒后驾驶等违法犯罪，集中整治交通乱象，全面消除各类安全隐患。

（卢娅妮）

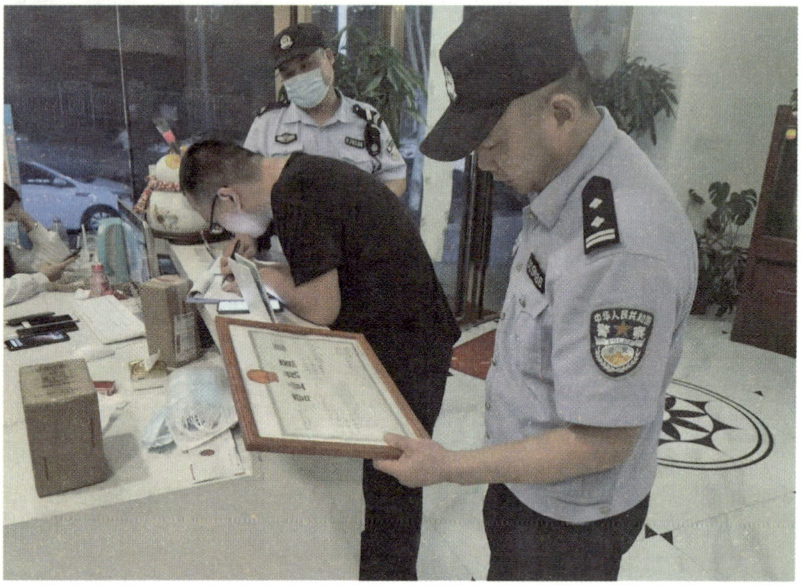

组织开展“秋风2号”统一清查行动

（卢娅妮 提供）

检　察

【概况】2021年，芜湖市检察机关各项工作持续发展，以党的政治建设为统领，深入学习党的十九届六中全会精神，领悟践行习近平法治思想。加强党的创新理论武装，及时跟进学习贯彻习近平总书记重要讲话指示批示精神，推进政法工作条例落实，年度检察工作考评在地市级单位中上升至全省第三位。204个集体和个人获市级以上表彰奖励，其中省级52个，国家级9个。14起案件分别被评为全省、全国典型案例。

【依法惩治各类刑事犯罪】2021年，全市检察机关履行指控证明犯罪主导责任，批捕1239人，起诉3891人。常态化开展扫黑除恶斗争，提起公诉涉恶案件4件32人。市检察院获评全国扫黑除恶专项斗争先进集体。

【服务民营经济发展】2021年，市检察机关成立知识产权检察办公室，与多部门签订协作机制。探索开展涉案企业合规从宽工作，依法办结全省首例企业合规案件。

【保障乡村振兴战略】制定服务保障乡村振兴战略10条举措。对农村地区因案返贫的脱贫不稳定户章某龙进行联合救助，该案被评为全国典型案例。四是落实“群众信访件件有回复”制度。回复率和答复率均达到100%。两级院集中攻坚、包案化解曹某喜、周某英信访积案，该案被评为全国典型案例。

【提升办案质效】落实少捕慎诉慎押刑事司法政策，不捕率、不诉率均位居全省第一。深化认罪认罚从宽制度适用，适用率为92.25%，提出确定刑量刑建议比率92.12%，采纳率为95.78%。监督立案率85.57%，监督撤案率97.25%。对职务犯罪案件提起公诉25件30人，对司法工作人员职务犯罪立案侦查3件4人。提出抗诉和再审检察建议258件，法院采纳243件。对民事审判、执行活动违法提出检察建议239件，法院采纳241件（含上年积存）。常态化开展行政争议实质性化解工作，成功化解25件。公益诉讼检察有序拓展。受理案件线索891件，立案759件，开展诉前程序653件，提起公益诉讼80件。

【深化检察队伍严管】2021年，芜湖检察机关开展检察队伍教育整顿。推动“七查”工作和“6+1+1”顽瘴痼疾整治同频联动开展。开展“检察为民办实事”实践活动。市检察院在政法队伍教育整顿中获评“优秀”等次。以实战实训推动履职能力提升，6名干警在全省检察业务竞赛中荣获“标兵”“能手”称号。抓实检察官业绩考评工作，南陵县院“小院考评”工作经验入选最高检第一批业绩考评范例。汲取省纪委通报政法系统腐败案件教训，开展以案为鉴专题警示教育。严格执行“三个规定”，填报过问或干预、插手检察办案等有关事项447件。

【办理全省首例涉案企业合规案】2017年12月，芜湖某工程有限公司在不具备承包资质的情况下，挂靠多家有资质的企业进行围标。该企业及其法定代表人陶某文的行为涉嫌串通投标犯罪。2021年8月，芜湖经济技术开发区人民检察院受理该案后依法启动涉案企业合规考察工作。芜湖市人民检察院同时委托招投标行政主管部门、会计师、律师等专家成立第三方监督评估小组，指导涉案企业履行合规计划。在合规考察期间，该企业申领建筑工程相关资质，逐步建立完备的生产经营、合规内控的管理体系。经过三轮有效整改和全面评估考核后，第三方监督评估小组认为该企业通过合规考察。检察机关组织召开听证会后，对该企业及法定代表人作出相对不起诉决定，并向有关单位提出对该企业给予行政处罚的《检察意见书》。该案系安徽省检察机关办结的首例涉案企业合规案件。

【司法救助】该案系检察机关对农村地区可能因案返贫的脱贫不稳定户开展司法救助的案例。申请人章某龙系刑事案件被害人，因案致重伤一级，其家庭自2018年后经济好转不再享受农村低保政策，又因抢救治疗背负巨额债务，其失去劳动能力和生活自理能力，生活重新陷入困境。为加大救助力度，芜湖市人民检察院和湾沚区人民检察院决定联合救助8.3万元，并将线索移送乡村振兴部门，协调开展多元救助帮扶。检察机关结合该案办理，与市乡村振兴局主动对接，建立长效工作机制。该案入选2021年全国检察机关对农村地区生活困难当事人开展司法救助的典型案例。

【办理跨省买卖车牌系列虚假诉讼案】2021年3月初，芜湖市人民检察院对张某华等人跨省买卖车牌系列虚假诉讼线索启动核查。在安徽省人民检察院的部署和协调指导下，实现全省三级院联动，一体化办案。芜湖市人民检察院提出抗诉61件，弋江区、湾沚区人民检察院提出再审检察建议164件，法院均予以再审，并全部改判。向其他地市检察院移送关联线索54件。及时移送审判人员职务犯罪线索。对审判程序、执行中的违法和不规范情形持续跟进监督，提出类案监督检察建议。

（龚小娟）

法　院

【概况】2021年，全市法院受理案件124698件、办结121819件，同比分别增长24105件、22510件。全市法院民事行政案件一审服判息诉率、一审判决案件改判发回重审率等核心指标稳居全省前列。诉源治理、立案、执行等工作获省委、市委市政府和省高院主要领导批示肯定11次。全市法院获省级以上集体荣誉31次、个人荣誉87人次。

【服务保障发展大局】巩固扫黑除恶斗争成果。常态化开展扫黑除恶斗争，审结涉黑涉恶案件6件63人，对21名被告人判处五年以上有期徒刑；推进“黑财清底”，在全省率先推行“四个提前”、财产移交处置等机制；健全完善线索移送、核查机制，发出司法建议24份。创优法治化营商环境。服务“放管服”改革，审结行政案件1010件，推动行政机关负责人出庭应诉率100%；审结投资、贸易、股权领域案件6552件，金融巡回法庭创新“区块链+诉源治理”机制，审结案件29573件，运用区块链技术为价值327.7亿元合同提供“证据保险”；推动建立府院联动机制，审结破产案件59件，盘活资金7.9亿元、土地86.18公顷，房产60.8万平方米。服务疫情防控大局。严惩抗拒防疫等犯罪，妥善审理涉疫民事案件。

【推进平安建设】依法惩治刑事犯罪。审结刑事案件2425件4136人；审结故意杀人、抢劫、黄赌毒等案件340件，打击危害社会治安犯罪；审结职务犯罪案件28件。完善“人民法庭+法官工作室+巡回审判”机制，为群众提供“家门口”司法服务；市中院着眼破解诉讼难，提供多样化纠纷解决方案，获《人民日报》报道肯定。弘扬社会主义核心价值观。妥善审理涉英烈保护、见义勇为、孝老爱亲等案件，发布司法白皮书、典型案例、法治微视频，让有力量、有是非、有温度的司法深入人心。

【服务创新发展】审结知识产权案件1329件，激发创新创业活力，主动走访高新企业问需答疑，支持依法维权，审结航空、新能源汽车等新产业案件，助力打造“智造名城”“创新名城”。服务协调发展。围绕城乡融合发展，妥善审理涉老旧小区改造、农村环境整治等案件，推动城市更新，改善人居环境。服务绿色发展。贯彻“两山”理念，审结跨省非法倾倒固废物等环境资源案件147件，助力打造“生态名城”。

【践行司法为民宗旨】维护群众利益。聚焦民生“七有”目标，化解赡养、抚养、教育、医疗等纠纷2.3万件。贯彻《芜湖市电梯安全管理条例》，审结电梯隐患行政处罚案。聚焦年底立案需求，有案必立、有诉必理。聚焦执行立案需求，改进工作流程，新受理的2.5万件执行案件均未要求当事人开具生效证明。聚焦诉讼费退费需求，退费2.5亿元，应退尽退。聚焦群众信访诉求，开展“百日攻坚”“百案攻坚”活动，以法治方式化解涉诉信访。落实“一站通办”，实现纠纷“一站式接收、一揽子调处、全链条解决”。落实“一次通办”，推行标准化服务规程，当场立案率97%。落实“一网通办”，网上立案30902件、网上调解31413件。

【开展执行攻坚】深化综合治理大格局，与24家单位共建“查人找物、强制执行、失信惩戒”联动机制。加大执行工作力度。开展涉民生等专项执行行动35次，执结案件1.4万件，发放执行案款29.3亿元。开展“网络司法拍卖节”活动，成交43.6亿元，节省佣金1.6亿元。重拳惩治抗拒、逃避执行行为，拘传、拘留1106人，以拒执罪判处9人。创新执行工作机制。改革执行团队，优化流程节点，出台执行局长述职报告、执行助理等制度36项，促进执行规范。

【参与司法改革】落实审判权制约监督机制改革。强化事前监管，完善审判权责清单，落实随机分案；强化事中监管，落实均衡结案，院庭长随机列席案件合议，加强重点案件监管，“四类案件”监管数位居全省第一；强化事后监管，开展司法巡查、审务督察、案件评查，倒逼司法公正。审判权运行全流程监管工作做法获最高法院推介。完善综合配套改革。

10月9日，芜湖中院召开全市法院“人民法院为人民”专项行动动员部署会
（庄云霞　提供）

【加强法院队伍建设】落实清单化、闭环式工作机制，开展线索“七查”，整治顽瘴痼疾，清除害群之马，推进堵漏建制、长效常治。加强司法能力建设。创设干警教育培养平台，让干警在实战中成长；开展优秀司法成果评选活动，25篇案例、论文、裁判文书获省级以上荣誉。强化纪律作风建设。贯彻中央八项规定精神及省市实施细则，推进党风廉政建设和反腐败斗争；深入开展以案为鉴专题警示教育，规范执行防止干预司法“三个规定”。在全省率先推行“两院”离任人员不得违规代理案件提示告知制度，发出提示函1.7万份。开展“家庭助廉”，强化干警“八小时外”教育监督管理。

【接受社会各界监督】自觉接受市人大及其常委会监督、市政协民主监督，专题报告民事合同纠纷审判工作情况。邀请代表、委员视察工作、旁听庭审、见证执行400余人次，按期办结建议、提案，充分采纳代表、委员意见。接受23位全国、省人大代表跨区视察，以法院工作实效展现全市法治建设新成果。依法接受纪检监察监督、检察监督，共同维护司法公正。接受社会监督，直播庭审2.7万场，不断改进法院工作。

（庄云霞）

司法行政

【概况】全市司法行政系统坚持以习近平新时代中国特色社会主义思想为指导，贯彻落实省、市第十一次党代会精神，坚持党对全面依法治市和司法行政工作的绝对领导，全面践行“一个统筹、四大职能”，勇于担当作为，努力建设更高水平的平安芜湖、法治芜湖，为“十四五”开好局起好步提供优质法律服务和坚实法治保障。2021年，芜湖市司法局荣获“2016—2020全国普法工作先进单位”“安徽省扫黑除恶专项斗争先进集体”“全省司法行政新闻舆论优秀单位”“全省维护妇女儿童权益先进集体”、全市综合考核“优秀”（排名第一名）等次以及“全市平安建设（综治工作）“优秀”单位”，芜湖市公共政策兑现试点工作获评省2021年度“十大法治事件”。

【依法治市突破进展】制定信息报送、请示报告、审批备案、督察考核、重点工作指引提醒警示清单和督办工作制度等，将法治建设重点任务纳入市委常委会年度要点、芜湖市“十四五”发展总体规划。2021年，在省级以上媒体刊发各类稿件400余篇，省厅政务信息采编160余条，微信推出216期、612篇，荣获全省司法行政新闻舆论考核中获优秀单位。将“习近平法治思想”纳入各级党委（党组）理论学习中心组重点学习内容和党校重点课程，以及市委党校培训主体班。编撰并推动印发《法治芜湖建设规划（2021—2025年）》《芜湖市法治社会建设实施方案（2021—2025年）》《芜湖市法治政府建设实施方案（2021—2025年）》，确保全市法治建设各项工作落到实处。印发《关于党政主要负责人履行推进法治建设第一责任人职责情况列入年终述职内容工作的实施方案》等文件，以“硬约束”压紧压实法治建设第一责任人职责。迎接中央依法治国办第四督查组来芜实地督察法治政府建设工作，对芜湖推动法治政府建设和营商环境优化良性互动的经验做法给予充分肯定。

【彰显核心职能】市委依法治市办以打造“安徽样板”为目标，在无为市、湾沚区、芜湖经济技术开发区启动依法推进公共政策兑现、创优法治化营商环境专项行动试点工作，多方梳理、系统归集“历史遗留问题”，制定“责任清单”，实行挂图作战，2021年度公共政策兑现，兑现金额10.82亿元，惠及企业或个人1721户次，公共政策兑现效率显著提升，芜湖市法治化营商环境不断优化。芜湖市公共政策兑现试点工作经验得到人民网、新华网等中央媒体接连刊载报道。组建“党建引领乡村振兴法律服务团”，将乡村公共法律服务体系、村镇普法阵地建设、法治乡村建设工作纳入全市乡村振兴工作体系，助推乡村治理“三治融合”。“实体、网络、热线”公共法律服务平台受理法律咨询21854次，挽回经济损失6411.5万元。全市律师、公证、司法鉴定、法律援助、仲裁、市本级行政复议分别办案25927件、14480件、7672、4216件、360件、103件。开展重大事项合法性审查工作，对政府规范性文件、经济管理、社会事务、行政行为、合同行为等均进行合法性审查，审查办结市级政府具体决策类事项150件，审核办结行政规范性文件200件，办理各类政府涉法事务110件，参加政府常务会议、投委会、规土委会等专题会议30余次，提出审查建议和意见900余条，保证政府重大事项依法合规。完成2部地方性法规、3部政府规章审查工作，开展规章、规范性文件全面清理及四次专项清理工作，确保政府制度及时规范有效。

【开展法律便民惠民服务】推动公共法律服务体系建设纳入本地区国民经济和社会发展总体规划以及经济社会发展综合考核，制定《贯彻落实<加快推进公共法律服务体系建设的实施意见>责任清单》《公共法律服务实体平台服务指南》，全面建成“四纵”“三横”公共法律服务平台。4月28日，市公共法律服务中心揭牌运营，全市建成以县（市、区）级公共法律服务中心为核心，镇（街）级公共法律服务工作站为载体，村（居）级公共法律服务工作室为基础的“市—县（市、区）—镇（街）—村（居）”的四级公共法律服务实体平台体系。打造“法律专家门诊”服务、营商环境法治服务、智能公共法律服务，设置公证、仲裁、法律援助、人民调解、司法鉴定等服务窗口12个，引驻服务内容101项，月均受理公共法律服务案件930余件。推动成立市破产管理人协会，有效提升全市企业破产清算、重整业务的规范化、标准化水平。设立“芜湖市知识产权公证服务中心”，为企业和个人提供更优质、高效、规范的专项公证法律服务。开展“法律服务进万企”“万所联万会”活动，实地走访民营企业380余家，开展政策宣讲解读380余场，提出法律意见800余条，助力法治民企建设。

【提升平安芜湖建设】建立社区矫正对象外出周报备，脱漏管、重大安全隐患月报备制度，完善限制出境报备工作、不假外出核查机制，核查11个重大安全隐患均得到有效稳控或化解，在册社区矫正对象2275人，重点时期实现无脱管漏管，无再犯罪，监管安全形势安全稳定。指导南陵县试点开展村（社区）“两委”协助社区矫正，试点工作经验在中国司法行政网、《人民调解》接连刊载。安置帮教“双新”试点在全市全面推开，5个县市区及2个开发区专门出台“双新”工作方案，重点强化安置帮教队伍、体制机制、帮教阵地、工作保障体系建设，全市建成19个安置帮教基地，衔接监狱释放人数1198人，安置率100%，帮教率100%。完善市、县、镇、村四级矛盾调处网络，建立涵盖医疗、交通、劳动争议、消费等专业性行业性人民调解组织，全市有各类人民调解委员会1108家，其中行业性专业性人民调解组织99家，与公安派出所联合设立警民联调室78家。全年调解案件数30686件，调解成功数30584件，调解成功率99.67%。稳步推进“解纷芜优”应用二期项目，平台进驻司法调解、人民调解、行业性专业性调解、行政调解等调解组织223家，调解成功1648件。

【推进“法律援助”民生工程实施】打造“法律专家门诊”品牌服务，邀请资深律师坐镇窗口为群众“把脉问诊开出良方”1000余件。办理农民工、妇女、残疾人、未成年人等案件480余件，挽回群众损失约200余万元。2021年全市法律援助民生工程案件办理4216件，完成率101.9%。107项公证事项实现“最多跑一次”。开设《公民与法—芜湖普法之声》节目，24个市直单位、8个县市区司法局，72名普法工作者走进直播间，开展普法宣传和以案释法42期，多角度、多视点解读人民群众关心关注的热点法律问题。实现“一村（社区）法律顾问全覆盖”，全市49家律师事务所、10家基层法律服务所与850个行政村（社区）签订法律顾问协议，村居法律顾问代理诉讼案件和法律援助案件2000余件，为村居两委提供合同审查、村规民约提出法律意见等法律服务1028件。

【加强基础设施建设】印发实施全系统司法行政改革要点，确定32项改革事项，除部分事项待司法厅具体改革意见出台外，其他各项改革事项进展顺利、符合预期。拟定“八五”普法规划草案并多次、广泛征求意见，按程序报送审查并推动实施。将司法所建设提档升级计划纳入政府目标考核体系，建立并严格落实司法所建设智慧督查工作制度，报送督察报告33次。全市司法所业务用房新建或改造投入155.3万元，硬件设施投入121.69万元，司法所业务用房总面积14152.81平方米，拥有独立业务用房的所55个。开展政法队伍教育整顿工作，全面动员部署，第一时间成立“一办三组两专班”，梳理意见建议31条，提出并落实整改举措56条，办理移交问题线索26件，办结率100%。创新实施“1+4+N”的学习教育模式，组织并参加全市教育整顿政治轮训、警示教育大会等专题讲座6次，召开专题党课报告和廉政党课报告会，开展政治教育、党史教育、警示教育、英模教育。制定并推动执行《芜湖市司法行政系统政法干警“十不准十严禁十要”行为规范》《芜湖市司法局干部交流轮岗制度》《芜湖市司法局作风建设督查办法》等7项制度，司法行政系统政治生态净化优化、素质能力有效增强、司法行政公信力大幅提升。

（赵　民）

仲　裁

【概况】2021年，芜湖仲裁委员会以坚持服务发展大局、提供有力仲裁保障，践行仲裁为民宗旨、塑造优质高效仲裁服务保障新格局，加强过硬队伍建设、呈现仲裁新气象为发展方向，全面提升仲裁服务水平，服务保障经济社会高质量发展。2021年，受理各类民商事案件448件，争议标的额10.97亿元，审结案件514件，年度结案率达到86.83%。

【强化政治建设】参加“政法队伍专项教育整治”“以案为鉴，正风肃纪”警示教育等主题教育活动，常态化开展理论知识学习，持续强化以习近平新时代中国特色社会主义思想和习近平法治思想武装头脑，指导实践，推动工作。落实意识形态工作责任制，有效防范化解意识形态领域风险。落实党风廉政建设主体责任，加强日常自查力度，严格落实防止干预司法“三个规定”，接受派驻局纪检监察组的监督。

【提供高效仲裁服务】搭建

全省“四送一服”专项行动“法律服务进万企”活动启动仪式

（季　方　提供）

多层次立体化仲裁服务平台，入驻芜湖市法律公共服务中心，完善一站式“亲切服务”，完善仲裁软硬件基础设施建设，实行秘书长接访工作，妥善化解信访矛盾。围绕源头治理探索多元解纷模式，参与行业调解，形成相互补位、良性联动的多元化纠纷解决机制，全年调解和撤案方式结案176件，年度调解和撤案率43.19%，收到当事人锦旗2面，推行裁前告知制度，开展裁后答疑工作，群众满意度持续提升。成立知识产权审理部，实现知识产权案件“一站式”纠纷解决，与市市场监督局建立知识产权对接机制，联合印发《关于在知识产权领域推行仲裁法律制度的实施方案》，携手构建知识产权大保护格局。创新宣传方式全面履行普法职能，拓展延伸普法载体，走进芜湖交通经济广播《公民与法》节目，通过自媒体平台、官方网站推送仲裁动态，开展仲裁普法宣传活动。智慧仲裁建设稳步推进，拓展仲裁“云”应用，加速芜湖微仲裁小程序深度应用，推进智慧仲裁平台建设，提高仲裁办案效率。

【加强队伍建设】启动第四届仲裁员增聘工作，重点增聘涉外、贸易投资、知识产权等领域的专家，芜湖仲裁队伍结构层次、专业行业分布更加科学合理。开展法学理论学习与仲裁实务研讨、案件评查、网络培训等活动，加强与仲裁机构交流，赴杭州、厦门、合肥仲裁委考察交流，参加省仲裁协会会议、第二届长三角仲裁一体化发展圆桌会议，学习先进工作理念和工作方法，提升办案能力。6篇仲裁案例入选司法部司法行政案例库，占全省入选案例23%。

【提升仲裁质效】全年召开专家咨询论证会议11次。开展案件大清理，实现积案清仓见底，审结旧存案件125件，仲裁质效得到显著提升。全面推行“云上仲裁”，采取微信视频和腾讯视频会议两种模式线上庭审9次，覆盖立案、送达、调解、庭审等各类情形，在疫情防控期间为群众提供便捷、安全、高效的网上仲裁服务。融入一体化大局，与国内多家机构建立联系，共同探讨合作模式，整合仲裁资源。签约加入长三角仲裁一体化发展联盟、粤港澳大湾区仲裁联盟，与联盟仲裁机构进行全方位合作，推进仲裁区域化发展。

（季　方）

改革 开放

Reform and Opening up

【概况】2021年，芜湖市围绕发展大局，统筹推进疫情防控和经济社会发展，做好“六稳”工作，全面落实“六保”任务，坚持立足新发展阶段，贯彻新发展理念，推动全市经济社会保持平稳健康的高质量发展，实现“十四五”良好开局。

“双招双引”成果丰硕。2021年新签约亿元以上招商项目643个、增长56%，其中50亿元以上项目10个。比亚迪新能源电池、孚能科技、“春光慧谷·智能航空科创园”等一批百亿级项目成功落地。成功举办私募股权投资大会，全省首个公募基金牌照落户芜湖，私募基金规模超1400亿元，居全省首位。启动实施“紫云英人才计划”，在全省率先组建人才发展集团，加快打造“创业芜优”之城。招引高层次科技人才团队74个、高层次人才1650人。

科技创新能力显著增强。合芜蚌国家科技成果转移转化示范区获批。科技创新驱动力指数位居长三角第6位，较上年度跃升3位。入选“科创中国”试点城市。科技创新主体不断壮大，新增高新技术企业240家、科技型中小企业305家，新获批国家级科技企业孵化器2家、省技术创新中心1家、省级科技企业孵化器众创空间3家。科技创新攻坚力量体系不断健全，新能源汽车高安全半固态电池等48个项目列入国家、省科技攻关计划，成功揭榜18个省重点关键技术攻关任务。

产业能级持续提升。印发制造业优势产业发展规划纲要，推动汽车及零部件、电子电器、材料和电线电缆产业转型升级。四大支柱产业增加值增长17%。实施亿元以上技改项目115个，总投资360亿元。新增规模以上工业企业232户。新增国家专精特新“小巨人”企业21家、省专精特新冠军企业11家。新增省级智能工厂3家、绿色工厂5家、数字化车间21个。获评省首台套重大技术装备45户。培育认定省级装配式建筑产业园区2个、装配式建筑产业基地2个。

新兴产业蓬勃发展。组建十大新兴产业推进组，制定产业发展实施方案，梳理十大战新产业链图，明确强链、补链、延链工作方向。战略性新兴产业在库企业654家、产值增长35%，占规模以上工业比重为38%。新能源汽车产业基地、通用航空产业基地获得省级基地考核评估A等次，其中新能源汽车产业基地在基地竞赛中获得质量单项冠军。获省“三重一创”引导资金2.7亿元。新获批第三代半导体材料与核心器件、高端罐式专用车、通用航空等3家省级产业创新中心。以旷视科技等人工智能龙头企业为牵引，谋划建设“中国视谷”。全省首座综合能源智慧服务站在芜启运。

数字经济快速发展。聚焦打造芜湖工业互联网综合服务平台，实施百家工业互联网企业“标杆示范培育行动”，建成卡奥斯（芜湖）工业互联网展示体验中心。“新基建+”行动深入实施，新增5G基站2000个。“登云”中小企业2612家。获批安徽芜湖线上经济创新发展试验区，线上经济板块交易额突破千亿。

【推进深化改革】开展要素市场化体制机制课题研究，起草出台《中共芜湖市委　芜湖市人民政府关于印发完善要素市场化配置　降低制度性交易成本工作举措的通知》和《中共芜湖市委　芜湖市人民政府关于印发新时代加快完善社会主义市场经济体制工作清单的通知》。完善信用体系建设。芜湖市信用平台荣获全省市级公共信用信息共享服务平台和信用门户网站建设观摩评选活动第一名。推进企业债券发行，繁昌区建设投资有限公司向上申报“21繁昌债”，募集资金10亿元；无为市城市建设投资有限公司向上申报“21无为债”，募集资金12亿元。推进“标准地”、区域评估改革。统筹成立芜湖市加快推进开发区“标准地”“承诺制”改革工作领导小组，全市9个省级及以上开发区、1个自贸区9类区域评估事项顺利开展，全市省级以上开发区挂牌出让45宗“标准地”面积323.78公顷。

【加快推动绿色转型】高位推进碳达峰碳中和。成立市级碳达峰碳中和工作领导小组，启动碳排放达峰行动方案编制，压实能耗双控和煤炭消费减量目标责任，优化可再生能源发展布局。与海螺集团、南开大学共建碳中和新材料研究院，与生态环境部环境与经济政策研究中心签订战略合作协议，成立芜湖市绿色发展研究中心。海螺水泥窑碳捕集纯化示范项目填补世界水泥工业低碳技术空白，2018年投产至今捕集生产二氧化碳11万吨。不断拓展新能源开发利用。开展整县市区屋顶分布式光伏开发试点，总投资100亿元的信义七期江北光伏组件盖板项目开工建设。总投资60亿元的西形冲抽水蓄能电站项目纳入国家抽水蓄能中长期发展规划。持续开展长江生态环境保护修复。开展长江干流岸线集中整治，拆除216个非法码头、非法修造船点和黄砂经营点，清理释放长江干流岸线约30余千米。运行完善水清岸绿监管系统一期平台。智慧长江综合管理平台运行取得阶段性成效，初步实现对长江芜湖段全天候、全方位、全流域的监管。推动实施龙窝湖生态公园、江北惠生联圩生态建设项目，打造百里长江生态廊道。

【完善高标准市场体系建设】健全公平审查制度，查办反不正当案件22件。在全省率先实施企业标准总监制度，出版发行全国首部《企业标准化工作指南》，获批全省唯一的国家级消费品标准化试点。完善知识产权保护机制，在全省率先建立知识产权公证服务中心，实现知识产权维权服务站全覆盖，挂牌成立知识产权纠纷调解委员会，立案查处商标案件139件，查处专利案件62件。万人有效发明专利拥有量达53件，连续十年保持全省第一。推进品牌建设，全市获评驰名商标44件，创建安徽老字号14家，其中4家获批中华老字号。

【扩大有效投入】稳步推进投资回升。全年固定资产投资增速达15%。其中，工业投资、民间投资分别增长20%、19%。新开工亿元以上项目785个，投资2570亿元。推动项目建设。芜湖市列入2021年度省重点项目725个，总投资7486亿元，年度计划投资1179亿元，其中续建项目289个，计划开工项目223个，储备项目213个。航天三院海鹰航空无人机产业基地、信义江北光伏组件盖板、美的厨热智能家电产业园、专用车零部件产业园等一批重大项目开工建设。开展重大项目开工。全年组织集中开工活动9次，参加省集中开工193个，投资1329.1亿元，年度计划投资240.4亿元，涉及战略性新兴产业、工业互联网应用、技术升级改造、城市品质提升等多个领域。

【提升产业能级】战略性新兴产业在库企业654家、产值增长35%，占规模以上工业比重为38%。新能源汽车产业基地、通用航空产业基地获得省级基地考核评估A等次，其中新能源汽车产业基地在基地竞赛中获得质量单项冠军。获省“三重一创”引导资金2.7亿元。新获批第三代半导体材料与核心器件、高端罐式专用车、通用航空等3家省级产业创新中心。组建十大新兴产业推进组，制定产业发展实施方案，梳理十大战新产业链图，明确强链、补链、延链工作方向。出台进一步推进服务业改革开放发展工作方案、促进服务业发展政策及实施细则、芜湖港口型国家物流枢纽建设工作方案。跨境电商综合试验区全年交易额达27.5亿元，稳居全省第二。新获批芜湖古城、珩琅山玫瑰谷康养集聚区等10家省级优秀服务业集聚区及集聚示范区。国家和省“十四五”先进制造业和现代服务业融合发展试点单位分别获批2家、5家。新增农业产业化国家重点龙头企业1家，新建省级长三角绿色农产品生产加工供应基地8家。繁昌区入选全国首批农业现代化示范区创建名单，南陵县弋江镇入选国家级农业产业强镇。

【推动新型城镇化建设】发挥规划战略导向作用。印发国民经济和社会发展第十四个五年规划和2035年远景目标纲要。加强对空间规划、专项规划、区域规划及市县规划制定的指导。39个专项规划部分印发实施。全面提升城乡品质。完成全省县域特色产业集群评估，无为市县域经济建设成效列入省政府督查激励表彰。推动新型城镇化和城乡融合发展工作，围绕20个重点领域细化任务分解。芜湖市湾沚区智能托盘小镇获批2021年省级微型产业集聚区。完善交通基础设施。芜宣机场建成通航，开通15条客运航线和3条全货机航线，通航8个月旅客吞吐量16万人次。京东物流货运包机在芜宣机场完成首航。中欧班列“芜合欧”开通运行，宁芜铁路扩能改造工程开工建设，完成高铁货运物流基地建设条件及战略定位研究编制。

【推进区域合作】加快长三角一体化进程。围绕城市能级提升、协同开放、科技共同体等9大合作领域，与上海松江区开展战略合作，G60科创走廊芜湖产创中心一期项目签约，首批入驻企业10家。推进“五个区块链接”，构筑与沪苏浙多维度的合作体系，新达成城区合作5项、园区合作4项。持续聚焦产业分工和供应链上下游，畅通产业要素一体化发展渠道，获批首个“沪苏浙皖”共建计量技术规范。落实中部地区崛起国家战略。与河南南阳市缔结为友好城市，探索城市建设管理合作，推动社会事业共建共享、人才交流合作。强化“一带一路”建设。首次发布“一带一路”跨座式单轨系统国际联盟标准，省内首条外贸直航班线芜湖—日本快运航线开通运营。

【高位推进碳达峰碳中和】在全省率先成立市级碳达峰碳中和工作领导小组，启动编制碳排放达峰行动方案。单位地区生产总值能耗降低3.2%。与海螺集团、南开大学共建碳中和新材料研究机构。发展绿色低碳产业，建设绿色制造体系。开展整县市区屋顶分布式光伏开发试点。总投资100亿元的信义七期江北光伏组件盖板项目开工建设，投资60亿元的西形冲抽水蓄能电站项目纳入国家抽水蓄能中长期发展规划。

【污染防治】PM2.5平均浓度为每立方米33.8微克，环境空气优良率为84.9%，重度及以上污染天数首次清零。国考断面水质达到或优于Ⅲ类比例达100%。县级及以上水源地水质达到或优于Ⅲ类比例达100%。全市固废（危废）和辐射环境安全形势总体稳定。完成“三大一强”127个突出生态环境问题整改，完成率98.5%。

【推进长江生态环境保护修复系统】印发全面打造水清岸绿产业优美丽长江（芜湖）经济带的实施方案（升级版），推进生态环境污染治理“4+1”工程。启动运行智慧长江（芜湖）综合管理平台，实现对长江芜湖段全流域、全天候、全方位监管。实施龙窝湖生态公园、江北惠生联圩生态建设项目，打造百里长江生态廊道。启动建设中国（芜湖）长江渔文化博物馆，成功举办长江禁渔暨渔文化论坛，深度挖掘长江渔文化资源。

（班　杰）

招商引资

【概况】2021年，全市新签约亿元以上招商项目700个，较上年同期增加240个。全市新开工亿元以上招商项目661个，较上年同期增加219个。全市在建亿元以上省外投资项目763个，位居全省第一位；实际到位资金1664.6亿元，位居全省第二位，同比增长15.1%；新建亿元以上项目492个，位居全省第三位。在2021年度省对市考核中获A等次满分。全年市领导和载体单

芜湖市成功举办2021年长三角民进企业家联盟峰会

（班　杰　提供）

位、市直单位主要负责人拜访接待企业2737家（次），其中市领导拜访接待企业1180家（次）。成功举办2021年长三角民进企业家联盟峰会，开启长三角民进企业家联谊会融合发展新征程。组织参加2021世界制造业大会，99个项目参与对接签约，投资总额达930.4亿元，签约项目总数和总投资额均居全省第二位。

【召开“双招双引”动员大会】2月20日，市委市政府举行全市“加速推进‘双招双引’，奋力加快高质量发展”集中调研暨全市“双招双引”动员大会，确立“双招双引”作为重大发展举措的战略定位，把招商引资、招才引智作为芜湖高质量发展的“一号工程”，摆在全局工作的核心位置，以超常规的决心、力度、功夫加以推进实施。

【举行芜湖市招商顾问聘任仪式暨产业链招商培训会开班式】5月12日，全市招商顾问聘任仪式暨产业链招商培训会开班式举行。市委副书记、市长（时任）单向前出席开班式并讲话。会上强调，要进一步树牢"学习合肥、追赶合肥”的意识，举全市之力、聚全市之智，推动全市招商引资工作向更高层次、更高质量迈进。市领导何向阳、贺东、陆雷出席。

【重大招商引资项目调度会召开】5月25日，召开重大招商引资项目调度会。副市长（时任）贺东出席会议并对全市重大招商引资项目存在的问题进行调度。各县市区、开发区、相关市直部门负责人，各县市区、开发区投促中心、市投促中心各科室负责人等参加会议。

【产业链工作推进大会召开】7月8日，全市产业链工作推进大会召开。市委书记单向前出席会议并讲话。会上强调，要以更宽广的视野、更长远的眼光，深入研究产业发展规律，促进产业集聚发展，培育良好的产业生态；要强化系统思维，用活产业链招商、基金招商、以商招商等模式，发挥行业协会作用，提高“双招双引”的精准度、实效性；要着力提升一线招商人员工作能力，加快建设高素质专业化的招商队伍。市委副书记、市长宁波主持会议。市政协主席张峰，市人大常委会党组书记、副主任丁祖荣，市领导张志宏、何友旺、何向阳参加。

【芜湖私募股权投资大会召开】7月16日，芜湖私募股权投资大会举行，会议以“坚持新理念　聚焦新格局　迈向新征程”为主题，搭建地方政府、监管机构、私募基金沟通交流平台，发挥国有平台、风险投资、私募股权投资力量，为新产业、新技术、新业态、新模式注入资本动力。大会吸引近200家国内顶尖私募机构齐聚江城，畅谈合作，共谋发展。

【2021年度招商引资“互看互比”第一次观摩活动举行】9月11—12日，芜湖市2021年度招商引资“互看互比”第一次观摩活动举行。副市长姚凯带队赴江北新区、无为市、南陵县、湾沚区、繁昌区，先后观摩25个重点项目，看成效、问进度、解疑难、鼓干劲。姚凯指出，举办观摩活动的主要目的旨在点燃发动机、轰出推背感、跑出加速度。

【举办2场产业基金与投资项目对接沙龙活动】9月17日，以"芜限畅想　鸠等你来"为主题的首场产业基金与投资项目对接沙龙举行。副市长姚凯出席活动并致辞。上海指象智能科技有限公司、芜湖磁轮传动技术有限公司、南京滕达机械设备有限公司、芜湖安行汽车科技有限公司、芜湖蘑卡机器人科技有限公司等进行项目路演，并同上海小村资本、方正和生投资、基石资本、安元基金、旷沄基金等产业基金公司进行座谈交流。10月22日，芜湖市产业基金与投资项目对接沙龙活动（航空专场）在湾沚区成功举办。活动以“芜湖起飞　沚等你来”为主题，通过加强资本与项目的有效对接，推动芜湖航空产业高质量发展。中电科芜湖钻石飞机制造有限公司、安徽华明航空电力系统有限公司、雄名航空科工（芜湖）股份有限公司、安徽鸠兹航空智能产业技术研究院有限公司、安徽新高创通信科技有限公司、安徽国威航空科技有限公司、芜湖兆硕新材料科技有限公司等进行项目路演，并与在场的投资机构进行交流和对接。

【举行招商引资考核办法暨投资要素培训会】10月9日，芜湖市招商引资考核办法暨投资要素培训会举行，来自全市各载体单位、市直单位、驻芜单位和市属国有企业相关负责人参加此次培训。会上，来自市投促中心、市自规局、市生态环境局、奇瑞公司等相关单位和企业授课人分别就2021年度市直单位和载体单位招商引资考核办法、用地要素保障情况政策以及形式、招商引资中如何把好环保关和项目能耗问题、新能源和智能网联汽车产业发展、锂电池产业发展等进行分析和解读。

【招商引资“百日大会战”推进大会召开】11月18日，全市招商引资“百日大会战”推进大会召开，号召全市上下以决战决胜姿态，迅速掀起新一轮抓招商、引项目、促发展的热潮，真正以高质量投资助推高质量发展。

（杨　帆）

对外经济合作

【概况】2021年，全市实际对外直接投资额5.28亿美元、同比增长23.56%，总量位居全省第一位。对外承包工程完成营业额4354万美元，同比增长33.44%；新批对外投资企业8家；外派劳务人员22人同比下降79.63%。

【对外投资实现稳定增长】2021年，在海螺水泥、奇瑞汽车等国际产能合作项目的带动下，全市对外投资额实现小幅增长，总量约占全省的35%，位居全省第1位。其中31%对外投资投向“一带一路”沿线国家。

【疫情影响对外工程承包和劳务合作】2021年，疫情继续影响全市对外工程承包和劳务合作，造成人员双向流动受阻。对外工程承包项目和劳务外派人员无法正常到位而推迟或停滞，业务无法正常开展，全市无新增对外承包工程备案企业，目前对外工程承包主要依赖海螺水泥的现有项目，缺少新项目支撑，劳务外派人员出现大幅下降。

【支持“一带一路”重点项目建设】2021年，全市有实绩的对外投资企业14家，其中5家企业约31%的对外投资投向“一带一路”沿线国家。同时，支持奇瑞巴西汽车工业园和印尼项目的建设，鼓励海螺集团积极布局印尼、老挝、乌兹别克斯坦等“一带一路”沿线国家，开展产能项目合作。

口岸管理与服务贸易

【概况】2021年，芜湖口岸进出口货运量599万吨，同比增长10%，其中，直运出口183万吨，同比下降6.9%，直运进口126万吨，同比下降0.1%，转关进口290万吨，同比增长30.6%；集装箱运量115万标准箱，同比增长7.4%；到港船舶8040艘，同比增长1.3%。

【服务贸易】2021年，全市新增服务外包企业5家，就业人数增加368人；服务外包企业签订合同金额14.51亿美元，同比下降26.9%，执行金额9.35亿美元，同比下降28.1%。

【推进芜宣机场口岸开放】2021年，芜湖市口岸办牵头会同市空港公司、湾沚区、芜湖海关、芜湖出入境边防检查站，推进申报芜湖宣州机场航空口岸开放，编制可行性研究报告；配合京东项目需求，推动芜宣机场空港保税物流中心（B型）申报工作，获省政府与海关总署支持。

【跨境电商行业龙头引领发展】2021年，开展跨境电商行业龙头企业招商，菜鸟、宁波国际、58企服等项目均落地运营。芜湖市慕晨国际有限公司跨境电商交易额连续四年稳居全省第一。打造5个线下跨境电商产业园，其中3家产业园被认定为省级跨境电商产业园（全省14家），省级跨境电商产业园数量位居全省第一。2021年，全市跨境电商交易额28.56亿元，同比增长55%，交易总额稳居全省第二。

【安徽省首个跨境电商协会在芜湖成立】6月29日，芜湖市跨境电子商务行业协会召开成立大会，首批72家跨境电商企业参加协会组织。协会的成立，充分发挥桥梁纽带功能，搭建政府部门与企业间的沟通渠道，为全体会员服务，扶持并推动芜湖市跨境电子商务产业健康发展。

（彭　杰）

利用外资

【概况】2021年，全市批准外商投资企业48家，同比增长65.5%；合同利用外资3.73亿美元，同比下降56.8%；实际利用外商直接投资32亿美元，同比增长5.3%，位居全省第二。

【载体利用外资保持增长】2021年，全市实际利用外商直接投资32亿美元。部口径直接投资1.17亿美元，同比增长63.6%，比全省平均增速高40.9%，超额完成省政府下达的全年目标任务。省级以上开发区利用外资25.2亿美元，同比增长3.7%，占全市总额78.8%，其中经开区利用外资7.83亿美元，位居全省第一。

【利用外资来源地稳定】2021年，香港地区仍是芜湖市利用外资首选来源地，新批48家外商投资企业中，13家来源于中国香港，占比27%。实际投入资金25.2亿美元，占全市67.6%。

【优化外资结构】2021年，全市新批准48家外商投资企业中，有21个分布于战略性新兴产业。其中主要分布在高端装备制造、新能源、新材料、物节能环保、生物产业等产业。2021年，利用外资主导产业制造业，吸引外资18亿美元，占全市的56%；服务业吸引外资13.4亿美元，占全市的42%，保持高速增长。

【推进重大项目落地】2021年，全市利用世界制造业大会等平台，做好全市46个签约外资项目的履约到资工作。其中马瑞利汽车零部件（芜湖）有限公司注册资本金到资6813万美元，华丰电子科技（芜湖）有限公司注册资本金到资4900万美元。

【商务部口径利用外资大幅增长】2021年，全市部口径利用外资1.17亿美元，首次突破亿元，主要集中在经济技术开发区，占全市55.5%，鸠江区和湾沚区紧随其后，无为市、南陵县、三山经济开发区无实绩发生。

海 关

【概况】芜湖海关是安徽省内最早的海关。1980年3月，国务院批准设立中华人民共和国芜湖海关，同年10月开关，直属海关总署。1989年5月芜湖海关隶属合肥海关领导。2018年，根据机构改革工作部署，原芜湖出入境检验检疫局队伍、职责划入芜湖海关。芜湖海关监管区包括1个综合保税区，1个海关监管作业场所，1个公用型保税仓库。芜湖海关现内设办公室、人事政工科、综合业务一科、综合业务二科、稽查科、企业管理科、监管一科、监管二科、监控科、综保区监管科10个科室，另设1个缉私分局。

2021年，芜湖市进出口总值745.3亿元人民币，比上年同期增长27.3%。其中，出口489.9亿元，增长45.3%；进口255.4亿元，增长2.8%。贸易顺差234.5亿元，扩大144.4亿元。进出口和出口总值位列全省第2，与上年同期保持不变。

【辛建民来芜调研指导】9月16日，合肥海关关长、党委书记辛建民赴芜宣机场、芜湖空港公司开展实地调研，了解机场运营情况和空港保税物流中心等临空经济区规划推进情况。在芜期间，辛建民关长分别会见芜湖市委书记单向前、芜湖市委常委副市长贺东、副市长姚凯，就推动安徽自贸区芜湖片区、芜湖综保区高质量发展和芜湖空港保税物流中心项目落地交换意见。

【推进对外开放高质量发展】支持芜湖港完善基础设施和海关监管设施建设，3月15日，芜湖港在全国首次实现内河港口区块链无纸化进口放货，口岸通关信息化智能化水平和进出口货物港口作业效率不断提升；助力跨境电商等新业态发展，2021年7月1日全省首批跨境电商B2B直接出口货物顺利通关，7月19日跨境电商出口海外仓业务落地；推进安徽自贸区芜湖片区和芜湖综保区协同发展，12月31日，沪皖港口“江海一港通”和区港一体化被列为安徽自贸区首批复制推广改革试点经验。

【创新推动洋山港—芜湖港“联动接卸”海关监管新模式】3月10日，芜湖海关首票“联动接卸”业务落地，标志着芜湖港将作为洋山港延伸的整体监管新模式的成功运行。该模式下，货物由原来的“水陆中转”改为经济便捷的“水水中转”，同原来一体化通关模式相比，每个集装箱境内物流费用节省约30%，与传统转关模式相比较，整体通关时长缩短。“联动接卸”监管模式的成功运行，进一步提升港口运行效率，对推动区域产业转型升级、促进芜湖外向型经济发展发挥着重要作用。

（李轶帆）

海 事

【概况】中华人民共和国芜湖海事局是长江海事局的分支机构，主要管辖长江安徽段175千米干线、支汊139千米水域（长江干线老洲头#244白浮与五步沟测点联线至马鞍山市乌江河口与慈湖河口联线之间），根据法律法规授权，履行保障水上交通安全，保护水域环境清洁，保护船员整体权益，维护国家海上主权和人民利益等职责。芜湖海事局设有办公室、财务会计处、人事教育处、指挥中心（搜救中心办公室）、通航管理处、船舶监督处、船员管理处、危管防污处、执法督察处、装备信息处、党群工作部（纪检监察处）等11个内设机构，政务中心、船舶交通管理中心、海巡执法支队等3个处室办事机构，铜陵海事处、荻港海事处、芜湖港区海事处、裕溪口海事处、马鞍山港区海事处、慈湖海事处等6个海事处及15个海巡执法大队。

【服务地方经济发展】全面落实长三角一体化发展举措，服务28.67万艘次船舶安全进出港，芜湖港口货运吞吐量1.3亿吨，集装箱吞吐量突破115万标箱。助力叠加自贸区发展优势，服务口岸开放，三山港扩大开放通过省级验收，辖区32艘次国际航行船舶顺利进出口岸。搭建“航道上的芜湖”发展通道，保障龙政线长江大跨越拆除、黑南水道航道整治等重点工程施工安全，合力疏导裕溪口水道待闸拥堵状况，维护芜湖造船厂4.99万吨海船顺利下水过境。全程保障芜湖“Q乐节”等大型活动现场水上秩序及安全。开展无为市黄柏村乡村振兴工作。

【办好社会民生实事】2021年，芜湖海事局做好水路疫情防控工作，保障进出口岸船舶及船员换班，引导辖区航运公司船员接种7063人次，督促公司船舶强化疫情防控，全年水路运输未发生涉疫事件。组织职工志愿服务芜湖全员核酸检测。保障600万人次、107万车次平安乘渡。保障2000余艘船舶避台抗风、安全复航。全面推行海事政务“一网通办”、不见面办结、最多跑一次等便民举措，船员适任评估中心及24小时海事政务自助服务站建成投用，受到广泛点赞。

【强化水上安全监管】开展“三年行动”集中攻坚，水上无线电整治工作获“全国先进”，着力解决非法浮吊集聚、联群村非法修船作业等顽瘴痼疾，取缔非法修理点34家，拆除趸船、接岸设施20处，驱离船舶1200余艘次，违法乱象得到全面遏制。深化“两非四小”专项整治，查获移交涉砂船舶49艘，配合拆解170余艘。推动不合规的植物油船舶全部改建、退市。海事数据接入智慧长江综合管理平台，助力实现长江芜湖段全流域、全天候、全方位监测预警。快速稳妥做好“华泓18”轮闪爆等事故险情的应急处理和调查工作。起草修订《长江芜湖段水上突发事件应急预案》，制定《芜湖市关于加强水上搜救工作实施意见》，并经市政府印发，推动地方政府建立健全联席会议等制度。

【推进美丽长江建设】深化开展捍卫美丽长江“一零五全三提升”行动，联合交通局共同推动落实“三必须一确认”制度，船舶通过电子信息系统交付垃圾污染物21万单，垃圾、生活污水、含油污水转运率91.6%、91.2%和86%。引导船舶实施“零排放”，芜湖市400总吨以下船舶全部完成生活污水设施改造，辖区216艘船舶完成铅封、盲断。全年实施船舶防污染检查1.3万艘次，涉污行政处罚476

第十五届全国交通运输文化建设高峰上，芜湖海事局“聚力扬帆新皖江”文化品牌被评为“全国交通运输优秀文化品牌”，成为全国海事系统、长航系统中唯二的获奖品牌

（俞　凌　提供）

件、船员违法记分328人次。推动辖区852艘船舶完成岸电设施改造。推进大白茆水上绿色综合服务区提档升级，全国内河首座岸基式LNG加注站建成投用。全力配合长江干线禁捕工作。

（俞 凌）

边防检查

【概况】芜湖出入境边防检查站始建于1992年5月，是安徽第一个港口边防检查站。设综合办公室、边防检查处2个副处级机构，机要科、执勤一队、执勤二队3个正科级机构。主要负责芜湖口岸出入境人员、交通运输工具出入境边防检查，口岸限定区域管理，审核签发外国人临时入境许可，防范查处非法出入境活动等任务。2021年，检查监护出入境（港）船舶29艘次、人员522人次，货物6.2万吨，业务量居全省港口边检站首位。2021年，站党委获评总站“优秀边检站领导班子”，市“先进基层党组织”，市直机关“先进基层党组织”。

【服务对外开放】主动参与芜宣机场建设和口岸开放，加入航空口岸开放工作专班，与相关部门多次会商，组建专班分赴江苏、湖北、北京大兴机场调研，参与可行性报告评审，助推航空口岸对外开放。参与口岸开放协调会、调研座谈会，高质量完成三山港1080平方米执勤用房建设，推动芜湖口岸扩大开放驶入快车道。

【创新便民举措】全面贯彻落实服务长三角航运枢纽建设10项、服务航运企业发展16项新举措，推动边检行政许可“一地办证、区域通用”、国际航行船舶网上预报预检等多项新政在芜湖落地。助力企业复工复产复航，推广国际贸易“单一窗口”国家标准版、边检行政许可网上平台应用，24小时为服务对象办理行政许可，开通“绿色通道”，收到锦旗2面。

【口岸疫情防控】加入口岸城市疫情防控领导小组，动态完善疫情期间勤务实施方案，推行“一船一案”差异化勤务模式，提前研判船舶预报、航行轨迹，执法执勤人员疫苗接种率100%。组建疫情防控数据核查专班，建立疫情防输入数据核查模型，核查入境重点人员114万余人次，推送安徽籍人员1.4万余人次、芜湖籍人员1200余人次，妥善处置疫情期间1名船员发热事件，筑牢“外防输入”坚固防线。

【完成重大安保任务】围绕庆祝建党100周年安保维稳，推行独立作战单元和“港口勤务轮转”模式，制定完善口岸反恐处置预案和突发事件应对办法，参与长三角边检机关江面巡航，联合长航公安、海关等多部门开展反恐实战演练5次。1名民警获评全国移民管理系统庆祝建党100周年安保维稳成绩突出个人。

【打击跨境违法犯罪】主动加入市“122”工作专班，率先成立并实体化运行执法办案实践基地，选派民警驻点出入境管理部门开展工作。核查数据6000余条、推送有效线索150余条，参与联合办案10余起，抓获犯罪嫌疑人20余名。专项斗争战果在安徽边检总站排名第二，收到贺电1封。

【执法执勤实战练兵】统筹开展全警实战大练兵，在安徽边检总站业务比武中获得团体二等奖、个人一等奖。首次检查员等级评定考试取得非执勤执法岗位通过率全总站排名第一、执勤执法岗位通过率排名第三、1名民警业务总分排名第一的好成绩。选派5名民警分赴新疆、西藏、珠海等地参加岗位锻炼，1名民警被评为全国移民管理系统全警实战大练兵标兵个人。

（袁 涛）

边检站民警开展抓捕演练

（袁 涛 提供）

农业　林业　水利

Agriculture　Forestry　Water Conservancy

农　业

【概况】 2021年，芜湖全市粮食种植面积22.32公顷，总产量138.76万吨，其中包括优质专用水稻种植面积10.96万公顷；油料种植面积34533.33公顷，总产量9.81万吨，同比增加6.5%。芜湖早稻生产获省通报表扬，市农业农村局被评为全国粮食生产先进集体，为全省粮食稳产丰收做出重要贡献。全市生猪存栏34.1万头，出栏59.4万头。肉类总产量17.7万吨，同比增长14.5%，蛋类5.2万吨，同比增长0.1%，芜湖清水白肉批发市场有限公司成为全省首家经评定的“热鲜肉”AAAA级生猪定点屠宰场。全市水产养殖面积35226.67公顷，其中“稻渔综合种养”面积14386.67公顷，水产品总量17.6万吨，同比增长3.3%，青虾、鳜鱼、大口黑鲈等名特优水产品比例进一步提高。蔬菜播种面积65400公顷，产量172.1万吨，较前三年均值分别增长10.97%和10.66%。全市现有省级以上蔬菜标准化示范区6个、市级以上蔬菜标准园23个。果树种植面积为9200公顷，主要种类为葡萄、桃、蓝莓、青梅等；茶叶面积约3200公顷，产量558吨。有效期内无公害农产品认定368个，绿色食品认证264个，有机农产品认证18个，农产品地理标志登记保护10个。各类农产品优质丰富、供应充裕，较好满足人民群众日益增长的消费需求。被省厅评为“2021年度农业农村专项工作延伸绩效管理综合评价优秀单位”。其中：推进农业农村信息化发展、加强高标准农田建设、绿色食品产业“双招双引”工作及农产品加工业“五个一批”工程、推进现代种业发展、长江流域重点水域禁捕和退捕渔民安置保障工作、促进农民增收、推进渔业高质量发展、推动“158”行动计划实施、农业建设项目、一产固定资产投资及财政农业相关转移支付资金整体绩效评价、深化农业综合行政执法改革和推进行政执法“三项制度”、稳定发展蔬菜生产、推进农村“两改革一发展”、农机购置补贴政策落实等13项工作被评为优秀等次。2021年，芜湖农村居民人均可支配收入27202元，居全省第2位，同比增长11.2%，居全省第3位，绝对值与增速均居全省前列。

【实施乡村振兴战略】 制定《中共芜湖市委　芜湖市人民政府关于印发〈关于全面推进乡村振兴加快农业农村现代化的具体举措〉的通知》，出台《中共芜

机械化收割

（肖晨薇 提供）

湖市委关于印发贯彻〈中国共产党农村工作条例〉的工作举措的通知》。市委、市政府主要负责人亲自部署，召开全市农村工作会议、全市乡村振兴推进大会，谋深谋细推进乡村振兴战略具体工作举措。市委、市政府分管领导靠前指挥、统筹推进，定期召开农村工作领导小组会议，研究部署并推动落实各项工作任务。市委农村工作领导小组每季度召开调度会，及时研究解决工作中遇到的堵点和难点，市委农办每月通报一次农村人居环境整治工作进展情况，每季度通报一次产业发展和农村改革工作进展情况，每半年通报一次工作进展情况，督促各牵头部门真正负起责任，层层传导压力、逐级压实责任。强化涉农资金和项目整合，2021年市级财政投入约29.6亿元用于实施乡村振兴战略，全市各级开展“听党话、感党恩、跟党走”宣讲活动383次，营造出共同推进乡村振兴的浓厚氛围。

【基础设施建设】抓住种子和耕地两个要害，结合“芜湖大米”品牌振兴工程，2021年实施水稻新品种展示示范154个，全市优良水稻品种普及率达98%以上。开展第二批地方农业种质资源保护与利用品种征集工作，初步收集地方农业动植物物种、地方农家品种及部分野生品种10个。完成2020年度10333.33公顷高标准农田建设项目和1.82万公顷农田水利“最后一公里”建设项目，2021年度2.3万公顷高标准农田建设项目建设进度达100%。全市建成高标准农田13.98万公顷，占耕地比重达60.53%。全市拥有农机专业合作社245家，建成综合性农事服务中心48家、节能环保型谷物烘干中心38家、钵式育秧基地4家，初步形成以农机服务组织为主体、农机大户为补充的农机社会化服务体系。兑现农机购置补贴资金3431.6万元，全市农机总动力达228.01万千瓦，拥有各类农业机械82.6万台（套），主要农作物耕种收综合机械化水平达87.23%。全市131家主体，建设冷链设施319个，库容10.16万立方米。

【产业化发展】实施农产品加工业“五个一批”工程，全市年产值1—10亿元加工企业36家，年产值10亿元以上加工企业4家，农业产业化国家级重点龙头企业5家。规模以上农产品加工产值575.3亿元，占全省比重9.2%，同比增长4.3%。南陵县弋江镇入选国家级农业产业强镇，繁昌区入选全国首批农业现代化示范区创建名单。休闲农业和乡村旅游接待游客1157.3万人次，营业收入19.87亿元。成立芜湖乡村振兴产业要素联盟，联盟成员达77家，涵盖农业、科研、金融、投资、文化旅游等各方面，带动更多资源要素进入农业农村，强化乡村振兴战略实施要素保障。

【信息化建设】与芜湖市电信公司签订数字乡村战略合作协议，加快推进数字乡村建设。繁昌区、南陵县何湾镇、湾沚区陶辛镇、湾沚区花桥镇成功入选省级数字乡村试点。深入实施“互联网+”农产品出村进城工程，加快推进南陵县、湾沚区、繁昌区“互联网+农产品出村进城”试点建设。全面推进信息进村入户工程，全市建成益农信息社702个，行政村覆盖率达100%，开展便民服务9.04万人次，依托益农信息社完成电子商务4367万元。推动数字农场、数字果园、数字菜园、数字牧场建设，实现农业生产数字化管理。以智慧“芜湖大米”产业为引领，持续推进农业数字化转型升级，推广中联智慧水稻生产模式，建设智慧“芜湖大米”示范基地40个，面积达2666.67公顷，三山经开区建成全国首个主粮领域地块级“数字农业示范基地”。同中科院计算机研究所合作，在繁昌区建立53.33公顷“无人农场”，建设以第三代智能农机为切入点的全程机械化、智能化种植示范区，构建“智能农机+农业模拟器”的现代化农业模式。在市级蔬菜标准园建设中推广使用水肥一体化和物联网技术，实现智能化管控。6月，全国智慧农业建设现场经验交流会在芜湖举办。

【质量监管】芜湖大米、无为板鸭、无为螃蟹、南陵紫云英弋江籽入选安徽省首批绿色食品区域公用品牌。按照“分级负责、属地管理”的原则，建立以市、县、镇为主体，基地为辅助的四级农产品质量安全监管体系。健全网格监管“全覆盖”体系，全市目前镇级监管员104人，村级协管员610人，实现区域定格、网格定人、人员定责。开展市级风险监测1380组，检测合格率99.7%，开展乡镇快检80571组，检测合格率99.98%。开展“治违禁控药残促提升”三年行动，查处农产品质量安全案件3起。

【农村人居环境整治】推进农村人居环境整治五年提升行动，2021年度农村改厕新建任务16530户，完成19396户改厕，完成进度117%。推广南陵县便携式可调式盖板改厕模式，以资源化利用为导向开展后续管护，全市所有乡镇均已建立维修清掏体系。2020年度24个省级美丽乡村中心村建设项目竣工，2021年度55个省级美丽乡村中心村建设进度78%（年度任务70%），全市建成和在建省市级美丽乡村中心村302个。持续开展乡村治理示范创建，湾沚区花桥村、繁昌区东岛村、南陵县三连村入选第二批全国乡村治理示范村，无为市赫店镇、湾沚区双桥村等16个镇、村入选第二批省级乡村治理创建试点。

【新型经营主体发展】加快推动新型农业经营主体规范化、高标准发展，全市家庭农场新增846家，总数7801家，其中省级示范家庭农场133家，市级示范115家；新增农民专业合作社96个，总数3092个，其中国家级示范社23个，省级示范合作社46个，市级示范合作社66个。建立健全面向小农户的农业社会化服务体系，培育农村产业发展带头人671名，以托管服务为主的农业生产性服务组织达到901个。

【实用人才培育】与芜湖职业技术学院合作共建“乡村振兴产业学院”，加快推动农业领域职业技能人才培养。推进基层农技推广体系改革与建设任务，实施新型职业农民培训民生工程，2021年培训高素质农民1484人。全市643名基层农技人员，联系服务551个村、3384户科技示范户，建立22个农业科技示范展示基地。评选出21位2020年度农村实用人才“创业之星”，50名2021年度农村返乡人才之星。第四届中国农民丰收节安徽主场活动成功在芜湖举办。

【推进农业绿色生产】加快畜禽粪污资源化利用和秸秆综合利用产业化发展，畜禽粪污资源化利用率达到95%以上，秸秆综合利用率达到91%以上，均高于全省平均水平。推广测土配方施肥、水稻侧深施肥、有机肥替代化肥、病虫害专业化统防统治和绿色防控等技术，化肥农药使用量分别为16.05万吨、2851吨，年降幅均超过1%。全市现有省级以上农业标准化示范区21个，部级水产健康养殖示范场23家，省级畜禽标准化养殖示范场17家，省级以上蔬菜标准园17家，省级长三角绿色农产品生产加工供应示范基地16家，建设全国绿色食品原料（水稻）标准化生产基地面积达3.73万公顷。成立芜湖市茶产业联盟，成员单位27家，涵盖从事茶产业的新型农业经营主体及相关科研、协会、服务等单位，发挥茶产业优势和传统，助力茶产业振兴发展。

【强农惠农政策措施】实施“四带一自”产业扶贫工程，建立产业扶贫基地71个，开展自种自养贫困户8188户，290家带贫主体通过紧密型利益联结机制带动脱贫户12911户，到户项目覆盖率达80%。继续落实各项强农惠农政策，开展蔬菜自然灾害保险、小龙虾价格指数保险、池塘河蟹气象指数保险、一季稻高温热害保险、农机作业保险等农业特色保险，保险面积突破6.67万公顷。开展“振农担”农业担保，2019年以来共向市民强融资担保（集团）有限公司推荐127笔“振农担”贷款担保，申请贷款担保金额合计5684万元。经市民强担保公司和贷款银行调查审核，放款56笔，担保金额1861万元。截至2021年12月31日在保18笔，担保金额650万元。

【长江禁捕退捕工作】建立市、县、镇三级渔政执法体系，招聘307名护渔员。落实禁捕水域沿岸县、镇、村三级包保责任制，落实基层网格员483名。强化日常监管和联合执法，渔政、公安查处非法捕捞行政案件144起，刑事案件78起，市监部门查处各类市场主体行政案件51起。推进渔政信息化建设，市、县落实5846万元用于信息化建设及执法船艇等装备建设，在长江干流及重点水域部署高清探头121个，实现禁捕水域技防监管全覆盖。坚持高质量转产安置，全市镇（街）、村（居）干部“1对1”结对帮联退捕渔民家庭1159户4259人，帮助解决资金、就业、创业、社保、低保等实际问题7290个，确保零就业家庭持续动态“清零”。

【中国（芜湖）长江渔文化博物馆建设】推动中国（芜湖）长江渔文化博物馆（暂定名）建设，完成项目立项、选址和展陈大纲编制工作。12月9—10日，芜湖举办2021年长江水生生物科学增殖放流暨长江禁渔与渔文化论坛系列活动。农业农村部副部长马有祥出席并作主旨报告。安徽省副省长周喜安，中国科学院院士曹文宣出席论坛。全国15位渔业资源、生态保护、渔具渔法、渔文化等方面的专家学者做讲座。

12月10日，开展长江水生生物科学增殖放流活动

（庞师泉 提供）

【招商引资】2021年，全市农业农村“双招双引”签约招商项目129个，签约总投资276.1亿元。江南大学科技园芜湖健康食品产业园、麦金地学生餐总部及中央厨房产业园项目、宠幸宠物用品产业园项目、三只松鼠联盟工厂项目等重大项目招引落地。

（肖晨薇）

林 业

【概况】截至2021年底，全市森林覆盖率26.94%，森林蓄积量762.5立方米。全市建有国家级自然保护区2处（安徽省扬子鳄国家自然保护区长乐片区、安徽铜陵淡水豚国家级自然保护区无为片区）；国有林场3个（南陵县戴公山林场、南陵县丫山林场、无为市周家大山国有林场），总面积4211.67公顷。森林公园4处（无为市天井山国家森林公园、繁昌区马仁山国家级森林公园，南陵县小格里省级森林公园、南陵县丫山省级森林公园）。

【长江生态廊道建设】部署开展长江生态廊道建设工程建设，编制《芜湖市长江生态廊道建设工程实施方案》，全年完成人工造林2246.67公顷，封山育林533.33公顷，退化林修复1293.33，森林抚育826.67公顷。成功创建2个森林城镇，29个森林村庄。无为市完成省级以上道路绿化232千米，同时，结合国家储备林建设对西河沿线全面绿化，改造单一的植物景观，提高沿河森林质量。湾沚区试点开展美丽乡村建设，区级道路绿化提升55千米。

【林业重点工程建设】开展长江防护林建设工程，完成长防林工程人工造林740公顷，封山育林466.67公顷，退化林修复400公顷；组织开展芜湖市林下经济试点示范项目评审工作，11个项目成功入选2021年芜湖市林下经济试点示范项目；开展全市食用林产品安全监测工作，对无为市黄桃、南陵县蓝莓的果实和产地土壤40批次进行安全监测，全部合格；加强对繁昌长枣、南陵凤丹的种质资源保护，完成对4.82公顷长枣和0.73公顷凤丹的保护工作，对保护芜湖林木资源多样性、发展地方名特优农（林）产品有着重要的意义。

【林长制改革工作】研究制定芜湖市2021年林长制改革工作要点，推动各级林长创新履职，召开县级总林长述职会，探索建立县级总林长述职制度。市级总林长、副总林长调研调度林长制工作14次，市级林长专项巡林26次，解决问题29个；县镇级林长深入责任区巡林734次，排查梳理、协调解决问题432个。完善总林长令发布、林长巡林、成员单位协作机制。建立市级“林长+检察长”工作机制，完善“两法”衔接，湾沚区检察机关和林业部门在全省率先开展公益诉讼补植复绿工作。充分发挥公安机关职能，建立与林长制相衔接的森林警长制。提升综合效益。通过护绿增绿，开展自然保护地和湿地生态修复，全市森林覆盖率达26.94%，湿地保护率达54.81%。通过用绿活绿，调整林业产业结构、打造林业产业新业态，2021年全市林业总产值150.7亿元，同比增长超20%。

【森林防火工作】全年森林

防火工作总体平稳，平安度过冬至、春节、清明、五一等重要时间节点，未发生重、特大森林火灾，无人员伤亡事故，受害率远低于0.4‰的控制目标，发布林长制《森林防火专项巡林令》。在全市范围建设森林防火应急道路74.7千米，总投资2060余万。全市出动各类宣传车1160次，发放宣传材料9000余份，张贴标语、悬挂横幅820条，播放森林防火宣传信息2万余次，发布宣传短信90万条。

【自然保护地管理】印发《关于建立自然保护地体系的工作举措》，持续推进自然保护地整合优化工作。联合市生态环境局、市农业农村局等部门，率先在全省建立自然保护地、生态保护红线信息共享机制。组织开展外龙窝湖省级湿地公园申报工作，新建湿地保护小区6处，新增湿地保护面积3597.91公顷，湿地保护率达到54.81%。开展奎湖湿地公园生态修复二期工程，继续推进东草湖省级湿地公园试点建设工作。在扬子鳄国家级自然保护区长乐片区，野外放归扬子鳄102条。

【野生动物保护】开展野生动物保护宣传工作，在“爱鸟周”“野生动物宣传月”等时段开展形式多样的野保宣传活动，提高公众对野生动物的保护意识和法制观念。严厉打击破坏野生动物资源的违法犯罪行为，市自然资源和规划局（林业局）、市公安局、市市场监管局、市农业农村等多部门联合开展打击野生动物保护专项行动，严格执法，严厉打击违法收购、无证经营野生动物违法行为，对非法猎捕野生动物的一律严肃查处。推进野生动物收容救护，全力救护受伤、迷困或群众救送的野生动物，全市收容救护野生动物31种，125头（只），救护率达到100%。

【林业有害生物防治】2021年，全市林业有害生物发生总体平稳，全年发生面积4627.26公顷，同比下降989.6公顷，下降率17.62%，测报准确率98.53%。最大成灾面积64.86公顷（松材线虫病），林业有害生物成灾率0.5‰，未发生连片成灾现象，未发生林业有害生物重大突发事件，无公害防治率99.19%。实施“环黄山风景区松材线虫病疫情‘靶向’防控”行动、打好国有林场和自然保护地松材线虫病除治“百日突击战”、《松材线虫病综合防治示范区项目》，清理病死松树54.08公顷、3563株；清理枯死松树649.53公顷、16585株；打孔注药保护健康松树18000株。续建《重点路段、区域林业有害生物防控工程项目》，降低虫口基数，全市防治美国白蛾面积949.4公顷次。制定《芜湖市松材线虫病疫情防控五年攻坚行动方案》《松材线虫病疫情防控五年攻坚行动2021—2022年度防治方案》《2022年美国白蛾防控方案》，降低重大林业有害生物局部性连环发生的风险，遏制重大林业有害生物疫情的扩散和蔓延。

【提升监测预警能力】提升监测网络体系，建立国家级测报点1个、省级测报点1个、一般级测报点111个，建立市和县级有专门人员负责、乡镇和林场有专兼职测报员、行政村兼职森防员的市、县、镇、村四级监测网络体系。林业有害生物应施监测面积监测率100%；开展松材线虫病春季、秋季普查，监测松林26946.67公顷，2021年美国白蛾1—3世代专项调查，调查面积45033.53公顷次，调查株数1471.96万株；分区监测、分类施策。全市布设40个市级美国白蛾监测点、40个市级食叶害虫监测点，根据芜湖市美国白蛾历年疫情分布特点和美国白蛾生物学规律，布置美国白蛾重点区域、发生区域外围、未发生区疫情监测，以乡镇为单位划分美国白蛾高、中、低风险区域，分类施策；及时更新防治信息系统辅助数据，开展监测并上报数据，对主测对象和重点监测对象常年进行监测，定期发布生产性预报。

【松材线虫病疫木违法违规专项治理】全年全市行动117次，出动执法人员399人次，出动车辆121台次，市级林业主管部门督查6次，排查涉木企业236家，木材交易市场15个，重点建设工程、物流领域14处，排查农户195家，推进植物检疫执法常态化、制度化、规范化。开展专项宣传活动21次，发放宣传资料3430份，发表宣传稿件23篇。

【林业科技推广】制订芜湖市地方标准《繁昌长枣培育与管护技术规程》（DB3402—T14—2021）；组织申报并通过省林木品种审定委员会审定林木品种2个，溜溜梅3号和溜溜梅4号，认定林木品种1个："嘉锦1号"华中樱桃；编制《芜湖市绿化空间调查与规划项目——芜湖城市绿化空间设计导则》，突破绿化面积、空间受限等因素瓶颈，为"见缝插绿"提供立体绿化和临时绿化等技术支撑。四是开展科普宣传及送科技下乡等活动。通过安徽"一日一技"APP在线服务平台，架起专家与林农、成果与生产之间的桥梁。采取讲座、图片展、派发折页等多种形式的活动，为林农答疑解惑、提供科技咨询。

【插花技能竞赛】联合市委组织部（人才办）、市总工会、市人力资源和社会保障局承办芜湖市第一届职业技能大赛——插花技能竞赛。以"匠心花艺感党恩 芬芳盈溢爱国情"为主题，弘扬精益求精的工匠精神，促进插花花艺行业人才队伍建设，营造技能强市的良好氛围。

（庞师泉）

水 利

【概况】芜湖市位于安徽省东南部，地处长江下游，中心地理座标为东经118度21分、北纬31度20分。春秋时，因"湖沼一片，鸠鸟繁多"而名"鸠兹"，属吴国。西汉武帝元封二年（公元前109年）前置县，因"蓄水不深而多生芜藻"始名"芜湖"。南倚皖南山系，北接江淮平原，浩浩长江自城西南向东北缓缓流过，青弋江自东南向西北，穿城而过，汇入长江。她像一颗璀璨的明珠，镶嵌在长江与青弋江的交汇口。全市现辖无为市、南陵县、镜湖区、鸠江区、弋江区、湾沚区、繁昌区，拥有2个国家级开发区、11个省级开发区，总面积6009.02平方千米。截至2020年末，全市公安户籍人口388.47万。境内河流众多，水网密布，山丘圩俱全。长江从北岸无为市灰河口入境至南岸横埂头出境，自西南向东北横贯市境，境内河道长度115千米，将全市划分为江南和江北两大片。其中，江南片的长江主要支流有青弋江、漳河、水阳江、黄浒河、青安江等；江北片的长江主要支流有裕溪河、牛屯河等。全市现有在册圩口145个，堤防总长2134千米。5万亩以上大圩12个、1—5万亩圩口27个。全市建有固定机电排灌站1091座，总装机27万千瓦；涵闸斗门1133座；万亩以上灌区47处，

燕窝水库

（陈江红 提供）

总有效灌溉12.47万公顷；小型水库106座，其中：小（一）型水库15座，小（二）型水库91座，总库容6588万立方米。

【水利建设】2020年大水后，全市迅速启动谋划新一轮水利薄弱环节治理项目，规划的项目基本纳入全省《城乡重大水利基础设施建设建议书》，总投资512.5亿元，位列全省第三。其中“十四五”规划实施的水利建设项目投资283.49亿元。2021年，市重点水利工程下达投资计划13.2亿元，年度目标任务为10.2亿元，全年实际完成投资13.0亿元，占目标任务的128%。青弋江分洪道工程、裕溪河治理工程全面完工，牛屯河治理工程、青弋江治理工程、峨溪河排洪新站工程、凤凰颈新站、神塘河泵站、下沟站、保安站等重要支流治理和易涝区泵站项目正在实施中，投资完成大半，镜湖区荆山河水系整治工程等8个中小河流治理工程全面开工建设。谋划推进人民城市建设，编制完成芜湖市“十四五”水利发展规划，列入国家计划的重大水利项目长江芜湖河段整治工程，2021年10月通过国家发改委现场评估；由芜湖市水利部门牵头开展的水阳江青弋江漳河中下游水系综合整治及防洪治理工程总体方案已完成，可研在编；配合合肥市开展巢湖流域综合治理项目前期工作，裕溪河泵站选址方案、重大工程路径等基本确定；配合池州市开展长江堤防防洪能力提升工程前期工作，争取尽快获批实施。

【水旱灾害防御】2021年有效处置388处险工险段，32处开口子工程按时回填到位，分层分级编制度汛方案。建立部门联动机制，全年发布水旱灾害预警4期，山洪灾害预警10期，发布工程调度令55次。加强澛港闸、红庙闸等直管大型水闸管理和调度。持续推进水库、水闸、堤防工程标准化管理，持续深化全市小型水库管护模式改革，探索分散管理的小型水库实行区域集中管护，完成25座小（1）型水库和坝高超过15米的小（2）型水库安全监测设施建设工作。持续抓好水利工程安全工作，全面完成小型水库建档立卡工作，推进无为市、南陵县、繁昌区对全市106座小型水库进行安全责任人填报，落实安全责任主体。建立“三个责任人”，配备通讯定位手机，完善各类应急预案和方案，建立健全联合办公、部门会商、联合预警、落实值班四项机制，确保防汛响应快速有效。市本级落实财政预算220万元，及时采购补齐2020年大汛消耗的各类防汛物资，并购置夜间照明及视频传送设备、便携式排水等一批新器材新设备。市水务局组织对库存抢险设备，特别是移动泵车、电源，各类抢险运输器械等进行全面维修保养。各县（市）区、开发区投入600多万元用于防汛物资采购、更新，确保物资能够满足防大汛抗大灾抢大险需要。

【巩固脱贫攻坚成果与乡村振兴有效衔接】2021年中型灌区续建配套与节水改造总投资7739万元，其中中央资金3599万元，省级资金941万元。设计灌溉面积14066.67公顷。完成投资6783万元，中央资金完成3599万元，完成100%。2021年农村供水工程筹措资金实施20处，推进城乡供水一体化工程项目建设，年度计划投资62000万元。全年批复更新改造泵站8座，总投资4897万元。组织对全市小型泵站更新改造工作进行全面实地摸排调研，形成全市“十四五”期间小型泵站更新改造五年规划。

【水土保持】在省级及以上开发区水土保持区域评估工作中，市水务局制定工作计划，印发《关于开展开发区水土保持区域评估工作的通知》，明确工作内容和时间节点。已完成市本级水土保持方案审批23个，备案17个。完成9个省级以上开发区区域评估工作。开工建设2个生态清洁小流域工程建设。申报6个生态清洁小流域项目，繁昌区成功创建成为国家级水土保持示范县。

【水资源管理】全市用水总量控制在23.68亿立方米以内，万元国内生产总值用水量、万元工业增加值用水量比2020年下降幅度超过7.9%和5.4%，“十三五”期末芜湖市实行最严格水资源管理制度考核结果为优秀，被安徽省人民政府通报表彰。2021年全市共创建41家市级节水型企业，申报6家省级节水型企业。完成第六批48家节水型公共机构和7家水利行业节水型单位创建工作。

【落实河湖长制】2021年全市各级河湖长开展巡河湖42578次，其中市级河湖长开展巡河湖

56次，市河长办及成员单位暗访20余次，交办发现问题40余个，所有问题均按期整改到位。坚持问题导向，把解决河湖突出问题作为河湖长履职的出发点和落脚点，持续开展河湖问题整治，使用河长通app及无人机等科技手段开展河湖长巡河、暗访、交办、督办工作，督促问题整改。已完成14个市级河湖的健康评价任务，部署县级河湖的健康评价工作，超额完成省河长办下达的任务，建成8条省级、2条市级幸福河湖示范试点建设工作，创建数量位居全省前列。

芜湖市湾沚区打造河长制主题公园

（陈江红 提供）

【河湖管理】审核涉河项目建设方案10项，施工方案5项，河道管理范围内有关活动（不含河道采砂）审批1项，省级以上涉河项目审批市水务局审查7项。已完成汛前中江塔段堤防渗漏处理工程及芜湖市城市堤防渗漏处理工程，督促县区完成涵闸斗门拆除工作，消除2020年水毁造成的隐患；推进城北圩堤顶道路保畅通工程项目实施。依法划定河湖保护范围，顺利完成全国水利普查河湖管理范围划界工作。开展清四乱工作，将整治工作向中小河流、农村河湖延伸，实现河湖全覆盖。加大“四不两直”暗访排查力度，组织整改情况“回头看”，对重点河湖、重点地区，开展进驻式排查，确保问题改彻底、不反弹。

【水政执法】2021年全市出动执法艇（车）2103航次，执法人员10214人次，开展多部门联合巡查135余次，全年拆解“三无”采砂泵船135艘，实现动态清零的目标。截至2021年11月，全市（含县市区）查处水事违法案件135起，其中水工程案3起，水资源案1起，河湖涉砂案131起，所有案件均已办结，结案率达100%，罚款1546.75万元，没收违法所得、非法财物247.87万元。

【黄砂管理】利用“智慧长江（芜湖）”视频监控强化现场打击，在一线执法基地设立长江芜湖段采砂管理视频监控调度中心，通过长江沿线26个高清夜视监控观测点，实现对长江芜湖段114.7千米管辖区24小时全覆盖监管。利用春节、汛期、“七一”、中秋和国庆期间，专门部署开展“蓝盾2021”专项行动，对非法采砂行为持续采取高压严打，严厉打击“沙霸”及其背后“保护伞”。

【水利信息宣传】严格落实“谁执法、谁普法”普法责任，充分利用“水法宣传月”、法律六进、江淮普法行、国家宪法日等契机，广泛开展涉水法律法规的宣传活动。联合芜湖水文局、市机关事务局和安徽师范大学等单位开展水法宣传进机关、单位和社区活动，围绕“世界水日”“中国水周”节水宣传活动，大力宣传《水法》《防洪法》《水土保持法》《长江河道采砂管理条例》《安徽省节水条例》等法律法规。在安徽师范大学南校区举办节水宣传周主场活动启动仪式，提高广大市民的节水意识，荣获水利部2021年“节水中国 你我同行”主题宣传联合行动“优秀活动奖”，为全省地级市唯一。围绕河长制、水资源保护、水域岸线管理保护、水污染防治、水生态修复和水行政执法监管等主题，在芜湖电视台组织播放水利宣传片，滚动播放“世界水日”“中国水周”宣传口号。开展“寻找最美堤岸打卡点”摄影作品征集大赛，展现芜湖河湖堤防岸线文化，激发市民“知我堤防，爱我堤防”的热情，助力水利行业高质量发展。利用皖江日报、芜湖新闻网、芜湖广播电台、今日芜湖APP等宣传平台征集各类堤防岸线摄影作品1000余副作品，评选获奖作品46副。

（陈江红）

工 业

Industry

综 述

【概况】2021年，芜湖市工业经济围绕打造与省域副中心城市相匹配的工业经济，坚定实施"智造名城"战略，推动制造业高质量发展。2021年全市规上工业增加值同比增长14.1%，高于全省5.2个百分点，居全省第5位；工业增加值占全省比重由2021年底的12.5%提升至12.9%，规上工业企业产值增长面达70.4%，较上年末提高17.3个百分点。全年主导产业增加值占全市规上工业比重32.8%，主导产业增加值增速22.0%，高于全省规模以上工业增速13.1个百分点。全市工业技改投资增幅26.3%，高于全省平均水平8.5个百分点，增幅居全省第4位。实施亿元以上技术改造项目115个，总投资360.7亿元，格力高效节能电器自动化升级改造项目等一批重大技术改造项目建成投产、发挥效益。省认定工业互联网双跨平台培育对象2家、行业级平台1家、企业级平台2家、工业互联网应用场景6个。全年通过两化融合贯标企业60家，两化融合指数在全省前列。培育省级首台套重大技术装备27个、首版次软件项目17个。开发省级新产品29项、工业精品7个，推广工业机器人787台，培育省级智能工厂3个，市级智能工厂13个，省级数字化车间21个，市级数字化车间33个，实施工业节能绿色技改行动，完成严禁新增过剩产能任务，成功培育省级绿色工厂5家。新认定市级专精特新中小企业60户，新增省级专精特新冠军企业11户，省级"专精特新"中小企业50户，国家专精特新小巨人企业21户，其中重点小巨人企业11户，占全省11.6%。

【规模工业增加值】2021年，全市规模工业增加值增长14.1%，快于全省5.2个百分点，居全省第5位，工业增加值占全省比重由2021年底的12.5%提升至12.9%，规上工业企业产值增长面达70.4%，较上年末提高17.3个百分点。全年主导产业增加值占全市规上工业比重32.8%，主导产业增加值增速22.0%，高于全省规模以上工业增速13.1个百分点。全市工业技改投资增幅26.3%，高于全省平均水平8.5个百分点，增幅居全省第4位。

【大中型企业和重点产业发展】2021年，全市规模工业中，大型企业增加值占比为43.5%，增加值增长20.7%，拉动全部规模工业增加值增长8.6个百分点；中型企业增加值占比为23.2%，增加值增长15.4%，拉动全部规模工业增加值增长3.5个百分点。全年。电子电器、汽车及汽车零部件、新型建材和生物药业四大支柱产业增加值占比为67.1%，增加值增长17.6%，拉动全部规模工业增加值增长11.2个百分点。战略性新兴产业产值占比为38.1%，增长36.4%，居全省第4位。高新技术产业增加值占比为61.2%，增长30.8%，居全省第5位，拉动全部规模工业增加值增长10.8个百分点。

【推动制造业高质量发展】科学编制"十四五"工业和信息化发展规划，制定实施"优势产业发展规划"。围绕推动优势和新兴产业集群建设、提升产业链现代化水平、培育企业领航梯队、提升服务平台能级等，制定"推动制造业高质量发展打造'智造名城'若干政策"等政策。着力培育优质市场主体，实施"规上企业三年递增行动"，开展"制造业企业高质量发展上台阶竞赛"。成功扭转规上企业数连续三年下滑趋势，2021年，全市新增规上企业326户，居全省第一，全市规上工业企业总数达到2091家。

【促进产业集群壮大】坚定不移打造“4+10”产业体系，谋深谋实四大支柱产业增长带动作用。实施新能源智能网联汽车、高端装备、智能家电重点新兴产业“一链一策”，产业集聚不断加快。2021年，四大支柱产业增加值占比为67.1%，增加值增长17.6%，拉动全部规模工业增加值增长11.2个百分点，汽车及零部件产业，全产业增长显著达30.1%，奇瑞汽车全年销售汽车96.2万辆，同比增长31.7%，新能源汽车销售10.9万辆，同比增长144.6%。高端装备产业实现产值280亿元，航瑞动力300千瓦级重油航空发动机点火成功，海螺川崎首台盾构机顺利下线，跨坐式单轨列车等一批“新芜湖制造”成功打响。家电产业获批中国家电智能制造基地。

【推进传统产业转型升级】以推进技术改造为抓手，推动传统产业向高端化、智能化、绿色化迈进。近3年，实施亿元以上技术改造项目332项，总投资1000.9亿元，一批重大技术改造项目建成投产、发挥效益。智能制造成效凸显。培育省级智能工厂16个；省级数字化车间80个；建成长三角首座3D打印铸造全流程智能工厂；中集瑞江“灯塔工厂”智能产线投产，填补国内液罐车智能化生产空白。绿色制造扎实推进。培育国家级绿色工厂16户；国家级绿色设计产品11个；省级绿色工厂26户。实施工业节能绿色技改行动。2021年实现112家重点高耗能企业全覆盖。2021年度，芜湖市入选省制造业提质扩量增效成效明显地区，湾沚区获评省“亩均论英雄”改革工作成效明显县（区）。

【加快构建产业创新体系】建成省级制造业创新中心7家、省级企业技术中心204户，省级技术创新示范企业28户、省级工业设计中心43户。培育省级首台套重大技术装备187个、首版次软件项目39个、首批次新材料16个。开发省级新产品127项、工业精品64个。2021年，全市高新技术产业增加值增长30.8%，拉动全部规模工业增加值增长10.8个百分点。

【推进民营经济发展】出台“支持民营企业改革发展26条”、“成就企业家创意创新创造32条”、“解决民营企业不动产登记历史遗留问题”等政策，进一步破除民营经济发展体制机制障碍。持续开展“十行千亿万企”融资专项行动，152户企业技改项目实现融资49.6亿元。培育国家专精特新“小巨人”企业28户、省专精特新冠军企业24户，省级专精特新企业329户。2021年，全市规模以上民营工业增加值增长11%，增长6.5个百分点，占全部工业比重较2020年提高3.1个百分点。芜湖市连续多年在全省发展民营经济考核结果中均位列全省第二。

【打造企业服务芜湖品牌】以“感知企业需求、为企纾困赋能、汇聚优质服务”目标定位，完善“1+9+N”企业服务体系。2021年以来，组织智能化、绿色化等专项对接会25场。依托“畅聊早餐会”平台，收集涉企事项218件，办结145件，早餐会已成为真正意义上的思想碰撞会、调研服务会、创意合作会、政企亲清会。全力做实“服务企业1%工作法”，建立“重点工业企业利润常态化监测平台”，有效帮助企业降本增效。2022年1—2月，全市规上工业企业实现利润总额居全省第一，同比增长6.3%，利润总额增速居全省第3，利润率居全省第6，分别较2021年初提升11、3位。“1%工作法”作为国务院第八次大督查发现的典型经验做法获通报表扬。

（朱文孝）

重点企业选介

【奇瑞控股集团有限公司概况】奇瑞控股集团有限公司（以下简称“奇瑞控股集团”）创业始于1997年，从汽车制造业起家，旗下子公司奇瑞汽车是国内最早突破百万销量的汽车自主品牌。奇瑞控股集团以2010年奇瑞控股有限公司（后更名为“奇瑞控股集团有限公司）的成立为标志，迈入集团化发展阶段，围绕汽车主价值链布局上下游业务，发展成为一家以汽车产业为核心的多元化企业集团。集团目前拥有员工4万余人，总资产1200多亿元。集团业务遍布全球80多个国家和地区，年销售收入1500亿元；累计全球汽车用户1000万，其中海外用户200万，连续19年位居中国品牌乘用车出口第一。在2021年“全国企业科技创新500强”排名中，奇瑞汽车排名第21位；在

"安徽省发明专利百强排行榜"中，奇瑞汽车连续八年位居百强榜首。2021年河南持续强降雨自然灾害中，奇瑞集团捐赠3500万元驰援河南灾后救援。在海外市场，奇瑞在巴西建立中国汽车第一个海外工厂，出口汽车15万辆；在智利，奇瑞超越主流品牌，2021年销量在智利市场位居前三。奇瑞连续五次荣获国资委、外文局评选的中国"最佳海外形象企业20强"荣誉称号。

【全球奇瑞汽车用户逾千万】2021年，奇瑞集团销售汽车达到历史性的961926辆，同比增长31.7%，截至2021年底，奇瑞集团全球汽车用户突破1000万。

【"技术奇瑞"彰显实力】2021年，"技术奇瑞"继续彰显创新实力，发布"奇瑞4.0时代全域动力架构"及燃油及混合动力解决方案"鲲鹏动力"；其中，ACTECO2.0TGDI发动机成为奇瑞第九款荣获"中国心"十佳发动机称号机型。

【奇瑞"出海20周年"】2021年11月25日，奇瑞汽车与全球用户共同庆祝"奇瑞出海20周年"。奇瑞已连续19年位居中国品牌乘用车出口第一，海外用户达到195万，并五次获得俄罗斯"最受欢迎中国汽车品牌"。

（赵作峰）

【中联农业机械股份有限公司概况】中联农业机械股份有限公司成立于2011年，是中联重科承接农业装备与农业服务产业的控股子公司。作为安徽省现代农业机械产业集聚发展基地的龙头企业，是中国领先的全过程农业作业机械制造商，产品涵盖北方旱田作业机械、南方水田作业机械、经济作物机械、收获后处理机械四大系列产品，并拓展智慧农业、农事服务等现代农业经营模式。在安徽、湖南、河南、浙江等地建有研发制造基地，在北美、欧洲设有高端农机及农机具研发中心，拥有完善的研发体系和国内外营销网络，业务扩展至亚洲、欧洲、南美和非洲等全球多个国家和地区。中联农机以智能农机为载体，以数据为纽带，以数字农业+AI农机的"双轮"驱动公司高质量发展，致力成为全球领先的AI智能农机装备提供商与智慧农业生产整体解决方案服务商。

奇瑞智能网联超级一工厂项目开工建设

（赵作峰 提供）

【人工智能联合收割机量产下线】4月9日，中联重科人工智能联合收割机走下生产专用线，产品从实验验证阶段进入全面量产的新阶段。中联重科助理总裁、中联农机副总裁苏敏，中联农机副总裁高一平等领导嘉宾和员工代表共同见证。

【冀名峰调研农机产业】4月22日，农业农村部农机化管理司司长冀名峰一行来到中联重科麓谷工业园，就智能农机、智慧农业产业发展及科技创新短板突破等情况展开调研。

【启动三夏服务】2021年三夏服务期间，中联农机秉承"直通到田间，我在你身边"的服务理念，坚持"响应快、到达快、处置快"的原则，推出"521"专项服务政策，实现"五分钟响应，两小时到达，一次性解决"，助力夏粮颗粒归仓。

【宁波率队到中联重科考察】6月3日，芜湖市委副书记、市政府党组书记宁波，三山经济开发区党工委书记、管委会主任孙跃文以及芜湖市政府有关部门、弋江区、三山经济开发区领导，赴中联重科总部考察调研。中联重科党委书记、董事长、CEO詹纯新，中联重科副总裁、中联农机党委书记、董事长、CEO熊焰明，中联重科副总裁孙昌军等热情接待宁波一行，并就务实合作进行洽谈交流。

【智“绘”乡村振兴新蓝图】2021年6月，在芜湖市弋江区峨桥镇中联智慧农业示范基地，无人拖拉机卫星平地、无人拖拉机旋耕、无人抛秧机、无人植保机、自动灌溉等“黑科技”，在搭载数字化管理设施的高科技农田中轮番亮相，展现“无人农场”的智慧魅力。在中国工程院院士赵春江，农业农村部信息中心主任王小兵等农业农村部相关部门领导、各省（区、市）农业农村信息系统有关负责人，中国农业大学国际学院院长李道亮等科研院所专家、企业代表等嘉宾的见证下，“中联大数据驱动智慧农场2025”项目发布。

【中联农机成为联合国农业机械采购供应商】2021年7月底，中联农机成功中标联合国项目事务署农业机械长期采购资质招标项目，获得联合国官方认可的长期供应商资格。作为国内首家获此资格的农业机械制造商，中联农机打破国外品牌在该领域的垄断，让中国制造高端农机装备登上国际公共采购领域的舞台。

【举行安徽省农业行业职业技能大赛】9月24—25日，2021年安徽省农业行业职业技能大赛拖拉机驾驶员和联合收割机驾驶员技能竞赛决赛在中联重科芜湖工业园举行。本次竞赛由省农业农村厅、省人社厅、省总工会联合主办，省农机试验鉴定站承办，芜湖市农业农村局、中联农业机械股份有限公司协办。来自全省16个市的48名选手进行一场精彩纷呈的农机驾驶技能大比武。比赛中，选手们激烈角逐，各显神通，充分展现农机化人才的高超技艺。

【亮相2021国际农机展】2021年10月，在中国国际农业机械展览会上，中联农机携12款智创新品亮相。中联农机参展的产品涵盖人工智能农机、大马力拖拉机、高端农机具、水稻有序抛秧机、谷物收获机械、果园机械、秸秆打捆机等，并展示智慧农业整体解决方案及智农产品——中联数字大米，受到与会嘉宾的广泛关注。

（何志红）

【芜湖新兴铸管有限责任公司概况】芜湖新兴铸管有限责任公司为新兴铸管股份有限公司所属全资子公司，隶属于国务院国资委监管的中央企业新兴际华集团有限公司。通过十多年的装备、技术升级和产品结构调整，公司从一个单纯的炼铁企业逐步转型发展为产品多元化（包括铸管、钢材、铸件等）的冶金铸造企业。公司拥有全球最大的单体球墨铸铁管生产车间和国际一流的钢铁冶炼加工车间，球墨铸铁管产品行销120多个国家和地区。以优质碳素钢、合金结构钢、低合金高强钢、轴承钢等产品为主导的优特钢产品，广泛应用于机械加工、汽车制造等领域。

2021年，芜湖新兴铸管实现销售收入207.49亿元，营业利润14.19亿元，净利润10.2亿元，上交税金8.62亿元，资产规模160.25亿元。全年生产铸管60.1万吨，钢材310.38万吨，钢坯305.32万吨；生铁298.3万吨，烧结（净）428.55万吨，焦炭108.13万吨；白灰43.2万吨。2021年，芜湖新兴铸管获评全国冶金科学技术一等奖、“环保诚信企业”“安徽省绿色工厂”，位列安徽企业综合百强第41位、安徽省制造业百强第24位、安徽省发明专利百强第42位。

【入选央企“十三五”网络安全和信息化优秀案例】中央企业“十三五”网络安全和信息化优秀案例名单公布，《芜湖新兴铸管“智能+”数字化车间》成功入选。芜湖新兴铸管数字化车间采用的是工业大数据云平台共享、数字化大屏显示集中管控的方式来实现产品的整个生产信息的采集与管控。生产流程以“数字铸管”为核心，数据采集为基础，将生产从订单至入库整个业务流，通过生产管控系统形成闭环。在铸管车间构建5G网络，通过5G网络在铸造行业首次完整实现车间生产过程的数据实时采集、生产数据在线监控、关键追溯数据自动上传，实现生产监控、质量监控、设备管理、物料管理、人员管理之间的信息互联互通和系统高效集成。

【荣获首批“钢筋产品质量能力分级A级企业”称号】10月14—15日，钢筋产品质量能力分级、促进钢筋产业高质量发展研讨会在陕西西安召开，来自全国80多家钢铁生产企业及相关单位的近200名代表参加此次会议。公司被评为“钢筋产品质量能力分级A级企业”。钢筋产品质量能力分级是对钢筋产品及其生产线和企业的技术质量能力差异化评价，属于质量全要素评价。此次钢筋产品质量能力分级系钢铁研究总院和中冶建筑研究总院有限公司联合发布，是行业内首个热轧带肋钢筋质量能力分级排名。

工人们正在进行炼铁生产

（许　玮　提供）

【钱勇到公司调研】 2021年4月中旬，生态环境部环境与经济政策研究中心主任钱勇率队到公司开展污染物与温室气体协同控制调研。安徽省生态环境厅副厅长项磊参加调研。芜湖市生态环境局、三山经开区管委会相关负责人陪同调研。调研组充分肯定公司在加强减污降碳自主创新上取得的显著成效，指出当前要深入贯彻习近平生态文明思想，把节能作为降碳源头治理的“牛鼻子”，协同控制温室气体与污染物排放，协同推进适应气候变化与生态保护修复等工作，支撑深入打好污染防治攻坚战和二氧化碳排放达峰行动。

【公司球墨铸铁管件荣获“优质铸件金奖”】 5月26日，由中国铸造协会主办的第十九届中国国际铸造博览会在上海举办，公司铸件部选送的DN300×100球墨铸铁双承单支盘三通荣获“优质铸件金奖”，这是公司连续第六次获此殊荣。作为世界上最大规模的金属展会，本次博览会吸引来自20个国家和地区的1300多家中外知名品牌前来参展。从铸件材质、工艺方法、产品质量及应用领域、技术水平、创新能力等方面，中国铸造协会评选委员会对参选企业产品进行多维度综合评审。凭借高技术含量、复杂的工艺结构以及高度认可的产品质量，DN300×100球墨铸铁双承单支盘三通荣获“优质铸件金奖”。

【荣获冶金科学技术一等奖】 8月，2021年度冶金科学技术奖评审结果揭晓，由上海大学牵头，公司作为主要生产单位共同完成的“含碲高端特殊钢冶金技术的开发和应用”项目荣获一等奖。冶金科学技术奖作为中国钢铁工业学会和中国金属学会联合设立的奖项，是中国冶金行业最高科学技术奖。公司开发的含碲硫易切削钢是具有自主知识产权的一套完整的生产工艺技术，实物质量达到国内领先水平，顺应易切削钢的发展趋势，带动我国易切削钢产品的升级，逐步实现进口替代。

【获全国机械冶金建材行业职工创新成果奖】 8月19日，由中国机械冶金建材职工技术协会举办的《全国机械冶金建材行业职工技术创新成果》评选活动揭晓。公司推荐上报的6项职工创新成果获评创新成果奖。其中，《降低LF精炼炉石墨电极消耗》《热风炉智能燃烧系统》《冷床自动挑头机》荣获二等奖，《离心球墨铸铁管插口自动校园的方法》《球墨铸铁管廊支撑》《一种棒线材生产线出口导卫除尘装置》荣获三等奖。

【成功开发耐内陆极端自然环境腐蚀钢】 7月1日，公司成功开发生产出耐内陆极端自然环境腐蚀钢（XXNS400），XXNS400系列耐腐蚀钢为公司自主设计创新、首次开发的新钢种，广泛应用于耐大气、耐海洋等极端自然环境的基础建设领域。

【获评安徽省绿色工厂】 7月，安徽省经济和信息化厅对《2021年安徽省绿色工厂名单》进行公示，公司榜上有名。此次获评是公司贯彻落实《中国制造2025》，深入实施绿色制造工程，加快构建绿色制造体系，步履坚定地走绿色环保之路的佐证，也是对企业绿色工厂管理体系建设成果的肯定。

【承办2021年芜湖市生产安全事故应急演练】6月16日下午，由芜湖市人民政府、芜湖市安全生产委员会主办，公司承办的2021年芜湖市生产安全事故应急演练在公司成功举办。芜湖市安委办主任、市应急管理局党委书记、局长宋玉辉，公司常务副总经理陈永峰及市安委会相关成员单位负责人，所辖各县（区）、开发区应急管理部门负责人及公司相关部门人员等逾百人参与、观摩、指导本次演练。

（许　玮）

【五七二〇厂概况】2021年，五七二〇厂全力提升装备修理产能，有效应对任务、质量、安全、疫情等挑战，持续推动技术与管理创新，工厂发展建设取得新成绩。生产任务全面完成，装备修理能力实现突破，质量安全形势总体稳定，关联产业经营管理积极稳健，企业管理成熟度逐渐提升。全年完成工业总产值35.51亿元、营业总收入35.69亿元。

【省领导来厂调研】8月28日，安徽省省长王清宪到芜湖调研创业城市建设和新兴产业发展工作，工厂被选为省长专项调研芜湖市的唯一军队性质企业。王省长一行观看工厂专题汇报片，参观生产现场，全面了解工厂生产能力以及产线建设情况。调研中王省长高度肯定工厂各项能力建设和发展成果，针对工厂数字化能力建设、关联产业发展、工业互联网应用等方面提出要求。安徽省政府秘书长潘朝晖，芜湖市委书记单向前等参加，5720厂厂长阚艳、副厂长张小辉、袁荣等厂领导陪同调研。

【天航集团天航大厦入驻启用】10月15日，安徽天航科创（发展）集团股份有限公司（下称“天航集团”）天航大厦入驻启用仪式在天航工业园举行。芜湖市鸠江区区委书记方忠、天航集团董事长阚艳、天航集团总经理袁荣，以及集团董事、工厂相关职能部门、集团及子公司中层管理人员、部分员工代表等80余人参加。

【阚艳获“2020年度中国推进智能制造杰出CEO”称号】3月25日，第十届中国智能制造高峰论坛暨第十八届中国智能制造岁末盘点颁奖典礼在北京开幕。厂长阚艳作为特邀嘉宾出席会议并作主题发言，并获“2020年度中国推进智能制造杰出CEO”称号，中国工程院李培根院士为阚厂长颁奖。

【工厂第七次党员代表大会召开】5月28日，中共中国人民解放军第五七二〇工厂第七次党员代表大会在双翼宾馆报告厅召开。市委组织部常务副部长郑刚出席会议并发表讲话，全体厂领导、152名党员代表代表全体党员参会。会议听取并审议通过王雁作的《中国共产党五七二〇厂第六届纪律检查委员会工作报告》。选举产生阚艳、张小辉、韩梁、袁荣、许莹莹、王雁、韩道荣、张家华等人为中国共产党五七二〇厂第七届党委会委员，王雁、黄继祥、李云贵、徐峰、贾洪明、耿曼、黄全等人为中国共产党五七二〇厂第七届纪委会委员。在第七届纪委第一次全体会议上，王雁当选为纪委书记、黄继祥为纪委副书记。

【举行“同心向党　百年好合”集体婚礼】6月18日，工厂举行“同心向党　百年好合”集体婚礼，八对新人步入婚姻殿堂。工会主席韩道荣作为证婚人致证婚词，对八对新人表达祝福。

【举办庆祝中国共产党成立100周年主题党日】7月1日下午，庆祝中国共产党成立100周年主题党日在工厂52号楼报告厅举办。大会由厂党委委员、纪委书记王雁主持，全体厂领导、部分中层以上管理人员、支部委员、2021年度“两优两先”受表彰人员、工厂新吸收党员以及部分党员骨干约380人参加会议。党委副书记、厂长阚艳宣读《关于表彰2020—2021年度优秀共产党员、优秀党务工作者和先进党（总）支部、先进党小组的通报》。大会播放专题宣传片《百年正青春、奋进正当时》，70名优秀共产党员，8名优秀党务工作者，6个先进党支部，16个先进党小组受到大会表彰。

【组织打赢疫情防控阻击战】7月20日，南京禄口机场检测出9例新冠阳性病例，工厂迅速启动应急防控预案，领导靠前指挥，高效落实疫情防控各项要求。紧急调动各项资源、广泛动员组织、科学防治、精准施策，实现“零疑似、零扩散目标”。全力组织精准打赢防疫阻击战，推动工厂健康稳定发展。

【工厂第十届工会会员代表

【……大会暨第九届职工代表大会召开】12月31日，工厂第十届工会会员代表大会暨第九届职工代表大会在双翼宾馆开幕。芜湖市总工会副主席李笑虹出席会议并讲话，基层工作部部长樊鹏出席大会。厂长阚艳以《坚定理想信念　汇聚发展力量　突出职工主体地位加快推动工厂转型升级》为题作职代会工作报告。厂党委书记陈文春发表讲话。厂工会主席韩道荣以《当好桥梁纽带　引领建功立业　为推动工厂实现高质量发展贡献力量》为题作工会工作报告。厂工会副主席姚兰作工会经费审查工作报告。厂团委书记张蕤代表共青团致贺词。厂工会主席韩道荣主持工会“三委”第一次全体会议。会上审议通过职代会工作报告、工会委员会工作报告、经费审查委员会工作报告和《职工代表大会条例实施细则》，选举产生工厂第十届工会委员会、经费审查委员会、女职工委员会，并审议通过工厂劳动争议调解委员会成员名单及第九届职代会生产经营管理、提案处理、民主评议监督、劳保福利等四个专门委员会成员名单。

（韩欣然）

【芜湖发电责任有限公司概况】2021年，芜湖发电责任有限公司统筹发展，强化经营管理，克服高煤价、疫情等不利影响，全力保障电力稳定供应，为地方经济社会发展贡献央企力量。全年完成火电发电量61.54亿千瓦时，供热量153.97万吉焦，黄泥滩光伏发电量2336.8万千瓦时。实现五期机组投产以来连续安全生产4025天。

【打赢能源保供攻坚战】2021年，面对严峻的能源保供形势，公司将能源保供放在首要位置，成立能源保供专项组织机构，统筹内外部资源，拓宽煤炭采购渠道，争取应急煤源，提升燃料库存，解决机组出力受阻等问题，保障机组能发尽发、应发尽发。有效发挥煤电机组“稳定器”和“压舱石”的作用。

【双机实现全年“零非停”】2021年，芜湖发电责任有限公司加大风险分级管控和隐患排查治理，推进双重预防机制建设与安全生产三年行动融合，推进火电、新能源开发、外部运维项目安全管理同步落实，设备运行稳定可靠，主要能耗指标均优于同期，全年未发生安全环保考核事件。

【统筹燃料量价管理】开辟靖江国信港、南京新生圩港作为场外储煤基地，存煤能力达20万吨，有力保障燃料稳定供应。加大配煤掺烧力度，经济煤种掺烧占比46.6%，实施污泥掺烧，取得较好社会效益。持续开展同区域电厂对标，入厂标煤单价对标排名省内沿江区域第一。

【市场电成交价省内最优】获得基本电奖励2.63亿千瓦时，超容量占比0.76个百分点。规范售电公司市场化运作，发挥售电公司“发售服”一体优势，持续提升市场电交易份额，售电公司签约售电用户470家，市场电成交均价超过均价4.45元/兆瓦时，省内最高。

【巩固提升供热市场】做好存量市场维护，争取增量市场，新增供热用户3家，主动配合政府做好用热企业招商接洽，开展供热二期管网建设调研，超额完成年供热量150万吉焦的年度奋斗目标。

【清洁发展指标获得新突破】顺应能源变革新形势，紧盯“碳达峰、碳中和”目标，加快清洁绿色转型发展步伐。申报六安、祁门、汤沟三个项目，成功获得省内新能源竞争性指标，总容量255MW，位居国家电投集团在皖企业首位。

【开发县域市场】深化与鸠江区政府合作，举办新能源项目推介会，协调政府帮助对接优质企业，锁定屋顶分布式项目资源。发挥集团公司、中国电力资源和品牌优势，围绕美丽乡村、农业科技等主题，协助政府解决难点痛点问题，为获取更多项目资源奠定基础，合作开发的飞驰屋顶1.2MW分布式光伏项目按期投产。

【推进承接项目】与上级单位对接，主动承接省外新能源项目建设、运维工作。张家口沽源光伏一期180MW项目，通过加强与上级单位、地方政府及建设方的沟通协调，克服人员紧张、自然条件恶劣等困难，实现按期全容量并网；吉林建龙项目成立项目公司，推进后续工作。

（李　晨）

【安徽响水涧抽水蓄能有限公司概况】安徽响水涧抽水蓄能有限公司位于安徽省芜湖市三山区峨桥镇境内，直线距离芜湖市区30千米，南京120千米，上海300千米，与华东电网500千伏西干线的繁昌枢纽变电站距离仅13千米，临近华东电网负荷中心。电站主要枢纽建筑物有上水库、输水系统、地下厂房、下水库及开关站等，总装机容量为1000兆瓦，安装4台单机容量为250兆瓦的混流可逆式水泵水轮发电机组，承担电网调峰、填谷和事故备用等任务。2021年，公司落实迎峰度夏、防洪度汛工作要求，开展中国共产党成立100周年系列庆祝活动。电站安全生产平稳有序，全年未发生人身、电网、设备、信息系统事故。

【专项保电】3月2日，响水涧公司开展专项保电行动，对全厂设备进行安全大检查，就可能威胁设备安全稳定运行的风险进行排查和梳理，确保全国“两会”期间安全生产。“两会”期间，响水涧公司做好设备日巡、特巡和机组维护工作，确保随调随启，为“两会”的顺利召开保驾护航。

【护航旅游旺季电站安全生产】公司位于江南水乡，每年春天，油菜花开放，前来踏青的市民和游客涌向电站周边的油菜花地。响水涧公司与所在的区政府、镇政府沟通配合，制定油菜花季管控措施，确保电站安全生产秩序。响水涧公司加强电站门岗安保力量，加大人员排查力度，增加上下水库连接公路的巡逻次数，禁止无关人员进入生产办公区域。同时，地方政府派驻警力在进厂道路巡逻，维持交通秩序。

【开展新冠疫苗接种工作】5月上旬，响水涧公司落实国网新源公司和地方政府要求，与属地卫生部门联系协商，按照“知情同意，自愿接种”原则，组织员工、其他形式员工及生产准备学员分批次、有序开展新冠疫苗的接种工作，接种的重组新冠病毒疫苗（CHO细胞）。响水涧公司并加强宣传引导，持续做好常态化疫情防控工作。

【开展无偿献血活动】七一前夕，响水涧公司开展“迎建党百年　献一腔热血”无偿献血活动，用热血和爱心向建党百年献礼。倡议发出后，响水涧公司员工积极响应，30名员工主动报名，献血2200毫升。响水涧公司通过此次无偿献血活动，教育引导党员干部职工继续继承和发扬党的优良传统，传承红色基因，传播公益爱心，以实际行动向党的百年华诞献礼。

【助力高考服务】2021年高考期间，响水涧公司在芜湖市城南实验中学设置高考志愿服务点，组织一支由共产党员和青年团员组成的志愿服务队，在服务点为考生及家长免费提供一次性口罩、饮用水、防暑药品、必备文具等物品；为考生及家长提供等待休息、心理疏导、捡拾垃圾、维护考试环境等志愿服务。志愿者还主动协助交警人员疏导交通，保障考生顺利入场。

【开展“永远跟党走”七一系列活动】2021年七一期间，响水涧公司开展“永远跟党走”七一系列活动，向中国共产党成立100周年献礼，公司全体党员、入党积极分子、发展对象参加活动。此次活动，为党员过集体政治生日，赠送政治生日卡片，党员代表发表过政治生日感言及作为一名党员该以怎样的实际行动永远跟党走。

【开展全国节能宣传周活动】8月23日，响水涧公司开展全国节能宣传周活动。

活动主题为“节能降碳　绿色发展”，公司积极响应，向每位员工发出节能宣传周倡议书，

10月19日，响水涧公司“响当当”党员服务队为养老院老人过生日。（方晨凯 提供）

动员全体员工树立绿色发展理念，从节能减排、使用节能产品、节约用水用电、推行绿色出行、节约办公耗材等10个方面宣传节能经验和做法，帮助员工培养节能降碳行为习惯。

【安全保生产】2021年立秋后，公司所在芜湖地区连续多日出现35度以上高温天气，随之而来的是一轮用电高峰。为确保电网安全稳定运行，响水涧公司加大设备巡视力度，对设备进行全面“体检”，对室外输变电设备进行红外测温。做好厂房、配电室降温和通风工作，防止设备过负荷运行，确保设备隐患早发现、早汇报、早预控。严格落实各项安全措施，确保设备“零隐患、零缺陷”运行，在应对高温保供电、缓解调峰压力等方面，确保电网安全运行。

【完成全年检修任务】12月3日，随着1号机组D修结束并投入运行，标志着响水涧公司圆满完成全年检修任务。公司每一次检修都提前做好检修风险预控预案，细化工作流程，梳理各个作业面存在的风险，并与施工单位开展安全措施交底，加强“三措”的执行力度。发挥站班会的作用，落实技术交底、危险点分析及预控措施等，按照检修作业标准化流程和检修作业指导书的要求，期间经历“进博会”保电、“十九届六中全会”保电、两台机组检修工期重叠等多重挑战。严把工期进度和安全质量关，为圆满完成组检修任务提供保障。

（魏盛夏子）

【国网芜湖供电公司概况】国网芜湖供电公司（是国网安徽省电力有限公司直属的国有大二型电网经营企业，负责芜湖地区6009平方千米范围内的电网规划建设、运行管理、电力销售和227万余客户的供电服务工作，下辖无为市、繁昌区、湾沚区、南陵县四个供电公司。芜湖公司肩负着为城市运行安全供电的使命。截至2021年底，芜湖公司市、县两级设置42个职能部门、25个业务支撑和实施机构。2021年，芜湖市全社会用电量235.08亿千瓦时，同比增长13.69%；城市供电可靠率为99.9702%，农村为99.9376%；综合供电电压合格率为99.85%。实现连续安全生产3185天。

【电网布局】2021年，芜湖地区电源装机容量622.574万千瓦，其中：火电424.155万千瓦、水电100.025万千瓦、光伏发电81.794万千瓦、风电16.6万千瓦。地区主力电源为团洲电厂、天门山电厂、响水涧抽水蓄能电站。芜湖公司管辖220千伏及以下电网运行维护，营业区内实现交直流各电压等级全覆盖。芜湖电网是“皖电东送”和“西电东送”的重要通道，安徽电网过江中通道主动脉。芜湖220千伏电网以长江为界分为江南电网和江北电网。江北电网属于皖中电网，其供电区域包括市辖鸠江区江北片、无为市，王要依托500千伏福渡变电站供电，通过4条220千伏线路与合肥、马鞍山电网联络，局部形成单环网结构；江南电网供电区域南北狭长，包括市辖江南片、繁昌区、南陵县和湾沚，主要通过500千伏繁昌变、峨溪变、楚城变和天门山电厂供电，分为楚城—天门山供区的江南北网和繁昌—峨溪供区的江南南网，均以双环网结构网架为主。

【人力资源】2021年，公司全民职工1672人，其中，博士学历1人、硕士学历234人；高级工程师280人（正高级5人）、工程师463人。公司坚持试点工作与重点任务共融共进，承接省公司劳动定员管理项目试点，综合性班组设置及班组分类优化调整、绩效管理反馈改进工作优化、开展特殊专业差异化定制式培训三项试点推广工作。完成营销网格化机构优化设置。开展职员职级选聘，聘任各级职员38人。2021年录用高校毕业生43人。省管产业（含供电服务公司）招聘补员23人，定向培养9人。选派3人赴西藏山南公司帮扶，18人赴国网华东分部、市公司和送变电公司等挂职锻炼、交流培养，公司获2021年度“国家电网公司东西帮扶先进集体”荣誉称号。员工队伍建设成效明显，卢丽鹏获国网公司“优秀服务之星”“何水兵技能大师工作室”获评市级“技能大师工作室”，卢丽鹏等11位员工入选市级“名师带高徒”名单，员工何水兵荣获第六届“安徽省技能大奖”。

【电网建设与发展】滚动修编芜湖市“十四五”110千伏及以上电网规划报告，《芜湖市供电专项规划》（2017—2030）取得市政府批复文件，结合新一轮国土空间规划编制，开展《芜湖市供电专项规划》（2021—2035）

滚动修编工作。完成黄浒220千伏输变电工程、杜冲220千伏变电站2号主变扩建工程等可研评审8项，完成湾沚110千伏变电站1号主变增容工程等核准6项。加快主网建设，投运繁城110千伏输变电、尖山110千伏变电站1号主变增容等9项工程；新增35千伏及以上变电容量22.3万千伏安、线路84.9千米；开工建设220千伏黄垄、110千伏利民输变电工程等9项工程。服务特高压及跨区电网建设，高效优质完成白鹤滩—江苏±800千伏特高压直流输电工程的属地建设协调工作。推动配网提档升级，率先建成“零计划停电”示范区，核心区供电可靠性达到99.99%，年平均停电时间压降至53分钟以内。“5G+智慧配网”建设成效显著，首次实现基于5G电力专网的配网设备远方操作。配自终端和配网保护化覆盖率分别达到100%、80%，供电可靠性等核心指标位于全省前列。

【经营管理】2021年，芜湖公司大中型电网项目合计14项，其中：新建8项、续建2项、结转4项。截至2021年底，年度总投资计划完成100%。公司打造提质增效“升级版”，制定“168”专项行动计划，优势专业提质增效经验受省级以上推介肯定达20余次，高损台线治理等短板指标提升幅度显著。率先开展市级电费账户销户工作，畅通各环节，3月底前完成所有市级电费户销户。落实收款“省级集中”工作要求，全面完成市级电费账户撤销任务，二次销根比率、自动对账率指标基本达到100%。税收优惠政策应享尽享，年度所得税汇算清缴节税45.54万元。清理民营企业欠款，清理2650户、51294.34万元，支付有分歧欠款9.16万，所有无分歧逾期账款清欠完毕。

【安全生产】全年市县各级督查现场13000余个，发现违章2227起，其中严重违章56起、一般违章2171起。注重风险预先管控，全年发布电网运行风险预警通知140次，排查发现的92条问题隐患，完成闭环整改86条，整改率93.5%，位居全省第一梯队。全面深化省管产业单位“同质化”管理，将外包队伍安全员、负责人等关键人员纳入省管产业班组管理。强化安全教育培训，省公司典型违章通报为素材，分专业开展配电、线路、变电、基建系列安全教育专题培训。2021年芜湖公司荣获省公司安全生产先进单位。2021年，输变电设备运行平稳，无人为责任跳闸事故发生。持续推进输变电设备隐患排查治理，主动发现220千伏梦溪变1号主变套管断裂缺陷，历经28小时“梦溪会战”，完成故障套管更换。推进市政重点工程建设，与政府部门高度联动，完成长江路城市综合管廊建设停电阶段工作。深入践行现代设备管理体系建设，高标准打造220千伏芜湖黄垄全过程技术监督国网示范工程，驻厂监造期间，先后发现主变重大安全隐患，获上级单位表彰。

【营销工作】加大营销稽查和反窃查违力度，挽回经济损失1290万元。建立领导分片包干工作机制，有效治理397个高损台区、100条高负损线路。落实电价改革政策，全面做好客户告知和合同签订，代理购电服务稳妥推进。服务清洁能源发展，滚动修编“十四五”电网规划，结合电网现状和远期规划，向政府报送新能源建设规模和布局建议，引导新能源项目有序建设。主动服务繁昌区整县屋顶分布式光伏开发。试点开展新能源并网合规管理，探索新能源服务新模式，实现全额消纳。不断提升清洁能源终端消费占比，有序实施电能替代项目279个，替代电量14.37亿千瓦时。推广综合能源服务，打造奇瑞分布式光伏、海螺水泥能耗优化等一批典型示范项目。促进社会节能降耗，新建快充站11个，迁改、扩建充电桩56个，快充站年充电量达630万千瓦时。

【农电工作】加大农网建设力度，全年投入改造资金2.71亿元，农村地区用户年度平均停电时间压减至每户4.95小时，同比下降15.7%，农村供电瓶颈得到有效治理。建立市、县（市、区）政府常态对接机制，及时结算农户光伏发电上网电费498万元，推动农村光伏扶贫用户年均增收约0.21万元。立足村镇产业不同业态，编制并下发《乡村电气化惠农富民项目建设方案》，围绕农业生产大棚、电炒茶、电烘干中草药、全电景区、美丽乡村打造15个惠农富民项目（建成11个、在建4个），及时新增用电容量5.34兆瓦，直接推动3000余人收益。持续做好乡村清洁能源消纳，精简农户光伏发电上网购电费结算手续，与乡村振兴局健全联防联动和动态监管机制，采取“村申报、镇审核、县审定”的方式规范变更手续，保障光伏收益及时分配给新的受益户，全年完成11处户用扶贫光伏受益户变更。拓展县乡电动汽车充电网络，发起1次电动汽车下乡宣传活动，打造湾沚区花桥镇、无为市高沟镇、无为市无城镇、繁昌孙村镇等4个乡镇电动汽车快速充电站。

【科技信息化】推进科技制度改革与人才培养工程，拓展“新跨越行动”的纵深，做优科技团队，依托科技团队。在上一年的基础上，优化调整14个科技团队，吸纳外部科研人才。2021年芜湖供电公司《自主可控的变电站智慧立体巡检技术及应用》项目获得省部级科技进步三等奖；《SF6/N2混合气体状态参数色谱检测关键技术与应用》《基于用电信息云数据的配网安全高效运行关键技术及应用》《数据驱动的安徽电网电能质量与经济运行分析及辅助决策关键技术》3项目获得省电力公司科技进步二等奖；《高比例可再生能源条件下电网分析诊断技术的研究与应用》获得省电力公司职工创新三等奖；科技工作在全省排名领先，全年申请专利17项，其中发明专利9项；获得专利授权35项，其中发明授权8项。组建芜湖供电公司网络安全实训室，依托实训平台开展人才培养。开展信息运维服务项目日常管理及规范性互查自查工作，保障IRS系统内项目资料的完整性、及时性与准确性；高质量完成软件正版化、“i国网”升级及推广应用、信息运维基础数据治理、乡镇供电所“多系统”调研、“一人多终端”专项整治等专项工作或试点任务。

【优化电力营商环境】省内率先出台延伸中小微企业外部接入投资界面政企共建政策，降低客户办电成本约2100万元。创新“外卖式”服务机制，为企业定制上门送培、故障诊断、用电咨询等5类29项服务套餐。推动占破路行政审批承诺备案制市县“全覆盖”，实现供电报装环节上线政府审批系统，平均办电时长缩短至6.38个工作日，同比压降44%。省内率先完成市县两个“零计划停电”示范区建设，面积达25.33平方千米，示范区内核心区供电可靠性达到99.99%，年平均停电时间压降至53分钟以内，达到国内一线城市平均水平。持续提升服务水平，综合万户投诉率全省第一。全面完成网格化机构调整，响应速度快、服务质效好的体制机制基本建立。全面推广配网不停电作业，强化投诉源头管控和闭环整改管理，营销服务类投诉数量下降87.77%。公司获评2021年芜湖市优化营商环境先进单位。

（胡志宏）

工作人员奋战28小时消除220千伏梦溪路变电站安全隐患

（胡志宏 提供）

【中电科芜湖钻石飞机制造有限公司概况】中电科芜湖钻石飞机制造有限公司成立于2013年12月，地处安徽芜湖航空产业园，是从事通用飞机、特种飞机、无人机及配套设备、复合材料等产品研发、生产、销售、维修与服务的国有控股高新技术企业。公司由中国电子科技集团（CETC）和芜湖市共同投资组建，总投资14.1亿人民币。公司主要生产DA42、DV20系列技术先进、用途广泛的轻型通用飞机，具备AS9100资质，实现航空产品远销欧洲。2018—2021年公司连续四年通用飞机交付量位居国内第一。通过引进、消化、吸收、再创新，公司开展国产双发四座多用途飞机CA42的研制和核心零部件国产化工作，于2021年9月3日获得中国民用航空局颁发的TC（型号合格证）证书。公司以通用飞机自主研发制造为基础，拓展业务并整合相关资源，逐步形成通用飞机/无人机研发制造中心、中电科复合材料中心、中电科飞行试验中心、航空遥感大数据中心四大业务平台，拥有民航145部飞机维修、147部培训资质，在研发创新、生产制造、飞行试验、适航取证、维修保障、航空应急保障等领域具备较强核心竞争力，逐步构建飞机研发、制造、维修、运营“四位一体”的通航产业发展生态链，成为国内通航产业领军企业。公司拥有一支500余人的高素质通航研发制造团队，设立通用飞机国家地方联合工程研究中心、安徽省新型研发机构、安徽省博士后科研工作站、赍德院士工作站、中国电子科技集团先进复合材料中心等多个创新平台，承担安徽省重大科技专项、工信部民机专项等多项省部级以上的科研项目，建设完成包括适航实验室、脉动飞机生产线在内的具有世界先进水平的通用飞机研发制造基础设施；并被推选为G60科创走廊通航产业联盟、安徽省通航协会理事长单位。

2021年，电科钻石荣获由中华全国总工会设立的全国工会系统表彰先进集体最高荣誉“全国模范职工之家”荣誉称号。成为芜湖市第19个、湾沚区第2个获得此项殊荣的企业。

【参展首届长三角国际应急减灾和救援博览会】 5月7日，公司携DA42MPP多用途飞行平台、多用途无人机在上海国家会展中心参展首届长三角国际应急减灾和救援博览会。MPP多用途飞机平台是基于DA42飞机开发的特种飞机，功能强大，易于集成。可根据不同任务类型，选择不同任务载荷进行作业，无需进行改装报备审核，真正做到“即改即用，即飞即取”，应用前景十分广泛。电科钻石依托MPP多用途飞行平台，配合省市应急管理部门开展应急救援、森林防火、应急救援空中巡查等工作，同时与水务局、农业农村局、海事局等市职能部门协同完成不同作业任务。

【首款全自主知识产权双发通用飞机获颁型号合格证】 9月3号，公司首款全自主知识产权双发通用CA42飞机功获颁型号合格证，成为国内近10年来唯一个民航23部认证型号。CA42飞机作为国内首款拥有全自主知识产权的双发活塞式通用飞机，对逐步打破欧美企业在飞行培训、救灾、边境控制、环境监测等领域的垄断地位，对实现国产航空产品“走出去”、提高中国在通航领域的国际地位具有重要意义。

【开展年度的空中巡逻】 9月上旬，由芜湖海事局牵头市应急管理局、市农业农村局在长江干线芜湖段水域联合开展年度的空中巡逻飞行活动，电科钻石在此次活动派出性能优越装备精良的钻石MPP特种飞机承担并执行此次空中巡逻飞行任务。展示电科钻石MPP特种飞机在空中巡查的优越性，实现地面指挥、空中飞行和水域情况三位一体，进一步促进芜湖智慧长江平台的建设。

【电科钻石CA42飞机国产化成功首发】 9月25日，安徽省加快战新产业集群建设暨2021年全省第九批重大项目集中开工动员会上，电科钻石CA42飞机国产化成功首发。会后，安徽省委副书记、省长王清宪一行在芜湖市委书记单向前等领导的陪同下莅临公司现场调研并听取关于飞机生产工艺流程、国产化部件适航取证、科技创新、产品用途等情况的详细汇报。

【MPP飞机应急通信系统试飞测试圆满完成】 10月18日，公司与中国移动通信集团芜湖分公司以及北京中科国信科技股份有限公司共同开展的MPP飞机

低空5G网联信号测试现场

（张清佩 提供）

应急通信系统试飞测试圆满完成。MPP飞机应急通信系统是基于MPP飞机平台，搭载移动通信基站及机载卫通系统。在灾害发生后能够确保通讯不中断，赢得救援时间，减少生命财产损失。填补航空应急通信系统在安徽省应急救援体系方面的空缺。

【研制完成“大型双发高可靠多用途无人机”项目科技】12月18日，公司大型双发多用途无人机历时5年完成，项目涉及大型无人机的研发、测试及试飞全流程，系统组成复杂、研究难度大，在多个技术领域方面取得重大技术创新，拥有多项核心自主知识产权，全系统自主可控。其高巡航速度、低维护保障要求及单发飞行能力更是竖立同等级无人机综合性能的新标杆。研制的翔云无人机产品是我国首架自主研发的大型双发多用途无人机，填补国内空白，提升我国大型无人机自主研发能力和国际竞争力。

（张清佩）

【埃夫特智能装备股份有限公司概况】埃夫特智能装备股份有限公司经历2007—2014年初创期，到2015—2020年成长期，以科创板上市为新起点，2021年埃夫特开始迈入高质量发展期。公司是科创板上市企业，是中国机器人产业联盟副主席单位，中国机器人TOP10企业，中国智能制造百强企业，中国工业机器人行业第一梯队企业。先后牵头承担国家工信部、科技部、发改委等多个部委机器人项目，参与制定多项机器人行业国家标准。在全球有19家子公司，分布在亚洲的中国、印度，欧洲的意大利、德国、法国、波兰以及南美的巴西等，芜湖设有埃华路（芜湖）机器人工程有限公司、瑞博思（芜湖）智能控制系统有限公司、希美埃（芜湖）机器人技术有限公司三个子公司。

【王清宪一行调研机器人产业发展】8月29日，安徽省委副书记、省长王清宪在埃夫特调研机器人产业发展，安徽省人民政府秘书长潘朝晖，安徽省发改委主任张天培，安徽省经信厅厅长牛弩韬，安徽省地方金融监管局局长何毅，芜湖市委副书记、市长宁波，埃夫特董事长许礼进，埃夫特总经理游玮等领导陪同调研。

埃夫特智能股份有限公司批量生产智能机器人

（埃夫特智能装备股份有限公司 提供）

【荣获省科学技术进步奖三等奖】2021年4月20日，埃夫特旗下“喷涂专家，希美埃”科研成果“高铁表面处理智能喷涂机器人系统研发”荣获安徽省科学技术进步奖三等奖。

【获四项恰佩克奖】9月14日，第十一届中国国际机器人高峰论坛暨第七届恰佩克颁奖仪式上，埃夫特凭借长期以来优质可靠的产品与服务，荣获由恰佩克颁发的4大奖项：埃夫特总经理兼CTO游玮荣获卓越企业家奖，埃夫特荣获卓越品牌奖、最佳品质产品奖，埃夫特旗下希美埃荣获示范工程奖。出席颁奖大会的全国机器人及智能制造领域顶尖专家、企业高管、行业精英600余人一起共话创新，唱响机器人与智能制造新畅想。

【安徽省铸造焊接机器人应用研讨会在埃夫特召开】5月上旬，安徽省铸造焊接机器人应用研讨会在埃夫特召开，本次大会由安徽省铸造协会秘书长张林主持，安徽省机械行业联合会执行副会长金建国、埃夫特董事长许礼进分别发表热情洋溢的致辞，欢迎安徽省铸造工厂、焊接工厂龙头企业以及埃夫特生态伙伴参会，致力于促进安徽省铸造工厂、焊接工厂生态链企业产需对接和合作共赢。

【参加芜湖市政企“畅聊早餐会”】5月9日，芜湖市政企“畅聊早餐会”在铁山宾馆举行，海螺创业董事会主席郭景彬、科大讯飞董事长刘庆峰、三七互娱联合创始人曾开天、埃夫特董事长许礼进等4位企业家应邀参会，与芜湖市委副书记、市长单向前，芜湖市委副书记、常务副市长宁波，芜湖市委常委、秘书长、宣传部长张志宏和芜湖市副市长贺东等领导餐叙畅聊。

【荣获“2020年度芜湖十大经济人物”荣誉称号】2021年4月8日，在芜湖传媒中心演播大厅举行“2020年度芜湖十大经济人物”颁奖典礼上，埃夫特董事长许礼进荣获“2020年度芜湖十大经济人物”荣誉称号。

（杨　慧）

【大陆汽车车身电子（芜湖）有限公司概况】科技公司大陆集团成立于1871年，为车辆、机械设备、交通及运输领域提供安全、高效、智能且经济适用的解决方案。大陆汽车车身电子系统（芜湖）有限公司成立于2012年，现由德国大陆集团独资控股，其前身大陆汽车电子（芜湖）有限公司于1995年进入芜湖。公司主要运营大陆集团2大事业群的业务和产品，分别是用户体验事业群及智慧出行事业群，主要的产品包括组合仪表、全尺寸液晶显示仪表、显示屏解决方案及抬头显示器等。

【加速智能工厂建设和赋能】2021年，清洁车间二期完工并开启三期筹划，清洁间投入使用确保新生产工艺技术的顺利导入并量，推广自动化设备的应用，工业机器人及协作型机器人的使用量提高7.5倍，提高生产线的自动化率，并降低由人员带来的报废及质量隐患。自动化的快速发展，大量机械手的运用取代传统人力，数字孪生的概念，通过虚拟现实技术复制出实际产线的原貌，实现远程对产线状态的监控，有效的降低产线的停机时间和次数。

【增强现实（AR）眼镜远程工作对接】使用AR眼镜后可以实现既有视频的沟通指导，解放工程师的双手，规范的操作设备。AR眼镜的引入后，在国外疫情状态不稳定的情况下，保持国内外技术信息的一致性起到有效作用。此外，大数据及生产执行系统得到广泛应用，逐步推进数字化生产线工作，实现生产管理过程中的计划、排产、设备、人员、指标的数字化管理。

【加速产品研发助力打造高科技企业】研发团队的研发能力不断加强，软件方面，研发团队在人机交互、功能安全、网络安全等软件研发能力上，取得长足进步。硬件方面，团队在新产品新技术上具备一定程度的独立自主开发能力，比如显示屏技术、光学贴合技术、抬头显示器所需的光学技术等等。

【保供畅行】全球新冠疫情的蔓延让半导体短缺的形式愈发严重，供应链团队在追料保供上通力合作，确保客户按时交付。原材料团队将料况平台化、透明化，做到提前通知、提前分析、提前规避，运输团队规划更精准的运输路线，缩短在途时间，客户交付团队均衡排产，平衡交付时间，全年将270家供应商的原材料转化为300多万件产品发往全球45个目的地，实现客户0停线，百分之百交付的成绩单。

【致力可持续发展】2021年，公司致力于2050年之前实现可持续发展，在整个价值链上实现100%碳中和、在移动出行与工业领域实现100%零排放、实现100%循环经济以及100%负责任的采购和业务合作伙伴关系。采购的电力100%来自可再生资源。

【荣获“上汽通用优秀供应商团队”】大陆芜湖HUD开发团队获得2021年“上汽通用优秀供应商团队”荣誉。在疫情肆虐的2021年，HUD开发团队发挥专业、敬业、积极、严谨务实的工作作风，在多个项目平行开发的情况下，调动内外部资源，克服技术难点和交期困难。在项目的开发中，团队保证项目平稳开发，高质量地满足项目各节点交付。

【常浩获“2021年优秀农民工”荣誉称号】6月16日，安徽省优秀农民工表彰暨迎接全国农民工工作督察保障农民工工资支付考核工作会议召开。芜湖市多个集体和个人获全省农民工工作荣誉称号，大陆汽车车身电子系统（芜湖）有限公司清洁车间维修工程师常浩获得“安徽省优秀农民工”称号。常浩除日常工作中在公司业绩表现突出之外，工作之余仍坚持提升自我，通过自身努力不仅取得专升本的在职本科学历，同时还取得高级维修电工证和高级维修钳工证。

（雍　容）

【中车浦镇阿尔斯通运输系统有限公司概况】中车浦镇阿尔斯通运输系统有限公司，是国内从事单轨、APM和RRT等中低运量胶轮轨道交通车辆及系统设计、生产、集成与销售的专业公司。公司联合双方母公司（中车南京浦镇车辆有限公司和法国阿尔斯通公司）具备为业主提供规划设计、土建施工、融资、生产制造、运营维护等一揽子交通运输系统解决方案的能力。公司自成立以来，先后获得上海浦江线、中国香港机场捷运、成都天府机场捷运、深圳机场捷运、首都机场捷运、新加坡武吉班让线、泰国金线等APM、马来西亚吉隆坡机场捷运项目订单；获得芜湖轨道交通1号线和2号线一期、泰国黄线、泰国粉线、巴西圣堡罗等跨座式单轨项目订单，数量10余个。2021年，公司克服疫情防控常态化的不利影响，全年实现194辆单轨，28辆单轨包件，9辆APM，231辆车辆交付。实现销售收入17.4亿元，净利润1.3亿元。

2021年，公司先后获得芜湖市五一劳动奖状、芜湖市“年度安全先进单位”、芜湖市“劳动关系诚信示范A级单位”；芜湖经济开发区“安全生产示范企业”、芜湖经济技术开发区“质量奖”、中车南京浦镇公司先进单位等荣誉称号。

【市场开拓】5月签订芜湖单轨维保项目，6月签订成都运维项目，9月签订深圳运维项目，下半年还签订其他项目合同，合同总金额59.23亿元，实现“产品+服务”战略布局。

【项目执行】统筹推进多项目开通调试及运维工作，全年4条线路开通运营。6月份，成都天府机场APM项目开通运营；11月份，国内首个全自动无人驾驶跨座式单轨项目芜湖轨道交通1号线开通运营；12月份，芜湖单轨2号线开通运营，当月深圳宝安机场APM项目开通运营。

【研发创新】申报专利25项，申报政府支持项目6项，《单轨列车无人驾驶TMS系统研发与应用》《智能储电式胶轮电车研发与应用》分别获安徽省科技厅重点研究和重大专项，并荣获安徽省工业设计中心、安徽省专精特新冠军企业、芜湖市“研发双50强企业”。导轨式胶轮系统RRT列车的顺利下线，构建我国导轨式胶轮智慧捷运系统自主知识产权平台。配合跨座式单轨国家标准编制，推动相关地方标准编制、推动APM系统机场行业的验收标准编制效果显著，2021年有安徽省地标、中国民用机场协会、ISAM联盟、中车企标等8项标准发布。

（徐霄阳）

【安徽鑫科新材料股份有限公司概况】安徽鑫科新材料股份有限公司成立于1998年9月28日。2000年11月22日，公司股票在上海证券交易所挂牌上市。鑫科是国内首家铜合金材料深加工的民营股份制上市公司。鑫科从事高端铜合金板带材、电线电缆产品的生产、开发和销售，产品广泛应用在汽车、家电、5G通讯、IC及LED等相关行业。其中高端产品中超过30%的产品出口至日本、韩国及东南亚地区，参与全球竞争，也是国内最早走国产替代进口的企业之一。获得德国博世、日本电装、联合电子等汽车一级供应商的认可，间接向大众、宝马、奥迪、长城、吉利等车企供货。2021年度高端替代进口材订单达1.5万多吨，高端带箔产品已经批量应用在5G、新能源汽车及充电桩上。2021年研发投入13416万元，较2020年度增长56.9%。

【专注于新材料领域的创新与进步】公司设有省级企业技术中心及省工程研究中心科研平台，省博士后工作站，研究开发与试验人员160人，占员工总数27%，其中副高以上职称、博士学历15人，为技术创新项目开展提供良好的技术平台。公司主持（参与）制定国家、行业标准27项，拥有授权专利41项。2021年度XKJC—01汽车接插件用锡磷青铜带、XKPB—01电磁屏蔽用锌白铜带获得安徽省新产品认定，新型镀锡铜带材控形控性关键技术获得安徽省科技成果鉴定。精密带材关键参数智能精准测量装置获得安徽省第八届工业设计大赛一等奖。承担省部级重大科研项目5项，2021年“高精密蚀刻引线框架用铜合金带材开发及产业化关键技术”被立项为芜湖市重大科技专项。

【产品面向国内外高端市场】公司先后研发的产品主要面向国内外高端市场，代替国外进口材料，生产产品70%以上为替代进口，其中新型镀锡铜带是公司核心产品，为国内首创。鑫科是国内唯一同时拥有热浸镀锡及回流镀锡产线的铜合金带材供应商，市场占有率全球第三、国内第一。凭借着卓越的品质与国外知名铜加工厂KMD、Wieland、韩国丰山、第一申铜等同台竞技。生产的热镀锡材料满足汽车通用件高温、高湿、工业腐蚀苛刻的环境要求，用于发动机ECU引线框架用的超宽热浸镀锡材料获得目标客户认可。鑫科是GB/T37568—2019《铜及铜合金镀锡带》主持起草单位。

（周秋蕊）

【安徽中烟工业有限责任公司芜湖卷烟厂概况】安徽中烟工业有限责任公司芜湖卷烟厂与共和国同龄，前身为成立于1949年11月的长江烟厂，1964年1月更名为国营芜湖卷烟厂，2006年5月，安徽烟草工业企业实施二步重组，成为安徽中烟工业公司分支机构，更名为安徽中烟工业公司芜湖卷烟厂。2021年，生产卷烟286亿支（57.19万箱），全年实际实现产值131.83亿元，同比增加15.81亿元；实现工业增加值110.56亿元，同比增加13.25亿元；实现税利101.23亿元，同比增加14.48亿元；入库税金83.76亿元，同比增加7.2亿元。

【召开四届一次职代会】2月3日，芜湖卷烟厂召开四届一次职代会暨2021年工作会议，传达学习行业、公司2021年工作会议精神。大会听取《芜湖卷烟厂群众性创新活动管理办法》和厂年度财务情况、重要技改投资项目、重要人事任免和薪酬分配等事项报告，审议通过职代会职工创新协作小组建议人员名单。对2020年度先进集体、先进个人、疫情防控先进个人和安全环保工作先进集体、优秀安全环保管理工作者进行表彰。

【组织党员群众集中观看庆祝中国共产党成立100周年大会直播】7月1日，芜湖卷烟厂组织党员集中收看庆祝中国共产党成立100周年大会直播。通过观看直播，与会党员进一步认识到中国共产党成立以来的一百年，是中国人民根本改变历史命运的一百年，是中华民族走向伟大复兴的一百年，是中国为全人类发展作出卓越贡献的一百年，纷纷表示要在各自岗位上勇于担当、甘于奉献，全力建设新时代芜烟，为实现中华民族伟大复兴的中国梦作出自己的贡献。

【单向前一行来厂调研】1月22日，芜湖市委副书记、市长单向前，副市长贺东一行来厂调研工作。单向前深入企业制丝车间、卷接包车间、物流成品库等，详细了解产销全流程，听取党委书记、厂长黄剑对企业全面从严治党、疫情防控、履行社会责任、改革创新、企业管理和供给侧结构性改革等方面工作的介绍。

【“劳动模范党员先锋”巡回报告会进厂】5月11日，安徽中烟“永远跟党走、奋进新时代”劳动模范、党员先锋事迹巡回报告会走进芜湖卷烟厂。来自公司各个领域、不同工作岗位的6名先进典型代表，用朴实的语言分别讲述他们在本职岗位上的劳动故事、奋斗故事。

【开展乡村振兴调研】9月2日，芜湖卷烟厂主要领导会同芜湖市委宣传部和芜湖市烟草专卖局等领导到南陵县许镇镇黄墓村，开展乡村振兴工作调研慰问。一行前往驻村工作队的工作、生活场所，向定点帮扶人员了解驻村期间的工作、生活等情况。并围绕乡村振兴，聚焦关联产业，探索形成烟叶种植的产业带动，帮助脱贫地区巩固攻坚成果，为乡村振兴注入新动能。

（王　玮）

11月9日，公司党组书记、总经理王志彬（左二）到芜湖调研指导

（王　玮 提供）

商贸　服务业

Business and Trade Services

综　述

【概况】 2021年，全市实现社会消费品零售总额1972.95亿元，同比增长24.5%；新增服务外包企业5家，服务外包企业签订合同金额14.51亿美元，同比下降26.9%，执行金额9.35亿美元，同比下降28.1%。

国内贸易

【商贸流通】 2021年，全市实现社会消费品零售总额1972.95亿元，增长24.5%，其中全市限额以上消费品零售额680.55亿元，增长29.0%，高于全省13.8个百分点，增速居全省第2位。

【各县市区均完成社会消费品零售总额年度增长目标】 2021年，各县市区社会消费品零售总额增速均完成年度目标。从总量上看，全市社会消费品零售额最高的是镜湖区，为447.24亿元，最低的是三山经济开发区，为58.84亿元；从增速上看，最高的是湾沚区，比上年增长29.2%，最低的是镜湖区，比上年增长21.5%。

附：芜湖市分县市区社会消费品零售总额完成情况

	社会消费品零售总额		其中：限上商贸单位零售额	
	总量（亿元）	增速（%）	总量（亿元）	增速（%）
全　市	1972.95	24.5	680.55	29.0
无为市	211.23	29.1	42.51	52.6
南陵县	138.76	27.4	18.70	51.5
镜湖区	447.24	21.5	165.42	18.3
鸠江区	424.69	24.1	132.83	29.4
弋江区	335.79	23.0	181.29	23.2
湾沚区	115.54	29.2	27.66	53.1
繁昌区	86.76	27.1	24.90	49.9
经开区	154.09	25.2	77.86	38.8
三山经济开发区	58.84	23.0	9.38	34.4

【基本生活类商品热销】 2021年，全市与人民生活息息相关的必需品类保持快速增长。全年，限额以上粮油食品类、服装鞋帽针纺织品类、日用品类分别增长18.8%、11.7%和28.4%，对限上零售额的贡献率分别达20.3%、2.0%和1.8%。

【出行类消费主力支撑作用明显】 2021年，全市汽车市场因年中受芯片供给影响，月度增速略有波动，但全年总体上升势头明显，中高端汽车品牌销售热度持续上升；另外，受居民出行常态化带动及油价上涨等影响，石油及制品类也实现较快增长。全年限额以上汽车类、石油及制品类零售额分别增长32.9%、28.7%，对限上零售额的贡献率分别达20.4%、7.6%。

【互联网零售拉动有力】 2021年，全市共有197家限额以上批发零售商贸单位涉足互联网零售，比上年同期净增34家；实现网上零售额308.21亿元，同比增长37.1%，两年平均增长22.0%；占全省限上网上零售额比重由上年的32.9%提高到33.9%；占全市限上零售额的比重为45.3%，比上年同期提高4.2个百分点；拉动限上零售额增长15.7个百分点，增长贡献率为54.1%；其中，网上零售额超亿元企业29家，比上年同期净增11家，网上零售额275.57亿元，增长33.3%，拉动限上零售额增长12.2个百分点，增长贡献率为42.1%。

【新增商贸企业贡献持续增强】 2021年，全市新增限上商贸企业246家，同比净增63家，创近5年来新高。新增企业实现零售额49.85亿元，同比增长324.9%，拉动全市限上零售额增长6.8个百分点，增长贡献率为23.3%，贡献率分别比一季度、上半年和前三季度提高9、4.8和1.7个百分点。其中，零售额超亿元的有14家，增长536.0%，拉动限上零售额增长4.2个百分点，增长贡献率为14.6%。

【电子商务】 2021年，全市实现网络零售额630亿元，其中限额以上电子商务企业实现网上零售额308.2亿元，同比增长37.1%。全市197家限额以上电商企业，比上年同期净增34家，以三只松鼠、凡臣电子等为代表的29户亿元以上电商实现网上零售额275.57亿元，同比增长33.3%，亿元以上电商企业比上年同期净增11家。

【推进农村电商和乡村振兴工作】 2021年，全市有三只松鼠、慕晨国际等2家国家级电子商务示范企业；凡臣电子、芸铭电子、蓓慈电器、溜溜果园等11家省级电子商务示范企业；萤火虫电商产业园、繁昌数字产业园等5家省级电子商务示范园区，汇峰产业园、柏庄电商产业园等3家省级跨境电子商务产业园区。繁昌区获批省级农村电商激励县，南陵县获批国家电子商务进农村示范县和省级农村电商提质增效示范县；全年新增4个省级农村电商示范镇，20个省级农村电商示范村，8个年网销额超千万农村电商经营主体。成立芜湖市乡村振兴电商经济服务团，持续推进芜湖市农村电商提质增效，拓宽农村产品销售渠道，帮助农村群众增加收入，2021年农村产品网络零售额达到88亿元，同比增长17%。

【加快跨境电商综试区建设力度】 2021年，芜湖市推动成立安徽省第一家跨境电商行业协会，首批会员单位72家。推进线下园区集聚发展，获批省级跨境电商产业园3个。菜鸟中心仓项目于6月18日开仓，率先在全省完成跨境电商零售进口业务实绩。跨境电商交易额实现显著突破，交易额继续稳居全省第二。

【举办芜湖市第一届职业技能竞赛美发美容大赛】 11月5日，由芜湖市商务局主办，芜湖市人社局、芜湖市妇联、芜湖市总工会、芜湖市传媒中心协办，芜湖市美发美容行业协会、芜湖市古城文化旅游管理有限公司承办的“芜湖市第一届职业技能竞赛美发美容大赛总决赛”在芜湖古城举行。来自全市263名美业精英报名参赛，通过层层选拔，最终有12名选手成功晋级总决赛。经过激烈的角逐，来自镜湖区蓝思帝.美颜养生店的彭玥、弋江区芜湖皮卡布美感店的黄文杰分别荣获美容组、美发组第一名。

【举办芜湖市第一届职业技能竞赛餐饮烹饪大赛】 11月15日，芜湖市第一届职业技能竞赛餐饮烹饪大赛决赛在芜湖海螺国际大酒店隆重举行。本次大赛由芜湖市商务局主办、芜湖市总工会、芜湖市人社局、芜湖市传媒中心协办，芜湖市餐饮（烹饪）

协会承办。来自全市150名余名选手通过层层选拔，最终有12名选手登上决赛擂台，经过激烈角逐，最终来自海螺国际大酒店祝志明和奇瑞瑞达餐厅黄菊红分别获得中式烹饪、中式面点第一名。

【组团参加首届中国国际消费品博览会】2021年5月5—10日，由商务部、海南省人民政府共同主办的首届中国国际消费品博览会在海口举办。芜湖市由市商务局组织三只松鼠、慕晨电子、腾帆电子、创易科技、亦鸥咨询、红利来电气等企业参加本次展会。其中，三只松鼠作为食品类的参展企业参加安徽特色馆的展览。

对外贸易

【概况】2021年，全市实现进出口总值115.3亿美元，同比增长36.5%，高于全国平均增幅6.5个百分点、高于全省平均增幅0.4个百分点。其中，出口值75.8亿美元、同比增长55.8%，进口值39.5亿美元、同比增长10.4%。进出口总值、出口值均居全省第2位。

【外贸龙头企业贡献突出】2021年，全市重点跟踪服务的20强企业进出口75.55亿美元、同比增长34.33%，占全市进出口总额的65.81%。其中，进出口额过10亿美元有奇瑞汽车、芜湖双汇、美智空调3家企业、其余17家企业进出口额均过亿美元。

【一般贸易方式占比超七成】2021年，全市以一般贸易方式进出口86.27亿美元、同比增长37.81%，占全市进出口总额74.8%。

【民营企业占比超六成】2021年，全市民营企业实现进出口74.38亿美元、同比增长35.74%，占全市进出口总额64.5%。

【与“一带一路”国家贸易实现大幅增长】2021年，芜湖市与“一带一路”国家地区双边贸易30亿美元、同比增长54.73%，占全市进出口总额26%。

【美国保持最大贸易伙伴关系】2021年，全市对美国进出口21.67亿美元、同比增长13.65%，占全市进出口总额18.8%，美国继续保持芜湖市第一大贸易伙伴关系。

【新增进出口备案企业，外贸主体不断壮大】2021年，全市新增进出口备案企业283家，新增进出口实绩企业126家，新增实绩企业进出口额达3亿美元，成为外贸新的增长点。

【二手车出口开创外贸发展新格局】2021年，全市二手车实现出口1598辆，出口金额1452.2万美元，出口数量位居全国第三位、第二批试点地区第一位。

【鼓励企业开拓国际市场】2021年，先后组织100余家次企业参加129届、130届春秋两季广交会、首届中国国际消费品博览会、境内外等各类线上线下展会，引导企业稳固欧美传统市场，开拓“一带一路”等新兴市场，帮助企业争取更多外贸订单。

【组团参加第四届中国国际进口博览会】2021年11月5—10日，第四届中国国际进口博览会在中国上海举办。芜湖市组团参加本届博览会，交易团有77家单位和重点商贸流通企业113人参会，采购商采购意向项目11个，涉及采购金额2.99亿美元，居全省前列。

（彭　杰）

会展经济

【概况】芜湖市2021年举办会展40余场次，贸促会主办、参与举办10余场。成功举办2021首届皖江艺术国际教育博览会、2021芜湖汽车博览会、首届芜湖秋季华夏家博会、宜居健康养老服务产业博览会等特色展会。

【成立芜湖市会议展览协会】2021年3月19日，芜湖市会议展览协会成立大会在芜湖宜居国际博览会议中心举行。会议通过芜湖市会议展览协会章程及资金管理办法等草案，选举产生协会理事会及领导机构。协会在芜湖市贸促会的具体领导下，发挥“服务、代表、协调、自律”的四大职能，围绕会员单位的需求和管理部门要求开展工作，构筑政府与企业之间沟通交流的平台，发挥会展协会不可替代的作用。

【举办2021首届皖江艺术国际教育博览会】 4月29—30日，由芜湖市贸促会主办，安徽艺美外服教育科技有限公司承办，芜湖市会议展览协会、安徽省金宁外事服务有限公司等协办的“2021首届皖江艺术国际教育博览会”在殷港小镇成功举行。博览会以“专注艺术教育，走向世界舞台”为主题，邀请中国、美国、英国、澳大利亚、加拿大、意大利、日本、马来西亚、新加坡等世界各地的数十所知名艺术院校与艺术教育机构参展，为促进国内外艺术教育融合，推动皖江地区中外艺术教育产业交流，拓宽皖江学子接受世界顶尖艺术教育搭建平台，也是殷港小镇为实现“中华美育教育国际共享社区”宏伟愿景的一次深入探索。博览会期间，前来咨询的人员超过1500人次，发出宣传单页6000余张、参展院校原版材料2000余册，收集有效客户信息300多条。

【组织参加首届中国国际消费品博览会】 5月7—10日，由国家商务部、海南省政府主办的首届中国国际消费品博览会在海南海口成功举办。芜湖市贸促会组织芜湖市6家企业参加本届消博会。本届消博会是全国首个以全球消费精品为主题的国家级展会，国家主席习近平向消博会发贺信。本次展会举办全球消费商业论坛，开展贸易配对、产品推介、品牌发布等活动，其中国内展区包含消费精品品牌和中华老字号展区；国际展区包含日常生活、珠宝钻石、高端食品保健品、旅居生活、综合服务五大专业展区。参会期间，市贸促会走访三只松鼠等参展企业，交流本届博览会的收获和对芜湖市办展的意见建议。

【承办2021第十七届芜湖汽车博览会】 5月21—23日，由芜湖市人民政府主办、芜湖市贸促会承办的“2021第十七届芜湖汽车博览会”在芜湖宜居国际博览中心成功举办。本次博览会在疫情防控极其严密的背景下举办，参展企业全部是芜湖市内的4S汽车销售企业。本届展会销售汽车812台，其中奇瑞107台、奔驰62台、凯迪拉克18台、北京汽车26台，销售金额逾1.2亿元。

组织参加中国国际消费品博览会

（市供销合作社 提供）

【举办中国芜湖特色商品（中东欧）线上展】 6月21—25日，由市贸促会、市商务局主办的“中国芜湖特色商品（中东欧）线上展”通过线上展示平台成功举行。本届展览会旨在帮助企业应对新冠疫情背景下的机遇和挑战，有效开拓海外市场，增强企业“走出去”的信心，推动外贸经济发展。展览会有21家企业参展，推展产品以汽车及汽配衍生品、服装及纺织品、消费品、机械配件等为主。中外双方企业交流顺畅，会展效果明显。

【举办2021芜湖第十一届出国留学博览会】 年6月27日，由芜湖市贸促会主办，南京市外事服务有限公司芜湖分公司承办的“2021芜湖第十一届出国留学博览会”在海螺国际大酒店成功举行。有欧、美、澳、亚地区留学主流国家近20余所著名高校参展，其中加拿大加西大学、澳大利亚埃迪斯科文大学、德国EBS商学院、日本行知学园日本语学校、马来西亚马来亚大学、新加坡管理发展学院、新加坡莱佛士音乐学院、新加坡莱佛士设计学院等国际知名院校首次来到江城，吸引众多芜湖学生和家长的关注。博览会吸引约200户家庭、超过400人次前来咨询，发出宣传单页1200余张、参展院校原版材料200余册，收集有效客户信息80多条。其中现场签约12户，达成初步意向19户。此次博览会效果显著，获得圆满成功。

【举办2021芜湖秋季华夏家博会】9月11—12日，由芜湖市贸促会主办，河南华墨展览服务有限公司承办的“2021芜湖秋季华夏家博会”在芜湖宜居国际博览中心成功举办。展会采取线上线下相结合的宣传方式，通过主流媒体、大数据推送锁定客户、精准引流，线下作为线上宣传的补充，充分宣传造势。展会吸引商家品牌72家，到场10417户，现场成单1772单，销售总额达到1063万元。

【出席安徽省国际商会代表大会】9月17日，安徽省国际商会第四届会员代表大会在合肥召开。省政府副省长张红文出席并讲话，会员企业代表、全省国际商会系统近300人参加会议，中国国际商会派员到会指导。会议审议通过《安徽省国际商会章程》等文件，成立安徽省国际商会监事会、咨询委员会。会议选举省贸促会党组书记、主任郑东涛为第四届省国际商会会长，国厚资产管理股份公司董事长李厚文为副会长，芜湖市贸促会会长、芜湖浙江商会会长陈定仁、奇瑞国际公司运营管理部部长殷士俊等为常务理事。芜湖国际商会由市贸促会带队组团出席本次大会，近30家芜湖企业加入安徽省国际商会。

【举办2021安徽（芜湖）宜居健康养老服务产业博览会】9月27—29日，由市民政局、市卫健委、市贸促会主办的“2021安徽（芜湖）宜居健康养老服务产业博览会”在芜湖宜居国际博览中心成功举行。本届博览会以“打造老年产业集群”为主题，旨在加快产业要素聚拢，搭建公平竞争、服务便捷、充满活力的养老服务平台。展会设置养老服务、智能化养老、老年生活、康复保健和特色展示五大展区，参展企业约80家，为促进全市养老产业融合，推进城乡健康养老服务业高质量发展搭建平台。

【组织参加第四届中国国际进口博览会】11月5—10日，第四届中国国际进口博览会在上海成功举办。芜湖市贸促会组织芜湖市企业参加本届进博会。本届进博会吸引众多国内外顶尖企业参会，为推动国际贸易文化交流提供开放包容的国际平台。举办进博会是中国主动向世界开放市场的重大举措，是深化对外开放的窗口。在新发展格局背景下，以立足内循环、拓展外循环为目的，芜湖市贸促会带领企业利用参展机会开拓视野、寻找商机、开展经贸合作。

【落实会展补助政策】严格按照会展补贴政策，及早完成2020年度会展奖励资金申报工作，对全市57家企业进行政策补贴，金额逾130万元。为进一步提高企业参展热情，发挥会展影响力，针对会展补贴政策不适应当前经济形势的情况，市贸促会制订新的《芜湖市会展补贴实施办法》，提高补助标准，激发企业办展参展热情。

粮食流通

【概况】全年粮食种植面积223.2千公顷，油料种植面积34.5千公顷。粮食产量138.8万吨，比上年增长2.7%；油料产量9.8万吨，增长6.5%；棉花产量0.4万吨，下降24.5%；蔬菜产量172.1万吨，增长5.8%。肉类产量17.7万吨，增长13.6%；水产品产量17.6万吨，增长3.3%。2021年末，全市拥有无公害农产品认定368个，绿色食品认证264个，有机食品认证18个。拥有省级及以上农业产业化龙头企业64家。

【改善农业生产条件】2021年末，全市拥有农业机械总动力228.01万千瓦，农用拖拉机5.07万台。全年农用化肥施用量（折纯）16.05万吨，农村用电量18.96亿千瓦时。

【完善基础设施】2021年，农村人口饮水安全工程改善87.19万农村居民，农村自来水普及率达到99.6%，农村饮水安全集中供水率达到99.6%。

【夯实粮食安全基础】突出粮食收储保障，完成年度14000吨市级储备粮轮出任务和800吨市级食用油轮换计划，落实5000吨市级成品粮储备规模。完善粮食应急保障网点，建成市级粮食应急加工网点24家、应急供应网点22家和应急配送中心6家。构建粮食市场监测预警体系，确定24家企业为粮食市场监测预警网络价格监测点。运用“智慧皖粮”信息化系统对

62个站点进行高效管理，实现科技储粮、安全储粮。生活必需品供给充裕、价格总体稳定，居民消费价格（CPI）上涨实现控制在3%以内年度目标。

（市统计局）

烟草专卖

【概况】芜湖市烟草专卖局（公司）于2000年4月从芜湖卷烟厂分设成立，现下辖直属分局、江北分局、湾沚区烟草专卖局（营销部）、繁昌区烟草专卖局（营销部）、无为市烟草专卖局（营销部）和南陵县烟草专卖局（营销部）。截至2021年末，总资产248761.41万元，固定资产15263.26万元，流动资产233498.15万元，资产负债率16.78%，总从业529人。2021年，入选《全省系统党支部标准化规范化建设工作案例》，获评“安徽省廉洁文化精品工程”。

2021年，销售卷烟114361箱，同比增加942箱，增幅0.8%。实现卷烟销售收入473073万元，同比增加16615万元，增幅3.64%。查获各类涉烟违法违规案件2568起，5万元以上案件同比增长50%；查获涉案卷烟1948万支，其中假冒卷烟497万支；破获国标案件6起、省标3起，逮捕15人，判刑21人。

2021年，以联席会议机制为抓手，率先承接省局试点，将电子烟监管纳入政府综合监管体系，与市公检法、市监、邮管、交通、海关等部门展开联合行动。打造全省首家地市级邮政烟草涉烟寄递情报研判中心和公安烟草打击涉烟犯罪情报分析研判中心，3起寄递线索移交公安立案侦查，形成“邮政—烟草—公安”的寄递线索衔接机制。依法依规完成《芜湖市烟草制品零售点合理布局规划》制订，5月12日发布实施。

【芜湖市寄递环节涉烟案件情报研判室揭牌】8月18日，成立芜湖市寄递环节涉烟案件情报研判室，以建设标准行业领先、研判系统智能先进、运行机制完备高效、实绩案例可学可鉴为目标，全力打造烟草与邮政战略合作的新标杆。研判室的成立，标志着寄递环节卷烟打假工作逐步走上数字化、信息化、智慧化的发展道路。

【董建江来芜调研指导】2月2日，省局（公司）党组成员、副总经理董建江到芜湖调研“系统整合、全面优化”综合试点工作。董建江指出，要将“系统整合、全面优化”试点推进与落实安徽省烟草专卖局（公司）年度工作会议精神相结合，集中一段时间解决若干重点问题，力争上半年形成初步成果。10月20日，省局（公司）党组成员、副总经理董建江到芜湖调研全省系统营销工作现场会筹备情况，听取芜湖、合肥、蚌埠、黄山、滁州、阜阳、马鞍山、淮南等8家单位一年来“系统整合、全面优化”试点工作开展情况。

【省烟草学会基层组织座谈会在芜召开】3月16日，安徽省烟草学会基层组织构建与运行座谈会在芜湖召开，省局（公司）副总经理董建江出席会议。会议总结烟草学会蚌埠分会2020年以来的运行成果和有效经验，围绕烟草学会基层组织构建与运行进行研讨，组织参观焦甜香生物科技有限公司。会议指出，构建运行新分会要遵循三个原则：自愿组建、资源共享和激励创新。

【庆祝中国共产党成立100周年】6月29日，召开庆祝中国共产党成立100周年“两优一先”表彰大会，举办“学党史唱红歌·颂党恩庆华诞”主题合唱活动。会议宣读《中共芜湖市烟

8月18日，芜湖市寄递环节涉烟案件情报研判室揭牌。

（芜湖市局（公司）陈　在 提供）

草专卖局党组关于表彰先进党支部、优秀共产党员和优秀党务工作者决定》，为优秀基层党组织、优秀共产党员和优秀党务工作者颁发奖牌和荣誉证书。举办党史学习教育专题党课，市烟草专卖局（公司）主要负责人以《学习党史　传承精神　感恩珍惜　正风肃纪　奋力推进芜湖烟草高质量发展》为课题，与全市系统党员畅谈党史学习感悟，交流作风建设心得，凝聚奋进成长力量，共同庆祝党的百年华诞。

（孙玉玲）

供销合作经济

【概况】2021年，全市供销社系统报表汇总销售额达166.72亿元，同比增长30.61%；为农民推销农产品达115.76亿元，同比增长50.16%；农产品批发市场交易额实现97.78亿元，同比增长60.11%。扬子农商银行各项存款余额超370亿元，各项贷款余额超304亿元，扬子农商银行已向国家银保监会提交上市申请，通过后正式向国家证监会提交在深交所主板上市申请。

【基层社发展情况】全市系统创办、领办、参办农民专业合作社292家，发展基层社108家（含村级基层社42家）、农村综合服务社1047家、农村庄稼医院116家、协会（含商会、农合联）2家，新改造薄弱基层社6家，落实示范章程基层社38家。基层社社员人数达1.69万人。全市系统有16家农民专业合作社获国家级示范社表彰，有13家农民专业合作社获省级示范社表彰。有2家基层供销合作社获国家级标杆社称号，有3家基层供销合作社获省级标杆社称号。有8家农村综合服务社获总社星级社表彰。全市系统生产型农业服务中心27家，土地流转面积4933.33公顷，土地托管6800公顷（其中土地全托管面积6000公顷），配方施肥服务面积3933.33公顷，统防统治服务面积4066.67公顷，农机作业服务面积3600公顷；农业社会化服务规模达23933.33公顷次，比年初增长100.4%。

【持续深化“三位一体”综合改革】推进“三位一体”综合合作试点。市委市政府高度重视此项工作，该试点被写入市第十一次党代会报告。市供销社与市委农办、人民银行芜湖中心支行、银保监会芜湖监管分局联合印发《关于开展生产、供销、信用“三位一体”综合合作试点工作的实施意见》。为培育实施载体、推进试点工作，联合市委组织部、农业农村局、乡村振兴局共同印发《关于加强“党建引领、村社共建”工作的意见》。南陵县供销社成立食用菌农合联，推动全县食用菌种植规模由2020年的100万棒发展至2021年的320万棒，年均增长速度20%。无为市供销社成立螃蟹农合联，实行“抓两头、带中间”（抓种苗繁育、抓品牌销售、带动成蟹生态养殖），促进合作发展。湾沚区供销社与津盛银行等金融机构达成战略合作，畅通生产企业融资服务绿色通道。繁昌区供销社联合33家稻虾养殖合作社成立稻虾农合联。

【加强基层组织建设】围绕全市26个乡村振兴示范村、重点推进村、红色村，打造村集体、农民“双增收”的特色基层社，26个村中已有6个村建立基层社。特别是以烟霭供销社的“供销+乡村旅游”模式、万兴村供销社的“供销+特色产业”模式、何湾村供销社的“供销+电商平台”模式等为代表的一批村级基层社，在促进产业发展、壮大集体经济、增加农民收入等方面发挥重要作用。繁昌新平供销社采取“公司+基地+农户”的经营模式，突出休闲观光主题，从单一的香草种植，发展到茶叶、水果、特色农产品种植等，从单纯的一产发展到一二三产融合。总社、省社领导来芜调研时，对芜湖市系统基层社建设予以肯定。

【加强资金扶持】设立基层组织建设财政专项资金，制定《芜湖市供销合作社基层组织建设专项资金管理办法》《加快新型基层组织建设、推进基层组织高质量发展的实施方案》等，明确专项资金的用途、重点支持方向，还明确市级“新网工程”项目资金也全部用于涉农企业项目，重点支持基层组织为农服务项目，并按照当年财政安排的基层组织建设专项资金30%—50%额度，从社有企业经营利润中安排配套扶持资金。

【加强协会发展】全市系统发展各类协会23家，其中农产品行业协会9家、农业生产资料协会3家、再生资源协会3家、烟花爆竹协会2家、电子商务协会1家、农民合作经济组织联合会3家，其他2家，会员总数达

2867人。全市系统协会举办各类培训33场、各类展会3次。无为市农业生产资料供销协会为农民提供种植业、渔业、畜牧业生产资料供销服务，成员单位年销售额达5.8亿元，帮助协会成员及农业经营主体向农商行授信36户，授信金额1500余万元。

【推进乡村振兴】2021年，市供销社班子成员定期深入贫困村认真制定帮扶工作要点，对标对表落实帮扶措施，因地制宜订良策。深入开展帮扶调研、开展走访慰问，全面落实产业帮扶、消费帮扶、电商帮扶、项目支持等各项帮扶政策，帮扶的南都村全年无返贫户。开展消费帮扶，打通农产品产销对接渠道，市社成立芜湖供销优选农产品供应链管理有限公司，建设近3000平方米的“芜湖供销优选乡村振兴农产品流通帮促中心”，是全省供销系统的首家示范展馆。开馆当天入展企业200余家，展品近1000种，实现销售收入30多万，在农民的“钱袋子”和市民的“菜篮子”“果盘子”之间架起互惠互利的桥梁。

【完善网点提服务】新建和改建基层经营服务网点866个，其中，消费品经营网点420个、农资经营网点220个、农产品经营网点148个、再生资源经营网点29个、农贸市场1个，初步形成以县域为中心、以乡镇为骨干、以村级为终端的覆盖日用消费品、农业生产资料、农副产品、再生资源的农村现代经营服务网络。实施“供销社+互联网”行动计划，扶持“供销社+电商”产业发展，助推“线上”农产品流通，加快农村电商发展。2021年，全市系统电商销售额2.82亿元，同比增长26.27%。

【“新网工程”助发展】申报省市两级“新网工程”项目13个，争取省市专项资金200万元，拉动社会投资近2000万元，带动500余农户，1000余人就业。全面落实市社督查指导、县市区社监督管理、项目单位责任主体的责任，聘请第三方机构对“新网工程”项目进行绩效评价，针对反馈的意见和建议，提出整改完善的具体措施，确保项目建成后的实效。编制完成“十四五新网工程”项目储备库，形成申报一批、在建一批、储备一批的良性发展态势。

安徽首个乡村振兴农产品流通帮促中心在芜湖建成开馆

（姜　超　提供）

【推进项目建设】以项目建设为牵引，不断深化校企合作、社企合作和系统内合作。合肥银山棉麻在繁昌区投资5亿元的特种棉纤维复合材料制造项目开工建设。湾沚区长三角绿色农产品生产加供应基地（陶辛莲子）建设正在推进中。与安师大、浙江清华长三角研究院产业互联网研究中心下属的西利企源公司共同发起设立的“芜湖乡村振兴与产业互联网研究院”已成功挂牌，申报的“徽茶产业互联网关键技术及平台构建”项目已纳入市科技计划重点项目，“区域乡村振兴指数指标体系构建技术”纳入省教育厅2021年度高校创新项目；与北京拓普公司联合建设安徽茶产业互联网平台，推动茶叶及农产品数字化改革，为实现安徽乡村振兴战略做贡献；联合瑞丰投资集团共同招引的山东海棠电商集团安徽总部基地项目，同步植入由市供销社投资控股的芜湖供销优选农产品供应链基地项目；与安徽师范大学经济管理学院，在芜湖乡村振兴农产品流通帮促中心挂牌成立合作共建实习实训基地。

（姜　超）

燃油销售

【中国石油天然气股份有限公司安徽芜湖销售分公司概况】中国石油天然气股份有限公司安徽芜湖销售分公司（以下简称“公司”）是中国石油天然气股

份有限公司下属销售企业。自2000年落户江城以来，成立芜湖中油石油有限公司、芜湖港航中油销售有限公司、繁昌中油石油有限公司、南陵中油石油有限公司等四家属地企业，合计注册资金2.17亿元。公司现有总资产5.12亿元，油库2座、加油站40余座，从业人员300余人。2021年，公司下属开发区加油站荣获第20届“全国青年文明号”荣誉称号。公司党委下属芜湖片区党支部荣获安徽省直机关“先进基层党支部”荣誉称号。

【落实保供责任】2021年，销售成品油27万吨，成品油销售收入19亿元，上缴各项税费1551万元，有效保障市场供应。

【加强疫情防控】提高政治站位，增强大局意识，把统筹抓好疫情防控和生产经营作为最大的政治任务。建立健全疫情防控组织体系，成立党政一把手挂帅的领导小组，明确工作职责，贯彻落实地方政府和上级公司关于防疫工作部署。2021年，严格落实防控措施，公司实现“全员接种疫苗、全员核酸检测、全员零感染”目标，最大限度保障人民群众生命健康安全。

【支持社会民生工程】坚持将企业发展与回馈社会相结合，推进与属地政府、合作伙伴、员工、客户分享发展成果。推动税收落地，加强与重点客户成品油、非油品销售业务合作，促进共同发展；结合地方社情民意，开展雪灾保供、无偿献血、爱心圆梦、金秋助学等公益活动；利用成品油协会、政协等平台，建言献策，维护成品油市场正常秩序，为人民群众安心、安全用油提供便利条件。

（张业召）

【安徽芜湖石油分公司概况】芜湖石油分公司始建于1952年，1998年上划到中国石化集团公司，是中国石化销售公司安徽石油分公司下属企业。历经60余年发展变革，公司现拥有现代化油库一座，总库容量50000立方米，可储存成品油4.7万吨；拥有占地3000平方米自动化陆上10车位发货平台一座，油库年吞吐量80万吨，建有标准化准A级化验室一座，零售网点覆盖芜湖四区、四县，成品油年零售量30万吨以上，占芜湖成品油市场60%以上市场份额。荣获“安徽省放心消费示范单位”称号，成为目前省内唯一一家获得该项殊荣的地市级成品油经营销售企业。

【加强油站巡检】抓好数量关。定期开展加油机计量检测，严格加油机精度在规定范围内，对运行不稳定的设备，不惜投入资金进行更换。多道油品检测，把好质量关。从油品入库之前，芜湖石油即会对油品进行质量检测，保证入库油品合格；运输过程中，通过GPS物流部能时刻监测油罐车的行车路线，并随时通过安装在油罐车上的视频监控抽查罐车状态；到站之后，油站负责人通过检查罐车铅封、检测油品和备样待检，芜湖石油明确油品库存管理要求，公司组织不定期对油品进行化验，确保存储油品质量。

【加强安全教育】通过线上教学、签订安全承诺书、开展应急演练、模拟考试的方式增强员工安全意识、提高员工安全技能，维护油站安全。贴心考虑周到，做好服务关。为方便顾客生产生活，芜湖石油在疫情期间推出“菜篮子”工程，帮助顾客一站式购物，通过送货上门的方式，减少顾客出行危险；在农忙时节开展惠农政策，开通绿色通道，保证农户生产用油；在年节期间，制定保供方案，加班加点保障社会油品供应，为群众出行油品充足保驾护航。

9月25日上午，中国石化销售股份有限公司安徽石油分公司在芜湖马饮桥站举行“安徽首座综合能源智慧服务站投营”仪式（陈 赪 提供）

【改革创新】在全省系统内率先开展站级CEO试点工作，制定运行方案和管理制度，优化油站经营管理模式，引入财务成本核算、细化费用管理等，赋能放权。培养算账意识、客户服务能力和市场开拓能力，进一步提升加油站核心竞争力。立足加油站商圈特点，着眼城市规划，围绕加油站转型发展，坚持“一站一主题”运营理念，成立专项小组进行广泛市场调研，在东西南北中等区域打造具有特色主题、别样风格标杆站。马饮桥是具有徽文化特征的综合能源服务站，采用业内最先进喷淋系统和智慧加油机，成为安徽石油一张闪亮名片；芜南路加油站打造成具有奥运主题元素的运动风格站点，获得市委市政府领导高度肯定；国泰加油站打造成为非油品转型发展特色站；东四加油站打造成卡车驾驶员休息、补给的驿站，具有温馨、温暖、温情的“家”油站。

【打造综合能源服务体系】立足地理优势，结合遵循“产业有长远规划、市场有稳定需求、项目有政策支持、结合石化资源”的原则布局一批新能源站点，以基础网点配套建设驱动新能源应用普及。根据芜湖市城区南北走向特点，结合周边市场客户调研报告，开发利用新能源，加强可再生能源电力消纳，推动智能电网应用示范。开展电动汽车充换电站、充电桩的建设和示范运营。规划建设加氢站9座，基本满足未来五年芜湖市氢气需求，实现氢燃料公交路线对主城区的覆盖。新建LNG站、分布式光伏发电，充换电。初步建立芜湖市综合能源服务网络。同时坚持协调发展战略，以提升客户体验为原则，强化油、非和新能源多业态一体化协调运作，前瞻性为客户提供更智慧、更便捷的服务体验，构筑竞争壁垒，全力摆脱同质化竞争。

（陈　赪）

商贸企业选介

【三只松鼠公司概况】三只松鼠股份有限公司2012年创立于安徽芜湖，是一家销售额百亿元的坚果行业龙头企业及上市公司（股票代码：300783），并成功孵化聚焦宝宝零食的子品牌“小鹿蓝蓝”。依托品牌、产品及服务优势，2016—2020年，公司连续五年中国坚果销量第一并遥遥领先，先后被新华社和《人民日报》誉为新时代“改革名片”“下一个国货领头羊”。作为国民品牌，三只松鼠在企业发展的同时，联动上游共建联盟工厂提升产品品质，携手志士同仁创新驱动引领行业进步，投身公益致力乡村振兴奔赴共同富裕。

【位居全国化品牌影响力】三只松鼠通过电商构建起全国化的品牌认知。以IP化的品牌为原点，衍生出系列趣味周边、《三只松鼠之中国行》等系列动画片、抖音短视频内容矩阵、松鼠小镇等多元生态。其中，动画片网络播放量超30亿次，覆盖超3亿观众，电视台播映期间，收视率多次位列央视少儿、卫视第一。《三只松鼠之中国行》于2021年1月上线，截至2021年12月底，全网播放量已突破2亿次。三只松鼠全渠道短视频内容总播放量达75亿次、总点赞量达1.1亿次，各矩阵粉丝数达2000万。

【提升生产质量】针对坚果、果干、烘焙、肉制品等几大品类，公司识别各品类供应商薄弱问题，建立针对性控制方案和关键管理技术解决方案。导入专业技术方法进行过程质量控制，并利用专业技术资源，完成清洁消毒、虫鼠害及异物管控等重点项目的质量管理技术方案，推行5S现场管理。联合生产企业、专家学者、行业协会、三方机构等，搭建行业技术交流平台，对农产品品质缺陷、坚果微生物、糕点发霉等产品质量风险点进行技术改善。

【技术创新】建有食品产业研究院，拥有坚果炒货行业唯一的中国轻工行业工程技术研究中心，建有安徽省企业技术中心、安徽省工程研究中心等高水平研究平台，其技术中心合计占地面积8000平方米，设立食品研发室及检测室18个，拥有设备500台，资产约2400万元。通过深化产学研机制，与江南大学、合肥工业大学等15所国内外优势高校建立广泛合作关系，在坚果油脂氧化控制、酱卤肉制品保鲜、休闲食品发酵菌种开发及应用等方面进行深入研究及产业化应用，其中休闲发酵肉制品的加工技术及产业化技术、每日坚果系列产品加工技术等成果技术达到国际先进水平。2021年，公司联合江南大学通过专项研究推出坚果霉菌快速检测技术，在保证检测准确度和精确度的基础上，将霉菌检测用时缩短到2—

3天，减少仓储等待周期，助力行业提高食品安全保障能力，降低运营成本。

【提升质量管控能力】2021年，推动双体系、双循环的发展模式，逐步导入全面质量质量管理。牵头联合中国检验认证集团（CCIC）、Intertek（天祥）、SAIGLOBAL（华赛天成）、SGS、华测检测等国内外知名的专业第三方机构开展质量体系和审核能力建设，提升供应商准入门槛。公司主导或参与制修订以坚果为主的8个国家标准、10个行业标准和8个团体标准通过数字化改造并赋能传统供应链，缩短从工厂到消费者的时间，最大化保证产品新鲜度。借助大数据，公司在原材料供应、食品安全检测、产品分装、储存保管、运输、流通等关键环节，实现“日回流、周复盘、月改善”的产品质量改善体系。

（汪礼贤）

【芜湖南京新百大厦有限公司概况】芜湖南京新百大厦有限公司成立于1993年，位于中山路步行街商圈入口处，是南京新百在异地投资规模较大、且经营较成功的项目之一。1995年4月18日，芜湖新百建成开业。2009—2021年，芜湖新百进行数次全面改造、资源重组。芜湖新百北楼1—3层、南楼1—6层为购物中心，总建筑面积扩大至9.2万平方米（含酒店4.6万平方米）。商场实行楼层管理，内设线下营业部5个，线上营业部1个，双线并进，融合互补，开启企业标准化管理、数字化转型的新里程。27年销售162亿元，上缴国家各项税费4.03亿元。

公司先后获得“省诚信单位”“省购物放心店”“省文明单位”“省民营企业100强”“省劳动保障诚信示范企业”“省商贸行业十大重点推广品牌”“全国无偿献血促进奖”“全国外商投资企业先进企业”“全国和谐商业企业”“中国家电流通百强”等一百多项荣誉称号。

（胡佩虹）

【芜湖八佰伴概况】芜湖八佰伴是一家集购物、休闲、娱乐、餐饮为一体的一站式购物中心。商场位于长江路、中山路、银湖路三路交汇处，总投资12.8亿元，其中外资占比36.9%投资4.7亿元，建筑面积18.3万平方米的纯商业物业，除自身的经营用途外，配套容纳1500余个停车位的地上地下停车场。2017年12月8日营业，2020年大物业销售9亿，2021年大物业销售11亿，其中零售品牌整体增幅达35%。全年接待客人1200万人。

【芜湖星隆国际城概况】芜湖星隆国际城，开发单位是安徽芜湖地矿置业有限公司，商业运营单位是安徽芜湖星隆商业管理有限公司。项目位于芜湖市镜湖区银湖南路与赭山西路交汇处，建筑面积约29.6万平方米，物业类型为商业、办公，商业部分于2015年5月1日开业运营，是一家集酒店、公寓、超市、影院、城市奥特莱斯、健身会所、宴会餐饮特色小吃街等为一体的大型商业综合体。地下负二层为智能停车场，配有停车位1200余个。

（镜湖区委党史和地方志研究室）

【红星美凯龙自营店概况】红星美凯龙全球家居生活广场芜湖项目，是红星美凯龙在安徽省投资的第一家自营店，于2008年12月份签约，2009年12月开工建设。该项目占地面积7.33公顷，建筑面积15.8万平方米，总投资5亿元，采用红星美凯龙第七代店标准建设，与北京、上海、重庆等直辖市同类标准，按五星级标准精装修。项目总体布局分两个主馆，沿天门山东路和九华北路侧为红星美凯龙建材馆，占地面积20564平方米，总建筑面积93550平方米，建筑整体为地上4层，建筑面积72986平方米，地下1层，建筑面积20564平方米。地块东侧为红星美凯龙家居馆，占地面积13885平方米，总建筑面积64653平方米，建筑整体为地上4层，建筑面积48927平方米，地下1层，建筑面积15726平方米。

红星美凯龙全球家居生活广场芜湖项目引进600多个知名品牌入驻经营，年实现营业收入8亿元以上，年可实现税收1000万元以上，解决就业人数达3000人，成为皖南地区以家居业为龙头的中心消费区。

【星悦广场概况】伟星星悦广场于2016年12月24日建成开业，位于赤铸山路与鸠江北路交汇处，途经公交路线7条，轻轨二号线由此经过，交通便利，周边汇聚幸福里、伟星城、万科城、苏宁城市之光等消费小区，周围3千米覆盖社区居民近30万人，着力打造集大型超市、休闲娱乐主题街区、酒店、办公等业态为一体的商业综合体，星悦广场定位“12万方一站式生活

MALL”，全方位满足“吃、喝、玩、乐、游、购、娱”一站式都市生活新标准，吸引全球500强名企欧尚超市、横店电影城率先入驻，众多精品商家小菜园、刘一手火锅、金佬馆、超港烘焙、COCO都可、一点点茶饮汇聚云集，以“shopping malla+开放式街区”的规划，还引进10余家优质教育培训机构，如杨梅红艺术学校、真善美教育、创客教育等。主题商业街区以餐饮为主打，打造“黄金食区”美食街品牌，并配套“休闲、零售、文娱”等生活服务。

【万悦城概况】伟星万悦城项目面积10万平方米，定位生活服务、零售休闲、健康娱乐、美食餐饮等商业业态，众多品牌商家入驻，包括世纪联华、横店电影城、九田家烤肉、中国珠宝、千千色化妆品等商家。

（鸠江区委党史和地方志研究室）

【芜湖世纪联华发展有限公司概况】芜湖世纪联华发展有限公司属芜湖市政府2001年度重点招商引资项目，其隶属企业——上海百联集团，是国内目前规模最大的国有商贸流通企业之一。在芜湖开设4家大卖场，3家标超，位于芜湖市城中、城东、城北。芜湖世纪联华发展有限公司先后被评为“商务部、财政部农产品现代流通综合试点项目单位”“安徽省商务厅诚信经营示范店”“安徽省年度诚信企业”“安徽省A级纳税信用单位”“芜湖市年度劳动诚信保障示范单位”，历年来连续被评为“芜湖市度商业零售企业十强”；芜湖世纪联华发展有限公司党支部荣获2016年度芜湖市镜湖区“双强六好”党支部、镜湖区“五抓五送”先进党支部等。

（镜湖区委党史和地方志研究室）

【芜湖银泰城概况】芜湖银泰城位于芜湖市弋江区利民西路189号，于2015年6月11日开业。项目占地面积31600平方米，建筑面积133000平方米，商业面积95800平方米，建筑高度31.6米，地下二层、地上四层，局部五层。定位购物、休闲、文化、娱乐、美食、社交多功能组合为一体的综合型购物中心。客群以全客层和新型家庭为主体，集合服装服饰、时尚餐厅、电影院线、文化艺术、培训早教、儿童乐园、科技数码等多种业态，满足消费者一站式的购物、休闲需求。

【芜湖金鹰商业项目概况】芜湖金鹰项目位于芜湖市中山南路189号，东至中山南路，南至新时代商业街，西至长江南路，北到箱子拐路。

【功能划分】总楼层为69层，其中上：1—8层为11万平方米的商业裙楼，包含生活家居、儿童教育培训、SPA、健身、休闲餐饮、幸福蓝海IMAX影院、时尚KTV、精品超市等，为项目自身及周边住户提供一站式生活服务。9—48层为办公区域，是芜湖“5A”级写字楼，9—34层为低区，目前入驻率70%，入驻企业138家，其中知名企业14家，35—48层为中区，规划为整层租售，现开放3层。49—63层为高区，筹划酒店、科技办公、金融商务，正在招商中。写字楼户型面积分为138平方米和236平方米两种户型，每层12户，整层约2000平方米。框架结构，空间可以自由分割。写字楼销售部分均为半精装修，净高2.8米以上，空间开阔，无明显梁柱，使用率极高。

【基础实施】地下有三层停车区域，停车位约1700个，是芜湖最大的地下车场。一楼配备460平方米精装大堂，配有双电梯厅，全楼配备国际电梯三大品牌之一的芬兰通力电梯，10部高速客梯，3部高速消防货梯。大楼统一配置世界顶级品牌中央空调—美国约克品牌，具有优良的调节功能，节能、环保、安全、舒适、运行宁静，根据不同的负荷情况灵活调整冷气分配。大楼通体采用全玻璃单元式幕墙，观景效果优，3层夹胶LOW—E玻璃，有效隔热、防渗、防辐射，每户配设可调节通风器，在新风系统正常工作之外，保证每小时200—500立方米新鲜空气对流，创造更舒适的办公环境。

【项目现状】截至2021年末，入驻企业138家，知名企业约14家，包括今日头条、阿里巴巴、长江航运、中梁地产、浙江商会、通力电梯、贝壳找房、西门子、中国人寿等。通过开发、营销、租售楼宇培植市场主体，收取租金、产生税源、增加就业。2016年9月30金鹰收购原侨鸿重新开业，新城市项目经营情况逐年好转，出租率87.51%。项目在儿童业态、休闲娱乐业态等于区域市场形成一定影响力。从城市经济及消费市场来看，芜湖居民的消费意愿和消费能力都较强，项目周边三千米核心消费客群中，有4所本科高校和大量家庭居住客群。芜湖金鹰新城市店围绕家庭聚会、潮流欢聚、深夜食堂等需求定位，打造家庭时尚欢聚中心，改变游戏规则，树立新标杆，与商圈各商业体共繁共荣，致力于以提升城市商业整体形象和消费氛围。

【德盛广场概况】德盛广场坐落弋江区中心位置——大学城板块内，项目周边覆盖7所高校（安徽师范大学、安徽商贸职业技术学院、皖南医学院、芜湖职业技术学院、安徽工程大学机电学院、安徽机电职业技术学院、芜湖工商信息学院）十余万师生。周围小区有中央城、中央城学府一号、翰林公馆、文津花园、柏庄春暖花开、美好首玺及滨江线多个高档住宅小区，数万户居住群体。项目面积占地10.27公顷，建筑面积26万平方米，是芜湖大学城版块最大的城市综合体项目，也是芜湖最具商业价值的大型商业项目。

2018年6月，德盛广场C区商业综合体交付使用（商务酒店待交付），C区商业综合体是AB区升级产品。C区综合体涵盖吃喝玩乐购各类业态，负一层业态为大型商超；一层为时尚百货；二层以娱乐体验为主，零售百货为辅；三层为特色餐饮；四层为娱乐配套。现已经引进各类知名商家，涵盖肯德基、世纪华联超市、恒业国际影城、瑞幸咖啡、COCOA奶茶、沪上阿姨、古茗奶茶、焦点网咖、时尚百货等各类品牌商家。

【芜湖柏庄时代广场概况】柏庄时代广场位于芜湖市弋江区九华南路与大工山路交口，建筑面积25万平方米，于2015年开业，是一家集零售、餐饮、休闲娱乐、儿童业态、教育培训、跨境电商等部分构成的多样性商业综合体，自开业以来，形成独特的商业圈，周边环绕生活小区、高校及经济开发区，人口众多、人潮密集，生活需求巨大，为城南提供全方位、立体化的一站式消费娱乐服务。

2021年被评选为安徽省跨境电子商务示范园区，安徽省电子商务示范园区。

【芜湖大地农副产品批发市场管理有限责任公司概况】芜湖大地农副产品批发市场管理有限责任公司，成立于2009年，注册资本3000万元，是由芜湖市供销社、安徽金邦控股集团共同出资成立，负责芜湖大地农副产品批发市场的管理运营，为芜湖市农产品流通行业协会会长单位。公司位于芜湖市利民东路，青弋江以南，沿利民东路，贯通二环、三环，经营范围为市场管理及租赁，食用农产品收购、加工、批发、冷冻设备、冷库租赁、仓库租赁、仓储服务、商务配套服务等，市场总占地面积14.33公顷，投资10亿元，建筑面积为14万平方米，2010年1月22日开业。

2021年市场年交易额达到96.12亿元，其商业活动可覆盖马鞍山、铜陵、宣城等周边城市。市场按照现代化交易中心的要求，以40000吨单体冷库为中心，着力打造六大特色交易区。冷库：总建筑面积55000平方米，内有先进的现代化冷库，冷库的规模可以满足年交易量30万吨以上的需求。水产（海鲜）批发交易区：总建筑面积28000平方米，可容纳逾100户经营户，经营范围为水产品（鲜活及冻淡水产、海鲜）等。经营户50户，2021年水产年交易额约3.3342亿元，年交易产量8862吨。猪肉、牛、羊肉交易专区：2021年交易量约13万吨，交易额为30.72亿元。果品批发交易区：涵盖16000平方米精品交易区和10000平方米的大棚水果交易区，经营范围为各类干果、鲜果品等。经营户280户，2021果品交易19.63亿元，年交易量约20万吨。禽蛋干调冻品批发交易区：总建筑面积15000平方米。经营户220户，2021年交易额达11.4亿元，年交易量约9.5万吨。家禽区：面积为3000平方米，主要经营鸡、鸭、鹅等活禽。2021年交易额达3.926亿元，年交易量约2万吨。蔬菜交易区：市场全面采用电子结算交易及肉菜追溯系统，经营户120户，2021年交易额达11.144亿元，年交易量约13.81万吨。

公司先后获得国家商务部、财政部农产品现代流通综合试点项目、诚信示范单位、诚信市场、食品安全规范化市场。

（弋江区委党史和地方志研究室）

文化 旅游业

Cultural and Tourism

综 述

【概况】芜湖别名“江城”，自古享有“江东名区”“吴楚名区”之盛誉，是一个滨江山水园林城市。芜湖四季分明，自然景观、娱乐休闲、建筑人文众多。古有“赭塔晴岚、镜湖细柳、赤铸青锋、玩鞭春色、双江塔影、天门烟浪、西山灵石、马仁云壁、陶辛水韵、褐山揽胜”十景，现拥“云开看树色，江静听潮声”之美誉。芜湖坐拥200千米的长江岸线，是安徽省次中心城市，皖之中坚，长江巨埠，中西合璧，精致繁华。芜湖气候宜人，风光明媚，富有江南风韵，物产富饶，文脉昌盛，蕴含水乡灵气，是一座魅力之城、欢乐之城，携全国文明城市、中国优秀旅游城市、国家园林城市、中国最佳休闲城市等盛誉，让人流连忘返。山为骨，水为魂，半城山半城水的优美风光，让芜湖处处诗情画意、处处独具一格、处处朝气蓬勃。有世界一绝的芜湖铁画，有上榜《舌尖上的中国》的芜湖美食，有“小九华”之称的广济寺。悠悠数千年，芜湖“楼台森列”“烟火万家”，流风遗韵到如今。芜湖有以方特为代表的亚洲最大的主题公园集群；是中

芜湖古城

（市文化和旅游局 提供）

国自主品牌汽车奇瑞汽车集团总部所在地；有以工业机器人、新能源汽车、通用航空等为重点的战略性新兴产业。当今的芜湖，既富传统之美，又多时尚活力，令人游而忘返。芜湖有5条铁路干线交汇连接，3条高速公路穿城而过，宁安、合福、商合杭高铁路经此地，芜湖港是长江溯水而上的最后一座深水良港，是一座宜居、宜业、宜游、宜学、宜养的休闲之都。2021年，芜湖全市文旅经济呈现快速健康发展势头，特别是在国内新冠肺炎疫情得到有效控制，国内旅游市场全面重启后，芜湖文旅经济恢复势头强劲。2021年全市接待国内外游客4894.93万人次（位列全省第5位），其中接待国内游客4894.37万人次（位列全省第5位）；旅游总收入595.23亿元（位列全省第2位）。截至2021年末，全市拥有国家A级旅游景区34处，其中5A级景区1家，4A级景区11家；方特旅游区、马仁奇峰、大浦乡村世界、奇瑞汽车工业园、奇瑞龙山露营地、芜湖雕塑公园等旅游项目均引领国内同类项目，王稼祥纪念园为全国100个红色旅游经典景区之一；另外，全市拥有全国乡村旅游重点村3家、中国乡村旅游模范村3家、全国乡村旅游重点镇1家、省级休闲旅游示范点17家、省特色旅游名村10家；星级旅游饭店21家（其中五星级1家、四星级9家、三星级11家）；旅行社96家（其中国际社5家）。

开展建党百年系列文旅活动。2021年，芜湖市为庆祝中国共产党成立100周年，结合全市红色文化旅游资源，策划开展以百剧盛典颂党恩、百书传承红色情、百展巡回放光辉、百画共绘中国梦、百歌唱响祖国颂、百课传扬党恩情、百人同行红色路为主题的“七个一百”系列文旅活动354场次，参与人数500万余人次，有效激励广大干部群众把爱党爱国热情转化为立足岗位做贡献的实际行动。其中“芜湖市板子矶渡江战役第一船登陆点纪念碑”和奇瑞智能网联“未来工厂”入选中央四部委联合发布的“建党百年红色旅游百条精品线路”。

开展“七个一百”系列文旅活动。为庆祝中国共产党成立100周年，结合全市红色文化旅游资源，市文化和旅游局策划开展以百剧盛典颂党恩、百书传承红色情、百展巡回放光辉、百画共绘中国梦、百歌唱响祖国颂、百课传扬党恩情、百人同行红色路为主题的“七个一百”系列文旅活动354场次，参与人数500万余人次，有效激励广大干部群众把爱党爱国热情转化为立足岗位做贡献的实际行动。市“芜湖市板子矶渡江战役第一船登陆点纪念碑”和奇瑞智能网联“未来工厂”入选中央4部委联合发布的“建党百年红色旅游百条精品线路”。

数字创意和文旅产业快速发展。2021年，芜湖文化旅游部门认真履行数字创意产业链招商牵头单位职能，成立市文化和旅游局数字创意和文旅产业“双招双引”工作领导小组，成立芜湖市数字创意产业联盟。广告产业园、殷港小镇等载体吸纳效应明显，入驻企业近200家；颐高数字文化创意产业园、芜优共享创意产业园运营，40余家企业签约入驻。华强方特（芜湖）文化科技有限公司、芜湖三七互娱网络科技集团股份有限公司、安徽殷港文化创意有限公司等9家企业成功入选第七批安徽省文化产业示范基地。芜湖方特旅游区入选第一批国家级夜间文化和旅游消费集聚区名单（全省2家）。

文　化

【概况】2021年是中国共产党成立100周年，是“十四五”规划开局之年，芜湖市文化和旅游局（广播电视新闻出版局）坚持以习近平新时代中国特色社会主义思想为指导，按照省委省政府、省文旅厅和市委市政府有关工作部署，立足新发展阶段、贯彻新发展理念、融入新发展格局，致力于打造省域副中心城市和长三角具有重要影响力的现代化大城市、建设人民城市目标，统筹推进文化旅游、广播电视、新闻出版等工作高质量融合发展，圆满完成全年各项工作任务。

【完善公共文化服务设施】根据市委市政府人民城市建设总体方案，制定《城市书房建设实施方案》，建成开放芜湖书房21处，接待读者66万人次，举办名家讲座、阅读分享、绘本导读、亲子活动、主题展览等各类活动867场次，受到群众热烈欢迎。集市文化馆、图书馆、美术馆等功能于一体的市公共文化艺术中心项目列入市政府投资后备开工项目，启动前期策划、选址等工作。

【提升数字化服务水平】组织指导全市公共文化场馆主动适

应互联网发展，完成全市基层公共数字文化服务推广项目（芜湖公共文化云）建设，优化“互联网+文化民生工程”服务平台。组织开展“游安徽”平台三级联建、社会保障卡文化旅游领域“一卡通”应用和全市3A级及以上景区视频监控系统建设工作。

【强化文艺精品创作与服务】新创黄梅戏《最后一班岗》、庐剧《刘胡兰》和歌曲《灿烂阳光下》《党旗放光芒》等10余部作品，其中黄梅戏《两棵枣树》、庐剧《各有妙招》入选2021年度省戏剧创作孵化计划；芜湖市选送的《安徽好人祝福党》《春风浩荡》《人鳄情深》等广播电视作品在上级评选中获奖。举办“冬之梦”“春之韵”“夏之风”“秋之实”系列群众性文旅活动，持续打响“大地欢歌幸福来”“文化惠民 月月有戏”、高雅艺术惠民进乡村进校园等品牌，举办相关活动100余场次，其中南陵县许镇镇奎湖村“村晚”亮相央视。开展送戏进万村演出761场，完成率108%；农村电影公益放映9124场次，完成年度计划的107.59%，丰富群众文化生活。组织开展赠送图书、红色宣讲、读书分享、名家讲座、“小手拉大手”共读一本书等“阅·芜湖”系列活动50余场，打造“书香芜湖”品牌。培育一批优秀的民营艺术院团，芜湖市芜湖黄梅戏剧团有限公司等8家单位被评为全省民营艺术“百佳院团”。

【加强文物保护利用和非遗保护传承】评选全市红色文化实践基地，推进革命文物修缮保护，深度挖掘红色文物价值，举办六洲暴动、新四军第七师、渡江战役等相关展示20余场次。完成《芜湖市主城区优秀文物建筑分布示意图》《芜湖古城文物建筑定位图》等文物地图编制。组织2021文化和自然遗产日芜湖主场活动，近40个非遗项目与观众见面、互动。南陵县大工山铜矿遗址入选国家文物局《大遗址保护利用“十四五”专项规划》名单，人字洞、繁昌窑2个国家考古遗址公园立项。南陵县目连戏入选国家级非物质文化遗产代表性项目名录扩展项目名录等。芜湖职业技术学院（芜湖铁画锻制技艺）等4个基地入选安徽省非物质文化遗产传承基地。

芜湖铁画锻制技艺

（市文化和旅游局 提供）

【推进广播电视新闻出版业健康发展】完成全市应急广播体系建设，完成9个县市区平台、74个乡镇/街道前置平台、932个行政村/社区前置平台、9543个接收终端建设工作，整体建设工作完成率达98.4%；在全省率先完成市级、县市区级平台与省应急广播平台的对接，终端在线率达90%以上。并在信息发布、疫情防控、安全宣传、社会治理等方面发挥作用。开展非法卫星地面接收设施和黑广播专项整治行动，根据省广播电视局要求和市委巡视整改工作部署，牵头组织芜湖市境外电视传播秩序专项整治工作联席会议成员单位开展全市非法卫星地面接收设施和黑广播专项整治行动，共发布各类宣传信息4000余条，发放各类宣传品发放各类宣传品10万余份，出动执法检查人员1800余人次，组织开展集中拆除行动248次，检查各类经营场所1900余家次，清查、拆除非法卫星地面接收设施2335套，维护卫星地面接收设施市场秩序，受到安徽省境外电视传播秩序专项整治工作联席会议办公室肯定。

【全市建成开放21处芜湖书房】根据市委市政府人民城市建设总体方案，制定《城市书房建设实施方案》，协调县市区推进书房项目建设，全年建成开放悦享书吧、中江书院等芜湖书房

21处，接待读者66万人次，举办名家讲座、阅读分享、绘本导读、亲子活动、主题展览等各类活动867场次，受到群众热烈欢迎，成为市民的“网红打卡点”。

【“送戏进万村”获全省最佳组织单位等荣誉】 2021年，在安徽省文化和旅游厅公布的2020年“送戏进万村”最佳组织单位、最佳演出院团名单中，芜湖市文化和旅游局获评市级最佳组织单位，南陵县、湾沚区获评县级最佳组织单位，无为市中安新时代文化演艺有限公司、芜湖黄梅戏剧团有限公司获评最佳演出院团。芜湖市全年开展“送戏进万村”活动838场，完成率119%，超额完成目标任务。南陵县采取综合评分法确保“送戏进万村”演出质量，湾沚区规范中标流程，严禁服务转包或变相转包行为，市文化和旅游局实时掌握演出进程，把住演出质量关，确保全年送戏工作按时按质完成。

【诸多单位获评“全省版权示范单位”】 2021年，安徽省版权局发布《关于2020年度全省版权示范单位、示范园区及软件正版化示范单位认定的通报》，全省评出2020年度版权示范单位26家，安徽松鼠娱乐有限公司、芜湖三七互娱网络科技集团股份有限公司、芜湖市工艺美术厂有限责任公司和芜湖古匠爷金属工艺品有限公司共4家单位获此殊荣。

【农家书屋获省级表彰】 2021年，在安徽省新闻出版局发布的《关于对安徽省第三届百家示范农家书屋和百佳农家书屋管理员进行表彰的通报》中，无为市襄安镇松院村农家书屋、湾沚区六郎镇咸保村农家书屋、繁昌区峨山镇东岛村农家书屋、南陵县河湾镇前官村农家书屋4个农家书屋入选全省百家示范农家书屋，湾沚区六郎镇永和村农家书屋管理员凤兰、南陵县家发镇茶林村农家书屋管理员牛孟可、弋江区南瑞街道李巷社区农家书屋管理员张涛、鸠江区汤沟镇楼梯村农家书屋管理员袁辉、三山区峨桥镇余村农家书屋管理员孙景景5人入选全省百佳农家书屋管理员。百家示范农家书屋和百佳农家书屋管理员评选表彰旨在通过示范带动，推动农家书屋提质增效、高质量发展，为建设彰显徽风皖韵和时代特征的创新型文化强省做出贡献。

【奎湖举办全国“村晚”】 2月4日，由文化和旅游部公共服务司主办，安徽省文化和旅游厅承办，安徽省文化馆、芜湖市文化和旅游局、中共南陵县委、南陵县人民政府具体承办的“欢乐过大年·迈向新征程”我们的小康生活2021年全国“村晚”安徽省示范展示点奎湖村晚在CCTV—17农业农村频道、国家公共文化云、央视频、安徽公共文化云等电视频道、网络平台同时直播，拉开春节期间安徽省线上群众文化活动的序幕。奎湖村晚文艺演出题材丰富，形式多样。节目由全省各地农民自编、自导、自演，他们在本地乡村能人、民间艺人、文化协管员、文化和旅游志愿者、农村文艺团队的辅导下，走上属于自己的舞台，在展现安徽年俗文化、民族文化及特色美食的同时，也反映出全省农民富、农业强、农村美的乡村振兴新画卷。

【“欢乐芜湖”亮相上海市民文化节】 作为上海品牌文化活动的“上海市民文化节”，已成功举办8届，2021年首次在浙江温州、江苏苏州、安徽芜湖设立长三角分会场，四城交相辉映，带来一场文旅盛宴。芜湖作为安徽省内唯一受邀城市，“欢乐芜湖”专场亮相上海市民文化节开幕式，“芜湖专场”整场节目围绕文旅融合发展成果和热点，由各县市区200多名群众文艺骨干倾情演绎。节目创新演绎方式，运用演播大厅节目与城市外景、人文风貌等穿插剪辑手法，通过一台丰富多彩的文艺节目，全面展示芜湖2600多年的悠久历史和“欢乐芜湖”城市新形象。线上总浏览量达1200余万。

【文旅（广播电视新闻出版）系统多人获省级多部门联合表彰】 省人力资源和社会保障厅会同省新闻出版局等3家单位，对全省新闻出版广播影视系统先进集体、先进工作者和劳动模范进行通报表彰。芜湖市湾沚区、南陵县文化和旅游局（广播电视新闻出版局）2单位获“先进集体”称号，张健、刘群玉、许洁、季义等4人荣获“全省新闻出版广播影视系统先进工作者”称号。

【目连戏入选国家级非物质文化遗产代表性项目名录】 2021年，《国务院关于公布第五批国家级非物质文化遗产代表性项目名录的通知》（国发〔2021〕8

号）印发，公布国务院批准文化和旅游部确定的第五批国家级非物质文化遗产代表性项目名录和国家级非物质文化遗产代表性项目名录扩展项目名录，其中，南陵目连戏入选国家级非物质文化遗产代表性项目名录扩展项目名录。截至2021年底，全市市级以上非遗项目77项，其中国家级3项、省级21项。

【芜湖铁画落户上海街头】由芜湖市美术馆和上海虹桥当代艺术馆共同策划的“坚劲”——庆祝中国共产党建党100周年暨“百年愚园路”长三角铁画公共艺术计划，让芜湖铁画走进上海愚园路党建空间，并作为公共空间艺术作品首次竖立在上海百年愚园路的街头。4件铁画作品《钱学森》《布尔什维克编辑部》《前哨》和《回眸》，分别从“思想的轮廓”“历史的质感”“时代的线条”“百年对话”几个不同的角度出发，前期由4名国内知名海派画家手绘特别创作，后期采用国家级非物质遗产芜湖铁画的锻制技艺进行呈现。

【红色文化实践基地命名】2021年6月28日，“峥嵘百年辉煌芜湖”红色文旅研学线路发布暨百人同行红色路启动仪式在神山公园举行，期间，市委组织部、市文化和旅游局、市委党校和市委党史和地方志研究室四部门发布命名芜湖市红色文化实践基地，并为芜湖市王稼祥纪念园管理处等10家芜湖市红色文化实践基地授牌。此次红色文化实践基地创建工作，经各县市区组织推荐，综合考虑红色资源影响力、软硬件基础设施、管理服务效能和作用发挥情况，通过实地检查、综合评审和网络公示，最终芜湖市王稼祥纪念园管理处、芜湖市烈士陵园管理处、李家发烈士纪念园、芜湖市博物馆、新四军七师纪念馆、新四军三支队在西河纪念馆、板子矶爱国主义教育基地、湾沚区湾沚镇桃园村王能珍烈士纪念馆、南陵县革命历史陈列馆、繁昌慢谷红色旅游精品点10家单位被命名为芜湖市红色文化实践基地。

【圆满完成庆祝中国共产党成立100周年重要活动安全播出】根据国家广播电视总局、省广播电视局和市委市政府关于做好庆祝中国共产党成立100周年广播电视安全播出工作一系列指示精神，芜湖市广播电视新闻出版局高度重视，严密组织全市各级广播电视行政管理部门、广播电视播出机构、网络传输机构，全面深入开展迎接中国共产党成立100周年广播电视安全播出工作。各级各单位结合本部门、本单位实际，开展全方位安全大排查工作，突出对制作、播出、传输设施设备等重点区域，供配电系统、播控系统、监听监看系统、机房环境、日常维护、设备巡检、消防建设等关键环节的检查，确保不留死角；全面排查安全播出制度落实情况，进一步完善相关安全管理制度，严格落实24小时值班和领导带班制度。针对可能出现的风险、隐患，全面加强预想预测，制定安全播出保障专项工作细化方案，不断完善突发事件应急预案，强化保障措施，组织开展应急演练，有效提升广播电视安全播出突发事件应急处置能力和水平。

【繁昌区文旅工作获省政府表扬】省政府办公厅印发《对2020年落实有关重大政策措施真抓实干成效明显地方予以督查激励的通报》，繁昌区“文化旅游公共服务建设、繁荣文艺创作、文化遗产保护、文化旅游产业发展、旅游市场宣传推广工作”成效显著，获得省政府通报表扬。繁昌区修订《繁昌区文化旅游业扶持奖励暂行办法》，兑现复工复产等各类奖补资金500余万元；举办全省首个县（区）级消费节，撬动市场消费3000余万元；重启人字洞遗址发掘工作，采集5件珍贵的人工石制品和79件哺乳动物化石标本，发现1800万年前上猿超科新属种；繁昌窑保护大棚及附属工程建设基本完成，遗址主动性考古发掘项目获国家文物局批准；开展乡村旅游示范创建工程，中分村、八分村获批省首批特色旅游名村；开展工业旅游示范创建工程，确定繁昌春谷3D打印产业园、同福集团为首批繁昌工业旅游示范企业，并均获批省级特色小镇。

【获“安徽民间文化艺术之乡”称号】安徽省2021—2023年度“安徽民间文化艺术之乡”名单公示，芜湖市镜湖区、无为市无城镇、南陵县何湾镇获得“安徽民间文化艺术之乡”称号。芜湖市组织指导各县、市、区进行申报，起草下发《关于开展芜湖市“安徽省民间文化艺术之乡”实地评审工作的通知》，并组建专业评审小组开展芜湖市2021—2023年度“安徽民间文化艺术之乡”的申报、评审和推荐工作。通过对申报材料的细心打磨和严格的实地评审，最终镜湖区铁画、无为市无城镇鱼灯、南陵县何湾镇十兽灯成功入选。

【华强方特等企业命名省文化产业示范基地】根据安徽省文化和旅游厅《关于命名第七届安徽省文化产业示范基地的通知》（皖文旅秘〔2021〕93号），华强方特（芜湖）文化科技有限公司、芜湖三七互娱网络科技集团股份有限公司、芜湖新华联文化旅游投资管理有限公司、三只松鼠股份有限公司、安徽殷港文化创意有限公司、芜湖影星巨幕有限公司、安徽马仁奇峰文化旅游股份有限公司、途居露营地投资管理股份有限公司芜湖龙山分公司、安徽中快旅大浦旅游开发有限公司等9家芜湖企业被命名为第七届安徽省文化产业示范基地，彰显芜湖市积极培育文化旅游龙头企业，推进文化旅游高质量发展成果显著。芜湖市结合人民城市建设，推进文化旅游高质量发展，先后获评中国夜间经济潜力城市、第一批国家文化和旅游消费试点城市、2020年度中国夜游名城等荣誉，成功培育网游手游、动漫设计、装备制造等新兴数字创意产业业态，壮大一批科技含量高、成长潜力大、核心竞争力强的优质数字创意企业，芜湖三七互娱网络科技集团股份有限公司、芜湖影星巨幕有限公司等龙头企业位居全国前列。

【多个文化馆获评“国家一级馆”】文化和旅游部日前发布信息，进行“第五次全国文化馆评估定级拟命名一二三级文化馆名单”的公示。芜湖市镜湖区文化馆、鸠江区文化馆、湾沚区文化馆、繁昌区文化馆、南陵县文化馆均被评估为国家一级馆，弋江区文化馆、无为市文化馆为国家三级馆。文化馆是公共文化服务的重要阵地，全市各县市区的文化馆，长期坚持公益性、基本性、均等性、便利性原则，利用文化馆设施、设备，常年举办各类摄影展、书画、美术展和文艺演出等，为广大人民群众提供文化辅导培训、群众文化活动、展览展示、群众文艺作品创作指导等健康向上的文化产品和服务。

【新增民营艺术“百佳院团”】省文化和旅游厅发布《关于公布2019—2021年度全省民营艺术“百佳院团”名单的通知》，芜湖市芜湖黄梅戏剧团有限公司、无为市中安新时代文化演艺有限公司、无为市江涛庐剧艺术团有限公司、无为市晓云剧社有限公司、无为市皖艺黄梅戏剧团有限公司、南陵县新黄梅文化演艺传媒有限公司、南陵县红霞黄梅戏演艺有限公司、南陵县涛涛黄梅戏演艺有限公司被评为全省民营艺术“百佳院团”。市文化和旅游局通过“月月有戏”“送戏进万村”“新剧目展演”等活动的开展，扶持民营艺术院团创作和演出，推进民营艺术院团高质量发展。在市文化和旅游局长期的培育下，涌现出一批优秀的民营艺术院团。

【入选全国最佳志愿服务组织】文化和旅游部发布《文化和旅游部办公厅关于公布2021年文化和旅游领域学雷锋志愿服务先进典型名单的通知》，评选出最佳志愿服务组织30个，芜湖市文化馆好人馆志愿服务队入选2021全国最佳志愿服务组织，是安徽省唯一入选的志愿服务组织。

【鸠江区文化旅游体育局获评全国文化和旅游系统先进集体】人力资源和社会保障部、文化和旅游部印发《关于表彰全国文化和旅游系统先进集体、先进工作者和劳动模范的决定》（人社部发〔2021〕91号），芜湖市鸠江区文化旅游体育局获评“全国文化和旅游系统先进集体”。鸠江区加快推进城东文旅集聚区，全区拥有A级景区6个，其中有1个AAAAA景区和1个AAAA景区。“十三五”以来，鸠江区文化旅游产业主要指标均保持两位数增长，5年实现产值447.12亿元，游客接待量约4650.82万人，实现从游客“引得来”向“留得住”的蜕变。

【新增9个非遗项目入选第六批省级非遗项目名录】省文化和旅游厅公示第六批省级非物质文化遗产代表性项目名录推荐项目名单，无为市的“米芾传说”、繁昌区的“荻港香菜制作技艺”、镜湖区的“五香居传统卤菜制作技艺”等9个非遗项目入选。2021年，全市聚焦人民城市建设大力加强非遗传承保护，组织2021文化和自然遗产日芜湖主场活动，选送非遗项目参加国家级对外交流展演活动10余场次，评选省、市级非遗传承人，全市市级以上非遗项目77项，其中国家级3项、省级21项。芜湖职业技术学院（芜湖铁画锻制技艺）等4个基地入选安徽省非物质文化遗产传承基地拟入选公示名单。南陵目连戏入选国家级非物质文化遗产代表性项目名录扩展项目名录。

旅 游

【概况】2021年，芜湖市立足新发展阶段、贯彻新发展理念、融入新发展格局，致力于打造省域副中心城市和人民性、创新型的文化旅游强市，全力推进全市文化旅游高质量融合发展。2021年全市接待国内外游客4894.93万人次（位列全省第5位），其中接待国内游客4894.37万人次（位列全省第5位）；旅游总收入595.23亿元（位列全省第2位）。

【推进文旅高质量融合发展】2021年，芜湖市文旅部门编制《芜湖市“十四五”文化旅游业发展规划》，印发《芜湖市开展国家文化和旅游消费试点工作方案》《芜湖市促进夜间经济发展若干政策规定》，成立芜湖市数字创意产业推进组，组建数字创意企业联盟，赴国内一二线城市招商招贤，全市签约大型文化旅游项目30个，总投资68亿元；遴选8个优质项目推荐进入省第三批“512”重点项目库，计划投资超40亿元，投资3亿元的途居马仁山房车露营地一期、投资30亿元的芜湖古城一期、投资2.4亿元的十里江湾等项目陆续建成开放；芜优共享创意产业园、殷港小镇、颐高数字文化创意产业园等载体吸纳效应明显，入驻企业240家，华强方特（芜湖）文化科技有限公司等9家企业入选第七批安徽省文化产业示范基地；出台芜湖首个市级旅游标准《乡村旅游集聚示范区评定规范》，持续推进10+N个乡村旅游集聚区、5条全域旅游廊道建设发展，参与策划4条精品乡村游路线，入选文化和旅游部推出的“体验脱贫成就·助力乡村振兴”乡村旅游学习体验线路。湾沚区红杨镇、六郎镇官巷村被评为全国乡村旅游重点镇、村。全市基本构建形成以数字出版和文创产业园新业态、城东旅游聚集区、滨江历史文化旅游产业带、十大乡村旅游聚集区等品牌集群。截至2021年末，全市拥有国家A级旅游景区34处，其中5A级景区1家，4A级景区11家；全市拥有全国乡村旅游重点村3家、中国乡村旅游模范村3家、全国乡村旅游重点镇1家、省级休闲旅游示范点17家、省特色旅游名村10家。

【强化对外合作交流】2021年，芜湖着眼打造长三角文化旅游新热点城市，结合全市资源策划涵盖工业、红色、徽商、休闲、美食文化等极富全市特色的旅游线路34条，与长三角城市群合作，实现资源互推、市场共享。承办“欢乐皖江游”主题宣传推广活动，创新开展“美好安徽·欢乐皖江”短视频大赛、摄影大赛、文旅线路产品研发大赛；主办长三角G60科创走廊乡村旅游联盟第四次联席会议，组团参加上海市民文化节、首届上海旅游产业博览会等活动10余次，开展皖北六市“欢乐芜湖体验之都”文旅推介活动；创新开展新媒体宣传营销，举办“阅·芜湖 读山水”实景沉浸式阅读推广活动，打造“牛住欢乐、牛在乐园、牛有余味”3大主题17场网络直播，与四川文旅、新浪旅游等文旅大V互动微博话题，登安徽政务微博热搜榜第1名，进一步提升“欢乐芜湖”城市品牌影响力。

【提升公共服务水平】2021

十里江湾夜景

（市文化和旅游局 提供）

年，芜湖文旅部门制定《关于推动文化旅游高质量发展促进人民城市建设的工作方案》，采取18项具体举措，加快推进全市文旅事业、产业高质量发展，打造长三角高品质文化旅游新标杆。深入优化基层公共数字文化服务、“游安徽”、社会保障卡文化旅游领域“一卡通”等文旅服务平台，不断满足文化旅游活动新需求。着眼市场特点和群众对高品质文旅服务的需求，开展全域旅游廊道和A级旅游景区品质提升行动，举办全市文旅行业服务技能大比武。发放文旅消费券400余万元，指导重点景区推出“国潮游园会”、“尖叫狂欢节”等契合市场需求的各类新游玩项目。方特旅游区入选第一批国家级夜间文化和旅游消费集聚区名单，芜湖古城获评“安徽省旅游休闲街区”，马仁奇峰景区入选安徽避暑旅游休闲目的地，一大批企业入选省六大主题研学旅游示范基地。

【加大市场监管力度】2021年，芜湖文化和旅游局推进“四送一服”，优化营商环境，开展“我为群众办实事　光辉党史进企业”等活动，联系走访企业80余家次，了解企业经营状况，宣讲产业扶持政策，畅通企业了解政策和反映问题渠道，及时为企业纾困解难。开展7×24小时不打烊“随时办”服务和创优“四最”营商环境工作，动态调整各类行政服务清单，明确权责事项231项，公共服务事项101项。探索开展“信易游”工作，构建以信用为基础的新型监管机制，有效实现差异化监管。加快推进“信用+”服务集成平台建设，在全市认定一批星级饭店、A级景区、旅行社为信易游示范单位。完善文旅领域跨部门“双随机、一公开”联合抽查机制。进一步健全完善文旅行业新冠肺炎疫情防控机制，每周开展文旅行业疫情防控落实情况常态化检查。对A级旅游景区、博物馆、图书馆、文化馆等公共文化场馆组织开展的文旅活动进行督导。举办全市旅行社、星级饭店总经理疫情防控工作培训会和冬春季新冠疫情防控桌面推演应急演练，落实常态化防控措施，完善应急预案，确保来芜游客和市民在文旅场所能安全游览和体验。组织对南京禄口国际机场经停、或与南京禄口国际机场工作人员有接触史的人员，赴张家界旅游的情况进行全面排查，摸排206人，同步报送至市疫情防控指挥。为滞留额济纳旗的87名游客提供紧急医疗物资，妥善协调安排安全返程。全年出动589人次，检查998家次文旅企业，针对发现的问题及时督促整改落实，确保文旅市场疫情防控安全。

【安全生产】2021年，芜湖文旅管理部门严格按照“管行业必须管安全，管业务必须管安全，管生产经营必须管安全”和“谁主管、谁负责”要求，健全完善安全生产责任体系。制定《文化旅游安全专项整治三年行动时间表路线图》，进一步强化A级旅游景区疫情防控和景区安全理念，推动落实企业安全生产主体责任、强化行业重点领域整治、提升从业人员安全素质能力。市领导带队开展安全生产综合督查，集中开展文化旅游安全执法行动，在春节、五一、十一等重大节日前，组织协调市促进旅游业改革发展领导小组相关成员单位，采取“四不两直”的方式对各县市区、开发区文旅市场进行安全综合督查，开展“拉网式、全覆盖”隐患排查。委托第三方机构对全市文旅企业开展安全生产隐患排查工作，进一步督促企业落实安全生产主体责任。在方特旅游区举办文化旅游突发事件应急救援演练，在陶辛水韵景区开展水上安全培训暨应急演练活动，检验预案的科学性、可操作性以及响应能力。

【开展文明旅游活动】2021年，芜湖文旅游管理部门制作文明旅游动漫宣传片、宣传折页、招贴画等形式多样的文明旅游宣传品，投放到全市宾馆、景区、旅行社和社区，并将文明旅游动漫宣传片在商场、火车站、汽车站、机关、学校等各类电子屏幕和旅游车辆播放。持续开展文明旅游志愿服务活动，市文化馆好人馆志愿服务队入选2021年文化和旅游领域全国最佳志愿服务组织。结合3·15消费者权益日、5·19中国旅游日、江淮普法行、12·4国家宪法日和全国文明城市创建，开展文明旅游进社区、进广场、进旅行社、进景区、进酒店、进学校、进机关和志愿者服务创先争优活动。同时，通过局政务网、新媒体矩阵、LED电子显示屏等方式，发布安全文明旅游、杜绝餐饮浪费等相关提示，引导游客遵守旅游活动中的安全警示规定，推进文明旅游。

附：芜湖市A级旅游景区名录

（范小敏　肖爽）

附：芜湖市A级旅游景区名录（截至2021年12月）

序号	景区名称	所属县市区	景区当前等级	等级评定时间
1	安徽省芜湖市鸠江区芜湖方特旅游区	鸠江区	5A	2016—08—03
2	红色山水洞风景区	无为市	4A	2017—03—22
3	安徽省芜湖市南陵县大浦乡村世界景区	南陵县	4A	2011—12—06
4	安徽省芜湖市南陵县何湾镇丫山景区	南陵县	4A	2009—12—25
5	王稼祥纪念园	镜湖区	4A	2006—08—01
6	雨耕山文化旅游景区	镜湖区	4A	2016—02—21
7	鸠兹风景区	镜湖区	4A	2009—10—15
8	赭山公园	镜湖区	4A	2016—12—01
9	安徽省芜湖市鸠江区鸠兹古镇风景区	鸠江区	4A	2019—01—09
10	安徽省芜湖市湾沚区枕水官巷	湾沚区	4A	2020—08—06
11	安徽省芜湖市湾沚区陶辛水韵旅游区	湾沚区	4A	2016—02—21
12	芜湖市马仁奇峰森林风景旅游区	繁昌区	4A	2006—11—28
13	安徽省芜湖市无为市泊山洞风景区	无为市	3A	2007—08—01
14	安徽省芜湖市无为市西九华风景区	无为市	3A	2018—02—06
15	安徽省芜湖市无为市天井山森林公园	无为市	3A	2018—12—02
16	安徽省芜湖市南陵县霭里景区	南陵县	3A	2017—01—01
17	安徽省芜湖市南陵县板石岭景区	南陵县	3A	2019—09—09
18	芜湖科技馆	镜湖区	3A	2012—03—01
19	安徽省芜湖市镜湖区汀棠公园景区	镜湖区	3A	2006—09—01
20	芜湖市烈士陵园	镜湖区	3A	2008—11—03
21	安徽省芜湖市镜湖区滨江公园景区	镜湖区	3A	2009—09—16
22	芜湖市博物馆景区	鸠江区	3A	2017—04—06
23	安徽省芜湖市鸠江区市雕塑公园景区	鸠江区	3A	2018—07—11
24	安徽省芜湖市鸠江区芜湖市规划展示馆景区	鸠江区	3A	2017—04—06
25	安徽省芜湖市湾沚区怡龙生态园景区	湾沚区	3A	2012—01—18
26	野树林百菇园景区	湾沚区	3A	2015—12—22
27	安徽省芜湖市湾沚区绿荣山庄景区	湾沚区	3A	2019—08—26
28	西河古镇景区	湾沚区	3A	2018—01—30
29	安徽省芜湖市湾沚区益然香木榨文化产业园景区	湾沚区	3A	2015—12—12
30	途居龙山露营地景区	经开区	3A	2015—12—28
31	安徽省芜湖市南陵县乌霞风景区	南陵县	2A	2006—06—20
32	诺康养生文化乐园	鸠江区	2A	2013—12—30
33	安徽省芜湖市湾沚区和平森林公园景区	湾沚区	2A	2006—12—18
34	安徽省芜湖市繁昌区烈士陵园红色旅游景区	繁昌区	2A	2006—12—08

开发区

Development Zoon

综　述

【概况】全市省级以上开发区10家，其中1个国家级经济技术开发区、1个国家级高新技术产业开发区、1个国家级综合保税区，1个省级特别政策园区，6个省级开发区，构成以国家级开发区为龙头、省级开发区为主体的发展体系。

2021年，全市开发区经营性收入7137亿元，增长14.5%；规模以上工业企业1456家，规上工业增加值1037亿元，增长19%；完成固定资产投资总额1442亿元，增长29.6%；实现税收总额359亿元，增长35%；进出口总额111亿美元，增长46.4%；实际利用外资27亿美元，增长6%。新增高新技术企业226家。

（班　杰）

皖江江北新兴产业集中区

【概况】2021年，江北新区实现固定资产投资70.8亿元，增长156.4%。规模以上工业总产值206.3亿元，增长16.1%。规模以上工业增加值40.6亿元，增长8.7%。财政收入21亿元。江北新区建设呈现加快推进态势，大龙湾片区重大在建项目15个，计划总投资241亿元。强化江北新区全域统筹，高质量编制江北"十四五"发展规划和各专项规划，高标准建设江北新区。一批新能源、高端装备、新材料等新兴产业项目布局沈巷片区，投资100亿元的信义七期江北光伏组件盖板项目正在加快建设，投资

芜湖北站鸟瞰图

（吕成庆 提供）

150亿元的海创年产50万吨磷酸铁正极材料、投资100亿元道氏30万吨三元前驱体锂电池正极材料等重点项目即将开工建设。

【统筹推进江北新区高质量发展】编制江北新区“十四五”规划，充实重大建设项目库。完成西湾花园控制性详细规划编制，启动大龙湾片区雨水、污水工程、输变电配网工程等专项规划修编，开展大龙湾片区区域地震安全评价和区域水土保持评估工作。建立协调调度机制，将项目调度、报批报建、跟踪审计等环节定责定岗，推进精细化管理。建立江北新区片区联席会议制度。完成土地成片开发建设方案以及小规模开发建设方案的编制，选取特定地块进行研究。出台《江北新兴产业集中区“标准地”改革工作实施方案》，完成大龙湾片区区域环评、区域能评、压履矿产评估价等6个区域评估。

【推进重大产业项目建设】加强与奇瑞、海螺等龙头企业对接，推动重大项目落户江北。加快推进总建筑面积20万平方米的湾谷科技园项目建设，湾谷总部经济园、湾谷数字软件园、青年创业产业园一期项目等前期工作加快推进。谋划推动与央企、知名企业联合开发建设芜湖北站站南5平方千米区域，打造安徽省新能源和智能网联汽车产业研究院集群，推进智能汽车产业链集聚发展。加快国家“东数西算”芜湖集群前期工作，培育数字经济。围绕金融供应链、物资贸易等领域，推动现代服务业集聚发展。推进G60科创走廊、省际产业合作园区建设，打造长三角新兴产业合作示范区，与上海闵行区南虹桥商务区管委会签订战略合作框架协议，推进项目合作事宜。

【完善基础设施】合芜高速（林头至二坝段）改扩建项目全面建设，城南过江隧道项目盾构机掘进施工。谋划大龙湾片区2021－2023年主干路网，计划投资47.4亿元，建设道路里程39.6千米。完成大龙湾片区“三纵两横”主干路网等道路方案设计，110千伏二坝变电站、22千伏江北变电站及线路工程建设加快推进。开展人民城市建设实施方案和重点项目工程“双百攻坚”活动，加快“一片一路”建设。安徽省公共卫生临床中心（芜湖）、皖江学院、西湾花园7号地块安置房、湾花园中小学校等项目加快建设。推进城市功能项目导入，对接优质教育资源布局，落实市一中、附中、27中、育红等中小学在江北新区开办8所中小学校。开展城市环境、水系整治工程，西湾花园道路整治工程完成。西湾花园安置房二期项目、西湾花园商住、西湾花园商业街、芜湖北站启动区东侧商业酒店及住宅、芜湖市车管服务中心等项目全面启动项目征地及方案设计等工作。

（吕成庆）

芜湖经济技术开发区

【概况】2021年，芜湖经济技术开发区实现地区生产总值604.7亿元，同比增长14.2%；实现规模以上工业产值1844.8亿元，同比增长30.1%；完成财政总收入79.4亿元，同比增长12.1%。在商务部2021年对全国国家级开发区综合考核评价中位列第13位，在全省省级以上开发区综合考核评价中排名提升至第3位。

【推动产业发展】持续扩大项目招引，瞄准长三角城市群，加强项目招引建设力度。全年签约亿元以上项目82个，开工率达85%，在建招商项目固定资产投资225.7亿元，同比增长19.9%。其中总投资50亿元美的厨热智能家电产业园项目当年签约开工、投产入规，当年实现产值8.5亿元；总投资32亿元长信科技新型显示产业园、总投资105亿元信义七期江北光伏组件盖板等一批重点项目实现签约即开工建设。

【持续聚焦绿色发展】把保护修复长江生态环境摆在压倒性位置，严守“1千米、5千米、15千米”三道防线，严把项目准入门槛；对长江岸线周边企业进行全面摸排，加强污染防治重点行业企业监管；开展长江岸线7.7千米、15.53公顷植绿复绿工作；全面推行河湖长制，持续治理水环境、修复水生态，加快管网整治进度，增强污水处理能力，巩固392个入河排口综合整治成果，推进蓝天碧水净土保卫战。

【优化营商环境】建立健全企业联系服务机制，将四上和战略性新兴产业、科技创新型等290余家重点企业分为不同板块，实行三级联动工作机制，由党工委、管委会负责人分别牵头包保，部门负责人日常走访，科级干部具体联系，120余名干部与企业建立无间隙、无障碍、全天候对接跟踪服务，帮助企业协调解决各类问题和困难。

【全面发展社会事业】推进学前教育普惠发展，银湖中学开工建设；投入4000万元与市一院签署龙山街道社区卫生服务中心委托管理协议，提升基本医疗服务水平；投资1000万元的六院住院综合楼项目开工建设；以“一山三湖”特别是凤鸣湖为核心，布局商务、办公、居住等城市生态发展圈，完善文化、医疗、旅游、养老、体育等功能配套，加快建设宜业宜居的现代化高品质综合新城。

【创新营收成效突显】省科技厅公布2020年度安徽省主营业务收入前100名高新技术企业名单，奇瑞汽车、美智空调、美的厨卫、信义光伏、美芝精密、安得智联、楚江科技新材料、长信科技、伯特利汽车安全、万里扬变速器、信义节能玻璃11家企业入列。市产业创新中心、市科技局公布2020年度全市重点研发创新平台绩效考核等级，经开区12家平台全部通过考核。

安徽芜湖三山经济开发区（芜湖长江大桥综合经济开发区）

【概况】2021年，实现地区生产总值186.2亿元，同比增长10%；一般公共预算收入16.4亿元，同比增长7.5%；规上工业增加值99.9亿元，同比增长14.1%；战略性新兴产业产值225.4亿元，同比增长31.7%，占规上工业总产值39.9%，同比提高2.8个百分点；固定资产投资122.1亿元，同比增长3.6%；民间投资101.7亿元，同比增长38.9%；城镇常住居民人均可支配收入44266元，同比增长9%；农村常住居民人均可支配收入29363元，同比增长11.5%；服务业增加值50.1亿元，同比增长8.2%；社会消费品零售总额58.8亿元，同比增长23%；进出口额21.1亿美元，同比增长8.4%；实际利用外资2.3亿美元，同比增长3.1%。

绿色响水涧

（汪谢莹 提供）

【推进“双招双引”工作】2月26日，三山经济开发区召开“双招双引”动员大会。会议由三山经济开发区党工委副书记、管委会常务副主任王贵成主持。会上，传达市集体调研总结会暨全市“双招双引”动员大会精神。会议讨论《三山经济开发区以商招商实施办法（征求意见稿）》《三山经济开发区关于印发产业引导和风险投资基金管理办法的通知》。党工委副书记、管委会副主任潘枫布置“双招双引”工作。党工委委员、管委会副主任方序保布置企业服务、现代农机基地建设工作。2021年三山经开区组建7大产业链招商体系，成立泓远基金管理公司，聘任新兴铸管党委书记等7位企业家为三山经开区“招商大使”，探索招商新模式，拓宽招商信息新渠道。全年开展集中签约5次、集中开工4次，新签约亿元以上招商项目73个，引进资金392.6亿元，新签约内资项目71个，引进资金规模399亿元，新开工亿元以上招商项目59个。投资140亿元孚能新能源动力电池项目、投资86亿元普立思聚乳酸项目实现当年签约当年开工。与宁波大嵩新区（鄞州开发区）签订园区合作战略协议，建成全国首座LNG加注站，并完成首船加注作业。组织区内企业参加2021年长三角民进企业家联盟峰会，6个项目参加2021世界制造业大会集中签约，投资114.7亿元。全年65个项目投资801亿元，完成投资140亿元，完成率122%。

【提质增效】常态化推进“四送一服”活动，开展“只进一扇门”“最多跑一次”改革，落实“一企一组一策”精准帮扶。全面落实“1%工作法”，通过“畅聊早餐会”、企业联席会解决涉企事项25个，成立24个工作组包保175家重点企业。新设立企业开办时间压缩至0.5个工作日；行政许可类事项全程网办达标率100%，平均“四级”网办深度由88.1%提升至100%；政务服务事项平均承诺时限由2.9个工作日减少至2.2个工作日；平均递交材料时间由3个工作日减少至1.7个工作日。认领并编制权限内监管事项210条，认领率100%。办理节能承诺63件，区域评估9项内容全部完成，出让“标准地”2宗，面积45.4公顷。全年各项税费“减、退、缓”10.1亿元，落实过桥续贷、政银担、税融通业务14.5亿元，兑付支持企业发展政策奖励资金8亿元。新增5家省股交中心科创板、农业板挂牌企业。完成技改项目投资19.9亿元。

【优化产业结构】实施高企倍增计划，建立培育库，新申报高企15家、重新认定18家。新入库科技型中小企业65家。芜湖职业技术学院与格力产业园签署职工培训中心合作协议，芜湖技师学院与中联农机共建学徒班，为企业技能型、智慧型发展提供人力支撑。贝斯特、新兴新材料产业园获国家级专精特新“小巨人”企业称号；宝特芜湖现代物流产业园入选第三批国家示范物流园区；中联农机发明专利荣获省发明专利金奖；玉柴动力双燃料发动机项目荣获省科技进步二等奖；熙泰科技、东方雨虹等5家企业获省“三重一创”项目支持。新兴铸管获省级“绿色工厂”称号，玉柴、远景塑胶获市级“绿色工厂”称号，玉柴、新兴铸管获批市重点研发创新平台。举办全国智慧农业建设现场经验交流会，“智慧芜湖大米”项目获农业农村部2021数字农业农村优秀案例推介。培育省、市级“专精特新”中小企业10家，小升规企业17家。西形冲抽水蓄能电站成功纳入国家《抽水蓄能中长期规划》(2021—2035年)。组织25家企业申报省级各类科技重点计划项目；32家企业申报市级各类科技重点计划项目。组织8家企业申领市科技创新券。知识产权专利760件，同比增长14.7%。实施亿元以上技改项目51个，申报数字化车间6个、智能工厂1家。

【聚力建设“人民城市”】组织编报2022—2024年人民城市建设项目库。实施25项民生工程，完成民生支出11.9亿元，占年初预算108.3%，同比增长12.3%。全年接种新冠疫苗398999针次，完成12岁以上人群新冠疫苗接种第一针、第二针目标任务。城镇新增就业6080人，失业人员再就业1403人，发放创业担保贷款5347万元，开展“2+N”线上线下招聘会53场次，提供就业岗位3.5万个。城镇职工基本养老、城乡居民基本养老、失业、工伤、基本医疗等参保人数分别为5.2万人、5万人、2.4万人、2.3万人、15.5万人。处理各类劳保举报投诉案件556起，为社会困难群体发放各类救助补助资金6000余万元。完成全区52个村（居）民委员会换届工作。栗元西路及官河支路交付通车，纬二路、孙滩东路顺利完工，焦湾路、高岗埠路及竹园路开工建设。完成碧桂园污水外接、市政污水管网整治、黑臭水体治理、水环境整治提升等工作。

【推动教育医疗事业发展】成立“三华小学教育集团”“保定教育集团”，引入安徽新华发展集团投资办学。落实“行知计划”，2名教师成功申报市教育高层次人才项目，1名教师被评为市卓越教师（学科带头人），7名教师被评为市第七批中小学骨干教师。全区26所中小学全部完成智慧学校建设，实施“三心工程”。芜湖师范附小官河校区、月亮湾幼儿园开学，完成6所学校标准化建设。城市书房，华师大附属芜湖医院三山分院全面开建。“两馆一宫”交付使用。

【推进环境整治】完成169户改厕任务，农村生活垃圾无害化处理率达100%。全区42个村全部完成“三变”改革。完成长江流域“三无”船只和网具清理整治，清理拆解船只515条，回收销毁各类渔网177吨。规范命名和排污整治全区207个长江入河排污口并录入长江排污口系统。开展土壤污染防治，健全环境监管体系，提升危险废物规范化管理水平。开展批而未供专项行动和闲置土地清查处置，完成长江经济带15千米范围内废弃矿山生态修复工程治理项目2个。开展“林长制”“河（湖）长制”“田长制”工作，落实森林城镇1个、森林村庄2个，完成增绿增效人工造林136.18公顷。各级林长巡林200余次、各级河（湖）长巡河（湖）1500余次。编制完成《龙窝湖生态公园规划（一期湿地公园）建设实施方案》《莲花湖幸福河湖示范试点建设实施方案》。全年大气质量PM2.5浓度每立方米31.2微克，同比下降5.6%，低于全市每立方米33.7微克。完成35吨以下非燃煤锅炉改造，开展秸秆禁烧和综合利用。销号完成2020年省环保专项督查问题6个，2021年中央生态环保督察组转办信访件5.5件。

【成立全国第一支土壤消毒社会化服务专业组织】2月22日，位于三山经济开发区的安徽春晖生态环境科技有限公司举行2021年全国土壤消毒社会化服务出征仪式，首批20名经过严格培训考核的土壤消毒社会化服务专业人员及20余台高标准制造的土壤消毒设备迈入全国土壤消毒市场，标志着全国第一支土壤消毒社会化服务专业组织在三山经济开发区成立。安徽春晖生态环境科技有限公司完成的“国家十三五重点项目成果转化产品”自走式精细旋耕施药机，主要适用于生产土壤修复、土传病虫害防治，填补国内固体微粒型农药施药机械产品空白，并在全国多个地区的示范推广中获得“订单”和“口碑”双增长。安徽春晖生态环境科技有限公司组建全国第一支土壤消毒社会化服务组织，旨在以服务为龙头，以技术为保障，不断开展新型合作模式，全方位服务于“三农”。

【“油彩乡涧·峨桥”民俗文化节开幕】3月13日，2021年“油彩乡涧·峨桥”民俗文化节在三山经济开发区峨桥镇的响水涧万亩油菜花海中开幕，众多居民和游客前来观看。民俗文化节期间，峨桥镇举办以“美丽乡村初建成，春风十里赏峨桥”为主题的短视频征集拍摄活动。峨桥镇浮山村举办“浮山骆墩马灯文化节”，游客穿汉服，赏马灯，体验民俗风情。峨桥镇虬保村为游客举办花海广场舞演出。

【聚乳酸项目落户三山】4月28日，年产35万吨聚乳酸项目签约仪式在合肥会通新材料股份有限公司举行。市委副书记、常务副市长宁波、会通新材料股份有限公司董事长李健益，合肥朗润资产管理有限公司董事长筱璘等出席仪式，三山经开区、市发改委、市经信局、市财政局、市生态环境局、市应急管理局、市建投公司等负责人参加。投资86亿元的聚乳酸项目，分两期建设，该项目是以玉米等农作物为原料制成的生物材料，具有良好的可降解性，广泛应用于包装、生物医疗等领域，市场前景可观。

【长三角先进材料研究院项目落地三山经开区】6月26日，长三角先进材料研究院项目签约仪式在芜湖铁山宾馆举行。市委副书记、市长宁波，市人大副主任何向阳，副市长贺东，彩虹集团党委书记司云聪以及三山经开区、市科技局、市产创中心等单位负责人参加。长三角先进材料研究院项目投资10亿元，建立科技创新产业基地，组织战略性先进材料研发团队及人才实施先进材料产业研究，推动科技创新及科研成果转化。

【“中联大数据驱动智慧农场2025”项目发布】6月10日，芜湖市峨桥镇中联智慧农业示范基地，无人拖拉机卫星平地、无人拖拉机旋耕、无人抛秧机、无人植保机、自动灌溉等“黑科技”，在搭载数字化管理设施的高科技农田中轮番亮相。中国工程院院士赵春江，农业农村部信息中心主任王小兵等农业农村部相关部门领导、各省（区、市）农业农村信息系统有关负责人，中国农业大学国际学院院长李道亮等科研院所专家、企业代表等嘉宾的见证下，“中联大数据驱动智慧农场2025”项目发布。中联峨桥智慧农场作为科研中心，重点培养并聚集农业科技人才。成为智慧芜湖数字大米基地、大数据驱动农业基地、循环农业示范基地、高标准数字农田基地的样板，实现信息采集、实时监控、分析处理、远程管控等数字化控制，形成以大数据为驱动力的农机农艺融合示范基地。

【安徽首艘5800吨级冰区加强多用途船在三山经开区下水】8月25日，由芜湖造船厂为荷兰船东建造的5800吨级多用途船在三山经济开发区下水。该船服务于无限航区，可具备1A冰区加强航行，采用单螺旋桨驱动，LNG+轻质燃油混合动力，满足TierIII排放要求，航行方式节能高效，创多项业内先进技术与技术突破，是安徽省建造的首艘5800吨级冰区加强多用途船。

（于桂和）

芜湖高新技术产业开发区

【概况】芜湖国家级高新区坐落在弋江区境内。2021年完成地区生产总值533.14亿元，增长10.6%；财政收入59.14亿元，增长38.8%；城镇居民人均可支配收入50932元，增长8.9%。2021年，高新区经济社会发展呈现“一个体制、两高融合、四大产业”三大特征：“一个体制”是指弋江区、高新区实行“两区合一”的管理体制。“两高融合”指高新技术产业开发区与高教园区和职教园区相融合，区境内有安徽师范大学、皖南医学院等7所高等院校，在校学生10万多人，既是高新技术集聚区，也是高科技人才汇聚区。“四大产业”是指高新区形成智能网联及新能源汽车、微电子及第三代半导体、大数据及信息技术、节能环保及高端装备制造四大主导产业。

【推进信息技术发展】高新区（弋江区）现已集聚兆尹科技、中软信息、龙鼎科技、惠国征信等20余家重点信息服务企业，在云计算、人工智能、大数据中心等领域加大探索，全区电子商务企业500余家，三只松鼠2019年在深交所创业板挂牌上市，滨江·松鼠特色小镇2020年开园，汇峰跨境产业园、芜湖高新现代服务产业园加快建设。

【节能环保】围绕海螺川崎、海螺智能装备、三花自控、奇瑞商用车环卫车板块、启迪清源、艾尔达科技、赫为科技环保产业园、鼎恒高端再制造等重点项目发展智能电网、再制造技术和设备、生活电器节能环保元器件、节能环保技术和装备、节能环保材料、膜材料及组件。海螺川崎、三花产业园等龙头企业产值、利润实现双增长，逐步迈向中高端，康爱尔压缩空气储能项目成功产业化，围绕优化存量促进内涵式发展，对传统产业进行改造提升，打造涵盖设计研发、装备制造、运行管理、系统服务等为一体的节能环保及高端装备制造产业集群。

【微电子产业发展】引入启迪半导体公司运营芜湖太赫兹工程中心，实现第三代半导体的材料生长、晶圆制造、封装与测试，并将其打造为开放性的公共研发平台，引入西安电子科技大学建设“西电芜湖研究院”围绕人才培养，科学研究及成果转化，重点打造微电子领域高技术研发、高端人才培养和微电子产业培育三大平台；引入启迪之星（芜湖）孵化器，依照“技术提升+产业对接+资本对接”的思路，引进微电子优秀创业项目；联合奇瑞科技，与产业资本携手针对微电子尤其汽车电子领域优质项目投资助力。通过抓龙头、建平台、促孵化、聚人才等举措，芜湖微电子产业已先后集聚华东光电、天兵电子、启迪半导体、赛腾微电子、精嘉电子、瑞迪微电子等四十余家企业，基本形成涵盖材料、设计、制造、封测、应用模组及销售等方面的全产业链条。

【智能网联运用】芜湖高新区是科技部确定的“新能源汽车创新型产业集群”、安徽省“新能源汽车产业集聚发展基地”及“新能源汽车特色产业园”重点发展新能源汽车整车、电池、电机电控、动力系统、充电设施以及相关核心部件等。截至2021年底，拥有规模拟上工业企业160余家，已集聚奇瑞新能源，奇瑞商用车汽车整车生产、瑞弗特种车、中集瑞江专用改装车、安川电机，忠旺铝材轻量化车身、天弋动力锂电池、天量电池箱系统、明基隔膜、安波福线束、馨联汽车动力系统、易开新能源汽车运营、芜湖联合新能源重卡产业研究院以及相关零部件生产企业，初步形成产业规模。

（汪海军）

亳州芜湖现代产业园区

【概况】2021年，亳芜园区15项经济指标中，7项指标增速居全市第1位，4项指标增速居全市第2位。其中地区生产总值10.8亿元，同比增长11.9%；一般公共预算收入完成4.04亿元，增长61.2%，高新技术产业增加值、限上消费品零售总额、战略性新兴产业产值、房地产投资、建筑业总产值、固定资产投资分别增长42.2%、28.5%、124.6%、24.3%、29.9%、18.4%。

【聚力双招双引】按照“招大引新”“抓大放小”招商思路和“龙头带动、以商招商、基金招商、产业链招商”平台招商的招商理念，围绕“3+1”主导产业，充分利用两市政策叠加的优势，开展双招双引，全员招商。除2.5产业园和人力资源产业园外，园区签约项目87个，协议投资306.73亿元。其中工业项目74个，亿元以上工业项目45个，落地30个；5—10亿元项目10个，10亿元及以上项目12个。

【推进项目建设】2021年，园区列入市重点项目69个，总投资251.9亿元，1—12月完成投资44.8亿元，新开工34个，竣工7个。列入省重点项目55个，投资238.03亿元，1—12月完成投资46.8亿元，新开工19个，竣工项12个。狠抓新引进项目落地开工，其中投资50亿元的韵达产业园，投资10亿元的臻芯半导体封装项目，投资20亿元的智芯智能终端设备生产项目，投资5亿元以上的科博检测、国信健康、晶宫绿建、金亳科技项目均开工建设。

【推动盘活存量提升质量】抓盘活。2021年以来，园区果断启动盘活提升这驾马车，以敢于碰硬的精神加大对问题项目的精准处置力度，达到优存量、提质量的目的。通过招商盘活、依法收地、协调纠纷、投资收购等方式已收回盘活问题项目16个，盘活土地164.47公顷、存量厂房近30万平方米。抓提升。园区研究出台《关于大力促进企业做大做强的奖励扶持办法》《工业企业富余厂房认定暂行办法》，鼓励和推动存量企业自我转型升级，实现上规模、上台阶、做大做强。2021年，园区“五上”企业发展到97家、规上工业企业47家。

【培育特色“园中园”】出台《关于开展产业链招商、推进产业集群建设的实施意见》。打造2.5产业园（建筑业集聚区）等十大特色“园中园”，促进产业集聚发展，利用存量载体优势，盘活一批闲置资产和地块，实现存量增量相互促进，为产业链招商提供相应的集聚空间，有利于“链主”发挥龙头效应。亳芜电子信息产业园建筑面积37.95万㎡，完成A、B、C、D四个区域的招商，8家企业入驻，5家投产，发展初具规模、初见成效。

【承接长三角产业转移】作为安徽省首批、亳州唯一的省际产业合作园区，园区着力推动建设，取得成效。2021年4月份，园区进一步推进与浙江富阳、台州湾合作共建省际产业合作园区，就建立合作共建机制等方面签署备忘录，在合作共建基础上共商深化合作，安排2位部门负责人分赴2个开发区挂职，开展驻点招商。共同打造的大健康产业园、五金机电产业园正在招商之中。

【完善配套服务】推进“智慧亳芜”建设。探索实施项目审批“四证齐发”，进入常态化。首创“免申即享”政策扩展到二大类80项，办理事项113件，兑现财政资金9202万元。首批“园区事务代表”下沉收集问题92个、解决87个，帮助企业兑现发展扶持资金7206万元，协助企业获批贷款7300余万，为企业招工128人。建立“办不成”问题专项调度制度，专题研究解决企业提出的长期悬而未决“硬骨头”问题，得到人民网、凤凰新闻中心转发推广。持续深化“四送一服”工作，宣传政策解读110场。办结问题142个，要素对接90个，解决企业融资1.27亿元，帮助58家企业招工1164人。

【项目取得突破】实现重大项目“零”的突破。成功签约

10亿元以上项目12个，包括总投资50亿元的韵达现代产业园项目、投资40亿元的华韵本草中药业产业园项目等一批重大项目，发挥龙头引领带动作用。

【产业定位】瞄准先进制造业和战略性新兴产业等重点方向，年初就确定“3+1”主导产业定位，并结合园区产业发展基础，明确电子信息产业为园区主导产业。

【招商开启新模式】“基金+产业”招商模式成功破题，与海尔资本共同设立8亿元亳海股权投资基金，与建安资本设立30亿元康安基金，天使基金正在筹划之中。一批投资项目正在推进，签约两个。

【优化营商环境】“免申即享”政策得到国务院及省政府肯定，在亳州全市推广。园区事务代表、办不成问题专项调度会等制度得到省四送一服办公室肯定。亳芜配套品牌又添新成员：亳芜人力资源产业园、亳芜2.5产业园开园，亳芜公园、亳芜铁山宾馆、中国银行亳芜支行投入使用，亳芜小学开工建设。

（田继云）

中国（安徽）自由贸易试验区芜湖片区

【概况】2020年9月24日，中国（安徽）自由贸易试验区芜湖片区揭牌成立，实施范围35平方千米（经开区部分25平方千米，鸠江区部分10平方千米）。片区围绕开放型产业集聚区、战略性新兴产业先导区、江海联运国际物流枢纽区战略定位，推进制度创新走在前列、贸易投资对接全球、战新产业集聚发展三项基本任务，规划建设港口物流区、综合保税区、银湖国际社区、中心商务区、滨湖研创区、高端制造区等六大功能区块，打造比肩全国最高水平的内陆港口型和科技创新型自贸试验区。截至2021年底，芜湖片区实有法人企业4185户，注册资本总计542.8亿元。2021年完成进出口总额62.5亿美元，同比增长33.4%；实际利用外资8.1亿美元，同比增长10.1%；实现规上工业增加值398.5亿元，同比增长20.1%；招引项目202个，总投资1881.8亿元。全年梳理上报65个制度创新案例，13项入选中国（安徽）自由贸易试验区首批复制推广改革试点经验。

【综合服务中心启动运行】1月11日，全省首个自贸试验区综合服务中心在芜湖片区启动运行。芜湖片区创新思路打造“标准化+非标准化”双向联动的企业服务新模式，设置“区块链+综窗”“帮办代办服务”“7×24小时政务服务”“非标准化服务”四大功能版块。首批集成217项政务服务事项，形成“前台综合受理、中台专业支撑、后台分类审批、统一窗口出件”的政务服务模式。推行“窗口无否决权”机制，以“首席服务官”、“市民体验官”等创新举措提升政务服务水平，以“1%工作法”为抓手创建企业服务“自贸品牌”。2021年办理法人业务10320件，提供帮办代办服务1448件；举办企业培训10场，沙龙对接会30余场，超过1000人次参加，走访企业50余次。

【安徽自贸试验区芜湖片区和浙江自贸试验区宁波片区签署战略合作协议】4月21日，安徽自贸试验区芜湖片区和浙江自贸试验区宁波片区达成战略合作关系，双方在联动开展制度创新合作、共筑产业协作平台、江海联运物流合作、跨境贸易一体化建设、合作共建芜湖综保区、金融领域创新合作等方面开展深入合作。

安徽自贸试验区芜湖片区综合服务中心

（潘 倩 提供）

【首笔外汇NRA账户结汇业务落地芜湖片区】4月27日，安徽自贸试验区内首笔外汇NRA账户结汇业务落地芜湖片区，用于奇瑞汽车香港贸易有限公司向其境内公司支付货款。NRA结汇是自贸试验区专属金融创新政策，打破境外机构账户无法结汇的禁锢，结汇后人民币直接用于货款支付，实现企业汇兑转账“零成本”，对扩大自贸试验区跨境人民币使用、实现资金自由流通和贸易便利化具有重要意义。

【菜鸟跨境电商芜湖中心仓启动运营】6月18日，芜湖综保区菜鸟跨境电商芜湖中心仓启动运营，截至12月31日完成跨境电商1210保税进口业务单量达105万单，交易额达1.40亿美元，是皖南地区以1210保税进口模式为代表的跨境电商产业发展的里程碑。

【芜湖—日本快运航线成功首航】6月23日下午5时许，满载着集装箱的“顺达集99”号从芜湖港出发开往日本，标志着芜湖—日本快运航线成功首航。是全省首条直达日本的外贸直航班线，该航线每周二、周四从芜湖始发，全面覆盖日本各基本港，实现干支线无缝对接，助力众多芜湖外贸企业降低物流成本，提升国际市场竞争力。

【全省首笔自贸试验区低准入门槛跨国公司跨境资金运营业务获批】2021年8月，芜湖伯特利汽车有限公司获批全省首笔自贸试验区低准入门槛跨国公司跨境资金运营业务，境内4家成员单位和境外2家成员单位纳入跨国公司跨境资金集中运营并于11月成功对境外放款50万美元。该业务的成功办理，是芜湖片区用足用好外汇局便利化政策，丰富跨境金融服务手段的创新举措，在进一步提高跨境资金便利化结算的同时，为“走出去”企业发展开辟新渠道。

【京东（芜湖）数字经济创新基地落户芜湖跨境电商产业园】2021年10月，京东（芜湖）数字经济创新基地落户自贸区跨境电商产业园。该基地将成立三大业务中心：商家服务中心、数字经济人才赋能中心、直播服务中心。该基地将为芜湖跨境电商带来直播电商新业态，构建地区经济发展新模式。

【全省首家汽车出口金融服务平台成立】11月5日，安徽自贸试验区芜湖片区建投公司与奇瑞集团共同成立安徽首家汽车出口金融服务平台——芜湖瑞融国际贸易有限公司。瑞融公司通过融资方式筹措资金，支持奇瑞进一步开拓国际市场，快速提升奇瑞国际的出口规模。后期赋能本地如中车庞巴迪、中联重机、中集瑞江、中电科钻石飞机，帮助其做大高端装备出口，提高企业国际竞争力。

【“双智”项目取得进展】12月3日，住建部、工信部联合印发《智慧城市基础设施与智能网联汽车协同发展第二批试点城市的通知》，芜湖市成为入选城市。芜湖市开展智慧港区与综保区“区港联动”建设，打造“一轴一环”智慧应用场景，发挥保障措施赋能“双智”工作，统筹谋划“双智”实施工作计划。

【行政许可权改革】12月3日，省委、省政府批复同意《中国（安徽）自由贸易试验区芜湖片区相对集中行政许可权改革试点方案》，芜湖市在全省自贸片区率先开展相对集中行政许可权改革试点工作。芜湖片区聚焦行政审批流程再造，探索政务服务创新路径。组建行政审批局，实行“一颗印章管审批”，各级赋权事项做到“一站承接”。截至2021年底承接省级赋权事项212项。再造“综合受理+集中审批”一体化审批流程，在自贸试验区大楼1—3层4500平方米内集成政务服务大厅和企业服务中心，通过设立“无差别受理”综合窗口，推行“一窗受理、一表申报、一章审批、一网办件、一次办结”的审批新模式。完善监管体制机制，依托市综合监管分类执法改革，协同推进芜湖片区相对集中行政监管，建立统一高效的事中事后监管体系，实现行政审批与监管信息双向反馈、及时联动，确保审批与监管无缝衔接。

（潘　倩）

城乡建设

Urban and Rural Construction

综　述

【概况】2021年，芜湖市建筑业总产值896亿元，同比增长18%，产值总量位列全省第二，增速位全省第一。完成房地产投资554.85亿元，同比增长13.6%，增速位列全省第五；商品房销售面积710.96万平方米，同比增长28.6%，增速位列全省第一，房地产市场总体运行平稳。新增公共停车泊位4312个、污水日处理能力30.5万吨，新建污水管网125千米。推进保障性安居工程建设，全年棚户区改造新开工1165套、开工率100.89%；基本建成585套，建成率160.71%，超额完成年度目标任务。全年改造187个城镇老旧小区、惠及29342户家庭。全面落实房屋安全管理长效机制，排查城镇房屋4091.851万平方米，鉴定房屋33.23万平方米。全年危房改造498户，任务完成率达126.4%。

【统筹推进人民城市建设】2021年，芜湖市人民城建办出台《人民城市建设重点项目工程三级调度机制》，明确市长每月一调度、分管副市长每周一调度、市人民城建办随时调度的工作机制，有效推进全市重点工程项目建设。压紧压实人民城市建设重点任务，开展全市重点工程“双百攻坚”。推动在建重点工程项目序时完工，督促拟建政府投资项目开工。轨道交通1号线和2号线一期、赤铸山路快速化改造、芜黄高速、芜湖东出入口建成通车，宁芜、芜宣高速改扩建和通江大道江北大道至和沈路段、峨山路东延二期等项目开工。火车站站区枢纽、芜黄高速、岳武高速东延、芜合高速“四改八”、城南过江隧道等项目加快推进。拓展人民城市建设相关工作，配合有关单位推进新型城市“两级中心”建设、摸底全市公园闲置用房、推动海绵城市建设示范城市申报、谋划推进全市综合交通规划、开发重点项目进度管理决策平台等重要任务，发挥担当、抓牢机遇，推进芜湖市人民城市建设落地开花。

【提升城市品质】加快实施城市基础设施补短板，新增公共停车泊位4312个。实施城市体检评估机制，完成城市体检工作，形成体检报告。创建国家级节水城市，编制《芜湖市城市节约用水规划》等16项城市用水节水管理规章制度和技术规范。加强历史文化保护传承，全市认定历史建筑40处。加快推进海

芜湖轨道交通1、2号线一期建成开通运营

（刘　旭　提供）

绵城市建设，编制《芜湖市海绵城市建设规划》等文件，完成海绵城市2021年自评估工作。

【落实城市污水防治】2021年，城市污水日处理能力30.5万吨，新建污水管网125千米。芜湖市录入住建部监管平台的74条城建区黑臭水体已全部治理完成并通过“初见成效”验收，城东污水处理厂和建成区生活污水集中处理率仅50%左右突出环境问题通过省级验收。

【有序开展老旧小区改造】提请市政府印发《芜湖市全面推进城镇老旧小区改造工作实施方案》，全年改造187个城镇老旧小区、惠及29342户家庭。

【推进农村危房改造】超额完成农村危房改造任务，全年危房改造498户，任务完成率达126.4%，印制《芜湖市农村自建房质量安全常识挂图》《农村危房改造政策明白卡》。

（刘　旭）

建筑业

【概况】2021年，芜湖市建筑业总产值896亿元，同比增长18%，产值总量位列全省第二，增速位全省第一。装配式建筑面积占新竣工建筑面积比例达20.61%，绿色建筑竣工面积占新竣工民用建筑比例达96%。工程质量监督覆盖率达100%，全市获得国家级、省级优质工程奖项15项。

【推动建筑业高质量发展】出台《贯彻落实持续推进建筑业发展十二条意见实施细则》，从优化建筑业企业资质管理，推动建筑业企业引进来、走出去，鼓励联合体招标，减轻企业负担，加大金融支持，培育建筑人才队伍等方面多措并举。全年新增建筑工程施工总承包一级资质建筑业企业21家、机电工程施工总承包一级资质企业2家，新增省级装配式建筑产业基地2家。

【加大建筑市场监管力度】结合城市建设安全专项整治三年行动等专项检查，不间断开展各类安全生产检查督查，开展安全生产监督检查1200余次，下达责令改正违法行为决定书1894份，停工项目80个，移交城管部门处罚案件30件。

【安全管理】出台《芜湖市建筑业目标考核实施办法（暂行）》，强化目标考核管理。提升工程质量品质，工程质量监督覆盖率达100%，全市获得国家级、省级优质工程奖项15项，其中，国家优质工程奖1项，国家钢结构金奖1项，省优“黄山杯”奖13项，黄山杯数量位列全省第二。

房地产业

【概况】2021年，芜湖城市完成房地产投资554.85亿元，同比增长13.6%，增速位列全省第五；全年商品房销售面积710.96万平方米，同比增长28.6%，增速位列全省第一。政府投资建设的64346套公租房全部竣工交付，实物配租64128户，发放租赁补贴3122户，发放资金503万元。

【市场运行平稳】加大调控力度，成立市房地产稳控工作领导小组，市政府主要领导担任组长。出台《关于进一步促进我市房地产市场平稳健康发展的通知》《芜湖市持续整治规范房地产市场秩序三年行动方案》《芜湖市“群租房”整治工作方案》等文件，开展房地产领域专项执法检查和“双随机一公开”抽查，严厉惩处违法违规行为，净化市场环境。开展全市风险楼盘排查，出台《芜湖市逾期交房专项治理工作方案》，解决逾期交付等矛盾纠纷，维护人民群众利益。

【推进保障性安居工程】保障性安居工程建设扎实推进，全年棚户区改造新开工1165套、开工率100.89%；基本建成585套，建成率160.71%，超额完成年度目标任务。公租房保障力度加大，实行实物配租和租赁补贴并举，政府投资建设的64346套公租房全部竣工交付。有序进行城镇老旧小区改造工作，提请市政府印发《芜湖市全面推进城镇老旧小区改造工作实施方案》，推动改造工作进行。全年改造187个城镇老旧小区、惠及29342户家庭。

（刘　旭）

城市建设与管理

【概况】2021年，芜湖市城市管理以新时代新城管新作为为导向，遵循人性化、精细化、智慧化、法治化要求，坚持“人民城市人民建，人民城市为人民”理念，重点推进城市精细化管理新进程，进一步提升城市环境品质和群众获得感、幸福感、满意度。2021年，芜湖市“智慧城管”项目、“抗击新冠肺炎疫情”工作分别被中央网信办、国家发改委等八部门，省住建厅授予“国家智能社会治理实验特色基地（城市管理）、全省住房和城乡建设系统抗击新冠肺炎疫情先进集体”荣誉称号。

【园林绿化】2021年，芜湖城市“大绿化”建设暨城镇园林绿化品质提升行动计划新增、提升绿地面积244.72万平方米，新建绿道27.8千米；持续开展公园闲置房资源利用工作，市管公园内15处闲置房已建成开放利用7处（神山公园赤铸书院、便民服务点、水吧、书吧，中江公园中江书院，人民公园水滴馆，镜湖公园镜湖书苑），其他8处正在加快实施中（神山公园热带植物馆、集团大院，中江公园咖啡馆，赭山公园舒天阁、映鋆轩，镜湖公园琴余别馆、归去来堂，汀棠公园湖心岛二层楼）。完成漳河口（澛港大桥—入江口）绿化提升工程、九华南路（峨山路—南陵渡桥）中分带绿化提升、九莲塘公园景观提升改造工程、2021年园林景观提升工程建设；完成轨道交通1号线及2号线一期绿化提升工程建设，对轨道交通沿线47千米、面积约28.2万平方米的绿化进行提升。

【市政设施养护】在安徽省率先实施市管道路整治提升行动，利用2个月时间对23条市管道路开展整治提升；完成道路养护管理面积711.64万平方，地下通道1.11万平方，桥梁养护70.76万平方，快慢车道维修77134.555平方米，人行道维修21749.956平方米；维修、更换污水井盖1400余个，更换跌落网4200余处。

【生活垃圾分类】2021年，芜湖市推进生活垃圾分类地方立法、生活垃圾分类管理规范地方标准制定工作；组织生活垃圾分类专项执法行动，全市2323家公共机构（党政机关、各级各类学校等）、652个居民小区开展垃圾分类开展生活垃圾分类。市生活垃圾填埋场综合整治项目进展顺利；市垃圾处理厂飞灰处置及封场工程按时序推进；芜湖市餐厨（厨余）废弃物处置特许经营权BOO项目开工建设；繁昌区生活垃圾焚烧飞灰协同处置项目投入运行；芜湖绿洲环保能源有限公司生活垃圾焚烧处理项目技术改造任务完成。

【排水防涝】2021年，修订《芜湖市城市排涝应急预案》，完善《城市排涝手册》，编制城市内涝系统化实施方案；强化排涝设施检查维护工作，完成1627千米雨水管网清疏，清掏雨水及检查井90275座，清疏出水口462处，泵站前池清淤约4万立方米。

【市容秩序管控】规范共享单车运营，控制市场总量，2021年核减市场投放量5万辆，市区现有共享单车3.2万辆，设置电子围挡6000余处，上牌共享单车2000余辆；整治各类户外广告（店招标牌）设施3251块；清理流动摊贩30000余人次，整治占道经营近10100处。

【环卫管理水平提升】2021年，推广芜湖酷哇机器人高效智能无人驾驶环卫作业模式，提高环卫作业智能化水平；全市清扫垃圾167722.73吨，市区（农村）生活垃圾无害化处理率达100%；市区主要道路机械化清扫率达到98%；首批创建15个“席地而坐”高标准示范区域（道路）；建立市区346座环卫公厕、508座社会化公厕底册清单；2021年，与10639家商户签订“门前三包责任书”，提高城市管理共治共享水平。

【建筑垃圾管理规范】对渣土运输企业实行登记备案制度，根据智慧渣土系统监测结果，约谈16家涉嫌不按规定路线行驶等行为的渣土运输企业；对全市30家渣土运输企业、443辆渣土运输车开展年度审核工作，存在问题的9家企业以及28辆渣土运输车均在限期内整改到位。全面摸排存量违建设数据信息，2021年全市依法拆除违法建设1977处、面积为90085.77平方米。

【启动城市生命线安全工程】2021年，由合肥泽众城市智能科技有限公司与安徽中江城建集团合资组建芜湖泽众城市智能科技有限公司运营；完成城市生命线安全运行风险评估；完成城市生命线安全工程（一期）项目建设方案初稿，总体概算约2.1亿元，基本实现对全市重点桥梁、重点区域地下管线的全面监测预警。

【推进市政设施工程项目建设】完成市管排涝设施改造建设、市管泵站设施提升改造、市管泵站双回路工程建设；完成朱家桥尾水净化生态公园二期项目立项、可研、初设及概算审查等前期工作，上述工程均开工建设；完成芜湖通沟污泥处理工程建设，投入使用。

三山经济开发区一百余套白玉兰花造型的景观灯扮靓该区示范路——龙湖路

（邹亚敏 提供）

【智慧城管项目启动试运行】2021年，完成智慧城管项目建设，项目涵盖园林绿化、执法办案、违法建设档案、“随手拍”等系统，实现“两级监督、两级指挥”，优化问题案卷的派遣流程，打通案卷“扁平化”派遣通道，2021年12月份启动试运行。

【推进人民城市建设】开展整治背街背巷脏乱差、共享单车乱停放、广告店招乱设置、建筑垃圾运输乱象、违法建设等“五个整治”行动以及园林绿化品质、市政设施养护、市容环卫管理、沿江岸线亮化、城市生命线安全等“五个提升”工程。推行一线工作法，提高城市管理问题的发现率、处置率。组织开展“千家万户、千门万店、千企万家”常态化专项行动。

【推进示范创建工作】2021年，创建5条试点示范道路（无为市滨湖路、涌金路、越秀路、湾沚区芜湖路、南陵县利民路）、4个试点示范街区（白象绿洲街区、迎春东路示范街区、万达广场街区、新时代商业街区），围绕“示范道路”“示范街区”谋划创建“美丽街区”工作。

【安全生产】完成桥梁结构性检测、安全运行监测系统建设等关键性任务；强化工作措施，常态化开展渣土运输安全联合检查行动；持续对全市城管领域安全隐患开展排查整治，发现并整改安全隐患1173个。

【落实污染防治整改】城东污水处理厂生态环保问题全部整改完成，2021年12月20日通过省住建厅、省生态环境厅验收；完成139件各级反馈环保信访件整改验收工作，验收率达到100%；强化餐饮油烟整治工作，2021年检查露天烧烤2069次，清理取缔2332处。

【健全法治建设】制定《芜湖市城市管理局行政规范性文件管理规定》《芜湖市城市管理局合同管理规定（试行）》；修订《芜湖市城市管理行政执法程序规定》《芜湖市城市管理行政执法文书样式》，新增执法文书11份，修订20余份。编印《芜湖市城市管理行政执法工作标准（2021版）》。推进长三角一体化执法协作机制建设，制定《2021年长三角一体化城管执法协作工作要点》；开展市属省级以上开发区赋权事宜，完成两批次赋权，签订《市属省级以上开发区赋权委托协议》；优化“互联网+政务服务”事项。

（邹亚敏）

乡村振兴

【概况】2021年6月，原芜湖市扶贫办公室、无为市、南陵县扶贫办公室、优化重组为乡村振兴局。其余6个区在农业农村部门加挂乡村振兴牌子，明确1名分管负责人并安排专人负责乡村振兴工作。继续开展帮扶干部选派工作，选派帮扶干部274人，进一步充实基层队伍力量。建立市领导乡村振兴联系点机制，打造一批乡村振兴示范村，以点带面推进全市乡村振兴工作。出台《芜湖市委农村工作领导小组关于印发推进村党组织领办合作社壮大集体经济实现共同富裕的实施方案的通知》，在全市试点推进党组织领办合作社，进一步扶持壮大村集体经济。在全市开展监测户集中排查并坚持动态调整，截至2021年底排查并录入动态监测户112户，落实帮扶措施。全市现有动态监测网格21418个，网格员21550人，实现动态监测不遗漏。全年监测返贫致贫风险户386人次，落实防贫帮困保障资金422.56万元，实现零返贫致贫。全市13.35万人贫困人口全部脱贫。

【市乡村振兴局挂牌】根据省委编办批复，经市委、市政府批准，芜湖市扶贫开发工作办公室重组为芜湖市乡村振兴局。6月7日，市委书记单向前为市乡村振兴局揭牌，市领导张志宏、汤劲松出席揭牌仪式。芜湖市乡村振兴局为市政府工作部门，规格为正处级，主要负责巩固拓展脱贫攻坚成果，统筹推进实施乡村振兴战略有关具体工作。6月8—9日，无为市、南陵县、镜湖区、鸠江区、弋江区、湾沚区、繁昌区、三山经济开发区乡村振兴局陆续挂牌。

【推进党组织领办合作社】2021年，由市领导带队的调研组多次深入农村一线开展党组织领办合作社调研，了解各地区村集体经济发展情况，并与专家学者、基层干部等“三农”干部人才召开座谈会，就如何推进党组织领办合作社交换意见和看法，在此基础上形成调研报告。2021年12月24日，《芜湖市委农村工作领导小组关于印发推进村党组织领办合作社壮大集体经济实现共同富裕的实施方案的通知》（芜农工〔2021〕8号）发布，这是全省唯一一个以出台文件推进党组织领办合作社的地级市。党组织领办合作社能够有效将党组织的政治优势、组织优势和合作社的经济优势、产业优势以及群众的能动性结合起来，促进集体经济发展壮大，有利于打造共同富裕的“芜湖样板”。

【昆山镇开展首届白茶采摘节活动】4月8日，举行无为市首届白茶采摘节暨映山红观赏季徒步大会。活动当天吸引众多游客前来观光、观茶、品茶。昆山镇茶园面积达600余公顷，其中高山茶园面积40余公顷，茶叶品种以白茶为主。昆山镇通过举办白茶采摘节暨映山红观赏活动，促进脱贫群众在就地就近就业的基础上分享旅游业的增值收益。培育66.67公顷以上茶叶种植企业6家，茶叶种植大户11户，2021年春季白茶产量突破60吨，产值约1.2亿元。

（何良友）

白茶采摘节期间，农户上山采茶

（何良友 提供）

重点工程建设

【芜湖二中改扩建工程】该项目坐落于弋江路与西洋湖路交叉口（原芜湖师范学校）。该项目投资计划1.95亿元，用地面积4.49公顷，建筑面积43125平方米。主要包括新建实验楼、教学楼、综合楼、食堂宿舍、报告厅、体艺馆、附属用房等的土建、装饰、安装及智能化工程以及附属工程、配套工程及原师范学校教学楼加固改造为拓展备用房。项目建成后拥有30个班级，能够容纳学生1500人，拥有机动车停车位350辆（地面13辆，地下337辆），非机动车停车数850辆（地面603辆，地下247辆）。

【神山智慧体育生态公园项目】该项目坐落于神山公园内，包含两个标段：一标段包含园区6.7千米沥青道路上加铺宽2.5米环保型预制式塑胶步道及4000平方米休闲运动场（儿童成长乐园、时尚跑酷场、成人健身场、老年康养场地等），二标段总建筑面积14615平方米，包含地下两层停车场（可供373辆机动车停放），地上篮球场、足球场、轮滑场、网球场等。一标段于2021年12月19日竣工验收，并移交至相关管理单位。

【芜湖市第六人民医院新建住院综合大楼项目】该项目坐落于第六人民医院院内，政府计划投资1.2亿元，总建筑面积22687平方米，其中地下一层建筑面积5637平方米。主要包括土建、安装、装饰工程。可提供260张床位，机动车停车位386辆（地下机动车停车位109辆），非机动车停车数1028辆。该项目于2021年11月10日开工建设。

【安徽中医药高专后勤综合楼工程】安徽中医药高专后勤综合楼项目总建筑面积35901.12平方米，地上建筑面积为30914.54平方米，地下4986.58平方米，其中人防建筑面积2021.40平方米。主楼13层，1、2层为食堂报告厅，3层以上为学生宿舍，407间，裙楼2层，为食堂和大学生活动中心。项目投资1.37亿元，设计单位为中国建筑集团有限公司，施工单位为中国十七冶集团有限公司，监理单位为安徽远信工程项目管理有限公司。

【市中医医院中医传承与创新研究中心建设项目】该项目位于市中医院城南新院区内，投资约1.7亿元，占地面积8000平方米，建筑面积33000平方米，按照国家三级甲等中医院（住院部）标准，500张床位。其中人防地库地下两层，建筑面积11397.43平方米；地上分为ABC三个区域，A区为住院部，地上十层，建筑面积15213.21平方米；B区为宿舍楼工程，地上五层，建筑面积3273.58平方米；C区为考试楼，地上两层，建筑面积3107.42平方米。

【安徽中医药高等专科学校1—7号学生宿舍维修改造工程】安徽中医药高等专科学校1—7号学生宿舍维修改造工程位于中医药高等专科学校校内，建筑面积约32000平方米，工程内容包括室外景观提升、宿舍外立面维修、室内装饰装修等，施工单位为安徽瑞强建设有限公司，监理单位为芜湖正泰工程建设监理（咨询）有限责任，项目合同价为3054.13万元，工期260天。于2021年12月初进场施工。

【高新消防站工程】该项目位于芜湖市白马山路，总建筑面积0.63万平方米，中标价：1848万元，合同工期330个日历天，其中，综合楼5层，辅楼2层，建筑高度19.7米，建筑面积：0.56万平方米。训练塔10层，建筑面积约0.07万平方米。综合楼与辅楼之间通过连廊连接，综合楼为车库、战士住宿、办公等功能。辅楼为食堂及亲属探班住宿区。项目2021年初交付使用。

【城市公益性公墓】芜湖市市级城市公益性公墓项目位于弋江区市殡仪馆东南侧，项目北靠山坡林地，东侧为皖赣铁路线，南侧为基本农田。本项目总投资1.08亿，占地2.6公顷。主要建筑工程为骨灰堂、公共服务相关配套用房。骨灰堂地上两层，局部三层，建筑面积约1.5万平方米。主要结构为框架结构，室外机动停车位120个，非机动停车位449个，骨灰盒安放数量约9万个。2021年4月开工建设。

【安徽省公共卫生临床中心（芜湖）项目】项目总建筑规模17万平方米，其中地下面积5.8万平方米，地上建筑面积11.2万平方米，地上建筑包括门急诊医技住院综合楼、感染病区及其支撑病区、行政科研综合楼、污水处理等辅助用房，规划设置总床位数1000张，分别设置两个病区或中心：感染病区及相关支撑专科病区规划设置床位500张，其中感染病区300张床位，相关支撑专科病区200张床位；综合病区床位500张。项目总投资20亿元。该项目截至2021年底，完成全部桩基工程施工，基本完成土方开挖工程，地下主体结构工程正在全面施工过程中。

【市一院儿童医学中心及配套工程项目（一期）二标段工程】该项目位于芜湖市第一人民医院内，建设内容包括培训中心和宿舍楼两幢单体工程以及室外给排水、电气工程等。其中培训中心建设面积3807平方米，四层框架结构，桩基础，标准层高4.2米，局部3.6米。宿舍楼建筑面积7188平方米，六层框架结构，桩基础，标准层高3.6米。包含土建及水电暖通等专业工程。截至2021年底，该项目已完成培训中心主体结构封顶及宿舍楼上部主体结构施工。

【芜湖市特警及警犬训练基地警犬训练中心项目】该项目位于芜

湖市公安局特警及警犬基地内部，项目建筑面积1948平方米，三层框架结构，项目由安徽省新空间规划工程设计有限公司设计，芜湖市勘测院勘探，安徽昶通建筑工程有限公司承建，六安建工监理公司监理，合同中标价552万元，合同工期210日历天。截至2021年底完成行政审批手续的办理及施工前的各项准备工作。

【芜湖市光荣院活动中心改扩建项目】该项目位于南陵县烟墩镇第二福利院内部，项目建筑面积1400平方米，框架结构，项目由安徽地平线建筑设计有限公司设计，芜湖市勘测院勘探，锦旭建设有限公司承建，浙江柏耀工程项目管理有限公司监理，项目于8月底完成竣工验收。

【芜湖市皖江学院新校区一期南片区项目】皖江学院新校区一期总建筑面积约35.7万平方米，其中一期南片区6.8万平方米，包括新材料与环保学院、智能制造学院、汽车学院，实训工厂、公共教学楼、微电子学院7个单体，一期北片区建筑面积28.93万平方米，其中地下室约3.04万平方米，包括人文与社会学院、学前教育学院、信息技术学院、音乐艺术学院、图书综合办公楼、食堂产教融合研究中心实训基地、会堂、食堂、学生宿舍、体育馆，看台、专家楼、教师公寓、学术交流中心、校门、变电所等17个单体，以及外环境工程等附属工程。

【傻子瓜子展示馆项目】傻子瓜子展示馆位于产业创新馆一层，利用市产业创新馆创客沙龙空间420平方米进行装修改造，建设傻子瓜子展示馆，通过展台、展板、图文、照片、视频等形式，展示傻子瓜子创始人创业故事，设计包括序厅、开拓创新的先行者等6个板块。项目于12月竣工验收。

【站区枢纽项目征收铁路房屋还建项目工程概况】站区枢纽项目征收铁路房屋还建项目是2020年芜湖市政府重点项目之一，位于芜湖火车站东、西广场两侧，投资5.5亿元，其中东广场占地约5.45公顷，建筑面积69313平方米，西广场占地约0.6公顷，建筑面积17297平方米，此次先行开工建设的为西广场部分。项目一标段于2020年12月26日开工，二标段于2021年8月开工。

【芜湖东出入口改造工程】芜湖东出入口改造工程位于芜湖市郊，距离芜湖市区约10千米，改建后的芜湖东互通中心桩号为芜马高速公路K71+475，采用双喇叭互通方案，匝道上跨主线和万春中路，被交路为万春中路。本项目的建成将缓解芜湖市东部经济开发区区域车辆上下高速公路经常拥堵的问题，对芜湖市东部地区社会经济快速发展具有十分重要的意义。

【芜湖市生活垃圾填埋场综合整治项目】项目主要建设内容为包括填埋库区3.8万立方米，存量污泥处理工程，每天300立方米的渗滤液处理站改造工程，雨污分流、填埋气收集处理等附属工程。项目于2020年7月17日开工建设，于2021年6月通过竣工验收。

【芜湖市三山水厂原水管线迁改工程】芜湖市三山水厂原水管线迁改工程，采用DN1600双管，起自新建取水泵房，沿S216、X041敷设至疏港路交叉口后，沿疏港路向东至高安河路，然后沿规划疏港路接至长江

11月20日，芜湖东出入口改造工程完工交付使用

（余珊珊 提供）

堤坝外侧并与现状原水管连通，全长约14.85千米，管线设计总输水规模为每天45万立方米。工程于2020年9月16日开工，2021年9月份竣工。

【赤铸山路节点立交（鸠江北路—徽州路）快速化改造（一标段）工程】赤铸山路是连接芜湖市中心城区、城东新区与芜湖东高速出入口的一条重要连接线。施工范围主要包括道路工程、排水及管线迁移、4座下穿通道（分别为中江大道下穿、鸠江北路下穿、安澜路下穿、河清路下穿）、3座人非通道、一座拼宽桥（K8+108）及一座2×6米箱涵（K9+287.747）等工作内容。工程于2019年9月28日开工，2021年10月31日竣工通车

【安师大附属外国语学校教学楼工程】项目位于学校西南角，紧邻西校门。教学楼地上四层，地下一层，总建筑面积约2111平方米。主要建设内容包括新建教学楼、雨污水管网、景观绿化等配套设施。项目于2020年10月10日开工建设，2021年10月31日完工。

【朱家桥尾水净化生态公园二期】该项目通过生态净化实现固碳增汇，提升出水标准和中水回用减少受纳水体温室气体排放，活水保质减少流域水系治理其他措施能源输入，智慧监测实现节能提效管理，建设集碳中和、生态、景观、智慧、文化于一体的开放型水生态公园。该项目位于港一路以南，长江路以东，银湖北路以西，伊顿津桥小区以北。总占地面积39.93公顷。该项目主要包括朱家桥污水处理厂中水泵房改造、人工湿地、进出水管渠、道路栈桥、景观绿化及相关附属设施、中水回用泵站新建、中水管网新建等。2021年底，该项目施工单位进场搭设临时设施及办理相关建设手续。

【芜湖市垃圾处理厂飞灰处置及封场工程】芜湖市垃圾处理厂飞灰处置及封场工程主要包括：新建飞灰固化物填埋场工程，飞灰固化物转运填埋及封场工程，生活垃圾填埋场最终封场工程三个部分。投资约为1.6亿元。该项目于2021年6月开工建设。

【芜湖市保安服务总公司武装守护押运分公司经营场所改造项目】项目位于芜湖市经开区九华北路197号，芜湖市保安服务总公司武装守护押运分公司经营场所改造项目，其中包括综合楼内外改造（9607平方米）、金库新建（4642平方米）、门卫室（54平方米）及电房新建、停车楼改造（4574平方米）、室外附属、给排水改造、电器改造等。项目于2021年6月16日开工建设，12月31日完工。

【商合杭铁路芜湖长江公铁大桥公路桥接线工程江北二路工程】项目为新建的楚江大道工程一期，东起吴越路、西至和谐大道，是商合杭铁路芜湖长江大桥公路接线工程江北接线工程的延伸段。道路全长3.3千米，道路设计标准为城市主干道，标准段道路宽度71米，设计车速每小时50千米，主机动车道为双向八车道，道路两侧设辅道、非机、人行道。项目于2021年6月完工。

【长江路地下综合管廊管线入廊工程】地下综合管廊工程北起天门山路以北、南至中山北路北侧，全长3.07千米，位于长江路东侧辅道和人行道范围，入廊管线含沿线110千伏和10千伏高压电力管线、电信、移动、联通等弱电管线等，入廊合同造价约3亿元。强、弱电管线入廊工程于2020年12月底启动实施，2021年11月完成长江路（中山北路至天门山路段）沿线高压杆塔线。

【官陡门路延伸段（机场—中江大道）工程】该道路为城区次干路，全长约2.46千米，红线宽20米，西与部队内部东西干路终点衔接，往东分别经大葛村、小葛村及东里村南边，至中江大道现状预留的交叉口止，设计时速每小时40千米。主要工程内容包括：道路工程、桥涵工程、排水工程、交通工程、照明工程等市政配套附属工程。项目于2021年5月底完工。

【扁担河至大阳埠补水泵站工程（一期）】项目位于扁担河及大阳埠主要流域交叉口处，新建抽水泵站1座、河道清淤整治2.1千米，大阳埠出口节制闸1座、东沟节制闸1座、弋江沟口节制闸1座、大公沟连通涵555m等工程。该项目补水泵站从扁担河引水，进行生态补水，起着引配水作用，对防洪排涝具有重要意义，同时为恢复河道正常功能，促进经济社会的快速持续发展，进行河道清淤。使河道

通过治理变深、变宽，河水变清，群众的生产条件和居住环境得到明显改善。项目于2021年5月底完工。

（余珊珊）

国有土地收购储备

【概况】截至2021年底，全市市区经营性用地公告出让26宗，出让面积195.97公顷；全年收储入库土地330.67公顷。

【地产招商】2021年，参与芜湖市土地竞拍的新进房地产企业25家，新入驻芜湖房企3家，分别是杭州大家、招商地产和中南地产，其中杭州大家竞得2105号宗地，招商地产、中南地产与荣盛地产合作2108号地块项目。

【土地推介】12月22日，“芜湖起飞！2021—2022芜湖市土地招商云推介”在芜湖传媒中心举办，副市长程刚、市直相关部门及各区负责人和企业代表们参会。推介会吸引50家开发企业，包括伟星、万科、保利等深耕芜湖的房企到绿城、龙湖地产等国内一线房企前来参会。会上推介储备地块51宗，524.47公顷，其中重点地块12宗。会上同步发布720全景航拍和芜湖储备用地推介电子招商手册。

【片区开发】编订2021年度土地开发计划，扁担河以东片区综合开发项目列入2021年度政府投资计划项目，投资61.26亿元，其中工程建设费用26.87亿元，计划分5年实施。2021年按计划启动扁担河片区内“两路一校”项目的建设工作，完成片区内项目用地的征迁、土地报批、方案设计、施工组织等各项工作，2021年计划总投资4.8亿元，实际完成总投资12.61亿元，投资完成率263%。

（韩甜甜）

建设投资

【概况】2021年，芜湖建设投资聚焦支柱产业和战略性新兴产业，持续优化股权投资结构，助推全市经济高质量发展。2021年实现投资企业现金分红、基金分配现金收入、项目退出收益8.63亿元。协同县区政府推动一系列重大项目在芜落地。先后推动三山经开区招引落地年产35万吨聚乳酸生产基地，项目预计总投资86亿元；支持中航智无人直升机项目落地湾沚区，项目预计投资22.5亿元；推动芜湖市第三代半导体产业发展新战略，通过公开挂牌方式引入战略投资14.3亿元。对接社会投资机构引入社会资本，设立全生命周期的股权投资基金，借力扶持芜湖市产业发展。2021年先后参与设立规模150亿元的中建材安徽新材料产业基金等12支基金，投向涵盖新材料、新能源、集成电路等芜湖市重点发展领域。

“WuHu起飞！2021—2022芜湖土地招商云推介”活动在芜湖传媒中心举办

（韩甜甜 提供）

【防范化解金融风险】截至2021年12月末，筹集资金138.22亿元，其中融资到位资金60.58亿元，平均融资成本率为4.01%，未出现高于基准利率30%的情况。做好全市各类重点工程和重点项目建设资金的审核拨付工作，为芜湖市建设“四个名城”，完善功能配套，提供资金保障。根据各区审批进度，及时筹措和调度各区棚改资金，保障棚改工作有序推进。严格执行本年隐性债务化解方案，全年化解隐性债务28.65亿元。持续关注皖江金租流动性风险，防范区域性金融风险发生。

【提升资产运营质量】2021年，实现租金收入3823.84万元，较2020年上涨12%。按照公司运营资产管理规定，做好资产评估、续签、催缴、维修维护、安全检查等日常工作。坚发挥国企的社会担当，将滨江公园内房屋经营管理权、收益权整体移交镜湖区政府统一管理。为弥补铁山宾馆运营亏损，调剂年租金约600万元收入对应资产的使用权、收益权给铁山宾馆。

【数字经济产业园】通过邀请招标，确定东南大学建筑设计研究院为项目建筑规划设计单位。推动项目运营前期工作，分别对接并实地考察北京东升、武汉东湖高新等多家大型项目建设运营单位，就项目现阶段设计方案及后期运营合作进行洽谈。

【松芜产创中心】为满足芜湖市龙头企业招引人才需要，牵头购置漕河泾科技绿洲二期7号、9号和11号三栋标准化办公楼宇作为一期中心项目。其中，公司购买漕河泾科技绿洲二期9号楼，单价每平方米2.16万元（含公共部分装修），合同价款1.043亿元。

（曹多华）

【芜湖宜居投资（集团）有限公司概况】芜湖宜居投资（集团）有限公司于2011年底经市政府批准组建，2020年9月经市委、市政府批准调整为规模较大国有企业。公司注册资本金92亿元人民币，信用评级AA+。公司业务范围涵盖投融资、城市更新、区域开发、资产运营、商业招商运营、养老服务、会展运营、工程咨询、物业管理等领域。

【“两级中心”项目】为解决居民十五分钟生活圈，满足老百姓家门口的幸福，不断完善社区服务和治理功能，投资建设“两级中心”项目。项目包括公共管理与公共服务设施、商业服务业设施、市场化设施项目、室内外体育活动中心、室外儿童活动中心、绿地广场等。根据社区服务设施现状，因地制宜，布局合理，差别配置。项目投资近100亿元，设30个子项目，分三期建设，计划2022年启动一期、二期项目建设。

【梦溪科创走廊项目】项目以大数据及人工智能等战新产业为主业，打造集设计、制造、测试、供应链整合、推广、投资为一体的创新孵化平台和高端人才集聚平台。项目位于扁担河沿线，徽州路与安澜路之间，北起陈棱路，南到青弋江，投资约25亿元，占地面积约26万平方米，公司组建和概念性方案设计工作完成，计划2022年底正式开工建设。

【安徽省公共卫生临床中心（芜湖）项目】项目位于皖江江北新兴产业集中区，占地面积18.74万平方米，建筑面积约20.28万平方米，投资约20亿元，建成后将成为省级乃至全国高水平医疗中心医院和突发感染病救治基地。项目于2021年5月开工建设，完成桩基、基坑支护、土方外运工程和部分基础工程施工流水线交叉施工，在年内完成部分地下室工程。

【落实“双招双引”战略】领导班子带队接洽客商、推动项目、解决问题，促成3个5亿元以上投资项目正式落地，其中招引落地的芜湖奇海新材料科技有限公司荣获2020年度市直单位优秀招商项目二等奖。通过提升招展办展能力，发挥芜湖宜居国际博览中心招商引资平台作用，先后保障第十届科博会、首届全国夜间经济论坛、2021宜居健康养老服务产业博览会等大型展会顺利举办。

【持续推动民生工程】打造宜居养老品牌，不断提高养老公寓运营服务水平，探索“培训+带教培养”人才队伍建设机制，全年培训7510人次。2021年宜居养老公寓入住135人次。发挥公租房的社会效益，出台大学生优惠租赁公租房等政策3项，促进大学毕业生来芜安家落户，落实市委、市政府“1%工作法”，助力企业发展。响应芜湖市“放心午餐”政策号召，投资建设芜湖市“中央厨房”，9月底正式运营，每日可保障全市1.5万名中小学生的午餐供应。

（张　娟）

交通 邮政

Traffic Post

交通综述

【概况】2021年，芜湖市交通运输建设在加快打造省域副中心、建设人民城市中拓宽融资渠道和补贴模式，政府单一投资转向社会融资合建，“省县两级投入”升格为“省市县三级共建”，全年度实施交通基础设施重点项目41个，完成投资54.5亿元，超出年度投资计划25%。首次举办全市交通重大项目集中开工，在建交通重点项目总投资达到约330亿元，较2020年投资242亿元，同比上升36%。2021年，芜宣机场通航，轻轨1号线、2号线一期先后开通，民航科、轨道科获批设立，全市交通重点工程建设领导小组及工作专班高规格组建，公、轨、水、空全面发展的大体系、大体制、大功能、大融合的大交通格局初步构建，交通优势转化为产业优势和经济优势的步伐逐步加快。三网融合初见成效，智慧交通系统开发基本完成，城际公交运营惠民便民，集装箱“一核两翼”优势日益彰显，“联动装卸”“无纸化”进口放货模式降本增效，京东无人配送应用落地，通航产业蓄势待发，民航业“两翼齐飞”格局初步构建，裕溪一线船闸主体施工启动，芜湖长江LNG加注站投入使用，四好农村路建设工作在人民日报头版登刊，公路政务服务事项全省首家实现“市县同权，全城通办”。

芜黄高速建成通车

（丁　翔　提供）

2021年，芜湖交通运输系统中红色党建引领绿色交通成效显著，人民网专题刊文报道《芜湖市交通运输局：学党史办实事　争做“四度”交通人》，市交通局党委以机关与系统共抓、党建与业务共进的工作做法被省委组织部微信公众号和《安徽组工信息》印发，市交通局机关党委获评省级先进基层党组织。

（丁　翔）

铁路建设与运营

【芜湖工务段概况】芜湖工务段于1963年7月建段。截至2021年底，管辖宁芜、芜铜、皖赣、宣杭、淮南、铜九、庐铜等普速铁路和合福、宁安、杭黄、合杭高铁，总营业里程1421.976千米，其中高铁营业里程677.228千米。在册职工2104人，平均年龄42岁。2021年，芜湖工务段以庆祝建党百年和党史学习教育为动力，落实国铁集团、集团公司部署，抓住机遇，应对挑战，坚持强基达标、提质增效，着力节支降耗、改革创新，深化对标找差、创优争先，聚焦安全立段、基础稳段、创新兴段、人才强段、依法治段、奋斗铸段，圆满完成各项工作任务和经营指标，实现“十四五”的良好开局。

2021年，芜湖工务段先后荣获国铁集团“中国铁路先进党组织”、集团公司宣传思想文化工作先进集体、物资管理先进单位、物资节约先进单位、模范职工之家、“三线”建设先进单位、厂务公开民主管理先进单位。段党委在集团公司召开的党史学习教育推进会、“三线”建设管理工作推进会、标准化规范化建设会上均作经验交流发言；段团委连续三年荣获“全国铁路五四红旗团委”称号。质量品牌故事《宁安夜行侠，铺就安宁路》荣获安徽省第一名、第九届全国品牌故事大赛总决赛二等奖。

【疫情防控】落实“外防输入、内防反弹”“人、物、环境同防”的总体要求，毫不松懈抓好疫情常态化防控，以强烈的政治责任和使命担当落实“疫情就是命令、防控就是责任”。坚持疫情防控工作与安全生产同部署、同推进、同落实，形成联防联控、群防群控机制，共克时艰。干部职工疫苗接种率达96.7%，加强针接种892人。慎终如始做好“8小时之内”和“8小时之外”自我约束、自我管理。多方协调筹措防控物资，规范防护用品采购、发放、使用和管理，确保全段干部职工“零感染”。

【安全生产】修订安全生产责任制。层层开展专题反思活动，编制印发典型事故案例摘要。规范双重预防机制运作，深刻吸取相关事故教训，全面开展施工安全、公铁并行地段隐患、严重故意违章、技术规章清理等专项整治，经受14次防洪预警。强化安全监督，有效提升邻近营业线施工管理。健全现场作业实时监控体系，完成管内“双段长”制建立，路外伤亡事故同比下降47.6%。加强考核激励，履职考核问责191人次，嘉奖防止事故有功人员134人次10.3万元，顺利实现第七个安全年和安全生产2800天。

3月30日组织开展2021年防洪、防胀应急演练

（阳　杨　提供）

【设备质量均衡提升】推进芜铜线、皖赣单复线、宁芜下行线基床处理施工15.315千米，基床翻浆病害逐步减少。高质量完成阜杭通道示范线创建，全面播撒“精修细养”的理念“种子”。强化道岔检查、线路翻浆冒泥、道口设备、高铁隧道病害、防洪隐患等专项整治，高铁既有线精调全面铺开。全年大值报警同比减少13处，无责任设备故障、断轨事件发生。普速线路优良率99.8%，同比上升3%。高铁设备状态全优，平均TQI指数2.25，轨控水平高位保持，为运输安全提供坚实设备保障。

【推进规范化建设】深化“五位一体”标准化规范化建设，将管理职能调整到行政办公室，重新修订站段创建实施细则，细化科室、车间、班组评价内容和评价指标，全年标准化规范化车间、班组奖励395.7万元、考核10.9万元。梳理收集作业指导书纠偏建议210条，采纳78条，动态修订、公布作业指导书目录清单207项。发挥典型引路作用，相继召开宁国标准化站场创建、阜杭通道示范线建设、提升车间自主管理能力现场会，承接集团公司级现场会2场，召开车间现场会19场，现场作业标准化、管理规范化持续走深走细走实。

【加强科教人才建设】采取线上、线下结合形式，举办各类培训班69期计16261人次，举办第八届职业技能竞赛暨青工技术比武，芜湖东线路、宣城桥梁实训基地建成使用，完成94名高校毕业生入路接收，安排79名“2+1”高职生到岗实习。参加集团公司高铁线路工、普铁桥梁工职业技能竞赛分获团体第二名、第三名的好成绩。优化干部队伍结构，新提拔中层管理人员12人，交流使用中层及一般管理人员29人，公开招聘10名管理人员和3名调度员，规范16名“以工代干”人员管理。大力开展科研攻关，两项科技成果获集团公司科学进步奖三等奖，一项成果获国家实用新型专利证书；质量品牌故事《宁安夜行侠铺就安宁路》分获安徽省一等奖和全国二等奖；《提高轨道检查仪检定数据准确率》荣获物流协会QC成果一等奖。

【改善职工生产生活】段十七届二次职代会确定的10件实事和党史学习教育为职工办实事项目全面落实。职工人均工资增长5.5%。投入256万元开展全员节日慰问、42.2万元为职工办理生日蛋糕券，为30对新婚职工送去新婚祝福和慰问金2.39万元。落实帮扶救助款93.7万元。投入148.4万元完成2306名职工（含劳务派遣工）健康体检，开展健康休养7期59人次。对皖赣、芜铜、宣杭线部分区段进行路肩硬化、水沟盖板增设，改善职工行走条件。全年投入517.9万元用于“三线”建设，高质量承办全局“三线”建设推进会并做交流发言，职工生活品质持续提高。

【企业文化建设】重新修订完善《企业文化手册》，建设和补强芜湖长江三桥车间、孙家埠、宁国、池州线路、宣城融合点、芜湖融合点等地文化建设。牵头兄弟单位，在宣城融合点召开高铁综合维修车间（工区）生产生活一体化管理座谈会，促进融合点“三线”建设思想上共鸣、制度上共守、文化上共建、生活上共帮、精神上共塑、设施上共管、责任上共担的意识。开展“三线”管理综合整治月活动，促进全段家园文化常建常新。

【融媒体建设获丰收】编发《芜工微宣》199期，转发上级各类融媒体作品164期。通过评比表彰，激励广大职工参与《芜工微宣》线上互动，提高《芜工微宣》的传播力、引导力和影响力。编印《脊梁》《政治理论和形势任务知识手册》，不断讴歌先锋模范，宣传政治理论知识、宣传安全生产重点工作。搭建融媒体队伍学习交流平台，举办1期培训班，对54名兼职通讯员、网评员进行集中培训。在路内媒体发表发布稿件、新媒体作品115篇，在路外各类媒体发表发布稿件、新媒体作品26篇，其中《凌晨“大桥医生”爬上百米高空》《“电光火石”间的春运守护者》等12篇作品在央媒播发。拍摄《标准之路》《敬，无止境》等宣传片、纪录片20篇。反映芜湖工务段党建工作的融媒体作品《这家单位为啥获得这么多全路级荣誉》，入选铁路正能量2021“五个一百”网络作品征集展示活动。段融媒体工作室获得集团公司第二批标准化融媒体工作室称号。

（阳　扬）

【芜湖车务段概况】中国铁路上海局集团有限公司芜湖车务段地处安徽省东南部，跨马鞍山、芜湖、铜陵、池州、宣城、黄山6个省辖市，管辖81个车站、2个线路所和1个存车场，运营里程1254千米。其中二等站4个、三等站7个、四等站30个、五等站23个，高铁站17个，4个普高合一的车站。全段设11个车间、122个班组。段机关设办公室、党委办公室、技术科、安全科、营销科、调度科、劳动人事科、计划财务科、职工教育科、保卫武装科、经营开发部。车务段有序推进安全、经营、改革、稳定等重点工作，运输安全保持总体稳定，运输质量和效益不断提升，新线开通进展顺利，队伍建设取得新成绩，各项工作呈现良好的发展势头。

【疫情防控】落实“外防输入、内防反弹”“人、物、环境同防”的要求，坚持属地原则，完善路地联防联控体系，健全应急响应机制，动态调整内外部防控措施，科学精准施策，筑牢防控屏障。全年组织旅客测温4800万人次，发现处置发热旅客184人，协查密切接触者35人，职工疫苗接种率达87%，完成加强疫苗接种1187人，杜绝疫情通过铁路传播，杜绝职工感染疫情。

【运输安全稳定】逐级开展专题安全反思，找差距、补短板、促规范，改进加强安全管理。修订完善全员安全生产责任制，推进“敬畏规章、执行标准、夯实基础”专项教育，深入宣贯新《安全生产法》，开展作业指导书“四个一”专项活动。细化“防、避、抢”措施，经受多轮强降雨、台风考验，开展安全生产专项整治三年行动及劳动安全、惯性违章、营业线施工安全、调车等专项整治活动，排查解决一批影响现实安全的突出问题和隐患。开展干部履职督查和主观故意违章整治，强化安全责任落实，促进管理层履职尽责、严格管理，作业层遵章守纪、按标作业。突出高铁和客车安全、接发列车、劳动与作业安全、客站消防和安保等重点，强化安全督导检查和盯控，确保建党100周年等关键时期安全稳定，实现连续第12个高质量安全年。

【运输经营态势向好】抓住春游、清明、五一、端午、中秋国庆等运输契机，加强营销组织。及时调整全年客收、客发预算，增运补欠，缩小差值。加强高峰期大客流组织，改进候乘环境，提升旅客出行体验。全年发送旅客2423.4万人次，完成客运收入206694.2万元。全方位节支降耗，细化制订并严格落实年度增收节支提效措施，持续向改革、管理要效益。适应疫情、防洪防汛带来的工作量变化，弹性组织生产，提高产出效益。坚持多渠道开源，用好用足政策，争取社保稳岗、减税降费。通过收支两端发力，较好地实现盈亏目标。

【标准化建设取得突破】贯彻落实国铁集团66号及集团公司177、186号文件精神，结合实际修订“五位一体”标准化规范化建设实施细则，优化各层级创建标准，考评运作进一步规范，推动创建工作走深走细走实，指挥棒、指导书、评价表作用逐步显现。召开段、车间层面标准化推进会，交流经验，示范引领，抓头促尾，整体提升。以“三线”建设为切入点，借势发力，推进站区标准化建设，加强资源整合，促进形成宣城、孙家埠站区综合性的伙食团、篮球场、洗衣房等共用场所，标准化规范化建设取得突破，获得集团公司年度标准化规范化建设先进单位称号。

【深化改革管理】制定贯彻落实集团公司改革三年行动细化实施方案，有序推动改革措施落实。推进运输生产和劳动组织改革，优化祁门、黄山、歙县、绩溪县、宁国站客运班制和人员配置，减员分流18人。规范劳动用工，优化通用工种管理，通过细化方案、专题布置、政策宣讲、干部包保等措施，确保工作顺利完成和136名通用工种人员稳定。完善内部分配办法，加强对全员的绩效考核，突出班组长岗位绩效考核管理，考核激励的精准性有效性得到增强。退休人员社会化管理移交工作基本完成并抓好后续日常管理。开展违反财经纪律“回头看”、职工伙食补贴管理、赌博问题自查自纠、物资管理专项检查，整改存在的突出问题，持续抓好巡视巡察、各类专项检查等发现问题整改，全面规范经营管理行为。

【加强人才队伍建设】持续推进青工提素工程，规范和加强院校毕业生使用管理，注重工班长后备队伍建设，加大岗位交流力度，组织技师任期考核暨竞聘上岗、客运综控岗位选拔，完成91名技师考核聘任和9名客运综控公开选拔。推进管理岗位公开招聘，促进管理人员结构优化，解决长期想解决而又没有解决的“以工代干”难题。全年组织各类培训48期15156人次。有序推动铁路工匠、上铁工匠承担授课任务，“名师上讲台”“名师带徒”取得较好效果。全年组织35人参加集团公司季度抽考、935人参加段月度抽考，青工定向抽考占比60%以上，参加集团公司抽考成绩进步明显。开展接发列车、调车、客运职业技能竞赛，部分新职人员脱颖而出，并在全局客运职业技能竞赛中表现优异。

【改善职工生产生活】全年投入“三线”建设资金210万元，完成更改国铁536.6万元、合资公司65.8万元，大修、专项整治及安全生产费用专项支出117.6万元。投入141万元组织职工健康体检，投入13.32万元支持职工参加地方互助保障，享受补助38人次10.84万元。全年补充医保支付补助4739人次330.45万元，助医414人次78.8万元，助学89人次8.3万元，助困504人次54.81万元。组织开展健步走、篮球赛等群众性文体活动，丰富职工业余文化生活。推进“我为群众办实事”实践活动，解决一批职工“急难愁盼”问题。年内两次调增安全绩效工资，职工收入实现同比增长。

（方　姝）

【芜湖东站概况】芜湖东站成立于1984年，为中国铁路上海局集团有限公司直属站，管辖区域北面以芜湖长江大桥桥南为界与合肥车务段裕溪口站相邻，东面以安江站为界与南京东直属站铜井站相邻，西面以芜湖东五场为界与芜湖车务段芜湖普速场相邻，管辖里程宁芜线（59Km+715m至109Km+768m）。下辖一个编组站（芜湖东编组站）、一个区段站（马鞍山站）和7个中间站（安江站、慈湖站、采石站、当涂站、黄梅山站、毛耳山站、塔桥站）。日常办理客运和列车解编作业等运输业务，管内配备DF7型固定调机5台，HXN5B型固定调机2台。管内芜湖东编组站为一等编组站，地处华东二通道的咽喉，为混合式三级六场站型，设有TW—Ⅱ型点连式调速设备的自动化型驼峰一座，作业方式为双推单溜，主要担负芜湖枢纽及宁芜、淮南、芜铜、皖赣、宣杭、铜九6个方向的货物列车的集结解编和运输组织任务及货场专用线、机务段、车辆段段管线取送车作业；管内马鞍山站为二等区段站，主要担负旅客运输、货场、马钢等专用线取送车作业。机关设站办、党群办、劳人科、计财科、安全科、技术科、营销科、职教科、经营开发部、保卫武装科10个科室，一家集体企业东方公司。截至2021年12月31日，全站在册职工总数864人，其中干部122人，工人728人，见习生14人；具有专业技术职称的82人，其中副高级6人，中级42人，初级34人；另有高级技师2人，技师42人，高级工198人，中级工340人，初级工48人。

2021年度先后夺取3月2日安全生产1900天、6月10日安全生产2000天、9月18日安全生产2100天、12月27日安全生产2200天，于2021年12月31日实现安全年目标，截至2021年12月31日实现安全生产2204天。

（陈天虹）

公路建设与管理

【市交通运输综合行政执法成立1周年】市交通运输综合行政执法支队运行一年以来，开展公路路政、道路运政和港航、海事等各项行政执法工作，完成防汛救灾、疫情防控、全国文明城市创建、环保督查考核等专项行动。打造“1+10”特色党建品牌网络体系，以“执法有尺度、服务有温度”为主题推出“清风净路”行动、增设“乘客驿站”服务点等“我为群众办实事”10项举措。截至2021年12月，行政处罚710余件，处罚金额280余万元。对所有公路水运在建工作进行全覆盖检查，全年检查在建工程221次。服务企业复工复产，推进扫黑除恶攻坚，为全市加快交通运输领域建设提供坚实法治保障。

【启动全省首个智慧公路建设】在全省率先制定第一个“智慧公路”建设地方标准，启动G205芜湖段“智慧公路”建设。该项目深化5G、大数据、人工智能、物联网等信息技术在智慧公路中的应用，持续改善公路出行环境，提升公路现代化治理能力。其中，公路安全保障体系包括（但不限于）智慧交通气象预警、新型交安设施、智慧立体安防与调度、行人非机动车闯入监测等；全路网品质服务工程包括（但不限于）公众出行服务、分合流诱导服务、应急车辆优先通行等；公路全数字化基础工程包括（但不限于）桥梁健康监测系统、机器视觉自动巡检、智能运维等；建设主要包括基础智能设施、智慧决策、智能服务、智能管控等几个方面。促进芜湖市交通公路网络的智慧互联、交通基础设施品质和运营效率的提升，降低公路事故发生频次，实现公路资源数据共享和高效利用，进一步推动物联网、云计算、大数据等新一代信息技术创新应用。

【货运驾驶员从业资格申领开启“无感化”新模式】按照《道路货物运输驾驶员培训教学大纲》规定，对接受一定学时的培训并进行结业考核，结业考核合格的，系统自动校验驾驶证信息，审核通过便同时向省运政系统和安徽政务服务网芜湖分厅推送数据，驾驶员取得驾驶证后无需申报便可获得道路运输从业资格证，全程无感化。实现学员“一次报名、一次培训、一次考核”，办理时限和费用大大缩减。进一步提升芜湖市从业资格考核规范化、智能化水平，有利于打造法治化、专业化、开放型、服务型、效率型的交通部门形象。

【率先实现“全国通办”】驾驶员只需要通过交通运输部微信公众号、“道路运政一网通办”小程序、“道运通”手机APP、国家政务服务平台或登录互联网道路运输便民政务服务系统网页端，在线提交身份证、驾驶证、纸质从业资格证照片等相关资料，根据引导即可办理从业资格证补发、换发、变更、注销及诚信考核等9类高频事项，一部手机便可完成申请，办件进度全程可查，率先实现“全国通办”，实现足不出户办理，提升道路运输从业人员的办事体验。“全国通办”的实现减轻驾驶员负担，激发货运市场活力，有效促进货运企业降本增效。

【芜湖市综合交通重点项目建设办公室成立】市交通运输局成立芜湖市综合交通重点项目建设办公室，负责全面统筹协调推进全市综合交通重点项目谋划建设工作。截至2021年底，市交建办召开二级调度1次、三级调度11次，对交通重点项目进行集中调度。

【湾沚区荣获全国交通强国建设试点单位】芜湖市湾沚区被交通运输部确定为全国交通强国试点单位，重点实施“农村公路+”助推城乡一体化发展试点。2012年以来，湾沚区全面实施公交民生工程，通过逐年加大财政投入，现基本实现城乡道路客运一体化。以高速发展的乡村旅游和相关产业发展为平台，运用好“公路+”加快实现农村地区交通更便捷、出行更宜人、流通更高效、运输更安全，与机场、高铁和高速公路、干线公路网构成良好衔接，为城乡一体化和群众出行、产业发展提供优质服务，实现旅游资源与公共交通的高效对接。

【湾沚区荣获全国“四好农村路”创建示范区】湾沚区建成农村公路1259.9千米，农村路网密度达到每百平方千米188千米，约为全省的1.3倍。五年来实施大中修和升级改造里程400余千米，安防工程650余千米，管养覆盖率达100%，优良路率达94%。实现“镇镇村村通公交”。“公路+”物流、电商蓬勃发展，先后建成县级农村物流中心2处，综合服务站10处，村级服务站67处，5个镇覆盖率达100%。基本形成“三纵四横一循环”的区域干线公路网络主体框架体系，区到镇、镇到镇全部通达二级以上公路，镇到村、村到村间实现20分钟公路通达，各乡镇10分钟、村20分钟内可达湾沚城关及高速出入口。

G205大茆立交项目九华南路主干道顺利通车

（丁　翔　提供）

【全市召开交通重大项目集中开工仪式】12月16日，全省“县县通高速”暨交通重大项目集中开工仪式举行，芜湖市作为仪式分会场之一，同步举行芜湖市交通重大项目集中开工仪式。全市有S30铜商高速无为（塔桥）至巢湖（沐集）段等6个交通重大项目集中开工，投资约67亿元。全部建成后形成芜湖与省会合肥之间高速第二通道，进一步完善市与县之间，市与市之间联系通道，服务芜宣机场等综合交通枢纽体系建设，着力打造全国性综合交通枢纽城市。

【芜黄高速通车】12月16日，S11芜湖至黄山高速公路通车，标志着安徽省“县县通高速”目标全面实现。该项目全长116.122千米，概算投资118亿，是全省“五纵十横”高速公路网中“纵二”的重要组成部分。该项目建成通车后，缓解芜湖长江大桥的交通组织压力，结束泾县、旌德两县不通高速的历史，对支撑皖南“全域旅游”，促进全省区域协调发展、融入长三角经济一体化发展具有重要意义。

【G205大茆立交项目九华南路主干道通车】12月21日，G205大茆立交项目九华南路南北主道及A匝道顺利通车，预计2022年春节前全项目建成通车。G205九华南路快速化改造工程大茆立交项目包括中江大道、九华南路、两条匝道及路侧辅道等。其中，中江大道改造路线全长1290米，九华南路改造路线全长853米，A匝道全长约678米，B匝道为施工桩基。

【自助办理再升级】12月22日，芜湖市交通运输局和市数据资源局联合推行的提供车辆超载卸载货物堆场服务“自助办”办件成功，在全省首次将交通运输政务服务事项“7×24小时不打烊自助办”地点延伸至超限超载检测站第一线。国道205芜湖南超限超载检测站设置“自助填表申报机”，向货运驾驶员提供便捷高效的货物堆放、卸载转运服务。免除繁杂的申报手续，实现自助填报、一键办理，提高办理效率和服务质量，畅通交通便民服务“最后一公里”。

（丁　翔）

航运管理

【安徽港口集团芜湖有限公司概况】安徽港口集团芜湖有限公司（以下简称芜湖港）位于长江下游、安徽省东南部，是全国内河主要港口和国家一类开放口岸，也是安徽省首个国家物流枢纽——芜湖（港口型）国家物流枢纽运营主体和安徽自贸试验区芜湖片区重点核心企业。作为长三角城市群的贸易口岸，芜湖港具有承东启西、连南接北的独特区位优势，是长江中下游综合交通运输体系的重要枢纽、安徽省对外贸易的重要口岸和皖江港口群的核心港，也是安徽省长江港口和现代航运服务发展的重要平台。2021年，芜湖港生产指标达到新高度，煤炭吞吐量同比上升11.63%，集装箱吞吐量完成115.13万TEU，在市场形势“一箱难求、一舱难订”的艰难情况下，同比增长4.42%。公司注册资本77280万元，实际管理子公司4家，分公司1家，参股公司2家，并代管淮南港项目。围绕更好服务区域经济发展，实现企业高质量发展的目标，公司深入践行集团公司“五+五链”发展战略，加快推进“两中心一枢纽”发展布局，即：打造长江下游集装箱转运中心、大宗散杂货集散中心和多式联运综合物流枢纽。

【入选交通部港航“畅行工程”建设重点企业】3月11日，交通运输部组织发布《关于做好进口电商货物港航“畅行工程”有关工作的通知》（简称《通知》），芜湖港作为唯一的沿江港口，同天津、青岛、上海、宁波舟山、厦门、广州港等6个沿海港口一起纳入港航区块链电子放货平台建设重点企业。

芜湖港朱家桥港区2021年全貌

（刘　勇　提供）

【入选安徽自贸区首批发布10项标志性成果】2021年4月20日，芜湖片区首次实现内河港口区块链无纸化进口放货、芜湖片区首次实现洋山港—芜湖港联动接卸，两个项目入选重大改革试点、重大项目推进和重大政策创新等方面十大标志性建设成果。

【集装箱吞吐量超110万标箱】6月10日，芜湖港荣获“中国江河港口集装箱吞吐量超110万标箱集装箱码头”称号，在中国江河港口集装箱吞吐量排名中位列第四。

【芜湖港开通芜湖—日本快运航线】6月23日，满载着集装箱的“顺达集99”号从芜湖港出发开往日本，标志着芜湖—日本快运航线成功首航。作为芜湖市乃至全省首条直达日本的外贸直航班线，该航线开通后每周二、周四从芜湖始发，全面覆盖日本各基本港，实现干支线无缝对接，用时更省、成本更低、服务更优，助力众多芜湖外贸企业降低物流成本，提升国际市场竞争力。

【开展“船边直提”新作业模式】8月6日，芜湖港首票通过“船边直提”新作业模式通关的货物，芜湖港集装箱码头5号泊位的“佳兴18”—芜湖至洋山点对点直航班轮开始进行卸船作业。新模式下，企业在货物运输途中便可利用‘提前申报’完成所有通关手续，并联系好提货车辆。货物卸船后直接装车运往工厂，减少集装箱在码头内的运输和装卸次数，为相关企业节省物流和时间成本，实现“船车生产线”的无缝对接。

【入选第二批省级多式联运示范工程】 9月2日，芜湖港自行组织编制及申报的《国家物流枢纽芜湖港朱家桥多式联运示范工程》《芜湖港多式联运示范工程（国家物流枢纽裕溪口大宗散货集散中心项目）》成功入选安徽省第二批省级多式联运示范工程项目名单，且在十个名额中独占其二。

【获批国家4A级物流企业称号】 9月13日，中国物流与采购联合会发布通告（《关于发布第三十二批A级物流企业名单的通告》物流评估95号），安徽港口集团芜湖有限公司获得国家AAAA级物流企业称号。

【“上港集团—安徽港航”芜湖集装箱联合服务中心揭牌】 9月22日，“上港集团—安徽港航”芜湖集装箱联合服务中心揭牌暨赫伯罗特定制航线首航仪式成功。该服务中心是上海国际港务集团和安徽省港航集团深化战略合作，打造“一核两翼”集装箱运输体系、推动“沪芜联动接卸”和芜湖港区块链电子放货技术落地后又一重大成果，是上海港和芜湖港共同创新港航服务供给，全面提升长江支线运输质效的重要载体。

（刘　勇）

【安徽省长江河道管理概况】 2021年，安徽省长江河道管理局（以下简称省长江局）保持“共抓大保护、不搞大开发”的战略定力，建设“安澜、美丽、智慧”幸福长江，突破一批难点工作杨湾闸管理处通过水利部组织的水管单位验收，开启“人防+技防”采砂管理新模式，收回普济圩灰河口段被长期占用内护堤地并绿化，职工安置房房产证开始办理，取得测绘甲级资质，实现“十四五”开局之年既定目标。截至2021年底，全局在职职工658人。

【水旱灾害防御】 强化隐患排查，开展省管长江干堤汛前、汛后安全检查，对穿堤建筑物、险工险段、在建工程、防汛物资储备等进行重点排查。完成长江安徽段2021年王家洲、江调圩、六合圩等33处崩岸险段的监测分析工作，长江委发布安徽省长江干流崩岸预警区22处，预警区长53.7千米。汛前及时完成同马大堤杨湾闸出口引河段900米崩岸应急守护工程。督促14个开口子工程汛前复堤。印发《安徽省长江河道管理局水旱灾害防御应急预案》，成立由77名业务骨干和高级职称技术人员组成的2021年水旱灾害防御抢险专家库。完成省财政600万元防汛物资采购任务，检查沿江23个单位82个代储点现状，对老旧物资仓库开展应急维修，更新物资调运方案，编制完成《安徽省长江干堤省级防汛物资储备位置图》。汛期严格落实24小时防汛值班制，严格执行防汛值班制度和领导带班制度。

【工程管理】 强化工程日常维护检查，编制完成《省管长江水利工程标准化管理达标实施方案》，完成2021年工程运行维护项目计划费1500万元（其中水利工程日常运行371.4万元，水利工程维修养护538.6万元，管理设施加固改造170万元，工程除险加固200万元，工程管理区保护利用250万元）。省管长江水利工程全部通过省厅验收，达到合格标准。杨湾闸管理处通过水利部组织的水管单位验收，无为大堤局、宿松局、皖河闸通过省一级水管单位复核。截至2021年底，11个省管单位中达国家级标准2个，省一级单位5个。加强省管4个中型闸、34个小型涵闸的安全管理，完成梳妆台闸、皖河闸、杨湾闸的三座中型涵闸启闭机及设备等级评定，对14座小型水闸进行安全鉴定。应用无人机、多波束测深系统、GPS（北斗）定位系统、卫星遥感图片等新技术新设备助力河道管理。推进同马大堤望江段堤防工程管理现代化，编制《同马大堤望江段堤防工程管理现代化建设方案》，围绕堤防管理现代化平台建设，构建堤防巡查智能化、堤防养护机械化、工程监测自动化、工程监控数字化、管理设施完整化、工程经费透明化、林木管理集约化、工程安全科学化、人才队伍专业化等“九化”管理模块，望江段管理现代化第一期基本完成。

【河湖保护】 贯彻《长江保护法》，将长江保护法作为保护长江的行为准则，从注重“事后管理”向注重“事前防范、事中控制”转变。依法查处水事违法案件，保护长江河道工程完整与防洪安全。全年开展10次全河段河道巡查。发现马鞍山市郑蒲港新区天门山小区等四项较大违章行为，及时督促整改，消除违章。推进枞阳水源保护地清障、华阳闸前滩地整治、怀宁局内外护堤地收复等活动。与地方政府、河长办协调，于12月上旬收回枞阳江堤普济圩灰河乡内护堤地5.4千米土地权属。加快长江防护林建设，2021年植树1033.33公顷，44.5万株，宿松、无为大堤、普济圩局林木更新150.86公顷，3.18万株。完成新安江流域河湖四乱暗访检查工作，赴合肥市、宿州市开展暗访与进驻式督查，督促改善河湖面貌。强化岸线规划约束，落实长江岸线分区管控。全面检查长江干流岸线利用现状，更新长江干流岸线利用项目台账，完善动态信息数据库。截至2021年12月，长江安徽段共有涉河建设项目589个，占用岸线103.23千米，现状利用率9.2%。

【采砂管理】深化部门合作，与长航公安、海事部门联动合作，建立联合执法机制，在元旦春节、全国两会、“五一”、汛期、“十一”等重要节点集中组织“蓝盾”系列执法行动。强化省级监督检查，坚持每月两次采取“四不两直”方式，强化对各地明察暗访，深入沿江一线专项督导检查，对管理中存在的问题及时督促整改。各地坚持开展日常执法行动的同时，省级先后组织9次全江大规模的专项执法统一行动，各地出动执法艇11802艘次、执法车8765车次，执法人员73505人员（其中省级出动执法艇196艘次、执法车991车次、执法人员5252人次），查获非法采砂案件21起。加强涉砂船舶管理，严格采砂船只集中停靠，加大“三无”采砂船只拆解力度，对新发现的“三无”采砂船，一律没收拆解取缔，2021年拆解取缔456艘，提前2个月实现动态清零。借助“智慧长江”信息化监控系统以及渔业综合执法平台监控系统，开展网上视频巡查，安排专人值机值守，通过夜视高清探头巡视，对偷采行为第一时间实施精准打击。截至2021年底，安徽省长江干流河道能够有效利用的夜间高清视频监控站点约76余处，初步解决采砂管理“取证难”“抓现行难”的问题，实现长江采砂管理“看得清、控得住、调得快、查得出”的管理目标。

【重点监测区护岸测绘】2021年，省长江局对56个重点护岸监测区207.4千米长江河道进行水下地形进行测量，其中汛前28处，102.8千米；汛后28处，104.6千米。项目由省长江河道管理局测绘院承担，在实施过程中，严格执行水利水电和水道测量规范，采用GNSS差分测量方法施测水下地形、Hypack海洋测绘软件提取水下地形测量数据、GNSS RTK方法和全站仪施测陆上地形，利用Auto CAD绘制平面地形图。按规范要求半江水下地形测过深泓线，距深泓较远处1：2000的水下地形测宽为300米。测图标出护岸桩位置、已护工程类型、陆域明显标志、岸坎线及50米之内的堤脚线。项目汛前测量成图113幅，比例1：2000，面积约39.99平方千米。汛后测量成图113幅，比例1：2000，面积约43.05平方千米。采用无人机对重点崩岸区进行监测，拍摄正射影像图和视频。并结合历年测图采用ArcGIS对汛前、汛后测图进行冲淤变化分析，编制汛前、汛后测报各两册。“安徽省2020年汛前长江河道测绘”项目获得2021年安徽省测绘地理信息科学技术奖项目质量“二等奖”。

（汪雪峰）

【长江芜湖航道处概况】长江芜湖航道处系交通运输部驻芜公益性事业单位，按国家一级通航标准对辖区航道进行设计、开发、建设、维护、管理、保证辖区航道尺度达标、标志鲜明、安全畅通。主要担负着325.3千米主航道和107.4千米副航道的维护管理任务，管辖范围涵盖安徽省境内长江水域。辖区有水道25个，跨江大桥10座，常年维护标志880余座，拥有航道维护、测量船艇30余艘。机关设有综合办公室、财务科、人事科、航道科、安全设备科、综合服务中心等6个部门和1个直属单位航道测绘中心，下辖华阳、安庆、太子矶、池州、铜陵、新港、裕溪口、马鞍山等8个航道处。辖区内航行条件优越，2万吨级江海轮常年可抵芜湖三山港区，中洪水期万吨级船舶直达安徽沿江各港，为皖江经济流域快速发展提供有力支撑。全年职工总人数247人，其中高级职称4人，中级职31人，初级职称40人。2021年，长江芜湖航道处对外技术服务首次突破3000万元大关。

【完成海轮推荐航线开放工作】4月1日零时起，安庆（钱江嘴）至武汉段航轮推荐航线再度开放，2021年长江常年海轮航线又向内陆延伸49千米，为进江海轮创造优良的航行条件，进一步提高黄金水道的经济价值。

【完成何家洲临时通道航标抛设工作】1月27日，宁道标411轮、宁道标416轮完成何家洲夹江临时通道6座航标抛设、2座航标调整工作，标志着长江下游江心洲水道何家洲夹江开辟为临时下行通道，有效缓解黄洲新滩航行警戒区船舶通航压力，改善江心洲水道下段的通航环境。

【疫情防控】2021年8月，针对芜湖市疫情有所反弹的形势，长江芜湖航道处闻“疫”而动，迅速进入新的战“疫”状态，强化防控措施，加强人员管理，严格监督检查，守护八百里皖江航道的一方净土。

【完成GNSS控制点普查和水位站巡检】5月12日，长江芜湖航道处航道测绘中心圆满完成2021年度GNSS控制点普查和水位站巡检工作，进一步提高航道测绘工作的效率和质量，以及数据精确性，更好服务港航企业和航行船舶。普查和巡检工作自4月下旬开始，参与普查人员4名，行程1000余千米，对辖区内135个控制点的技术状况全面了解，为后期测绘工作奠定基础。

【共商汛期航标配布方案】5月20日，长江芜湖航道处组织召开2021年洪水期航标配布方案座谈会，芜湖海事局、芜湖引航站及部分航运企业代表20余人参加会议。长江芜湖航道处专业技术人员结合本届洪水期特点，对水情进行分析，提出洪水期航标优化配布方案。海事部门结合水上交通安全日常监管对航标配布提出优化建议，参会的航运企业代表一同就区域航标配布、锚地规划进行探讨。芜湖处做好全面应对洪水期的准备，不断提高公益服务质量，进一步促进皖江航道高质量发展。

【应对36年来同期水位次高值】5月26日8时长江芜湖水位达到7.35米、当日安庆水位达10.71米，分别超当地设防水位0.47米和1.21米，均创36年来同期第2高值。当日大通站下泻流量达到每秒59200立方米，给长江航道维护带来很大难度。面对严峻的防汛形势，长江芜湖航道处紧盯水势，加强应急值守，为皖江段行轮提供优质的服务和安全畅通的通航环境。

【召开年度防汛保畅工作布置会】5月27日，芜湖处韩东成处长在新港码头生产现场主持召开2021年度防汛保畅工作布置会，会议从航道测绘、航标维护、设备适航、人员适岗、应急处突、物资保障、安全环保、科技防汛等方面对皖江航道全面进入汛期保畅战时状态的工作任务作全面部署安排，全面安排防汛保畅工作。

【完成G3铜陵长江公铁大桥主墩基础施工期7座航标设置】6月20日，长江芜湖航道处完成G3铜陵长江公铁大桥主墩基础施工期7座航标设置工作，为该桥先行工程施工提供保障。

一线航标维护现场

（李梦颖 提供）

【试运行“三朵云”视频服务系统】7月，“三朵云”视频服务在皖江航道投入试运行，航道养护质量和效率得到提升，航道突发事件应急处置能力有所提高，推动皖江航道公共服务水平进一步提升。该视频服务已分享给芜湖长能物流有限公司、安庆海事局、安庆港区海事处、安庆池州海事处等单位，得到高度评价。

【喜获实用新型专利】9月，长江芜湖航道处杨盛劳模创新工作室研制的“钢丝绳三角圈环眼夹制器”通过国家知识产权局的审查，被授予国家实用新型专利证书。这项专利是杨盛劳模创新工作室诞生的第三项专利成果。杨盛劳模创新工作室结合航道生产实践，定期组织工作室成员开展学习交流，共同开展科技创新活动，最大程度发挥劳模创新工作室的引领和示范作用。

【运用“多波束”高效测量】2021年8月起，长江芜湖航道处启用快艇配合无人船进行浅水边滩区域及整治建筑物的测绘新方案，进一步提高浅水区测量的安全性、精确性和有效性。

【芜湖处首次应用发布AIS航标】10月12日，长江芜湖航道处发布10座AIS航标，这是皖江航道首次应用AIS航标，有效提升船舶航行智能化助航水平，助力长江安徽段航道高质量发展。

（李梦颖）

航空建设与管理

【芜湖宣城机场建设投资有限公司概况】芜湖宣州机场（ZSWA）是芜湖宣城两市共同参与出资建设的4C级民用运输机场，投资20.96亿元，是国家和省“十三五”期间重点规划建设项目，是安徽省融入长三角一体化发展的重要基础设施，纳入长三角世界级机场群。2021年1月13日完成试飞。同年4月30日建成通航，截至2021年12月31日，开通北京大兴、广州、佛山、成都、重庆、西安、长春、昆明、深圳、青岛、珠海、哈尔滨、三亚等城市航线。2021年度旅客吞吐量16万余人次，货运吞吐量476吨。起降民用运输飞机5000余架次，其中，保障通航飞机、公务机2300架次以上。

2021年，公司获市级先进基层党组织、工人先锋号、青年文明号、五一劳动奖状，在全市庆祝建党100周年大会上代表先进党组织作典型发言，领导班子在市委考核中再获优秀等次，机场规划建设团队获市委市政府通报表扬。

【通过行业验收】2月1—4日，民航华东地区管理局组织相关单位对芜宣机场工程和供油工程进行行业验收，并对机场使用许可证进行审查，认为芜宣机场和供油工程符合批复的初步设计内容，符合国家及民航有关技术标准、规范，同意通过行业验收。

【获颁《运输机场使用许可证》】4月14日《运输机场使用许可证》获得批复，标志着机场可正式投入使用。4月30日民航华东地区管理局党委书记、副局长唐伟斌颁发《运输机场使用许可证》。

芜宣机场通航，首航北京大兴水门机场

（冯仕滨 提供）

【机场举行试飞前演练】1月7日，芜湖宣州机场先后举行试飞应急救援综合演练、模拟运行演练，以保障机场试飞工作顺利开展。1月13日，民航华东地区管理局组织相关单位对芜宣机场进行试飞，下午17时18分许，试飞任务圆满结束。4月20日上午，芜湖宣州机场组织驻场单位开展第二次综合试运行演练，演练模拟保障机场国内航班进港和出港值机、安检、候机、登机等全过程。演练期间，对航显、广播等弱电系统的运行，航空器地面保障和行李进出港保障业务流程进行综合检验。4月29日，芜湖宣州机场开展第三次综合试运行演练，全面模拟演练芜宣机场国内航班运行，全面检验各类运行指挥系统和各类运营、服务和安保流程的有效性，全面检验各类系统设施设备的可靠性和引导标志的适用性及各类流程的顺畅性，全面检验驻场各单位工作人员对岗位流程和工作环境的熟悉程度，查找存在问题和风险并及时整改，为开航做最后准备。

【芜宣机场通航】4月30日，芜宣机场通航仪式隆重举行，南航、中联航两架飞机一南一北在芜宣机场实现贯通。时任省委书记李锦斌宣布芜宣机场通航，省长王清宪出席通航仪式并讲话，民航华东地区管理局党委书记、副局长唐伟斌颁发《运输机场使用许可证》。芜宣机场的建成投运，补齐芜湖市基础设施的重要短板，成为“建设人民城市”“垂直崛起”“芜湖起飞”的重要元素。7月28日，四川航空3U8945航班平稳降落至芜湖宣州机场，标志着芜宣=成都双流航线开通，这是芜宣机场首次迎来空客A321机型。7月29日，四川航空3U8071航班平稳降落至芜湖宣州机场，标志着芜宣=重庆航线开通，这是四川航空继开通成都航班后，开通的又一条连接西南城市的新航线。7月30日，由东方航空执飞的MU2423/2424、MU6229/6230分别在芜宣机场实现进离港，标志着芜湖=西安、长春=芜湖=昆明航线开通。9月6日，由东海航空执飞的DZ6255航班降落芜湖宣州机场，标志着芜宣机场再次开通串起珠三角、长三角与京津冀的航线，也标志着芜宣机场与大湾区三座核心机场均实现通航。9月9日，由深圳航空执飞的ZH8429航班，降落芜湖宣州机场，标志着芜宣机场至深圳机场实现每日两个航班起降。10月31日，分别由海南航空执飞的三亚=芜宣=哈尔滨HU7327航班和东海航空执飞的珠海=芜宣DZ6363航班，缓缓降落在芜湖宣州机场，标志着三亚=芜宣=哈尔滨、芜宣=珠海航线开通。这是芜宣机场进入冬春航季首日迎来的三个新航点。11月4日，由东海航空执飞的深圳=芜宣=青岛DZ6253航班降落芜湖宣州机场，标志着深圳=芜宣=青岛航线开通，这是芜宣机场在进入冬春航季一周内又一次开通新航点。

【芜宣机场与三元通用机场“两场”融合运行启动】5月8日，芜湖宣州机场与三元通用机场“两场”融合运行顺利启动。2月，按照民航华东地区管理局方的要求，芜湖三元通用机场关闭后，原三元通用机场区域划设为通航活动区。

【开通全货机航线】6月18日凌晨，一架波音737—300全货机抵达芜宣机场，并于凌晨2时40分飞往深圳，标志着京东物流货运包机在芜宣机场完成首航，芜宣机场首班全货机航班顺利进出港。9月22日，天津货航威海—芜宣、芜宣—深圳全货机航班开通，为芜宣机场保障货运航班积累丰富经验。开通全货机运营，为两市打造长三角重要物流基地赋能，提升两市的承载力和开放度。10月，京东全货机实现无锡—芜宣—深圳定点航班运营。

【欢乐芜湖号首飞成功】6月23日，芜湖市政府与中联航合作推出的“欢乐芜湖号”彩绘客机成功首飞。彩绘机执飞中联航所运营的多个国内外城市航线，成为传播芜湖城市品牌、展示城市形象的空中名片。

【冬春换季航班新闻发布暨产品推介】10月29日，芜宣机场举行2021—2022年冬春换季航班新闻发布暨产品推介会。从10月31日起，芜宣机场新增三亚、哈尔滨、珠海、青岛、西双版纳等5个航点，海南航空、祥

“欢乐芜湖号”彩绘机北京大兴水门机专场

（冯仕滨　提供）

鹏航空两家航空公司首次执飞芜宣航班。此次换季，芜宣机场还首次迎来过夜飞机，由南方航空执飞的芜宣至广州航班在本场过夜。

【华夏云天航空发动机维修项目投资协议】12月26日，空港公司、湾沚区政府和华夏控股（深圳）公司签订航空发动机维修项目投资协议。项目分两期投资，项目一期设计产能满足年维修CF34—8C和CF34—10A两型号航空发动机150台维修能力，补充国内中小型航空发动机维修短板，填补国产民机发动机维修的空白。项目二期建成具备年维修200台航空发动机能力的维修基地。

【民航发展科成立】为满足民航业快速发展需要，助力芜湖市民航业在全省争先进位、实现高质量发展，市交通运输局增设民航发展科，承担行业管理职能，发挥地方交通管理部门的作用，实现芜湖民航高质量发展。

（冯仕滨）

城市公共交通

【公共交通集团有限公司概况】芜湖公交成立于1958年4月16日，2010年元月10日由市住建委划归市交通运输局管理，同年4月更名为芜湖市公共交通集团有限责任公司，为国有独资公司，2018年2月，公司（党建、廉政、资本、人员）划归市国资委管理。截至2021年底，芜湖公交集团职工3040人（其中驾驶员1677人），运营线路120条（其中白班线路100条，夜间线路17条），车辆1379台（其中新能源车1016台，占比约75%），年运营里程8245万千米，年客运量8229.2万人次。2021年，芜湖公交集团根据芜湖市《轨道—公交—慢行三网融合规划方案》，坚持“守初心服务市民，担使命振兴公交”的责任担当，较好的完成各项工作任务。

【优化线网布局】2021年，芜湖公交集团根据芜湖市《轨道—公交—慢行三网融合规划方案》（2019—2030）总体要求，配合轨道交通的开通运营，做好常规公交与轨道交通有效衔接，对市区主干线进行优化调整。启动轨道沿线第一批152个站点新式公交候车亭建设。完成重大节日期间的营运保障服务工作。新辟公交线路5条，对102条线路进行350次优化调整。2021年，新入户236台营运车辆，其中15辆氢能源车标志着芜湖公交进入氢能时代；报废233台，现营运车辆总数为1379台。

【开展“庆祝建党100周年”志愿服务活动】组织召开“我为群众办实事”及党史学习教育特色等活动。开展志愿服务，提升公交形象。1路注册“1路有爱”志愿者服务队；17路驾驶员柳良玉荣获镜湖区“第七届见义勇为先进个人”；18路驾驶员唐成发被授予芜湖市“身边最美志愿者”；30路驾驶员王华荣获省劳动竞赛先进个人（省五一劳动奖章）。

【芜马城际公交线路首次开通】12月16日，“马鞍山当涂黄池中学—芜湖梦溪路轻轨站”公交班线开通，首批投入8台纯电动公交车，作为芜马第一条毗邻城际公交，实现与芜湖轨道交通2号线一期的无缝衔接，有利于完善兄弟毗邻城市综合交通运输服务体系，推动芜马同城化发展，促进两市之间交流融合，更好方便两地居民出行。

【疫情防控】2021年，公司在做好员工疫苗接种、核酸检

芜马城际公交开通

（邹　云　提供）

测，常态化疫情防控工作同时，响应政府号召，配合转运外地返芜重点人员，开设公交疫苗接种流动服务车120台次，成立“刘卫娣防疫应急志愿服务车队”，抽调20辆公交车作为应急保障车。配合街道做好流动疫苗接种车深入社区服务工作打通便民服务“最后一公里”。

（邹　云）

【芜湖市轨道交通有限公司概况】 芜湖市轨道交通有限公司于2016年6月注册成立，注册资金30亿元。经营范围是：城市轨道交通项目的投资及项目策划，轨道交通沿线及相关区域的综合配套开发，物业服务；轨道交通技术服务、技术咨询。主要工作是代表政府方出资市轨道交通PPP项目公司，并行使出资人的权力和义务。为中国城市轨道交通协会会员、跨座式单位分会副会长、“一带一路”跨座式单轨系统国际标准联盟（ISAM）主席、安徽省轨道交通标准化委员会副会长单位等。芜湖市轨道交通1号线于2021年6月中旬完成项目验收，10月底完成竣工验收和初期运营前安全评估工作，11月3日开通初期运营。2号线一期于2021年9月底完成项目验收，12月中下旬完成竣工验收和初期运营前安全评估工作，12月28日开通初期运营，形成中心城区“十字形”骨干交通网。公司开展创新研究，获得跨座式单轨实用新型专利3项，公司主要负责人和分管负责人参与的《轻型跨座式单轨道岔系统关键技术研发及应用》项目获中国轨道交通协会城市轨道交通科技进步奖一等奖。董事长被评为芜湖市高质量发展先进个人。完成《芜湖市轨道交通管理办法》（芜湖市人民政府令第62号）和省地方标准《跨座式单轨交通运营管理规范》（DB34/T3712—2020）、《跨座式单轨交通初期运营前安全评估技术规范》（DB34/T3909—2021）等编制工作。

【世界首例不等跨跨座式单轨连续钢桁轨道梁成功转体】 1月27日，世界首例不等跨跨座式单轨连续钢桁轨道梁—芜湖轨道交通2号线上跨芜宣高速钢轨道梁成功转体。此次转体的是世界首例不等跨跨座式单轨转体连续钢桁轨道梁，全长为183.8米，桁高5.7米，全桥划分为13个节段，总重898.2吨。整桥分为三

1号线穿越镜湖

（吴雪妍　提供）

个部分进行施工，其中跨扁担河的边跨节段采用单榀整体吊装法施工，跨芜宣高速及大里程侧边跨节段采用转体，此次钢桁梁采用墩身转体方式实行转体。这次转体梁的成功施工，是世界首例不等跨跨座式单轨连续钢桁轨道梁的转体，填补此项技术的空白。

【轨道交通控制中心调度大厅启用】5月21日，芜湖市轨道交通控制中心调度大厅启用，综合联调调度管理组入驻1号线控制中心。标志着控制中心加入1号线综合联调，调度指令直接通过中心下达到各个车站。芜湖市轨道交通控制中心大楼位于中山北路和黄山路交叉口的东南角，与轨道交通1号线、2号线换乘站鸠兹广场站同期开工，是两条线的枢纽，安装着两条线路的中心级设备。调度大厅位于控制中心大楼4至5层，是轨道交通的市区五条线共用的调度办公区域，控制着无人驾驶单轨列车的发车、停站等。

【轨道交通1号线、2号线一期开通运营】芜湖市轨道交通1号线、2号线一期分别于11月3日、12月28日开通运营，芜湖跨入“双轨”新时代，实现“T”字组网运营，初步形成通达南北、畅联东西的现代化城市轨道交通新格局。截至2021年底，芜湖市轨道交通运营里程46.26万千米，总运送乘客294.42万人次，日均客运量4.99万人次。

【轨道交通管理科成立】为满足芜湖市轨道交通发展需求，市交通运输局增设轨道交通管理科，负责处理市轨道交通运营突发事件应急指挥部办公室日常事务；负责轨道交通运营监督管理工作；组织委托第三方安全评估机构实施初期运营前、运营期间安全评估等工作；建立城市轨道交通运营信息统计分析制度、投诉受理制度；对运营单位服务质量进行监督和考评，并向社会公布；制定城市轨道交通乘客乘车规范。

【芜湖城南过江隧道盾构机首发】9月17日，安徽省首条过江隧道，芜湖城南过江隧道盾构机“皖江奋斗号”始发。“皖江奋斗号”盾构机全长136米，总

城南过江隧道工程顺利推进

（吴雪妍 提供）

重4400吨，最大开挖直径15.07米，具有完全自主知识产权，配备可伸缩主驱动、耐高压高清伸缩摄像头、滚刀磨损、温度、旋转检测装置，可实时监测开挖情况，这些在国内同行业均为首次应用。芜湖城南过江隧道是安徽省第一批PPP项目，它的建成对联通安徽省江北、江南新兴产业区，促进芜湖市拥江发展，提升芜湖交通品质、加快长三角一体化发展具有重要意义。隧道位于长江皖江段芜湖市长江大拐弯处，全长5.96千米，其中3.96千米采用盾构隧道形式穿越长江，隧道内设计为双洞双向6车道，采用两台超大直径泥水平衡盾构机施工作业。施工中，盾构机要一次长距离穿越基岩段近1800米，有4种不同地层转换，南岸江滩600米范围内藏有甲烷，是长江流域施工难度最大的隧道之一，该盾构隧道在建设中攻克技术难题的经验为中国乃至世界的大盾构施工提供借鉴。

（吴雪妍）

邮　政

【概况】2021年，全市邮政企业和快递服务企业业务收入完成25.79亿元，同比增长17.77%；业务总量完成34.85亿元，同比增长31.17%。2021年邮政函件业务完成56.30万件，同比下降51.07%；包裹业务完成4.05万件，同比下降2.14%；订销报纸业务完成3791.95万份，同比下降5.26%；订销杂志业务完成171.31万份，同比下降9.87%；汇兑业务完成0.34万笔，同比下降30.61%。全市快递服务企业完成业务量33304.73万件，同比增长36.96%；实现业务收入19.17亿元，同比增长25.26%。其中，同城业务量1505.01万件，同比增长53.40%；异地业务量31769.35万件，同比增长36.50%；国际及港澳台业务量30.37万件，同比下降52.05%。截至2021年底，快递物流智能装备产业签约落户行业龙头及关联企业98家，签约投资额超150亿元，全部建成投产后年产值超过150亿元。

【优化发展环境】2月4日，市政府第82次常务会议通过《芜湖市建设“中国快递示范城市”实施方案》，明确每年给予1000万元专项经费；市发改委明确“快递进村”奖励政策，按照每个网点2万元标准，市财政每年列入400万元专项奖励资金；　联合市发改委制定《芜湖市邮政业发展“十四五”规划》；全面完成行业人才培训计划（246工程），争取补贴资金130万元；协调推动无为、湾沚、繁昌等县区党委政府设立县级邮政业发展中心，实现市区以外县级邮政监管机构全覆盖。

【提升寄递安全管理】投入110万元建成全市寄递行业远程安全监管系统，提高执法信息化建设。开展邮件快件处理场所规范化提升活动，确保全市各邮政快递企业实现“四个全覆盖、五个必须、六个严禁”；全面压实企业主体责任。督促指导寄递企业严格“三项制度”落实，组织企业开展安全隐患整治，消除各类安全隐患；履行双随机监督检查职责，依法对查出安全问题的企业进行处理。2021年，办理案件10件，罚款32万元；检查发现安全隐患49处，依法约谈告诫8次，对9家企业进行立案查处，下达责令改正通知书31份，督导企业按期完成49处安全隐患整改，确保行业安全平稳。

【推进“快递进村”】创新“邮快”“快电”“交快”“交邮快电”及与第三方公司合作等多种模式有序推进“快递进村”，多次召开“快递进村”现场推进会和总结提升会，高标准推进“快递进村”工作再上新水平，实现全市快递进村全覆盖。

【推进“两进一出”工程】组织召开快递服务制造业推进会，组织快递企业和制造企业开展双向交流考察和实地调研。出台快递业与制造业融合发展工作实施方案，建立“一企一档”，掌握各企业入厂物流、订单配送、嵌入式电子商务等项目进展情况。截至2021年底，芜湖邮政快递服务制造业客户达200家。推进芜湖国际邮件互换局和皖南航空快件转运中心建设，依托京东全球物流港，增强空港跨境电商服务能力。与市发展改革委等相关部门相互协作，研究探讨“快递出海”政策措施。

【实现无人机常态化配送】主动应对快递物流发展新形势、新要求，加速推进“快递下乡”换挡升级，聚焦打通快递进村最后一公里，芜湖南陵在全省率先实施无人机配送常态化运行，逐步推行无人车配送，缩短派件时间。

【推进邮政生态环保建设】打造邮政生态圈，推进生态主题邮局建设，建成生态农产品展销馆，注重主题邮局盈利能力打造。结合“一市一品”等项目，依托“邮乐919电商节”“农产品展销会”“邮你行”等载体，助力本地生态农产品畅销全国。加强对快递业绿色包装的宣传引导与教育培训，引进一批生产绿色环保快递包装的配套企业落地投产，依托南陵试验基地举办快递行业绿色发展高峰会议。全市电子面单使用率达99%，所有电商快件不再进行二次包装，配置绿色环保分拣袋近10万个，全市所有快递分拨中心及营业网点设置包装废弃物回收装置，新型绿色包装产品正逐步推广，可循环包装材料广泛应用。

（王美红）

【中国邮政集团有限公司芜湖市分公司概况】中国邮政集团有限公司芜湖市分公司是安徽省邮政公司下属的国有公用服务型企业，下辖无为市、南陵县、繁昌区、湾沚区、城中、城北、城南7个县（市）、区分公司，一个二级邮区中心局。全市营业网点124个，揽投部（室）63个，邮运车辆62辆，从业人员1703人，服务人口达360万余人。2021年，芜湖市邮政分公司实现业务收入81470.24万元，同比增幅13.49%。

【彰显央企担当】全市邮政四项普服业务开办率、农村乡镇局所覆盖率、建制村通邮率、邮件全程时限达标率、县城及以上城区重点党政机关《人民日报》和《安徽日报》当日见报率继续保持100%。推进平安邮政建设，全年未发生一件寄递渠道和金融风险重大安全责任事件。践行普惠金融理念，建设信用村119个，“融资E”放款量2442万元。推进乡村振兴建设，规划2021—2023年农村网点建设16处。开展“邮快合作”“交邮合作”，与6家社会快递公司签订合作协议，建成公交邮路16条、乡镇运输服务站4处、自提点2135个，406个邮乐购站点叠加代收代投功能。通过自主运营的“芜湖邮选惠农”平台，帮助无为市蜀山镇石岗村的种植户销售葡萄2290斤，实现销售额2.7万元，并组织开展“冬日送温暖”活动，向困难户捐赠衣物100余件。

【改革创新】落实国企改革三年行动方案，在全省邮政率先承担任期制和契约化管理改革试点任务，并与无为市、南陵县分公司完成签约。坚持扁平化管理，整合内设机构，生产部门由3个精简为2个。通过优化人员配置，精简职能机构21人、生产机构92人，有效降低人工成本和外包费用。围绕“懂经济、懂业务、懂技术”三懂要求，在全省邮政率先试点“管理团队+外包”的包裹快递车间经济责任制，截至2021年12月，一干装载率42.11%，同比增长18.5%，二干装载率38%，同比增长25.8%；压降成本完成率316.78%，位列全省邮政第1位。发挥邮政品牌优势、网络优势、专业优势和人才优势，克服诸多困难，以高质量的服务圆满完成第十届中国（芜湖）科普产品博览交易会运营保障工作，得到活动主办方肯定。

【推进和谐企业建设】落实为职工办实事项目。投入23万元，开展“送清凉”和“双11”慰问活动。关爱职工健康，为职工购买门诊商业补充医疗保险，投入80万元为一线职工配备防疫物资，投入20.6万元为全体员工安排健康体检，并对体检项目予以增项。关注基层员工生活，全年为开伙职工小家发放伙食补贴45.84万元，新建职工小家3处。先后组织开展“春季健步走”“随手拍”手机摄影比赛、“冰雪情·冬奥梦”全国职工冰雪主题绘画作品展览等活动，丰富职工文化生活。持续推进企业文化建设，开展“社会主义核心价值观主题实践教育月”活动，做好文明城市迎检，提升窗口服务水平。全国“五一劳动奖章”获得者伍先林向筹建中的芜湖市工运史馆捐赠投递自行车，在芜湖工运史上留下邮政人的印记。

（孙　康）

信息产业与信息化建设

Information Industry and Information Construction

综　述

【概况】2021年度，市经信局围绕打造全国率先迈向中高端的“智造名城”和打造长三角工业互联网创新高地，以新一代信息技术与制造业深度融合为主线，加快培育产业生态，推进企业数字化转型，取得明显成效，走在全省前列。率先出台《工业互联网创新发展三年行动计划》《工业互联网创新发展标杆示范培育行动实施方案》和《推动制造业高质量发展　打造“智造名城”若干政策》。建成基站4823个，数量位居全省第二。推动2个二级节点开工建设，填补标识解析体系空白。标杆示范培育顺利推进，100家培育企业中98家企业完成阶段性改造。企业数字化、网络化、智能化改造升级全面实施，登云企业2987家。支持企业申报省工业互联网政策资金，两年获批项目101个，争取奖补资金1.82亿元，居全省前列。引进国内领先双跨型工业互联网平台2家（卡奥斯、忽米网），培育省级双跨型平台2个（奇瑞、海螺）、行业型和区域型平台各1个（三只松鼠、柠檬豆）。截至2021年底，芜湖市拥有国家级、省级以及长三角G60科创走廊综合型、行业型、企业级等各类工业互联网平台31个，平台建设走在全省前列。成立“5G+工业互联网”产业发展联盟，引进信通院、卡奥斯等一流智库和服务商，遴选华为、中控蓝卓、腾讯等70家优质企业，建立工业互联网服务商资源池，工业互联网专业服务能力大大提升。

数字经济发展

【打造特色平台体系】建设芜湖市工业互联网综合服务平台，打造面向中小企业的区域性和公共服务性平台，并逐步整合垂直行业平台应用服务能力，5月底启动项目建设。加快建设海螺“云工”、海行云“HiGOPlat”两个省级双跨型平台。海螺“云工”平台按照两年建成双跨型平台的目标顺利推进。型材行业子平台6月底初步建成、7月份运营；水泥行业子平台10月份上线。海行云“HiGOPlat”平台完成平台基础建设和部分行业SaaS应用落地和推广，赋能供应链企业超过375家。奇瑞2座智联超级工厂全面启动建设。支持龙头企业建设若干个行业特色型平台和区域型平台。推动三只松鼠、信义玻璃、中联农机、春谷3D打印智能装备、埃夫特等龙头企业建设行业特色型平台。其中三只松鼠入选省级行业型平台，连接设备1319台，开发物流、营销、售后等41个工业APP。同时引进青岛柠檬豆安徽总部落地镜湖区，建设皖豆云工业互联网平台，成功入选省区域型平台。支持骨干企业建设企业级平台。美芝精密、华烨新材料、大陆汽车电子等8家企业入选省企业级平台。

【打造应用场景】按照精益管理、数字化应用、智能化提升和工业互联网标杆四种类型，推进百家企业示范标杆培育工作，形成30个可复制、可推广典型案例。其中：东旭光电、中集瑞江等6家企业入选长三角G60科创走廊工业互联网标杆工厂；海螺、奇瑞、美的入选省“5G+工业互联网”创新应用案例；三只松鼠、奇瑞、海螺入选省工业互联网创新发展十二模式；国营芜湖机械厂、欧宝机电等19家企业入选省级工业互联网应用场景；海螺5G智慧水泥综合体入选中国工业互联网研究院赋能绿色低碳发展优秀案例；中科大智慧城市研究院（芜湖）入选工信部大数据产业发展试点示范项目；格力电器入选工信部工业互联网平台创新领航应用案例；三只松鼠等3家企业入选工信部工业互联网企业网络安全分级分类试点项目；经开区入选工信部首批工业互联网+园区试点示范。

【建设创新应用推广中心】打造赋能体验对接平台，集培训体验、诊断咨询、技术验证、供需对接于一体的应用创新推广中心。建成中国信通院与经开区建设全省首个高水平的工业互联网应用创新推广中心；海集云（卡奥斯与市、弋江区建投合资成立）建成全省首个专业化工业互联网应用创新推广中心，对接企业117家，商务谈判21家，签订改造协议4家；海行云（奇瑞与卡奥斯合资成立）建成汽车行业大规模定制工业互联网平台体验中心，对接企业36家，意向合作金额5000万元。忽米网与鸠江区合作，旨在打造忽米芜湖（鸠江）工业互联网生态创新基地。

【开展培训】市县区举办各种形式的培训会、交流会40余场次，形成全市上下发展工业互联网的浓厚氛围。举办工业互联网创新发展企业家研修班，组织110家企业掌门人，分4期赴深圳华为、青岛海尔卡奥斯，现场观摩、集中学习培训。央视新闻作专题报道。G60科创走廊工业互联网九城首站巡讲在芜举办，承办安徽省工业互联网大讲堂（芜湖站）。开展市工业互联网系列巡讲活动。举办多场峰会活动：第十届科博会论坛之2021中国（芜湖）数字经济生态峰会；以“行业数字化转型加速时”为主题的华为芜湖数字产业峰会；以“云上创新”为主题的阿里云城市峰会，以及2022忽米全国工业互联网数智赋能行巡讲（芜湖站）。

【举办权威赛事】2021年9—11月，市政府与中国信通院共同承办以“诚招天下英才，逐梦美丽江城”为主题的首届国家级大赛——工业数字孪生大赛并同步开展“双招双引”。大赛采用校园现场宣讲会、直播培训、空中宣讲会、校园沙龙等多种宣传形式，覆盖中科大、北大等百余所高校学生超12万人，其中现场宣讲高校8所，吸引513支团队、861位选手报名，收集参赛作品372个（211、985、双一流高校作品占比42%）。大赛评选出获奖作品18支、优秀作品43支，其中芜湖市安信工团队、安工程团队分别荣获算法赛一等奖、二等奖，共生物流团队获得创意赛三等奖，瑞祥工业等4家企业作品入选优秀作品。芜湖宏景电子为算法赛命题提供相关数据和参数。

（朱文孝）

无线电管理

【无线电管理处概况】截至2021年底，芜湖市各类无线电台站数量达19406个。全年，新增办理台站501个。征收频率占费40余万元。

【强化频率台站管理】持续开展无线电日常监测，各监测站点监测22000余小时。开展台站清理整顿，先后检查融汇化工、海螺酒店、无为军创矿山、万科物业等20余家设台单位。联合长江海事局，实施水上无线电执法检查。联合市场监管局加大无线电发射设备销售市场监管，进一步规范销售源头。先后查处GOIP无线语音网关非法设台案，建筑工地非法设台案，销售未取得型号核准设备案等。

【开展频率干扰排查】查处各类干扰16起，其中民航通信干扰3起，公众移动通信干扰4起，机场导航干扰1起。针对乡村小调频对民航通信干扰问题，联合市文旅局召开紧急工作协调会，全面排查关停在用非法乡村调频广播。查明高压输电线路对芜宣机场VOR导航台干扰，帮助机场顺利通航验收。先后多次排查芜湖轨道交通信号干扰，为单轨通车运营提供保障。查处私设信号放大器、违规物流射频设备、弃用微波设备等各类移动通信干扰，协助交警支队解决350兆集群干扰。

【保障重点项目用频】开展芜宣机场用频保护性监测，帮助机场按期完成台站设置使用和通航验收。着力保障轨道交通1.8G频段使用，指导轨道交通400兆、800兆频率组网，开展用频保护性监测，多次召开相关单位频率协调会，排除干扰隐患。完成市气象局X波段相控阵气象雷达项目频率审批，做好4个雷达预选址地点的电磁环境测试。

【推动年度宣传工作】全年，在各类媒体报道数10次，国家级、行业级媒体12次，其中，中央电视台2次，新华社2次，人民邮电报2次。6月，高考保障工作在央视一套《新闻联播》《朝闻天下》播出。11月，获安徽电视台专题采访报道，在《新闻第1线》栏目以“芜湖轨道交通1号线背后的‘空中卫士’”为题播出。首次利用城市高楼灯光秀，连续滚动播放无线电宣传标语。开展无线电宣传进校园，电磁辐射知识广场宣传等活动。无线电管理宣传月期间，利用电信运营商网点电子屏播放宣传标语，群发《安徽省无线电管理条例》宣传短信数百万条。

【重大活动保障】组织开展高考、中考、公务员、事业单位、研究生、法律资格等各类考试保障34场次，出动人员186人次，车辆44车次。重点做好“两会”、防汛期间重点通信频段的监测保护工作。

（俞　弦）

通信业

【中国电信股份有限公司芜湖分公司概况】中国电信股份有限公司芜湖分公司是芜湖市网络资源、服务应用领先的综合智能信息服务运营商，是安徽通信枢纽和国家数据骨干网重要通信节点，是中国电信163骨干网安徽两大节点之一，与骨干网北京、上海、杭州、南京、西安等核心节点均有多条链路互通，出口带宽16T，是中国电信全国四大云计算核心基地之一。下辖繁昌、南陵、湾沚、无为、镜湖、弋江、鸠江、经开区、三山区9个县（区、市）分公司，各类从业人员2344人，服务网点超1200家。2021年，芜湖电信党委荣获“安徽省先进基层党组织”荣誉。

芜湖市大数据产业园二期主体结构封顶鸟瞰

（王　成　提供）

【加速电信“三千兆”网络建设】芜湖电信全面加速5G、千兆宽带以及家庭千兆WIFI网络建设布局，截至2021年底，建成5G基站2500个，实现市区、县城连续覆盖，乡镇100%覆盖，政府楼宇、重点开发园区、校园、医院、重要商业场所等重点场景深度覆盖。推进千兆光宽建设，2021年，实现湾沚区城及以上区域规模部署，具备千兆网络能力小区超600个，助力芜湖“千兆城市”建设。推广基于WiFi6的家庭智能组网，让每个房间都达到千兆速率的高品质体验，并结合电信全屋智能家庭解决方案实现智能家庭体验的全面升级。

【助力工业互联网创新发展】作为芜湖市首批工业互联网服务商之一，芜湖电信发挥企业优势，联合海尔卡奥斯、忽米网、联想新视界等全国领先的工业互联网服务商，共同打造行业级、区域级工业互联网平台，带动和加速产业链上下游共同实施数字化转型升级，构建工业互联网新生态。与海螺、奇瑞、格力、中联重机、芜湖港等龙头企业合作，突破多项5G技术创新应用，共同打造全省乃至全国的5G+工业互联网应用标杆。

【推进芜湖算力集群建设】参与和支撑芜湖申报全国一体化算力网络长三角国家枢纽节点建设工作。芜湖电信协调中国电信集团、省公司，在申报方案编制、集群网络布局、直联网络组网方案、网络时延测试和数据中心建设相关能耗数据等方面提供具体技术和方案支撑。同时，芜湖市大数据产业园暨中国电信云计算中心一期投入运营以来，具备25万核云计算、18P云存储资源能力，建成云间和入云互联专网，具备云网融合能力，为申报工作奠定云网及算力基础。12月22日，芜湖市大数据产业园暨中国电信云计算中心二期项目数据中心大楼主体结构顺利封顶。

【建成全国首家数字生活馆】12月26日，芜湖电信投资建成全国首家数字生活馆，得到芜湖市政府主要领导批示支持认可，两馆纳入智慧城市体系，打造数字芜湖、数字生活体验展示平台。芜湖市数字生活馆开辟数字便民、5G智能、数字家庭、智慧社区、数字乡村、悦读空间等12个数字生活体验区。同时，馆内建成全省首个“5G数字政务服务受理站”，实现就近能办、多点可办和群众“少跑快办”的7×24小时不打烊政务服务。

【开展“服务三进”系列活动】参与人民城市建设，联合市文明办、芜湖传媒中心，以“文明创建进万家·人民城市共和谐”为主题，共同实施“服务进万家”“服务进万企”“服务进万商”系列活动，为广大芜湖家庭、企业和商户提供免费网络检测优化、宣传防范网络通信诈骗和文明城市创建等内容，让芜湖广大居民感受到中国电信服务的诚意、数字生活带来的便利和人民城市建设的暖意。

【打造智慧社区样板】依托中国电信自主研发能力，建设芜湖市智慧社区平台，通过“软硬一体”和“端云一体”，打通“个人—家庭—小区—社区”生活服务信息壁垒，整合并连接智慧城市大平台，实现以智慧家庭打造智能生活，以智慧小区提升社区品质，为广大居民提供一个安全、舒适、便利的现代化、智慧化社区生活环境。

【助力乡村振兴建设】第一时间为全市第八批288名驻村干部提供免费通信服务保障，得到市委组织部、乡村振兴局以及广大驻村干部一致好评。加大农村通信基础设施建设，全年新增光端口2.28万个、5G基站78个，投资950余万元。率先中标建设芜湖市试点乡镇数字乡村平台，联合农业农村局在芜湖市省级试点区域复制推广，助力乡村振兴。

（王　成）

【中国移动通信集团安徽有限公司芜湖分公司概况】中国移动通信集团安徽有限公司芜湖分公司主要经营个人移动通信、家庭宽带电视和5G、云计算、大数据、物联网等集团单位信息化应用服务，作为本地网络规模最大、服务客户最多、盈利能力领先的通信企业，始终坚持为芜湖人民提供更优质、更便捷、更贴心的信息通信服务。公司下辖湾沚、繁昌、南陵、无为、东西部营销中心等6个县（市）区分公司，拥有各类员工近1700人，基站总数超15000个，客户总数超230万户，光纤宽带网络覆盖超206万户，服务政府、企事业单位用户超过6万家，专线达到2万余条，物联网连接数超百万。

2021年，公司先后荣获“全国工人先锋号”“全国青年文明号”“全国职工书屋”“安徽省工人先锋号”“安徽省文明单位”“芜湖市先进基层党组织”“第十五届市级文明单位标兵”等多项荣誉称号。

【助力构建芜湖数字经济底座】锻造5G精品网络，联合广电加大700M网络建设，2021年投资超2亿元，建成5G基站近2500个，实现市区、县城和乡镇的连续覆盖、部分农村热点的有效覆盖；推动宽带向“千兆”升级，投资近1.2亿元，打造覆盖全市的千兆光纤网络，实现千兆宽带到家庭，助力芜湖打造全省5G/宽带双千兆标杆城市，为构建芜湖数字经济高质量发展新底座奠定坚实网络基础。

【实施“5G+”助力计划】赋能5G+工业互联网领域，与国营芜湖机械厂达成全国军工及航空航天企业首例5G专网项目，获芜湖市第三届信息化建设优秀项目案例奖；与信义玻璃合作工业互联网私有云项目，助力企业高质量发展；与河南飞龙合作智慧工厂项目，助力企业提质增效。赋能5G+智慧电网领域，联合供电公司建成全省首条“5G+智慧配网”配电自动化线路，助力推动智慧城市和新型电力系统建设。赋能5G+智慧园区领域，为高新区管委会搭建省内首个政务行业5G智慧园区平台，获工信部2021年第四届“绽放杯”5G应用征集大赛智慧园区赛道优秀奖。持续推进政务、制造、教育、医疗等行业“云”服务，服务中小企业上云、用云，服务近1500家企业上云，美的、信义、奇瑞徽银等本地重点企业成功入驻公司云数据中心，有效承接区县智慧城市、智慧园区、智慧校园云平台、农村三资监管平台等各类系统应用，面向中小微客户推出丰富的专线+云主机、专线+云空间、专线+云桌面等云网服务。

【打造“心级服务”】创新推出家庭宽带“两城一家”特色业务，解决漫游客户宽带使用需求；提供10086热线智能化视听服务，为客户提供“看听说查”一体化的便捷服务和舒心体验；持续开展总经理接待日、走进移动、服务进万家等活动，打造服务竞争优势；提供“适老化”服务，为老年人打造简单、快乐的移动“心”级体验。

【履行企业社会责任】 助力疫情防控保障，落实“通信、服务、防控”三保障，为疫情防控关键领域提供7x24通信保障，协助发送疫情防控宣传提醒短信4500万条，提供和对讲调度终端300余部，为各级政府、医院、高校、大型企业提供支撑服务超过100场次，为疫情密接、次密接人群提供居家隔离智能门磁近千套。推进“数智乡村振兴计划”，为乡村振兴注入新动能，加强农村信息基础设施建设，实现行政村5G网络、宽带网络100%覆盖；推动千里眼“平安乡村”建设，打造移动云监控、云广播、云家园“三朵云”平台，提升农村治理现代化水平；开展消费帮扶，2021年采购黑龙江省汤原县、桦南县、新疆皮山县、西藏等消费帮扶产品37万元。开展安全风险隐患大起底大排查大整治，完成建党100周年、防汛、雪灾保障等重大任务，网络运行实现“零重大故障、零安全事件、零重大投诉”。开展打击治理电信网络诈骗犯罪与不良信息治理，落实“三步走”，抓好源头治理、警企协同、宣传教育，进一步筑牢网络信息安全防线，助力建设更高水平的平安芜湖。

（刘　芳）

【中国联合网络通信有限公司芜湖分公司概况】 2021年，作为中国联通在芜湖市的分支机构，芜湖联通下辖4个县级分公司，用工人数400余人，固定资产3.9亿元。在移动高速网络建设方面，芜湖联通每年投入超3000万元用于4G网络新建和优化，投入超过5000万元用于5G toB工业互联网场景建设。推进电联共建共享合作，截至2021年建设5G基站超1590站，建成满足城区县域连续覆盖的一体化优质5G高速网络。配合芜湖市政府做好数据中心布局优化，满足政务上云及数字化转型需求。投资建成的云计算数据中心机房，出口带宽800G，同时预留2000+扩展机柜的独立机房，规划对芜湖江北新区数据中心建设提供支持。在工业互联网方面，助力美的厨卫创新打造5G智慧工厂，为新兴铸管打造5G专网数字化车间等标杆性工业互联网应用。其中奇瑞汽车“5G+AI机器视觉智能制造”和美的厨卫“5G+MEC智慧工厂”分别入选2020年和2021年安徽省“5G+工业互联网”十大创新应用；“芜湖美的厨卫—5G智慧工厂创新应用项目”和“芜湖新兴铸管—基于5G专网的数字化车间项目”参加工信部主办的第四届“绽放杯”5G应用征集大赛并分别获得“行业虚拟专网专题赛”二等奖和“全国总决赛”优秀奖的殊荣。

（殷琚昂）

【中国通信服务安徽公司芜湖分公司概况】 中国通信服务安徽公司芜湖分公司（以下简称芜湖分公司）隶属于中国通信服务安徽公司，是经国务院国资委批准，中国电信旗下的第二家上市公司。芜湖分公司融入“数字中国”建设主航道，定位为新一代综合智慧服务商，致力于为通信运营商、制造商、政府提供涵盖规划设计、工程建设、信息化技术与产品、运维和运营、安全保障的一体化智慧服务。业务领域涉及通信工程、网络维护、系统集成、智能安防、信息化工程、物业管理、电力、监理等。

2021年，芜湖分公司实现新签合同额约2.04亿元，同比增长13%；实现总收入约1.56亿元，同比增长7.58%。先后荣获芜湖市第三届信息化建设优秀项目，芜湖市总工会职工生活幸福企业，2021年度芜湖市防疫、防洪先进物业企业等称号。

【推进“智慧城市”建设】 配合电信、移动、联通做好5G、宏站、微站建设及维护、杆线整治、杆线迁改、全球眼维护等；配合市政做好“智慧城市”建设，参与南陵水环境综合治理、镜湖区老旧小区改造、弋江区智慧法院、经开区智慧执法等建设，参与轨道交通线路迁改、国防光缆迁改管线新建建设，道路通信线路、政府部门智能化改造等。

【履行社会责任】 先后组织员工参加疫情防控、结对帮扶、志愿者服务、无偿献血等活动。对中国电信集团定点对口帮扶点新疆疏附县进行帮扶、对无为市陡沟镇五一村进行帮扶；严格执行中共芜湖市委组织部要求，选派员工前往无为市蜀山镇杨桥村担任第一书记驻村工作，全力支持驻村干部开展各项工作，先后为罹患重病的村民捐款、慰问困难村民，采购当地农产品，助力当地土特产打开销路等，全方位提升公司的社会公众形象。

（王　艳）

财政　税务

Finance and Taxation

财　政

【概况】2021年，全市一般公共预算收入361.2亿元，增长9%，全市一般公共预算支出503.3亿元，增长3.6%，市级（含市本级、皖江江北新兴产业集中区、经济技术开发区、三山经济开发区，下同）一般公共预算收入133.7亿元，增长7.8%，市级一般公共预算支出185.9亿元，与上年持平。

【坚持减负加力】全年“减、退、缓”税80亿元。坚持市场的逻辑、资本的力量、平台的思维，在全省率先出台加快发展政府投资基金政策，实现市县区政府投资基金全覆盖，全市政府投资基金规模160亿元，参股子基金规模558亿元，成功引进全省第一家公募基金落户芜湖。坚持财政金融政策融合，在全省率先出台支持政府性融资担保18条措施，引金融活水助力小微企业，全市担保责任余额89.4亿元，减免保费0.3亿元。修订扶持产业政策体系，依法推进公共政策兑现改革，上线惠企政策网上超市，打造“即申即享”“免申即享”“限时即享”兑现新模式，推动政策资金“一键直达”。全年兑现各类扶持资金50.3亿元。

【增进民生福祉】2021年，全市用于民生方面的支出达428亿元，占一般公共预算支出的85%。统筹91.4亿元，稳步推进33项民生工程，低保对象、特困人员等困难群体救助保障水平全面提标，城乡居民医疗保险、基本公共卫生服务等财政补助标准持续提高，退休人员基本养老金继续适度调整。管好用好直达资金，做好直达资金分配、下达、使用、监控工作，确保资金直达基层、直接惠企利民、使用安全规范。中央下达直达资金支出42亿元，支出进度96.2%。支持巩固拓展脱贫攻坚成果同乡村振兴有效衔接，接续推进脱贫地区发展，保持脱贫攻坚期内出台的各项财政支持政策在过渡期总体稳定。

【实施零基预算管理】全面实施零基预算管理，在全省率先提出零基预算管理22条措施，清专项、压项目、硬回收、定标准、明事权，打破支出“基数+增长”的固有僵化格局，重构预算分配改革。出台预算项目库管理办法，建立星级管理评审规则，市本级2022年部门预算项目数下降45%。收回盘活财政存量资金31亿元，占预算支出的19.6%。开展部门预算执行分析通报，压实部门预算执行主体责任，部门项目预算执行节点进度提升近19个百分点；对政府性投资项目实施中期调整，调整70个项目资金8亿元。贯彻国务院行政事业性国有资产管理条例，加强资产管理，对全市279家单位全面摸底清查国有资产，处置219处闲置房产12万平方米，实现资产“零闲置”。按照国务院国资统一监管的要求，对市属事业单位所属企业进行改革，新设公司2家，实现国资统一监管全覆盖。

【防范财政风险】研究出台全面落实过紧日子要求、厉行节约反对浪费的18项具体举措，压减一般性支出1.6亿元。强化部门协同、市县区联动，多措并举抓好收入组织。分析税收收入潜力，加强非税收入征管，进一步提升政府综合财力，2021年末市本级政府性债务风险等级成功退出红色区域。加强债务风险管控，压实政府性债务管理责任，统筹资金化解存量债务，完成年度化债目标任务；用好债务综合监管系统，发送风险提示；争取债券资金，发行新增专项债券82.3亿元，保障重大民生和发展项目建设资金需求；落实三级调度机制，用好政府专项债券政策，提高债券资金使用绩效。推进融资平台公司市场化转型。完善多渠道筹措机制，确保社会保险基金安全可持续运行。

【提升财政治理能力】推动预算绩效管理提质增效。强化项目、政策、部门整体的全过程绩效管理，市本级初步建立“三全”体系，对2753个项目支出、279个部门整体全面编制绩效目标，实现市级项目资金绩效管理全覆盖。对2020年度市本级部门整体支出及项目支出，全面实施绩效评价，实现单位自评、部门评价和财政评价三级联动。依托现有高校团队资源，开展市级政策和项目事前绩效评估审核，节约财政资金0.3亿元。强化绩效评价结果应用，收回单位2021年预算安排资金1.6亿元。推进财政数字化转型，完成全市预算管理一体化系统本地部署。立足财权与事权匹配原则，启动新一轮市区财政体制调整工作，完善市区经营性土地使用权出让收支管理体制。持续开展市直单位财务检查并督促整改。配合推进人大预算联网在线监督，强化审计发现问题整改并建立长效机制。

（王密密）

附：芜湖地区会计师事务所（截至2021年年底）

序号	会计师事务所名称	通讯地址	所长	手机
1	芜湖市凯帆会计师事务所（普通合伙）	芜湖市镜湖区星隆国际C座1606号	陶小迪	17756551938
2	安徽芜南会计师事务所	芜湖市南陵县籍山镇利民南路永晟综合楼4楼	崔南庭	13956180918
3	安徽徽瑞会计师事务所(普通合伙)	芜湖市镜湖区星隆国际9号楼五层	汪重栏	13905537186
4	安徽文友会计师事务所（普通合伙）	芜湖市弋江区金鹰国际A1304	陈文军	13956179838
5	芜湖恒盛会计师事务所	湾沚区湾沚镇伟业大厦1504室	束海水	13956161133
6	安徽新芜会计师事务所（普通合伙）	芜湖市湾沚区湾沚镇芜湖南路延伸段弋江综合楼A幢401室	赵翠萍	15255385290
7	安徽智成会计师事务所有限公司	无为市无城镇凤河路环宇国际B座501室	袁则仁	13956621506
8	芜湖永信会计师事务所（普通合伙）	芜湖市弋江区金玺商业广场主楼A1805室	陆新宇	15605536869
9	安徽振诚会计师事务所有限公司	芜湖市镜湖区万达广场二期3号写字楼1001室	蒋凤梅	13965158889
10	安徽春谷会计师事务所有限公司	芜湖市繁昌区金峨南路291号	钟秀春	13966015694
11	容诚会计师事务所（特殊普通合伙）芜湖分所	芜湖市瑞祥路88号皖江财富广场A1号9楼	朱宗瑞	13605692256
12	安徽新平泰会计师事务所有限公司	芜湖市弋江区马塘街道松韵园商业办公楼3号楼3楼	杨树杰	13505532253
13	安徽新中天会计师事务所有限公司	芜湖市镜湖区文化路39.2号海螺商务楼北楼4—5层	王忠平	13855326563
14	安徽华明会计师事务所（普通合伙）	芜湖市鸠江区柏庄财富广场2号办公楼207室	张伟	13695537017
15	芜湖成诚会计师事务所（普通合伙）	芜湖市无为市无城镇二坝路40号	方应柳	18056520101
16	无为华镰会计师事务所（普通合伙）	芜湖市无为市十字街华联商厦四楼	丁绍来	13953672966
17	中审众环会计师事务所（特殊普通合伙）安徽分所	合肥市政务区绿地蓝海国际大厦A—1001	王宏	13365517799

（王密密）

税　务

【概况】国家税务总局芜湖市税务局内设部门18个、派出机构6个和3个事业单位，下辖南陵、无为等2个县（市）税务局，芜湖经济技术开发区、安徽芜湖三山经济开发区、镜湖区、鸠江区、弋江区、湾沚区、繁昌区等7个区税务局。2021年，国家税务总局芜湖市税务局聚焦税收中心工作，服务地方经济社会发展，以“起步就要提速，开局就要争先”的奋发姿态，改革创新、攻坚克难，各项工作稳中向好、进中提质。2021年，先后获得安徽省工会经费税务代收工作先进集体、芜湖市优化营商环境先进集体等称号。

【减税降费】2021年新增减税降费29.5亿元；落实制造业中小微企业税费缓缴工作，走访辅导2303户次，缓缴税费3.9亿元。坚持组织收入原则，加强计划统筹管理，提高税费收入质量，2021年组织各项税费收入（含江北产业集中区）844.3亿元，同比增收77.2亿元，增长10.1%。其中：税收收入564.9亿元，同比增长9.2%；非税收入130.3亿元，同比下降2.1%；社会保险费收入144.1亿元，同比增长31.4%；其他收入5亿元，同比下降30.2%。办理出口退（免）税43.4亿元，同比增长5.1%。

【深化税收征管改革】推进“一户式”管理机制，推动从末梢风险应对向前端预警防范延伸。创建代开发票金额超500万元等“预警式”分析指标10余个，深化各类风险指标模型运用，建立重点行业预警防控机制。有序做好风险任务统筹，全年下发风险任务136批次3862户次，查补入库税款3477万元。建立税警联动新模式，设立税警协作办公室，依法严厉打击涉税违法犯罪。与江北产业集中区税务局试点8类100个事项跨区域通办，相关做法先后两次获得安徽省税务局党委书记、局长张德志批示肯定。加强与人社、医保等部门协作，如期完成金税三期社会保险费标准版系统上线。联合市工商联开展“春雨润苗”专项行动，精准推送小微企业和个体工商户减税降费相关政策5万余户次。

【优化税收营商环境】在全省率先上线“安徽省不动产税收管理系统2.0版”，实现纳税人不动产交易、纳税、登记“最多跑一次”。开展“我为纳税人缴费人办实事暨便民办税春风行动”，推出120条便民举措，认真办好50件实事。创新服务举措，在全省率先推出“税伴一生”自然人全生命周期“场景式”集成服务。为上市后备企业提供8项13条“管家式”服务举措。深化“银税互动”，全年为8891户纳税人办理“税融通”贷款72.61亿元。在长三角地区率先实现跨省税费缴纳一网即办。芜湖市入选全国纳税指标“标杆城市”。芜湖市税务局被评为全市优化营商环境先进集体。

【服务地方经济发展】推进以税资政，“三个三”分析法被税务总局作为全国税收经济分析工作经验推介，多篇税收分析报告先后受到省长王清宪、副省长张红文、税务总局副局长王道树、市委书记单向前等领导肯定批示8次。持续开展“千名税干进千企”活动，为1.24万户企业宣传解读各类税费政策，“四送一服”工作连续3年在市政府评选中获得优秀等次。倾情助力乡村振兴，全年消费帮扶38.7万元，定点帮扶工作连续3年获得综合评价“好”等次。

（马玲玲）

4月19日，税务部门走进芜湖舜富精密压铸科技有限公司，解读研发费用加计扣除政策

（马玲玲 提供）

金融业

Finance

综　述

【中国人民银行芜湖市中心支行概况】截至2021年底，芜湖全市本外币各项存款余额5254.1亿元，较2021年初增加541.1亿元，同比增长11.5%，成为继合肥之后省内第二个存款超5000亿元的地级市。各项贷款余额4716.3亿元，较年初增加614.3亿元，同比增长15%，增量和增速均创下“十三五”以来增长纪录，存款和贷款总量均居全省第二位。全年社会融资规模新增948.2亿元。现金投放98.3亿元，现金回笼102.9亿元，净回笼4.6亿元。大小额支付系统处理各类业务1820.74万笔，清算资金8.23万亿元，业务量同比增长1.7%。

【金融调控】全年办理再贷款、再贴现、两项直达工具等为金融机构提供优惠资金支持41.3亿元，同比增长17%。撬动金融机构发放贷款64亿元，同比增长40%。畅通碳减排支持工具传导渠道，建立全市绿色项目库，实现授信19.53亿元、放款12.37亿元。全年2次实施降准，释放资金10.3亿元。优化存款利率定价管理持续释放LPR改革潜力。全年芜湖市银行业金融机构贷款加权平均利率为4.48%，同比下降16个基点，全市贷款加权平均利率连续24个月呈下行趋势。

11月29日中国人民银行芜湖市中心支行举办轨道银联移动支付应用线上发布会

（王　菲　提供）

【金融支持】发挥“几家抬”政策合力，为小微企业等薄弱环节提供保障，推进“贷动小生意服务大民生”金融支持个体工商户专项活动，全年新增在贷个体工商户5.53万户，同比增加1.96万户，新增普惠小微贷款77亿元，增速16.8%，全市新发放小微企业贷款加权平均利率4.68%，同比下降12个基点。加大制造业中长期贷款投放，全年新增制造业贷款70.3亿元，同比多增42.4亿元，同比增长13.9%。新增中长期贷款428.1亿元，同比多增162.6亿元。同比增长15.9%。推动信贷与债券融资对实体经济的“双轮驱动”，举办“长三角G60科创走廊双创债推进工作培训交流会”，全年各主体在银行间市场发行债券224.9亿元，发行规模位居全省前列。

【风险防控】省市县三级联动，综合采取早期纠正、风险提示、约谈、监管协作等综合措施，于2021年11月底完成高风险金融机构出列清零，为全省提供首例运用资产管理公司（AMC）市场化方式成功处置高风险机构风险的经验。牵头建立市联合打击洗钱犯罪工作机制，联合市相关部门出台指导意见，推动实现全市洗钱罪、自洗钱罪宣判“零突破”。完善打击治理跨境赌博“资金链”联合处置机制，监督暗访覆盖面100%，通报约谈银行机构11家次，督促银行内部通报501人次、扣减绩效426人次。突出打击外汇领域实质性违规行为，处罚超千万元，创历史新高。对1家金融机构实施行政处罚。

【改革创新】推进安徽省“金改22条”，牵头成立芜湖市金融改革创新工作协调推进小组，推进科技创新、绿色低碳、乡村振兴、制造业、普惠小微等领域“五大攻坚行动”。牵头建成市场主体库、融资项目库和金融产品库，上线“融芜优”信息平台，省内率先落地绿色租赁、绿创贷、环保企业产能挂钩贷款等业务。2021年底，全市科创贷款余额440.5亿元，居全省第二位，在全省份额约为18%，约为第3—5名的总和。绿色贷款余额408.2亿元，同比增长47.7%。在贷新型农业经营主体7725家、余额47.72亿元。推进自贸区芜湖片区“推进计划”，省内率先落地多项外汇便利化政策，2项创新业务在全省复制推广，为自贸区发展创造良好的营商环境。坚持“本币优先”发展理念，通过组织推动、创新行动、试点带动、管理促动，推动跨境人民币业务快速稳健发展，2021年，全市跨境人民币实际收付282.45亿元，同比增长7.94%，占全省24%，创历史新高。

【金融为民】优化账户服务，打造33家“适老化支付服务特色银行网点”、521个“老年客户便捷窗口”、80个“千点千村”行动示范点。落地支付手续费减费让利一揽子政策，减免支付手续费1717万元，惠及市场主体9.1万户。简化企业退税流程，全年办理各项退税80.58亿元，同比增长17.6%，省内率先开启税收跨省缴库新模式，梳理跨省异地缴税企业11户，入库税款9.3万元。推广“长三角征信链”平台，依托征信链平台放贷1427户、金额174.9亿元，“银行+征信+担保”中小企业信用贷模式作为国务院支持举措在全国推广。推进高校联盟金融素养提升工程，推动落成全省首个非银行机构成功创建“大金融”省级金融教育示范基地。

（王　菲）

5月28日，芜湖富春染织股份有限公司正式登陆A股市场，在上海证券交易所主板挂牌上市，成为芜湖市第23家境内外上市企业　（张浩浩　提供）

地方金融监管

【概况】2021年芜湖市地方金融监督管理局围绕新产业、新技术、新业态、新模式加资本市场“四新加一资”的经济发展新思路，强力推动企业上市挂牌工作，加大金融服务实体经济力度，持续优化营商环境，常态化开展“四送一服”专项行动，研究出台系列支持政策，推动金融机构加大对实体经济的金融支持。截至2021年底，全市人民币存款余额5205.92亿元，较年初增加551.67亿元，同比增长11.85%，增速全省第5；人民币贷款余额4704.12亿元，较年初增加610.41亿元，同比增长14.93%。贯彻落实中央和省市委决策部署，解决企业上市过程中存在的各种困难和问题，不断提高直接融资比重，推动企业上市挂牌。2021年新增富春染织主板上市，海螺环保向港交所、鑫旭新材向纳斯达克递交上市申请，映日科技、爱瑞特、金贸流体、英派瑞辅导备案，森爱驰、中机精成“新三板”挂牌，107家企业在省股交中心挂牌。着眼金融安全，加强风险管控，组织开展全市金融风险隐患排查，全力做好稳金融、防风险工作。

【强化金融政策支持】围绕国家、省市金融政策，加大金融服务实体经济力度。出台《关于促进金融机构服务高质量发展的实施意见》，修订《金融机构支持地方发展经营业绩考核办法》，建立信贷需求与金融供给协调对接机制，按月摸排企业信贷需求，拟定《融资组百分之一工作法方案》，及时调度全市存贷款情况。在全省率先出台《芜湖市政府性融资担保、再担保业务尽职免责机制工作指引》，进一步提升政府性融资担保机构服务实体经济功能。出台《芜湖市关于金融支持科技创新的意见》，为科技企业提供全生命周期的融资及投资等综合金融服务

【持续壮大芜湖资本市场】推进企业上市五年行动计划，加快重点企业上市进程。加强上市企业培训，建立“上市管家”服务机制暨多层次资本市场培训实施方案，全力营造“精准、高效、周到”的上市服务营商环境。2021年开展40场多层次资本市场业务培训，培训1385人次。鼓励企业对接多层次资本市场，推动企业股债融资。2021年，实现直接融资345亿元，上市公司总市值超6500亿元，资产证券化率位列全省第1。

【优化金融环境】推进非法集资专项整治行动、互联网金融专项整治行动、金融领域扫黑除恶专项行动，关注和防范化解重点领域和重点企业风险，加强体制机制创新，守住不发生区域性金融风险底线。

（张浩浩）

银行保险业监管

【概况】芜湖银保监分局全称为中国银行保险监督管理委员会芜湖监管分局，其前身为原中国银行业监督管理委员会芜湖监管分局，成立于2004年1月8日。根据机构改革工作安排，于2018年12月27日挂牌为“中国银行保险监督管理委员会芜湖监管分局”，为中国银保监会的派出机构，在安徽银保监局的授权下开展各项工作。主要工作职责为：根据授权，负责辖内银行保险机构及其分支机构的设立、变更、终止和业务范围的监督管理。负责审查和批准辖内银行保险机构及其分支机构的董事和高级管理人员任职资格。依法对辖内银行保险机构的业务活动及其风险状况进行现场检查和非现场监管。负责统计、分析、上报辖内银行保险机构有关数据、信息，并依据安徽银保监局授权进行信息披露等。维护银行业保险业合法、稳健运行。芜湖银保监分局现有在编职工52人，内设10个科室。负责监管辖内各类银行业金融机构及专营机构33家（其中，政策性银行1家、大型商业银行6家、全国性股份制商业银行9家、法人农商行和村镇银行9家、非银机构2家、信用卡中心芜湖分中心3家），保险市场主体79家（其中，财产险公司23家、人身险公司19家、保险中介机构37家）。2021年，芜湖银保监分局着力做好金融支持经济恢复和高质量发展，深入推进银行业保险业支持加快融入长三角一体化、巩固脱贫攻坚与乡村振兴有效衔接等战略任务。

【银保协同】发挥银保协同效应，支持实体经济健康发展，推动产业结构优化，夯实经济社会发展根基。加大总量供给。截至2021年底，辖内银行业金融机构各项存款5203.57亿元、各项贷款余额4698.14亿元，较年初分别增加552.48亿元和611.05亿元，增幅分别为11.88%和14.95%，存贷款规模和增量均居全省第二。全年全市保险业原保险保费收入81.55亿元，增幅6.77%，全市保险深度1.94%，保险密度每人2237.68元。为地方经济社会发展提供保险保障6.09万亿元，赔付支出32.89亿元，同比增加3.29亿元，增幅11.11%，赔付增速高于保费增速4.34个百分点。

【服务战略落地】高位推动金融支持长三角一体化、合芜蚌国家自主创新示范等高质量建设发展，加大城市轨道交通发展、长江大保护水环境综合治理、航空装备产业基地建设及城市医疗体系改善等多个重大项目融资支持力度，截至2021年底，全市银行业支持长三角一体化重点工程和重大项目33个，贷款余额218.76亿元，较年初增加81.03亿元，增幅58.83%。推动全省首单世界银行绿色项目转贷款1063万欧元落地支持长三角能源体系建设。

【支持创新发展】指导银行保险业顶格支持科技创新、新兴产业、先进制造业发展，强化对新材料、新能源、节能环保等高新技术企业扶持力度，服务战略性新兴产业发展壮大。截至2021年底，制造业贷款余额

758.67亿元，较年初增加112.96亿元，增幅17.49%，高于各项贷款平均增幅2.54个百分点。战略性新兴产业贷款余额226.79亿元，增幅68.45%，高于各项贷款增速53.5个百分点，高于全省平均水平15.89个百分点。科技型企业贷款余额235.87亿元，增幅27.69%，高于各项贷款增速12.74个百分点。绿色金融贷款余额404.74亿元，增幅56.59%。

【改革转型】以机构改革强基固本，开展年度公司治理评估工作，建立清单台账，进行跟踪问效。常态化开展股权和关联交易专项整治工作，实现挂账整改，进行内部问责。通过股权置换加定向增资、发行二级资本债等形式夯实资本实力。通过限制分红、转增股本等方式加大法人银行内源性资本补充，以转增形式实现股本增加4486.87万股，增强法人银行内生发展动能。持续深化车险综合改革，车险市场综合费用率25.12%，低于全省平均水平0.09个百分点，初步实现“降价、增保、提质”的阶段性目标。

【业务创新】推进工程质量潜在缺陷保险（IDI）试点工作，创新推出小龙虾价格指数保险、池塘河蟹气象指数保险等18个地方政策性特色农险项目，特色农险保费占全部农险业务的比重为48.38%，提前2年完成省级下达目标。指导3家保险公司组成共保体，推出全省首款对接医保系统城市定制型商业健康保险“芜优保”。推动省内首款专属惠民医保“惠民保”优化升级至2.0版。推动全省首单“绿色创新投资组合贷款”成功落地，以“授信+委贷”形式实现金融支持绿色创新合作领域突破。支持奇瑞汽车金融公司发行全国首批、全省首单汽车贷款资产流转项目10亿元，上线全国首家汽车金融公司CIPS标准收发器，助力民族名牌汽车开拓海外市场。

【托底民生】牵头召开支持乡村振兴推进会，建立金融服务“7+1”模式。召集银行保险机构签订入驻党建引领信用村平台协议，建立“党建+金融联络员”制度。联合制定“1%工作法”融资实施方案，相关工作获得银保监会认可并在全系统推广。“一企一策”帮助企业解决融资、专利权补贴等急难愁盼问题。以乡镇为单位建立脱贫人口小额信贷主责任银行制度，巩固扩展脱贫成果。

芜湖银保监分局联合市医保局推动“芜优保”城市定制型商业健康保险正式上线
（周　磊　提供）

【金融监管】推动239家银行网点设置老年客户便捷窗口，5家银行网点创建“适老化服务特色银行网点”。指导首批社保卡“一卡通”综合网点挂牌。指导各银行保险机构组成10个宣教总队，开展接力宣教活动。牵头开展“金融乐龄计划”“联合投教宣传计划”等特色活动，联合市公安局拍摄反电信诈骗宣传抖音短视频。回应社会关注、舆论关切，严厉打击代理退保黑产。持续优化矛盾化解处置流程，全年依法稳妥处置各类信访举报投诉案件。

【金融生态】推进风险防控与合规治理，以风险防范化解成效。以合规治理的正向反馈，降低风险整体偏好和风险等级。推进重点行业风险处置。指导银行机构持续加大无为线缆行业存量不良贷款化解处置力度。支持电线电缆行业担保基金建设，落实白名单企业贷款置换，建立风险防火墙。推动完成两批电线电缆企业不良贷款转让，风险形势总体平稳。加大重点机构风险防控。“一行一策”督导法人银行机构制定落实处置规划，实现村镇银行达标升级。推动辖内农商行存量理财资产清零，提前完成整改任务。9家法人农村银行机构不良贷款处置完成全年目标的161.18%，位居全省前列。持续推进非银机构流动性风险日常监测管控，实现机构稳健运营。完善重点领域风险监管。推进房地产贷款违规专项排查，督促银行机构强化房地产贷款合规管理，严查经营用途贷款违规流入房地产。开展重大信息虚假问题专项行动，以治假促治乱。推动合规建设常态化。机构自查自纠与监管检查督导相结合，全面开展银行业保险业“内控合规管理建设年”活动，对违规机构和人员实行双重问责。以“分局宣讲+公司转培训”的模式，对辖内42家保险公司负责人开展保险监管法规和政策培训。开展合规知识测试，覆盖保险公司重要岗位人员582人次。

（周　磊）

地方金融服务

【奇瑞徽银汽车金融股份有限公司概况】奇瑞徽银汽车金融股份有限公司经中国银保监会2008年6月13日批准同意筹建，于2009年4月13日完成工商登记并开业，是继9家外资、合资汽车金融公司之后，中国银保监会批准成立的第一家由中国自主品牌汽车公司与中国本土银行合资成立的专业化汽车金融公司。根据监管部门批准的营业范围，公司主要为奇瑞及相关品牌发放经销商贷款及个人汽车消费贷款。当前公司注册资本15亿元，现有股东奇瑞汽车、奇瑞控股和徽商银行，分别持股49%、31%和20%。自成立以来，公司在各级监管部门的有效监督和指导下，经过全体员工的共同努力，主要经营指标稳步增长。截至2021年底，公司资产307.4亿元，负债总计230.6亿元，净资产总计76.8亿元。

【资产业务稳步增长】公司业务范围覆盖全国300多座城市，与2200家合作经销商建立良好的汽车金融合作关系，向273万余名客户提供零售汽车贷款服务。截至2021年底，各项贷款余额为292.9亿元，其中经销商贷款余额为13.8亿元，占比4.7%，个人贷款余额为279.1亿元，占比95.3%。不良贷款余额为1.9亿元，不良贷款率为0.66%。

【负债结构改善】截至2021年底，公司融资余额为211亿元，其中银行借款132亿元，占比62.6%。金融债30亿元，占比14.2%。资产支持证券49亿元，占比23.2%，直接融资比例达到37.4%。授信分散化目标得到充分落实，有效避免授信过度集中所带来的流动性风险。

【盈利水平提升】2021年公司实现净利润8.3亿元，截至2021年底，实现营业收入143.9亿元，利润总额81.5亿元，上缴税收35.9亿元。

【监管指标全部达标】截至2021年底，公司资本充足率和一级资本充足率分别达到29.5%和28.5%，拨备覆盖率和流动性比例分别为738.63%和174.45%，均远高于监管要求的150%和25%。

（夏远康）

【皖江金融租赁股份有限公司概况】皖江金融租赁股份有限公司于2011年12月31日经原银监会批准成立，注册资本46亿元人民币。公司为国有控股金融机构，前两大股东为安徽交控集团和芜湖市建设投资有限公司。公司以直接租赁、售后回租、厂商租赁等为主要业务模式，业务涉及交通物流（通用航空与机场建设、车辆金融与地面物流、内贸航运与港口建设）、机械装备（工程机械、印刷机械）和民生事业（基础设施）等多个专业化领域。公司在北京、上海、深圳、西安、重庆、合肥、芜湖等地设有职能部门和事业部，业务范围辐射全国。2021年，公司投放42.46亿元，完成融资136.9亿元。截至2021年底，公司租赁资产余额约135.42亿元，实现营业收入约6.55亿元。年内实际缴纳税款1.52亿元。

【服务实体经济发展】2021年，公司坚持服务实体经济发展，发挥“融物”特色，支持中小微企业发展，实现专业化业务投放21.43亿元，占比过半。公司拥有船舶资产32条，港口资产1个，机队103架。通用航空、航运、印刷机械等资产不良率均为零。同时，公司积极融入长三角一体化发展国家战略，致力服务现代化美好安徽建设，全年公用事业新增21.03亿元投放均在安徽省内及长三角等经济发达省份。

【风险防范】随着《银行保险机构进一步做好地方政府隐性债务风险防范化解工作的指导意见》（银保监发〔2021〕15号）落地，各级政府严控融资平台债务，大大小小不同类型的金租公司纷纷挤入专业化赛道，导致同业竞争不断加剧，公司转型发展成为必然。在疫情反复、经济下行压力加大的环境下，融资租赁行业信用、市场、流动性、操作等风险的广泛性、关联性、复杂性、传染性持续提升，对公司风险管控要求进一步提高，公司发展必须体现出差异化、专业化和精细化，才能在市场上赢得一席之地。

【开展海航债权申报】公司第三大股东为天津渤海租赁有限公司，为海航集团下属企业。2021年海航集团宣布破产重整公告后，公司立即组织开展关联项目及有关项目债权统计和申报工作，成立海航集团相关主体破产重整债权申报工作领导小组，明确各阶段工作时间节点，完善工作流程，申报确认海航集团债权22笔，27.96亿元。

银行业

【芜湖市银行业协会概况】芜湖市银行业协会是经中国银行保险监督管理委员会芜湖监管分局批准、芜湖市民政局核准登记注册，由芜湖市境内银行业金融机构与非银行业金融机构自愿组成的全市性、行业性、非营利性社会组织。协会于2000年5月30日召开第一次会员大会，成立芜湖市银行同业公会，后更名为“芜湖市银行业协会”。2014年4月10日，协会组建专职秘书处，开始着手整章建制以及一系列工作创新和改革，协会内部治理架构初步完善，现设会员大会，理事会（常务理事会）、监事会（监事会审计组）和秘书处。同时，改“大型银行会长轮值制”为“会员大会选举制”。协会现有会员30家，其中政策性银行1家，国有商业银行6家，股份制商业银行9家，城市商业银行1家，农村商业银行7家（其中两家异地分支机构），金融租赁公司1家，汽车金融公司1家，村镇银行4家。截至2021年底，全市银行业各项存款余额为5203.57亿元，较年初增加552.48亿元。各项贷款余额为4698.14亿元，较年初增加611.05亿元。

【金融助力乡村振兴】以金融力量有效助力乡村振兴。着力解决“村银”信息不对称问题，在繁昌区、南陵县的3个驻村点同步开展“金融助力乡村振兴”联合宣教活动，各村养殖业、种植业大户，普通农户和留守老人等100余人参加。关爱困难群体，向驻村点特困户9户33人捐赠补充医疗保险并进行生活慰问。建立动态联络机制，先后3次赴县域驻村点开展调研，并主持召开“金融助力乡村振兴”银行保险业驻村干部座谈会。

【强化内控合规管理建设】2021年，协会搭建行业合规文化平台，发布芜湖市银行业“内控合规管理建设年”倡议书，倡导银行机构筑牢内控合规“防火墙”，从行业内控合规氛围营造、活动策划、长效机制建立等方面着手开展“内控合规管理建设年”活动，以提升芜湖市银行业内控合规管理意识和水平。协会组织举办“2021年内控合规管理建设年要点解读”线上专题培训班，全市银行业高、中、基层管理人员及普通员工等不同层次近1800人参训。在协会官网开设考试系统，对全市银行高级管理人员480人开展线上合规测试，检测内控合规成效，测试通过率100%。

【推进清廉金融文化建设】继在全省首创成立清廉金融文化建设专业委员会后，协会创新将

芜湖市银行业协会组织三地同步开展“金融助力乡村振兴”联合宣教活动

（刘　洁　提供）

清廉金融文化宣教与青年志愿服务总队有机结合，成立青年志愿者清廉金融文化宣教工作队。在协会网站及公众号开辟“廉泉叮咚”专栏，专题宣传各会员单位清廉举措、事迹、案例等。以自媒体为宣传载体，集各会员单位“廉”文化宣传成果，打造宣教品牌“廉洁宣导季”清廉金融文化主题宣传活动，展示芜湖市银行业崇尚“清廉金融文化”的各类举措，深化全市金融行业廉洁文化建设。

【开展志愿服务】2021年，芜湖市银行业志愿者服务总队在中国志愿者协会注册成功，成为中国志愿者协会官方认证的志愿团体之一。发挥志愿者服务社会、服务大众的作用，满足人民群众多样化需求，召集志愿者走进核酸采样工作站、老年大学、养老院等开展志愿行动，助力芜湖市2021年全国文明城市年度测评。2021年，芜湖市银行业志愿者在创建清廉文化、支持防疫防汛、助力脱贫攻坚、持续关爱慰问等方面开展志愿行动330余次。

【文明规范服务】经协会推荐，中国银行业协会多环节严格考核验收，辖内中国银行芜湖自贸试验区支行、中国邮政储蓄银行芜湖市分行营业部、徽商银行芜湖南陵支行3家机构被授予“2021年银行营业网点文明规范服务千佳示范单位”称号。协会向主管部门申请保留三、四、五星网点达标评比并获批复，作为市本级星级网点文明规范服务示范单位创建项目。

8月27日下午，工商银行芜湖分行成功承办芜湖市金融改革创新工作会议暨金融改革创新工作协调推进小组工作例会 （汪诗萍 提供）

【提升金融知识宣传质效】常态化开展金融知识宣传教育。开设老年大学公益线上知识普及“支付安全”课程，帮助老年人了解新事物，体验新科技，融入智慧社会，4月16日在芜湖生活频道播出。以线上答题、线下集中宣传开展3·15消费者权益日宣传活动，举办为期3天的“普及金融知识有奖问答活动”，吸引22141人次参与答题抽奖。

【金融维权】协会与市仲裁委建立有效联络机制，确立扬子农商行为首家“金融仲裁试点推进行”，以补充协议的形式确定“仲裁”纠纷解决途径，为后续通过金融仲裁解决纠纷提供条件。协会创新开展“押品信息平台建设”工作，搭建辖内银行业押品资产交易信息平台，在加快不良资产处置，改善信用风险状况，优化生产要素配置等方面作出努力，促进地区金融业务健康有序发展。开展联合授信试点工作，2021年试点企业用信始终保持在600亿元联合授信额度内，有效避免单独授信的多头融资风险。

（刘　洁）

【中国工商银行芜湖分行概况】中国工商银行芜湖分行全辖46个网点，924名员工，省级文明单位。2021年，工行芜湖分行一手抓经营发展，一手抓风险防控，攻坚克难、奋勇拼搏，主要业务稳中有进，质量效益稳中向好。全年本外币全部存款余额507亿元，较年初增加56.91亿元。本外币各项贷款余额403.93亿元，较年初增加58.56亿元。实现中间业务收入1.58亿元，实现拨备前利润6.29亿元，净利润3.45亿元。2021年，芜湖分行荣获芜湖市优化营商环境先进集体荣誉称号。

【聚焦实体经济】服务地方经济发展需求，着力服务制造业，制造业贷款增量16.48亿元，实现11户制造业上市公司信贷合作全覆盖，对60户专精特新名单内企业实现10.63亿融资支持。服务普惠民营，普惠贷款银监口径和人行口径分别较年初净增8.65亿元、8.95亿元，发展供应链创新业务，为核心企业服务上下游产业链客群达240户，投放2.6亿元。加强民营企业支持，民营贷款较年初净增11.84亿元，增速22.35%。服务民生消费，重点支持居民家庭首套自住购房需求，个人贷款较年初增加22.42亿元，其中个人住房贷款较年初增加18.89亿元，按揭收单量、投放量均创历史新高。

【转型发展】推进“第一个人金融银行”战略，零售业务板块营业贡献4.89亿元，较同期增加9402万元。个人金融专业实现中间业务收入5354万元，同比增加567万元。个人手机银行净增18.5万户，三代社保卡发卡12.27万张，商户净增7642户。加快推进“外汇业务首选银行”战略，全年实现跨境人民币52.8亿元，较同期增长5.8亿元。办理国际贸易融资4.755亿美元（含国内证福费廷）。办理代客资金业务16.88亿美元，同比增长97%，其中结售汇15亿美元，同比增长159%。推进城乡联动发展战略，发放9户18笔产业扶贫贷款1.01亿元，完成全年扶贫贷款任务111.3%，共带动脱贫户50人次。组合运用线上线下产品服务好乡镇新型农户农业合作组织，12月底，繁昌区全域“振兴快贷”余额2575万元。

【风险防控】对标防范化解重大风险的任务要求，推进完善全面风险管理体系。不良贷款余额和不良率实现“双降”，分别较年初下降1.67亿元和0.63个百分点。清收处置4.13亿元，其中现金清收不良资产本金1.86亿元。重大项目清收取得实质性成效。采用“现场+网络直播”方式2次召开全员警示教育大会，纠治不正之风。开展内控合规“价值创造年”活动，编印《员工合规读本》，强化合规文化教育。组织信贷、核算、关键岗位、个人信息安全等重点领域风险排查治理，提升精细化管理水平。加大业务运营督导力度，强化重要时点应急值守、安全保卫、信访维稳、声誉风险管理等工作，常态化开展安全生产排查和疫情防控，实现安全运营。

（汪诗萍）

【中国农业银行芜湖分行概况】2021年，农行芜湖分行牢记金融服务实体根本宗旨，聚焦经济重点领域和薄弱环节持续加大信贷投放、深化金融服务、防控金融风险，全面拓展服务地方经济社会发展的广度、深度和精度。2021年，全行本外币各项存款599.4亿元，净增68.9亿元，各项贷款461.8亿元，净增109.7亿元。各项存款、各项贷款存量及增量均居四大行首位。

【支持重大项目建设】截至2021年底，投放城市轨道交通、水环境综合治理、城市更新改造等各类项目贷款合计102亿元。聚焦机器人及智能装备、新能源汽车、通用航空等战略性新兴产业加大投放，为辖内优质企业提供供应链、产业链金融服务。发展绿色信贷。倾斜规模配置，开辟快捷通道，简化审批流程，满足节能环保、清洁生产、清洁能源等重点行业金融需求。推进重点领域、重点区域金融服务全覆盖。配合政府及相关企业做好专项债发行及产业基金托管等金融服务。精准支持自贸区辖内企业发展，推广科创贷、跨境参融通等优势产品运用。

【服务普惠民生】2021年底，普惠贷款23.26亿元，净增8.78亿元。贷款户数9065户，净增4877户。采取“专业支行+特色网点”模式，成立“普惠金融专营机构”和两级行普惠金融服务团队。开展延期还本付息工作。全年对173户小微企业贷款实施展期，金额1.09亿元，帮助小微企业纾困解难。通过利率优惠等为小微及民营企业减费让利513万元。调整“纳税e贷”“抵押e贷”线上贷款利率，分别4.05%和3.85%。加快个贷业务转型。全年新增个人经营贷款8.9亿元，个人消费贷款11.12亿元。

【服务乡村振兴】2021年底，县域各项贷款149.18亿元，净增23.8亿元。其中：惠农e贷10.3亿元，净增5.86亿元。强化党建引领，挂牌21个乡村振兴流动党员服务站，成立51支乡村振兴流动党员先锋队。设立乡村振兴金融部，下设乡村振兴服务管理团队。推进金融服务乡村振兴2021年行动计划。落实联合调查、平行作业、优先办结等“三项机制”，重点支持县域旅游、水利交通、老旧小区改造及县域棚改等重点领域。打造“惠农e贷”拳头产品。先后推出养殖贷、香菜贷、扶贫贷等20余种创新型“惠农e贷”品种，助力特色农村、特色乡镇、特色产业发展。

（倪　强）

【中国银行芜湖分行概况】中国银行芜湖分行成立于1980年，位于九华中路204号，现有4家县支行、22家城区支行，全辖区内营业机构32个，本部设有11个部门。在册员工662人，平均年龄39岁。本科以上学历470人，占比71%。市分行本部145人，营业机构517人。党支部41个，独立党支部的网点覆盖率达100%。2021年，全行实现多项业务突破发展。全年投放制造业贷款20.42亿元。支持民营企业发展，2021年底，民营企业贷款新增2.17亿元，有贷款余额的民营企业户数新增130户。持续加速推进房贷业务，住房贷款全年累放36.85亿元。

【推进业务发展】2021年，中国银行芜湖分行战疫情、拓市场、促转型、防风险，实现各项业务稳健发展，2021年底全行本外币各项存款时点余额372亿元，本外币各项贷款余额325亿元。助力国家“六保”“六稳”宏观战略，连续11年获得人民银行反洗钱考评A级以上单位称号，连续3年获得人民银行外汇业务合规与审慎经营考评A级单位称号，获得2021年芜湖市银保监分局清廉金融文化宣教活动“一等奖”。2021年未发生案件和重大责任事故。

【聚焦普惠金融】2021年，拓展普惠贸易融资，实现余额翻倍增长，对公线上贷款签约额突破2.6亿元，保持与线下贷款“双轮”驱动发展。截至2021年底，全行银保监口径普惠金融贷款余额23.92亿元，较年初新增7.29亿元，增速43.83%，任务完成率109.28%。

【加强风险防控】做好资产质量管控，压实贷前、贷中、贷后每个环节责任，加强对重点领域管控和风险排查力度，加大不良资产催收力度。开展“内控合规管理建设年”主题活动，营造良好的合规文化氛围。对12家支行进行政治巡察，聚焦重点关注领域，发挥巡查“利剑”作用。组织开展各类廉洁文化创建活动和警示教育活动，推进清廉金融文化建设，提高全行员工依法合规、廉洁守纪的意识，有效筑牢拒腐防变思想防线。

（杨瑞雯）

【建设银行芜湖市分行概况】截至2021年底，一般性存款余额417.47亿元，较年初新增47.86亿元。各项贷款余额323.37亿元，比年初新增42.17亿元。全年实现中间业务净收入1.9亿元。响应芜湖市人民政府支持中小微企业和“专精特新”发展思路，小微企业客户数4006户，当年新增1241户。为34户“专精特新”小企业客户发放贷款，金额60177.82万元。为高新创业中心10户科技型小微企业发放贷款7981.72万元。投放“妇女创业贷”112户5637万元。全年处置不良贷款2.34亿元，风险管控取得较好成效。

【聚焦安居乐业】个人住房贷款投放44.09亿，新增24.3亿元。保障性租赁住房贷款成功落地，投放2.24亿元。信用卡贷方余额12.5亿元。主动承担第三代社保卡换卡工程，实现发卡6.59万张，激活4.80万张。以“芜限美好”为主题，打造建行生活属地特色，开城上线“建行生活”APP，助力美好芜湖。

【推进乡村振兴】选派人员定点驻村，助援乡村振兴。涉农贷款余额28.9亿元，新增12.9亿元。推进农村服务平台，拓展智慧村务平台。在乡村地区开展裕农通服务点，主动下沉服务，深入田间地头，为农村地区消费者普及金融知识，助力构建和谐农村金融环境。

【服务实体经济】全年为区域实体经济提供资金总量248.44亿元，其中表内外信贷业务投放220亿元，协同建信理财投资债券28.44亿元。

建行安徽省分行与芜湖市人民政府在芜举行战略合作协议签约活动

（魏蓓蓓 提供）

【聚焦“碳达峰、碳中和”目标】践行绿色发展理念，绿色信贷余额26.93亿元，新增16.97亿元，新增系统第二，增幅170%。保障基础设施建设，支持区域内重大项目建设，基础设施贷款余额63.6亿元，新增6.2亿元。推动制造业高质量发展，制造业信贷客户796户，比年初增长93户，其中先进制造业新增4户、贷款新增4.37亿元，战略性新兴产业新增10户、贷款新增1.48亿元。心系民营企业经营发展，民营企业客户3556户，新增943户。贷款余额86.8亿元，新增17.3亿元，增幅24.9%。

【推进普惠金融战略】2021年，优化再上线智慧快贷（芜湖）项目产品，优化后的产品解决部分客户受疫情影响导致社保断缴无法正常授信的问题，同时增加不动产信息，丰富数据库，搭建小微企业服务多元化平台，小微企业普惠金融余额40.06亿，2021年新增9.5亿元。

【赋能企业发展】发挥建行集团优势，加强母子公司联动，满足市场主体不同融资需求，实现直接融资28.44亿元。发挥境内外市场优势，支持企业走出去，全年实现表内外投放141.87亿元，净新增12.38亿元，其中开立国内证58.91亿元，办理国内证议付9.83亿元，福费廷业务41.83亿元。

（魏蓓蓓）

【交通银行芜湖分行概况】交通银行芜湖分行成立于1914年9月。1949年芜湖解放后，改组为国家的专业银行。1989年开始重新组建，1990年8月22日对外营业。2021年，该行业务发展稳中有进、经营质效持续提升、资产质量稳中提质，2021年底，该行资产总额235.85亿元，增幅5.43%。本外币存款余额为227.18亿元，较年初增加12.24亿元，增幅5.69%。本外币贷款余额为164.90亿元，比年初增加13.30亿元，增幅8.77%。不良率0.86%，较年初下降0.12个百分点。2021年，芜湖分行荣获安徽省分行2021年度经营管理优胜单位、芜湖市2021年度银行外汇业务合规与审慎经营评估A类银行、2021年度芜湖市储蓄国债承销星级示范单位、芜湖市劳动保障诚信示范单位等称号。

【履行社会责任】2021年，芜湖分行坚持国有银行的使命与担当，持续加大贷款投放力度，助力企业复工复产。2021年，投放人民币贷款66.98亿元，其中对公贷款投放36.55亿元，个人贷款投放30.43亿元。其中，新增投放无为乡投新材料绿色信贷4.65亿元、星驰房地产开发贷款4.4亿元、运达轨道交通项目贷款2.105亿元、网营物联（芜湖）民营企业贷款0.65亿元、三峡二期水环境项目贷款0.42亿元等。执行各项降费措施，合计减免小微企业和个体工商户支付手续费约20万元。

【服务经济实体】2021年，芜湖分行不断提升服务实体意识。截至年底对公实质性贷款时点余额77.06亿元，较年初增长4.23亿元（增幅5.81%）。制造业贷款时点余额26.72亿元，较年初增长3.01亿元（增幅12.7%）。民营新发放贷款占比38.82%，较年初增加3.51%。民营信用贷款占比4.73%，较年初增加1.51%。围绕乡村振兴和绿色信贷重点领域持续加大贷款投放力度。截至年底对公乡村振兴贷款时点余额14.24亿元，较年初增长4.63亿元（增幅48.18%）。绿色信贷时点余额12.12亿元，较年初增长7.17亿元（增幅144.85%）。

【推进普惠金融】截至2021年底，普惠“两增”贷款余额6.67亿元，较年初净增2.11亿元，余额净增居交行安徽省分行辖行第一，增幅46%，超额完成“国有大型银行普惠贷款较上年增长30%以上”的监管要求。监管指标中，“两增”客户数净增218户，小微企业首贷户完成74户，无还本续贷投放8644万元。此外，线上抵押贷贷款余额较年初净增1.65亿元，余额增量也居交行安徽省分行辖行前列。

【科技赋能】芜湖分行以金融科技持续提供创新活力，破解业务发展难点，满足客户需求。2021年成功为奇瑞徽银汽车金融股份有限公司部署全国范围内首家汽车金融企业CIPS标准收发器，对加速推进人民币跨境结算便利化起到率先示范作用。与皖南医学院弋矶山医院合作的“惠民就医”项目成功上线，成为安徽省首家上线省级医院“惠民就医”的分行。成功在智易通机具上线政务引流系统，成为交行安徽省分行全辖首家上线分行，为推动芜湖打造智慧城市样板城市贡献交行力量。成功实现共生物流公司开放银行项目上线。成功办理全省首单自贸区外管新政下跨国公司外币资金池业务、首单NRA不落地结汇业务、首单大宗商品现货清算通业务。成功试点应用智慧金服平台“智慧记账”产品，成为安徽省首家上线该产品的分行。

【推进消费者权益保护】全年组织员工学习相关消保知识29次859人次，开展突发事件服务演练4次626人次。开展50余场户外宣传，发放宣传折页4000余份。活动惠及40000人次，提升全行整体教育宣传的专业性和影响力。荣获2021年度芜湖市银行业“普及金融知识万里行活动”优秀组织单位奖。

【助力乡村振兴】2021年，选派1名扶贫干部驻扎无为市牛埠镇黄柏村，开展助力乡村振兴工作。组织开展3次定点帮扶村调研慰问活动，为困难户送去关爱，合计捐赠钱物31809元。组织开展为交总行帮扶点甘肃省天祝县消费扶贫活动，助消农产品54530.92元。开展慰问公交公司驾驶员送清凉活动，送去矿泉水和夏日“清凉”礼包，以实际行动践行为群众做实事。

（袁　康）

12月16日，交通银行芜湖分行前往帮扶点无为牛埠镇黄柏村开展帮扶调研

（袁　康　提供）

【中国农业发展银行芜湖市分行概况】中国农业发展银行芜湖市分行位于鸠江区皖江财富广场A3座，下辖无为市支行、湾沚区支行、繁昌区支行和南陵县支行，全辖在职员工116人。全年投放各项贷款75.82亿元、同比增加27.32亿元，收回各项贷款26.29亿元、同比增加3.43亿元。截至2021年底，各项贷款余额273.59亿元，较年初净增49.53亿元、增长率达22.11%。贷款余额、增长率、累放均创行史新高。不良贷款持续保持为“零”。

【支持“芜湖大米”品牌建设】芜湖农发行创新采用“竞拍贷”、粮食经纪人贷款、信用保证基金贷款等新模式，加大信贷投放力度，助力提升“芜湖大米”品质提升及品牌影响，助力芜湖粮食产业高质量发展。2021年底，粮油贷款余额达28.47亿元，全年发放粮棉油贷款4.86亿元（除挂账），其中中央、地方储备粮油贷款2.21亿元，最低收购价粮食收购贷款0.9亿元，粮棉市场化贷款1.75亿元，实现农民、企业、政府和农发行“四满意”的成效。

【巩固拓展脱贫攻坚同乡村振兴有效衔接】结合芜湖地区实际情况，围绕水利建设等方面，实现对贫困地区薄弱环节精准发力、精准支持。本年度项目扶贫持续支持无为市城乡污水一体化项目2243万元，围绕脱贫群众，聚焦安徽省“万企兴万村”活动，帮扶无为天成纺织4500万元、无为永安米业900万元、紫约蓝莓800万元，坚决有效扛起银行服务乡村振新主体责任。

【推动城乡融合发展】全面推进服务乡村振兴战略、加快支持农业农村现代化，支持长江大保护、长江经济带建设和长三角一体化发展。长江大保护贷款全年实际投放46.79亿元。分行注重推动城乡间的互联互通，有序推进县域公用设施一体建设，支持供水管网建设，推动水电气管网延伸布局、垃圾污水集中处置，助力城乡公共基础设施水平的一体化发展。

【服务农业现代化】围绕土地指标收储做文章，破除相关的政策障碍，投放农地贷款2.3亿元。围绕“土地+”谋划项目，形成“土地+产业兴旺”“土地+种子培育”等模式，全年成功审批“土地+”项目3个，金额达17.6亿元，投放贷款4.8亿元。聚焦乡村产业发展，服务农业现代化。投放湾沚区六郎国家农村产业融合发展示范园建设项目0.6亿元。向无为波司登产业园项目投放农业科技贷款5亿元。

【助力乡村产业振兴】创新龙头企业+基地+合作社+农户”模式，发挥龙头企业在产业发展中的“领头雁”作用，向2户企业发放贷款1800万元，支持现代种业发展，向南陵县紫云英产业投放贷款8000万元。全年向10户普惠小微投放贷款10749.76万元，贷款余额6700万元，较年初净增2099.38万元，增长率为45.64%。

（王永莹）

【中国邮政储蓄银行芜湖市分行概况】中国邮政储蓄银行芜湖市分行成立于2008年4月3日，隶属于中国邮政储蓄银行二级分行，采用“自营+代理”模式运营，分行本部内设15个一级部门、5个二级部门，下辖无为、南陵、湾沚、繁昌4个一级支行。全市109个网点，其中自营网点21个、代理网点88个，70%的网点分布在县域及以下地区。2021年以来，芜湖市分行统筹疫情防控与经营发展，全面推进乡村振兴工作，加快融入长三角一体化发展，参与自贸区、江北大龙湾建设，强化风险内控管理，各项工作稳步推进。

2021年，芜湖市分行荣获集团公司“全国邮政系统先进集体”、荣获总行“模范职工之家”。市分行营业部被中国银行业协会授予“2021年银行营业网点文明规范服务千佳示范单位”称号。

【经营效益提升】转型发展取得新成效，全年实现收入同比增幅14.70%，实现利润同比增幅21.87%。各项贷款结余262.24亿元，本年净增36.45亿元，居全市同业第7位。其中，零售贷款年净增29.21亿元、个人消费贷款年净增25.74亿元，均位居全市同业第3位。在快速发展的同时，不良贷款率0.38%，较年初减少0.04个百分点。

【保障金融服务】芜湖市分行分别与无为市人民政府、安徽自贸试验区芜湖片区管委会签署战略合作协议，加强政企多方合作，助力地方经济高质量发展。推进乡村振兴，全年发放乡村振兴卡7000余张。发放“劝耕贷”3900余万元、惠农经营贷2400余万元。发放“劳模贷”近500万元。“农贷通”结余突破亿元大关。加快农村信用体系建设，全年评定信用村506个、信用户8650户，争取省分行党建引领信用村特色白名单试点并实现全省首笔放款。全面加强绿色银行建设。2021年，完成绿色信贷和绿色融资计划，绿色信贷结余1.36亿元（人行口径），较年初净增1.14亿元。

【支撑实体经济发展】落实国家普惠政策，深化农村市场开发，落实网格化营销管理，通过合作平台搭建、市场商圈走访，扩大实小额贷款客群，连续2年小额贷款年度净增突破5亿元，截至2021年底，个人经营性贷款结余近28亿元。小企业贷款年净增3.33亿元，普惠小微企业法人贷款净增2.28亿元。顺利实现全省首笔线上小微易贷—海关模式产品落地。基于安徽自贸试验区芜湖片区企业开发“自贸e贷”产品。推进批量担保业务发展，总对总批量担保结余2.26亿元，居芜湖同业第一位。小企业法人贷款余额突破10亿元大关。将供应链业务作为新的业务增长点，完成行内网贷平台与奇瑞“考拉”供应链金融平台对接，并实现全国首笔系统直连“考拉”保理业务放款。成功落地安徽省首笔制造业“牵头+代理”模式银团贷款5亿元。跨境业务实现突破，全省系统内首笔外币定期存款业务成功落地。

邮储银行芜湖市分行客户经理在2021年中国农民丰收节安徽主场活动现场向客户介绍惠农政策

（张　熙　提供）

【风险内控】防范化解重大风险，利用智能风控系统，监控存量授信业务质量，做好辖内数据监测、分析、应用。规范押品全流程管理，开展数据信息比对，有效推进押品数据治理工作，成为全省首批100%完成数据治理的分行。组织开展年度征信宣传活动，提高征信合规管理工作水平。全面推进案件防控工作，压实案防工作主体责任，健全制度建设，优化案防手段，强化履职主动性，提升操作风险管理能力。深入完善内控管理机制，推进风险经理派驻工作。持续开展内控合规提质增效活动，提高岗位履职能力。开展反洗钱质效提升活动，强化尽职调查。针对5大重点整治业务领域，开展客户投诉综合整治活动，加强个人信息保护，不断提升反洗钱和消保工作质量。

（张　熙）

【上海浦东发展银行芜湖分行概况】上海浦东发展银行芜湖分行是合肥分行下辖二级分行。目前内设办公室、资金财务部、公司业务部、交易银行部、零售业务部、零售信贷部、风险管理部、运营管理部8个管理部室。秉承“笃守诚信、创造卓越”的核心价值观，浦发银行探索金融创新，资产规模持续扩大。截至2021年底，分行拥有营业部、自贸实验区支行、二街支行、华强支行、中江支行、湾沚区支行、文化路支行7个营业网点，5个离行式自助银行，员工159人。截至2021年底，分行各项总资产192.95亿元，较年初增加7.58亿元。各项本外币存款余额185.42亿元，较年初增加34.18亿元，各项本外币贷款余额172.62亿元，较年初增加21.87亿元。浦发银行芜湖分行2021年读执行外汇管理规定情况考核结果评定等级为A，在国际收支申报笔数3000笔以下的7家银行中排名第一。被芜湖市总工会授予2021年芜湖市“先进职工之家”荣誉称号。

浦发银行芜湖分行走进芜湖市赭山小学，为同学们带去内容丰富、生动有趣的“人民币知识”课，教同学们鉴别假币的方法，培养他们的金融意识

（秦子淋　提供）

【加强风险防控】2021年，安徽省银保监莅临浦发银行合肥分行开展监管政策宣讲会，芜湖分行全体员工通过视频转播的形式聆听此次宣讲培训。宣讲会上，安徽省银保监局李科长从合规风险的定义、危害、关系等方面进行政策宣讲。在《案件案例分析及政策解读》主题宣讲环节，主讲老师深入剖析发生在近几年银行业的几起案件，启示大家监管是底线，警示银行业要以案为鉴，坚守合规。合规人人有责，要了解身边的案例，加强互相监督，排查问题及隐患。要在队伍建设中突出合规导向，做到主动合规，全员合规，全域合规。

【创新金融服务】芜湖分行金融知识宣教组聚焦小学生群体，走进芜湖市赭山小学，为同学们带去内容丰富、生动有趣的“人民币知识”课，教同学们鉴别假币的方法，培养他们的金融意识。活动现场，分行志愿者们讲授货币的历史、认识人民币、反假币、存款保险、反洗钱等内容，教育同学们要增强防范假币风险、树立爱护人民币的思想意识。开展互动问答活动，加深学生对人民币相关知识的了解。走进弋江区环卫所开展反洗钱、存款保险、支付安全等系列金融知识宣讲。活动现场，工作人员通过发放宣传材料、现场解答公众提问等方式向大家介绍金融知识，讲解如何识别假币，防范宣传电信诈骗、防范非法集资等内容，正确引导社会公众科学合理认识网络电信，提升金融消费者保障自身资金财产安全的意识和能力。

【银企面对面】浦发银行芜湖分行2021年读执行外汇管理规定情况考核结果评定等级为A，在国际收支申报笔数3000笔以下的7家银行中排名第一。8月份，分行主办召开由市外汇局牵头、奇瑞公司和浦发总行相关部门参加的奇瑞跨境资金池项目研讨会，为推进该项目的发展奠定基础。2021年11月，分行交易银行部联合二街支行与镜湖区企业联合举办银企对接会，为现场30余家中小微企业宣讲交易银行供应链、普惠金融产品，现场听取中小微企业的实际融资诉求，现场帮助解决，增强银企合作粘度，支持民营实体经济。

【履行社会责任】2021年多次前往无为市鹤毛镇万年台村开展扶贫工作，探讨万年台村振兴的有关规划，跟进前期帮扶项目进展情况，对村委未来发展提出诸多建议。展示浦发银行承担社会责任的良好社会形象。

（秦子淋）

【中信银行芜湖分行概况】2021年，中信银行芜湖分行本外币各项存款截至2021年底余额为137.45亿元，其中本外币对公存款约为119.58亿元，零售存款余额为17.87亿元。各项存款日均余额128.35亿元，较年初增加11.98亿元，增幅为10.30%。其中对公存款日均余额111.02亿元，较年初增加11.49亿元，增幅为11.55%，零售存款日均余额17.33亿元，较年初增加0.49亿元，增幅为2.89%。分行本外币贷款余额82.78亿元，较年初增加4.62亿元，增幅为5.91%。

中信银行芜湖分行团费通签约

（周　航 提供）

【加强风险防控】2021年，中信银行芜湖分行继续秉承总行"控风险有效、促发展有力"的方针，应对宏观经济形势变化，强化风险管控，全年受理敞口授信项目165笔，金额278.27亿元，其中新增授信72笔，续报授信93笔。贯彻执行各项法律法规，全年无案件、无安全事故。

【推动零售发展】2021年，芜湖分行零售条线多措并举，稳固新零售体系赋能，推动零售业务转型发展。重视网点产能，锤炼队伍能力，完善人才梯队建设，加强专业赋能，提高中信银行零售人员综合素质。依托总分行系统及产品支持，开展客群经营，提升客户满意度。推动个贷集中经营效率提升。通过进一步推进个贷业务"场景化"渠道搭建，夯实个贷业务结构转型，将房、车、经营等场景贷、供应链贷款等作为重点产品，履行金融服务职能担当。

（周　航）

【中国光大银行芜湖分行概况】中国光大银行芜湖分行成立于2010年1月，现有营业部、文化路支行、新时代商业街支行、银湖北路支行、北京路支行5家营业网点，中二街社区支行、长江长现代城社区支行、赭山西路社区支行、左岸生活社区支行、中央城社区支行5家社区支行。截至2021年底，芜湖分行一般性存款余额175.84亿元，其中储蓄存款余额34.29亿元。全行各项贷款余额157.72亿元，其中个贷余额59.56亿元。

【两家支行迁址开业】2021年，光大银行芜湖分行两家网点实现迁址、改造升级，分别为新时代商业街支行迁址、原中山北路支行迁至文化路并更名为文化路支行。两家支行自成立以来立足于为周边企业、居民提供优质的金融服务，发挥区位优势，坚持以客户为中心，以服务为主线，继续为周边居民提供优质服务，不断提升品牌形象。

【"适老化支付服务特色网点"挂牌】芜湖分行开展银行适老化网点创建工作，提升支付服务适老化程度，满足老年人支付服务需求，解决老年人办理支付业务时遇到的具体困难和实际需求。芜湖银湖北路支行被评选为芜湖市五家“适老化支付服务特色网点”之一，这是全市唯一一家股份制商业银行网点，6月4日挂牌成立。网点牢固树立起“尊老、敬老、爱老、助老”的服务理念，用心、用情做好老年人群体服务工作，为广大老年人提供更为人性化、有温度的金融服务。网点合理配置工作人员，完善便利设施，优化网点布局，为老年人开设绿色通道和专属窗口，安排专人引导和服务。主动提供上门服务，增强老年人金融服务获得感、幸福感。

（曾川曦）

【招商银行芜湖分行概况】招商银行芜湖分行成立于2009年4月16日，下辖4家营业网点，9家离行式自助银行。截至2021年底，芜湖分行资产总额125.06亿元、负债总额122.44亿元。2021年，芜湖招行荣获人民银行年度金融统计工作评比二等奖称号，人民银行年度金融机构反洗钱A级评级，年度优秀志愿者服务分队荣誉称号，市银协“信息宣传工作先进单位”，并在总行荣获全国优秀二级分行荣誉称号。

【服务地方经济】作为芜湖市第一家落地公共资源电子保函业务的银行，芜湖招行通过电子保函闪电开，引流公共资源交易客群。芜湖分行聚焦跨境企业结算、融资、结售汇及汇率避险等全流程业务需求，依托“招银避险”和“离岸、自贸金融”品牌优势，与安徽自贸试验区芜湖片区签订战略合作协议，联合举办“智汇谋远　自贸无疆”跨境金融研讨会，发挥招商银行自贸及离岸金融业务“金字招牌”。芜湖招行发挥专项债抓手作用，先后发行安徽工程大学专项债项目、湾沚区棚改专项债项目、镜湖区中达新村老旧小区城市更新专项债项目等一批重大建设项目。2021年机构业务重要资格新增高校资金存放、公积金提取、公共资源电子保函、高校教育基金会合作资格以及公立医院商票保贴5项业务资格，全面经营机构业务的流量资金。

【打造零售品牌】作为中国最佳零售银行，招商银行芜湖分行坚持零售业务的主体地位。闪电贷产品，线上申请，15分钟出审批结果，最快60秒钟放款。招商银行信用卡以特色的卡面、优质的服务以及掌上生活APP周三美食五折优惠等众多活动，在芜湖市江城人民的心中形成较强的影响力。芜湖分行发挥金融科技银行优势，利用掌上生活和手机银行两大APP，联合居民城市卡项目，将招行的优质服务全面渗透至市民的吃、住、行等重点领域，为广大客户提供专业化的服务。

【实行金融科技战略】2021年，芜湖分行发挥金融科技优势，加快场景建设。健康体检平台方面，鉴于与市人社局的良好合作，芜湖招行接入皖事通APP，并作为健康体检平台频道唯一合作金融机构。健康体检平台首期上线，即有近2万名市直机关、事业单位公职人员使用。芜湖招行与安徽师范大学、安徽工程大学、芜湖职业技术学院、安徽中医药高专等7家芜湖市高校保持良好合作关系，通过协助新生报到、赞助校运动会、制定校友卡、校园信息化建设、开展爱心助学等系列活动，持续扩大招商银行在芜湖市高校中的品牌影响力，厚植客群基础。

【履行社会责任】2021年，芜湖招行配合芜湖市政府“第八批扶贫干部选派”工作要求，选派干部到村助力美好乡村建设，行长室成员定期到联系村开展扶

招商银行芜湖分行举办“智汇谋远　自贸无疆”跨境金融研讨会

（何若然 提供）

贫调研活动，利用分行资源为贫困村产业脱贫提供平台资源支持。芜湖分行团委联合芜湖市运达轨道交通建设运营有限公司团委、安徽工程大学团委一同前往无为市严桥镇龙林村联合开展乡村振兴活动。活动参与单位联合出资5000元资金用于乡村振兴工作的开展，并建立长效帮扶机制，进一步推进乡村振兴工作的深入落实。开展青年志愿者活动。疫情期间志愿者们第一时间来到位于镜湖区荆山街道凯旋社区和鸠江区青峰社区的核酸检测采样点，为检测点的有序采样贡献招行力量。

【加强员工关爱】2021年，芜湖招行成立羽毛球俱乐部，每周一、每周四晚租赁羽毛球场地供员工免费运动健身，并在三八妇女节、五四青年期间等重要节日组织员工开展户外拓展活动，让员工在工作之余，放松身心。芜湖招行开展员工生日、生育、住院以及重要节假日的各类慰问活动。传统节日组织开展员工座谈会，让大家感受分行“尊重、关爱、分享”的企业文化氛围。

（何若然）

【兴业银行芜湖分行概况】兴业银行芜湖分行成立于2010年5月18日，现有营业部、青山街支行、银湖中路支行、开发区支行4家营业网点，中央城、张家山、国贸天琴湾3家社区支行。截至2021年底，芜湖分行各项存款日均180亿元，其中对公存款日均158亿元，储蓄存款日均22.6亿元。各项表内贷款日均122亿元，对公贷款日均45.6亿元，零售贷款日均76.4亿元。实现账面营业利润1.53亿元。全年安全运营无事故。

【屡创佳绩】2021年截至12月底，分行存款规模位列当地股份制银行第一、贷款规模位列当地股份制银行第三。芜湖分行在参加的各项评比中也屡获殊荣，先后荣获人民银行反洗钱评级A类行、人民币流通管理优秀单位、金融统计工作考核评比二等奖、国债承销星级示范单位、市银协信息宣传先进单位、市人力资源和社会保障局A级用人单位、市公安局全市安全防范优秀单位等荣誉。

【推动业务增长】2021年，面对新冠肺炎疫情带来的严峻考验，芜湖分行坚持稳中求进、稳中求新、稳中求精，实现各项业务的稳步增长。灵活使用产品调整存款结构，夯实客户基础因变适变，把握投行业务机会，在债券承销和债券投资业务上不断取得突破。推动企金业务跨越式发展并在总行兴飞跃劳动竞赛中脱颖而出，荣获B类行第二名的好成绩。支持实体经济发展。加大产品运用，服务小微企业，普惠金融。以跨年劳动竞赛为契机，做好一季度旺季零售业务营销，对标先进兄弟行为PK赛竞争目标支行，通过优化考核方案和竞赛活动促进重点指标迅速发展。

【提升综合内控管理水平】2021年，分行结合兴航程“法制体系建设年”活动和“内控建设年活动”要求，强抓内控管理，通过合规下基层、一把手讲合规、法制讲坛、十三条禁令宣贯等多种形式的活动，提升员工合规意识。持续强化员工职业全周期监测，通过员工入职、在职、离职的全流程管控，加强员工八小时之外的“生活圈”“社交圈”监测，结合员工家访、诚信举报、客户回访常规手段，全面掌握员工动态和业务合规状况。持续开展“兴航程”制度与治理年活动，通过网格化管理压实案防与员工行为管理责任。制定《合规内控与案防工作量化考核表》，实行合规内控与案防工作量化考评，在全行形成“合规在身边”的良好氛围，提高“兴航程”活动影响力。做好安保、消防、案件预防、疫情防控等平安管理，提升全行干部员工的安全防范意识。

（张　越）

【中国民生银行芜湖分行概况】中国民生银行于1996年1月12日在北京成立，是中国第一家主要由民营企业发起设立的全国性股份制商业银行，也是严格按照中国《公司法》和《商业银行法》设立的一家现代金融企业。芜湖分行于2017年7月11日成立，主动服务地方社会经济发展，加大信贷投放力度，支持当地重点项目，创新金融产品，优化金融服务，维护金融稳定。在芜湖市2021年度银行业机构考核中成绩显著，荣获“2021年度芜湖市金融机构考核一等奖”荣誉。

【提升服务普惠金融品质】2021年，民生银行芜湖分行加快建设服务网络，不断扩大服务广度和服务深度，将金融服务延伸到社区基层。成立5家社区支行，在金融服务上提供错时经

中国民生银行芜湖分行深入企业开展调研

（陈　芳 提供）

营、特色经营，参与社区共建。推出“云快贷”等线上融资产品，扩大融资产品供给，为小微客户多元化需求助力，提升服务效率和质量。

【融入地方经济发展】民生银行芜湖分行紧紧围绕芜湖市区域经济发展与重点产业发展需求，发挥民生银行特色机制，为地方经济建设发展做好金融支持。支持制造业实体经济发展，挖掘企业需求，围绕重点区域、重点产业、重点企业提供深度金融服务，先后与芜湖市多家优质企业建立业务合作关系并为其提供信贷资金支持。

【开拓创新】生银行芜湖分行除传统信贷产品外，不断创新业务模式，贯彻中小科创信贷战略，培育重点行业高质量客群，在有效控制风险的前提下推动科技创新类客户信贷业务合理有序开发，使用多元化产品满足科创企业不同融资需求，支持高潜力科创企业发展。

【发展绿色信贷】支持绿色环保类城市基础设施项目建设，实现水污染治理项目、垃圾发电等一批绿色贷款的落地，重点推进项目落地，实现中长期绿色信贷规模的提升。

（陈　芳）

【华夏银行芜湖分行概况】截至2021年底，华夏银行芜湖分行存款余额50.04亿元，较年初增加0.46亿元，增幅0.93%。全行贷款余额39.88亿元，较年初增加3.11亿元，增幅8.46%。普惠贷款余额2.19亿，较年初增加0.51亿元，增幅30.36%。两增贷款余额2.07亿元，较年初增加0.59亿元，增幅39.86%。分行表内外资产质量优良，为推进高质量发展新征程打下良好基础。

【践行社会责任】针对芜湖市汽车及零部件、新材料等传统支柱产业，通过多产品运用不断提升综合化金融服务能力，为客户量身定制综合金融服务方案。重点支持芜湖市航空、机器人、高端装备制造等战新产业集群，做到全生命周期服务，融入芜湖市未来产业布局。支持绿色金融业务。截至12月底，分行绿色信贷余额31498万元，较年初增长8959万元，增幅39.75%。发展普惠业务。2021年10月份成立普惠专营团队，围绕芜湖企

华夏银行网点组织“写春联”客户活动

（斯释然 提供）

联、行业协会等平台开展渠道合作。与伟星物业等社区合作，开展“社区共建”“金融专栏”等活动，提高芜湖市民的金融知识普及度及保护个人信息、警惕金融诈骗的安全意识。

【加强风险管理】推动合规文化建设，持续深化案防合规检查工作，营造合规经营氛围，提升合规经营理念。强化授信业务全生命周期管理，按期开展征信信息安全检查、反洗钱自查自纠工作，筑牢发展基础。

【提高企业凝聚力】丰富员工活动，关心关爱员工。开展多样的文娱活动，丰富员工业余生活。持续开展节日慰问、生日慰问等员工关爱工作，将关心员工落到实处。定期组织家属座谈会、家属联谊会等，关心员工8小时以外的生活。

（斯释然）

【广发银行芜湖分行概况】2021年，广发银行芜湖分行辖属2个网点。截至2021年底，本外币存款余额达137.31亿元，各项贷款余额87.68亿元

【融入芜湖发展】2021年，广发银行芜湖分行重点关注汽车、新能源、医院等重点基础设施、重大民生工程项目建设，不断加大信贷投入。推动产品和服务创新，全方位满足当地居民住房、消费以及投资经营等方面的综合金融需求。推动金融服务和支持保障工作落到实处。按照市政府金融扶贫及乡村振兴工作要求，落实扶贫主体责任，首次选派干部驻村助推乡村振兴。

【服务实体经济】截至2021年底，制造业贷款余额18.40亿元，科技型企业贷款余额18.07亿元，战略新兴产业贷款余额2.5亿元，民营企业贷款余额15.64亿元。加快普惠金融发展，推进芜湖市“四送一服”“千名行长进万企”等活动，普惠小微企业贷款较年初净增4245万元，小微信贷客户数较年初净增7户，完成银保监口径普惠“两增”监管考核要求。

【助力乡村振兴】立足地区实际，明确“三农”金融工作重点，探索金融支持农村现代化建设新模式，确定套北村为乡村振兴定点帮扶村，结合实际研究专属方案，截至12月底，发放农户贷54万元，上报授信240万元。

【发挥金融央企力量】结合芜湖区域经济特点，加强保险、投资、银行三大领域的创新驱动、保银协同，引入险资支持区域经济发展，为芜湖城南过江隧道引进项目资本金9.13亿元，从创新产品到信贷支持再到保银协同服务，为江北大湾区基础设施建设贡献“广发力量”。

（田筱菲）

【徽商银行芜湖分行概况】徽商银行是经原中国银监会批准，全国首家由城市商业银行、城市信用社联合重组成立的区域性股份制商业银行，总部设在安徽省合肥市。1997年4月4日注册成立。2005年11月30日更名为徽商银行股份有限公司。徽商银行芜湖分行是徽商银行在芜湖市的经营机构。分行机关办公地点位于芜湖市北京西路45号。徽商银行芜湖分行主要经营范围包括吸收公众存款，发放贷款，办理国内、外结算等中国银行保险监督管理机构批准的业务。经中国人民银行批准，经营结汇、售汇业务。截至2021年底，徽商银行芜湖分行在岗员工681人，下辖34家对外营业机构，45家自助服务区（点）。

【支持实体经济】2021年，各类民生贷款新增35.04亿元，PPP项目贷款投放新增5.90亿元，置换贷新增13.55亿元，制造业贷款新增18.94亿元，科技型贷款新增12.07亿元。因支持地方经济发展的突出贡献，连续8年获芜湖市金融机构支持地方经济发展考核一等奖，连续5年荣获执行人民银行政策A类金融机构，2021年荣获芜湖市优化营商环境先进集体称号。

【助力中小微企业高质量发展】截至2021年底，分行两增贷款余额70.59亿元，较年初增长9.69亿元，全面完成两增投放任务，两增贷款余额和增量均位居全市前列。针对受疫情影响的中小微企业，通过展期、续贷、再融资、调整贷款利率和还款计划等方式，助力中小微企业纾困，为177户小企业发放易连贷10.92亿元。办理小企业贷款延期业务20笔，金额0.37亿元，有效满足中小微企业资金需求。

【提升优质服务能力】分行通过持续加强对支行服务质量的管理，辖内网点服务质量不断巩固提升，客户投诉量持续减少，客户满意度持续提升。2021年

12月，辖内南陵支行参加中国银行业营业网点文明规范服务千佳示范单位授牌仪式，成为继黄山路支行后，辖内第二家千佳网点，也是湾沚区域银行中唯一千佳网点。

【履行社会责任】开展精神文明建设，通过新时代文明实践志愿服务站，开展金融知识宣传、“学雷锋”、助力高考、义务植树、义务献血等各类志愿服务活动。分行获评“第六届安徽省属企业文明单位”“2021年度芜湖市银行业优秀志愿服务队”。开展党建引领信用村建设，投放“党建引领信用村信易贷”2102万元。选派驻村第一书记赴村开展定点帮扶，分行党委班子多次赴村开展调研慰问，发挥金融优势，助力乡村振兴。

（陈　波）

【平安银行芜湖分行概况】平安银行芜湖分行于2018年9月取得开业批复，经3个月试经营，2019年1月18日开业运营。截至2021年底，分行资产总额超19亿元，在职员工60余人，辖区内营业网点2家，在筹县域支行1家。

【服务地方经济】2021年，平安银行芜湖分行推动金融服务地方实体、服务小微企业，分行普惠金融、金融战疫等业务领域实现高效能高质量发展。加大对地方龙头企业、制造业、绿色金融等项目支持力度。发挥集团综合金融优势，加大对先进制造业、战略性新兴产业资金支持，围绕实现碳达峰、碳中和目标，将信贷资源向环保、节能、低碳等绿色产业倾斜，持续推动普惠型小微企业贷款“增量、扩面、提质、增效”。

【金融+科技手段赋能金融服务】利用总行在互联网金融、供应链金融、中小企业金融服务等多方面的实践经验，引入最新金融科技，以及平安集团的大数据和征信能力，实现在商业模式、产品设计、客户体验和营销方式上的创新。客户从业务申请到贷款发放，实现流程全线上化，最快可实现2小时内到账。

【推动落实普惠小微企业金融服务】分行专门成立普惠业务团队，利用总行的产品优势，支持芜湖及周边地区小微企业的发展，通内外部传导机制，强化和提升中小微金融服务能力，促进中小微企业融资规模明显增长实现“增量、降价、提质、扩面”。截至2021年底，分行普惠小微企业贷款余额近4亿元，较年初实现新增超1亿元，计划完成率达201%。落实“两禁两限”“七不准”“四公开”要求，严禁以贷返存、转嫁成本、搭售保险、捆绑销售理财产品等行为，持续推动减费降本，同时通过小微企业贷款业务品种的结构调整，采取循环贷款、分期偿还本金等多种方式来降低小微企业的融资成本。

（梅　玫）

【芜湖扬子农商银行概况】截至2021年底，芜湖扬子农商银行资产总额450亿元，较上年末增加34.75亿元，增幅8.38%。各项贷款315亿元，较上年末增加30.5亿元，增幅10.72%。负债总额413亿元，较上年末增加32.42亿元，增幅8.52%，其中各项存款余额361亿元，较上年末增加29.77亿元，增幅8.99%。实现净利润3.07亿元，较上年同期增加1.01亿元，增幅48.93%。各项监管指标持续向好。

【助推地方经济高质量发展】打造助力小微民营的“专业银行”。2021年底，本行民营企业贷款余额110亿元，小微贷款余额212亿元。打造服务实体经济的“骨干银行”。设立科技支行、自贸区支行，精准对接本地科技型企业、“专精特新”、产业龙头、就业大户和战略性新兴行业等小微企业，服务区域经济高质量发展。2021年投放各类贷款151亿元。打造支持乡村振兴的“责任银行”。与芜湖市农业农村局签订《金融支持乡村振兴框架合作协议》、共建“三资”平台、选派员工挂职“金融村官”等。截至12月底，涉农贷款余额26亿元。打造践行普惠金融的“主力银行”。开通“金农云店”和信e贷一键测评业务，推广无接触、纯线上的“e贷”系列产品，实现申贷渠道畅通高效，先后发放“e贷”系列产品21亿元。

【拓宽中小微融资新路径】创新金融产品，对接省农担、民强公司，升级银担合作模式，推出“大数据信用贷”“批量担保”等新型银担合作产品。优化业务流程，推广小微贷款线上审批，下放贷款审批权限、修订简化小企业审查审批材料、定期公示贷款审查进度、进一步提升贷款审查审批效率。通过降低利率、无还本续贷等多种措施，贯彻落实国家“减费让利”政策。

【发挥共建联动优势】围绕服务、产品、公益和文化四个方面，推深做实“我为群众办实事”活动。发挥融合成效，深化银政、银企、银银合作，在服务实体经济、支持小微民营、助力乡村振兴中有效发挥作用。队伍建设稳步推进。启动中层副职公开竞聘，开展客户经理“雏鹰”“砺鹰”能力提升及运营主管综合能力提升等培训。组织策划行庆15周年系列活动，凝聚员工合力，激发队伍活力，彰显向上的企业文化氛围。

（吕丽丽）

保险业

【概况】2021年，芜湖市保险行业以保护保险消费者合法权益为中心，组织行业自律，提供有效服务，在维护市场秩序、防范金融风险、倡导行业诚信、开展保险宣传和配合地方政府工作等方面收到一定成效。截至2021年底，全市实现保费收入90.88亿元，同比增长5.10%。其中人身险保费收入59.74亿元，同比增长10.01%。财产险保费收入31.14亿元，同比增长-3.05%。向全社会支付各类赔款及满期给付32.01亿元，比上年增长12.60%。其中人身险10.62亿元，同比增长22.47%，财险21.39亿元，同比增长8.27%。有效履行“风险防范和社会管理职能”。

【组织培训考核】2021年是保险业“合规建设年”，市保险行业协会成功举办一期面向全市保险行业公司高管的“法律、法规和监管政策”的合规知识培训，并组织合规知识测试。全市保险公司531人参加测试，高管覆盖面达到100%。“合规建设年”活动让全行业充分认识到法律、法规和监管政策学习的重要性，引导全行业要提高认识，转变观念，加强“法律、法规”学习，敬畏监管，依法合规稳健经营，促进全市保险行业有序发展。芜湖市保险行业不断增强保险行业依法合规经营意识和服务实体经济质效，推动产业链协同复工复产、服务芜湖融入长三角一体化发展等政策的有效实施，“合规建设年”是实现全市保险行业高质量发展目标的重要举措。

【普及金融知识】保险行业协会主动联系赭山街道和光大证券芜湖培训教育基地，配合农业银行和太平财产保险有限公司芜湖中心支公司、中国人寿财产保险股份有限公司芜湖市中心支公司、渤海财产保险股份有限公司芜湖中心支公司布置宣传专栏，筛选宣传内容，将“金融乐龄计划”“联合投教宣传计划”“新自媒体培育计划”等活动形式落到实处，丰富宣传内容。通过活动的开展，帮助广大民众掌握必要的金融知识，加强民众运用智能技术的能力，增强社会各界对智能技术的了解和信任。

【落实电动自行车保险实施】2021年，在对电动自行车检验上牌的同时，为其提供优质、适合的风险保障，为上牌工作的顺利完成发挥作用。在“统一承保方案、统一服务程序、统一理赔标准”的原则基础上，报经芜湖银保监分局批准，制定多方均能认可的承保方案，达到公安部门预期的效果。

【推进清廉金融文化建设】芜湖市保险行业协会参加芜湖市银保监分局组织的“关于安徽省银行业和保险业清廉金融文化建设推进会”，会后芜湖市保险行业协会以转发文件、撰写通讯稿等形式，向会员单位传达会议精神，收集汇总会员单位在“清廉金融文化建设”方面的好的做法和成功经验，并在会员单位中加以宣传推广。

芜湖扬子农村商业银行与芜湖市农业农村局签订“党建结对共建”暨金融支持乡村振兴合作协议

（吕丽丽 提供）

【规范市场秩序】车险费改后，市场乱象有抬头的趋势，芜湖市保险行业协会及时召集全市车险业务前四位的公司进行座谈，统一思想和市场举措，不以高额手续费为市场竞争手段的基调，明确新单手续费以“报批报备”为基准的原则，对发展异常的公司业务采取及时调整的措施。

【推动安全发展】2021年，协会组织阳光产险、阳光寿险、新华保险、太平产险、中国人寿和紫金产险在内的6家公司进行“安全生产月”联合宣传活动。宣传安全生产政策法规，普及安全常识和应急避险、自救互救知识，提供安全生产咨询服务，增强全民安全意识和安全防范能力。推动消防工作社会化，提高居民及单位的消防安全知识水平，强化消防安全意识。

【助力乡村振兴】2021年，芜湖市保险行业协会以金融联合宣教和志愿活动的形式，解决金融信息不对称问题，了解银行保险机构派驻乡村振兴工作队情况，以金融推动乡村振兴，促进农业高质高效、乡村宜居宜业、农民富裕富足。协会在芜湖银保监分局的指导下，联合市银协分别在繁昌区缸窑村、南陵县三里镇新义村、热爱村三地同时开展“金融助力乡村振兴”宣教活动。与相关业务单位配合从扶贫工作的角度，每年定点对两村种植、养殖的农产品进行宣传和代销售。对农户种植的农作物进行无人机飞行防治，免费为有需求的大户联系农业无人机公司开展飞行防治，做好两村农户的防灾减损措施。对两村历年建档立卡的困难户执行保费减免政策，还对两村当年未理赔农户执行无赔款优待，安排专项防灾减损资金，为两村农户购买并赠送农药化肥等生产资料，提升两村防灾减损水平，避免农户因灾返贫。

【反保险欺诈宣传】为进一步健全反保险欺诈宣传教育长效机制，切实增强广大消费者的反欺诈意识和能力，协会利用芜湖市保险行业协会公众号平台，配合“反欺诈，筑诚信”宣传活动，推出17期宣传短片，另对全体会员公司进行集中培训。

（陈左娟）

【中国人民财产保险股份有限公司芜湖市分公司概况】2021年，芜湖市分公司凝聚全市系统合力，推动公司经营业绩和各项事业呈良好发展态势，全年实现保费收入13.02亿元。

【创新服务方式】2021年，芜湖市分公司确保实现3A评级，持续保持服务引领行业。持续推进理赔“无纸化”工程，升级“警保联勤快处快赔”，利用与12123平台对接，推广线上一站式快处快赔，打造“一站式车驾管服务站”。深化“AI+”计划，扩大“AI+报案、回访、救援”的使用广度及深度，推进“AI+反欺诈、销售”等应用系统研发，探索“AI+管理、定价”。启动服务创优工程，完善服务标准体系，创建服务示范窗口，着力构筑具有芜湖特色的服务文化。同时，连续12年开展“无记分、有奖励”活动，提升文明交通意识，维护良好道路交通安全秩序，增强客户服务黏性。

【增强品牌实力】2021年，芜湖市分公司也多次被地方政府表扬和表彰，被芜湖市政府授予“金融机构支持地方经济发展先进单位”称号、芜湖市反洗钱A档金融机构、芜湖市诚信单位，企业社会形象得到有力提升。

【服务地方经济】2021年，芜湖市分公司强化服务供给，深化政企互动，主动服务实体经济发展和社会治理创新积极主动对接政府与社会需求，发挥保险“助推器”和“稳定器”作用，推动安全生产、诉讼财产保全、环境污染、食品安全、电梯、承租人责任保险等责任保险发展。农险方面，牢固树立“新型农险+传统农险”发展思路，拓展由“保大宗”向“保产量、保特色、保指数、保收入、保民生”升级的新型农险，推动扶贫综合保险发展，助力全市脱贫攻坚。社保方面，持续强化项目管理制，业务发展与运营管理并重，拓展非贫困人口补充医疗保险、新农合意外保险、长期护理保险等新业务。

（陶晨晨）

【中国人民人寿保险股份有限公司芜湖中心支公司概况】中国人民人寿保险股份有限公司芜湖中心支公司，于2010年9月2日开业，在芜湖市南陵县和无为市设有销售机构和服务网点，与银行建立合作网点100余个，拥有400余名寿险销售人员，为客户提供多种保险服务体验。2021年实现总保费收入19960.47万元，同比正增长3.13%，首年保费收入保费10469.94万元其中，期交4045.24万元，趸交6424.71万元，短期险567.3万元，合计同比增长16.33%。

（中国人民人寿保险股份有限公司芜湖中心支公司）

【中国人寿财产保险股份有限公司芜湖市中心支公司概况】2021年，中国人寿财产保险股份有限公司芜湖市中心支公司立足芜湖市场，主动融入长三角一体化发展战略大局，服务芜湖经济发展，助力乡村振兴。全年实现保费收入3.9亿元，同比增长8.9%，市场份额稳居第三位。其中，非车险保费收入1.28亿元，同比增幅69%，服务6.5万位个人客户，1.1万家企业客户，提供7000余亿元风险保障。赔款近2.25亿元，车险支付赔款1.58亿元，非车险（不含农险）支付赔款5172万元，农险支付赔款近1568万元，发挥保险的风险保障功能。疫情期间，公司在多个街道疫苗接种点开设疫苗责任保险免费赠险活动，为疫苗接种市民免费提供风险保障，提供疫苗接种意外伤害保险风险保障1.51亿元。在做好传统农业保险的同时，公司高度重视特色农险业务发展。在无为市开办全省首单政策性生猪“保险+期货”业务，在无为市连续三年开办全省首创粳米“保险+期货”业务，在繁昌区开办全市首创青梅果树种植保险，助力巩固脱贫攻坚成果。遴选驻村干部对牛埠社区开展驻点帮扶，并对接9户脱贫户，实施点对点的帮扶。

（张路遥）

【中国平安人寿保险股份有限公司芜湖中心支公司概况】中国平安人寿保险股份有限公司芜湖中心支公司在芜湖全市下辖4个网点机构，截至2021年底，公司在编人员91人，保险代理从业人员1040人。公司2021年保费收入达64244万元。公司持续执行线上+线下的服务方式为客户提供全方位服务保障，2021年理赔件数超3413件，理赔金额达283.12万元，理赔与给付达10105.80万元，稳居行业前列。2021年公司开展各项防范非法集资、反洗钱、扫黑除恶等日常合规宣传与检查工作，组织开展“315消费者权益保护日”活动、“7.8保险公众日”宣传活动。加强廉政文化建设，增强合规意识，规范员工从业行为，确保广大干部群众一身正气。树立合规经营的良好氛围，内聚人心，外树形象，以合规经营为底线，促进业务发展。

（汪智星）

【中国平安财产保险股份有限公司芜湖中心支公司概况】平安财险芜湖中支全称为中国平安财产保险股份有限公司芜湖中心支公司，成立于1999年7月28日，公司地址位于芜湖市镜湖区黄山中路镜街99金鼎28、29层。公司下辖5家营业机构，分别为：湾沚支公司、南陵县支公司、繁昌支公司、无为支公司、三山营销服务部。内设8个部门。2021年，平安财险芜湖中支车险综改实现平稳落地，同时依托平安好车主、好生活双好平台搭建车辆安全检测、道路救援、代为驾驶、代为送检服务的线上服务和车主聚焦服务体系，提升车主客户体验，做到降价、增保、提质，以消费者为中心。截至2021年底，公司赔款支出3.8亿元，2021年全年纳税0.64亿元。

【做好金融支持长三角一体化发展工作】支持重大基础设施互联互通建设，支持科创、高新技术产业发展，助力生态文明建设等工作。为芜湖市轨道交通1号线、2号线一期2021—2023年度运营期提供保险服务，为芜湖

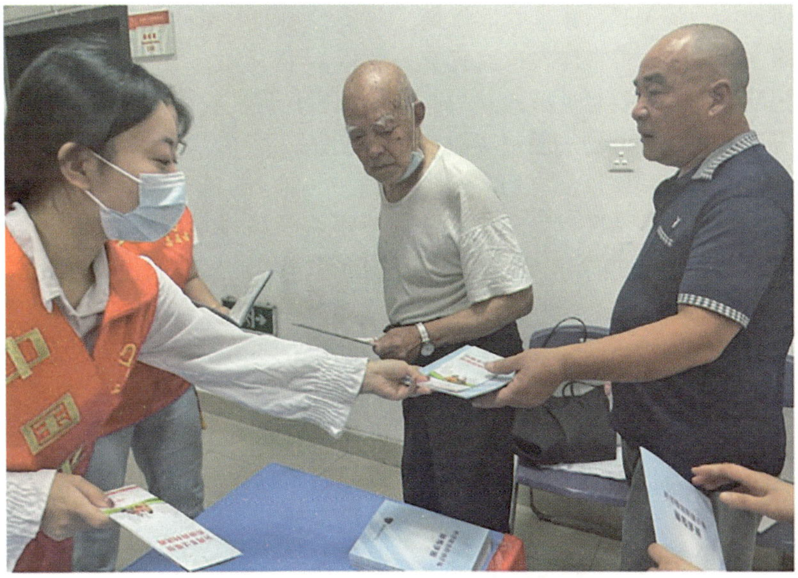

走进社区，进行防范非法集资宣传

（中国人民人寿保险股份有限公司芜湖中心支公司 提供）

轨道交通的顺利开通运营服务。开展安全生产责任保险，为市内68家企业提供事故预防服务和近13.87亿风险保障。助力生态文明建设，进行产品和模式创新，全面支持绿色发展，为6家企业提供超1520万元环境污染责任风险保障。推出专利保险、首版次保险等创新产品，并继续扩大首台套重大装备技术及新材料推广应用的保险保障服务，承保4个首台（套）项目，保额2737万元。响应政府号召，保障城市道路交通安全，开展电动车上牌工作，同步开展电动车保险业务，保障芜湖市民生命财产安全。结合企业宝APP等线上平台，为客户提供专业化、线上化、科技化的风控服务，如鹰眼系统、消防物联网云平台等，为100余家企业提供企业风险评估、安全隐患排查等服务。

【开展助力乡村振兴工作】2021年初，平安财险芜湖中支经过半年运作，引入上海宋庆龄基金会，在芜湖市鸠江区白茆镇落地接力棒项目。该项目实施期限3年，以改善本地农村家庭贫困状况为实施目标，解决农村儿童受教育难的问题。通过实地走访，召开农户座谈会，切实调研贫困农户经济情况，为白茆镇农村蔬菜合作社20余户提供100万元免息贷款，同时为缓解风险，参与当地农险承保，为当地农产品提供1.03亿元的风险保障。

【关注消费者权益保护】2021年，平安财险芜湖中支成立消费者权益保护教育宣传活动专项小组，保护消费者合法权益，杜绝违法违规风险。建立完善的常态化宣教机制，确保全年消保宣传教育有效开展。规范作业流程，提升客户服务。坚持以保险消费者为中心，尊重并保障消费者的八项基本权利。截至2021年底，平安财险芜湖中支接到保监转办投诉63件（全量），较上年下降0.35个百分点，其中理赔类投诉41件。非理赔类投诉22件，全部案件办结率100%。

（胡佳佳）

【中国太平洋财产保险股份有限公司芜湖中心支公司概况】中国太平洋财产保险股份有限公司芜湖中心支公司承保人民币和外币的各种财产保险、短期健康保险、农业保险和意外伤害保险业务，是按照产寿险分业经营的要求，在1997年12月成立的中国太平洋保险公司芜湖支公司开展产险业务的基础上成立的太保产险三级机构。公司下辖五家四级机构，分别为：繁昌支公司、南陵支公司、无为支公司、湾沚支公司、安徽自贸试验区芜湖片区支公司。公司拥有企财险、车辆险、货运险、工程险、家财险、责任险、农险、意外险等上百个保险产品，承保业务涉及电力、汽车、机械、建筑、船舶等各行业及各领域。2021年，中国太平洋财产保险股份有限公司芜湖中心支公司发挥保险“经济助推器”之功能，开拓保险服务新领域，以优质的保险服务和专业的经营素质，服务于地方经济建设，在企业财产类保险、货物运输类保险、工程类保险、责任险类保险，以及机动车辆保险方面均承保众多有影响的大中型工程项目及多家企业集团、上市公司的项目，为企业规避风险提供保障。

【和谐健康保险股份有限公司芜湖中心支公司概况】和谐健康保险股份有限公司是经中国保险监督管理委员会最早批准开业的全国性、专业性健康保险公司之一。公司以发起方式于2006年1月12日设立，注册资本为139亿元。拥有多家省级分公司及地市级机构，初步形成覆盖国内主要经济发达地区的服务网络。和谐健康保险股份有限公司芜湖中心支公司（以下简称“芜湖中支”）在2021年1月1—12月31日期间，全面达成各项指标。银保渠道合计保费收入85051.5万元，其中期交保费1205万元，趸交83846.5万，期交同比增1131.4%。个险完成趸交保费276万，期缴保费40.08万。上半年团队注重绩优发展，下半年狠抓个险条线队伍建设，组建架构完整的个险销售团队，团队成员有57人。高度重视合规管理工作，不断提升风险管控能力，保持业务增长和合规管理的平衡，完成市场乱象整治、风险排查、防范非法集资、扫黑除恶、反洗钱和反恐怖融资、监管数据整治、经营稳健性、反洗钱年报材料等合规管理报告的报送。优化核保客服管理。2021年芜湖中支亿元保费投诉量为0件/亿元，实现监管零投诉，体现客户对公司产品、服务的认可。

（姚维佳）

证券业

【概况】芜湖市顺应经济发

展新常态，围绕新产业、新技术、新业态、新模式加资本市场“四新加一资”的经济发展新思路，抢抓资本市场发展历史机遇，全市多层次资本市场发展取得积极进展，政策体系不断健全，板块规模不断壮大，首发上市取得突破，多层次资本市场格局逐步形成，直接融资保持高位发展，资本市场服务实体经济的能力不断增强。芜湖市与上交所、深交所分别签订战略合作协议，建立良好的协作关系。国元证券，海通证券，银河证券，华安证券，齐鲁证券和中信证券等公司别在芜湖设有营业部。

【海通证券芜湖黄山中路营业部概况】 海通证券股份有限公司成立于1988年，是我国成立最早的综合性券商之一。三十余年行稳致远，截至2021年9月30日，公司资产达7535亿元，归属母公司净资产达1621亿元，实现营业收入348.4亿元，归属母公司净利润118.3亿元，主要财务指标保持行业前列。海通证券芜湖营业部成立于2005年9月，原名海通证券芜湖银湖路营业部，于2011年1月搬迁至芜湖市文化路44号，同时更名为海通证券芜湖文化路营业部，自成立以来，为广大投资者提供针对客户不同需求的多种交易品种，其中包括A股、B股、国债、基金、权证等传统交易品种。满足广大客户融资需求的融资融券、约定购回、股票质押式回购、交易型融资、定向资产管理、股权质押信托、结构化信托等融资类产品。满足客户理财需求的债券质押式报价回购、通财钱包、柜台市场交易（OTC）产品、“鑫”系列理财产品、外部理财产品等理财产品。针对机构客户需求的新三板投资、新三板挂牌、首次公开发行（IPO）、再融资、可交债、结构化配资、并购重组、融资租赁等投行投资类产品，交易品种齐全，交易方式快捷。2021年芜湖营业部新增客户、托管资产总值、市场占有率、托管市值、税收缴纳等指标均在芜湖当地券商排名第一。为提升营业部国有大型券商形象，营业部于2021年9月搬迁至芜湖市黄山中路9号，同时更名为海通证券芜湖黄山中路证券营业部，搬迁后营业部功能更加齐全，设施更加完善，为广大投资者提供更高质量的服务。

（霍　敏）

海通证券芜湖黄山中路营业部

（霍　敏　提供）

管理与监督

Management and Supervision

审计监督

【概况】芜湖市审计局为市政府组成部门，市委审计委员会办公室设在市审计局。单位内设市委审计委员会办公室秘书科、办公室、综合法规科、内部审计指导监督科、财政审计科、行政事业审计科、农业农村审计科、固定资产投资审计科、社会保障审计科、自然资源和生态环境审计科、金融审计科、企业审计科、涉外审计科、人事教育科、市经济责任审计局、固定资产投资审计中心（计算机审计中心）。截至2021年末，单位有62人，其中领导干部8人，科级及以下人员54人。全年完成审计项目299个，查处违规和管理不规范资金111125万元，调账和归还原渠道资金70644万元，提出审计建议1392个。

【强化政策跟踪审计】突出“1+N”审计模式，将重大政策跟踪与经济责任、预算执行等审计相结合，按季度推进重大政策落实跟踪审计，抓好新兴产业基地、高层次人才团队审计，对宣城、宁国四季度重大政策措施落实情况开展交叉审计等。开展“放管服”改革等重点事项审计调查，关注清理规范行政审批中介服务、涉企收费政策执行、重大项目支出绩效等。

【强化财政收支审计】实施市本级预算执行和其他财政收支审计，延伸审计皖江江北新兴产业集中区，常态化开展新增财政直达资金审计，重点关注财政财务收支、预算管理、政府债务、财政存量资金、财政专项资金绩效、财政管理体制改革等情况。对市本级、经开区和4个县市区税务部门开展预算执行审计。

【强化民生项目资金审计】推动巩固脱贫攻坚与乡村振兴有效衔接，关注农村基础设施、产业扶贫项目绩效、农村饮水安全等情况，开展农村饮水安全问题整改“回头看”，督促相关部门采取建立奖惩制度、设立专项资金等措施，促进农村水厂水质明显提升。开展养老保险基金和医疗保险基金审计，将大数据与传统审计方法融合，拓展社会保险基金审计的广度和深度。同时根据上级部署，开展粮食购销领域专项审计。

【强化领导干部经济责任和自然资源资产审计】建立完善经

芜湖市审计局开展重大项目跟踪审计现场

（彭晓璐 提供）

济责任审计联席会议制度，加快新一轮经济责任审计全覆盖，对39名领导干部实施经济责任审计，完成全市公安系统10名领导干部和市建投负责人等经济责任审计，加强领导干部自然资源资产审计，围绕生态文明建设、绿色发展行动等重点任务，密切关注耕地保护、土地利用、污染防治等政策落实情况.开展高标准农田建设和长江流域禁捕退捕渔民安置专项审计。

【强化专项审计】以人民城市建设中的基础设施、公共服务和产业发展为重点，开展跟踪审计或专项审计，重点实施交通设施、污水处理、天使基金专项审计调查等。根据省厅安排，实施世行贷款淮南采煤塌陷区综合治理项目以及马塘立交工程建设项目竣工决算审计、大砻坊长江制药厂周边地块棚改项目审计等。

【推进审计整改】落实中央审计委员会关于审计整改工作的要求，完善审计整改动态报告、跟踪检查、通报公开和追责问责等机制，率先出台《芜湖市审计局审计查出问题整改标准认定办法（试行）》，将整改认定区分为已整改、部分整改和未整改3类，区分不同情形，明确每类整改认定标准、依据、程序，健全“整改销号”制度，做好审计“后半篇”文章。通过新闻发布会、政府信息公开网等平台，加大审计整改结果公开力度，提升审计影响力。

（彭晓璐）

统计管理

【概况】2021年，芜湖市统计局推进依法治统，履行统计职责，统计工作取得新成效，各项工作取得新进展。市统计局先后被国务院第七次全国人口普查领导小组授予“第七次全国人口普查先进集体”称号，被市委、市政府授予“芜湖市高质量发展先进集体”“芜湖市全面建成小康社会先进集体”；在省统计局18个处室评比中取得10个优秀的好成绩，居全省第二。

【提升统计监测分析水平】建立市经济运行监测分析工作机制，逐月开展主要经济指标预测预警和重点企业、项目开展监测研判；按季度收集全国地级以上城市GDP等主要经济指标，监测芜湖在全国、中部城市、沿江城市、长三角城市中总量和增速排名情况。2021年，编印118篇统计分析，其中22篇获得市委市政府领导批示，很多分析建议得到采纳。

【发挥统计监督职能】全市各级统计机构出台《统计机构负责人和统计人员防范和惩治统计造假弄虚作假责任制实施细则》；防惩统计造假纳入市委年度综合考核“一票否决”事项。建立“专业疑似问题单位库”台账，强化“双随机”统计执法检查和消除县市区零立案责任落实。市委市政府将统计法律法规纳入理论学习中心组学习内容，《统计法》连续10年纳入全市重点普法目录。

【推进自身建设】市政府印发《关于进一步加强统计基层基础建设的实施意见》，组织开展2021年统计基层基础规范化建设示范点和新增联网直报企业达标验收工作，全年评选出13个乡镇街道统计站、10个部门和47个企业为2021年度示范点。开展全面建成小康社会统计监测，推进“1%工作法”调研分析，指导推动经开区开展统计服

1月25日，芜湖市政府召开全市2020年经济运行情况新闻发布会

（奚智成 提供）

务外包试点并取得成效，开展“学习合肥追赶合肥”工作，完善全市主要经济指标监测预判部门联席会议制度，协助多部门精准研判经济形势，共同推动高质量发展。

（奚智成）

【国家统计局芜湖调查队概况】国家统计局芜湖调查队是国家统计局派出机构，既是政府统计调查机构，也是统计执法机构，依法独立行使统计调查、统计监督的职权，独立向国家统计局和国家统计局安徽调查总队上报调查结果，并对上报的调查数据质量负责。

2021年，获得2021年度安徽调查队系统市县队领导班子考核优秀等次、市直机关“先进基层党组织”“文明型模范机关”“数海立潮头，调查争先锋”优秀党建品牌、市“学习强国”平台“先进学习党组织”等荣誉称号。

【完成统计调查工作】2021年，完成劳动力调查43个新点扩样工作，持续做好就业状况跟踪分析研究。开展住户调查专业自查工作，规范芜湖居民收支调查基层基础工作。落实粮食畜牧业统计调查数据归口管理，开展畜牧业调查和规模养殖户摸底调查，做好春播作物面积调查、产量调查工作。做好芜湖市制造业采购经理指数试编制工作。履行地方调查项目申报，做好地方党委、政府委托的文明城市模拟测评、年度综合考核第三方满意度测评等专项调查。开展企业集团、上市公司调查，为地方政府制定总部经济及上市公司发展政策提供决策依据。

【提升样本科学性】加大调查样本维护力度，完成全市第二轮样本轮换工作；为102个调查网颁发“芜湖市CPI调查单位”证书；劳动力调查对当月样本开展核实维护，对调查期无人居住的新户规范换户；房价调查严格执行“10+10”实地走访调研和“2+2”电话访谈调查；对全市主要畜禽企业整体情况进行摸底，甄别养殖户的关停并转情况。

【强化数据审核评估】住户调查以原始数据为主要依据，结合GDP、财政收入、社会消费品零售总额等经济指标发展趋势进行数据评估，完成分季度分县市区城乡居民可支配收入测算和反馈，并做好测算方法的解读。劳动力调查结合全市就业政策和就业形势变化情况做好数据评估。消价调查针对难以把握趋势的服装、家电、建材等产品，做到每月采价前试算及月中试算，把握价格变动趋势，修正奇异值，加强各调查点之间价格对比。工价调查数据审核采用“直审直验”和“即审即验”。

【推进统计法治建设】落实防范和惩治统计造假、弄虚作假责任制，执行好领导干部违规干预统计工作记录制度。创新普法形式，制作法治动漫宣传小视频，组织开展民法典知识答题和党内法规知识网上竞答活动，利用年（定）报相关会议、访户访企、数据质量检查做好调查对象的普法宣传。在市民服务中心举办第十二届“中国统计开放日”活动。开展住户调查专项执法检查，做好2021年度统计执法检查及结果运用，做好统计法律文书运用，为统计调查保驾护航。

【提升统计服务质量】结合CPI、PPI、PMI指标和现有经济数据的挖掘，加强对新变化新特点的分析研判，提高数据分析能力。以《芜湖调查》《送阅材料》上报分析135篇，国家局内网采用6篇。上报调查信息162篇，总队内网采用38篇。编发工作信息316篇，统计研究11篇，统计文化31篇，国家统计局内网采用19篇，总队内网采用工作信息127篇。《就业总体尚稳定　政策引导需加力——2021年上半年芜湖市就业跟踪状况调查分析》获安徽调查总队原总队长刘文峰批示。《房地产价格调查工作内容及统计方法介绍》获芜湖市委书记单向前批示。《楼市阶段性回落　房价政策性收紧》获芜湖市委常委、秘书长张志宏同志批示。《芜湖农民收入质量研究》获安徽调查队系统优秀统计调查分析报告评比二等奖，《脱贫攻坚与乡村振兴有机衔接的芜湖探索》获总队招标课题评审二等奖。

（付冰晶）

市场监督管理

【概况】2021年，芜湖市新设市场主体89321户，其中新设企业26686户，同比增长17.15%；全市实有市场主体突破48万户，同比增长11.06%。全省率先推行“一业一证一码”改革，发出全省首张营业执照和综合许可证明，制度性成果被省政府写入实施方案在全省推广。全市食品、品、特种设备、产品质量全年未发生安全事故及事件，"四大安全"态势稳中向好。芜湖市在全省创新提出打造"食芜优"本土品牌，推行外卖食品"食安封签"，2021年投放838万份，完成食品与食用农产品抽检14316批次。监督检查进口冷链食品生产经营者36770户次，组织29起进口涉疫食品排查和每日摸排，查办冷链食品案件41件。督促检查零售药店通过"购药系统"，助力疫情防控。首创特种设备领域"一书一单一报告"制度和电梯治理"三合一"新模式。

【创新发展知识产权】全市万人有效发明专利拥有量达53.5件，连续11年保持全省第一位；注册商标有效总量突破10万，增幅全省第一；每万户市场主体注册商标拥有量2867件，全省第一。芜湖市专利质押融资金额达9.8亿元、专利和商标质押融资总额达12.3亿元，双双位居全省第一。全市拥有国家知识产权示范优势企业41家，省知识产权优势企业达35家，居全省第二。建设中国（安徽）知识产权维权援助中心芜湖分中心，全省率先实现县市区全覆盖。

【实施质量强市建设】市政府印发实施《关于开展质量提升行动加快建设质量强市的若干政策规定》，全国率先设立每年不少于10亿元的市本级质量提升发展专项资金。开展"一业一域、一园一品"质量提升行动，实施质量提升项目36个，推动310家企业开展质量提升，全市33家企业入选2021年度"皖美品牌示范企业"。

【市场秩序规范有力】市场监管系统查办各类违法案件6039件，同比增长105.69%。全年开展粮食市场秩序专项整治、整治非法经营成品油行为专项行动取得显著成果。全年捣毁传销窝点44余处，教育遣散传销人员237人，阻击流入参与传销人员77人，创建无传销社区542个、无传销网络平台4个。全年12315热线接听量达101911件，推进长三角区域消费维权数据共享，公示12921户64605条投诉信息数据。

【首发"一业一证一码"营业执照】4月16日，芜湖市政府第88次常务会议审议通过《芜湖市人民政府办公室关于在中国（安徽）自由贸易试验区芜湖片区实施"一业一证一码"改革试点实施方案》。4月29日，芜湖市举行安徽自贸试验区芜湖片区"一业一证一码"首发仪式，芜湖市政府副市长贺东向安徽国惠大药房连锁有限公司负责人发出全省首张通过"一业一证一码"改革办理的营业执照和综合许可证明。通过"二维码"链接，实现"一业一证一码"业务系统后台数据与芜湖市大数据系统互联互通，实时共享市场主体的电子证照、年报、许可、处罚、信用等数据。营业执照二维码作为"企业身份码"可应用于企业新申请许可等多个办事场景，为构建"双告知、双反馈、双跟踪、双随机、双评估、双公示"的综合监管机制提供数据支撑，真正实现"一码多用一码通行"。

【启动上线购药信息平台】利用"安徽省药品零售与动态监测系统"加强零售药店落实疫情防控要求，开展抗生素类、抗病毒类、退热类、止咳类、止泻类、含特殊药品复方制剂、血液制品等七类药品购药实名登记，发挥药品零售企业"哨点"监测敏感性优势，提高监测效率，方便群众购药、登记，为相关部门

芜湖市政府副市长贺东向安徽国惠大药房连锁有限公司负责人发出全省首张通过"一业一证一码"改革办理的营业执照和综合许可证明　（郭　敏　提供）

掌握相关购药信息提供便利，指导抗疫防控工作。2021年，全市登记购药信息404万余条，实名登记数量居全省前列。

【启动“食安安徽”品牌建设】8月11日，芜湖市政府第99次常务会议审议通过《芜湖市人民政府关于做好“食安安徽”品牌建设工作的行动方案》（以下简称《行动方案》），《行动方案》明确，“十四五”期间，全市培育“食安安徽”食品生产经营企业200家、食用农产品和食品生产基地（园区）5个、食品安全街区（小镇）4个、食品安全示范县4个。从打造“食安安徽”品牌、夯实品牌创建基础、强化品牌认证评价、发挥示范带动作用、提升品牌支撑能力5个方面，《行动方案》提出21项主要任务，明确有关单位责任分工，强化跟踪调度、督促检查和效果评估，任务落实情况将纳入各级政府食品安全年度目标考核内容。

【率先实现知识产权维权服务站全覆盖】完善全市知识产权维权援助体系，全省率先在各县市区（开发区）市场监管局设立中国（安徽）知识产权维权援助中心芜湖分中心工作站，实现知识产权维权服务站全覆盖。拓宽维权援助服务的覆盖面，实现省市县三级知识产权维权援助全覆盖，方便社会公众就近申请知识产权维权援助，降低维权援助成本，优化全市营商环境。为区域内企业提供知识产权全链条的援助服务，开展知识产权分析评议与纠纷预警服务；为外向型企业、社会组织提供海外知识产权风险防范和海外知识产权纠纷应对指导服务。协助提供知识产权侵权判定咨询意见，衔接司法保护、仲裁调解为大型展会、交易会、活动等提供快捷的法律状态查询和侵权判定等服务。

【数项专利获奖】2021年，芜湖市获国家、省专利奖数再创佳绩。第二十二届中国专利奖获奖8项，其中优秀奖6项、外观设计优秀奖2项，获奖数量较上届翻一番。获第八届安徽省专利奖获金奖5项、银奖5项、优秀奖35项，获奖总数位居全省第二位，专利金奖获奖数占全省金奖获奖项目的四分之一。

【知识产权纠纷人民调解委员会挂牌成立】9月份，芜湖市知识产权纠纷人民调解委员会挂牌成立。该委员会主要负责芜湖市范围内知识产权（专利、商标等）纠纷的人民调解工作，接受市市场监管局、市司法局的业务指导和监督管理。主要职责包括依法调解知识产权纠纷，防止矛盾激化；通过开展调解工作，宣传法律法规，提高社会知识产权意识，引导当事人双方依法解决纠纷；总结知识产权纠纷规律性问题，向知识产权行政部门提出严格知识产权保护的意见和建议，向政府有关部门反映知识产权调解工作情况。该委员会的建立对健全知识产权社会共治模式、构建知识产权大保护工作格局具有重大意义。

【发布长三角地区首批计量技术规范】9月20日，经上海、江苏、浙江、安徽市场监管局批准，由芜湖市计量测试研究所主持起草的长三角首批计量技术规范共建互认项目《JJF（沪苏浙皖）4002—2021激光标线仪校准规范》发布，成为首批首个通过审定的“沪苏浙皖”计量技术规范，这是安徽省获批首个发布的共建互认项目。

【首个国家级知识产权公共信息服务平台技术与创新支持中心（TISC）获批运行】10月27日，国家知识产权局发布第四批技术与创新支持中心（TISC）正式运行的通知，安徽信息工程学院技术与创新支持中心（TISC）正式获得世界知识产权组织（WIPO）和国家知识产权局授牌，成为芜湖市获批的第一个国家级知识产权公共信息服务平台，也是安徽省2021年唯一获批的TISC中心。技术与创新支持中心（TISC）是世界知识产权组织（WIPO）发展议程框架下的项目，在帮助发展中国家的知识产权和创新用户提升技术信息检索能力，更快地掌握行业动态和新技术信息，帮助其增强创新能力。TISC的正式运营对芜湖市科技成果转移转化、大学生创新创业、区域技术创新与支持产业技术发展具有重要意义。

【首条“互联网+明厨亮灶”食品安全示范街揭牌】12月30日，芜湖市联合饿了么打造的安徽省首条“互联网+明厨亮灶”食品安全示范街区在镜湖区芜湖古城举行揭牌仪式。作为全省首条网络餐饮示范街，有20家食品经营单位入驻。“互联网+明厨亮灶”食品安全示范街区创建，以古城商业街为试点，探索食品安全监管“互联网+智慧监管”的新模式。“透明厨房”是利用互联网技术，以数字平台为依托，通过可视设备，将后厨操作管理可视化，实现APP端的后厨实时播放。消费者可以利用手机APP，查看后厨情况、经营单位的资质证明、人员健康证明、安全信息等，让食品安全“触手可及”。

【省内首个涉企标准化培训教材在芜发行】10月14日，由芜湖市标准化研究院组织编写的全省首个涉企标准化培训教材《企业标准化工作指南》出版发行。教材汇集标准化工作改革的各项创新举措和企业标准化实践的大量鲜活案例，为企业参与标准化活动提供程序路径。该教材借鉴安徽省标准化专业技术资格考试大纲内容，以企业标准总监任职条件和岗位职责为主线，将企业标准总监应具备的标准化知识结构进行重构和整合，强调标准化专业技术知识的覆盖面。

【质量基础设施“一站式”综合服务县区全覆盖】芜湖市率先在全省开展质量基础设施试点建设工作。截至2021年11月，全市建成质量基础设施“一站式”综合服务站79个，率先在全省实现县区级全覆盖。质量基础设施“一站式”综合服务站主要以各地市场监管所为依托，设立专门的质量服务“一站式”窗口，面向各类市场主体收集有关计量、标准、认证认可、检验检测、品牌保护、知识产权等方面的服务需求，由服务站窗口人员将市场主体的各类需求报给市区级市场监管部门，经过梳理后再分流到对应的服务机构、管理部门。

【制定全国首个智能审批标准】芜湖市主导制定的《企业登记智能审批服务规范》安徽省地方标准于7月8日实施，这是全国首个智能审批相关的省级地方标准。标准对企业登记智能审批服务的术语和定义、基本要求、适用对象、适用范围、登记审批流程、业务支撑等方面作出明确的规范，为其他各地市开展智能审批提供参考。智能审批的应用，彻底实现行政审批从人工审批模式向电脑智能审批模式转变的质的飞跃，达到高度精简登记材料、深度优化登记流程、无限压缩登记时间的理想目标，也是安徽省推深做实7×24小时不打烊“随时办”服务的积极实践。

【设立市本级质量提升发展专项资金】2021年，市政府印发《关于开展质量提升行动加快建设质量强市的若干政策规定》，在全国率先设立10亿元市本级质量提升发展专项资金，以“大质量”统领三次产业74类169个奖补事项，全面推进质量创新能力、质量创新平台、质量品牌升级、质量基础设施、质量工艺提升、知识产权创造运用保护建设。创新实施《“芜湖智造”品牌认证五年行动方案》，明确通过5年时间认定100个代表“芜湖智造”的高端品牌，每个品牌奖励20万元，推进“智造名城”全产业链升级。

（郭　敏）

国有资产监督管理

【概况】2021年，芜湖市本级国资监管企业资产总额2580亿元，同比增长9.3%，净资产总额1090亿元，同比增长4.6%，营业总收入539.7亿元，同比增长46.8%。资产负债率57.75%，较上年同期上升1.89个百分点，保持在合理水平。利润总额8.08亿元，较上年同期增加1.29亿元，同比增长19.0%。市本级国资监管企业中实现盈利的有13户，较上年同期盈利户数增加1户。

2021年，芜湖市国有资产监督管理委员会被国家机关事务局、中央直属机关事务局、国家发改委、财政部授予“节约型机关”称号。

【推动实施国企改革三年行动】市委市政府于2021年7月6日印发《芜湖市国企改革三年行动实施方案（2020—2022年）》，方案明确8个部分36条改革举措。成立芜湖市国有企业改革领导小组，狠抓调度推进，强化协调联动，分析研判形势，及时解决实际问题。制订工作台账，将方案74项改革任务明确责任主体和完成时限，截至2021年底完成93.24%，超过序时进度（要求2021年底完成70%）。

【实施国企专业化整合重组】将29户市属国企整合重组为9户。改组市建投公司，组建市国投公司、中江城建集团，打造国有资本投资运营、国有资产经营管理和城市基础建设投资主平台。发挥国有资本引领作用，组建前湾集团，参与省江北新兴产业集中区开发建设。在全省率先成立首个人才发展集团，实施人才优先发展主战略，落实“双招双引”，推进“紫云英人才计划”，立足芜湖、面向长三角、连接国内外，致力于建成国内一流的综合性人才发展集团。

【完善市属国企法人治理结构】加快完善中国特色现代企业制度，推进市属企业董事会应建尽建、配齐建强，11家市属国有企业及6家重点子企业均建立董事会。依据芜湖市属企业外部董事管理办法、履职要求、薪酬管理等制度，建立外部董事人才库，选聘专职外部董事3人、兼职外部董事14人，委派至13户市属国企，实现董事会中外部董事占多数。

【调整优化国有经济结构和布局】印发《芜湖市国资国企十四五规划纲要》。发挥国有资本的影响力和带动作用，推动国有资本向高端装备制造、科技初创、金融保险、基金、公铁路交通等基础设施建设、医养大健康等相关行业和领域集中。参与人民城市建设，2021年，芜宣机场顺利通航、轨道交通1号线、2号线开通运营；皖江第一隧——芜湖城南过江隧道全线开工，芜湖全球航空货运枢纽港规划建设有序推进，安徽省公共卫生临床中心（芜湖）开工建设，“两级中心”、智慧停车、养老托幼等民生工程加快实施，多处城市书房开放运营，国企“品牌”越擦越亮。2021年，市属国企直接投资137户企业，实际出资到位343.5亿元。涵盖机器人及智能装备、新能源汽车、通用航空、新材料及互联网等多个领域。

【加快健全市场化经营体制】制定《芜湖市国有企业推进经理层成员任期制和契约化管理实施方案》，全面实行市属国有企业经理层任期制和契约化改革，依据对经理层成员年度和任期经营业绩考核结果，结合综合评价结果等，确定薪酬、决定聘任（或解聘），强化刚性约束。芜宣机场公司及市轨道公司采取市场化选聘方式各选聘1名公司副总。推动“管理人员能上能下、员工能进能出、收入能增能减”为核心的企业三项制度改革。2020年以来，3户企业5名管理人员因末等调整或不胜任等原因，调整工作岗位。

【加强重点领域国有资产监管】组织开展对外投资专项检查，委托第三方机构对异常项目开展复查，对问题项目启动整合重组和产权转让等止损工作，有效化解经营风险。科学管控市属国企年度融资规模与成本，保障各类债务还本付息、存量置换、项目建设和日常营运资金等资金需求。开展“四个专项整治”，加强出资人监督与纪检监察、巡视、审计等监督力量的工作协同，发挥监管合力，防范国有资产流失。

【建立权责清单推进授权放权】发布国资国企监管事项及管理权限清单（2021版），坚持授权与监管相结合、放活与管好相

9月1日，省版权局晏凤志来芜开展市属企业办公软件正版化督查

（李时雨 提供）

统一的原则，对涉及改革发展、产权管理、人事管理、党建指导等5大类45项监管事项82个子项的管理层级、管理方式等均作明确规定，厘清国资监管机构的职责边界。

【推进经营性国有资产集中统一监管】推进经营性国有资产集中统一监管工作，对经营性国有资产采取全部脱钩划转、部分保留、维持现行管理以及实施市场化方式处置四种方式集中统一监管。依法注销土勘公司、城光公司，妥善做好人员安置和相关资产处置。恢复龙华陵园国有企业主体资格。将市污水办转设为水环境治理项目管理公司。保留安徽省芜湖市仪器仪表研究有限责任公司，实行公司制改革，将该公司国有股权51%划转至市国投公司。组建西电芜湖研究院公司，推进研究院建设，激发科研人员积极性。

【强化投融资管理】组织开展对外投资专项检查，涉及企业14家，232个项目354亿元，委托第三方机构对异常项目开展复查，对问题项目启动整合重组和产权转让等止损工作，有效化解经营风险。科学管控市属国企年度融资规模与成本，保障各类债务还本付息、存量置换、项目建设和日常营运资金等资金需求。开展“四个专项整治”，加强出资人监督与纪检监察、巡视、审计等监督力量的工作协同，充分发挥监管合力，防范国有资产流失。

【落实全面从严治党管党主体责任】机关及各市属国企梳理办实事事项257个，完成率达90%。成功举办国资系统庆祝建党100周年文艺汇演和建党100周年系列庆祝活动。推进市属国企党风廉政建设和反腐败工作。深化系统“三个以案”警示教育，党委及相关国企组织检视查摆问题219个，立行立改182个。完成巡察和审计全覆盖，担负起巡察整改主体责任，指导被巡15家国企制定整改方案，两次督查企业整改情况，完成整改验收，委党委对巡察反馈线索进行处理，国资系统约谈国企负责人16人次、警示谈话23人、党纪政务处分18人。

（李时雨）

公共资源交易监督管理

【概况】2021年，芜湖市公共资源交易平台完成各类交易额约483.55亿元，项目4.04万个，同比分别增长70.1%、28%。其中，工程建设项目交易额197.10亿元、政府采购交易额额44.05亿元、国土出让交易额203.49亿元、产权交易额5.57亿元、农权交易额1.19亿元、徽采商城交易额3.11亿元、网上超市交易额7.15亿元、其他类交易额21.89亿元。

2021年，市公管局与市公共资源交易中心荣获全市优化营商环境先进集体，2人被表彰为优化营商环境先进个人。市委、市政府对50个先进集体和150名先进个人予以表彰。

【不见面开标系统上线运行】4月16日，市公共资源交易监督管理局指导市公共资源交易中心，依托电子化手段，对交易系统进行优化升级改造，完成不见面开标系统开发工作，进一步规范服务流程，细化办事指南，建立起统一的服务标准和管理体系。通过不见面开标系统的推广使用，提高投标便捷度和竞争度、提高公共资源市场化配置质量和效率，实现交易零距离、投标零接触、人员零聚集。

【《芜湖市公共资源交易监督管理办法》印发】4月25日，芜湖市人民政府发布《芜湖市公共资源交易监督管理办法》（芜政〔2021〕23号）。《办法》的出台，进一步完善全市公共资源交易综合监管体系，有利于解决公共资源交易领域突出问题。旨在促进整合建立统一规范的公共资源交易市场，为深化公共资源交易综合监督管理体制改革提供制度保障。

【编制《芜湖市公共资源交易事业“十四五”发展规划（2021-2025年）》】2021年5月，市公管局发布《芜湖市公共资源交易事业“十四五”发展规划（2021-2025年）》。该规划是全市公共资源交易发展的目标性、长期性、全局性、战略性规划，从整合交易平台、集中监督管理、统一交易规则、强化科技应用、拓展交易领域、加强诚信建设等方面为公共资源交易事业发展提出明确的框架，为建设“市场区域化、交易智能化、服务标准化、监管体系化”的公共资源交易市场发展目标奠定基础。

【工程建设项目试行“评定分离”】2021年5月启动评定分

离试行工作，制定印发《芜湖市开展建筑工程招标项目采用“评定分离”定标方式的试点工作方案》及《试点工作方案指引（试行）》。全市9个工程建设项目试行“评定分离”，已定标项目控制价17.03亿元，中标金额14.14亿，资金节约率达16.97%。中标联合体牵头单位均为优质企业，从发布招标公告到定标，平均时间为23个工作日。已定标项目无异议投诉举报。通过试行“评定分离”，招标人负责制得到有效落实，择优原则得到充分体现，招投标效率得到明显提升，招投标乱象得到控制。

【驻村工作队荣获“安徽省脱贫攻坚先进集体”称号】2021年5月，市公管局驻无为市关河村扶贫工作队被中共安徽省委、安徽省人民政府授予安徽省脱贫攻坚先进集体光荣称号。市公管局党组把定点帮扶工作列入局党组重要任务，查找脱贫攻坚存在的短板和问题，制定可行措施，帮助无为市蜀山镇关河村顺利脱贫摘帽。推进产业发展，提升经济发展持续力；支持关河村建设特色种养业示范园区，投资入股无为县关河沿山种养殖综合专业合作社，打造“一村一品”，实施资产效益分红，实现村集体、贫困户、新型经营主体共赢。

【“四理一专项”打通“绿色通道”】制定出台《芜湖市公共资源交易项目“绿色通道”实施办法》，对进入交易中心交易的重点项目、紧急项目等，通过采取“四理一专项”方式打通项目办理“绿色通道”。即：优先办理、容缺受理、零等待办理、延时办理和专项方案，实现交易项目推进的保障机制。优先办理：交易中心优先办理进场登记，优先进行场地预约，优先发布招标公告，优先抽取评标专家等事宜。容缺受理：在具备项目进场交易基本要件，满足项目招标的主要材料齐全且符合规定的情况下，其他材料有欠缺或不符合规定的，在招标人做出书面承诺后，由交易中心予以容缺受理登记。零等待办理：交易中心进一步压缩时限，提高限时办结效率，实行即来即办。延时办理：项目在线办理环节，交易中心做到延时办理，保证项目在交易中心都能得到处理。制定专项方案：对平台服务有特殊要求，通过以上方式仍不能满足要求的项目，由交易中心专人对接，协助项目业主、代理机构制定专项方案，保障项目顺利进行。

（范　记）

自然资源管理

【概况】2021年，全市自然资源系统严格自然资源保护，完成人工造林2246.67公顷，开展市级公益林划定并发放补偿资金40.21万元，推进绿色矿山创建。深化建设工程项目审批制度改革，顺利承接建设用地审批权下放，构建“五个一”工作机制，提高审批效率。全年争取统筹用地计划指标754公顷，供应各类土地2260.52公顷。土地利用效率稳步提升。开展批而未供和闲置土地处置，6宗集体经营性建设用地成功入市。荣获中央宣传部、司法部、全国普法办“2016—2020年全国普法工作先进单位”荣誉称号。

【耕地保护监督】严格执行耕地占补平衡制度，自主保障全市1053.33公顷耕地占补平衡指标需求。完成新增耕地面积184.67公顷，增减挂钩（工矿废弃地）复垦面积204.87公顷，旱地改造成水田面积19.87公顷；上报永久基本农田核实整改补足试划成果19.80万公顷；继续深化永久基本农田特殊保护要求，按照“数量不减、质量不降、布局稳定”要求，落实宣商高速、天天高速、芜合高速等重大建设项目占用永久基本农田补划工作，补划永久基本农田199.87公顷；全面建立市、县、镇、村四级田长制责任体系并运行，遏制耕地“非农化”，防止“非粮化”，保障国家粮食安全。

【自然资源开发利用】供应各类国有建设用地约2266.67公顷，同比增加23.9%。集体经营性建设用地入市取得突破。在湾沚区和三山经开区先行先试，湾沚区首批6宗集体经营性建设用地已成功入市，成交面积3.33公顷，成交价款1340万元。盘活存量建设用地，处置2009—2018年批而未供土地607.41公顷，完成2019—2020年批准新增建设用地供应611.47公顷，处置闲置土地61.33公顷。起草《芜湖市关于加强土地要素保障促进节约集约用地若干措施》；加强党委领导和府院联动，建立由市委政法委牵头、自规部门及公检法司参加的联席会议制度，合力推进涉法涉诉闲置土地处置；率先从产业用地和工业企业两个维度构建亩均效益评价体系，建立产业用地节约集约利用和企业亩均效益评价信息化平台，启动工业用地试点调查，为实施闲置建设用地、工业低效土地“全域治理”打好基础。

【国土空间规划】开展重大专题研究工作，全面开展14项重要专题编制工作，完成《区域协同与发展战略》《面向高质量发展的产业布局》等9项专题的专家论证；完成“双评价”“双评估”方案成果；以最新第三次国土资源调查数据为基础，在前期专题研究相关结论的基础上，对全市战略目标、空间格局、要素配置、国土整治、分解落实和政策措施等方面进行研究，形成规划初步文本和图集讨论稿。

【矿产资源管理】优化芜湖市自然资源综合管理及服务系统，深化矿业权登记“一张图”审查，办理矿业权登记事项14宗，清理过期矿业权56宗，截至2021年底，全市持证采矿权88家、探矿权58家；推进矿业权登记审查事项“跨省通办”和电子矿产资源勘查许可证、采矿许可证的应用，将矿业权登记事项全部纳入全国一体化政务服务平台。

【矿山生态环境修复和地质灾害防治】完成11个年度废弃矿山生态修复，面积25.8公顷，探索市场化修复模式，推进梅山采石厂人文纪念园建设；督导全市41家生产矿山按照“边开采边治理”方式修复土地72.9公顷；完成部下发全市的381个历史遗留矿山疑似图斑核查，查实废弃矿山图斑146个；谋划“长江下游重要生态区（芜湖段）山水林田湖草沙一体化保护和修复工程”，参加省级项目遴选。在全省率先提出“动态清零”发现地质灾害隐患点的工作目标，完成治理核销20处；发布地质灾害预警18次，完成巡排查1106点次，组织受灾害威胁群众19户63人转移避险，全年无人员伤亡事件。

【自然资源调查监测和确权登记】11月24日，芜湖市第三次国土调查项目通过省“三调”办验收；完成2020年度国土变更调查工作；配合完成奎湖调查确权工作；开展不动产登记提升行动，推行全程掌办服务，全面启用电子证照，实现全域通办、跨省通办和12个部门信息共享，建立不动产登记责任保险制度，全市发放不动产权证490345本。完成农村房地一体权籍调查和数据汇交工作，发放房地一体权证25万本。2021年4月份，完成房地产领域历史遗留“难办证”问

繁昌国源矿业有限责任公司渣岭石英砂岩矿开展“边开采、边治理”工作

（庞师泉 提供）

题专项治理工作。

【执法监察】完成26个“大棚房”问题整改，无反弹现象。增补上报农村乱占耕地建房问题问题227个。土地卫片违法用地整改到位地块77宗，土地面积25.37公顷（耕地16.65公顷）。全年查处自然资源违法用地案件48宗，涉及土地面积20.86公顷（耕地8.95公顷），罚没款59.72万元，没收违法建、构筑物29111平方米，拆除违法建、构筑物154.43平方米；查处林业违法案件43件，罚没款183.4279万元。土地卫片违法用地整改到位地块77宗，土地面积25.37公顷（耕地16.65公顷）。处理各类信访事项123件，受理率、办结率达到100%。

【法治建设】推进自然资源法治建设，发挥领导干部带头作用，开展学法普法，严格规范用法执法。2021年，被评为自然资源系统七五普法成绩突出集体，2016—2020年全国普法工作先进单位。全面推行“双随机、一公开”监管制度，加强行政复议和行政诉讼工作，负责人出庭率达到100%。发挥法律顾问和公职律师作用，推进各项重大决策部署合法合规。

【深化改革优化营商环境】用地审批管理“五个一”工作机制高效便捷，工程建设项目审批制度改革继续推进，小型社会投资低风险工程建设项目审批服务进一步优化，“多测合一”改革开展试点，提前对接、先迈一步、靠前服务意识持续增强。持续开展不动产登记提升行动，深化“全程掌办”“全域通办”服务和“互联网+不动产登记”改革，全面启用不动产电子证照，实现全部登记业务3个工作日内办结，其中1个工作日内办结占比超过80%。

（庞师泉）

生态环境监督管理

【概况】2021年，芜湖市PM2.5平均浓度为每立方米33.8微克，环境空气优良率为84.9%，首次实现全年无重污染天气；“十四五”10个国考断面水质优良比例达100%，8个县级及以上集中式饮用水水源地水质达到或优于Ⅲ类的比例达100%。全市固废（危废）和辐射环境安全形势总体稳定，未发生环境安全事件和重大涉环群体性事件。

【改善大气环境】组织温室气体重点排放单位开展碳排放报告核算，完成19家省级和25家市级重点企业2020年度碳排放报告工作。全面摸排芜湖市温室气体重点排放源和排放总量，持续推进钢铁企业超低排放改造，开展重点企业VOCs综合治理，加强移动源污染防控。联合气象部门设立空气质量预报预警中心，共享数据信息，将预报精度提升至1千米分辨率，3天数值预报准确率达60%。

【改善水环境】加强饮用水源地保护，实现乡镇级集中式饮用水水源水质监测全覆盖。探索建立地表水断面的横向生态补偿机制，将长江、漳河、青弋江等主要河流13个控制断面水质达标情况纳入生态补偿范围。开展水生态项目申报及资金分配，全年申报14个项目，获得省级提前批次下达的2021年中央财政水污染防治资金3832万元。

【加强土壤及农村环境安全监管】严格建设用地准入监管，42个地块纳入全国污染地块土壤环境管理系统，其中33个地块完成调查移出调查名录。农村环境治理重点工作稳步推进，完成36个行政村环境综合整治、49个行政村生活污水治理、4条农村黑臭水体治理、13个乡镇政府驻地污水处理设施提质增效工作。对全市医疗卫生机构、医疗废物集中处置单位开展专项检查，全市收集医疗废物3187.31吨，全部落实无害化处置。新增3家危险废物经营单位，提升危险废物利用能力每年5.5万吨，危险废物处置能力每年1.65万吨，确保危险废物得到有效处置利用，消除环境风险隐患。

【加强生态环境监管】开展突出生态环境问题排查，开展自查200余次，查看点位1000余个，排查发现问题16个，逐一明确整改措施、整改标准、整改时限和问题点位坐标。开展长江岸线1千米摸排，全年摸排工业企业265家，其中，长江干流沿线企业196家，青弋江沿线企业59家，漳河沿线企业10家。截至12月31日，2021年中央生态环境保护督察交办信访件181件，办结175件；2020年省生态环境保护专项督察反馈问题3大类40个，完成整改38个；2020年省生态环境保护专项督察交办信访件329件，完成整改329件。

【执法监管】2021，年出动执法人员4534人次，检查企业2058家次，下达行政处罚决定书191件，罚款金额2902.44万元，处罚金额位列全省第二，移送环境污染犯罪案件2件、移送行政拘留7件、查封（扣押）案件6件。做好生态环境信访工作，持续落实领导干部带案下访制度，推行“一线工作法”和绿桌恳谈制度，全市受理环境信访投诉5470件，受理率与处理率均达100%。

【服务经济社会发展】深化“放管服”改革，为企业做好减负服务，全年审批建设项目环境影响评价文件263件，审查环境影响区域评估报告14份，发放排污许可证481家。开展环评编制单位检查，现场检查环评单位14家次，质量复核环评文本100份，处罚环评编制单位21家，注册环评工程师22名。深入开展企业服务工作，全市生态环境系统与110家企业建立结对帮扶机制，走访企业342家，收集问题130个，均全部解决。持续推进环境信用体系建设，开展企业环境信用修复工作，完成48家企业的信用修复工作。组织开展年度企业环境信用评价工作，完成242家省级评价企业的县、市两级初核，企业评价数目同比增长21.6%，完成73家市级企业环境信用评价工作。

【推动治理能力现代化】系统谋划“十四五”生态环境保护工作，全面开展生态文明创建，编制《芜湖市生态文明建设示范市规划》，推进无为市、南陵县、繁昌区开展生态文明建设示范创建。健全生态环境监测监管体系，智慧生态环境二期平台上线。有序推进生态环境损害赔偿，组织开展案件线索排查，通过媒体、检察公开网梳理18条案件线索函至市相关部门。2021年完成赔偿案件磋商18件，涉及金额3698万元。

（伍杨子）

药品医用耗材管理

【概况】芜湖市药品医用耗材管理中心由原市医疗机构药品管理中心更名而来。药管中心成立于2007年12月，为全国首家成立的改革创新单位，2011年职能调整，改用现名。为市政府直属事业单位，委托市医疗保障局管理，副处级，经费形式为财政全额供给。事业编制15名，现有在职职工16名，其中党员10名。内设科室有办公室、结算科、药品管理科、医用耗材管理科、综合管理科。主要职责：贯彻执行国家、省、市有关药品和医用耗材工作的法律法规和方针政策。参与制定市医疗机构基本用药目录、医用耗材采购目录并协助实施。建立、维护和完善市级药品信息管理系统，对接省医药集中采购服务平台。规范医用耗材省医药集中采购服务平台采购行为，协助监管药品和医用耗材的采购情况。配合相关部门对医疗机构药品集中采购率、药品回款及相关服务的考核工作。参与药品供应链合作增值服务费返还医疗机构的考核。参与医疗机构药事管理和临床合理用药的管理。承担对医疗机构药品和医用耗材的集中采购配送管理工作，参与制定药品、医用耗材配送企业考核方案并协助实施。参与临床药学活动及药学专业技术人员的业务培训工作。承担药品、医用耗材使用的动态监测及预测分析工作。2021年药管中心面对药品耗材采购结算回归医院、职能调整等问题，圆满完成各项工作任务。

【执行药品医用耗材集中采购政策】2021年，市属8家公立医院药品集中采购销售8.98亿元，省医药采购平台药品集中网采率达99.48%，产生药品增值服务费8954.89万元。七大类（骨科、神经外科、血管介入、非血管介入、起搏器、电生理、其他）高值医用耗材集中采购销售1.36亿元，产生耗材增值服务费2757.37万元。

【落实惠民政策】建立和完善药品带量采购工作常态化落实机制，确保国家组织药品集中带量采购落地，全市公立医院全年采购国家集采药品（省平台订单金额数据）10374万元（市属8家公立医院6084万元），按照平均降幅52%计算，降低患者和医保基金负担约11000万元，第一批（第二年）、第二批（第二年）、第三批国家集采药品采购任务均全部提前完成，第四批、第五批正在稳步推进中。落实集采药品联动降价政策，全年收到企业自主降价药品7个，落实第三批、第四批集采联动降价涉及市属公立医院相关药品100个。推进省谈判议价结果和国家医保谈判药政策落地，全市公立医院国家谈判药品、省谈判药品全年采购22209万元。执行市短缺药品保供稳价带量采购结果。市属

8家市急抢救药、短缺药品保供稳价带量采购药品74种，金额892万元，实现供应顺，价格稳的既定目标。

【高值医用耗材集中带量采购】推动市属公立医院全面执行国家冠脉支架集中带量采购结果和继续落实2020年省两批四类高值医用耗材集采结果，市属公立医院全年采购中选产品金额为2812.38万元（采购数据为医院提供），根据平均降幅测算节约资金6966.22万元。11月份落实省临床检验试剂带量集采结果，12月底执行省骨科植入脊柱、人工晶体、冠脉扩张球囊、血液透析器四类高值医用耗材省集采中选结果。完成全省血液透析器集中带量采购承接工作，9家中选企业53个产品中选，中选价格与全省公立医院2020年实际采购平均价相比，最高降幅76.7%，平均降幅53.9%，均价从110元降至50元左右。组织相关科室调研分析思考，向市局提交急抢救、短缺药品以及医用耗材的集中带量采购调研报告，推动承接全省补片、刀头高值医用耗材集中带量采购工作的开展。

【开展合理用药监管】组织临床专家开展处方第三方点评工作，提高公立医院临床合理用药水平，提升药师专业技术服务能力，逐步建立病历点评、通报改进、再点评的临床用药监管新模式，实现药品目录动态调整与临床药物合理使用的闭环管理。

【完成药品耗材采购结算职能回归医院工作】在2021年12月全市药品耗材集中配送企业中标服务期满前，制定《市公立医院药品耗材采购结算职能回归工作实施方案》，指导各公立医疗机构切换省医药采购新老平台切换以及在线采购和直接与配送企业进行账务结算，组织和完成药品库存盘点、账务清算等工作，推进采购结算职能回归医院工作。

（洪登峰）

积极宣传高值医用耗材集中采购惠民政策

（洪登峰 提供）

消防救援

【概况】2021年，芜湖市消防救援接处警6916起，出动消防车8518车次，消防员52419人次，抢救被困人员611人，疏散人员1644人，抢救保护财产价值上亿元。其中，发生火灾1906起，死亡9人，伤2人，直接财产损失2691万元，四项指数保持平稳；全年检查2万余家单位，整改火灾隐患3986处，罚款300余万元；圆满完成建党百年大庆安保、国务院消防工作考核、部消防救援局长三角跨区域水域应急救援拉动演练、援豫抗洪抢险、全省突发灾害应急联勤保障演练和心理工作“双试点”等重大任务。支队被省消防救援总队评为执勤训练、新闻宣传和调查研究先进单位。以实际行动推动207项人民群众和基层队伍“急难愁盼”问题落地解决。举办“119”消防宣传月启动仪式暨灭火救援实战演练、“风华百年、蓝焰闪耀”主题文艺作品展、心理健康与促进中心揭牌仪式。

【深化消防改革】市消委会建立成员单位定期会商、风险共判、函告提醒、联合督导4项机制，推动教育、民政、卫健等9部门全部召开行业消防安全标准化管理现场会。出台《火灾延伸调查工作指引》《火灾调查协作办法》，对火灾多发、工作不力的县（区）政府主要负责人进行约谈。健全完善“五实N岗”责任体系，提升单位自主查改隐患的能力。高规格建成省级消防科普教育馆1座、消防主题公园2个，城市书房消防安全知识角12处。消防安全教育同步纳入公务员培训、普法教育、基础教育、职业培训体系。深度打造“吴小兹”消防宣传金字招牌，持续做强“吴筱蓝”“操心的监督员”系列短视频，原创作品被应急管理部官方微博定期约稿。芜湖消防官微荣获“全国优秀基层政务微博”称号，2部作品荣获全国消防科普大赛一、二等奖，最大范围强化消防宣传辐射效果。

【提升专业能力】支队依靠专业化训练强本领，密集开展地震、水域、山岳、危化、信通等6类专业培训，359人次消防员获得能力提升，实现“持证上岗”。初步完成重型地震灾害专业队体系建设和搜救犬模块组建，参加长三角地区抗洪抢险跨区域实战拉动、文化旅游突发和防汛抢险等应急救援演练，成功处置无为市“2·20”三公山森林火灾、鸠江区“4·3”立创包装火灾等应急救援任务，队伍打赢制胜能力得到全面检验。出台《灭火救援作战训练安全检查机制》《加强和改进作战训练安全“十项措施”》等规章制度，组建作战训练安全示教示训专班，开展指挥员指挥能力和作战训练安全培训，牢固确立安全工作的“生命工程”“基础工程”“保底工程”地位。支队研发现场“三维全景”作战指挥系统和灾害现场安全管控平台，推动“两智一图”建设和指挥中心升级改造，研发集移动办公、执勤训练、队伍管理等功能为一体的“移动管理平台”，以信息化支撑管理精细化、促进队伍正规化。充分发挥指挥中心信息中枢作用，强化多元力量联勤联动，建立市级灭火救援信息共享、应急联勤保障、火灾扑救和应急救援等3个联动机制，政府统一领导下的多部门联合协调作战格局基本形成，通信保障能力在全市突发灾害应急联勤保障实战演练得到初步检验。

【创新支撑发展】支队用物联网构筑“最强大脑”，启动智慧消防一期工程，打造“一云两中心三平台”协同体系架构，全市241家火灾高危单位正逐步接入物联网远程监控系统，享受科技强消红利。创新研发“合用场所”隐患排查微信小程序，系统自动研判“红黄蓝”风险等级，方便基层人员开展摸排登记、实施靶向治理。提请市政府颁布实施《芜湖市“十四五”消防救援事业发展规划》，协调跟进城区消防站建设布点规划、消防应急救援训练基地、地震灾害救援力量建设“三件大事”，推进指挥中心、战勤保障营房、机关办公楼升级改造等18个重大项目建设。联合应急部上消所每季度开展心理巡诊，推动第一代消防救援人员心理测评系统上线运行。

【消防装备建设实现跨越式发展】2021年，芜湖市人民政府印发《芜湖市综合性消防救援装备发展规划（2020—2024年）》，为全市消防救援装备大升级、装备结构体系大优化、综合救援能力大提升奠定基础。

【组织突发灾害应急联勤保障实战演练】7月16日，芜湖市突发灾害应急联勤保障实战演练在湾沚区举行。消防救援局后勤装备处郭六虎处长，省消防救援总队李斌总队长、丁鹏副总队长，芜湖市桑宝庆副市长，各地市消防救援支队、市相关行业部门负责人出席观摩演练。演练先后调度27个职能部门和社会组织，200余名应急保障队员、51辆应急车辆、1架救援直升机和1架旋翼飞行器参演，展示指挥保障、航空救援、物资转运等15个演练科目。

【率先完成心理工作试点建设】11月4日，支队举行心理健康与促进中心揭牌仪式暨心理工作专家组成员聘任大会。芜湖支队率先推进心理工作试点建设，高标准建成功能先进、实用性强的心理健康与促进中心，系统构建组织、档案、设施、预案、特色等五大体系，精心打造“心理+政工”“心理+训战”“心理+卫生”三大提升工程。

【推动落实“十四五”期间市区消防站布点规划】12月28日，芜湖市印发实施《芜湖市“十四五”消防救援事业发展规划》，编制《“十四五”期间市区消防站建设布点规划》，投入1.52亿元新建6个消防站，为消防救援事业发展提供行动指南。

（沈　虹）

科学技术

Science and Technology

综 述

【概况】2021年，芜湖市全面落实国家科技创新决策部署，推动科技创新工作进一步提档升级。国家创新型城市建设顺利通过科技部验收评估，综合得分位列17个参评城市第2位。合芜蚌国家科技成果转移转化示范区成功获批，科技创新再添国字号“新名片”。芜湖拟作为科技创新工作成效明显的市获省政府真抓实干督查激励。高企倍增计划起步发力。全市净增高新技术企业260家，总数达1298家。入库科技型中小企业1521家，全省百强高企和“研发双百强”企业芜湖市均占五分之一。战略科技力量高位布局。梦溪科创走廊等十大创新园规划建设，全市新获批国家级科技企业孵化器2家、省级创新平台13家，其中省技术创新中心1家、科技企业孵化器1家、众创空间2家、新型研发机构7家、农业科技园区2家。新招引高层次科技人才团队74个。科技创新投入持续加大。组织实施市科技项目173项，争取国家、省各类科技项目147项，带动全社会研发经费投入增长12.3%，研发投入占GDP比重达3.34%，较上年提高0.26个百分点，投入强度跻身长三角城市前六。研发创新成果竞相涌现。登记科技成果733项，39项成果拟

第十一届中国创新创业大赛安徽赛区芜湖市赛

（市科技局 提供）

获省科技奖，其中一等奖5项，创历史新高。航瑞航空动力自主研发的全国首款300千瓦级二级增压重油活塞发动机“猛雕”首发点火成功，哈特三维科技全程参与研发生产的主火炬点亮北京冬奥会开幕式。产业创新发展动能澎湃。高新技术产业增加值同比增长21.3%，占全省比重15.1%，超过全省平均增速5.8个百分点，高于全市规上工业增加值增速7.2个百分点。

科技创新

【推进产业创新发展】实施高新技术企业三年倍增计划，全市高新技术企业达1298家，较上年增加25%，其中国家科技型中小企业达1521家，全省百强高企芜湖市占19家。推进全市人工智能产业创新发展，组建人工智能“双招双引”工作专班，建立联动推进机制，编制项目库、企业库、专家库。对接省人工智能产业推进专班，推荐芜湖市人工智能企业埃夫特等参加世界制造业大会等活动，推荐安徽工程大学、埃夫特等高校院所企业申请加入安徽省人工智能产业协会。举办全市人工智能产业链专题培训会。协调推进旷视科技“中国视谷”项目落地。

【科技体制改革】实施首批揭榜挂帅、委托攻关项目，试行科研经费管理“包干制”，开通科研项目管理“绿色通道”，全面推行信用承诺制，落实科研项目“尽职免责”制。优化创新政策兑现程序，落实“惠企政策网上超市”建设要求，对一批兑现条件清晰公开、奖补金额明确的科技创新政策实施免申即享兑现模式。服务自贸试验区芜湖片区建设，入选芜湖片区制度创新事项案例1项。

【关键核心技术项目攻关】2021年度市科技计划项目立项173项，资金4019.5万元，其中核心技术攻关项目20项、重点研发项目67项、科技成果转化项目50项、应用基础研究项目15项、创新环境（软科学）研究项目21项。争取国家、省各类科技项目147项、资金2.18亿元。

【拓展创新平台建设】推动市级创新平台提质增效，会同有关部门对全市重点研发创新平台开展绩效考核，拨付奖补资金3.37亿元。新获批国家级科技企业孵化器2家、省级创新平台13家，其中省技术创新中心1家、省科技企业孵化器1家、省众创空间2家、新型研发机构7家、农业科技园区2家。市政府与海螺集团、中科大联合共建新材料与智能制造联合实验室。高标准规划布局梦溪科创走廊、湾谷科技园等十大创新园。

【开展农业科技创新工作】出台《芜湖市科技特派员工作管理办法》，新选派118名市科技特派员到村开展工作。组建8家省级科技特派员工作站，加快形成科技特派员协同作战的帮扶机制。推荐县级乡村振兴项目5项，支持农业科技企业开展新品种、新技术开发。

【第十届中国创新创业大赛安徽赛区芜湖市赛成功举办】组织开展第十届中国创新创业大赛安徽赛区芜湖市赛，27家企业进入安徽赛区决赛，5个企业项目在安徽赛区总决赛中获奖，其中二等奖1项、三等奖2项、优秀奖2项。芜湖市作为本届大赛参赛企业报名数前三甲的城市，荣获优秀组织单位荣誉。成功举办首届“智汇中江”芜湖市大学生科技创新创业大赛，全市9所高校362个项目报名参赛，涉及先进制造、人工智能、电子信息等高新技术领域。

【科技创新工作获省表彰】2021年度安徽省科技创新工作真抓实干成效明显地方督查激励推荐名单公示，芜湖作为“推动双创政策落地、扶持双创支撑平台、构建双创发展生态等方面大胆探索、勇于尝试、成效明显的市”，获省政府真抓实干督查激励表彰。

【涌现创新成果】成功获批建设合芜蚌国家科技成果转移转化示范区，国家创新型城市建设顺利通过科技部验收评估。省委、省政府召开安徽省科学技术奖励大会，省委书记李锦斌、省长王清宪等领导为2020年度省科技奖获奖代表颁奖。芜湖市34个项目获奖，其中国营芜湖机械厂、东旭光电、中联重机、康爱而电气等4个企业项目获一等奖，创历史新高。2021年推荐省科技成果转化引导基金入库项目30项。

附：2020年度安徽省科学技术奖芜湖市获奖项目一览表

序号	项目名称	所有完成单位	完成人	提名单位/专家	奖种	获奖等级	所在县区
1	水泥窑烟气碳捕集纯化关键技术的研发与工程化应用	安徽海螺水泥股份有限公司、大连理工大学、安徽海螺建材设计研究院有限责任公司	汪鹏飞、陈永波、陈绍云、吴铁军、周金波、金峰、轩红钟、杨旺生、张永春、孔取和	芜湖市科技局	科学技术进步奖	一等奖	高新区
2	水泥生产全流程智能制造关键技术研发及推广应用	安徽海螺集团有限责任公司、合肥工业大学、安徽海螺信息技术工程有限责任公司、安徽海螺建材设计研究院有限责任公司	任勇、何承发、任明仑、李群峰、李乐意、李晓波、詹家干、宋登科、罗贺、张长乐	芜湖市科技局	科学技术进步奖	一等奖	镜湖区
3	面向复杂加工过程的高效自动化生产线关键技术及产业化	安徽工程大学、芜湖固高自动化技术有限公司、安徽信息工程学院、芜湖慧盈自动化设备有限公司、巢湖学院	陈孟元、于晓东、方愿捷、陈启岳、王伟、袁学超、王力超、凌有铸、符荣华、杨振	安徽工程大学	科学技术进步奖	一等奖	鸠江区
4	乌塌菜优质多样化种质资源创制及系列品种选育	安徽省农业科学院园艺研究所、安徽省农业科学院土壤肥料研究所、安徽省舒城县舒丰现代农业科技开发有限责任公司、芜湖市德弘生态农业有限公司	方凌、王明霞、严从生、江海坤、张其安、王艳、俞飞飞、章玉松、贾利、田红梅	专家提名	科学技术进步奖	一等奖（参与）	鸠江区
5	高性能超值智联智驾SUV平台开发及应用	奇瑞汽车股份有限公司	高新华、洪高明、徐有忠、刘华林、于刚、周军伟、曹尚贵、付晓利、任恒、刘慧建	芜湖市科技局	科学技术进步奖	二等奖	经开区

序号	项目名称	所有完成单位	完成人	提名单位/专家	奖种	获奖等级	所在县区
6	高性能汽车多智能体底盘动态协调与智能控制关键技术及产业化	奇瑞汽车股份有限公司、南京航空航天大学、芜湖伯特利汽车安全系统股份有限公司、浙江万达汽车方向机股份有限公司	赵万忠、高家兵、赛影辉、李涛、周小川、张升、陈伟、栾众楷、俞兆伟	芜湖市科技局	科学技术进步奖	二等奖	经开区
7	军民两用大型飞机关键部件数字像源的核心技术开发及应用	中航华东光电有限公司	陈文明、袁烨、吴豪杰、陈召全、朱标、唐景坤、赵松、赵玉冬、吴冲、张伟	芜湖市科技局	科学技术进步奖	二等奖	高新区
8	耐极端工况高速列车线缆关键技术研发与产业化	安徽华菱电缆集团有限公司、安徽建筑大学	叶斌、冯绍杰、陈龙、胡先海、张红宝、聂祝婷、黄辉、朱静波、朱彤、周婷婷	芜湖市科技局	科学技术进步奖	二等奖	无为市
9	功能性氯化聚乙烯新材料的关键技术研发及应用	芜湖融汇化工有限公司	宋永海、汪爱兵、洪虹、怀乐、章斯淇、张兵	芜湖市科技局	科学技术进步奖	二等奖	鸠江区
10	面向复杂作业环境的纯电动扫地车平台化开发及产业化	安徽爱瑞特新能源专用汽车股份有限公司、安徽工程大学	艾和金、宫超、潘家保、王家梅、杨金树、曾德威、余前明、潘道远、杜广伟、周明龙	芜湖市科技局	科学技术进步奖	二等奖	繁昌区
11	柴油/天然气双燃料发动机研发及产业化	玉柴联合动力股份有限公司、安徽工程大学	梁和平、时培成、汪榆海、束铭宇、王建平、黎金辉、韦山、张联军	芜湖市科技局	科学技术进步奖	二等奖	三山区

序号	项目名称	所有完成单位	完成人	提名单位/专家	奖种	获奖等级	所在县区
12	资产证券化管理系统研发及应用	安徽兆尹信息科技股份有限公司	镇磊、尹留志、孙英家、任轩、王平一、田超、刘家波	芜湖市科技局	科学技术进步奖	二等奖	高新区
13	非线性随机混杂系统的稳定性分析	安徽工程大学、华东理工大学、扬州大学	吴小太、唐漾、张文兵、吴艳蕾	安徽工程大学	自然科学奖	二等奖	鸠江区
14	汽车高性能空气悬架系统设计与制造关键技术及应用	安徽工程大学、保隆（安徽）汽车配件有限公司	肖平、陈旭琳、张荣芸、王贤勇、高洪、都伟、司马勇、陈敬辉、尚正阳、翁金炉	安徽工程大学	科学技术进步奖	二等奖	鸠江区
15	水泥窑协同资源化处理城市废弃物系统集成关键技术开发与应用	芜湖海创实业有限责任公司、安徽省环境科学研究院、安徽海螺川崎工程有限公司、安徽海螺川崎节能设备制造有限公司	李大明、孙雷、赵峰娃、张可可、章邦志、李朝晖、陈红枫、汪宁、裴莹、王虎山	芜湖市科技局	科学技术进步奖	三等奖	江北产业集中区
16	基于用户行为自学习的家用电器AI节能关键技术的开发和产业化	芜湖美的厨卫电器制造有限公司、东北大学	尹忠、谢亚光、宫俊、余远明、吴海涛、黄石、勾健、王恩金、全永兵、王丽利	芜湖市科技局	科学技术进步奖	三等奖	经开区
17	中医综合诊断系统的开发	芜湖圣美孚科技有限公司	王联、王学民、张志枫	芜湖市科技局	科学技术进步奖	三等奖	高新区
18	高铁表面处理智能喷涂机器人系统研发	希美埃（芜湖）机器人技术有限公司	董茂年、郑磊、平国祥、陈圣亮、彭前强、吴家骥、曹海涛、左国淼	芜湖市科技局	科学技术进步奖	三等奖	鸠江区

序号	项目名称	所有完成单位	完成人	提名单位/专家	奖种	获奖等级	所在县区
19	相变式蓄热电暖器关键技术研发及产业化	安徽苏立科技股份有限公司、中国科学院合肥物质科学研究院、安徽苏立清洁能源装备有限公司	张淑东、潘伟、肖中孝、王振洋、付真荣、赵大山、魏振球	芜湖市科技局	科学技术进步奖	三等奖	鸠江区
20	基于数据挖掘的轻量化材料复杂曲面成形控制技术及应用	瑞鹄汽车模具股份有限公司、合肥工业大学、安徽恒明工程技术有限公司	柴震、王荣辉、王冬艳、张威、付三令、夏伟、汤金所、轩小威、袁根成、张彬	芜湖市科技局	科学技术进步奖	三等奖	经开区
21	汽车用高性能铅碳启停电池研制与应用	天能电池（芜湖）有限公司	钦晓峰、陈林、毛锦敏、高洁、龙洋洋、陆毅、孙长贵	芜湖市科技局	科学技术进步奖	三等奖	经开区
22	建筑用真空绝热板生产工艺及自动化生产线的研发与应用	安徽科瑞克保温材料有限公司	翟传伟、李壮贤、黄雷涛、孙希军、李树才、郭溪萍、朱世成	芜湖市科技局	科学技术进步奖	三等奖	高新区
23	车用熔喷复合准合金纤维多功能吸音材料产品的研发和应用	芜湖跃飞新型吸音材料股份有限公司	章云、孙益民、王敏雪、王黎明、杨祥林、尚元利、蒋艾兵	芜湖市科技局	科学技术进步奖	三等奖	高新区
24	轨道交通柔性抗老化电缆的关键技术攻关及应用	安徽华能电缆集团有限公司	付世财、吴本健、王洁然、宫传播、叶道坤	芜湖市科技局	科学技术进步奖	三等奖	无为市
25	军民两用大型飞机发动机端面精密研磨抛光机的关键技术和应用	安徽格楠机械有限公司	曾庆明、韦章兵、江希龙、傅振英、赵亮、曾庆华	芜湖市科技局	科学技术进步奖	三等奖	南陵县
26	高强度长寿命变速器紧固件关键技术研究及应用	芜湖强振汽车紧固件有限公司、合肥工业大学、安徽建筑大学、安徽农业大学	陈敬贤、叶忠财、陈雪辉、王韦韦、武忠祥、王意明、戴高寒、束瑞洁	芜湖市科技局	科学技术进步奖	三等奖	湾沚区

序号	项目名称	所有完成单位	完成人	提名单位/专家	奖种	获奖等级	所在县区
27	高危精神分裂症患者肇事肇祸相关因素分析研究	芜湖市第四人民医院、安徽省监狱总医院	朱文礼、尹良爽、蔡昌群、沈械华、梁可美、王道金、曹斌、鲍丽萍、丁宁、宋传福	芜湖市科技局	科学技术进步奖	三等奖	高新区
28	中医化痰利湿法治疗高血压的机制研究和临床应用	芜湖市中医医院、皖南医学院	郑梅生、韩军、朱琳、邹静、陆文婕、郝伟、祁俊	芜湖市科技局	科学技术进步奖	三等奖	高新区
29	分布式环境下可信服务计算优化方法	安徽师范大学	张佩云	安徽师范大学	自然科学奖	三等奖	高新区
30	纳米复合稀土低铬合金磨球材料及制造技术的产业化	安徽工程大学、安徽省凤形耐磨材料股份有限公司	黄仲佳、陈晓、沈茂林、桂凯旋、胡朝辉、周聪、汪国清	安徽工程大学	科学技术进步奖	三等奖	鸠江区
31	功能性果胶多糖加工利用关键技术与应用	安徽工程大学、安徽宇宁果胶股份有限公司、江苏省农业科学院	蔡为荣、刘革兰、谢保明、陈兴华、李春阳、郭玉宝、王顺民、魏明	安徽工程大学	科学技术进步奖	三等奖	鸠江区
32	颅内破裂动脉瘤超早期介入诊疗相关技术研究及临床应用	皖南医学院	李真保、赖年升、赵心同、方兴根、刘佳强、袁金龙、陈三送、汤云、吴德刚	皖南医学院	科学技术进步奖	三等奖	高新区
33	微电机用耐高温精密石墨尼龙垫圈材料的关键技术研发与产业化	安徽孟凌精密电子有限责任公司、安徽工程大学	李现府、凌巧、钱胜利、方绪文、俞家龙	铜陵市科技局	科学技术进步奖	三等奖（参与）	鸠江区
34	茄果类蔬菜安全生产关键技术研究及应用	安徽省农业科学院土壤肥料研究所,安徽省司尔特肥业股份有限公司,安徽科技学院,安徽惠禾壮有机肥科技有限公司	李虹颖,张祥明,蒋光月,王文军,叶寅,袁嫚嫚	安徽省农业科学院	科学技术进步奖	三等奖（参与）	无为市

（市科学技术局　提供）

科技交流与合作

【深化区域协同创新】制定《芜湖市推进长三角G60科创走廊建设2021年度工作任务方案》，细化分解年度重点目标任务。组织发动全市企业加入长三角G60科创走廊光伏协同创新产业联盟、参与长三角G60科创走廊路演中心联合体建设等工作。芜湖市出资1亿元参与设立科技部长三角G60科创走廊科技成果转化基金。组织参加第四届进博会长三角G60科创走廊专场配套活动、南京都市圈创新大会等活动。

【高层次科技人才团队集聚】2021年，新招引高层次科技人才团队74个。截至2021年末，全市招引629个团队来芜创新创业，集聚各类高层次人才3000余人。42家获省政府重点扶持。团队企业成长迅速，81家获批高新技术企业，27家进入省高企培育库。落实“紫云英人才计划”，赴西安电子科技大学、西安交通大学举办“才聚江城链尚芜湖”高校行活动，赴武汉理工大学、中国地质大学（武汉）开展“全国百所高校宣讲”活动，吸引350多名师生参加，200余人现场咨询，90人达成就业意向，其中40人签订就业协议。

（章子涵）

产业创新

【概况】2021年，芜湖市产业创新中心强化全市重点研发创平台管理服务，全市现有平台达55家，兑现2020年度运营补贴和考核奖补资金3.37亿元。招收研究生454人、引进高层次人才团队33个；2021年新承担国家、省科研目13项，争取研发资金2359万元，获发明专利授权96项。采取购地自建、购置楼宇和租赁办公“三管齐下”方式，10家企业入驻过渡场所，招引海内外高端人才50余人。升级芜湖产业创新馆，全年接待各类团体近500场，4745人次，新增展馆语音讲解系统和线上数字展馆系统，新增展品约30件。走访高校院所20余家，收集科研成果1000余项；服务企业300余家，收集有效技术需求100余条，开展产学研对接活动17次，促成成果转移对接77项，成交金额达2.1亿元。提升创新服务能力，完成科技文献共享服务平台改版，完成科技查新报告70份、高层次人才团队查重材料74份；推广安徽省大型科学仪器设备共享平台，主办线上培训会2次，全市入省网仪器总台数832台。做强新材料产业链，2021年全市新材料产业链上企业超800家，新签约亿元以上项目51个，总投资达300亿元。

长三角G60科创走廊跨区域合作重点项目签约仪式

（章子涵 提供）

【长三角G60科创走廊芜湖产业创新中心签约】11月17日下午，长三角G60科创走廊芜湖产业创新中心一期项目举行签约仪式。芜湖市委常委、常务副市长贺东，上海临港松江科技城副总经理、总规划师杜玉梅，长三角G60科创走廊联席会议办公室及芜湖市直有关部门负责人人战略，推进长三角G60科创走廊产业高质量一体化发展，促进创新链产业链深度融合的又一重要里程碑。

【“云起长三角”工业互联网协同创新】4月30日，“云起长三角”工业互联网协同创新主题沙龙活动在芜湖市产业创新馆落下帷幕，本次活动由芜湖市产业创新中心、芜湖市科技局、芜湖市经信局共同主办，中国科学技术大学智慧城市研究院承办。50余位来自工业互联网联盟、芜湖市龙头企业的嘉宾、代表共聚一堂，与会代表聚焦工业互联

“云起长三角”沙龙

（潘雅娴 提供）

网、智能制造，围绕数字化创新和智能化运营，分享企业数字化创新、智能化运营等先进经验。上海、安徽、苏州、芜湖工业互联网联盟，华为，海螺，中科大智慧城市研究院共同发布长三角工业互联网协同创新倡议书，助推经济社会数字化转型和高质量发展，为芜湖市工业互联网创新发展注入新生力量。

【建设研发平台】招收培养研究生人数454人，引进硕士及以上人员167名，其中博士24名，研发人员占比超过50%；引进高层次人才团队33个。6家研发平台已获批国家级研发平台3个，省级研发平台8个。2021年新承担国家、省科研目13项，争取研发资金2359万元；获得发明专利授权96项。哈特芜湖研究院孵化科技型企业19家，其中6家成为规上企业，12家获得高新技术企业和科技型中小企业认定；长三角信息智能创新研究院孵化的数安桥科技公司成为省“专精特新”培育企业、高新技术企业，实现营收超过1000万元；由市国投公司、西电芜湖研究院和员工持股平台共同出资的西电芜湖研究院运营公司运营，开展的科教整合培养产业创新人才改革入选国家全创改任务揭榜清单；安理工芜湖研究院实施“安理工—芜湖实习就业扬帆计划”，遴选1055名学生来芜实习就业，共建矿山机械增材制造联合研发中心、材料与应化实验中心和眼视光健康研究中心。太赫兹工程中心营业收入首破亿元，产线全部投入运营，具备从材料、芯片到模块封装与测试的整体化解决能力。

【举办技术经纪人培训班】12月23日，由芜湖市产业创新中心、芜湖市科技局、国家技术转移人才培养基地（安徽创新馆服务管理中心）共同主办，安徽科技大市场建设运营有限责任公司承办的2021年芜湖市技术经纪人（中级）培训班顺利开班，来自市内各高校、科研院所、重点研发创新平台、新型研发机构、创新型企业的相关人员80余人参加培训。本次培训邀请8位行业专家授课，涵盖技术科技成果转移转化、知识产权、法律法规、科技金融等多个领域。参加培训并通过考试及实操考核的学员，国家技术转移人才培养基地（安徽创新馆服务管理中心）颁发技术经纪人（中级）培训合格证书，统一纳入国家技术转移人才高级技术经纪人培训备选名单，同时获得进入安徽科技大市场服务资格，并结合交易服务积分，遴选优秀学员参加高级技术经纪人培训。

【推进大型科学仪器设备共享】落实激励政策。组织高校、研发机构、企业单台设备30万元以上、成套设备100万元以上的大型仪器设备加入省大仪平台，抓好省市相关支持政策落实。2021年有36家企业获得大型科学仪器共享共用补助，补助金额311.1万元，同比增长239.26%。整合创新资源。开展全市大型仪器设备摸底调查，大力宣传大仪设备共享服务政策，实现大型仪器设备统一管理、统一服务，有效提高设备资源使用效率，避免重复购置和浪费。全市入省网仪器总台数832台，原值114408.68万元，新入网仪器157台，原值25118.13万元，入网台数同比增长78.41%；其中重点研发平台入网总台数43台，原值15485.96万元。加大培训服务。通过线上培训、“四送一服”走访企业等方式，加强线上线下联动，对惠企政策、大仪检测申请、设备入网操作流程等进行宣讲，指导各相关单位仪器设备主动入网和深度使用大仪平台资源，惠及企业200余家。

【重点研发创新平台成果丰硕】加强全市重点研发创新平台管理服务，开展2020年度重点研发创新平台绩效考核，兑现奖补资金3.37亿元。新增平台13家，全市总计55家，研发投入达46.59亿元，实现营业收入1397.31亿元，税前利润77.86亿元，引进高层次人才团队15个，招引硕士以上学历人才623人，其中博士学位126人，授权发明专利696件，新增省级研发机构16个。创新成果不断涌现，奇瑞新能源国家级绿色技术示范项目签约、埃夫特携手阿里云打造行业首个云平台、华明航电成为国内首家综合航电系统供应商、航瑞航空动力装备有限公司自主研发的全国首款300千瓦级二级增压重油活塞发动机“猛雕”首发点火成功、中联重机开发的AI水稻收获机填补农机行业人工智能技术空白。

【新材料产业链活力增强】2021年，全市新材料产业链上企业超800家，其中产值超百亿元的企业2家。编制新材料产业2021—2025发展规划、“双招双引”实施方案等，成立3支招商小分队，建立产业链工作协调调度机制，先后赴三山经开区、繁昌区、无为市、经开区等载体调研落地企业，现场召开工作推进会，协调解决产业链发展中的重大事项。市领导作为链长带头外出招商18次，产业链成员单位外出招商160余次，在上海松江、芜湖湾沚多次召开产业链招商对接会，宣传推介芜湖市营商环境和产业政策。全年新签约聚乳酸、精密铜材料深加工等亿元以上项目55个、投资300亿元，新开工信义江北光伏组件盖板等项目59个、总投资479亿元。先后赴华南理工、南昌大学等高校开展“全国百所高校大宣讲”“才聚江城链尚芜湖”等高校招聘活动，现场推介人才政策。与中科大共建新材料与智能制造联合实验室，与南开大学共建碳中和研究院，安理工芜湖研究院在芜启动材料专业研究生培养和本科生实习就业扬帆计划。

【傻子瓜子展厅竣工】12月30日上午，市产业创新中心、市重点处、设计施工单位、监理单位对芜湖产业创新馆傻子瓜子展厅建设项目完成竣工验收。芜湖产业创新馆傻子瓜子展厅建设项目于2021年10月开工建设，至2021年12月完成施工。

（潘雅娴）

气象测报

【概况】2021年，芜湖市气象局围绕“高质量发展”主题，对标学习“苏锡常”，为芜湖加快打造省域副中心、建设人民城市提供高水平气象保障服务，实现“十四五”芜湖气象事业发展良好开局。市局被中国气象局记“公务员集体二等功”，获全省气象部门综合考评第二名，市垂管单位考核第一名，《基于不可移动红色文物保护的气象服务探索》评为2021年全省气象部门创新工作。市局获“全省气象部门创建模范机关标兵单位”“市创新型模范机关”。市气象台获“全省气象系统先进集体”、市公服中心获“市巾帼文明岗”。

【谋划芜湖气象事业发展】芜湖气象工作写入《芜湖市国民经济和社会发展第十四个五年规划和2035年远景目标纲要》，市政府出台《芜湖市人工影响天气高质量发展实施方案》。印发《芜湖市“十四五”气象事业发展规划》《芜湖市高质量气象现代化建设先行试点方案》《芜湖大城市气象保障服务工作方案》（2021—2025）。中央和市财政投资800万元开展安徽百年气象博物馆建设。完成3部相控阵雷达安装，第4部雷达建设项目纳入市政府2022年投资项目库。开展“智慧气象先见系统”建设。芜湖市列入全省高质量气象现代化建设先行试点市，现代化评估得分（2020年度）位居全省第二。

【筑牢气象防灾减灾第一道防线】完成汛期气象服务和台风“烟花”保障服务，在抗击台风“烟花”叠加防控疫情的紧要关头，市主要领导多次亲临指导工作，慰问值守一线的干部职工。修订《芜湖市气象灾害应急预案》。实现重大气象灾害全网发布。推进应急广播发布系统与突发事件预警信息发布系统对接，实现气象预警精细到乡镇。推进观测自动化建设，完成高速公路恶劣气象条件监测预警系统项目。全年制作决策气象服务材料176期、发布预警信号115次、发布各类气象灾害预警信息569条、地质灾害预警信息18期、山洪风险预警10期。编制完成全市及各县市区气象灾害致灾调查与危险性评估报告。7个社区入选2021年度全省综合减灾示范社区。

【强化气象保障服务】完成市第十四届运动会气象保障。开展森林火险、地质灾害、交通安全、城市防洪等气象服务。创新开展不可移动红色文物保护气象服务，试点对57处文物开展公益防雷检测和气象灾害风险评估，推进制定不可移动文物雷电保护地方标准，并为管理单位和参观者提供精细化预报服务。完成人影弹药短期存储库改造，开展改善空气质量作业24次。全年发布农事服务材料300余期。制定《芜湖市一季中稻高温热害气象指数保险实施方案（试行）》。无为市“石婆洼”牌白茶鲜叶获省气候品质“特优”等级。繁昌区马仁奇峰景区入选首批“安徽避暑旅游休闲目的地”。

（毕靖钰）

地震监测

【概况】芜湖市地震局是市政府主管地震工作的直属事业单位，2021年，推进防震减灾各项工作，荣获全省防震减灾工作先进单位，在省对市目标考核中实现“四连冠”。做好防范化解地震灾害领域重大风险工作。召开全市防震减灾工作领导小组会议，完成建党100周年、国庆等重要时段地震安全保障工作。与发改委联合印发《芜湖市防震减灾“十四五”规划》。完善地震监测预报体系。完成皖28井综合性改造、GNSS前兆台调试运行。在全省率先完成测震、形变、电磁、流体的监测手段配备。建成全省首个地震观测仪器智慧监控与可视化系统，地震监测精度提高到Ms1.0级。

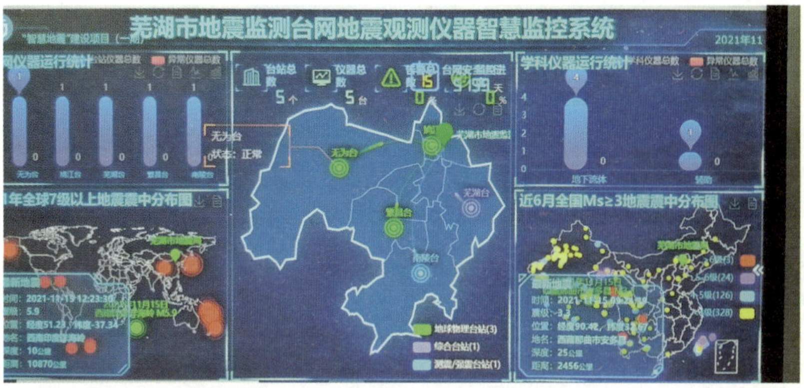

全省首个市级地震监测智能化平台

（滕建华 提供）

【提升地震灾害防御水平】完成全市9个省级开发园区的区域地震安评。完成年度活动断层探测和房屋建筑抽样详查两项国家级普查任务，1人获国务院普查领导小组办公室通报表彰。完成地震易发区房屋设施抗震信息采集和地震灾害损失预评估两项省级普查任务。

【提高地震应急处置能力】组织开展省市县地震现场工作队实战拉练，参加芜湖市突发灾害应急联勤保障实战演练。妥善应对盐城5.0级地震、常州4.2级地震对芜湖市造成的影响。开展舆情引导，全年发布震情信息及科普知识1400余条。

【增强地震科普宣传实效】创立芜湖科普线上品牌“防震减灾云讲堂”，开展宣传“七进”活动40余次；利用新媒体举办“防震减灾知识竞答”活动；成功创建国家级、省级防震减灾科普教育基地各1家，国家级防震减灾科普示范学校1所，省级5所。5月10—16日为防灾减灾宣传周。市地震局提前谋划，以线上为主、线下为辅的形式，开展形式多样的宣传活动。

【参加市突发灾害应急联勤保障实战演练】7月16日，芜湖市举行突发灾害应急联勤保障实战演练。演练模拟湾址区发生6.0级地震，灾害发生后，市政府立即启动市地震应急预案，市地震局第一时间组织地震现场工作队抵达震中，现场架设流动地震台，加密震情监测，研判活动趋势，使用无人机收集灾害损失，利用卫星电话等渠道第一时间将震情及灾害评估情况汇报至市抗震救灾指挥部，并与市消防支队（地震灾害救援队）、中信海直等参与人员搜救、安置群众、后勤保障等工作。

【编制印发《芜湖市防震减灾“十四五”规划》】组织开展市防震减灾“十四五”规划编制工作，经过实地走访调研、座谈交流、行业专家论证等程序，经8轮修改后形成征求意见稿提交专家评审并通过，会同市发改委联合印发，高质量完成防震减灾“十四五”规划编制工作。

【推进芜湖市活断层探测项目建设】完成78千米浅层地震勘探、2个标准孔探测以及4组钻孔联合地质剖面钻探等外业勘探工作，正在进行室内数据处理和子专题报告编制。其中，浅层地震勘探、标准钻孔探测2个子专题已通过省地震局验收；深部构造地震层析成像与地震构造环境研究子2个专题已完成报告初稿编制；其他各子专题正在有序推进。

【完成省级开发园区的区域地震安评全覆盖】通过组织召开工作推进会、编印工作指引、政策宣讲、业务培训、现场指导等多种方式，推动区域地震安评工作，全市9个省级园区已全部完成区域地震安评工作。

【地震灾害风险普查工作居省前列】芜湖市是全省唯一承担活动断层探测和房屋建筑抽样详查两项国家级普查任务的城市。全省地震灾害风险普查推进会在芜湖召开，芜湖市地震局作经验交流。全面完成地震易发区（无为市）房屋设施抗震信息采集和地震灾害损失预评估两项省级普查任务。

【创建一批国家级、省级防震减灾科普示范学校、基地】12月16日，中国地震局印发《关于公布2021年度国家防震减灾科普教育基地和科普示范学校认定评估结果的通知》，芜湖市科技馆被认定为2021年度国家防震减灾科普教育基地，南陵县何湾镇中心小学被认定为2021年度国家防震减灾科普示范学校。截至2021年底，芜湖市有1家单位被认定为国家防震减灾科普教育基地，2所学校被认定为国家防震减灾科普示范学校，3家单位被认定为省级防震减灾科普教育基地，31所学校被认定为省级防震减灾科普示范学校。

（滕建华）

水文监测

【概况】安徽省芜湖水文水资源局隶属于安徽省水文局，辖区内国家基本水文站网有21个水文站、45个水位站点和142个雨量站点，分布在芜湖市、宣城市、铜陵市以及黄山市和池州市的部分地区范围内，主要承担青弋江、水阳江、漳河、西河流域和长江铜陵至芜湖段的水文监测任务，为水资源管理、水生态与水环境保护、水工程规划设计与运行管理乃至经济社会发展布局规划等各项经济建设和社会发展事业收集水文资料，为各级党委、政府防汛抗旱和水旱灾害防御提供水文情报和预报。2021年，芜湖水文水资源局立足水文主业，服务地方防汛抗旱和经济建设。在中国共产党成立100周年之际，芜湖局党总支被省水利厅党组授予“先进基层党组织”荣誉称号，所属宣城水文勘测队党支部被中共中央授予“全国先进基层党组织”荣誉称号，支部书记作为全国先进基层党组织代表参加庆祝中国共产党成立100周年全国“两优一先”表彰大会，受到习近平总书记接见并合影。

【水文状况】2021年，青弋江水阳江漳河以及西河流域平均降水量1468毫米，与多年平均持平。时间分布：汛前降水偏少3成；汛期入梅早、降水较常年偏多近2成；汛后较多年平均偏少2成。从空间上看，从上游到下游，再到江北依次递减。受强降水以及第6号台风“烟花”影响，内河发生较大洪水过程，西河、永安河以及水阳江、郎川河、南漪湖发生超警戒洪水，其中水阳江新河庄站发生超保证水位。长江芜湖站受降水及中上游来水共同影响，1至5月份水位整体呈上升趋势，5月28日出现年最高水位10.51米（设防水位9.40米）。此后水位整体呈下降趋势，12月28日出现年最低水位3.38米。

【提供防汛抗旱服务】汛期密切关注雨水情发展，及时排除自动测报站点故障。每日给相关单位发送雨水情简报、短信，遇特殊水旱情，参加防汛会商，做好雨水情服务。在抗击第6号台风“烟花”暴雨洪水过程中组建的市局机关、勘测队和水文站三级应急监测体系，发挥重要作用，保障辖区各站点水文测报信息的快速有效收集，为防汛调度指挥提供有力基础支撑。

【推广新技术应用示范站建设】为贯彻落实水利改革发展总基调，推进新技术新设备应用，加快水文测站和监测手段提档升级，提升水文测报现代化水平，推进新技术应用示范水文站创建工作，大砻坊水文站对标对表完成达标创建，达到“监测要素采集全自动、监测量程全覆盖、信息传输双备份、成果展示可视化、测站管理规范化”预期目标，起到较好引领和示范作用。

（于　苗）

光电技术产业

【安徽华东光电技术研究所概况】安徽华东光电技术研究所为国家高新技术企业、国家级创新型企业。国家军用核心电子元器件领域骨干科研机构。拥有国家工程技术研究中心、国家重点实验室、国家工程实验室、国家企业技术中心、国家国际联合研究中心等国家级重大科技创新平台。以及院士工作站、博士后科研工作站、全国引进智力示范单位、国家知识产权示范单位，安徽省重点实验室、安徽省科技创新中心等，在合肥工业大学校建有先进的研发中心。企业建有11条研制生产线和完善的检测试验条件。形成微波固态电子、微波真空电子、太赫兹技术、微波能应用、特种显示、特种光源与高能放电6个专业领域。承担国家核高基、863等重大专项任务200余项。系列产品成功配套载人航天、各种最新主战飞机、正负电子对撞机、南水北调等200余项国家重器和超级工程。海、陆、空、天领域都留下“华东光电制造”的标志。成功保障国家系列重大阅兵、南海护航等重大任务。成果打破国外封锁和禁运。

荣获国家科技进步特等奖、军队科技进步一等奖等重要科技奖励几十项。获得国家专利900多项，其中近半数奖项为发明专利。被授予“国家装备建设突出贡献奖”。连续荣获9届安徽省文明单位荣誉。

【新成果陆续配装重点项目】全年按进度完成各项国家科研攻关任务22项，获得国家大科学装置前沿研究专项、国家自然科学基金项目、安徽省科技重大专项定向委托类项目、国防科技创新特区项目等支持；大功率返波管、超大功率透波材料测评技术、卫通毫米波固态功率放大器、航天电磁阀等一批新产品、新技术取得突破，通过成果鉴定，装备到国家重点工程。安徽省技术创新中心通过验收；与合肥综合性国家科学中心能源研究院共同成立微波太赫兹技术协同创新中心。全年获国家专利19项，其中发明专利15项。

【华东光电产品“跟团”游太空】4月27日上午11时20分，我国在太原卫星发射中心用长征六号运载火箭，成功将9颗卫星送入太空，完成“长征快车”发射服务品牌下的首次长征火箭商业“拼车”发射服务。此次发射搭载的“起源太空NEO—1”商业卫卫星是一颗科学研究与技术验证卫星，用于在近地轨道开展基于小天体观测的科学研究和面向太空资源获取的原技术验证。该卫星推进器配装的重要部件微波源，正是由华东光电所自主研制。此次成功助力卫星入轨，使太空中又增添一份“芜湖智造”。

【华东光电承制国家大科学配套装置取得突破】9月5日，国家重大科技项目、国家大科学装置上海光源项目组专家对华东光电配套的某型耦合器进行高功率测试。测试指标是完全国产化自主研制的高功率输入耦合器目前国内所测得的最高功率水平之一。高功率输入耦合器是低温超导加速模组中的关键设备之一，也是模组研制中最为薄弱的环节。华东光电承接上海光源备用超导腔模组关键设备500MHz高功率输入耦合器的制造任务，攻克大尺寸波导电镀铜膜工艺等关键工艺技术。并获得多项国家技术专利。

【“芜湖智造”再次助威航天】10月10日，由上海空间推进研究所研制的多媒体β卫星电推进子系统成功在轨点火，飞行试验取得圆满成功。该电推进子系统的核心部件空心阴极是华东光电所与该所联合研制。电推进与常规化学推进相比，具有比冲高等不可替代的优势，是轨道转移、位置保持的重要手段，为卫星提供精准的“方向盘”和动力源。空心阴极是该推进系统的电子源和中和器，是推进器正常启动、可靠工作的必要条件。华东光电在阴极制造技术方面具有传统的优势，拥有数十项国家专利，应用到多项国家重点工程中。此次应用，是该产品在太空中的“首秀”。

（翟光剑）

核工业勘察

【安徽省核工业勘查技术总院概况】安徽省核工业勘查技术总院是安徽省境内唯一一支从事放射性地质工作的专业队伍，致力于核地质勘查、核技术应用、核技术服务和新兴信息技术应用等领域。2021年，实现对外创收约1853万元，全年安全生产无事故，继续保持全国文明单位、安徽省文明单位荣誉和安徽省“安康杯”竞赛“优胜单位”称号。全年实现《安徽省池州市葛公镇—占大镇一带铀矿调查评价》《安徽省无为市银珠凹—岗上马家地区铀矿普查》2个项目落地，申报各类项目和科研课题23个，承担地灾评估、设计、监理及土地评价等各类项目37项，参与国家高速铁路建设，完成“新建沪渝蓉高铁合武段（安徽段）定测”“新建沪渝蓉高铁合宁段（安徽段）补充定测”和“深惠城际定测岩溶专项勘察”项目。受政府部门委托，完成2021年繁昌区入江排口水质监测项目和2021年芜湖市湾沚区东湖水系水质检测服务项目，助力芜湖市生态文明建设。

【平台建设取得新突破】2021年，经安徽省市场监督管理局授权，作为省内唯一一家放射性仪器法定计量检定机构，总院院属安徽省放射性计量站建成；总院与省辐射环境监督站签订协议并建立战略合作伙伴关系，设立省皖南分站；建成数字亳州空间信息与卫星应用服务系统平台，向亳州市委市政府及相关业务部门推广高分遥感地方化行业应用。向市政府及相关部门提供高分卫星遥感应用技术简报，完成亳州市及部分县区的高分遥感监测秸秆禁烧服务和亳州市“城市大脑”建设巡河服务项目，与亳州市自然国土规划局共建亳州国土卫星遥感应用中心，在矿山核查、地质环境方面开展全面合作；发挥“安徽省核科技馆”平台优势，2021年对外免费开放245个工作日，接待各类参观团体343批次超9500人，连续五届参加中国（芜湖）科普产品博览交易会。参与组建芜湖市科普场馆联盟、弋江区青少年科技创新教育实践产业技术创新战略联盟。组织讲解员参与自然资源部、省科技厅、中国核学会举办的科普讲解大赛，1人获第九届“魅力之光”杯全国核科普讲解大赛二等奖，1人获得全国核科普“十佳使者”称号。核科技馆年内被授予安徽省第六批爱国主义教育示范基地。

【核技术服务展现新优势】2021年，总院强化政府部门联系，参与辐射应急演练，提供辐射应急技术服务；参与“6·5环境日”环保设施向公众开放活动，连续第二次受邀参加省生态环境厅组织的辐射应急监测技术大比武；协助芜湖生态环境监测中心完成“2021年度辐射环境监测”项目。完成军工退役工程调查项目，并做好资料汇交工作；参与国家新基建高铁建设项目，做好“双龙线”花岗岩隧道放射性监测，并承接新建青岛西至京沪高铁辅助通道铁路隧道放射性评估监测项目；同时，持续向工矿、医疗等领域拓展，提供辐射环境监测、放射性样品检测和个人计量检测监测服务工作，全年完成辐射环境监测单位95家，射线装置、放射源辐射环境年度监测573台套，放射源217枚，个人剂量监测业务签约合作单位46家，出具个人剂量监测报告166份，监测人数达达2408人次；完成上海复旦大学放射化学实验室和早期日本地堡的辐射隐患整治项目，以及温州、南宁等地的地铁通道X射线安检装置监测项目。

（王文进）

安徽省核科技馆成功举办2021年芜湖市少儿科技绘画大赛

（王文进 提供）

教　育

Education

综　述

【概况】 2021年，芜湖市教育局全面落实市委、市政府和省教育厅部署要求，推进基础教育高质量发展，以建设人民城市为目标办好人民满意的教育，推动教育人才队伍建设，融入长三角教育一体化发展。先后出台《关于全面加强新时代大中小学劳动教育的工作方案》《芜湖市关于进一步减轻义务教育阶段学生作业负担和校外培训负担的实施方案》《关于深化新时代教育督导体制机制改革的实施方案》，实施《芜湖市基础教育高质量发展十二条》《芜湖中等职业教育高质量发展十大攻坚行动》，修订《芜湖市职业教育校企合作促进办法（试行）》，制定《芜湖市教育高层次人才引育实施办法（“行知计划”）》。

【教师队伍建设】 完成芜湖市教师队伍建设“5151”工程、教师能力提升工程等。制定《芜湖市教育高层次人才引育实施办法（“行知计划”）》，引进29名教育高层次人才。市委市政府举行“畅聊早餐会”教育专场，市委市政府主要领导与教师代表面对面交谈。实施“行知计划”，加强教师队伍建设，开展“为党育人、为国育才”主题教育活动和“寻找江城最美教师，共筑芜湖教育脊梁”教师节庆祝活动。持续开展师德师风治理专项行动，开展师德师风治理明察暗访183次，受理群众举报44件，查实违反师德师风行为6件，责令检查1人，通报批评1人，警告1人，记过1人，党内警告2人。

【教育改革】 推动“双减”工作落地见效，出台《芜湖市关于进一步减轻义务教育阶段学生作业负担和校外培训负担的实施方案》，成立“双减”工作专门协调机制，形成“制度完善、分类管理、综合施策、协同治理”的工作格局。全面实施中小学教育服务综合改革“三心工程”，全市328所中小学校全面开展课后服务工作，逾22万名中小学生享受到“三心工程”暖心惠民服务。创新课后服务体系，推出义务教育阶段学生“悦成长”系列课程，开展中小学“明日行知　青悦课堂”大学生志愿者课后服务项目。打造“家校共育同心筑梦”大讲堂，建设家校协同育人共同体。提出芜湖市基础教育改革发展“十二条”重点任务，围绕老百姓的操心事、烦心事、揪心事，坚持问题导向，破解教育难题，回应社会关切，净化教育生态，推动教育高质量发展。从严审批、从严执法，规范培训机构办学行为，截至2021

9月24日，芜湖市教育系统召开“双减”工作推进会

（市教育局 提供）

年底，全市义务教育阶段学科类有证机构252家，申请注销停办169家，转型63家，压减率达92.06%；20家学科类有证机构完成非营利性机构登记办理工作，营改非完成率100%。搭建“双减”管理服务平台，对经审批合规的校外培训机构资金进行全面监管，有效预防“退费难”“卷钱跑路”等问题。加强中小学生作业、睡眠、手机、课外读物、体质健康等五项管理，深化育人方式改革。以市委办市政府办名义出台《关于深化新时代教育督导体制机制改革的实施方案》，确立深化新时代教育督导体制机制改革目标，推动芜湖教育事业高质量科学发展。

【立德树人】贯彻落实安徽省《实施德智体美劳“五大行动”全面提高育人质量工作方案》，芜湖市在全省实施德智体美劳“五大行动”工作部署推进会上作交流发言。市委市政府出台《关于全面加强新时代大中小学劳动教育的工作方案》，目标用3—5年时间，构建大中小学劳动教育有效衔接、学校家庭社会“三位一体”协同推进、德智体美劳“五育”融合发展的劳动教育体系。实施中小学校教育教学质量监测，从德智体美劳五个方面全面监测学校教育质量，将劳动、艺术、体育均纳入综合评价体系。开展芜湖市中小学春季学生心理健康教育专项行动，实行心理健康教育“双一百”工程。编写家庭教育系列读本，0—6岁读本《孩子，我陪你长大》出版发行。市少年宫合唱团在2021中国青岛合唱大会获“杰出贡献合唱团队”称号。

【教育信息化】实施芜湖市“人工智能+教育”因材施教创新示范项目，构建“1452”教育信息化芜湖模式。全市建成72.5%的乡村中小学智慧学校。镜湖区获评全国网络学习空间优秀区域、市田家炳实验中学获全国网络学习空间优秀学校称号。推进“阳光云课”工程，构建基于大数据的“五育并举”的区域教育数字资源中心，促进优质教育资源普惠共享，向全市中小学生推送约6000节教学视频，“阳光云课”教学视频收看2623.6万次。

【长三角一体化建设】进一步加强与长三角一体化四地教育联盟的合作交流，在推进教育综合改革、创新育人方式、提升基层党建水平等领域开展深度合作。参与南京都市圈和合肥都市圈教育合作交流。市教育局应邀参加第十八届上海教育博览会，通过特色鲜明而富有创意的展区设计、丰富多彩的内容呈现，凸显“信仰成就梦想、教育点亮人生”的展区主题，展示芜湖教育坚持立德树人、传承红色基因的积极成效以及加快推进教育现代化的探索实践，市教育局主要负责人受邀做客教博会“话使命，谈育人”上海教育大直播，介绍芜湖“积极融入长三角，办人民满意的教育”的生动实践，获得广泛关注与好评。选派多位校长参加长三角名校长联合培训，与江浙沪互派多名优秀后备干部赴优质学校进行双向挂职锻炼。发挥华东师范大学长三角职业教育发展研究院（芜湖中心）作用，为芜湖市职业教育发展面临的关键问题提供智库支持。

基础教育

【概况】2021年，新建改扩建15个公办幼儿园。实施学前教育普及普惠工程，完成学前教育三期行动计划，完成新建公办幼儿园民生工程目标任务14个，投资12910万元，建设面积51533.47平方米。完成105个农村中小学校舍维修改造项目。完

放心午餐

（谢　璇　提供）

成3个改善高中办学条件项目。中心城区新建6所学校并投入使用，芜湖二中西洋湖校区投入使用。推进中心城区跨区域集团化办学，新成立优质学校（幼儿园）教育集团19个，优质学校办分校（分园）80所，芜湖一中教育集团领办鸠江区皖江小学、弋江区延安小学、二十四中和弋江小学、弋江中学，安师大附外教育集团领办鸠江区鸠兹小学，安师大附小教育集团领办鸠江区大阳埠小学。繁昌区创建国家义务教育优质均衡发展县（区）工作在全省率先接受省级督导评估。市教育局被省委省政府表彰为安徽省脱贫攻坚先进集体、被市委市政府表彰为芜湖市三大攻坚战先进集体。

职业教育

【概况】2021年，芜湖市职业教育着力实施《芜湖中等职业教育高质量发展十大攻坚行动》，推进职业教育高质量发展。修订《芜湖市职业教育校企合作促进办法（试行）》，密切学校与行业企业的对接，助推培养模式改革。进一步发挥芜湖职业教育联盟作用，新增2个产教融合协作委员会；举办新时代职业教育服务地方经济高质量发展论坛，搭建产教融合交流平台。开设飞机维修、新能源汽车维修、跨境电子商务等11个新专业。5家单位被评为安徽省第三批校企合作示范基地，5所学校被评为安徽省第二批校企合作示范学校；113个项目入选安徽省职业教育创新发展试验区项目培育库；6个项目入围“振兴杯”全国青年职业技能大赛国赛；3个项目在安徽省第七届“互联网+”大学生创新创业大赛中晋级决赛喜获银牌；在全国中等职业学校教学能力大赛暨班主任能力比赛上获2个三等奖。举办2021年全民终身学习活动周活动。

（谢　璇）

【安徽商贸职业技术学院概况】安徽商贸职业技术学院是2000年由安徽省商业学校和安徽省商业职工大学合并建立的公办全日制普通高等职业院校，隶属于安徽省教育厅。2020年，学校现有全日制在校生12000余人，在职教职工598人，专职教师中具有副高级以上职称的127人，“双师”素质专业教师占专业课教师总数90%以上，拥有国家级职业教育教师教学创新团队1个，省级教学团队16个，省级专业带头人13人。学校目前设有电子商务学院、会计学院、国际商务与旅游学院、信息与人工智能学院、金融科技学院（迪科金服学院）、文化与法律学院、艺术设计学院等7个二级学院以及马克思主义学院、基础教学部等2个二级教学单位，现有37个专业，其中，有国家级高水平建设专业群1个，国家级重点建设专业4个、国家级骨干专业9个；省级高水平建设专业群2个，省级重点建设专业24个。建有校内实训室128个，校外实习实训基地193个。主持国家专业资源库建设项目1项，拥有国家级课程思政示范课程2门，省级大规模在线开放课程（MOOC）、精品资源共享课程和课程思政示范课程等131项。

【深化产教融合】2月6日，安徽商贸职业技术学院被安徽省教育厅、安徽省经济和信息化厅、安徽省人民政府国有资产监督管理委员会评定为第三批“省级校企合作示范基地”和第二批“省级校企合作示范学校”。

【首届留学生开课】3月8日，安徽商贸职业技术学院举行2021年春季留学生开班典礼。2021年春季留学生是安徽商贸职业技术学院招生的首批非学历语言留学生，实现留学生工作零的突破。本次春季班招收来自摩洛哥、巴基斯坦和乌克兰3个国家的10名学生，疫情期间采取在线授课的方式进行教学。留学生工作是高校国际化建设的重要内容，是安徽商贸职业技术学院“双高计划”建设的重要组成部分，是主动适应教育部“留学中国计划”和“推进共建‘一带一路’教育行动”的重要举措，对提升安徽商贸职业技术学院国际化办学水平具有重要意义。

【荣膺2020全国百强职院校园媒体】3月23日，由中国青年报社、中国青少年新媒体协会、中青校媒主办，全国千余家高校校媒申报参与的“2020全国百强校园媒体评选活动”结果揭晓，安徽商贸职业技术学院党委宣传统战部新媒体工作室脱颖而出，荣获“2020全国百强职院校园媒体”称号。

【召开第九届教代会暨第十届工代会】5月30日，安徽商贸职业技术学院召开第九届教代会暨第十届工代会。安徽省教科文卫体工会经审委员会主任唐成出席开幕式，107名代表参加会议。党委副书记、校长李忠代表学校向大会作题为《实施五大行动计划 打造五大美好商贸》的工作报告以及《安徽商贸职业技术学院“十四五”教育事业发展规划（2021—2025年）（草案）》编制说明。

【获批首批国家级课程思政示范课程】5月28日，教育部高等教育司印发《关于公布课程思政示范项目名单的通知》，安徽省获批职业教育类（含高职和中职）课程6门。安徽商贸职业技术学院《中国文化概论》和《纳税实务》2门课程入选职业教育课程思政示范课程、教学名师和团队。

【举办全国职业院校技能大赛高职组赛】6月18日，由教育部等36个部门主办，安徽省教育厅、芜湖市人民政府承办，安徽商贸职业学院技术学院协办的2021年全国职业院校技能大赛高职组“电子商务技能”赛项开幕式在安徽商贸职业学院技术学院举办。安徽省委教育工委委员、教育厅副厅长解平，芜湖市人民政府副市长程刚、全国电子商务职业教育教学指导委员会副主任陆春阳、安徽省教育厅高教处处长张尔桂、芜湖市教育局党委书记、局长江汛，赛项专家组组长、上海电子商务教育研究所所长宋文官，赛项裁判长王淑清、赛项监督仲裁长周姗、安徽省教育厅职成处副处长徐海洋、芜湖市弋江区区委常委、副区长汤军，芜湖市职业技能鉴定中心主任颜宏滨、中教畅享（北京）科技有限公司董事长黄学全、赛项专家组成员王晓明、赛项监督仲裁组成员杨武强、蓝荣东以及大赛协办单位领导班子成员出席仪式。来自全国各地的32支参赛队伍的领队、指导教师、参赛选手以及新闻媒体人士等参加仪式。

【入选职业教育示范性虚拟仿真实训基地培育项目】8月3日，教育部职业教育与成人教育司发布《关于公布职业教育示范性虚拟仿真实训基地培育项目名单的通知》中，安徽商贸职业技术学院“新零售虚拟仿真实训基地”入选职业教育示范性虚拟仿真实训基地培育项目名单。

【立项国家级职业教育教师教学创新团队】2021年9月，安徽商贸职业技术学院“电子商务教学创新团队”成功入选第二批国家级职业教育教师教学创新团队立项建设单位和培育建设单位名单。全省5个团队入选。

【教材建设荣获首届全国教材建设奖两项奖励】2021年10月，在教育部公布《国家教材委员会关于首届全国教材建设奖奖励的决定》（国教材〔2021〕6号）。安徽商贸职业技术学院教务处荣获“全国教材建设先进集体”，其会计学院院长丁增稳教授荣获“全国教材建设先进个人”称号。

【全国普通高校毕业生就业创业工作典型案例】11月26日，安徽商贸职业技术学院申报的《打造“233”导师矩阵 全方位护航高职毕业生高质量就业》案例入选教育部发布的全国普通高校毕业生就业创业工作典型案例名单，在全国30所高职院校的30个典型案例中，安徽商贸职业技术学院是安徽省唯一入选此案例的高职院校。

【人才培养】2021年全国职业院校技能大赛获得全国职业院校技能大赛一等奖1项、二等奖1项，三等奖3项，获奖16人次。第七届中国国际“互联网+”大学生创新创业大赛实现突破，获国赛铜奖3项，省赛金奖4项、银奖12项、铜奖13项。2021年10月，安徽商贸职业技术学院入选教育部公布的全国高校毕业生就业能力培训基地名单，安徽省仅有2所高职院校入选。

【师资队伍】2021年9月，安徽商贸职业技术学院“电子商务教学创新团队”成功入选第二批国家级职业教育教师教学创新团队立项建设单位和培育建设单位名单。2021年12月，在2021年全国职业院校技能大赛教学能力比赛中，安徽商贸职业技术学院获得二等奖2项、三等奖1项，国赛获奖总数位列全省第一。

【科研与社会服务】集中精力补短板，改革完善科研与社会服务管理模式，科研立项获得较大突破，获批1项教育部辅导员项目专项、2项省社会科学联合会规划课题、省教育厅重点项目18项。横向课题立项大幅增长，全年横向课题立项10项，立项经费到账180余万元，较2019年增长3倍。专利转让5件，取得零的突破。教师全年发表论文364篇，论文发表数量和质量均显著提升。政府采纳研究咨询报告26项，中小企业采纳45项。开设“新型职业农民”大专班。完善技能鉴定和培训平台建设，完成4万余人次鉴定考试和培训任务。

（杨　楠）

【安徽机电职业技术学院概况】安徽机电职业技术学院是安徽省教育厅直属的一所以工科为主的公办全日制普通高等职业院校。学院前身是始建于1935年的安徽私立内思工业职业学校，是全国最早举办职业教育的学校之一。解放后，更名为安徽省芜湖工业学校，隶属安徽省工业厅领导；后又更名为芜湖电机制造学校、芜湖电机制造专科学校等，并划归国家第一机械工业部领导。1972年，改属安徽省机械厅领导，更名为安徽省芜湖机械学校。1978年，经国务院批准，在安徽省芜湖机械学校基础上成立安徽机电学院，现更名为安徽工程大学。1986年，安徽机电学院迁出，安徽省人民政府决定在原址恢复芜湖机械学校，归省机械厅领导。2003年，经安徽省人民政府批准，由芜湖机械学校独立升格为安徽机电职业技术学院。2013年，学院建成国家首批骨干高职院校。2019年，学院被教育部认定为国家优质专科高职学校，同年，入选“中国特色高水平高职学校和专业建设计划”专业群（A档）建设单位。2020年，学院建成安徽省首批地方技能型高水平大学。

【繁昌校区获批立项】7月8日，学校与芜湖市繁昌区人民政府正式签约，在芜湖市繁昌区建设安徽机电职业技术学院芜湖市繁昌校区，繁昌区人民政府同意无偿划拨69.93公顷土地用于学校新校区建设；10月，繁昌校区建设项目相继获安徽省教育厅、芜湖市繁昌区发改委批复同意；学校成立新校区规划建设办公室、住房建设办公室，具体协调、推进新校区建设。

7月8日　学校与芜湖市繁昌区人民政府正式签约，在芜湖市繁昌区建设安徽机电职业技术学院芜湖市繁昌校区　（朱正茹　提供）

【推进双高建设】开展职教本科院校创建工作，科学制定工作方案，成立领导小组和专项工作组，针对职教本科设置标准，谋划、申报、论证与安徽商贸职业技术学院共建本科层次职业学校材料，并纳入安徽省“十四五”高校设置规划。以双高建设为重要抓手，制定完善60多项制度，加强项目式管理、激励、监督和考核机制。探索政行校企协同联动机制，打造产教融合技术技能创新服务平台。获批教育部“智能制造虚拟仿真实训基地”，立项规划投入400余万建设“智能制造创新工场”，助力埃夫特等公司成功立项省级产教融合型企业。科发明专利授权量位居安徽省同类院校榜首，作为唯一高职院校再次入围安徽省发明专利百强排行榜。立项国家级教师教学创新团队1个、省级高水平教师团队3个、省级技能大师工作室1个，攻读博士学位教师数量达到32人。服务智能制造职教海外战略，4个专业面向柬埔寨、巴基斯坦等国家招收23名预录取海外留学生，推进与奥地利维也纳应用技术大学联合办学项目，牵头承办教育部、安徽省台办对台交流重点项目1项，《打造“云端”教学资源，助力留学生“停课不停学”》入选高职质量年报“国际合作”篇典型案例，通过实施“中文+职业技能”培训、合作开发国际化培训资源2套。学校荣获2021年全省教育外事工作先进单位，许姗姗获全省教育外事工作先进个人；学校招生招生计划完成率达99.82%，录取最低分和排名位于全省同类院校前列，2021届毕业生就业率98.18%，毕业生对学校的满意度为99.38%。

【技能学科竞赛摘金夺银】2021年，学生在技能竞赛、创新创业类、学科类等比赛中获得国家级一等奖12项（其中A类赛事3项，全国大学生数学建模竞赛一等奖、风光互补发电系统安装与调试技能大赛一等奖、西门子杯智能制造挑战赛一等奖）、二等奖17项（其中，A类赛事2项）、三等奖24项（其中，A类赛事5项），省级一等奖14项、二等奖18项、三等奖72项；成功承办全国职业院校技能大赛高职组“风光互补发电系统安装与调试”赛项，承办技能大赛省级选拔赛，荣获2021年全国职业院校技能大赛“突出贡献奖”。

【获批国家级职业教育教师教学创新团队立项建设单位】汽车制造与试验技术专业团队（王爱国、徐春林、马玲、李琤等20位专兼职教师）入选第二批国家级职业教育教师教学创新团队立项建设单位；《工业机器人关节智能装配与调试》（赵晓莹、白金、沈晔超、黄金霖）在全国职业院校技能大赛教学能力比赛荣获二等奖。王亮荣获安徽省五一劳动奖章、安徽省技术能手荣誉称号和安徽省青年岗位能手荣誉称号；魏平荣获安徽省教科文卫体系统“师德先进个人”；“安徽机电职业技术学院杨浩技能大师工作室”获评省级技能大师工作室。

【深化政校企联动】与宁国市人民政府、弋江区人民政府、芜湖经济技术开发区管委会、亳州芜湖现代产业园区管委会、奇瑞公司、杭锅集团（芜湖）新能源科技有限公司等十余家政校企签署战略合作协议；推动“智能制造虚拟仿真实训基地”入选国家级职业教育示范性虚拟仿真实训基地培育名单；与埃夫特智能装备股份有限公司合作入选“安徽省第三批校企合作示范基地”；与埃夫特智能装备、芜湖运达轨道交通、储铁艺铁画设计等区域知名企业开展现代学徒制人才培养，参与培养的学生（学徒）322人；完成校党委书记、校长企业百家行活动，全年实地考察调研用人单位128家。完善创新科技人才发现、培养、激励机制。学校作为主要完成单位荣获安徽省科学技术进步奖三等奖2项，立项教育部人文社会科学研究青年基金项目1项、芜湖市科技计划项目5项，推荐申报安徽高校自然、人文社科项目25项，立项横向课题75项；学校11人入选芜湖市科技特派员队伍，获发明专利授权57件，获实用新型专利授权183件，继2018年、2019年后再次入选2021年安徽省发明专利百强排行榜，为全省高职院校唯一上榜单位；获批芜湖市职业技能等级认定评价机构，全年开展电工、焊工等职业技能等级培训和认定2786人次，完成5800人次特种作业培训和考核工作，为982人提供全日制成人高等教育。

【推进乡村振兴】选派1名干部赴芜湖市鸠江区沈巷镇新坝村驻村开展乡村振兴，学校领导多次赴沈巷镇新坝村开展乡村振兴调研工作，并与沈巷镇签订《安徽机电职业技术学院与鸠江区沈巷镇助力乡村振兴合作框架协议》。

（朱正茹）

【芜湖职业技术学院概况】芜湖职业技术学院是安徽省唯一中国特色高水平高职学校建设单位，是全国首批安徽首所国家示范性高等职业院校、国家高职高专人才培养工作水平评估优秀院校、国家优质高职院校、全国第二批深化创新创业教育改革示范校（安徽唯一入选高职院校）、全国首批现代学徒制试点院校、安徽省“四年一贯制”技术技能型本科人才培养模式改革试点院校、安徽省第二批“三全育人”综合改革试点院校。学校创建于1983年，原名芜湖联合大学，1997年更为现名。2000年、2012年，芜湖农业学校与芜湖信息技术职业学院先后并入。学校现有文津、银湖、白马等校区，占地160余公顷，建筑面积70.48万平方米，教学仪器设备总值2.86亿元，设有17个二级学院、2个教学部以及安徽省芜湖仪器仪表研究所（下辖全资“高新技术企业”子公司1个）。现有招生专业73个，全日制在校生20000余人，成教各类高等学历教育学生4000余人。高级职称教师比超过30%，双师素质教师占专业教师的91.73%。2021年，学院深入贯彻落实《国家职业教育改革实施方案》和省、市、校党代会精神，深化教育教学改革，提升办学质量，推进学校治理体系与治理能力现代化，统筹做好常态化疫情防控和各项工作。

【召开党代会】11月29—30日，芜湖职业技术学院党代会召开，大会选举产生学校新一届党委委员和纪委委员，通过《关于学校党委工作报告的决议》和《关于学校纪委工作报告的决议》。

【开展“双高计划”建设】建立完善“周报告，月调度”工作机制，组织开展“双高计划”建设绩效自评工作，构建学校统筹部署、部门分工负责、全员协同参与的“双高”工作格局。2021年1月，牵头举办安徽省首届“双高计划”专业群建设研讨会，2021年5月，学校作为“双高计划”立项建设单位受邀参加全国“双高计划”高职院校风采展。

【高职高专院校竞争力排名全国前列】2021年，中国科教评价网发布《金平果2021—2022年中国高职高专院校竞争力排行榜》，学校排名全国25位，安徽第1位，位列理工类高职院校第11。本次荣誉的获得是对学校综合办学实力和高质量发展成果的又一次重要肯定。

【荣获“全国群众体育先进单位”称号】9月16日，全国群众体育先进单位与先进个人表彰大会在西安举行。表彰会上发布《国家体育总局关于表彰2017—2020年度全国群众体育先进单位和先进个人的决定》，芜湖职业技术学院榜上有名，被授予“2017—2020年度全国群众体育先进单位”称号，为安徽省唯一获此荣誉的高校。

【荣获全国高职院校百名名师讲党史活动最佳组织奖】2021年，全国高职院校“喜庆建党百年”百名名师讲党史总结大会落下帷幕，学校马克思主义学院教师录制的微课入选庆祝建党100周年全国“百所职业院校名师讲党史”系列微课，在全国推广使用，学校荣获最佳组织奖。

【师资队伍】成立学校教师能力发展中心。年度内评审教授职称10人，副教授职称17人。引进教授1人、省级技术能手1人、海外高层次人才1人、博士研究生2人。加强师德师风建设，全面提升师资水平，组织31名教师申请赴国（境）外高校攻读博士研究生，1名教师荣获“安徽省最美教师”，2名教师的个人事迹入选安徽省《师德优秀典型先进事迹学习读本》。

【教学科研】全年申请各类纵向科研项目立项162项，专利申请量117件，专利授权65件。芜湖铁画锻制技艺被认定为安徽非物质文化遗产传承基地。“VR+示范性虚拟仿真实训基地项目”获教育部职业教育示范性虚拟仿真实训基地培育项目立项。完善双高建设工作机制，开展提质培优行动计划及职教本科创建工作。学校入选第十二批省级博士后科研工作站。荣获第十二届安徽省百所高校百万大学生科普创意创新大赛一、二等奖，学校获得优秀组织奖等奖项。

【技能大赛】构建“院、校、省、国”四级赛事体系，形成“比赛、示范、反思、提升”四位一体的竞赛模式。开展“学党史 悟思想 办实事 开新局”教师微课比赛，献礼建党百年。在2021年全国职业院校技能大赛中，学校荣获二等奖3项、三等奖3项；获安徽省高职院校教学能力大赛一等奖5项、二等奖4项，学校获最佳组织奖。

【校企合作】完善校企合作管理规定，推进校企合作联动机制，筹备芜湖职业教育联盟第一届理事大会。规范与二级学院互惠联通，凸显二级学院在校企合作工作中的主体地位。服务国家战略，参与重点建设项目。全年接待来访企业100余家，走访企业110余家，批准建设11个特色产业学院。

【创新创业】完成17位老师创新创业省级资质培训和取证，为历年之最。2021年立项安徽省质量工程线上线下混合式和社会实践课程“互联网+创新创业大赛实务”项目。第五届“互联网+”创新创业大赛国赛金奖项目负责人，芜湖职业技术学院优秀毕业生万文宇获全国第三届“创新创业英才奖”，为唯一一位高职院校获奖选手，也是省内唯一获此殊荣的大学毕业生。

【国际交流】推进学校国际化建设、“后疫情时期”国际交流合作等工作，开创“互联网+外事”工作新局面，2021年预录取6名国际学生。1名国际学生获《中国日报》主题征文比赛大奖。探索“鲁班工坊”和海外分院建设，推进中外合作办学项目，现有3个中文合作办学项目，招收学生417名。不断扩大沟通交流，提升学校国际化形象。

【社会服务】举办芜湖市局属民办学校党员教育培训班、湾沚区村级干部学历提升班等，开展芜湖市退役军人职业技能培训，完成芜湖市中小学校长和幼儿园园长任职资格培训工作，搭建多方协同的合作培训平台，职业技能鉴定工作规范有序。谋划两仪所创新发展，服务地方产业。

（徐　敏）

【安徽中医药高等专科学校概况】安徽中医药高等专科学校前身为创建于1960年的芜湖市中医学校，2001年经教育部批准，学校在全国同类院校率先独立升格为“安徽中医药高等专科学校”。为整合卫生教育资源，2006年、2012年，芜湖市委、市政府先后将市中医医院、市口腔医院成建制整体划归学校。学校现为教育部中医药职业教育教学指导委员会副主任委员单位、全国中医药职业技术教育学会理事长单位、中华中医药学会治未病分会副主任委员单位、世界中医药学会联合会亚健康专业委员会、药膳食疗研究专业委员会副会长单位、安徽省中医药现代化研究会理事长单位。学校设有医疗系、药学系、康复保健系、护理系、口腔医学系及基础教学部、思想政治理论课教学研究部等教学系部，开办中医学、中医骨伤、针灸推拿、中药学、药学、护理、健康管理（中医健康管理方向）、中医养生保健（含中医养生旅游方向）、医学美容技术（中医美容方向）、口腔医学、口腔医学技术、康复治疗技术等34个专科专业及专业方向。学校现有中央财政支持实训基地1个，中央财政支持提升专业服务产业发展能力项目2个，国家级骨干专业3个。另有省级高水平高职专业、特色专业、骨干专业、示范专业、专业综合改革试点项目15个，省级技术技能型大师工作室、高水平教学团队、教师教学创新团队、课程思政教学团队24个，省级示范实验实训中心、创新实验区、校企合作实践教育基地、校企共建生产性实训基地22个。学校下辖2所直属附属医院，1个安徽中药资源研究所、1个天然药用植物园和9所非直属附属医院及稳定的实习基地130多家。附属医院（芜湖市中医医院）为“全国首批示范中医院”“国家三级甲等中医医院”，附属口腔医院为二级专科医院，是皖南地区规模最大的口腔专科医院。

【学校获评A档院校】2021年3月，安徽省教育厅公布高等职业院校质量年度报告（2020）审核结果，学校获评A档院校。本次年报紧密围绕“服务地方产业转型升级、推动高等职业教育高质量发展”主题，在全面梳理2020年教育教学改革工作的基础上，以2019年9月1—2020年8月31日期间人才培养工作状态数据和“学生发展”“办学条件”“教育教学”“科研与社会服务”“国际交流”中的数据为主要依据，全面总结学校落实高职扩招任务、促进产教融合校企双元育人、开展1+X证书制度试点、举办高质量职业培训、打造“双师型”教师队伍、实施中国特色现代学徒制、健全内部质量保证体系、推进国际交流与合作、培育和传承工匠精神、协助抗击疫情等方面的具体做法，精心遴选出服务国家战略、服务地方发展、开展技术研发、服务行业企业、服务学生发展等16个典型案例，并从“五位一体、一体两翼，打造中医药高职院校线上教学新模式，首次突破安徽省教学成果特等奖”“下好‘先手棋’”，推动中医药高职教育高质量发展等方面重点展示中央决策部署在学校职业教育中的改革实践，突出体现“重点任务强落实、思辨治理出效能、服务社会显成效、守正创新有作为”的特色亮点，为社会各界检视学校职业教育发展动态提供翔实的材料。

【获批综合改革试点高校】5月，省委教育工委公布全省“三全育人”综合改革试点高校名单，学校成功获批安徽省第四批“三全育人”综合改革试点高校，医疗系、药学系同步获批全省“三全育人”综合改革试点院（系）。

【制定《保健调理按摩技术操作规范》】6月1日，国家标准《保健调理按摩技术操作规范》由国家市场监督管理总局、国家标准化管理委员会颁布实施。学校副校长马波副教授参与制定。国家标准《保健调理按摩技术操作规范》明确保健调理按摩的定义、分类、要求、操作方法和相关服务注意事项，为常用保健调理按摩技术手法及操作要领、足部和手部主要反射区保健调理按摩手法、眼保健、耳穴保健等提供统一的技术依据，展现行业的先进技术水平。

【《药用植物》获批思政示范课程】6月，教育部公布课程思政示范项目名单，学校《药用植物》课程获批教育部课程思政示范课程，其教学团队获批课程思政教学名师和团队。《药用植物》课程团队把从融医、药、文、史、哲于一体的中医药文化中挖掘出的思政元素，运用到《药用植物》课程教学中，构建起基于中医药经典传承创新发展理念的《药用植物》课程思政模式，形成具有中医药文化特色的思政课程，实现“知识传授”与“价值引领”的融合。课程团队通过打造基于“互联网+”环境下多维度教学资源和筑造的产教一体职场化校内外教学基地，实现线上与线下、课内与课外、知识与技能、学习与创新的“四融合”，有效促进学生价值塑造、知识技能、创新能力及综合素质的全面提升。学校依托“课程思政建设先行高校”建设项目，推进国家—省—校三级项目建设机制，开展课程思政建设理论研究和教学实践，探索创新课程思政建设的方法路径，构建起全面覆盖、类型丰富、层次递进、相互支撑的课程思政体系，加快形成“门门有思政、课课有特色、人人重育人”的局面。

【芜湖科普场馆联盟成立】9月，由学校中医药博物馆与安徽省核科技馆、芜湖科技馆、芜湖气象科普馆等11家单位共同发起的芜湖科普场馆联盟成立。联盟以“推动芜湖市科学传播活动的开展、交流和建设”为己任，旨在通过搭建芜湖市科普场馆合作平台，吸引更多社会力量参与科普工作，构筑芜湖市科普资源协同发展体系，成为市民可信的科学传播者，发挥科普场馆在提升公民整体科学素质中的引领作用。学校中医药博物馆也将借助芜湖科普场馆联盟平台，以“走出去”的方式，加大中医药科普知识和中医药文化宣传力度，扩大学校中医药博物馆的社会影响力。

【共育技术技能型人才】9月10日下午，学校与附属医院、附属口腔医院、安徽省皖南康复医院分别共建的中医临床学院、口腔临床学院、康复临床学院签约暨揭牌仪式在会堂举行。成立临床学院是推动学校与医院深度融合，构建“医教协同”育人平台和“双主体”育人模式、落实学校各附属医院临床教学主体职能、提高人才培养质量的必然要求，是落实学校党代会提出的“质量立校”“特色兴校”战略的一项重要举措，对提高学校和医院核心竞争力具有十分重要的意义。

【《现代中药研究与实践》入选安徽省优秀期刊】11月，省期刊协会公布2019—2020年度安徽省优秀期刊、优秀期刊工作者推荐活动评审结果，学校主办的学术期刊《现代中药研究与实践》入选优秀期刊，科技产业处副处长、杂志社主任张宝成被评为“优秀期刊工作者”。《现代中药研究与实践》坚持以提升办刊质量促发展的思想，始终把社会效益放在首位，稿源数量连续6年创历史新高，论文录用比逐年降低，据中国知网最新发布的《中国学术期刊影响因子年报》显示，《现代中药研究与实践》复合影响因子达到1.004，期刊质量稳步提升，社会影响力显著增强。经省新闻出版局核准，2021年开始，期刊增加页码，通过刊发更多的优秀学术论文，促进中医药研究成果的传播。

【校专家入选全国行业职业教育教学指导委员会】12月，教育部公布全国行业职业教育教学指导委员会（2021—2025年）名单，安徽中医药高等专科学校姚应水教授当选为全国中医药职业教育教学指导委员会副主任委员，委员会秘书处设在安徽中医药高等专科学校，由马波副教授担任秘书长。赵宝林教授当选为全国药品职业教育教学指导委员会委员。

（王　婷）

【芜湖医药卫生学校概况】芜湖医药卫生学校坐落于芜湖市湾沚区，由安徽泰康教育投资有限公司全额出资、经教育主管部门审批备案，设立的中高职衔接、招教就创留一体化发展的全日制综合性职业学校，致力于培养医药卫生与健康服务类高素质技能型专门人才，是安徽省内唯一一所以PPP模式建设的医药卫生类中等职业学校。学校占地13.33公顷，包含教学楼、学生公寓、实验实训楼、食堂、图书资源信息中心等在内的基础设置健全、教学设施完备。现有教职员工200余人，在校全日制学生6000余人。学校设有护理、助产、中医康复技术、康复技术、中药、制药技术应用、医学影像技术、中草药种植、老年人服务与管理、美容美体艺术、旅游服务与管理、保健按摩、幼儿教育、导游、家政服务与管理等15个专业，其中国家管控专业7个。学校与安徽中医药高等专科学校、安徽卫生健康职业学院、安庆医药高等专科学校联合进行护理、助产、中医康复技术等7个专业中高职一体化人才培养。

学校通过实行全寄宿代监护管理，加强行为习惯养成教育，注重提升学生综合素质、创新创业能力、社会实践能力，促进学生健康成长、成人成才。

【学校获批众多示范学校基地】2021年，学校获批安徽省第二批校企合作示范学校、安徽省首批办学水平合格中等职业学校、安徽省养老服务专业人才省级培养基地，获批护理、中药传统技能两个安徽省职业院校技能大赛赛点。同时，获批承接包括“三全育人”典型学校、“1+X”证书制度试点、职业培训、骨干教师培养等在内的13个国家职业教育提质培优行动计划任务项目，获批立项涵盖产教融合企业、实训基地、特色专业、达标示范学校、职业启蒙教育、智慧校园等在内的16个安徽省职业教育创新发展试验区建设项目。

【参加“畅聊早餐会”】10月17日，校领导刘会林应邀参加芜湖市委、市政府举办的第二十五场“畅聊早餐会”，芜湖市委书记、市人大常委会主任单向前，市委副书记、市长宁波，市政府副市长桑宝庆，市委副秘书长、办公室主任苏文中，市民政局局长古大海，市卫健委主任秦正华等领导参加，校领导刘会林应邀参加并作主题交流。

【获批2021年安徽省职业院校技能大赛赛点】9月15日，根据安徽省教育厅公布的2021年安徽省职业院校技能大赛中职组竞赛项目设置和赛点学校名单，芜湖医药卫生学校获批医药卫生项目类别的护理技能竞赛、中药传统技能竞赛赛点，实现安徽省内民办中职院校中职组技能大赛承办零的突破。

【创客中心实训基地建设项目通过验收】8月10日，由芜湖医药卫生学校校申报并经省发改委批准建设的“湾沚区泰康创客中心实训基地”项目，由第三方评审机构阶梯项目咨询有限公司牵头开展项目验收，项目资金使用规范合理运营情况良好，顺利通过验收。

【养老服务人才培训在沪开班】7月20日下午，芜湖市民政局、上海市普陀区民政局在上海普陀区第一老年福利院联合举办长三角区域养老一体化“普陀·芜湖”养老服务人才培养暨芜湖医药卫生学校首届学生来沪培训班开班仪式。芜湖市民政局局长古大海、普陀区民政局局长赵永尊、副局长黄耀红、上海长三角区域养老促进中心副主任徐厚林、芜湖医药卫生学校党支部书记张蒙恩、上海市普陀区城市建设投资有限公司副总经理张佶出席开班仪式，学校带队老师、培训学员等60余人参加开班仪式。

【教师作品获奖】2021年，在市级“三优评选”中，学校5位教师取得佳绩，其中4位老师的优秀教学软件全部被推荐参加省级评选，钱为新、叶翠翠、唐丽丽3位老师喜获“安徽省优秀教学软件二等奖”殊荣。

【6学生获国家奖学金】2021年1月，教育部、人力资源社会保障部公布的2019—2020学年度中等职业教育国家奖学金获奖学生名单中，芜湖医药卫生学校梅凤娇、陈文文、岱瑛、吴云婷、夏林钰、程晓敏6名优秀学生获国家奖学金。

（许梦醒）

【安徽芜湖技师学院概况】安徽芜湖技师学院是安徽省政府首批批准的公办技师学院，是第一批国家中职改革示范校、全国技工院校一体化课程教学改革试点院校、国家级高技能人才培训基地、国家级农民工培训基地和皖江人力资源公共职业训练基地。2005年和2014年两次荣获

“普陀—芜湖”养老服务人才培养签约仪式

（许梦醒 提供）

全国职业教育先进单位、2012年获得“国家技能人才培育突出贡献奖”。学院附属普通中专芜湖汽车工程学校于2005年挂牌。2013年4月，芜湖县职教中心整体并入学院。学院占地32公顷，实训车间面积4万平方米，实训设备总值近亿元，拥有模具制作与维修、汽车维修两大国家级实训基地，开设数控加工、模具制造、飞机维修、工业机器人等数十个专业，涵盖一、二、三产业。现有全日制在校高技、中专学生近6000人，专职教师260人。学院坚持学制教育和社会培训同步发展，提升人才培养层次，构建新型专业体系，推进校企深度融合和国际交流合作，深化一体化教学改革和培训模式改革，形成鲜明的办学特色，培养一批批高素质高技能人才。

【参赛学生入选第46届世界技能大赛中国集训队】2021年，根据全国第一届职业技能大赛世赛选拔项目选手比赛成绩，人社部确定入围第46届世界技能大赛中国集训队的选手名单，芜湖技师学院建筑金属构造项目选手张林、工业机械项目选手路海杰名列其中。

【安全法制讲座进校园】由院保卫处牵头组织，湾沚区派出所协办的“校园安全法制讲座进校园”活动在学院多媒体报告厅举办，本次活动旨在通过法制宣传，不断增强广大师生获得感、幸福感、安全感，维护学院和谐稳定。

【学院2名教师被授予安徽省五一劳动奖章】2021年初，全省有265位人被安徽省劳动竞赛委员会、省总工会评定为2020年度先进个人，并颁发安徽省五一劳动奖章。安徽芜湖技师学院吴双、汪宇2名教师获此殊荣。

【开展消防安全教育】学院举办消防安全培训活动，驻校恒杰保安公司义务消防队、部分师生代表等100余人参加。活动由湾沚区消防救援大队进行相关培训。教育活动进一步增强学院师生消防安全意识，提高应对火灾突发事件的应急处置能力。

第46届世界技能大赛国家队集训选手暨第九届全国数控技能大赛参赛选手正在备赛

（潘文婷 提供）

【与新疆皮山县开展技能人才培养交流】2021年6月，新疆皮山县委常委、副县长胡扣住、皮山县住建局、农业农村局及和田、皮山驻皖招商联络处相关领导来学院调研考察技能人才培养工作。院长方院生、分管副院长李华、办公室、教务处及相关系部负责人陪同调研并开展座谈。

【2基地被确定为第46届世界技能大赛中国集训基地】经第46届世界技能大赛中国组委会研究决定，芜湖技师学院机电一体化、移动应用开发两个项目实训基地被确定为第46届世界技能大赛中国集训基地，这是芜湖技师学院院成为安徽省唯一一个拥有两个国家集训基地的单位。

【省技工院校工作座谈会在院召开】10月25日，由市人力资源和社会保障局与芜湖技师学院共同承办的全省技工院校工作座谈会开幕。省人力资源和社会保障厅副厅长刘少华、省人力资源和社会保障厅职业技能鉴定中心主任王海、芜湖市人力资源和社会保障局党委书记、局长吴秀丽等领导出席座谈会，来自全省81所技工院校校长及各地市人社局代表参加会议。省人力资源和社会保障厅职业能力建设处处长刘晓燕主持会议。

（潘文婷）

高等教育

【安徽师范大学概况】安徽师范大学始建于1928年，是安徽建校最早的高等学府，现为安徽省人民政府与教育部共建高校、安徽省委省政府优先建设的省属重点综合性大学和安徽省特色高水平大学重点建设高校，入选全国重点马克思主义学院（全省唯一）和部校共建新闻学院试点单位（全省唯一），荣获第二届“全国文明校园”称号。学校现有文学院等18个学院以及继续教育学院和国际教育学院，并办有安徽师范大学皖江学院、附中、附小和附幼，拥有文学等11个学科门类，形成博士、硕士、学士等教育不同层次，全日制高等教育、成人高等教育、留学生教育等不同类型的完整人才培养体系。入选安徽省高峰学科6个，进入ESI全球前1%学科2个，安徽省重点学科18个，省级学科建设重大项目3个。现有博士后流动站6个，博士学位授权一级学科11个，硕士学位授权一级学科31个，硕士专业学位授权点21个，本科专业91个。大学本部现有在编教职工2438人，其中专任教师1799人，含教授369人、副教授556人。拥有国家级教学团队3个，全国高校黄大年式教师团队1个。校园占地总面积202.43万平方米，建筑面积107.37万平方米，教学科研仪器设备总值6.54亿元。学校图书馆是全国古籍重点保护单位，现有纸质图书303.17万册，电子图书251万种，电子期刊6.89万种，数字资源101种，古籍文献19万余册，古籍善本700余种，其中《洪武正韵》为国内唯一不配不补全本。学校办有安徽师范大学出版社和《安徽师范大学学报》《高校辅导员学刊》《学语文》《安徽师大报》等多种公开发行的学术期刊、报纸。学校是全国首批获准招收公费留学生的高校之一，也是国家华文教育基地、安徽省国际交流合作基地、安徽省汉语国际推广中心。

【开展党史学习教育】统筹抓好学习研讨、教育培训、理论宣讲、研究阐释、主题活动和实践教育，承办全省高校庆祝建党百年文艺展演等重大演出10余场次，组织巡回宣讲300余场，形成“总书记的红色足迹”“红歌里的党史”等多个特色品牌。全面开展“我为师生办实事”实践活动，办成实事137项，特别是投入6000余万元实施办学史上最大规模的基础设施改造和宿舍维修工程。

【落实立德树人任务】推进“三全育人”，强化“五育并举”，加强“四个课堂”联动，不断提升人才培养质量。2021年，学生在省级及以上学科竞赛中获奖2247人次、1196项，其中全国大学生艺术展演一等奖3项（全国高校第二）、全国大学生数学竞赛一等奖1项（全省最好成绩）、中国国际“互联网+”创新创业大赛1银1铜（学校最好成绩）、全运会3金1银1铜，特别是王春雨在东京奥运会女子800米决赛中勇夺第五名并创造中国田径新历史。1人获评“第十六届中国大学生年度人物入围奖”，1人获评“中国大学生自强之星”，1人入选全国高校“百名研究生党员标兵”，等等。

【完成脱贫攻坚与定点帮扶任务】做好对口帮扶工作，定点帮扶单位宿松县三德村顺利脱贫，学校驻村工作队获评全省脱贫攻坚先进集体，1人获“省脱贫攻坚先进个人”，1人获“省优秀选派干部标兵”。接续选派2名干部支援繁昌区蔡铺村、中分村乡村振兴建设。突出教育扶贫特色，发挥教师教育特色和学科专业优势，打造形成“乡村振兴美化师”“农民丰收节”“稻田音乐会”等多个活动品牌。

【人才工作取得突破】研究出台“学科”和“教学”两个系列人才政策，首批聘任232人。全年新增“全国五一劳动奖章”、国家“万人计划”教学名师等国家和省级人才称号（荣誉）46人次，实现国家重大人才工程项目的新突破。

【科研创新取得重要成果】修订科研业绩分类认定、绩效奖励办法，推进科研工作提质增效。2021年，学校实现省科学技术奖一等奖新突破，获得省科学技术奖一等奖2项（含第一参与单位1项）、三等奖1项和科学技术合作奖1项（全省仅2项）。新获批2个安徽省工程实验室，获批国家级科研项目立项65项，荣获省级教学成果奖30项（其中特等奖4项，全省第一）。

【推进学科专业建设】成立高峰学科建设工作领导组，制定高峰学科建设实施办法，完善学科建设机制，高峰学科年度绩效评估1个“好”等次、2个“较好”等次、3个“一般”等次。学校新增3个博士学位授权一级学科（其中体育学和地理学填补安徽省一级博士点的空白）。6个专业接受二级认证进校考查，至此完成进校考查师范专业10个（全省第一）。

（孙良林　卢　文）

【安徽工程大学概况】安徽工程大学是以工为主的省属多科性高等院校、安徽省重点建设院校、安徽省博士立项建设单位。学校办学始于1935年，现有教职工1600余人，在校全日制本科生23000余人，研究生1700余人。学科涵盖工、理、文、管、经、法、艺等门类，设有机械工程学院等16个二级学院和继续教育学院，现有60余个本科招生专业，17个一级学科硕士学位授权点，11个硕士专业学位授权类别，3个自主设置交叉学科硕士学位授权点。学校机器人现代产业学院入选国家首批现代产业学院。学校承办第二届长三角新文科教育专业认证联盟大会、当选为长三角现代产业学院协同育人联盟常务副理事长单位，实现与长三角部分高校课程共建共享、学分互认。车辆工程专业通过教育部工程教育认证专业，工商管理专业通过长三角新文科教育专业首批认证。11个专业获批国家级和省级一流专业建设点，2个新专业获得教育部批准备案。获批国家级、省级大学生创新创业计划项目382项、教育部产学合作协同育人项目71项。学生在省级以上学科竞赛中获奖690余项。22名教师荣获省级以上教学竞赛奖项。学校被安徽省列入博士学位授予立项重点建设单位。工程学学科首次进入ESI全球排名前1%。设计学软科排名进入前22%，机械工程软科排名进入前48%。控制科学与工程学科在安徽省高峰学科建设方案论证和年度绩效评价工作中均获评“好”等级。获批国家科学基金项目16项，省部级项目52项，首次获批区域创新基金，9项成果获年度安徽省科学技术奖，首次以主持单位荣获省科技进步一等奖和自然科学二等奖。学校入选首批赋予科研人员职务科技成果所有权或长期使用权改革试点单位，连续入选安徽省发明专利百强排行榜前20强。学校全职引进博士研究生83人，人才团队1个。公开招录辅导员、管理人员及实验人员48人。入选省级各类人才计划项目9人次。与上海理工大学、青岛大学联合招收博士后，与奇瑞汽车、长信科技、埃夫特智能装备等企业联合培养博士后。组织开展教师“思想政治工作巩固年”活动和师德师风专题教育，开展“从教30年”教师认定和表彰工作。获批教育部“人文交流经世项目”。招生录取留学生25人，引进国（境）外教师4人。学校成为芜湖市首批“人民城市建设合伙人”。安徽工程大学未来技术学院获芜湖市发展和改革委员会立项并获经费支持。与海螺集团签署战略合作协议，与奇瑞公司联合开展奇瑞卓越工程师培养班。脱贫攻坚与乡村振兴工作有序衔接，学校驻陈堂村扶贫工作队荣获省脱贫攻坚先进集体荣誉称号。

【庆祝中国共产党成立100周年】举行庆祝中国共产党成立100周年“七一”表彰大会暨师生歌咏比赛，对省委、省政府表彰的安徽省脱贫攻坚先进集体，省委教育工委表彰的先进基层党组织、优秀共产党员、优秀党务工作者等进行宣传。成立党史学习教育领导小组和巡回指导组，制定工作方案，高质量完成各项规定动作，自选动作彰显特色。完成“我为师生办实事”项目541项。

【被安徽省列入博士学位授予立项建设重点单位】2021年，安徽工程大学被安徽省列入博士学位授予立项建设重点单位，获批1500万元专项建设经费。出台《<博士学位授予单位立项建设方案>的实施方案》，全面推动博士学位授予立项单位建设，生师比、专任教师博士化率、近五年师均年科研经费和生均经费四项关键指标建设成效显著。

【成为第一批芜湖市“人民城市建设合伙人”】安徽工程大学被选定为第一批芜湖市“人民城市建设合伙人”，芜湖市委副书记、市长宁波一行来校调研校地合作，与安徽海螺集团有限责任公司签订校企战略合作协议，与芜湖市合作签订“市产业发展扶持资金”项目。

【退休老党员50万特殊党费映初心】在中国共产党建党百年之际，有着51年党龄的老党员、离退休党委教辅退休党支部党员莫新民向学校党委交上一笔50万元特殊党费。

（汪千松）

【皖南医学院概况】2021年，皖南医学院办学规模保持稳定。有银湖校区、滨江校区、赭麓校区三个校区，占地46.67公顷，各类建筑40余万平方米。学校设有16个二级学院。全日制在校生18392人，其中研究生

1424人、本科生16050人、专科2人、专升本916人；成人高等教育学生7202人。教职医护员工5396余人。本科教育设有28个专业，涵盖医、理、工、管、经、法6个学科门类，研究生教育有一级学科硕士学位授权点5个、专业学位授权类别6个。有2所直属附院。

【深化新时代教育评价改革】成立教育评价改革工作领导小组，出台《关于贯彻落实〈深化新时代教育评价改革总体方案〉的实施意见》，发布任务分解表。对照教育评价改革要求，制定修订制度7项。2个项目获省深化新时代教育评价改革试点项目立项。

【提升教育教学质量】召开教学工作会议暨第十四次临床教学工作会议。临床医学、护理学专业获批为国家级一流本科专业建设点，2个专业获批为省级一流本科专业建设点；1门课程获批国家级一流课程。坚持“五育”并举，出台全面加强新时代大学生劳动教育、体育和美育的实施办法；以“五育并举·三全育人”为主题，开展教育思想大讨论。新增非直属附属医院3所、教学医院2所。承办省首届大学生护理临床技能竞赛并获团体一等奖。毕业生初次就业率92.21%、年终就业率97.34%。

【学科学位点建设取得突破】重症医学科入选国家临床重点专科建设项目。省高峰学科年度绩效评价获较好等次。临床医学保持ESI排名前1%。新增省级临床重点专科3个，一附院神经外科连续4年入选中国医学科学院科技量值百强榜单，烧伤科连续2年、眼科首次入选百强榜单。获批公共卫生硕士专业学位授权类别。获批省级博士后科研工作站。增列“马克思主义理论”为校级B类一流学科。制定并落实博士立项单位建设五年规划。

【提高科研能力】召开第七届科技工作会议。获批纵向科研项目166项，资助经费2305万元。其中，国家自然科学基金项目8项。首次获批国家卫健委5G+医疗健康应用试点项目。获安徽省科技进步奖二等奖1项，三等奖2项。获省科技进步奖二等奖1项、三等奖2项，省创新争先奖1项，省医院协会科技创新奖三等奖2项。获授权专利29项。承办芜湖市大学生专利创新大赛，学生获特等奖、一等奖各1项。

皖南医学院2021年教学工作会议暨第十四次临床教学工作会议召开

（王曦云 提供）

【推进师资队伍建设】召开第三次人才工作会议。首次实施人才引进与培养二级管理目标责任制，实现人才工作目标责任化、管理清单化。修订并落实引进高层次人才和团队实施办法，校本部引进高层次人才4人、附院15人；校本部招聘博士9人、附院9人。校本部博士达124人，较2020年增加8.8%。晋升教授13人、副教授36人、高级实验师1人。获批省学术技术带头人2人、省江淮名医4人、省“特支计划”卫生创新领军人才1人。1人获第八届“全国道德模范”称号。7人分获安徽最美教师、省教科文卫体系统“师德先进个人”“医德先进个人”称号。1人获“安徽省高校辅导员年度人物”称号。

【拓展对外合作与交流】学校被选为芜湖市第一批人民城市建设合伙人。安徽省公共卫生临床中心（芜湖）项目（一附院北区）开工建设。以一附院作为依托医院、安徽省人民政府与北京天坛医院合作共建的首都医科大学附属北京天坛医院安徽医院协议签署，并接受国家发改委专家组实地考察。与宣城市人民政府签订市校战略合作协议。招收首批国际留学生2名。举办皖南医学院—拉曼大学生命健康国际论坛。

【依法治校】出台并落实《皖南医学院加强法治工作推进依法治校整体工作方案》。推进制度"废改立"工作，学校层面新建制度14项、修订制度18项，废止制度20项。开展《民法典》宣传月等活动。规范招标采购，被评为"2021年度安徽省高校招标采购先进集体"。学校在全省高校法治工作视频会议上作交流发言。完成校学术委员会、专门委员会、二级学院专家委员会换届。召开八届四次党代会、八届四次教代会暨七届四次工代会，第十四次学生代表大会。制定并落实校园安全专项整治三年行动2021年集中攻坚实施方案，学校保持平安稳定。

【疫情防控】制定并落实学校疫情防控常态化下应对学校突发新冠肺炎疫情处置预案。推进师生疫苗接种，教职员工接种率为97.64%，学生接种率为99.71%。开展全员核酸检测和抽检。在校师生"零感染"。一附院荣获省医学会"抗击新冠肺炎疫情先进集体"称号。

【综合实力提升】一附院被评为国家消化系统肿瘤MDT试点建设优秀医院；与宣城市人民医院、芜湖市第二人民医院等单位，合作共建省级区域医疗中心；皖南急救医学中心完成主体结构验收；二附院优化门诊诊疗流程，增设睡眠疾病等特色门诊；综合病房大楼建成并投入使用；北区门诊开诊；医疗条件在国家卫健委医政医管局星级评定中，位列安徽省省属医院第2位。

（王曦云　王　悦）

【安徽信息工程学院概况】安徽信息工程学院是经教育部、安徽省人民政府批准设立，由高科技企业科大讯飞股份有限公司举办、安徽省教育厅主管的非营利性民办应用型大学。学校占地面积80余公顷，校舍建筑面积36万余平方米。现有全日制普通本科在校生12000余人；教职工700余人，其中自有专任教师近500人。设有计算机与软件工程学院（大数据与人工智能学院）、电气与电子工程学院、机械工程学院、管理工程学院、艺术设计学院、通识教育与外国语学院、马克思主义学院及大学生综合素质与能力培养中心、大学生创意与创新中心和大学生创业管理服务中心。设置软件工程、人工智能、自动化、机械设计制造及其自动化、市场营销、环境设计、英语等24个在招本科专业，形成以工学为主，经、管、艺、文等多学科协调发展的专业布局。图书馆纸质藏书102万余册，电子图书104万册，电子期刊18万余册。现有6个实验教学中心，下设覆盖全校所有专业的79个实验（实训）室。建有6个省级示范实验实训中心以及8000余平方米的室外素质拓展基地和室内拓展训练室；校外实习基地225家。建成具有一定示范性的涵盖智慧教育、智慧管理和智慧园区的智慧校园。教学科研仪器设备总值9000余万元。2021年，学校各项教育事业发展取得显著成效，连续三年入选"中国一流民办大学"排行榜第三，学校的教育教学改革、科技创新、学生创业、党史学习教育等被中国青年报、中国教育报、人民网等国省市各级媒体报道50余次，省长王清宪、教育部原副部长鲁昕等领导到校调研，对学校在人才培育、教育教学改革、科研创新、学科竞赛、专利发明等方面取得的成效，表示肯定。学校特色亮点彰显、社会影响力、认可度不断增强。

【人才培养】2021年，学校推进"4L4D+Cx"项目化教学体系和基于线上线下的混合式教学改革；成立项目化和混合式教学课题组，输出典型课程教学模式及其案例集、教师、学生手册等阶段性成果；启动C2022版人才培养方案修订工作，明确基于项目的学习课程体系，加大混合式教学改革力度，实现学生4年完成不少于20个项目，混合式教学改革课程占课程总门数的比例不低于50%的目标；学校获批"三全育人"综合改革试点高校，电气与电子工程学院和艺术设计学院获批试点院（系）；学校2021届毕业生初次就业率业率93.96%，排名全省第一，最终就业率95.1%，连续6年保持安徽省本科高校前三；2021届全校毕业生平均月收入较上年增长8.4%，其中，计算机学院（大数据学院）和电气与电子工程学院较去年增幅均超12%以上。

【创新创业】2021年，学科竞赛参与7692人，学生参与率达65%，获省级以上奖项709项，其中国家级100项，同比增长82%；校大学生钱阵团队的"科创3D—开启工业级3D打印的中国造"项目，荣获第七届中国国际"互联网+"大学生创新创业大赛高教主赛道金奖，成为除中国科学技术大学之外安徽省第二所获得高教主赛道金奖的本科高校；在校学生在2021年全国大学生广告艺术大赛、电子设计竞赛中均荣获全国一等奖，取得历史性突破；学校获批国家级大学生创新创业训练计划项目99项、省级项目303项，创历史新高；首个省级科技企业孵化器——安徽信息工程学院现代制造业软件科技企业孵化器成功获批，顺利完成市级创业孵化示范基地和市级众创空间复审验收，持续开展“安信工创客汇”系列品牌创业活动，新增项目（企业）孵化数量72个（家），较2020年增长24%，新增9个注册企业。

【科学研究】2021年，学校首个国家级创新平台——世界知识产权组织技术与创新支持中心（安徽信息工程学院）获批授牌运行，成为世界知识产权组织在华设立的第四批50个技术与创新支持中心运行单位之一，中心被认定为安徽省首批省级知识产权信息公共服务网点；2021年度获批纵向项目立项40项，其中教育部产学合作协同育人项目9项，安徽省哲学社科规划项目等省厅级项目26项，芜湖市科技计划项目5项。年度承接横向课题103项，到账经费323.07万元；学校申请专利914件，授权404件，其中发明专利授权70件，同比增长19%；承办并完成芜湖市第十届大学专利创新创业大赛，连续6年保持参赛作品数量第一、晋级复赛作品数量第一、晋级决赛作品数量第一、获奖总数量第一、获等级奖项总数第一的“五个领先”；安徽省市场监督管理局、安徽省教育厅、安徽省经济和信息化厅发布2021年安徽省发明专利百强榜再次入榜，从2020年的第95位上升到2021年的第64位。

（林学翔）

【芜湖广播电视大学概况】芜湖广播电视大学于1979年2月成立，为芜湖市政府直属公益类事业单位，是一所以现代信息技术为支撑，面向社会成员提供学历与非学历继续教育，服务地方经济社会发展和全民终身教育的公办本科成人高校。校本部位于芜湖市镜湖区环城西路，占地面积7000平方米，建筑面积12500平方米，交通方便、环境安静。学校下设无为、繁昌、南陵、湾沚四个工作站，加挂芜湖市社区大学、芜湖市社区科普大学、芜湖市老年开放大学。芜湖广播电视大学围绕服务全民终身学习这一主线，坚持以学历教育、非学历继续教育、特色培训、社会服务四轮驱动，服务地方经济社会发展。在20余个专业（方向）开展招生，其中专科起点本科层次专业（方向）14个，专科层次专业（方向）14个，每年培养毕业生2000余人；校培训基地承担全市科技、社工图书等六大类16个专业的专业技术人员继续教育培训项目。学校每年依托远程教育技术与无纸化考试管理平台成功承办各类事业单位招聘考试和职称考试，受到社会各界的广泛好评。

【举办党员干部专题培训班】6月21—25日，芜湖广播电视大学举办2021年度党员干部专题培训班，全校党员干部参加培训。培训班聚焦党史学习教育，优化课程设置，在“课堂教学+现场教学”的基础上，以更管用、更灵活、更有效为目标，精心设计六大环节，让广大党员干部深刻领悟习近平新时代中国特色社会主义思想精髓，进一步理解和把握党的十九届五中全会精神内涵，并通过中国共产党百年辉煌历程与宝贵经验的总结，进一步增强党员意识，提高党性修养。

【推进科学知识的传播与普及】6月4日，芜湖广播电视大学与市科协签署《芜湖市社区科普大学共建合作协议》，推进科学知识的传播与普及，丰富市民终身教育内容，促进社区科普教育事业健康发展。双方共同致力于全面推进科学知识传播和普及，促进社区科普教育事业健康发展，提升学习型城市建设水平。

【召开第四届工会委员会换届选举大会】7月2日，芜湖广播电视大学第四届工会委员会换届选举大会在召开。市人大常委会副主任、市总工会主席董萍一行莅临会议，党委班子成员及全体工会会员出席大会。按照《工会法》《中国工会章程》规定，选举产生芜湖广播电视大学第五届工会委员会委员、工会经审委员会委员和女工委员会委员。

【共建大学生社会实践基地】7月19日，学校与安徽师范大学生态与环境学院共建大学生社会实践基地签约暨揭牌仪式在学校综合楼会议室举行。双方加强合作，开展丰富多彩的科普知识宣传活动，增强大学生社会实践服务地方经济发展的长效性和实效性。

【疫情防控】2021年疫情期间，全校党员干部带头参与学校疫情防控工作，零距离全力以赴投入到服务全员核酸检测工作中。7月25日，按照结对共建的淳良里社区疫情防控工作需求，学校改造并建成芜湖广播电视大学核酸检测采样点、成立芜湖广播电视大学党员志愿服务队，协助开展检测工作。众多学生党员志愿加入抗疫一线，彰显新时代成人学生的使命和担当。

【“乐学芜湖”上线】11月，学校自建微信小程序“乐学芜湖”上线。通过手机端就可以免费使用图书、期刊、讲座、听书、绘本等各类优质资源。

【接受安徽开放大学专家组办学评估】12月13—15日，校本部及下属无为、繁昌工作站接受安徽开放大学专家组办学评估实地检查。专家组通过听取汇报、查看资料、召开座谈、实地查看等形式对学校近三年的办学情况开展评估检查，肯定学校的办学质量和办学水平。

【加强继续教育基地建设】经市人社局批准，学校启动并增设2021年芜湖市工程全部系列16个专业的专业课继续教育培训项目。依托安徽开放大学继续教育平台拓展芜湖市专技人员专业课继续教育项目类型。根据学员需求，增设2019、2020年全部六大类各专业补学课程项目，全面开通各专业转岗培训项目，解决学员继续教育学时缺漏问题。2021年全部参学学时由4.2万学时增长到6.5万学时，同比增长50%。加强非学历教育考点考试管理，克服疫情困难，承担各类非学历教育考试工作，做好社会化服务。2021年参加考试人员10000余人次。

【开展社区科普教育活动】芜湖市社区科普大学、芜湖市老年开放大学围绕全国科普日、世界环境日、食品安全、睡眠健康、老年人智能手机应用等主题开展社区活动及社区科普教育。6月，根据“人与自然和谐共生”主题，围绕世界环境日、碳中和、保护生物多样性、垃圾分类等主题，在沐荷园南湖、淳良里等社区向社区群众科普环境保护、节约资源及疫情防控等有关知识。配合全市开展2021年食品安全周活动，以“尚俭崇信，守护阳光下的盘中餐”为主题，邀请专家走进三山区龙湖街道新城社区开展“明明白白去购物”科普知识讲座，帮助公众树立健康饮食理念，提升消费信心，提高食品安全意识和科学应对风险的能力。7月，开展“玩转手机，智慧生活”老年人智能手机科普培训公益活动，使社区零基础的老人初步掌握微信聊天、网上预约挂号的一些基本功能，提高手机支付风险防范意识。

（宋　冕）

老年教育

【芜湖老年大学概况】芜湖老年大学创办于1984年9月。是全市老年教育的高等学府，成为广大老年学员的精神家园、求知乐园和文明校园。市老年大学开设书画、音乐、保健、舞蹈等8个系，15个学科，38个专业，75门课程，209个教学班，兼职教师111人，老年学员达9599人次。

2021年，先后荣获“全国先进老年大学”“全国示范老年大学”和“全国敬老文明号”“省级示范老年大学”“省级文明单位”等荣誉称号。

【帮助老年人跨越“数字鸿沟”】1月14日，芜湖老年大学与市教育局联合发起倡议，在全市大、中学生中开展“我教爷爷奶奶用手机”的专项敬老活动。3月5日，芜湖老年大学与芜湖传媒中心共同打造《我看电视学手机》公益电视课程开播；7月，同市急救中心、市疾控中心等7个部门制作《看电视说度夏》电视公益课程；11月，与芜湖传媒中心共同打造《看电视聊健康》公益电视课程。全年摄制41期，在芜湖电视台生活频道、教育频道、中广有线互动平台、“今日芜湖”APP以及“芜湖老年大学”微信公众号播出，每周一课，每节课30分钟，约27万老年人融入智慧助老的活动中，受到全市老年人的广泛关注和普遍欢迎。

【举办安师大选派生任课聘用仪式】7月8日，芜湖市老年教育委员会、芜湖老年大学举办安师大选派生到我校任课聘用仪式，此次安师大研究生院选派11名各学科的优秀研究生到芜湖老年大学任教。芜湖老年教育委员会、芜湖老年大学表示，将与包括安师大在内的众多高校签订战略合作协议，引领越来越多的年轻学子、志愿者走进老年大学（学校），开展助老服务，共同应对人口老龄化，推动老年教育事业发展。

【“县（市）区老年大学”系列专题片开播】9月16日，“县（市）区老年大学”系列专题片开播，截至11月19日制作播出8期。全市形成以芜湖老年大学为龙头、县（市）区老年大学为骨干、街道（乡镇）基层老年学校为依托的老年教育体系，老年教育覆盖率不断提升。

【开展重阳节慰问活动】10月14日，“融入新征程欢乐报党恩——喜迎2021年重阳节活动”在校礼堂举行。市委副书记张庆亮出席并讲话，代表市委市政府向全市老年人致以节日问候，对老年教育发展提出要求。市委副秘书长章世海，市委组织部副部长、老干部局局长王满平参加。活动中以视频形式展示市、县（市）区老年大学办学成果，回顾“数字鸿沟”扫盲行动开展以来制作播出的公益电视课程集锦。

【召开全市老年大学校长工作会议】12月24日，全市老年大学校长工作会议在芜湖老年大学召开。会议由市老教委常务副主任、市老年大学校长王沧江主持。市老年大学副校长李荣生作年度工作总结，各校交流发言。会议总结2021年工作，学习《中共中央　国务院关于加强新时代老龄工作的意见》，提出2022年全市老年教育工作的基本认识和思路，强调做好2022年各项工作，迎接党的二十大胜利召开。

【老年教育取得丰硕成果】2021年获省以上荣誉有：芜湖老年大学《摄影》《太极拳》课程获全国老年远程教育优秀特色课程；《老年人学声乐》《普通话诵读艺术》获全国老年大学优秀出版教材和省老年大学系统精品教材；参加省老年大学协会“线上学习之星”评选5人获一等奖，学校获优秀组织奖；在省老年大学协会主办、芜湖老年大学承办的“我的智能生活”征文活动中，我校郝德英获一等奖，施珠香、杜国辉获二等奖，朱丹、盛桐生、翟德萍获三等奖。芜湖市老年教育委员会获优秀组织奖。

【重视疫情防控】学校成立新冠疫情防控工作小组，创新防控举措，决不让一例“黄码”进入校园。学校把老年学员的安全健康放在第一位，招生全部实行线上微信报名。开学前，通过大数据筛查，提前掌握全体学员安康码状况，并开展免费核酸检测，排除安全隐患。上好预备课，建好班级微信群，打通线上线下交流平台。落实课前“两码联查”，及时通知“不合格者”不要到校，做到精准防控。增添人脸识别门禁系统，把好校门关，将“两码联查”后未能及时联系到的“不合格者”隔离在校门外。执行测体温、戴口罩等防控措施，通过红外测温仪、视频监控系统、校园广播等仪器和举措，把疫情防控工作做深、做细、做精准，让每一位学员安全愉快地享受校园生活。

【推进新校区建设】市委市政府高度重视芜湖老年教育发展，为提升芜湖老年大学办学条件，决定将九华山路200号交付给市老年大学使用，新建芜湖老年大学赭山校区，项目于9月份立项，建筑面积6000平方米，投资4500万元。正在按计划推进。

（王怡璇）

体育

Sports

综述

【概况】 2021年，芜湖市运动员在省级以上国内外重要赛事中获得奖牌307枚，其中金牌100枚。向省级及以上专业队和体育院校输送运动员102人。审批二级运动员129名、二级社会体育指导员113名。全年无一例兴奋剂事件。全市举办各级各类全民健身活动3000余场次，参加活动人员60万余人次。全市体育场地9115个，人均体育场地面积2.14平方米。体育社团组织230个。全市获得社会体育指导员技术等级证书9155人。销售体育彩票约5.24亿元。制定实施《关于以创建全民运动健身模范市为抓手促进人民城市建设的工作方案》《芜湖市“十四五”体育发展规划》《芜湖市全民健身设施补短板五年行动计划（2021—2025年）》。

芜湖市体育局荣获2021年度安徽省体育局体育强市工作考核“优秀”单位（全省仅6个地市获得）表彰。芜湖市体育局荣获第十九届市级文明单位称号。芜湖途居马仁山房车露营地被中国汽车摩托车运动联合会评为五星级营地。

【成功举办芜湖市第十四届运动会】 2021年9月至11月举办的芜湖市第十四届运动会是芜湖市体育历史上规模最大、项目最多、参与人数最多的一届体育盛会。本届市运会坚持“绿色、

百城千村健身展示

（洪明辉 提供）

低碳、活力、共享”的办赛理念，以“全民市运、乐动芜湖”为办赛主旨。由芜湖市人民政府主办，市体育局、市教育局、市残联、各县市区人民政府、各开发区管委会等单位承办，各县市区、开发区体育行政部门、有关体育协会、有关单位协办。以各县市区、经济技术开发区、三山经济开发区、市直机关、市总工会和高校为单位组团参赛。面向社会公开征集会徽，金奖作品“活力芜湖，精彩市运”确定为会徽，创作会歌《大路通天向未来》。市运会开幕式11月5日在市奥体中心体育馆举行，11月25日在市广播电视台演播大厅举行闭幕式。

【特色办赛模式】2021年，芜湖市体育在举办体育比赛的模式上面采取“三会合一”模式，即市十四运会、市全民健身运动会、残疾人运动会和特殊奥林匹克运动会三会合办。项目设置方面，市运会设青少年部（中小学组、高校组）、群体部、残运特奥部，55个大项，690个小项，其中青少年部中小学组新设5个项目；群体部新设6个项目；残运特奥部残运项目新设2个项目；首次开展特奥比赛，设置4个特奥项目。比赛联动方面，24项比赛在县市区和开发区举办、7项比赛在高校举办、24项比赛在市奥体中心体育场馆举办，形成县县有比赛、区区有活动、人人可参与、全市办市运的格局。

【加强长三角区域体育交流合作】2021年6月，市体育局赴江苏省张家港市参加2021年长三角一体化全民健身示范区联盟论坛活动。参加首届长三角龙舟赛暨盐城市第四届龙舟赛。举办长三角地区象棋邀请赛。

群众体育

【召开全民健身工作委员会（扩大）会议】8月27日，芜湖市召开2021年全民健身工作委员会（扩大）会议，总结全市全民健身工作情况，部署下一步全市全民健身工作的任务。会议强调，开展全民健身运动是国家战略，做好全民健身工作的重要意义，要完善全民健身基础设施建设；完善全民健身公共服务体系，为建设体育强市，推动全市全民健身事业不断发展作出新的贡献。

【全民健身场地设施建设】构建市、县市区、镇（街道）、行政村（社区）四级全民健身设施网络和城市社区15分钟健身圈，全市新建全民健身场地设施190个（省体育局部署年度任务数为178个），其中建成赭山公园健身广场、神山公园6.7千米健身步道和休闲运动场、梅冲山地自行车与徒步赛道等。市奥体中心维修改造工程和田径（足球）副场等项目开工建设。

【开放公共体育场馆】弋江区、三山经济开发区创新工作方法，通过政府购买服务等方式，与学校、社会力量共建共享体育场馆，向辖区群众提供篮球、羽毛球、乒乓球、游泳、健身等运动项目低免服务。市奥体中心等公共体育场馆向社会低免开放。

【开展全民健身活动】全市各级体育行政部门和有关单位以及各单项体育协会、俱乐部联动，举办迎新登高、“跑遍中国·美好安徽”芜湖马拉松线上赛、无为市纪念“三八”国际妇女节主题活动暨首届巾帼毅行大会、南陵县全民健身“体彩杯”乒乓球赛、镜湖区“百万中老年人习练健身气功五禽戏全省大联动”活动、鸠江区“心新相印

为爱一起跑

（洪明辉 提供）

为爱‘1’起跑”、弋江区“弋心跟党走、助力芜湖蓝”第六届“快乐行走”大型健康公益徒步活动、湾沚区半程马拉松赛和“相约红杨·放飞心灵”户外主题活动、繁昌区“体彩杯”广场舞大赛、经济技术开发区赛球赛、三山经济开发区职工健步行活动、市直机关第七届职工运动会、“全民健身日”等各类健身活动达3000余场次，吸引60万余人次参与其中。

【芜湖成为全国社区运动会试点赛区“首发”城市】5月9日上午，2021年“我要上全运”全国社区运动会（试点赛区）暨芜湖市首届“乐动芜湖”社区运动会在市奥体中心南广场启动。芜湖成为全国首个开赛的试点赛区。来自奥园社区的300余位运动爱好者参加本届运动会的首场比赛。本次比赛有乒乓球、羽毛球、篮球、中国象棋、广场舞等全运会群众赛事项目，有跳绳、定向等非全运会群众赛事活动项目，还有滚铁环、套圈、夹弹珠、跳绳等自选类项目。市民在运动会上展示自我、快乐比拼，共享运动快乐。各县市区分别举办2场社区运动会。

【参加第十四届全国运动会群体部比赛】组织参加第十四届全国运动会群体部10个项目的选拔赛，53名运动员代表安徽参加龙舟、健身秧歌等6个项目的全运会决赛，获得2个群众赛事展演类项目三等奖（弋江区健身秧歌和南陵县籍山镇24式简化太极拳）。

【获得“全国围棋之乡”称号】全国围棋之乡是中国围棋协会为鼓励、促进围棋发展较好地区的政府机构有效履行相关职责的功能性称谓。芜湖市在传承围棋文化、推进围棋普及与发展、鼓励支持围棋活动举办中取得明显成效，2021年7月，芜湖市获得“全国围棋之乡”称号，为期三年。

【入选国家智能社会治理实验基地】2021年9月，根据中央网信办、国家发展改革委、教育部、民政部、生态环境部、国家卫生健康委、市场监管总局、国家体育总局8部门评审，芜湖市体育局成为安徽唯一入选“国家智能社会治理实验基地（体育特色）”的单位。

【获得荣誉】2021年9月，芜湖市体育局、芜湖市湾沚区文化旅游体育局、芜湖市鸠江区文化旅游体育局、芜湖市气排球协会、芜湖职业技术学院体育教学部、无为市光明体育用品有限公

11月5日，芜湖市第十四届运动会开幕

（洪明辉 提供）

司、芜湖市繁昌区平铺镇等7家单位被国家体育总局授予“2017—2020年度全国群众体育先进单位”，李俊录、柯慧（女）、沈从民、李荣（女）、强中长、朱迎秋（女）等6人被国家体育总局授予“2017—2020年度全国群众体育先进个人”。

竞技和青少年体育

【推动青少年体教融合发展】利用学校体育场馆和体育教师的资源，开展排球、击剑、足球、摔跤、柔道等项目市队校办工作。成功举办市第二十一届中小学生阳光体育运动会、省青少年“未来之星”阳光体育大会芜湖分会场活动、“奔跑吧·少年”儿童青少年主题健身活动。承办省青少年田径锦标赛、省中小学生激光射击锦标赛、省青少年科技体育锦标赛航天模型暨“飞向北京　飞向太空”全国青少年航空航天教育竞赛安徽选拔赛。新增命名10所市级体育传统项目学校、1家市级青少年体育俱乐部、4家户外体育活动营地，青少年体育组织得到健康发展。

【国赛获奖】芜湖籍运动员在第十四届全国运动会上获得4枚奖牌（3银1铜）。其中姚千寻获得射击项目女子25米手枪银牌；俞乐凡、江晨阳、许乔飞获得击剑项目男子重剑团体银牌；俞乐凡获得击剑项目男子重剑个人赛银牌；汤玲玲获得空手道项目女子61公斤以上级铜牌。

【省级比赛成绩突出】2021年7月，市射击队在省青少年射击锦标赛上，获得金牌23枚、银牌19枚、铜牌9枚和金牌第一、团体总分第一的好成绩，这是芜湖射击队连续33年蝉联省射击赛团体总分第一，捍卫安徽省“射击梦之队”荣誉。2021年7月，市跆拳道队在省青少年跆拳道锦标赛上，获得金牌7枚，银牌4枚，铜牌5枚和团体总分第二。2021年7月，市游泳队在省青少年游泳锦标赛上，获得金牌15枚、银牌12枚、铜牌18枚和团体总分第二。

体育产业

【芜湖马仁奇峰森林高空体育旅游获批国家体育产业示范项目】2021年4月，芜湖马仁奇峰森林高空体育旅游被国家体育总局认定为国家体育产业示范项目。

【参展2021中国体育文化博览会和体育旅游博览会】2021年11月，2021中国体育文化博览会、中国体育旅游博览会在广州举行，芜湖市组织6家相关单位参展（安徽展区）。

【全省体育行业职业技能大赛取得佳绩】2021年9月，芜湖市代表队在安徽省体育局、安徽省人力资源和社会保障厅、安徽省总工会主办的2021年安徽省体育行业职业技能大赛中，获得“社会体育指导员”游泳项目职工组、学生组两项冠军。

【体育文化】发挥体育文化引领作用，把社会主义核心价值观融入体育教育全过程。2021年6月，举办全市“弘扬体育精神　传承体育文化”主题演讲比赛。继续加强与芜湖传媒中心战略合作，“芜湖体育”电视栏目、“芜湖体育在线”微信和微博公众号影响力不断扩大。

（洪明辉）

卫生健康

Health and Hygiene

综　述

【概况】 2021年，市卫健委贯彻落实习近平总书记关于疫情防控、卫生健康计划生育工作和考察安徽重要讲话指示精神，坚持以人民为中心的发展思想，统筹经济社会发展和疫情防控大局，不断夯基础、提增量、谋新局、保安全，全市医疗服务能力持续改善、群众就医感受不断提升。

【完善养老普惠性托育机构】 2021年，芜湖市出台《芜湖市3岁以下普惠性婴幼儿照护服务机构入托补助方案》，备案普惠性托育机构48个，注册托育机构（包括幼儿园托班）可提供托位数7121个，千人口托位数达1.7。完善老年健康服务体系，创建老年友善医疗机构，二级以上综合性医院设置老年医学科比例达35%以上，6家基层社区（村居）获评全国、全省示范性老年友好型社区。

【扩大“两癌”筛查人群】 2021年，芜湖市扩大“两癌”筛查人群，额外惠及5万适龄妇女。奖扶对象和特扶对象按省标准或超省标准资金全部发放到位。慰问计生特殊家庭人员3021人次，发放慰问金额102.3万元。截至11月份，婚检率达96.18%，出生缺陷防治任务完成率122.53%，咨询随访率为97.4%，农村妇女“两癌筛查”任务完成率100%。

【启动国家卫生城市创建】 2021年，全市申报创建省级卫生镇、村（社区）和先进单位194个，复审126个。在省内率先制定并实施《健康示范镇（街道）标准（试行）》。率先完成国家级和省级健康素养监测。弋江区和南陵县先后通过国家级和省级健康促进县区验收，无为市和繁昌区启动和建设省级健康促进县区。

【加强疫情防控】 把疫情防控作为首要政治任务，顶格调度、妥善处置1例南京疫情关联无症状感染者和3例境外输入无症状感染者疫情，在全省率先对入境人员实“14+7+7”管理，全省率先启用核酸检测信息系统，2天半时间完成市区全员核酸检测，未出现一例二代病例。设立市疫防办秘书科，专项负责常态化疫情防控日常工作，始终保持临战状态外防输入，内防反弹，坚持人物同防。圆满完成额济纳旗滞留旅行团返芜专列人员解除隔离后接转工作。推进疫苗有序接种，超额完成12岁以上新冠疫苗全程接种任务，快速推进加强针和3—11岁儿童新冠疫苗接种。

【推动合作引进】 推进皖南医学院与北京天坛医院合作建设神经系统疾病国家区域医疗中心，依托华东师范大学附属芜湖医院（市二院）建设省级区域医疗中心。围绕省公共卫生临床中心（芜湖）、一院儿童医学中心、皖南肿瘤防治中心、国家中医传承创新基地等项目，打造一批市属三级医院的专科特色。华东师范大学附属芜湖医院（市二院）博士后工作站、阜外医院心血管培训中心（芜湖）、国家中医急重症医学区域诊疗分中心、华东师范大学听语康复博士临床实践基地相继挂牌，2个省级医学研究中心获批建设。开展知名专家“四固定”合作，柔性引进长三角专家来芜坐诊908人次、服务就诊患者2.16万人次。

【推动中医传承创新】 出台《芜湖市促进中医药传承创新发展重大举措》，推进国家中医传承创新基地和皖南中药制剂中心项目建设，全市中医医疗机构

138家，建成中医馆76个，建有岐黄学者、省级以上名中医传承工作室19个，基层卫生中医药适宜技术使用率达到100%。

【建设标准化社区医疗卫生机构和村卫生室】芜湖市350所城市社区医疗卫生机构和村卫生室完成标准化建设，51家卫生院全部达省“双基”标准。5家中心卫生院达到二级医院水平。6家社区卫生服务中心创建为社区医院。开展优质服务基层行动活动。全面落实在岗村医养老保障，在全省率先启动村（居）公共卫生委员会建设。

【改善就医服务十大举措】印发《关于提升卫生健康服务能力促进人民城市建设的工作方案》，实行改善就医服务十大举措，开展“最多付一次”改革和“互联网+护理”试点，改善医疗服务品质、增强群众健康福祉。推出无偿献血爱心卡，献血2000毫升以上的市民可免费乘坐芜湖市所有县、区内运营的公交线路以及芜湖市轨道交通。在市区人员密集、流动量大、影响明显的学校、车站、场馆、景区等公共场所配置50台AED（全自动体外除颤仪），为芜湖市人民群众生命安全保驾护航。排查矛盾纠纷，化解信访积案，办理回复信访件1340件，有效解决群众诉求。

【推行医疗协作信息监测工作】开展实地督查工作和紧密型县域医共体“回头看”，依托“两平台四中心”推行远程医疗协作。跨省就医率降至8.4%以下，同比下降10个百分点。县域内就诊率达70%以上。强化公立医院绩效管理，在全省首次全系统应用医疗服务质量和绩效分析评价系统、公立医院经济运行监测信息系统。开展“公立医疗机构经济管理活动年”活动，全面贯彻落实预算管理。

（刘　健）

爱国卫生工作

【概况】芜湖市爱国卫生运动委员会是市政府的议事协调机构，常务机构是芜湖市爱国卫生运动委员会办公室，负责统一领导、统筹协调全市环境卫生、防病治病、病媒生物防制、健康教育工作。2021年，芜湖市在巩固省级卫生城市的基础上，启动国家卫生城市创建。弋江区创建成国家级健康促进区，南陵县创建成省级健康促进县。湾沚区花桥镇，繁昌区荻港镇，无为市十里墩镇、泉塘镇、红庙镇、开城镇、泥汊镇、姚沟镇、鹤毛镇、洪巷镇、昆山镇创建成省级卫生镇。截至2021年底，芜湖市为省级卫生城市，南陵县为国家卫生县城，无为市为省级卫生城市。国家卫生镇2个，省级卫生镇24个，卫生镇覆盖率63.4%。

【启动国家卫生城市创建】2021年，启动国家卫生城市创建，成立以市委主要负责人为组长的创建工作领导小组，印发《关于印发芜湖市创建国家卫生城市工作实施方案的通知》（芜创卫办〔2021〕1号），各创建区及有关成员单位均成立以主要负责人为组长的领导小组并印发工作方案，围绕健康教育与健康促进、市容环境卫生、生态环境、重点场所卫生、食品和饮用水安全、疾病防控与医疗卫生服务等方面有序推进各项创建任务落实。针对重点场所和薄弱环节，加强日常工作与督查暗访。

【控烟工作】突出党政机关示范引领作用，联合市直机关工委印发《关于开展无烟机关（单位）创建活动的通知》（芜爱卫〔2021〕1号），开展无烟党政机关创建工作，截至2021年底，全市70%以上的党政机关创成无烟党政机关。发挥医者先行作用，实现无烟医疗机构覆盖率100%。与市教育局、市妇联联合推进无烟学校和家庭建设，在全市开展中小学生“我要健康成长·共建无烟环境”主题控烟绘画作品征集大赛，普及控烟理念。开展“5·31世界无烟日”大型宣传活动，注重营造氛围，利用微信平台开展控烟有奖答题，控烟大赛作品展览等宣传活动。全市《“三位一体”共建共享无烟环境》案例作为全省唯一，成功入选健康中国行动推进典型经验案例。

【爱国卫生宣传】在全市63条公交线，1300辆公交车辆，1900个电视屏幕中，利用上下班出行高峰时间播放禁烟、除四害、倡导健康生活方式、控油、健康素养趣味短视频每天8800条次，覆盖人群每天近30万人次。在全市24个车流、人流量大的公交候车亭设置宣传栏，营造浓厚创卫氛围，传播健康文明的生活方式。集中在全国爱国卫生月、爱国卫生法制宣传周期间，向广大市民发送20余万条宣传短信，开展“依法科学治

5月20日，市爱卫办、市疾控中心联合南陵县创建省级健康促进县领导小组办公室在南陵县城东实验学校举办“5·20”中国学生营养日大型主题宣传活动和健康讲座　（马　阳 提供）

理，共建健康家园”主题爱国卫生法制宣传周活动，宣传《安徽省爱国卫生条例》和文明健康绿色环保生活方式。在健康芜湖官微推出“爱国卫生有奖知识问答”有奖竞答活动，倡导群众践行健康生活方式，提高广大群众参与爱国卫生活动的积极性、趣味性。

【病媒生物防制】开展病媒生物集中治理和监测工作，在部分老旧小区、农贸市场等重点公共场所开展病媒生物集中治理工作，指导各县区做好环境卫生整治、病媒生物孳生地治理和消杀工作。加强环境卫生整治和病媒生物治理，助力常态化疫情防控，全市病媒生物治理水平达到国家卫生城市创建标准。

（马　阳）

医院建设

【芜湖市第一人民医院概况】芜湖市第一人民医院始建于1939年，是芜湖市第一家由政府兴办的公立医院。历经八十余载风雨变迁，发展成为一所集医疗、预防、保健、康复、教学、科研和急救为一体的三级甲等综合性医院，是芜湖市儿童医学中心、芜湖市健康体检质量控制中心、安徽理工大学附属芜湖医院和临床医学院、皖南医学院临床学院，同济大学附属上海市第十人民医院合作医院、东南大学附属中大医院合作医院、上海交通大学附属国际和平妇幼保健院合作医院、浙江大学医学部合作培训基地、浙江大学医学部附属儿童医院协作医院、安徽省儿童医院医联体成员单位。医院占地15.4公顷，床位1500张。2021年，全年门急诊人次增长30.6%，出院人数增长5.1%，手术例次增长1.91%，其中四级手术增长1.94%，病人满意度99%以上，药占比29.59%，下降0.34%，平均住院日8.1天，减少0.3天，CMI（病例组合指数）0.824，较上一年提高0.028，疑难病例RW≥2的病例数769人次，较上一年明显提升。

【疫情防控】芜湖市第一人民医院由芜湖市新冠肺炎后备定点医院调整为定点医院。医院对住院部大楼进行改造，按照发热门诊设置规范新建发热门诊投入使用。为配合做好一例“无症状感染者”的流调工作，医院进行为期2周的封闭管理，未发生一例院内感染。全年召开疫情防控会议33次，针对全国各地的散发疫情及时调整医院防控策略。每周对疫情防控重点部门进行防控督查，每月对全院各科室防控措施落实情况进行专项督查，院纪委协同检查，将督查中发现的问题建立台账，及时整改。开展全院大规模防控培训3次、专题演练2次。完成核酸检测和疫苗接种工作，疫苗接种6246针次，本院职工接种1231人次，接种率98%，加强针完成487人次。承担经开区、鸠江区等基层单位的疫苗接种保障3780人次，完成政府指令性任务。

【推进学科建设】2021年，全院11个学科成功入选“十四五”各级重点专科，取得历史最好成绩。在消化疾病诊治中心的基础上，成立甲状腺疾病诊治中心和儿童内分泌诊治中心。在皖南地区率先开展全麻下小儿无痛支气管镜检查及治疗，在质量和数量上处于省内领先水平。在全市首开新生儿及高危儿随访门诊，率先推出新生儿日间病房服务。与省儿童医院签署医联体合作协议，成立名医工作室，成功完成皖南首例胸腔镜下先天性食管闭锁手术，进一步提升“儿童医学中心”的建设内涵。以创建老年友善医院工作为抓手，为老年病患者提供优质、便捷的“一站式”服务。肝胆外科成功完成腹腔镜下巨大肝血管瘤切除术和高位肝门部胆管癌根治术，标志着医院四类手术再上新台阶。骨科在市内率先开展椎间孔镜下腰椎间盘突出症的通道治疗。妇科各类盆腔脏器脱垂手术和韧带悬吊技术等专科水平快速提升，取得一定的区域影响力。烧伤整形科在难治性创面治疗上影响力逐步扩大，神经内科和心血管内科介入治疗能力大幅提升。消化道内镜早癌筛查、IBD诊治工作处于芜湖市领先水平。

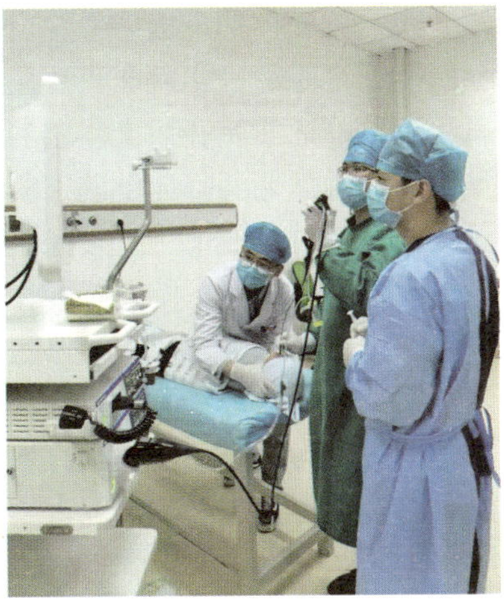

市一院儿科在全市率先开展小儿支气管镜技术，并成功完成多例支气管镜取异物术　（余　婕　提供）

【加强运营管理】成立运营管理委员会，制定运营管理委员会章程和工作实施方案。持续推进三级公立医院绩效考核工作，完成4次国家、省市级三级公立医院绩效考核指标上报。医院确定的重点改进指标成效明显，相关课题荣获省医院协会科技创新奖。2021年根据国家最新版公立医院内控管理办法首次开展系统性内控风险评估工作，不断完善医院内控制度体系。通过对HERP运营管理系统升级改造，搭建医院综合运营精细化管理的业务基础平台系统。上线医用耗材管理SPD系统和高值耗材智能柜，实现追溯管理，实时反映医院耗材支出成本。全年对临床科室开展两轮病种分值结算网格化培训，梳理相关疾病诊断入系统，方便临床科室选择，完成医保系统升级，全面实行按病种分值付费。推广日间手术，全年日间手术结算278例。

【提升医疗质量】2021年，医院利用手术期跟踪监控系统进一步落实手术分级管理制度。强化医师授权管理，确保手术及有创操作的质量和安全。全年日间手术占比、出院患者微创手术占比、出院患者三级及以上手术比、大型医用设备检查阳性率、临床路径入径完成率较上年同期均有所增长。持续加强医疗质量安全预警管理，2021年不良事件上报1181例，接待投诉317例，有效投诉同比下降13.1%，医疗纠纷处理例数和赔付金额较2020年明显下降，医疗风险防范能力进一步加强。继续强化核心制度落实、加强质量安全培训及督导，全年完成50余次全院大会诊，院外专家会诊103次，院内多学科会诊3次。抗菌药物使用强度控制在40以下。开展三甲复审推进会议11次，借助三甲医院复评审全面规范医疗行为，提升医疗质量。完成全院24个单项护理质控标准及11个特殊科室质控标准的修订。全年完成护理质控督查786项次，促进护理质量的持续改进。监测出医院感染发病率0.43%。#Ⅰ类手术切口感染率0.51%。手卫生依从性85.7%、正确率94%。传染病报卡2062张，上报率100%。食源性报卡439例，完成率125%。

【重视人才梯队建设】全年成功引进高层次人才6人。选拔7名初级医务人员参加住院医师规范化培训。97人次医务人员外出学习和交流，开展以提升医院质量管理、科研创新、新冠肺炎防治能力为主的培训月活动。举办院内外专家讲座14次、新冠肺炎专项培训7次，提高职工综合素养。21人参加城市医疗卫生机构对口支援基层卫生工作，选派一名儿科医生参加短期援藏工作，完成255名职工岗位聘任与职称内部等级晋升工作。

【科教研水平提高】2021年，医院申报各级各类科研项目60项，较上年有极大的提高，首次申报国自然项目2项，获批省市级项目29项，校级项目10项。其中消化内科和儿科申报的两项课题获得安徽省卫健委立项。2021年发表论文66篇，其中SCI8篇，北大核心期刊2篇，统计源期刊25篇，专利2项。全年92项科研项目完成院内科研申报，入库项目44项。推进国家临床药物试验管理规范（GCP）基地建设，加入“江淮暨安徽GCP专科联盟”。全年接收7所学校不同专业的276名实习生来院实习，其中安徽理工大学临床学院第一批学生开班，较好完成临床带教工作。引进“医师说”等工作坊培训模式，不断提高教师队伍教学能力。皖南医学院16级临床专业实习生在

"皖南医学院第九届大学生技能竞赛"中荣获三等奖的好成绩。2021年举办继教项目18场。培训楼和宿舍楼已经结构封顶，完成培训楼的搬迁工作，医技护培训项目100项、培训6833人。组织完成19级助理全科培训学员基地结业考核和2020级助理全科培训学员助理执业考试前模拟考试工作，考核合格率99%。

【强化应急管理】统筹编制及修订医院各类突发事件卫生应急预案30条，制定医院应急工作管理手册。调整安全生产委员会委员，全年发现和查处安全问题56条，安全隐患19处，均已完成整改，修订《芜湖市第一人民医院安全生产风险点手册》，改进检查方式，加大检查力度，确保风险排查落到实处。加强设备信息化管理，督促使用科室通过扫码开展急救设备使用及报修。对上级环保部门检查出的问题加大整改力度，办理排水许可证，对污水处理站完成验收，医疗废弃物信息化被芜湖市评为试点单位并向全市推广。完成老区资产移交，与市120急救中心配合完成院前急救楼的前期筹建工作。按要求落实药品采购，配合药事会做好目录内药品调整工作。首次通过信息安全三级测评，通过省卫健委、省公安厅、市网信办等多部门的多次网络专项督查，全年无一起网络安全事件发生。

【改善服务流程】以门诊自助机、微信小程序、门诊、药房排队叫号系统等多种平台为载体，通过手机结算、预约诊疗、信息推送等多种方式，为患者提供便捷、舒适的就诊模式。医院互联网建设基本完成，通过省互联网医院评审，依托信用体系，实现先诊疗后付费服务，有效解决患者三长一短问题。增设儿科夜间专家门诊，是市级医院中首家开设的夜间专家门诊。推进门诊中心化建设并且开设"综合服务"窗口和"最多付一次"活动，减少病人来回奔跑次数。门诊自动发药机成功上线，静配中心建成并向多个科室推广使用。在全院开展老年友善医院创建工作，开设老年病和综合评估门诊，为老年患者就诊提供各类便捷渠道，创建成果荣获国家卫健委老年友善医疗机构建设和老年人心理关爱项目典型案例，获批30万项目经费补助。优化义诊工作流程，开展门诊特色义诊和MDT门诊，加大义诊开展的频次。在门诊增设医生咨询台，方便解答门诊患者的问题，减少患者重复排队等候时间。

【助推文化建设】院工会、团委、护理部等部门组织开展"绿满江城　美丽一院"植树节活动，开展"党领医心梦　健步映征程"健步走等各项文娱活动，丰富职工的文化生活。在正月十五，举办"廉洁谜语闹元宵"活动，将廉洁教育融入民俗文化。为职工活动室添置运动器材，完成医护洗浴间改造试点工作，提升职工幸福感。引导新进员工融入医院志愿服务活动。全年院内职工1598人次参与志愿服务。在全院开展"美国心脏协会基础生命支持（BLS）国际认证培训班"，提高和规范医护人员的急救水平和能力，逐步打造医院的急救文化。在一系列文化活动中涌现出一批先进集体和个人。先后荣获"全国巾帼建功标兵""安徽省优秀共青团干部""芜湖市三八红旗手"等荣誉称号。医院急诊急救团队荣获芜湖市急救技能比赛一等奖。一名男护士在芜湖市护理创新案例演讲竞赛中获得一等奖。成功创建第十九届市文明单位。

（余　婕）

【芜湖市第二人民医院（华东师范大学附属芜湖医院）概况】医院始建于1953年，是芜湖市人民政府创办的第一所综合性医院。历经68年，是一所集医疗、教学、科研、预防、保健、康复为一体的三级甲等综合性医院，是皖南医学院非直属附属医院、临床学院和硕士生培养点，南通大学芜湖临床学院，复旦大学附属中山医院协作医院，复旦大学附属肿瘤医院友好合作医院，中国医科大学附属盛京医院"盛京医疗联盟"医院。2020年，医院成为华东师范大学直属附属医院，更名为华东师范大学附属芜湖医院，揭开医院划时代发展新篇章，为新时期医院更好更快融入长三角一体化高质量发展发展奠定坚实基础。

医院现占地面积6.6万平方米，建筑面积16.8万平方米。开放床位2132张，设有35个临床科室、14个医技科室、56个护理单元、8个教研室。2021年，服务门急诊患者116.79万人次，服务住院患者6.88万人次，完成手术2.81万台次，其中三类以上手术占比72.62%。拥有职工2105人，其中高级职称393人，硕士350人，博士20人，硕士生导师32人，教授、副教授69人，华师大博士后科研工作站6人，江淮名医5人，芜湖市卫生健康系统优秀人才23人，华佗计划“市级名医”3名，“卫生优秀人才”6人，“卫生骨干人才”7人，芜湖市“5111”产业创新团队2个。医院总资产达12.58亿元，医疗设备价值5.38亿元，拥有价值万元以上医疗设备2358台，其中PET/CT、256层螺旋CT、磁共振、直线加速器、SPECT、DSA、DR、检验流水线、基因分析仪等百万元以上设备81台。

【医疗技术】骨科为国家十二五重点临床专科建设项目，泌尿外科和麻醉科为安徽省十二五临床重点培育专科。普外科、急诊医学科为安徽省十三五临床重点培育专科。普外科、呼吸内科为安徽省十四五医疗卫生重点专科建设项目。肝胆外科、呼吸内科、泌尿外科（泌尿外科临床医学中心）、肿瘤防治中心、内分泌科、肾内科为芜湖市十四五医学重点专科，检验科、医学影像科、麻醉科、心血管内科、临床心理科、听力与言语医学中心为芜湖市十四五医学重点培育专科，胃肠外科、妇科、骨科、急诊医学科为芜湖市十四五医学重点专科（扶持），重症医学科、卒中中心、护理学科为芜湖市十四五医学重点培育专科（扶持）。先后组建芜湖市急诊医学中心、芜湖市肿瘤医院、芜湖市临床检验中心、芜湖市医学影像会诊与质控中心、芜湖市临床病理会诊与质控中心、芜湖市远程医学中心、芜湖市新生儿听力筛查及聋儿诊治中心、芜湖市肺结节诊治中心。拥有国家级学会成员32人，省级学会成员291人，市级学会成员187人。

【教学科研】医院是国家医师资格考试实践技能考试与考官培训基地，卫生部普外科、泌尿外科、耳鼻喉科、妇科内镜与微创医学培训基地，中国医师人文医学执业技能培训基地，国家级大学生校外实践教育基地，国家级住院医师规范化培训基地，国际造口师临床教学基地，安徽省全科医学师资培训基地，省骨科、ICU、手术室、急诊科、伤口造口、新生儿、糖尿病、PICC、肿瘤专科护士培训基地，形成较为完善的科研与培训体系。2018年医院被遴选为国家级建立健全现代医院管理制度试点医院，作为首批17个公立医院改革国家联系试点城市的龙头医院

（陈　虹）

【芜湖市中医院概况】芜湖市中医医院，始建于1958年，60余年历史，是安徽省创办最早的中医院之一，在全国中医界素享“江南中医一枝花”的美誉。全院业务用房面积12万平方米，开放床位1366张，设有44个临床科室，67个中医专病门诊。医院是安徽省具有一定规模的融中西医医疗、预防、保健、技术及教学、科研为一体的大型综合性三级甲等中医院，高校直属附属医院。院制剂室是安徽省可生产剂型最多的制剂室之一。

【疫情防控】2021年，芜湖市中医院常态化抓疫情防控工作。发挥医院“哨点”作用，强化医疗检验、院感控制、核酸检测、药品、防疫物资保障等工作，制定应急预案，开展应急演练，落实发热门诊患者闭环管理。为定点医院和集中隔离点人员配送中药汤剂，选派3批次55名护理人员支援全市全员核酸检测和隔离医疗保障工作，为芜湖市疫情防控工作贡献中医力量。开展疫苗接种工作，疫职工疫苗接种率在全市公立医院中率先达标。

【提升业务能力】获批安徽省中医医疗中心、省级中医骨伤临床医学研究中心、省级健康促进医院、省级中医药文化宣传教育基地单位、省级区域中西医结合传染病救治基地、入选第一批长三角名中医工作室项目建设单位（岐黄学者方邦江教授名医工作室）、引进杨骏国家级名中医传承工作室、两项省级传统医药类非遗代表性项目等荣誉，骨伤科荣登全国中医医院专科榜骨科榜第一方阵，脑病科、心血管科荣获“十四五”省级中医优势专科，医院成为芜湖市唯一获此殊荣的单位。医院戴氏骨伤（东关骨伤芜湖戴氏流派工作室）获批省中医药学术流派传承工作室。洛阳郭氏正骨再收5名师承学员，将有效推动全国知名正骨学术流派与医院本土学术流派的交流与合作，促进学术繁荣。新增“十四五”期间1个省级重点专科、10个市级重点专科，“中医骨伤”“中医治未病”“中药药事”“中医护理”4个市级质控中心挂靠医院，带动全市中医药医疗服务能力提升。

【医疗改革】北京路分院开

诊，中医药传承与创新研究中心建设项目封顶，皖南中药制剂中心项目开工，新建发热门诊投入使用。改革院内绩效考核办法，科学设置考核体系，发挥绩效指挥棒作用。6项重点国考指标中，医院4项超全国满分线，两项趋于接近满分线。在市公立医院DRG质量绩效分析中，在衡量医疗疑难程度的CMI指标体系中，医院位列全市首位。改善群众就医体验行动落地，一站式服务中心建立，中医综合治疗区推广“夜间门诊”，中医护理门诊增设“周末门诊”，方便群众就医。智慧医院信息化系统初步构建，顺利通过省卫健委“电子病历应用水平分级评价四级水平”的检查、评定，在全市率先推行“先诊疗后支付”。完成医保“贯标”和新医保的切换。率先实现与省财政厅票据管理平台的互联互通，开出全市首张电子医疗发票。

【科研结硕果】2021年立项省教育厅科研项目10项、卫健委科研15项，申报专利4项。与芜湖圣美孚公司联合开展“5G医疗健康脑中风家庭—社区—医院三级防控示范基地”项目建设工作。郑梅生团队“中医化痰利湿法治疗高血压的机制研究和临床应用”获安徽省科学技术奖三等奖。

（耿　佳）

【安徽省皖南康复医院（芜湖市第五人民医院）概况】安徽省皖南康复医院（芜湖市第五人民医院）始建于1976年，是一所集医疗、护理、教学、科研、预防、康复、保健、急救为一体的三级康复专科医院和二级甲等综合性医院，全国综合性医院中医药工作示范单位，国家级爱婴医院，安徽省工伤康复定点医院，安徽省脑瘫康复定点医院，安徽省职业健康检查和职业病诊断机构，安徽省首家创建“无红包医院”合格单位，省级卫生先进单位，芜湖市“文明单位”和“诚信医院”。是安徽医科大学、安徽中医药大学、皖南医学院教学医院，安徽中医药高等专科学校康复临床学院，安徽省卫生健康职业学院双主体教学医院。安徽省校企合作示范基地，每年接受医学院校实习生约260人，临床学院学生240人。是华东师范大学嗓音与言语康复中心（芜湖），华东师范大学言语康复科学专业博士研究生临床实践基地。加盟东南大学附属中大医院，成立3个分中心：康复技术研究与转化皖南分中心、神经内科诊疗中心芜湖分中心、介入与血管外科中心芜湖分中心。

医院占地面积4.6万平方米，实际开放床位1050张，设置28个临床科室，13个医技科室。医护员工862人，专业技术人员791人。高级职称141人，兼职教授、副教授12名，硕、博士47人。安徽省名老中医2人，芜湖市优秀人才3人。2021年门诊量达40万人次，住院达2万人次，业务收入近4亿元。医院康复医学科为安徽省“十三五”临床重点培育专科，骨科（脊柱外科）为芜湖市“十三五”重点扶持学科。骨与关节康复科、中医康复科、神经康复科、听力与言语医学中心、心肺康复科为芜湖市“十四五”医学重点专科。

【建成康复科学博士研究生临床实践基地】2021年3月15日，“华东师范大学言语康复科学专业博士研究生临床实践基地”暨“黄昭鸣教授言语康复工作室”在医院揭牌成立。12月30日，华东师范大学嗓音与言语康复中心（芜湖）在医院揭牌。通过黄昭鸣教授及其团队的指导，完成24310例嗓音、言语、语言、吞咽、认知的评估与治疗。受到患者的一致好评。专业影响力和知名度越来越大。此次成立的“华东师范大学嗓音与言语康复中心（芜湖）”是院校合作的第三个成果。

【加盟引进并举】2021年10月23日，广东省康复医学会会长、中山大学附属第三医院康复科主任窦祖林教授吞咽康复门诊工作室落户五院。加盟东南大学附属中大医院，成立三个分中心：康复技术研究与转化皖南分中心、神经内科诊疗中心芜湖分中心、介入与血管外科中心芜湖分中心。

（孟　婷）

社会生活

Social Life

综　述

【概况】2021年，全市城镇新增就业7.6万人，城镇登记失业率为2.14%。2021年全市城镇居民人均可支配收入48668元、增速9.2%，综合排名全省第三位。全年全市职工基本养老、工伤、失业保险分别参保115.77万人、55.37万人、56.05万人，城乡居民基本养老保险参保155.96万人。全年为1.6万户中小微企业发放稳岗补贴3841.2万元，通过减降社保费为企业降低成本2.1亿元。按规定为全市36.9万名企业和机关事业单位退休人员调整养老金待遇水平，月人均养老金平均水平由调整前的2498.01元提高到调整后的2624.84元，月人均增加养老金126.83元。

2021年，市人社局被评为安徽省脱贫攻坚先进集体、安徽省农民工工作先进集体、芜湖市优化营商环境先进集体，荣获芜湖市扫黑除恶与社会治理贡献奖。

人力资源

【首家省级人力资源服务产业园落户芜湖】2月10日，安徽省人社厅批复同意在芜湖人力资本产业园设立省级人力资源服务产业园，名称定为“安徽芜湖人力资源服务产业园”。安徽芜湖人力资源服务产业园是落实国家支持服务业发展战略规划，完善安徽省服务业产业布局的重要举措。9月17日，安徽芜湖人力资源服务产业园揭牌。省人社厅副厅长刘少华、市副市长姚凯出席揭牌仪式。按照“一园多址、功能互补”的梯次化园区发展新模式建设的安徽芜湖人力资源服务产业园，立足芜湖、辐射全省、联动长三角，致力于提升现有劳动力的资源化，促进区域间人力资源匹配的精准化，推动全省人力资源服务业发展的协同化。

【打造“宜业芜湖”】2021年9月，芜湖市制定《关于打造“宜业芜湖”促进人民城市建设的工作方案》，创新开展促进就业认知行动，通过“分年级特色宣讲、分专业走访实习、常态化精准招聘”，提升在芜高校大学生的“城市认知、产业认知、实践认知、政策认知、就业认知、创业认知、择业认知”，邀请金牌导游开展59场宣讲，对在芜高校4万名新生完成“城市认知”宣讲全覆盖。新增打造“才聚江城·链尚芜湖”“紫云英花开·芜湖等你来”“千企百校”高校行品牌，宣传芜湖、招揽人才，分66批次赴70所次高校初步达成就业意向1.3万余人。

【打造安徽创业“第一城”】10月份，芜湖市对标江浙沪等先发地区做法，在全省率先出台《关于打造“创业芜优”之城的意见》，围绕“人才、平台、资本、生态”四个维度，全面提升创业政策竞争优势，推动芜湖打造安徽创业“第一城”，入选芜湖2021年度十大新闻。宣传推广“创业芜优、出彩芜限”主视频，制作人才、平台、金融、服务政策视频13个、青年创业就业典型10人，视频播放730万人才，被学习强国宣传5次，人民日报、澎湃新闻、光明网、安徽日报等媒体宣传8篇次，经验做法被省人社厅工作简报刊发。

【召开芜湖市人才一体化综合服务平台新闻发布会】4月9日，市人社局在市政府新闻发布厅，召开“市人才一体化综合服务平台新闻发布会”。市政府副秘书长丁亚敏主持会议，市人社局党委委员、副局长甘桂林就平台建设情况、建设成效和下一步打算进行介绍，市人才办、市卫健委、市住建局、市教育局相关负责人就媒体提问进行解答。市人才一体化综合服务平台是全省首个人才综合服务管理平台，4月1日上线，实现人才政策一“站”查，补贴一“站”领，服务一“站”办，分析一“站”明，考核一“站”显。市人才一体化综合服务平台的上线，标志着芜湖市人才服务工作向通办、快办、好办的新型服务模式迈进。

第46届世界技能大赛飞机维修项目国家集训队芜湖选手罗凯训练中

（马金安 提供）

人事人才

【概况】12月份，省人社厅公布2021年全省人力资源服务机构等级评定结果，芜湖市19家人力资源服务机构榜上有名。其中，江川人力资源有限责任公司、欧睿德人力资源服务有限公司被评为5A级人力资源机构，实现芜湖市全省人力资源服务机构最高等级突破。1月21日，2020年度享受国务院特殊津贴和安徽省政府特殊津贴人员名单发布，市芜湖职业技术学院孙晓雷、国营芜湖机械厂阚艳、奇瑞新能源汽车股份有限公司倪绍勇、安徽华星电缆集团有限公司吴俊生、奇瑞汽车股份有限公司王学勇、杨超等6人获批享受国务院特殊津贴，市第二中学刘宏法、繁昌区教师发展中心李应平、市教育科学研究所胡亚明等3人获批享受省政府特殊津贴。至此，全市享受省级以上特殊津贴人数达110人次。

【入围第46届世界技能大赛国家集训队】4月16日，省人社厅公布安徽省入围第46届世界技能大赛国家集训队人员名单，芜湖市飞机维修项目谢凯培、罗凯，建筑金属构造项目张林，工业机械项目路海杰，CAD机械设计项目肖井龙等5位选手成功入围。此次进入国家集训队的选手，将经过集训选拔，确定63个竞赛项目的最终参赛选手，代表中国队参加于2022年10月12—17日在上海举办的第46届世界技能大赛。

【安全生产特种作业人员实操考试中心投入使用】4月25日，由市人社局、市应急管理局合作共建的市安全生产特种作业人员实操考试中心投入使用。实操考试采用实物设备和系统仿真相结合的形式，实现考试系统自动出题、自动判断、智能评分的智能化管理。市安全生产特种作业人员实操考试中心的运行，标志着全市特种作业人员培训考核迈入新阶段，对于提高全市特种作业人员安全素质，预防和减少各类生产安全事故具有重要意义。

【命名“名师带高徒”】7月份，为全面实施职业技能提升行动，推进技能强市建设，芜湖市完成2021年度“名师带高徒”评选。安徽复兴电缆集团有限公司居盛文等40位名师、吴云等80位徒弟入选2021年度芜湖市“名师带高徒”人员名单。至此，全市师徒结对130对次。

【第46届世界技能大赛3项目获批中国集训基地】7月份，人社部发布第46届世界技能大赛中国集训基地名单，芜湖市获批第46届世界技能大赛3个项目中国集训基地。其中，国营芜湖机械厂获批第46届世界技能大赛飞机维修项目中国集训基地，芜湖技师学院获批第46届世界技能大赛机电一体化项目和移动应用开发项目中国集训基地。

【再增20名战略性新兴产业人才】7月20日，经组织申报、专家评审、复核公示等程序并报市人才工作领导小组研究同意，国营芜湖机械厂范鑫等20人被评为芜湖市第四批战略性新兴产业优秀人才。截至2021年底，全市开展四批选拔工作，评选出80名战略性新兴产业优秀人才。

【新增4个省级高技能人才项目】9月份，省人社厅发布2021年省级高技能人才培训基地和技能大师工作室建设项目单位名单，市芜湖建康技工学校获评省级高技能人才培训基地，安徽机电职业技术学院杨浩技能大师工作室、安徽华通电缆集团有限公司陶天宝技能大师工作室和安徽凌宇电缆科技有限公司李万松技能大师工作室等3个工作室获评省级技能大师工作室。截至2021年底，全市省级以上高技能人才培训基地4家，省级以上技能大师工作室18家。

【全国职业技能竞赛再创佳绩】9月24—26日，2021年全国职业技能竞赛"匠心杯"装备维修职业技能大赛决赛在四川省成都市成功举办，本届大赛为国家一类赛，是装备维修领域规模的职业技能竞赛。大赛由中央军委装备发展部、人力资源社会保障部联合举办，来自军地354名技术技能人才同台竞技。市国营芜湖机械厂选手顾伟、唐起源、曾垒分别获得无损检测项目全国第一名，电子装调项目全国第二名、第三名的优异成绩，3人同时荣获"全国技术能手"光荣称号。

【"紫云英"人才服务平台升级上线】11月份，"紫云英"人才服务平台全新升级上线。平台利用居民服务"一卡通"平台数据，运用信息化技术，实现人才服务事项办理"一趟不用跑，资金更安全"，为"紫云英人才计划"方案的快速落地提供技术支持。

【芜湖9人获奖】12月份，2021年度"江淮杰出工匠"和"安徽省技能大奖"名单揭晓。芜湖市有4人荣获"江淮杰出工匠"荣誉称号，5人荣获"安徽省技能大奖"。按照规定，获评"江淮杰出工匠"和"安徽技能大奖"荣誉称号的选手将分别获得每人20万元和5万元一次性奖励。

【招才引智】2021年，芜湖市制定"紫云英人才计划"9个配套实施细则，全方位推进"3113"人才工程，促进一号工程落实落细，全市新增取得职业资格证书的专业技术人员5273人，工程、文旅、农业、教育、卫生等行业取得上一级专业技术资格人员4425人。全年新招引高层次人才团队74个、领军人才150人、高端人才1500人、大学生3.27万。2021年，新增博士后科研工作站4家（全市52家），4个博士后科研项目受省级资助，新引进博士后23人，在站总人数达62人，创历史新高。

【入选省学术技术带头人和后备人选】2021年，奇瑞商用车（安徽）有限公司周定华、安徽中医药高等专科学校姚应水、中国人民解放军第五七二〇工厂阚艳、陈卫林、市教育科学研究所董建功入选省学术和技术带头人。中国人民解放军第五七二〇工厂张小辉、奇瑞汽车股份有限公司王学勇入选省学术和技术带头人后备人选。至此，芜湖市入选省学术和技术带头人及后备人选人数增至19名。

劳动保障与监察

【概况】2021年，全市职工基本养老、工伤、失业保险分别参保115.77万人、55.37万人、56.05万人，城乡居民基本养老保险参保155.96万人。全年为1.6万户中小微企业发放稳岗补贴3841.2万元，通过减降社保费为企业降低成本2.1亿元。为全市36.9万名企业和机关事业单位退休人员调整养老金待遇水平，市人社局、磊宇农民工返乡创业示范园分别被安徽省农民工工作领导小组授予"安徽省农民工工作先进集体"荣誉称号，湾沚区人社局丁云飞获评安徽省农民工工作先进个人，孙青等8名农民工获评安徽省优秀农民工。市联合调解中心、新芜经济开发区劳动争议调解委员会、奇瑞汽车股份有限公司调解委员会、三只松鼠股份有限公司劳动争议调解委员会等4个调解组织位列安徽省第一批金牌劳动人事争议调解组织。

【省集中职工社保系统顺利上线】3月11日，芜湖市上线省集中职工社保系统，上线首日经办业务4767笔，业务系统运行总体平稳。省集中职工社保系统上线后，标志着全市职工养老、工伤、失业等业务实现统一办理、数据共享、服务协同。

【健康体检平台上线】4月

份，市健康体检平台上线，全市机关事业单位工作人员可通过皖事通进入平台，进行体检预约、购买健身套餐、服务评价、线上结算等业务办理，实现健康体检服务线上化、移动化。

【完成2021年调整退休人员基本养老金】6月份，芜湖市开展2021年退休人员基本养老金的待遇调整及发放工作。全市36.9万名企业和机关事业单位退休人员参与本次调待，月人均养老金水平由调整前的2498.01元提高到调整后的2624.84元，月人均增加养老金126.83元。

【马仁奇峰景区实现社保卡“一卡畅游”】9月份，马仁奇峰景区“旅游一卡通”应用上线，市民可凭第三代社保卡或电子社保卡入园，展码验票、自助购票、畅享旅游、全程无忧。

【首家驻外农民工综合服务站在上海市设立】10月份，无为市设立安徽无为市驻上海皖籍农民工综合服务站，开展在沪农民工就业创业、维权、帮扶等综合服务，为驻沪的无为市农民工提供服务“港湾”，支持引导返乡创业、建设家乡。

【完善城乡居保制度提高待遇水平】11月份，芜湖市印发《关于加发城乡居民基本养老保险高龄基础养老金的通知》，从2022年1月1日起，对全市年满65周岁及以上领取城乡居民基本养老保险待遇人员加发高龄基础养老金，具体标准为：年满65周岁至69周岁，每人每月加发5元；年满70周岁至79周岁，每人每月加发10元；年满80周岁及以上，每人每月加发15元。

【轻轨支持第三代社保卡刷卡乘车】11月份，芜湖市轨道交通1号线开通运营，市民可使用第三代社保卡刷卡乘车，老年人、学生、残疾人等特殊群体可以享受相应的优惠政策。轻轨站点附近的部分合作银行网点可提供快速制卡、账户激活、公交充值等服务，为群众出行用卡提供便利。

【承办南京都市圈区域城市间养老保险待遇领取资格认证合作专题会议】12月17日，南京都市圈区域城市间养老保险待遇领取资格认证合作专题视频会议顺利召开。本次会议由芜湖市承办，都市圈区域内十个地市人社局、社保经办机构负责人及业务经办骨干参加会议。此次会议，按照全面落实《南京都市圈发展规则》中确定的人社工作任务，加强都市圈地区社会保险政策协调，围绕“探索建立区域城市间养老保险待遇资格认证合作机制”主题，提升跨区域社会保障服务便利化水平。会议成立南京都市圈养老保险待遇资格认证协调联系工作组，加强协作配合，共同探索建设标准统一、信息共享、互联互通的认证工作联动机制，实现“静默认证”免打扰，为群众提供更省心、更便捷的服务。

【调整最低工资标准】12月份，按照安徽省人民政府办公厅《关于调整全省最低工资标准的通知》（皖政办秘〔2021〕102号）要求，全市及时调整全市最低工资标准，调整后全市月最低工资标准为市区1500元，南陵县1430元，无为市1340元；

【推进工伤鉴定长三角一体化协同发展】2021年，芜湖市加强和长三角地市的工作对接，在和南京、常州等地共同签署《南京都市圈工伤认定和劳动能力鉴定异地委托工作合作协议》的基础上，先后为上海、南京、无锡等地的异地参保职工开展委托鉴定，有效解决工伤职工劳动能力鉴定过程中异地往返、耗时耗力的问题，有效提升跨区域服务水平。

【工伤待遇水平稳步提升】2021年，全市1—4级工伤职工伤残津贴月人均达到2983元，工亡职工供养亲属抚恤金月人均达到1211元，护理费月人均为2489.78元，分别较上年同期增长2.4%、7%和6.6%，工伤待遇的保障水平不断提高。

【推进机关事业单位养老保险制度改革】2021年，芜湖市继续稳妥推进机关事业单位养老保险制度改革后退休人员待遇重新核算工作。按照省人社厅统一部署，按时完成2019、2020年度2536名退休人员待遇重新核算工作。

【落实退捕渔民社会保障】全年落实2690名退捕渔民参保补贴，落实率100%，涉及补贴资金841.2万元；持续推进应保尽保，17名年满16周岁且非在校学生的退捕渔民全部参保。

【交纳农民工工资保证金】1

月12日，芜湖市出台《关于建设领域推行以保函方式交纳农民工工资保证金的通知》，将农民工工资保证金保函范围从银行扩大至符合条件的金融机构，为企业落实农民工工资保证金制度提供更多选择，推动形成以保函存储方式为主的农民工保证金存储体系，进一步减轻施工企业负担，创造良性循环的营商环境。

【国务院农民工办来芜开展专题调研】4月12—14日，国务院农民工办会同财政部、教育部组成综合调研组来芜开展分层次推进农民工市民化专题调研活动，人社部农民工工作司林淑莉副司长带队，省农民工办、市政府、市人社局领导陪同调研。调研组先后实地走访六郎镇公共服务中心和国家农业融合发展示范园、繁昌区倍思农民工创业园，考察农民工就近就地就业情况，召开座谈会听取农民工工作汇报，并与农民工代表开展面对面交流。此次调研对于科学研判推进农民工市民化工作方向、下一步制定政策意义重大。

【首期劳动关系协调员培训开班】11月8日，芜湖市第一期劳动关系协调员培训在皖江人力资源公共职业训练基地开班。此次培训由芜湖技师学院承办，全市204名企业学员参加培训，通过认定考试196人。

【与上海虹口互聘仲裁员建立劳动争议联合办案协作机制】2021年12月，芜湖市与上海市虹口区签订合作协议，双方互派劳动人事争议仲裁员跨区域交流办案。这是两地贯彻落实长三角一体化发展国家战略，促进劳动人事争议调解仲裁深度合作共建的一次新探索。推动全市学习先进调解仲裁办案理念，开展深度业务交流，实现信息互通和资源共享，促进仲裁员队伍建设不断优化。

（马金安）

民　政

【概况】2021年，市民政局统筹推进以民生保障为重点的各项民政工作，聚焦特殊群体，回应群众关切，推进改革创新，更好履行基本民生保障、基层社会治理、基本社会服务等职责，坚主动对标沪苏浙，全市民政事业发展取得新成绩。

【完善社会救助政策体系】市民政局牵头起草并提请市委办、市政府办出台《关于改革完善社会救助制度的工作举措》（芜市办〔2021〕4号），明确7个方面24条措施，构建“8+1+N”分层分类的综合社会救助体系。为落实主责主业，先后印发《关于改革完善社会救助制度的实施方案》，修订《芜湖市城乡居民最低生活保障实施细则》《芜湖市城乡困难群众临时救助操作规程》，健全基本生活兜底救助体系。

【低收入人口动态监测与常态化帮扶】建成安徽省芜湖市社会救助大数据信息系统（低收入人口动态监测信息系统），实现与教育、人社、卫健、住建、医保、应急、乡村振兴、残联等部门数据共享，建立覆盖各类救助对象的低收入人口数据库。设置因病支出、残疾等级变动等风险预警指标，形成数据比对与入户探访相结合的监测模式，做到主动发现，精准救助。会同市教育局等14个部门出台《芜湖市低收入人口认定及救助暂行办法》，全方位保障低收入群体基本生活。

9月27日，2021安徽（芜湖）健康养老服务产业博览会（简称老博会）在芜湖宜居国际博览中心开幕

（梁曼茹 提供）

【城乡低保水平】将低保标准由市区及南陵县的每月710元、无为市的每月662元统一提高到每月742元，市区及南陵县涨幅4.5%，无为市涨幅达12%，圆满实现低保等救助标准城乡统一、全市一体，保障标准居全省第二。截至12月底，全市低保对象6.6万户、9.4万人，其中城镇低保对象2.3万户、3.1万人，月人均补差662元；农村低保对象4.3万户、6.3万人，月人均补差467元，全年支出低保金6.09亿元。

【特困供养服务】全市特困人员基本生活保障平均标准达每月1038元，失能、半失能照料护理平均标准分别达到每月169元和每月133元，截至12月底，全市特困供养人员17131人，其中集中供养对象2648人，分散供养14483人，失能半失能特困人员1401人，失能半失能集中供养率达59.7%，全年支出特困供养资金1.7亿元。完善分散供养特困人员委托照料制度，签订特困人员照料服务协议。为全市特困对象购买特困人员住院护理保险，缓解特困对象护理难题。

【临时救助】修订《芜湖市城乡困难群众临时救助操作规程》，突破户籍地申请限制，重构临时救助流程，全面落实镇（街）备用金、“先行救助、后补说明”、“分级审批”“一次审批、分阶段救助”“一事一议”议事制度等工作机制，临时救助“救急解难”功能得到进一步强化。截至12月底，开展临时救助7240人次，人均救助金额2160.25元，全年支出临时救助资金1564.02万元。全面摸排困难退捕渔民底数，符合低保条件的困难渔民197户、338人，符合特困条件的困难渔民1人，全部纳入保障范围。

【拓展兜底脱贫成果】印发《关于全面推进乡村振兴加快农业农村现代化的实施方案》《关于巩固拓展脱贫攻坚成果同乡村振兴有效衔接的实施方案》《巩固拓展脱贫攻坚兜底保障成果进一步做好困难群众基本生活保障工作方案》，把不发生规模性返贫作为底线任务，保持过渡期内兜底救助政策稳定不变，细化低收入家庭重病重残人员“单人保”、低保渐退期、因病因学因残刚性支出扣除、就业成本豁免等措施，巩固兜底保障成效。

【社会救助服务】全市71个镇（街）均建立镇（街）党（工）委领导、政府（办事处）负责、部门参与的社会救助联审联批制度，实现低保、特困等救助项目“一站式”受理。依托12345开通救助服务热线，全市937个村（居）全部配备社会救助协理员，发挥基层主动发现职能，开展“情满江城　共享小康”社会救助品牌创建活动，健全购买服务机制，引导社会力量积极参与，推动社会救助以资金、物质为主向开展照料服务、心理疏导、精神慰藉、能力提升、社会融入等方面延伸。

【孤儿保障】提高孤儿基本生活保障标准。社会散居孤儿每人每月基本生活费提高到1150元，福利机构集中供养孤儿每人每月基本生活费提高到1550元，事实无人抚养儿童参照上述孤儿保障标准执行。截至2021年12月底，全市孤儿基本生活保障人数为786人（其中分散供养104人，集中供养56人），发放孤儿生活保障资金1136.35万元。

【流浪乞讨人员救助管理】全市救助生活无着流浪乞讨人员1117人次，其中在站救助737人次、站外救助380人次，救助资金303.42万元。逐步完善流浪乞讨人员救助管理工作，开展寻亲活动，统筹好政府和社会两类寻亲资源参与寻亲工作，2021年全市成功寻亲40人，护送返乡40人。强化对托养机构和医疗机构监管，开展站内照料，引入专业团队参与到站内滞留人员照料。开展落户安置，市县两级救助机构对滞留超过三个月无法查明身份的6名救助对象集中安置到公办福利机构进行照料，对落户后符合条件的纳入特困人员供养范围。

【农村留守儿童关爱保护】截至2021年12月底，全市农村留守儿童为8143人，家庭贫困儿童7064人。全国农村留守儿童系统做到实时更新，保证系统内农村留守儿童及其父母、受委托监护人信息100%真实、完整。组织开展基层儿童福利工作政策理论和实务技能培训，全市配备儿童督导员73人、儿童主任943人，实现镇村全覆盖。

【婚姻收养登记】加强婚姻登记工作规范化建设。依法办理婚姻、收养登记，全市办理结婚登记21143对，离婚登记6700对，依法依规开展收养能力评估工作，收养登记12件，合格率达100%。开展婚姻登记跨区域办理工作试点，提升婚姻登记服务的人性化、便利化水平。经安徽省民政厅和芜湖市政府批准，自2021年10月18日起，一方户籍为芜湖市的内地居民均可以在本市任一县（市）区、开发区婚姻登记机关办理婚姻登记。截至12月底，跨区域办理结婚登记180对，跨区域离婚登记申请77对，办结17对。

【殡葬救助和管理】实施《芜湖市惠民殡葬实施办法》。全年减免殡葬费用1787.01万元，惠及19513名逝者家庭。全市火化遗体23985具。

【发展社会组织】加强社会组织的建设，出台《芜湖市社会组织功能型党组织管理办法（试行）》，创新社会组织党组织组建形式。市社会组织综合党委新批准成立7个支部，新发展8名预备党员。组织开展“主题党日”、党史学习教育及庆祝建党100周年等活动15次，参与600余人次。做好社会组织年度检查，全市社会组织2020年度检查参检率达78%。加强社会组织人才队伍建设，举办各类培训11场次，参与370余人次。截至2021年底，全市登记社会组织2439家，含社会团体1064家、社会服务机构1364家、基金会11家；其中市本级500家，含社会团体311家、社会服务机构178家、基金会11家。

【推进慈善事业发展】开展2021年开展“福彩公益金助学”“慈善圆梦”活动，发放助学金78.2万元。开展“精准扶贫”“送温暖献爱心”等支出749.89万元。芜湖信义慈善基金会接受芜湖信义太阳能科技有限公司100%股权，资产值1亿元。组织慈善组织和爱心人士及爱心企业向河南受灾地区捐款14.1万元。慈善临时救助9人，发放救助金9万元。市慈善总会发放格列卫、达希纳援助药品3863盒，援助患者2190人次，药品价值金额5614.48万元。截至2021年底，全市现有慈善组织21家，其中基金会11家。芜湖信义慈善基金会和芜湖市见义勇为基金会2家慈善组织取得2021年度公益性捐赠税前扣除资格。

【社会工作发展】2021年，全市社会工作服务机构35家，取得社会工作职业资格证2447人。开展“国际社会工作日”宣传活动，召开“加强校社联动，助力乡村振兴”主题座谈会，引领全市社会工作服务机构参与乡村振兴，提升社会工作认知度。联合十一部门印发《芜湖市镇（街）社会工作服务站建设实施方案》（民慈〔2021〕102号），选择4个街道开展社工站试点，新建社会工作站13家。先后组织13家市级社会工作服务机构赴3所高校开展社工人才对接交流活动。开展为期5天的“芜湖市2021年社会工作人才高级研修班”，110人参加培训。

【志愿服务组织管理】做好志愿服务组织注册审核和志愿服务项目备案工作。组织开展“12.5”国际志愿者日宣传活动。芜湖市蓝天救援队获得第十三届安徽青年志愿者优秀组织奖。全市志愿者注册总数50.5万名，志愿服务组织1212个，2021年发布志愿服务总数6705个，项目时长80余万小时。

【福利彩票】截至2021年12月31日，芜湖福彩销售3.42亿元，其中电脑票2.6亿元，即开票6833万元，募集市县级彩票公益金4029万元。

【加强智慧社区试点建设】完善市级智慧社区建设顶层设计，根据“1116X”智慧社区总体架构，编制《芜湖市智慧社区建设项目方案》，申请专项预算2000万，启动建设市级社区智脑平台和社区党建、社区安全、社区政务、社区管理、社区共治、社区服务等六大领域X项智慧化应用场景，打造3个示范样板智慧社区、3个试点智慧小区和10个智慧安防小区。

【村（社区）“两委”换届工作】2021年9月至12月组织开展全市668个村委会（含45个农村社区）、268个社区居委会换届工作。建立联审制度，加强村和社区“两委”成员候选人资格条件审核把关和换届工作督查指导，创新基层民主选举方式，进一步落实观察员制度、定岗选举制度和“一票”选举制度，全市村和社区“两委”班子结构进一步优化，能力素质进一步提升。

【城乡社区试点示范建设】开展第四批“三社联动”和第二批“三治融合”试点建设，通过试点创建和示范引领，建立健全社区组织发现居民需求、统筹设计服务项目、支持社会组织承接、引导专业社会工作团队参与的工作体系，持续激发社区创新活力，完善自治、法治、德治“三治融合”的乡村治理体系，推动乡村治理能力更为精准全面。

【社区减负增效】按照社区“三减两规范”行动要求，对社区活动场所挂牌、形象标识、上墙制度等进行全面精减和规范。同时根据社区工作准入机制和精减清单落实情况，对社区（村）工作事项清单、精减社区（村）工作事项进行动态调整，制定城乡社区依法履职工作事项40项，依法协助事项34项，精减证明事项37项，通过建立清理社区不合理负担工作机制为基层减负松绑，提升社区治理和服务效能。

（梁曼茹）

医疗保障

【概况】2021年，全市基本医疗保险参保人数379.61万人。其中：职工医疗保险参保90.88万人，城乡居民医疗保险参保288.73万人，基本实现应保尽保。2021年，全市职工基本医疗保险统筹基金收入18.13亿元，支出17.34亿元，当期结余0.79亿元。城乡居民医疗保险基金收入25.67亿元，支出25.52亿元，当期结余0.15亿元。生育保险参保56.58万人，享受待遇16066人次，发生生育费用17368万元。基金收支总体平衡，制度运行平稳。

【深化医疗保障制度改革】推动市委市政府出台《关于深化医疗保障制度改革的实施办法》，提出25条具体工作举措，为未来五到十年医疗保障工作提供行动指南。制定发布《芜湖医疗保障事业发展“十四五”规划》，提出“精细医保、诚信医保、数字医保、暖心医保”发展目标，明确6项重点任务。推进市以下医保部门垂直管理，市委市政府出台《芜湖市医疗保障管理体制改革方案》，提升芜湖市医保治理体系和治理能力现代化水平。

【完善医保待遇保障政策】统一基本医保门诊慢特病病种至63种，统一谈判药协议药店和慢特病药店购药报销政策，统一全市慢性肾衰竭（尿毒症期）门诊慢性病医保基金支付方式，将肺癌根治术等12项医疗服务项目作为完全支付类纳入基本医保支付，化解肾透析、恶性肿瘤放疗、特殊材料报销等异地就医“待遇差”。施行基本医疗保险住院费用按病种分值付费，完善核心病种组3292组，综合病组1488组。推行基层医疗机构日间病床按病种付费。作为全国规范医保支持商业医疗保险发展课题21个地市联系点之一，2021年9月1日，全省首个由医保部门指导的城市定制型商业健康保险“芜优保”上线，进一步拓展医疗保障层次。

【推进医药服务供给侧改革】在全省率先开展短缺药集中带量采购，44种短缺药品2021年起在各大医院配送，总体降幅约20.7%，年节约资金约170万元，让全市100家医疗机构的“烦心事”变成“放心事”。在全国地级市中率先开展省级血液透析器带量采购，中选耗材平均降幅53.9%，预计全年可节约1.65亿元。出台药耗集采完成情况激励办法，会同财政出台国家药品集采医保资金结余留用实施办法，拨付国家第一批集采药品结余资金1000余万元。建立医药价格审议制度，授权公立医疗机构开展自主定价，调整完善雾化吸入等8个医疗服务项目价格，进一步体现医务人员技术劳务价值。

【筑牢医保基金安全防线】成立芜湖市维护医保基金安全领导小组，出台基金使用监管长效机制制度，建立基金年度审计、季度分析研判、风险预警报告机制。建成医保基金智能监控系统，开展2020年市、县、区医保基金全覆盖审计，连续两年在全省率先发布医疗保障发展公报。各级医保部门设立网格监督管理员，聘请社会监督员，落实医共体医保派驻督导员，实现基金监管“零距离”。全面推进医保违法违规行为专项治理，基金监管存量问题“清零行动”和基金审计整改全面完成。2021年追回拒付违规费用10083.42万元，行政处罚4起，暂停医保结算18家，解除医保协议12家，约谈166家，向市卫健委移送20家医疗机构违规线索，移送公安机关1起。

【乡村振兴】2021年5月，芜湖市医疗保障局被安徽省委省政府评为安徽省脱贫攻坚先进集体。联合7部门出台《芜湖市巩固拓展医疗保障脱贫攻坚成果有效衔接乡村振兴战略实施细则》，统一基本医保大病保险筹资标准至110元和起付线1.5万元，大病保险对特困人员、低保对象和返贫致贫人口实施倾斜支付。统一医疗救助政策，实行市级统筹，同城同待遇，特困人员、低保对象医疗救助不设起付线。2021年，全市医疗救助资助参保15.02万人，资助金额4033万元。直接救助人次24.1万人次，直接救助金额1.69亿元。

开通12345市长热线医保专线

（徐　亮　提供）

【助力新冠疫情防控】立足医疗保障职能定位，做好新冠疫情防控工作，核酸检测收费标准6度下调，新冠病毒核酸检测价格降为每人每次40元，10人混检价格降为每人每次10元。按时完成新冠病毒疫苗及接种费用专项预算资金上缴，2021年新冠疫苗及接种费用上缴4.76亿元（其中：职工医保上缴1.07亿元、居民医保上缴3.69亿元），疫苗及接种费用从上年滚存结余中列支，有效减轻群众和政府负担，助力构建全民免疫屏障。

【加强医保信息化建设】完成国家（安徽省）医疗保障信息平台上线，并同步上线全流程征缴、业务财务一体化、省属医院单病种业务、医院端慢性病申报、日间病床日间手术业务服务等功能，实现国家、省、市、县、乡（镇）、村医保信息六级互联，促进医保业务办理标准化、公共服务便捷化、决策分析精准化。大力拓宽医保电子凭证应用场景，在全市10家医院开展试点应用，全市222万人激活医保电子凭证，1939家两定机构实现扫码结算功能“全覆盖”，医保服务由“卡时代”迈入“码时代”。

【提升医保经办服务水平】推进行风建设，统一经办机构内控制度，规范经办服务流程，出台适老服务措施，完善定点医药机构申报管理办法，实行属地管理、异地互认。探索开展基层经办服务扁平化试点建设，参保群众办事不出村，医疗救助结报由30天压缩到5天内。在全省率先开通12345市长热线医保专线，增设为10个座席12个人。实现各县市区同险种门诊慢特病和市域内医保缴费年限互认，全市医保经办机构与有住院业务的各定点医疗机构直接结算，职工医保个人账户在市内定点零售药店直接结算。省内异地购药直接结算定点零售药店925家，全国异地联网结算医疗机构84家，市区职工医保门诊慢性病定点药店扩围至148家，全市双通道药店11家，每县市区至少1家。

（徐　亮）

住房公积金管理

【概况】2021年，全市归集住房公积金63.8亿元，完成全年计划任务60亿元的106.3%；新增住房公积金缴存人数8.1万人，完成全年目标任务6万人的135%；发放个人住房公积金贷款36.0亿元，完成全年计划任务28亿元的128.6%；实现住房公积金净增值收益2.3亿元，完成全年计划任务1.6亿元的143.8%；本年上缴财政城市廉租住房（公共租赁住房）建设补充资金2.21亿元，12.11亿元；三期以上住房公积金贷款逾期率为0.25‰；住房公积金使用率为99.8%，高于目标任务85%。

【拓展缴存广度】推进灵活就业人员缴存住房公积金试点工作，探索建立新兴业态创业者、个体工商户、非全日制从业人员以及其他灵活就业人员自愿缴存公积金并享受相应权益的新机制。截至2021年末，全市住房公积金正常缴存单位8005户，缴存职工50.0万人。

【关注民生需求】2021年，为中低收入家庭发放贷款35.7亿元，占贷款发放总额的99.2%；公积金提取50.0亿元，其中，租房提取0.5亿元，较上年同期增长23.3%。

【通力赋能合作】建立数据共享合作机制，实现与委托贷款银行、政府政务信息资源共享交换平台数据的互通互享。借助市场监管局企业开办平台和安徽政务服务网，开通住房公积金单位开户免材料“一网通办”。与长三角政务服务平台成功对接，推动8个“跨省通办”服务事项落地见效。2021年，线下办理异地“购房提取住房公积金”53笔、提取金额370.12万元，受理完成通办业务超2万笔。

（周　洁）

关心下一代工作

【概况】截至2021年底，全市各级各类关工委组织1990个，关工“五老”成员79154人；青少年思想道德教育报告团455个，报告团成员1977人；各类助学助困基金和基金会10个，筹措帮扶资金3336.97万元。

【创意“双百行动”】市关工委会同芜湖传媒中心，组织开展少年小记者“双百行动”，在全市3000名小记者中遴选100名优秀小记者，对全市100名不同时期入党的优秀共产党员进行采访，学习共产党员对党忠诚、无私奉献的精神，传承红色基因。4月27—28日，中国关工委主任顾秀莲专程来芜出席安徽省关工委暨芜湖市关工委小记者“双百行动”活动启动仪式，省关工委主任张俊、市领导单向前、丁祖荣、杨志斌，市关工委主任魏道斌参加活动。顾秀莲一行还深入镜湖区荷塘社区、湾沚区殷港特色小镇等基层关工委调研关心下一代工作。

【防疫防溺水】全市关工8万名“五老”人员在新冠肺炎疫苗接种中，积极宣传，带头接种，助推全员疫苗接种工作。参加青少年“防溺水”工作的“五老”志愿者达2.6万人，通过入户宣传、竖立警示牌、播放电子显示屏、发放致学生家长一封信等，共同发力，营造防溺水氛围。关工“五老”利用留守儿童之家、快乐驿站、五四爱心学校等平台，开展青少年喜闻乐见的文体、悦读等活动，受到广大青少年和家长们的欢迎。

【助力乡村振兴】将“乡村振兴·关工助力”列为2021—2023年度的重点工作，制定总体目标和分阶段实施意见。各县市区关工委积极推进，涌现出一批先进集体和先进“五老”。市关工委旗帜报告团被省关工委列为全省关工系统青少年德育工作四大创新品牌之首，在“学习百年党史，传承红色基因”活动中，旗帜报告团成员举行各类报告会830场次，受教育青少年达24.1万余人次。旗帜报告团在无为市和湾沚区率先设立分团。

【开展“五助”活动】把关爱育人与帮扶助人结合起来，发挥各级关工委的组织优势和关爱基金作用，开展助学、助困、助孤、助残、助业活动，在实践中取得新成效。市爱心助学基金会资金额2910万元，其中基本金1900多万元。基金会成立11年来，资助中小学生特困生10186人，资助金额1157.03万元。

【开展“双创”活动】推进关工组织创“五好”“五老”个人创先进工作。11月，市关工委召开成立30周年纪念大会，对100个先进集体、100名先进工作者进行表彰。“五教”统筹发展，在守正创新中展现新亮点。全市各级关工委坚持时代主题，突出年度坐标，在青少年中开展“放飞中国梦·传承红基因”主题教育，推进“五教”统筹发展。

【宣传工作再上新台阶】6月26日、27日，市关工委旗帜报告团宣讲员王敏林参与录制并担任主讲的《红色金融路·大江币背后的红色故事》，在央视《经济信息联播》和《第一时间》播出。9月6日，中央电视台农业农村频道“致富经”报道全国劳模、市关工委旗帜报告团成员杨良金用农业科技指导和带动一方百姓致富、“让种田成为有前途的职业”的故事。市关工委先后编印《五老先锋谱》、市关工委30年《大事记》和纪念画册，营造全社会重视支持关心下一代工作的良好氛围。

（陶西杰）

县（市）区

Counties（Cities）and districts

无为市

【概况】无为2021年地区生产总值突破600亿元，增长12%；一般公共预算收入28.75亿元，增长8.5%；固定资产投资增长18%，规模以上工业增加值增长11%，社会消费品零售总额增长26%，居民人均可支配收入增长10%。

工业经济。新增规上企业26家，电线电缆、绿色食品、钙新材料、羽毛羽绒产业产值分别增长40%、33%、23%、27%，战略性新兴产业产值增长52%，产值超10亿元企业达8家，楚江高新电材产值突破100亿元，华菱、新亚特入选全省百家优秀民营企业，电缆特色产业集群建设成效受到省政府督查激励，再次荣获“中国羽毛羽绒之乡”称号。新认定高新技术企业19家，高新技术产业增加值增长12%，工业技改投资增长30%，4家企业获评国家专精特新小巨人，跻身“科创安徽”试点城市，电缆产业入选“科创中国”试点。

城市建设。建立人民城市建设合伙人制度，选定首批6个人民城市建设合伙人。东部新城一期开工建设。国道347、省道218建成通车，西南4个镇告别不通二级公路的历史。金塔东路加快建设，军二北路、安康路延伸段、幸福北路建成通车，城市路网更加通畅。改造棚户区住房580套、老旧小区49个、城市雨污水管网32.5千米，新建停车场5处、标准化菜市场2个、足球场6个、公交候车亭62座，五星级酒店年内封顶，城区水厂扩建工程建成通水，完成1148户住房保障工作，1791户居民迁入新居，城市更新纵深推进。“门前三包”持续深化，推广非机动车整治，开展生活垃圾分类，城市文明程度不断提高。

农业经济。投入财政资金3.9亿元，巩固拓展脱贫攻坚成果，接续推进乡村振兴。建设高标准农田1.2万公顷，粮食总产超55万吨。实现农产品加工产值210亿元，增长24%。蓝田农业成功入选农业产业化国家重点龙头企业，“国字号”龙头企业实现零突破。开城现代农业示范区升级为省级现代农业产业园。改造农村厕所9108户，入选全省农村改厕长效管护示范县（市）。建成15个美丽乡村中心村，在全省考核中位列第一，获评全省美丽乡村建设先进县。红庙镇入选全省首批特色旅游名镇。完善农村基础设施，神塘河泵站、凤凰颈新站加快建设，完成农村公路提质改造62千米，

无为金牛村养殖大户喜获丰收

（崔　璐　提供）

新建、改造低压台区156个。

招商引资。新签约亿元以上项目115个，总投资643亿元，其中超10亿元项目13个；新开工亿元以上项目83个，总投资342亿元，其中超10亿元项目5个。重大项目取得历史性突破，总投资200亿元的比亚迪新能源动力电池长三角制造中心项目实现半个月签约、一个月开工，创造新的“无为速度”。推进项目建设，105个省“大新专”项目完成投资147.6亿元，三只松鼠产业联合体等77个项目竣工投产。

重点改革。依法推进公共政策兑现、创优法治化营商环境专项行动成效显著，典型做法被多家中央和省级媒体专题报道。为企服务更加高效，“1%工作法”稳步推进，新设市场主体9000户，新增减税降费1.9亿元，为企业提供政策性担保贷款16.5亿元、续贷过桥20.9亿元。金融风险化解取得重大进展，彻底化解地方法人银行风险，电缆行业风险防控基金解除企业风险担保5000万元。乡村振兴局挂牌，濡须集团组建运行，经济发达镇行政管理体制改革稳步实施，事业单位公车改革全面完成，教育人事制度改革、医疗卫生体制改革深入推进。人才发展机制不断健全，招引高层次人才团队3支、高层次人才70人，荣获“全省人才强市”称号。

生态环境。在全省率先建立联防联控机制，“智慧长江”平台建成使用，禁捕水域“六无四清”常态长效。中央及省环保督察反馈问题整改有序推进，羽毛羽绒产业园环保设施达标升级，城乡污水处理一体化项目基本建成，城乡生活垃圾实现“日产日清”，垃圾焚烧发电项目竣工投产。“五控”措施全面落实，空气优良率达81.1%。深入开展“五清一改”村庄清洁行动，农村人居环境持续改善。加强地质环境治理，完成5座废弃矿山治理修复。全面落实河（湖）长制，启动田长制，林长制改革示范区建设纵深推进。开展“四旁四边”绿化提升行动，完成人工造林866.67公顷、长江生态廊道造林340公顷，实施道路绿化提升工程252千米，天蓝水净地绿山青成为常态。

民生工程。投入28.5亿元实施33项民生工程，低保标准与芜湖市区并轨，兑现医保补偿金8.8亿元，城镇登记失业率控制在3.1%，9家公办养老机构启动标准化改造，86家村级养老服务站建成使用，全市首家社区食堂投入运营。“双减”工作扎实推进，5所公办幼儿园开园招生，八中、城东小学、鼓楼小学开工建设，电缆工业学校入选全省校企合作示范学校。上海新华医院与市人民医院结成合作联盟，中医院综合楼二期建成使用。完成142.7万剂次新冠疫苗接种，疫情防控形势持续稳定。庆祝建党100周年系列文体活动成功举办，无为好人馆建成开馆。顺利完成村（社区）委员会换届工作。安全生产形势保持平稳，食品药品监管不断加强，扫黑除恶常态化开展，化解重点信访积案118件，创建省级民主法治示范村（社区）9个，建成市、镇、村三级退役军人服务保障体系，全民科学素质工作获省通报表扬。国防动员、统计、外事侨务、民族宗教、史志档案、媒体融合、关心下一代、工青妇、残疾人等各项事业都取得新的成绩。

【无为市被授“中国羽毛羽绒之乡”】 2021年9月25日，应中国轻工业联合会邀请，无为市委常委、政法委书记、无为经济开发区党工委第一书记马荣作为地方特色轻工业产业集群代表，率队赴北京参加全国轻工业科技创新与产业发展大会。会上，无为市再次被中国轻工业联合会和中国羽绒工业协会联合授予“中国羽毛羽绒之乡”荣誉称号。中国轻工业联合会会长张崇和、工信部消费品司司长何亚琼、国家发改委产业发展司一级巡视员夏农和科技部高新技术司一级调研员曹学军等领导出席会议并致辞。全国174个特色轻工业产业集群在会上进行授牌。

【S208、G347建成通车】 9月30日，无为市两大重点交通工程——S208无为段一级公路改建工程，G347泉塘至牛埠段一级公路及昆山鹤毛连接线工程建成通车。S208一级公路改建工程途径石涧、无城、福渡、泥汊、姚沟、高沟6个镇，全长35.864千米，双向四车道，投资15.5亿元。该项目连接石涧新材料产业园、无城羽毛羽绒产业园、无为经济开发区和高沟电线电缆产业园，是无为市重要的经济发展轴线，对促进全市经济社会高质量发展具有重要意义。

【“同饮一江水，共颂党恩深”喜迎建党100周年三地书法联展开展】 4月29日上午，由长江中下游两岸三地政协——江苏省太仓市政协、安徽省无为市政协、湖北省监利市政协及三地文联共同精心筹办的“同饮一江水，共颂党恩深”喜迎建党100周年三地书法联展在太仓美术馆正式开展。无为市政协主席陶光晓，太仓市政协副主席王国其，监利市政协副主席赵更生分别致辞。无为市政协副主席俞林出席开幕式。

【开城现代农业产业园入围全省新一批省级现代农业产业园】安徽省农业农村厅公布第三批省级现代农业产业园，无为市开城现代农业产业园等38个园区入围。开城现代产业园将重点围绕主导产业，打造生产与加工、农产品粗加工和精深加工、综合利用衔接配套的全产业链发展格局。建设现代农产品流通设施，鼓励大型电商企业入园，发展电子商务等新业态、新模式。推进农业与加工融合、农业与文旅康养等产业融合，形成“农业+”多业态发展态势。突出绿色发展和品牌塑造，把产业园建成绿色农产品全产业链建设的核心带动园。

【三只松鼠联盟工厂】2021年10月28日，“双11”临近，无为经开区及时完成三只松鼠联盟工厂健康标准化厂房移交工作，为三只松鼠企业备战“双11”奠定基础。打造全国最大的数字化食品新制造园区，三只松鼠联盟工厂以三只松鼠的品牌和渠道全面赋能，实现以用户为中心、数字化为载体构建产业联合体。项目建设生产车间、物流车间等面积约16.49万平方米，引进10家三只松鼠伙伴供应企业入驻。

（李紫煦）

南陵县

【概况】2021年，地区生产总值315亿元，增长12%；一般公共预算收入23.3亿元，增长8.6%；全社会固定资产投资增长22%；社会消费品零售总额138.3亿元，增长25%；城乡居民人均可支配收入35681元，增长10%。全县规模以上工业增加值增长20%，高新技术产业增加值占规上工业增加值比重提升至60%，战略性新兴产业产值增长55%，增速皆位居全市前列，经济运行结构不断优化。实施产业链链长制，推进“双招双引”一号工程，开展招商引资“百日攻坚”专项行动，一批投资额超10亿元项目签约落户，全年实现签约亿元以上项目67个，引进高层次科技人才团队4个。以快递物流装备为首，电子电器信息、绿色低碳环保、高性能新材料、农产品深加工四大新兴产业为支撑的新兴产业体系初见雏形，中科微至实现县域企业10亿级产值零突破。中通智能装备制造、中科微至智能装备产业园等项目投产达效，总投资25亿元的韵达（南陵）快递物流综合产业园、总投资12亿元的中科微至智能装备产业园二期启动建设，总投资20亿元的中邮科技物流装备智创园区项目即将签约。艾艾精工、星程科技、好得利环保等一大批成长性高、补链能力强的项目加速集聚。共引进培育头部及关联企业90余家，总投资额超150亿元。

首位产业助力县域经济，核特电子等重点企业发展稳健，美德空调整机项目投产。加快绿色低碳环保产业发展，总投资超10亿元的大唐绿色光电项目顺利落户。开展工业互联网创新发展标杆示范培育行动，拥有高新技术企业64家、科技型中小企业7 6家。英格瓷新材料项目开工建设，金龙铸造资产重组项目建成投产，总投资20亿元、预计产值50亿元的永杰铜业铜材料精加工项目签约，顺荣汽车部件成长为国内汽车塑料油箱制造龙头企业，舜富压铸获批省级技术中心、省级制造业与互联网融合发展试点企业。实施工业技改项目510个，规上工业企业达211家。

谋划全域构建人民城市建设合伙人＋产业生态VC/PE+应用场景平台创新创业体系，聚力打造“八大平台”，凝聚赶超跨越发展共识。引进德贵资本管理公司，探索“基金＋招商”合作模式。实施企业上市倍增计划，古麒绒材、雅葆轩科技等企业上市推进顺利。抢滩布局基于数字化、网络化、智能化的智慧城市“超级大脑”，推动先进制造业与人工智能、数字经济深度融合，带动产业数字化、数字产业化。

聚力打造“建筑之乡”，谋划建设装配式建筑产业园。持续巩固拓展脱贫攻坚成果同乡村振兴有效衔接，确定14个乡村振兴重点村，建立网格化动态监测机制防止返贫致贫。发展电商、直播经济，电商主体820户，获评电子商务进农村国家综合示范县。霭里村获评第二批全国乡村旅游重点村。生态文创产业基地、高端林品深加工、城东综合产业园等重大项目谋划取得新进展。成功举办紫云英产业融合发展研讨会，中科微至创新研究院、紫云英产业技术研究院等高能级创新平台加速构建。芜职院智能物流产业学院挂牌，紫云英人力资源产业园投入运营，青弋江种业省级博士后科研工作站获批设立。

投入超20亿元完成全县三分之二的国省道升级改造，芜黄高速、弋牧路、青弋江老桥通车，G318南青线升级改造一期工程加快推进，G205芜湖段成功创建省级文明示范路，完成“四好农村路”建设701千米，获评省级城乡道路客运一体化示范县。有序推进城乡供水一体化，完成镇级集中式饮用水水源地保护区“划、立、治”工作。天然气江南联络线分输站、220千伏后港智能变电站投入运行。家发中学新校区主体竣工，和顺幼儿园进展顺利。全民健身中心、“唐诗碑廊”文化园、毕家桥城市书房、县革命历史陈列馆等相继投入使用，县文化馆、图书馆晋级国家一级馆。基层文联组织建设工作被中国文联作为典型经验在全国推介。县医院新建内科大楼建成使用。城镇森林覆盖率33.5%，获评省级森林城市。获全国文明城市提名城市、省第五届文明城市称号。建成全省首家乡村振兴农民普法馆，三里镇澄桥村、籍山镇三连村先后获评全国乡村治理示范村。

着力培育优质农产品品牌，打造长三角绿色农产品生产加工供应示范基地。弋江镇入选国家农业产业强镇创建名单，许镇镇获评全国“一村一品”示范镇和乡村特色产业十亿元镇。建立县、镇、村三级“田长制”管理体系，建成高标准农田2733.33公顷。培育市级以上农业龙头企业57家、家庭农场1764家、农民合作社594家、新型职业农民4612名。清查核实集体农用地6.43万公顷，村集体资产总额4.47亿元，50万元以上经济强村达32个，10万元以下薄弱村全部清零。

创新开展“纾企困、惠民生”遍访活动，丰富“妈妈式”为企服务内涵，树立“无时不在、无微不至、无私奉献、无困不纾、无事不扰”理念，解决企业急难愁盼问题。整治“散、乱、污”企业，空气优良率87.3%。推进房地产领域“难办证”“难安置”等历史存留问题化解，实施“模拟＋阳光”征收模式，开展房屋征收任务“揭榜挂帅，攻坚竞赛”行动，维护群众合法权益。

【招商引资重点项目集中签约】 2月1日，举行招商引资重点项目集中签约仪式。市政府党

烟墩霭里乡村夜色——庞若玫

（冯仁义 提供）

组成员、副市长贺东，市投资促进中心党组书记、主任曹小明，县委书记陈海俊，县委副书记、县长李新宇，县人大常委会主任刘顺宏，县政协主席俞才贞，县委副书记强健等参加签约仪式。采用线上、线下签约两种方式，集中签约重点项目15个，总投资53.35亿元，涉及快递物流智能装备、通用航空、跨境电商、高端装备制造等多个前沿板块。其中，南陵快递物流智能装备首位产业项目9个，总投资29.3亿元；“两山”转化创新实践的水系灭火剂、固废处理、生物可降解塑料薄膜、智能水表等绿色产业项目4个，投资17.55亿元；水上航空、跨境电商等外向型经济项目2个，投资6.5亿元。

【全国“村晚”走近奎湖】 2月4日，“欢乐过大年·迈向新征程”——我们的小康生活2021年全国“村晚”安徽省示范展示点奎湖村晚精彩上演。演出以原创节目为主，立足安徽各地文化特色，展现乡村新面貌和乡村文化振兴的新成果。表演唱《咱们村里有春晚》拉开演出序幕，数来宝《乡村扶贫记》、鱼鼓表演唱《唱唱我们的小康生活》、民歌联唱《耘田歌》《打牛歌》《隔山隔水心连心》《划龙船》等8个节目轮番上演，在《乘风破浪》的歌舞声中降下帷幕。本次“村晚”由文化和旅游部公共服务司主办，文化和旅游部全国公共文化发展中心联合主办，安徽省文化和旅游厅、安徽省文化馆、芜湖市文化和旅游局、中共南陵县委、南陵县人民政府承办，活动将在安徽文化云、国家公共文化云、安徽公共文化云全程网络直播，同时邀请多家省级数字文化云平台联动直播，与全国人民共庆幸福年。

【举行紫云英科技文化展示馆揭牌仪式】 4月17日，南陵紫云英科技文化展示馆揭牌仪式在芜湖青弋江种业有限公司举行。市政府副秘书长靳大鸣、市农业农村局局长曹荣富，县委书记陈海俊、县委副书记强健、县领导袁学松出席揭牌仪式并参观展示馆。芜湖青弋江种业有限公司生产的“弋江籽”获得国家地理标志保护产品、中国驰名商标、省著名商标等一系列称号。紫云英科技文化展示馆从紫云英的种植历史、品种介绍、培育历程等方面进行展示。

【纪录片《战斗英雄李家发》开机】 6月5日，《战斗英雄李家发》纪录片开机仪式在家发镇李家发烈士纪念馆举行。中国电视艺术家协会融媒体文化委员会会长禹成明、县委副书记强健、安徽广播电视台农业·科教频道总监袁卫东、家发镇党委主要负责人、李家发烈士妹妹李家英共同为《战斗英雄李家发》纪录片开机仪式揭幕。安徽广播电视台农业·科教频道摄制组、家发镇、南陵县档案馆、南陵县融媒体中心的相关人员和来自家发镇中心小学的学生代表参加开机仪式。

【南陵县革命历史陈列馆开馆】 6月18日，举行“南陵县革命历史陈列馆”揭牌仪式。县委书记陈海俊、县人大常委会主任刘顺宏、县委副书记强健以及县四大班子其他负责人，各镇党委书记，县直各党（工）委书记等参加仪式。陈列馆位于籍山镇第一小学原址“红楼”（圣公会乐育学堂），建筑面积563平方米。全馆分为南陵县革命历史陈列展和王稼祥重要革命事迹专题展两大部分，采用文字讲述、图片佐证、实物展示，反映五四运动、土地革命、抗日战争、解放战争和新中国成立等重要革命历史时期南陵人民的革命斗争史。

【大工山实践教育基地揭牌仪式举行】 7月7日，安徽大学南陵大工山实践教育基地揭牌仪式在工山镇大工村举行，安徽大学党委常委、副校长程雁雷一行，省文化和旅游厅文物保护处调研员刘奇中、市文化与旅游局局长吴群，县委书记陈海俊、县委副书记强健等出席活动。陈海俊致辞，安徽大学历史学院院长盛险峰教授介绍基地基本情况。程雁雷代表安徽大学对南陵县在基地筹建和文物保护所做出的努力和支持表示感谢，并表示，安徽大学将充分利用好、发展好基地，加强推进学科建设和人才培养，深化与南陵在多领域的合作，助力南陵社会经济文化全面发展。县领导与专家代表共同为基地揭牌。并参观基地及考察大工山矿冶遗址。

【青弋江中洲大桥建成通车】 10月1日，青弋江中洲大桥竣工通车仪式在弋江镇中洲村举行。2020年12月6日，青弋江中洲大桥开工建设，设计等级三级，设计使用年限100年，桥梁单跨35米，四跨一联，全桥共四联，总跨径560米，建设总投资4000万元。其中，芜湖顺荣汽车部件股份有限公司董事长吴绪顺捐资3000万元，中洲村的企业家、村民共同捐资筹措善款1000万元。

【签约儿童健康与发展合作基地项目】 10月9日，南陵县与浙江大学公共卫生学院就儿童健康与发展合作基地项目在南陵中学举行签约仪式。县委副书记强健，县委常委、统战部长刘敏，副县长梅菲，浙江树人大学校长，浙江大学公共卫生学院教授、博士生导师李鲁等出席签约揭牌仪式。

【全国社区运动会南陵站圆满落幕】 12月11日，全国社区运动会（试点赛区）暨芜湖市首届“乐动芜湖”社区运动会南陵站（城镇组）圆满落幕。市体育局副局长吕效学，副县长梅菲，市体育局群体科科长朱元贵，县文化旅游体局，县文明办，县卫健委主，以及籍山镇政府等负责人出席开幕式。本届社区运动会设有太极拳、跳绳、5千米迷你马拉松、乒乓球4个项目，有300余名社区居民报名参与比赛。“全国社区运动会”是由国家体育总局社会体育指导中心主办的全国性、综合性的全民健身赛事活动，芜湖市是安徽省“我要上全运”全国社区运动会唯一的试点赛区。次日，在大浦社区开展城镇组全国社区运动会活动。

【芜黄高速建成通车】 12月16日上午，芜黄高速建成通车。芜黄高速全长116千米，采用双向四车道高速公路标准建设，北接芜湖长江公路二桥和沪渝高速，向南经由繁昌、南陵、泾县、旌德，终至黄山市黄山区谭家桥镇与合铜黄高速相接。芜黄高速南陵段途经家发、工山、三里3个镇14个行政村，境内有特大桥1座、大桥10座、互通立交1处、匝道收费站1处、服务区1处，线路长度29.2千米，投资约25亿元。

【国邮研究院与智梭科技战略合作签约仪式举行】 12月25日，国邮研究院与智梭科技战略合作签约暨L4级无人配送车队发车仪式举行。国家邮政业安全中心技术保障处处长邱培刚，市邮政管理局局长牛家红，县委书记李新宇，县委副书记、代县长强健，县政协主席俞才贞，县领导洪俐、赵学健、朱晓进，智梭科技董事长杜立刚、CEO凌玺炯，县直单位负责人及有关企业代表等参加仪式。邱培刚、李新宇和杜立刚共同为L4级无人配送车队启动发车，10台车各自奔向订单配送目的地。

（冯仁义）

镜湖书苑

（朱　静　提供）

镜湖区

【概况】镜湖区是芜湖市中心城区和服务业核心区，是全市经济、文化、信息、金融中心和中央商务区。2005年9月经国务院批准，撤销芜湖市原新芜区、镜湖区，设立新的镜湖区；2006年4月镜湖区将14个街道调整为11个；2010年8月原芜湖县方村镇划归镜湖区，同时撤销方村镇设立方村街道办事处；2012年9月镜湖区试点开展社区管理体制改革，撤销街道办事处，设立公共服务中心；2019年6月为推进基层治理体系和治理能力现代化，根据省市统一部署，镜湖区深化街道体制改革撤销原公共服务中心，设立9个街道，原方村街道维持不变，全区现辖10个街道办事处，55个社区居委会，12个村委会，户籍人口45.9万，区域面积121平方千米。

镜湖区环境优美，长江、青弋江两江环抱，赭山、镜湖山水相依，“两江、三山、五湖”星罗棋布，天主教堂、圣雅阁楼等33幢百年历史近代西洋建筑散落其中，素有“半城山半城水”的美誉。镜湖区历史悠久，人文荟萃，“三刀”、“铁画”等成就“中国民间文化艺术之乡”的美名，老古城、老租界、老船厂名声在外，张孝祥、肖云从等历史名人辈出，吴敬梓名作《儒林外史》和汤显祖的《牡丹亭》均创作于此，自清末被辟为通商口岸以来，逐步形成海纳百川、兼容并包的开放文化。

镜湖区贯彻新发展理念，实施人才强区、三产兴区、文化立区、统筹发展四大战略，实施“互联网+”行动计划，打造“一院多园”产业发展格局，成功创建总部经济、金融、中央商务、人力资本、研发创意、信息软件、雨耕山文化旅游7个省级现代服务业集聚区和13个产业园，先后被命名为安徽省城市商贸服务业发展示范区、安徽省都市休闲旅游示范区、安徽省生产性服务业发展试点区、安徽省服务业综合改革示范区。荣获全国平安建设先进区、全国科普示范区、全国和谐社区建设示范城区、全国义务教育均衡发展达标区和三届省级文明城区等一系列殊荣。

2021年镜湖区聚焦转型、加快发展，继续深耕“产业+平台”发展思路，坚持运用市场逻辑、资本力量、平台思维，通过放活市场、管好平台、服务企业，围绕新一代信息技术、人力资源、新零售等七大产业链全景布局线上经济，获批安徽线上经济创新发展试验区。全年实现地区生产总值765亿元（位列全省45个市辖区第7位，人均GDP位列全省市辖区第5位），增长11.8%；一般公共预算收入35亿元，增长3.6%；第三产业增加值占地区生产总值84.8%；社会消费品零售总额447亿元，增长21.5%；全体居民人均可支配收入54303元，增长9.1%。“十四五”时期，镜湖区将深入贯彻落实强化“两个坚持”实现“两个更大”的目标要求，着力打造长三角产业互联网示范区、长江经济带服务业现代化创新区、安徽绿色高质量发展先行区、长三角基层治理现代化引领区，加快建设人民群众获得感幸福感安全感明显增强的现代化中心城区。

【加快推进城市建设】统筹推进66项城市更新改造重点任务。完成房屋征收1458户、8.9万平方米，形成净地8个，3个地块成功出让，4个“改扩翻”项目加快实施。在全市率先开展“规划师进社区”，推进环赭山、环镜湖等22个重点片区改造提升。完成25个老旧小区综合整治，实现120个老旧小区物业组团连片管理，实施81条主次道路养护维修。创新实施“行走镜湖”，行走点位3653个，整改问题4879个，推进文明创建常态化，新增公共停车位1386个、街头小品5处、绿化面积4万平方米，城市功能面貌进一步改善。

【改善民生福祉】投入3.4亿元高标准推进26项民生工程。实施就业优先政策，新增就业1.1万人，城镇登记失业率4.5%以内。推进学前教育加快发展，安展熙园、镜湖世家配套园建设顺利推进，新增公办优质学位720个，全区普惠性幼儿园在园幼儿比例达90%以上。落实教育“双减”政策，中小学“三心”工程稳步实施，覆盖2.98万名学生。推进常态化疫情防控，有效应对全市1例无症状感染事件，3天内完成全员核酸检测。规范有序推进疫苗接种98万剂、43.5万人次。启用全省首个“智慧卫监”平台，区卫生监督所执法案例入选国家优秀案例。完成50户家庭适老化改造，邢家山社区入选首批国家级老年友好型社区，颐乐堂、福龄金太阳获评省第四批医养结合示范点。推进城市低收入家庭、特困人员、残疾人等弱势群体救助帮扶，社会救助水平稳步提升。公共文化服务体系不断健全完善，新建5个城市书房，12个公共文化场馆免费开放。芜湖古城接待游客630万人次，获评“安徽省文化旅游休闲街区”“安徽特色商业街”。镜湖区获评2021—2023年度“安徽民间文化艺术之乡”称号。

【提升社会治理水平】推进新时代群众工作，持续深化信访“458”工作机制，推深做实“两代表一委员”、警民联调等工作，有效化解各类矛盾纠纷。推行“三社联动”，加强社会工作者队伍建设，全区现有社会组织268家，有效实现政府治理、社会调节和居民自治良性互动。推进“铸安”行动，不断完善安全生产责任制，全年未发生较大以上安全生产事故。强化食品药品安全监管，实现食品药品安全“零事故”。进一步完善立体化、法治化、专业化、智能化社会治安防控体系建设，推进扫黑除恶斗争常态化机制化，社会治安形势持续向好，连续17年获市平安建设目标考核先进县区，群众安全感指数居全省前列。

（朱　静）

鸠江区

【概况】鸠江区位于芜湖市东北部，横跨长江两岸，成立于1990年3月30日。现辖沈巷、二坝、汤沟、白茆4个镇与清水、湾里、官陡、四褐山、裕溪口5个街道办事处及鸠江经济开发区（省级）。面积820平方千米，常住人口54.3万人。2021年全区生产总值560亿元，增长10%；一般公共预算收入增长7%；固定资产投资增长20%；社会消费品零售总额增长20%；居民人均可支配收入增长12%；城镇登记失业率2.36%；单位生产总值能耗下降3.2%。

农业经济。2021年，实现农业总产值43.9亿元、增加值19.3亿元，同比分别增长10.6%、8.5%，德弘农业园获批长三角绿色农产品供应省级示范基地。

工业经济。全面实施“工业补短板”行动，新增规上工业企业44家，同比增长33.3%，佳宏新材料、博康机电成为国家级“专精特新”小巨人企业。机器

大阳埠湿地公园

（吕云飞　提供）

人基地规上企业实现产值245.8亿元，同比增长25.3%；省、市、区三级联动推进“中国视谷”建设，亚奇汽车、普莱克斯等4家企业获评省数字化车间。

电子商务。跨境电商交易额达15.7亿元，同比增长24.6%，慕晨国际入选国家电子商务示范企业，实现全省首单跨境电商B2B直接出口业务，萤火虫产业园获批省级电商示范园区；芜湖方特入选国家首批夜间文化和旅游消费集聚区，三七互娱成为全市首个“全国文化企业30强”提名企业。

“双招双引”。结合鸠江实际，建立十大产业链，全面开展产业链招商。新签约产业项目141个，总投资360.4亿元，同比均增长40%以上，其中，亿元以上项目63个。沧州明珠锂电隔膜、厦门安科附着式智能作业平台等项目实现当年签约、当年开工，信义“双链+智能制造”项目填补鸠江区50亿元以上投资项目的空白，火乐智能新型显示、摩卡六轴通用机器人等一批项目顺利投产。启动“鸠地聚英”行动计划，制定人才招引“一揽子”措施，推进人才建设“一站式”服务，设立上海松江“科创飞地”，打造鸠江人才高地。全年招引高层次科技人才团队14个，认定高层次人才10人，新引进大学生4384人。

营商环境。坚持顶格倾听、顶格协调、顶格推进，认真落实“1%工作法”，全面推动企业降本增效。建立企业服务工作联席会议制度，形成解决企业诉求的闭环机制。加大金融服务实体经济力度，新增政银担等政策性担保超23亿元。不折不扣落实减税降费政策，年度让利市场主体逾3.5亿元。推动项目与资本耦合，在全市率先设立10亿元区级母基金。扩大实施投资项目审批承诺制改革，23个用地类项目实现“摘牌即开工”。深入推进低效工业用地再开发利用，新增盘活用地97.33公顷，土地集约利用全面评价综合排名在108个省级开发区中位列第15位。鸠江经济开发区入选“安徽省质量认证示范区”创建名单。

开放创新。以区域合作为牵引，实现借势发展。与南京秦淮区实现双城合作，鸠江经济开发区分别与南京白下高新区、上海奉城经济园区达成战略合作。自贸试验区鸠江区块创新成果加速转化，“内河港口区块链无纸化进口放货”成为省十大标志性建设成果，芜湖—洋山港“联动接卸”入选长三角一体化发展十大典型制度创新案例。以科技创新为动能，实现借力发展。新增创新平台11个，鸠江机器人及智能装备科技企业孵化器跻身国家级科技企业孵化器。高新技术企业净增47家、总数达230家，均位居全市第一。苏立科技“相变式蓄热电暖器关键技术研发及产业化”、希美埃“高铁表面处理智能喷涂机器人系统研发”等9项科技成果荣获省科学技术进步奖，伯泰克、天航重工等6家企业获评省企业技术中心。

城乡建设。人民城市建设全面启动。选定安徽师范大学皖江学院等10家单位为第一批城市合伙人，确定凤鸣湖社区为首家“青春合伙人”实践基地。编制三年滚动建设项目125个，总投资125.4亿元。全面开展“双百攻坚”专项活动，实施路网建设、城市更新等项目48个，钱桥小区北侧规划支路、翡丽世家北侧规划路等一批工程完工。农村基础设施加快完善，建设高标准农田4066.67公顷，建设“四好”农村路23.3千米、养护61.3千米，下沟泵站完成土方回填，保安泵站进入调试阶段。坚持以工业的理念抓乡村振兴。白茆现代农业产业园基础功能更加完备，惠生联圩生态建设项目实质化推进，沈巷高效农业产业园完成农业农村部鲫鱼种质资源项目建设，官陡梦湖田园综合体人居环境进一步提升。江北新区建设指挥部高效运转，建立项目包保机制，实施常态化调度、清单化推进，完成征收土地706.27公顷房屋899户，较好保障新区建设。

生态治理。实施人居环境整治提升五年行动计划，全面推进村庄规划、环境整治、道路建管、文旅融合和绿化提升五大行动。新增造林275.27公顷，创建省级森林村庄8个。深化创建2个大气示范区。PM2.5平均浓度32.8微克/立方米，同比下降5.7%；优良天数302天，占比84.8%。建立长江干流入河排污口清单，实施“一口一策”专项整治。二横港水系“水清岸绿、鱼翔浅底”综合提升改造全面完成，城东污水处理厂突出生态环境问题整改通过省级验收，朱家桥、大龙湾片区污水管网整治有效推进。持续开展“清废行动”，实现危险废物在线管理“全覆盖”。

民生工程。坚持人物同防，慎终如始落实常态化疫情防控。全区接种新冠疫苗超百万剂次，完成3—11岁儿童和12岁以上人群接种目标。妥善处置1例无症状感染者，无一新增病例。投入财政资金5.2亿元，完成27项民生工程。禾青幼儿园装饰一新，鸠兹小学、皖江小学、大阳埠小学建成纳新。新增7个、重组2个教育集团，与芜湖一中、安师大、安师大附外3个教育集团建立紧密型合作关系。“双减”工作落地，放心午餐、安心午休、爱心托管全面推开。加快推进婴幼儿照护服务，新增备案托位367个。“芜湖书房·悦享书吧”投入使用，成为市民打卡新去处。完成小餐饮场所“瓶改管”183户，前厨后店改造252户。在建工地全部纳入实名制系统管理。应急广播体系建设覆盖所有村居。

【江北新区建设指挥部挂牌】6月30日，鸠江区江北新区建设指挥部挂牌仪式在二坝园区管委会隆重举行。市委副书记、市长宁波，市政府副市长程刚，省江北产业集中区、市直相关单位、芜湖经济技术开发区、芜湖高新技术产业开发区负责人出席揭牌仪式。

【连续3次入选全国科普示范区】2021年1月，中国科协公布2021—2025年度第二批全国科普示范县（市、区）创建单位名单，鸠江区成功入选。安徽省18个县（市、区）入选，芜湖市1家。鸠江区自2010年创建全国科普示范区以来，在提升重点人群科学素质、增强科普条件和能力、形成科普工作良好社会环境等方面取得良好成效，初步构建普惠创新、全面动员、全民参与的社会化大科普格局，区域公民具备基本科学素质比例持续保持全省前列。

【党风廉政教育馆开馆】2021年9月下旬，位于沈巷镇的鸠江区党风廉政教育馆举行开馆仪式。该廉政教育馆占地约300平方米，展厅围绕正反两方面典型，将传统图文展览、艺术创作、创意造型与声光电等现代布展手段相融合，运用先进的多媒体技术设置体验式、互动式警示场景，融思想性、艺术性、教育性于一体，是全区纪检监察系统推进新一轮深化“三个以案”专题警示教育工作的重要举措，案例大部分选用近年来芜湖市纪检监察机关查办的案件，用“身边人”“身边事”的警示教育更具有说服力和震撼力。通过真实的案例，以案说法、以案明纪，让参观者经受党纪法规教育、经历心灵洗礼、见证廉洁成果、感受浩然正气、时刻警钟长鸣，使清正廉洁“正能量”充盈全区各区域，筑牢鸠江区党风廉政建设基础。

【召开第十一届中国国际机器人高峰论坛】9月14日，2021第十一届中国国际机器人高峰论坛暨第七届恰佩克颁奖仪式开幕。机器人及智能制造领域顶尖专家、企业高管、行业精英600余人齐聚芜湖，一起共话创新、共谋未来，唱响机器人与智能制造新畅想。活动由安徽省经济和信息化厅、中国机电一体化技术应用协会、芜湖市人民政府联合主办，鸠江区人民政府、芜湖市经济和信息化局、芜湖市发展和改革委员会、芜湖市人才工作领导小组办公室、中国机器人网、中国机电一体化技术应用协会智能机器人分会、芜湖滨江智能装备产业发展有限公司联合承办，哈尔滨工业大学、上海交通大学、苏州大学联合支持。

（贯小刚）

弋江区

【概况】弋江区位于芜湖市南部，东至荆山河，西濒长江，东南、西南与南陵县、三山经济开发区隔漳河相望，现辖、中南、南瑞、马塘、澛港、火龙、白马6个街道办事处，人口20.09万人。北与镜湖区隔青弋江相望。全区面积17800公顷。弋江区水陆交通便捷，是市辖湾沚区、繁昌区、南陵县和三山经济开发区进入市区的入口。皖赣、芜铜铁路和205国道、芜马高速、沿江高等级公路以及正在建设中的宁安城际铁路、市区三环路穿越区境，是芜湖市通往皖南的门户，有芜湖的“南大门”之称。青弋江、漳河内河航线与长江芜湖段航线相连，舟楫便利。2021年，完成地区生产总值520亿元，增长11. 5%；全社会固定资产投资增长20%；财政收入60亿元，增长40. 8%；规模以上工业增加值增长10. 5%；社会消费品零售总额增长26%；城镇居民人均可支配收入52410元，增长12%。芜湖高新区成功获批国家级、省级先进制造业和现代服务业融合发展（两业融合）试点区域。弋江区位列全省制造业发展综合10强区。

产业结构优化升级。三次产业结构由0. 75:55. 60:43. 65调整为0. 67:53. 87:45. 46。四大主导产业持续壮大，产业链结构日益完善。智能网联及新能源汽车产业高端发展。新引入云从科技等创新企业，为新能源汽车产业在智能化、网联化方向赋能。全年新能源汽车销售量达11万台，同比增长115%。年产10万台的新能源汽车四期项目开工建设，奇瑞商用车新生产基地投产，icar冰淇淋车型销售火爆。智能网联汽车小镇一期项目顺利推进，小镇会客厅、智慧停车、智慧泊车等多个应用场景建成使用。新能源汽车产业基地在全省基地考核中稳居A档，荣获省质量单项冠军。全省首座综合能源智慧服务站在高新区启动。初步建立涵盖材料、设计、制造、封测、应用模组及销售等方面的全产业链条，形成与智能网联及新能源汽车产业协同发展的格局。芜湖第三代半导体工程中心SiC和GaN器件生产线全面运行。瑞迪微电子IGBT模块自动化封装测试生产线建成投产，年产能配套30万辆新能源汽车。源芯微电子分立器件封装线建成投产，年产能达到60亿只芯片。新引进国广传媒谋划推动国家广播及网络视听内容安全产业基地，建立新一代全媒体信息内容生态产业集群。产业龙头企业三只松鼠“1+N多品牌矩阵”形成，销售收入及市场份额稳居休闲食品行业第一。中集瑞江罐式储运装备总销量继续领跑全球；水韵环保、启迪清源在水环境治理、水处理材料和设备研发领域不断突破。

重大项目稳步推进。2021年弋江区列入省“大新专”重点项目123个，总投资1445.7亿元。年度计划开工项目33个，计划竣工项目3个，计划投资112.69亿元。全区新开工项目176个，其中亿元以上项目133个，新竣工项目128个，其中亿元以上项目68个。全年新签约项目91个，总投资378.7亿元，其中亿元以上项目75个，5亿元以上项目18个，10亿元以上项目8个。总投资70亿元的国家级绿色技术示范基地项目、总投资40亿元的智能汽车电子产业园项目、总投资30亿元的邻儿便利店供应链保障中心项目、总投资20亿元的专用车零部件产业园项目、总投资10亿元的汽车智能部件研发生产项目、总投资5.4亿元的聚航多层共挤功能薄膜精密涂布建设项目、总投资5亿元的云从科技智能网联汽车全国总部等一批重点项目相继落户。

加大创新平台建设。支持企业积极申报创新平台，全年新增省级以上创新平台10个，其中新增省级产业创新中心2个、省级博士后工作站2个、省级工业设计中心2个，省级工业设计企业1个，省级企业技术中心3个。新认定高新技术企业91家，总数达208家。国家科技型中小企业备案412家，位居全市第一。引进海螺集团“三碳科技研究院”，打造高层次“三碳”创新平台。科大讯飞人工智能产业加速中心、芜湖造船厂产业研究院加快建设。加快华东光电、中航华东光电等国家级创新平台建设，加速三只松鼠省食品工业数字化产业创新中心建设，加强芜湖第三代半导体工程中心、新一代新能源汽车共性技术研究院等13家市级重点研发创新平台建设。中航华东光电等3家企业获批国家级专精特新“小巨人”企业，航天电缆等3家企业获批省专精特新冠军企业，天兵电子等5家企业获评省级科技进步三等奖。

加快双创载体孵化。全区现有各类孵化载体29家，国家级孵化载体2家，省级以上孵化载体6家，孵化面积超100万平方米，现有在孵企业294家，孵化企业831家，毕业企业168家。支持皖江云、追梦、资城等孵化器发展壮大，推进中皖智优产业园加速发展。汇峰电商产业园、柏庄电商产业园成功获批“市级电子商务示范园区”。5G智慧型主题娱乐综合体松鼠小镇建成，入驻商铺近百家，带动就业近千人。各孵化载体先后与北京安芙兰、北京高蕴、启迪创投等28家投融资机构达成合作意向，入驻知识产权、法务、财务等各类服务机构18家。组织企业申报“创响中国”安徽省创新创业大赛，开展双创活动周、创响中国等创新创业活动，吸引百余家企业参加，受众超万人。成功举办SEMI化合物半导体制造技术论坛、电动智能汽车精英峰会、首届中国（芜湖）微电子产业科创大赛、双创政策宣讲会等活动。引进15个高层次科技人才团队，其中两个团队获评市级一类项目。

加速营商环境优化。推进服务企业1%工作法，强化“四送一服”干部包保联系企业制度。建立高新区企业网格化包保帮扶机制，对中小微企业实行全覆盖。出台促进商贸流通和服务贸易业发展、促进建筑业企业发展、促进消费等系列政策措施，指导企业申报国家、省、市各类产业政策，兑付各类产业扶持资金12.4亿元，新增减税降费资金3.5亿元，新增政银担10亿元，过桥贷5.4亿元，发放创业担保贷款8035万元。

基础设施建设日益完善。总投资55亿元的城南过江隧道开工建设。元塘北路、南沿河路、文津东路等道路建成通车，路网体系更加畅达。全面实施城市基础设施提升改造、“门前三包”城市管理靓化等5大工程。高标准实施四好农村公路四项工程建设，完成农村公路提质改造工程和农村公路养护工程路面工程，提高通行能力，美化路域环境。高标准改造江南春城一期，271宿舍及周边等7个老旧小区。西湾园区建设有序推进，完成西湾园区控制性详细规划方案及成片开发方案编制，启动纬二路、纬三路、经四路、经五路等四条道路建设，循序推进雨污分流改造、绿化提升等工作。完成鸠江南路、大茆立交工程等6个重点工程建设。出让花津南路以东C地块、峨山路南侧A地块等3个地块。新乐府、观湖居等7个商业小区建成交付，城市活力不断涌现。

城市管理水平不断提升。推进花景大道和街头游园建设，完成大工山路沿线等50余处道路绿化改造。提升城市公园品质管理，完善基础服务设施，设置微型景观小品，打造愉悦、舒适、便利的游园环境。推进滃港街道垃圾分类示范片区的建设，构建“互联网+”垃圾分类模式，全区机械化清扫覆盖率和生活垃圾无害化处理率达到100%。开展全区15座垃圾中转站全密闭环保改造，提升垃圾分拣和大件垃圾处理能力。整治南瑞湖、中央城、高校园区等片区摊点群，市场周边秩序得到明显改善。智慧停车系统启动建设，规划建成一批城市公共停车场，解决“停车难”问题。

生态文明建设成果显著。完成智慧环保二期平台建设，全年PM2.5平均浓度为每立方米33.2微克，优良率为83.9%。深入开展水环境保护，确保国控断面及饮用水水源地水质达标率100%，摸排并整治5条内部水系入水排口83个，完成长江干流198个入河排污口的溯源排查及“一口一策”编制。完成86个小区、45个企事业单位及349个市政道路混接点的雨污混接改造。完成新兴铸管地块固体废物的规范化处置工作，推进建筑垃圾资源化处置中心项目建设。深入开展生态环境提升行动，新增绿化面积22.8万平方米，完成元亩塘生态公园建设，开展天子港标准提升工作，布局城市绿道、滨水步道3千米。建设完成“三湖一坝”水生态修复和综合治理一期项目，有序推进“三山一圩”矿坑修复综合开发。

民生保障日益健全。全年投入3.5亿元，实施25项民生工程。全年发放低保金、医疗救助、临时救助、残疾人两补等各类社会救助资金0.57亿元。完成城镇职工养老保险参保12.6万人、城乡居民养老保险正常参保1.3万人，基本医疗保险参保22.2万人。公租房实物配租150户，发放困难家庭租赁补贴17.7万元。稳步推动全区就业水平，兑现高校毕业生安家补助5982万元。城镇新增就业1.8万人，城镇登记失业率2.5%，失业人员再就业5007人，就业困难人员再就业628人，开发公益性岗位350个，就业见习岗位140个。安徽海螺水泥列入全国第二批产业工人队伍建设改革试点单位，弋江区社会保障服务中心获评全国人社系统优质服务窗口单位。

文教卫体协调发展。推动优质化、集团化办学全覆盖，与芜湖一中教育集团开展合作，全区现有义务教育集团5个，区域教育资源均衡发展。4所公办幼儿园投入使用，续建中小学3所。大力实施爱心午餐，安心午休，放心课后，暖心助困“四心”工程，教育综合服务能力不断提高。落实“四早”要求、压实“四方责任”，坚持人物同防、人物同查，成功阻击南京关联疫情。分阶段分批次全力推进新冠疫苗全民接种工作，率先完成18岁以上人群接种目标，3-11岁人群和加强针接种工作依规安全有序开展，筑牢疫情防控防线。实施健康芜湖行动，通过国家级和省级健康促进县区验收，在全省率先全面建立村（居）公共卫生委员会。文化生活配套建设持续推进，区体育场、全民健身活动中心，区游泳馆免费对外开放，新增全民健身路径30套，南沿河路5千米健身步道建成使用。深耕书香城市建设，推进全民阅读，建成7个图书馆分馆及基层阅读点和4座城市书房，开展主题文化活动40余场。

乡村振兴阔步前行。启动弋江区村庄分类和乡村振兴空间布局规划，助力乡村地区特色发展。获批省级农业科技园区，农村人居环境改善，完成第一批9条农村黑臭水体治理及275座农村户厕改造，农村生活垃圾无害化处理率达100%，秸秆综合利用、粪污资源化综合利用率分别达93.5%、98.7%。完成333.33公顷高标准农田及466.67农田水利"最后一公里"项目建设，清淤疏浚塘坝26口，改建控制闸3座，新建桥涵2座，改建灌溉站1座（装机37KW）。完成粮食种植面积4880公顷，高于前5年平均水平，总产量达2.78万吨。创建8个粮食高产示范片区，示范面积近千亩。

【深化教育领域综合改革】持续推进教师"区管校聘"无校籍管理体制改革。2014年弋江区在全省率先启动教师无校籍管理改革，实现教师由"单位人"向"系统人"转变、教师管理由"身份管理"向"岗位管理"转变，建立以岗位为核心的教师交流和保障机制，以工作量为依据的奖励性绩效工资分配机制。自启动该项改革以来，全区城乡学校之间、优质薄弱学校之间的教师交流432人次，2021年交流教师32人。加大教师招聘引进力度。公开招聘中小学教师190人，其中在编教师15人、非在编教师61人，引进安师大优秀毕业生19人，合作办学的教育集团在核编人数内自主招聘95人。委托第三方人事代理机构招聘管理幼儿教师和保育员84人。提高非在编教师待遇。投入资金近300万元，持续开展分层教师培训。以"因材施教"大数据应用项目打造智慧教育高地。聚焦"人工智能+教育"示范区创建，计划投入1.5亿元，截至2021年底完成首期建设，智慧课堂教学终端已覆盖全区中小学校3—9年级，每所初中完成大数据个性化学习服务中心建设，组织开展40余场次1500人次的培训，遴选100名种子教师在暑期完成培训，全区应用智慧课堂授课735节。与安师大教科院、科大讯飞公司联合成立智慧教育研究院，立项课题13个，以项目和课题推进全区教育数字化资源的共建共享、信息技术与教育教学的深度融合，以技术引领驱动教育转型。

【智能网联及新能源汽车发展】芜湖高新区是科技部确定的"新能源汽车创新型产业集群"、安徽省"新能源汽车产业集聚发展基地"及"新能源汽车特色产业园"重点发展新能源汽车整车、电池、电机电控、动力系统、充电设施以及相关核心部件等。拥有规模拟上工业企业160余家，集聚奇端新能源，奇瑞商用车汽车整车生产、瑞弗特种车、中集瑞江专用改装车、安川电机，忠旺铝材轻量化车身、天弋动力锂电池、天量电池箱系统、明基隔膜、安波福线束、馨联汽车动力系统、易开新能源汽车运营、芜湖联合新能源重卡产业研究院以及相关零部件生产企业，初步形成产业规模。

【发展大数据及信息技术】高新区(弋江区)集聚兆尹科技、中软信息、龙鼎科技、惠国征信等20余家重点信息服务企业，在云计算、人工智能、大数据中心等领城加大探索，全区电子商务企业500余家，三只松鼠2019年在深交所创业板挂牌上市，滨江·松鼠特色小镇2020年正式开园，汇峰跨境产业园、芜湖高新现代服务产业园加快建设。

【节能环保及高端装备制造】围绕海螺川崎、海螺智能装备、三花自控、奇瑞商用车环卫车板块、启迪清源、艾尔达科技、赫为科技环保产业园、鼎恒高端再制造等重点项目发展智能电网、再制造技术和设备、生活电器节能环保元器件、节能环保技术和装备、节能环保材料、膜材料及组件。海螺川崎、三花产业园等龙头企业产值、利润实现双增长，逐步迈向中高端，康爱尔压缩空气储能项目成功产业化，坚持围绕优化存量促进内涵式发展，对传统产业进行改造提升，打造涵盖设计研发、装备制造、运行管理、系统服务等为一体的节能环保及高端装备制造产业集群。

【微电子及第三代半导体发展】引入启迪半导体公司运营芜湖太赫兹工程中心，实现第三代半导体的材料生长、晶圆制造、封装与测试，并将其打造为开放性的公共研发平台，引入西安电子科技大学建设"西电芜湖研究院"围绕人才培养，科学研究及成果转化，重点打造微电子领域高技术研发、高端人才培养和微电子产业培育三大平台；引入启迪之星(芜湖)孵化器，依照"技术提升+产业对接+资本对接"的思路，引进微电子优秀创业项目;联合奇瑞科技，与产业资本携手针对微电子尤其汽车电子领域优质项目投资助力。通过抓龙头、建平台、促孵化、聚人才等举措，芜湖微电子产业已先后集聚华东光电、天兵电子、启迪半导体、赛腾微电子、精嘉电子、瑞迪微电子等四十余家企业，基本形成涵盖材料、设计、制造、封测、应用模组及销售等方面的全产业链条。

（汪海军）

湾沚区

【概况】湾沚区位于安徽省东南部，长江中下游南岸，古称鸠兹，西汉元封二年（公元前109年）置县。2020年7月，经国务院批准，撤销芜湖县，设立湾沚区。现辖湾沚、六郎、陶辛、红杨、花桥5个镇，总面积670平方千米，人口34.6万人。2021年实现地区生产总值383亿元，同比增长13.3%；财政收入56亿元，同比增长10.9%；居民人均可支配收入3.68万元，同比增长10.5%；城镇新增就业1.2万人、登记失业率2.8%。

乡村振兴。新增集体经济强村11个，集体经济收入50万元以上村达26个。获批全国农产品产地冷藏保鲜整县推进试点县、率先实现主要农作物生产全程机械化示范县（区），入选第三批国家农产品质量安全县创建单位。陶辛镇、花桥镇入选省级数字乡村试点镇。六郎镇在全国特色小城镇品牌指数发布会上作典型经验发言，全省唯一。建成高标准农田1333.33公顷、农田水利“最后一公里”2933.33公顷、中型灌区续建配套与节水改造5266.67公顷。维修、养护、建设升级农村路网136千米，获批全国“四好农村路”示范县（区）。

现代农业。新申报全国绿色食品原料（油菜）标准化基地6666.67公顷，已通过省级初审，上报到农业农村部。新增芜湖市湾沚区陶辛莲子现代农业产业园市级现代农业产业园；珩琅山玫瑰谷获得2021年省级休闲农业和乡村旅游示范园区，陶辛镇沙墩村入选“2021年中国美丽休闲乡村”。新增5家市级休闲农业与乡村旅游示范点。全区接待游客252.65万人次，休闲农业营业2021年收入8.87亿元；2021年安徽徽清堂网络科技有限公司获批省级农村电商示范企业，芜湖王小蜂电子商务有限公司的品牌“王小蜂”获批省级农村电商示范品牌。对接长三角地区，2021年销往沪苏浙地区农产品及农业加工品销售额约39亿；新增“六郎河蟹”为地理标志农产品，农产品地理标志3个。新增认证“三品一标”农产品100个。全区98家企业、235个产品获“三品一标”认证。

工业经济。新增规上工业企业42家，规上工业总产值同比增长16%，规上工业增加值同比增长14%，区域内工业用电量同比增长25.3%、工业用气量同比增长25.7%。实施技改项目162个，技改投资增速62%。战新产业产值同比增长50%，占规上工业比重达57%。CA42国产双发四座多用途飞机成功首发，有力打破欧美行业垄断。国际航空器一站式维修保障中心加快建设，海鹰航空、华夏航空、深圳联合飞机等重大项目全力推进，中公航职院培训区即将投入使用，省级“专精特新”冠军企业、国家“专精特新”小巨人企业实现“零”突破。

现代服务业。新增省级服务业集聚区3家。新增规上服务业企业35家，营业收入突破100亿元。加快全域旅游建设步伐，全年吸引游客310万人次，拉动消费18亿元。成功举办第五届半程马拉松赛，“一年跑一镇”实现全覆盖。红杨镇、六郎镇官巷村获评全国乡村旅游重点村镇，六郎镇、陶辛镇、红杨镇入选省首批特色旅游名镇。持续完善金融体系，成立首支政府投资母基金，规模5亿元。春光里、海通并购基金成功落地。新增新三板挂牌企业1家、申报美股企业1家。

科技创新。加大科技创新扶持力度，兑现科技资金1.2亿元。国家高新技术企业总量达209家，净增54家。国家科技型中小企业总量达232家，净增53家。获批省级产业创新中心1个、省科技重大专项立项1个、省重点研究与开发项目立项2个，入围省科学技术奖一等奖1个、二等奖2个。万人发明专利拥有量达35.9件。安徽信息工程学院技术与创新支持中心获世界知识产权组织、国家知识产权局授牌。300千瓦级二级增压重油航空发动机“猛雕”点火成功，填补国内多项空白。人才集聚成效明显。创新人才工作机制，设立湾沚区人才发展有限公司。新引进高层次人才3人，新认定省引才资助对象7人，入选省低空空域改革试点专家库9人。出台教育、卫生等领域紧缺人才引育实施方案，按每套10万元标准完成432套人才公寓精装修改造，发放各类人才奖补资金6782万元。人才资源总量达10万人，人才密度达28.2%。

数字经济。培育工业互联网标杆企业18家，完成“企业登云”40家。新认定省级智能工厂1家、省级数字化车间1家，德力西电气“灯塔工厂”即将投入使用。“双十一”当天电商销售额突破2.3亿元，同比增长64.3%，实现飞机全国网售第一单。全年实现电商交易额50.5亿元，同比增长28.5%。跨境电商产业园正式挂牌，集聚跨境电商企业15家。跻身“2021中国智慧城市百佳县市”榜单第19位。

改革发展。改革成效逐步体现。办理承诺制改革事项244件，同比增长18%。挂牌出让“标准地”15宗66.67公顷，占新出让工业用地面积70.6%。清理盘活闲置低效用地119.93公顷。稳步推进农村“两闲”盘活改革试点，完成全市首批农村集体经营性建设用地使用权集中出让，土地“含金量”持续提升；一体化进程提速提质。35个政务服务事项实现“跨省通办”，全球航空货运枢纽港项目入列长三角一体化发展规划“十四五”实施方案、长三角民航协同规划，航空产业园获批长三角优秀产业联盟、首批长三角G60科创走廊产融结合高质量发展示范园区。

招商引资。春光慧谷·智能航空科创园等一批重大项目落地建设。新增亿元以上项目102个，总投资达730.3亿元，其中20亿元以上项目9个、10—20亿元项目12个。实际利用外资3.7亿美元，同比增长10%。实际利用省外资金240亿元，同比增长17%。

城市建设。践行人民城市人民建、人民城市为人民理念，全面启动人民城市建设，滚动实施100项重点工程。改造老旧小区56个、棚户区377户、农村危房81户。供水管网、取水口迁移工程开工建设，供排水一体化及环境整治PPP项目报财政部待批。新建绿地体育公园2座。投资5600万元启动7.5万平方米的人民体育公园建设。

生态文明建设。全面推进“两山”实践创新基地建设，空气质量持续提升，全区PM2.5均值33.8微克/立方米，空气优良率84%。持续开展“清水畅河”行动，全国水系连通及农村水系综合整治试点县工程主体竣工，一江、四湖实现活水串联。推深做实林长制，完成造林275.5公顷，森林抚育200公顷。全域开展生活垃圾分类试点。全面实施禁渔禁采。湾沚区在生态文明贵阳国际论坛、全国水美乡村建设现场会、长三角一体化县域水治理论坛上分别作典型经验发言，全省唯一。

社会保障。投入7.5亿元实施30项民生工程，城乡居民基本养老保险、医疗保险实现全覆盖，公益性岗位开发安置率100%。提高社会救助保障能力，发放各类困难人员保障资金超1亿元。落实退役军人优待抚恤政策，发放优待抚恤资金2295.7万元。推动创业带动就业，新增创业担保贷款1.3亿元，开展免费创业培训300人。治欠保支服务民生成效显著，根治拖欠农民工工资工作获国务院表彰。

社会事业。新增公办幼儿园7所。全面推进中小学智慧化教学，建成智慧课堂系统249套。结合“五项管理”“三心服务”，稳步落实“双减”政策。安徽信息工程学院文津校区完成整体搬迁，实现湾沚集中办学。芜湖航空职业学院、芜湖医药健康职业学院列入安徽省“十四五”高等学校设置规划。打通群众就医最后一公里，建成村（居）卫生标准化服务站5个。在全市率先启动农村养老试点工作，社会养老服务体系日臻完善。打造城市“15分钟阅读圈”，建成城市书房1所、湾沚书舫1艘。

社会治理。深入开展“守护平安”行动，全区社会治安形势呈现“四升四降”良好态势。持续推进“四下基层”，积案化解成效明显，全区信访工作水平不断提升。不断完善应急管理体制机制，建成花桥镇、红杨镇专职消防站。花桥镇获批省级乡村治理示范镇。启动全域视频监控集成系统建设，数字化+城管助力城市管理提质增效。全面开展食品安全“四项治理”提升行动，切实保障食品药品安全。

【争先进位成果丰硕】2021年，制造强省、战新基地、就业创业、生态文明、养老健康、人居环境整治等6项工作获省政府通报表彰，位列全省第二。航空新城、全球航空货运枢纽港、安徽中西（新芜）国际合作汽车零部件产业园、芜宣机场口岸开放等12项湾沚元素入列省“十四五”规划《纲要》。跻身省制造业发展综合10强区、增速10快区。

【推进航空新城建设】2021年，加快战略性新兴产业集群建设暨2021年全省第九批重大项目集中开工动员会在湾沚成功举办。湾沚“芜湖航空”方阵集体亮相第十三届中国国际航空航天博览会。通航产业基地（试验）荣获省重大新兴产业基地考评A等。新增航空类签约项目43个，投资达273.4亿元。

【"空水公铁"多方式联运】2021年，芜宣机场正式通航，开通客运航线15条、货运航线2条，到发旅客13万人次，吞吐货邮400吨，形成"北联京津冀、南通珠三角、连接西部重点城市群"的航线网络。高铁南站到发旅客超65万人次。京东物流货运包机完成首航，京东无人车"小红"成为湾沚新市民。芜湖空港保税物流中心获省政府批复建设。芜宣高速"四改八"湾沚段前期工作顺利推进。全国"交通强国"建设试点成功申报。

【乡村振兴】2021年，殷港艺创小镇、芜湖航空小镇入选2021年中国特色小镇50强，入选数量与绍兴上虞区、苏州昆山市并列全国第一。成功举办中国农民丰收节安徽主场活动。创新成立湾沚区乡村建设发展有限公司。入选全国乡村振兴典型案例。

【"推深做实1%工作法"】2021年，减税降费2.5亿元，规上工业利润总额同比增长超60%，全市现场推进会在湾沚召开。坚持法治化、便利化、温馨化，率先出台公共政策兑现"十条举措"，41项惠企惠民政策实现"免申即享"。持续完善"企业吹号、部门报到"三级响应机制，帮助企业解决各类问题1000余件。

【两地入选全国乡村旅游重点村镇】2021年8月，文化和旅游部公示《关于公示第三批全国乡村旅游重点村名单和第一批全国乡村旅游重点镇（乡）名单的公告》。其中，湾沚区红杨镇入选第一批全国乡村旅游重点镇（乡），六郎镇官巷村入选第三批全国乡村旅游重点村。湾沚区红杨镇依托自身的历史地缘、生态资源，深入挖掘域内旅游资源，推进全域旅游发展，连点成线，连线成片，实现乡村旅游集聚发展。六郎镇官巷村位于六郎镇北陶村境内，四面环水，垂柳成荫，村镇围绕生态建设理念，打造美丽乡村，先后荣获"全国环境优美乡镇""全国文明村镇""国家农业产业融合发展示范园"等荣誉。

（周一夫）

繁昌区

【概况】繁昌区位于皖南北部，长江南岸，是中国史前文明重要发祥地之一。汉高祖五年（前202）置春谷县，至今2200余年历史。东晋元帝大兴元年（318），于春谷县侨置繁昌县。1983年7月1日改属芜湖市至今。2021年辖繁阳、荻港、孙村、平铺、新港、峨山六镇和繁昌经济开发区，全县总面积585平方千米，人口27.34万人。县政府驻繁阳镇。

2021年，实现地区生产总值374亿元（预计数，下同），增长13.6%。固定资产投资增长25%。一般公共预算收入36.8亿元，增长8.5%。社会消费品零售总额增长30%。居民人均可支配收入37077元，增长10%。单位生产总值能耗下降3.5%。完成节能减排任务。

2021年，繁昌区获批创建首批国家农业现代化示范区，获

京东物流国内货运包机芜宣机场首航

（周一夫 提供）

评国家级水土保持示范县、省质量强区、省农村电商提质增效工作示范县，跻身中国智慧城市百佳县市、全省制造业发展综合十强区，数字经济、农村电商、文化旅游、河（湖）长制等4项工作获省政府督查激励。

双招双引。把“招商引资、招才引智”作为经济工作的主战场，坚持顶格推进，持续深化产业链招商，全年新签约亿元以上项目149个、5亿元以上项目29个、10亿元以上项目31个，分别增长73.3%、190%和181%。总投资100亿元零碳智慧产业园、50亿元中商惠民惠享云仓、20亿元德运粮油、10亿元共享智能装备等一批头部企业重大项目签约落地。认真落实“紫云英人才计划”，引入A股上市企业科锐国际入驻人力资源服务产业园，安徽机电职业技术学院繁昌校区项目顺利落户。新增技能人才1385人，新引进高端人才75人、高层次科技人才团队10个、创新创业人才152人。

项目建设。开展项目建设攻坚专项行动，落实三级调度机制，全年新开工亿元以上项目112个、增长36.3%，新投产亿元以上产业项目23个，80个省重点项目完成投资221.6亿元、占投资计划115.4%。吉孚汽车自动变速箱生产基地、宠幸宠物产业园等一批项目开工建设。融进新能源、银峰春谷健康产业园、嘉瑞高级润滑油等一批项目建成投产。

为企服务。常态化开展“四送一服”工程，全面实施“1%工作法”，完善企业诉求快速响应机制。持续实施新增规上工业企业等8个倍增计划，全年新增“四上”企业138家。鼓励企业创优升级、上台阶，兑现涉企政策资金2.3亿元，减税降费1.9亿元。探索“1+N”基金运作体系，设立总规模10亿元的春谷产业投资母基金，布局子基金4支、总规模近20亿元。着力降低企业综合融资成本，发放支小再贷款1.2亿元，过桥资金续贷调头8亿元，“政银担”“税融通”“中小微企业信用贷”等业务新增贷款20.6亿元。完善支持企业上市奖励办法，海螺环保上市获中国香港联交所受理，爱瑞特新能源、金贸流体报省证监局辅导备案，全区直接融资2.2亿元。

战新产业。出台发展新兴产业10条举措，战新产业产值增长24%。与奇瑞汽车、中科院上海光机所开展战略合作，先进激光联合实验室揭牌。中科春谷激光产业园、共享国家智能铸造产业创新（安徽）中心、增材制造工业互联网平台等投入运营。春谷3D打印智能装备产业技术研究院获评省服务型制造示范平台、省科技服务集聚区，中国增材制造产业年会在繁召开。与南开大学、卫仕宠物营养研究院设立联合创新中心，芜湖宠物用品产业基地入驻企业31家。溜溜果园入选省级先进制造业和现代服务业融合发展试点单位。深化与海螺集团、建华建材合作，发展绿色建材、装配式建筑构件等新材料产业，获批省级装配式建筑产业园区。全国首个露天水泥矿山无人驾驶矿车应用项目在繁落地。

传统产业。投资79亿元支持企业实施技改项目95个。开展“专精特新”中小企业培育工程，新增省级“单项冠军”企业1家，省“专精特新”中小企业2家，久弘重工、恒均粉末入选国家级“小巨人”企业。支持企业数字化、智能化升级，新认定省级数字化车间、市级智能工厂各1个，企业“登云”91家。加快铸造行业延链提升和纺织服装供应链整合，总投资30亿元吴江纺织科技产业园、10亿元维迪曼产业园、10亿元杭汽高端精密铸造基地等项目签约落户，乐驼高端服装研发智造中心建成投产。

现代服务业。推进“一域双星”创建，建成繁昌慢谷度假区游客中心，新增精品慢行步道3条，红色中分等4个主题驿站建成使用。途居马仁山房车露营地一期对外开放，东岛观沧海高端民宿、梅冲山地自行车赛道等一批乡村旅游项目开工建设。入选首批长三角高铁旅游小城，举办首届文化旅游消费节，全年接待游客179万人次。数字经济产业园实现产值55亿元、税收4亿元，生命奇点医疗大数据等项目签约入驻，电商直播基地开展直播1600余场次、带动线上销售6亿元。国泰数字检测认证研究院投入运营。

一体发展。与杭州市临平区、常州市金坛区建立城区友好合作关系，繁昌经开区与上海金山区北部经济园、江苏省金坛经济开发区开展合作共建。溜溜果园、华园米业入选创建长三角绿色农产品生产加工供应省级示范基地。田家炳中学等6所学校与上海、杭州名校开展交流合作。区人民医院与上海市第一人民医院、上海中医药大学附属曙光医院建立专科联盟，上海长征医院等知名医院5名专家在繁设立工作室。开展质量提升行动，长三角质量提升示范试点项目推进会在繁召开。

承载能力。推进开发区大建设大发展，投入1.4亿元实施水电路气网等配套设施提升工程，中天纺织热电联产项目投入试运行，南添电力热电联产项目主体完工。强化用地等要素保障，完成园区项目房屋征收756户，供应工业用地155公顷，盘活低效用地90.73公顷、闲置厂房32万平方米。对标对表沪苏浙等先发地区，实施“区域评估”“承诺制”等制度，划定“标准地”面积124公顷，9项区域评估全部完成编制和批复。

改革创新。深入推进“互联网+政务服务”改革，启动智慧繁昌运行中心建设，推进长三角政务地图应用，汇聚服务场所107个，上线服务事项8000多项。实施19项营商环境专项提升行动，持续提高服务水平、压缩办理时限。增强创新能力，净增高新技术企业25家、科技型中小企业114家、省级以上研发机构1家。33家企业获国家知识产权管理体系认证，5家企业入选工信部工业企业知识产权运用试点。申请商标457件，授权发明专利212件，万人发明专利拥有量达32件。

城市建设。成立人民城市建设委员会，编制人民城市建设三年投资计划，高位提升城市品质。投入3.4亿元，实施交通畅通、绿化亮化美化等重点工程30项，海螺花园等5个停车场开工建设，纬五路建成通车，西门桥改扩建工程主体完工，竹丝塔公园、峨山公园成为“网红打卡地”。“峨山书舍”“龙亭书苑”“繁昌书院”等3个城市阅读空间对外开放，全市首个气膜游泳馆试运行。博物馆新馆建成，馆藏精品居全省县区级前列。强化房地产市场稳定供应，出让商住用地21.33公顷。完成G236荻港段等9条公路大中修及升级改造，道路建设PPP项目开工建设。推进文明创建五大专项行动并向集镇延伸，启动马坝街道、三元井等“城市老街”外立面改造提升。完成城市排水防涝设施改造，实施峨溪河排洪新站等11项重点水利工程建设。水环境综合整治PPP项目加快建设，检测修复污水管道117.8千米，完成城南、获港、新港污水处理厂及配套管网运营权整体移交，实现“厂网一体化”运营。

美好乡村。持续深化村庄清洁行动，4个省级美丽乡村中心村通过省级验收，峨山镇东岛村获评全国乡村治理示范村，全省乡村产业高质量发展暨农村人居环境整治提升现场会在繁召开。编制全域美丽乡村建设三年行动方案，投入3.4亿元启动375个区级美丽乡村建设。与中科院计算所开展战略合作，联合设立国科农业智能技术研究院。加快推进金土地智慧三农服务平台、无人农场、数字青梅等智慧农业项目，入选省级数字乡村试点。建设高标准农田866.67公顷，新培育家庭农场159个、农民合作社9个、农业专业化社会化服务组织36个。全域纵深推进党建引领信用村建设，强化信用评定结果运用，全年用信8368万元。安排财政资金1880万元，扶持集体经济项目24个，新增经济强村5个，获批创建省级农业对外开放合作试验区，获评全省主要农作物生产全程机械化示范县、全省实施乡村振兴战略实绩考核优秀单位。

宜居环境。推进新一轮“三大一强”专项攻坚和“一统筹两增加三减少四整治五提升”专项行动，环保督察反馈问题全部按期销号。深化大气污染防治“五控”措施，PM2.5日均浓度每立方米33微克，空气优良率87%。完成150个长江干支流排口“一口一策”编制，饮用水水源地和黄浒河等重点断面水质稳定达标。“智慧长江（渔政）”投入运行，实现长江禁捕全方位监管。加快实施荻港、新港矿产品运输廊道工程，重点区域环境综合整治取得明显成效。落实“河（湖）长制”“林长制”“田长制”“生态环境监督长制”，完成植树造林273.33公顷，创建省级森林村庄5个，全省绿色矿山建设座谈会在繁召开。落实永久基本农田特殊保护，土地整理新增耕地26.67公顷。

民生保障。投入5.2亿元，实施民生工程29项。城镇新增就业7188人，开发公益性岗位350个，发放个人创业担保贷款1.7亿元，城镇登记失业率3%。城乡低保月保障标准提高到742元。区居家养老服务指导中心、社会组织孵化中心建成运行。发放城乡居民医疗救助1300万元。排查整治农村房屋安全隐患212户。改造老旧小区8个，住房保障家庭租赁补贴343户。健全防止致贫动态监测和帮扶机制，选派7名干部赴重点帮扶村挂职指导。深化与太湖县结对帮扶，助销农产品1222万元。

公共服务。区中医院新院区

全面投入使用，区人民医院综合大楼和公共卫生应急医疗救治中心启动建设，获评全国基层中医药工作先进单位。城东小学建成启用，城关五小开工建设，新增公办幼儿园2所，国家义务教育优质均衡发展区创建通过省级评估。落实“双减”政策，在全市率先实现义务教育学校“五心工程”全覆盖。全省县（市、区）党政领导干部教育督导考核连续两年获优秀等次。获批创建省第二批科普示范区。获港香菜入选第六批省级非物质文化遗产代表性项目。城市公益性公墓全面完工。做好退役军人服务保障工作。圆满完成96个村（居）委员会换届选举工作。民族、宗教、对台、侨务、人防、气象、档案等工作得到加强，工会、共青团、妇联、工商联、供销社、残联、关工委、红十字会等事业全面发展。

社会安全。常态化抓好疫情防控，全年完成新冠疫苗接种54万剂次，保持“双零”战果。坚持扫黑除恶斗争常态化，全区社会治安形势呈现“三升四降四个没发生”的良好态势，群众安全感满意度保持全省前列。治理重复信访、化解信访积案专项工作成效明显，27件信访积案得到有效化解。加强食品药品安全全链条监管，守护群众“舌尖上的安全”。在全省率先推行中小微企业安全生产社会化服务，全年事故起数、死亡人数呈现“双下降”。

【安徽机电职业技术学院繁昌校区项目签约】7月8日上午，安徽机电职业技术学院繁昌校区项目签约仪式在铁山宾馆举行。省教育厅厅长赵振华，市委书记单向前，市委副书记、市长宁波，市领导张志宏、程刚，安徽机电职业技术学院党委书记张光胜、院长侯大寅，繁昌区委区政府主要负责人等参加签约仪式。该项目占地面积约66.67公顷，实行一次总体规划、分期建设，全部建成后拟入驻规模可达8000人。

【入选国家整县（市、区）屋顶分布式光伏开发试点名单】9月14日，国家新能源官方网站发布《国家能源局综合司关于公布整县（市、区）屋顶分布式光伏开发试点名单的通知》，繁昌区作为芜湖市唯一一个试点地区，位列其中。

【中科院计算所与繁昌区政府签订战略合作协议】10月14日，未来农业（繁昌）伏羲论坛在安徽繁昌成功举办，在论坛上，中国科学院计算技术研究所和繁昌区人民政府签订战略合作协议，举办安徽国科农业智能技术研究院揭牌仪式，颁发首届伏羲论坛荣誉主席、3位论坛常驻专家及7位研究院首席专家聘书。中国科学院计算技术研究所承担中科院第三代智能农机体系和农业模拟器的研制任务，2021年，由该所牵头设立的中国科学院智能农业机械装备工程实验室结合技术和资源优势，依托繁昌区域特色，在繁昌区启动建设以第三代智能农机为切入点的全程机械化、智能化种植示范区。中国科学院计算技术研究所与繁昌区人民政府就共同推动“未来农业解决方案”示范基地、数字繁昌智慧农业建设以及对应的第三代智能农业机械装备研制应用项目落地等方面，建立长期、紧密、富有实效的全面合作关系。在繁昌成立安徽国科农业智能技术研究院，聚集中科院农业人才技术资源，开展面向当地区域特色的第三代农机创新体系建设系列研发创新活动，推动成果转化落地，科技赋能，助力乡村振兴。

【首个“红色学堂”在新四军第三支队司令部旧址纪念馆挂牌】2021年10月15日，繁昌区首家“红色学堂”在新四军三支队司令部旧址纪念馆挂牌。区委常委、宣传部部长刘斌出席活动并为“红色学堂”挂牌。全区红色教育基地、村（社区）、企业和学校分批设立“红色学堂”，首批设立的“红色学堂”有7家，每月至少开展活动一次，由区委党校具体负责现场宣讲，通过集中宣讲“四史”、党章党规、习近平新时代中国特色社会主义思想等内容，讲好中国故事，讲好繁昌红色故事，实现繁昌区红色革命教育和传统文化教育常态化、普及化、大众化。

【光伏新能源企业签约落户繁昌】2021年11月17日，总投资50亿元的永臻低碳再生铝质新材料光伏边框项目签约仪式在芜湖铁山宾馆举行。市委书记、市人大常委会主任单向前，市委常委、秘书长、宣传部长张志宏，副市长汤劲松，繁昌区委书记向继辉，区领导周伟、高翔，永臻科技股份有限公司董事长汪献利，副总裁邵东芳、胡骅、汪飞，董事会秘书佟晓丹等出席签约仪式。永臻低碳再生铝质新材料光伏边框项目位于繁昌经开区，为永臻科技股份有限公司拟上市募投项目。计划总投资50亿元，规划用地面积约53.33公顷，采用目前世界上最先进的工艺、装备，建设年产36万吨低碳再生铝质新材料光伏边框生产线。项目建成达产后，将实现年产值100亿元，年纳税3亿元以上。

【举办2021年招商引资“百日大会战”暨第四季度项目集中签约活动】 2021年11月18日，举办2021年招商引资“百日大会战”暨第四季度项目集中签约活动，集中展示“百日大会战”开展以来“双招双引”工作成果。区委书记向继辉，区人大常委会主任陈邦龙，区政协主席张文宝，市发改委副主任徐虎，市投资促进中心副主任马劲松，区领导邓辉林、刘斌、高翔、王重娟等出席活动。此次集中签约协议总投资122.4亿元。

【两项指标增速连续两个月位列全省县域高质量发展A类县（市）区第1位】 1—8月份，固定资产投资、限额以上零售额两项指标增速连续两个月位列全省县域高质量发展A类县（市）区第1位。1—8月份，全区实现固定资产投资同比增长29.4%，其中建筑安装工程投资同比增长66.6%，技术改造投资同比增长61.4%，民间投资同比增长37.3%，基础设施投资同比增长34.1%，工业投资同比增长24.4%。实现限额以上零售额同比增长51.2%，其中批发业、零售业单位同比分别增长71.1%和54%，住宿业、餐饮业单位同比分别增长34.1%和45.4%。

【举办2021年第三季度招商引资项目集中开工、集中签约活动】 9月27—28日，举办2021年第三季度招商引资项目集中开工、集中签约活动，集中展示近阶段全区“双招双引”工作成果。市人大常委会党组书记、副主任丁祖荣，市委常委、常务副市长贺东，市人大常委会秘书长后名文，区委书记向继辉，区人大常委会主任陈邦龙，区政协主席张文宝，区领导周伟、鲁胜启、刘斌、高翔等出席活动。此次集中开工项目16个，总投资50.35亿元，集中签约项目25个，总投资189.3亿元。截至2021年1—8月份，全区签约招商引资项目167个，同比增长17.6%。其中，亿元以上项目94个、增长56.7%，5亿元以上项目18个、增长100%，10亿元以上项目23个、增长283%。

【先进激光联合实验室揭牌】 8月29日上午，奇瑞汽车股份有限公司、中科院上海光机所、繁昌区人民政府激光与汽车产业发展战略合作协议签约暨先进激光联合实验室揭牌活动在繁昌中科春谷激光产业园举行。市委副书记张庆亮，中科院上海光机所所长、党委副书记陈卫标，奇瑞汽车股份有限公司董事长尹同跃，副总经理高新华，繁昌区委书记向继辉，区委副书记、区长潘君齐，区人大常委会主任陈邦龙，区政协主席张文宝，区领导周伟、高翔等出席活动。陈卫标致辞并与高新华、潘君齐代表进行签约。陈卫标、尹同跃共同为先进激光联合实验室揭牌。奇瑞汽车与上海光机所合作成立的先进激光联合实验室，依托上海光机所科研资源和奇瑞汽车研发制造能力，在钢铝混合车身激光焊接、激光雷达、激光显示、燃料电池电堆智能制造等领域开展联合创新，加快激光技术在汽车产业中的示范应用。

【携手南开大学、卫仕宠物营养研究院联合打造创新中心】 8月23日，区政府与南开大学、卫仕宠物营养研究院签约，三方合力打造联合创新中心。市长宁波，市政府秘书长王志鹏，区委书记向继辉，区长潘君齐，区委常委、经开区管委会主任高翔，南开大学生命科学学院党委书记谢桂玲，上海宠幸宠物用品有限公司董事长吕少华等出席签约仪式。联合创新中心将发挥南开大学学术科研与教育资源优势，设立卫仕宠物营养研究院基金，开展横向课题研究，旨在加强政产学研全面合作，把学院人才技术优势转化成产业合作中的智库优势，促进科技创新成果转化。

【繁昌长枣一二三产融合项目签约】 8月20日下午，繁昌长枣一二三产融合项目成功签约，新建长枣种植基地，推动繁昌特色农业发展。区委书记向继辉，区委常委、副区长鲁胜启，芜湖贝斯特新能源开发有限公司董事长刘永政，芜湖盛世田园现代农业发展有限公司董事长潘锐毅出席签约仪式。繁昌长枣一二三产融合项目位于孙村镇，芜湖盛世田园现代农业发展有限公司计划总投资1亿元，新建繁昌长枣核心种植基地33.33公顷；并在全区范围内带动建立长枣种植基地200公顷。

（郭　馨）

统计资料

Statistical Information Data

2021年芜湖市国民经济和社会发展主要指标

指标	2020年		2021年	
	总量	增速	总量	增速
地区生产总值（亿元）	3753.02	3.8	4302.63	11.6
规模以上工业增加值（亿元）		4.7		14.1
固定资产投资（亿元）		6.2		15.7
#工业投资（亿元）		1.4		19.6
房地产开发投资（亿元）		0.9		13.6
社会消费品零售总额（亿元）	1584.35	2.3	1972.95	24.5
进出口总额（亿美元）	84.28	17.0	115.27	36.5
实际利用外资直接投资额（亿美元）	30.37	4.0	31.99	5.3
一般公共预算收入（亿元）	331.37	3.0	361.20	9.0
一般公共预算支出（亿元）	485.38	–3.4	503.49	3.7
金融机构本外币存款余额（亿元）	4712.96	13.3	5254.06	11.5
金融机构本外币贷款余额（亿元）	4101.48	8.9	4716.30	15.0
城镇居民人均可支配收入（元）	44588	6.0	48668	9.2
农村居民人均可支配收入（元）	24473	7.6	27202	11.2
城市居民消费价格指数（%）	102.7	2.7	101.3	1.3

2021年无为市主要经济指标情况

指标	2020年		2021年	
	总量	增速	总量	增速
地区生产总值（亿元）	511.04	5.5	577.76	10.5
规模工业增加值（亿元）		8.0		10.9
固定资产投资（亿元）		14.9		16.2
社会消费品零售总额（亿元）	163.60	3.9	211.23	29.1
一般公共预算收入（亿元）	26.51	2.0	28.75	8.5
城镇常住居民人均可支配收入（元）	40593	5.9	44368	9.3
农村常住居民人均可支配收入（元）	21752	7.8	24142	11.0

2021年南陵县主要经济指标情况

指标	2020年		2021年	
	总量	增速	总量	增速
地区生产总值（亿元）	281.41	3.5	320.69	11.6
规模工业增加值（亿元）		13.3		20.2
固定资产投资（亿元）		11.5		19.4
社会消费品零售总额（亿元）	108.89	4.0	138.76	27.4
一般公共预算收入（亿元）	21.48	1.9	23.33	8.6
城镇常住居民人均可支配收入（元）	40213	6.1	43832	9.0
农村常住居民人均可支配收入（元）	26586	7.8	29508	11.0

2021年镜湖区主要经济指标情况

指标	2020年		2021年	
	总量	增速	总量	增速
地区生产总值（亿元）	666.61	3.9	765.03	11.8
规模工业增加值（亿元）		3.1		13.5
固定资产投资（亿元）		8.0		−12.2
社会消费品零售总额（亿元）	368.03	0.4	447.24	21.5
一般公共预算收入（亿元）	33.85	7.1	35.05	3.6
城镇常住居民人均可支配收入（元）	50155	6.0	54698	9.1
农村常住居民人均可支配收入（元）	29986	7.4	33344	11.2

2021年鸠江区主要经济指标情况

指标	2020年		2021年	
	总量	增速	总量	增速
地区生产总值（亿元）	505.15	5.1	574.11	10.6
规模工业增加值（亿元）		7.7		10.0
固定资产投资（亿元）		13.2		20.3
社会消费品零售总额（亿元）	342.18	2.4	424.69	24.1
一般公共预算收入（亿元）	34.36	1.6	37.60	7.1
城镇常住居民人均可支配收入（元）	44895	6.3	49002	9.2
农村常住居民人均可支配收入（元）	26228	7.6	29191	11.3

2021年弋江区主要经济指标情况

指标	2020年		2021年	
	总量	增速	总量	增速
地区生产总值（亿元）	469.55	3.0	533.14	10.6
规模工业增加值（亿元）		3.1		9.4
固定资产投资（亿元）		13.9		20.5
社会消费品零售总额（亿元）	273.07	2.5	335.79	23.0
一般公共预算收入（亿元）	25.48	11.0	35.22	38.2
城镇常住居民人均可支配收入（元）	46791	5.7	50932	8.9

2021年湾沚区主要经济指标情况

指标	2020年		2021年	
	总量	增速	总量	增速
地区生产总值（亿元）	383.12	13.3	330.02	5.3
规模工业增加值（亿元）		14.6		8.0
固定资产投资（亿元）		24.0		15.6
社会消费品零售总额（亿元）	115.54	29.2	89.43	4.2
一般公共预算收入（亿元）	34.62	9.1	31.74	11.2
城镇常住居民人均可支配收入（元）	45802	9.4	41867	6.4
农村常住居民人均可支配收入（元）	29503	11.3	26508	7.4

2021年繁昌区主要经济指标情况

指标	2020年		2021年	
	总量	增速	总量	增速
地区生产总值（亿元）	312.41	4.6	364.11	12.3
规模工业增加值（亿元）		4.4		14.5
固定资产投资（亿元）		16.7		21.6
社会消费品零售总额（亿元）	68.24	3.9	86.76	27.1
一般公共预算收入（亿元）	33.93	5.2	36.82	8.5
城镇常住居民人均可支配收入（元）	41669	6.2	45661	9.6
农村常住居民人均可支配收入（元）	26356	7.4	29361	11.4

2021年经开区主要经济指标情况

指标	2020年		2021年	
	总量	增速	总量	增速
地区生产总值（亿元）	513.00	2.0	604.72	14.2
规模工业增加值（亿元）		2.8		19.9
固定资产投资（亿元）		0.8		19.9
社会消费品零售总额（亿元）	123.06	2.2	154.09	25.2
一般公共预算收入（亿元）	36.38	0.5	40.06	10.1
城镇常住居民人均可支配收入（元）	44462	6.0	48663	9.5

2021年三山区主要经济指标情况

指标	2020年		2021年	
	总量	增速	总量	增速
地区生产总值（亿元）	165.81	2.6	186.25	10.0
规模工业增加值（亿元）		1.3		14.1
固定资产投资（亿元）		−34.9		3.6
社会消费品零售总额（亿元）	47.84	0.4	58.84	23.0
一般公共预算收入（亿元）	15.32	36.1	16.47	7.5
城镇常住居民人均可支配收入（元）	40611	5.7	44266	9.0
农村常住居民人均可支配收入（元）	26334	7.2	29363	11.5

南京都市圈

Nanjing Metropolitan Circle

综　述

【概况】南京都市圈主要包括江苏省南京市、镇江市、扬州市、淮安市，安徽省芜湖市、马鞍山市、滁州市、宣城市，规划范围拓展到江苏省常州市金坛区和溧阳市，总面积6.6万平方千米。近些年来南京都市圈各成员城市紧扣同城化和高质量两个关键词，贯彻新发展理念，创新合作机制，各领域合作进一步深化拓展。2021年2月，《南京都市圈发展规划》获国家发展改革委复函同意，成为全国第一个国家层面批复的都市圈规划，进一步加快南京都市圈各城市区域协调发展。都市圈各城市认真履行建设主体责任，在基础设施互联互通、产业创新融合协同、生态环境共保联治、公共服务便利共享等方面务实合作、高效对接，一体化高质量发展的成效初步显现。按照国家发展改革委《沪苏浙城市结对合作帮扶皖北城市实施方案》，苏、皖两省重点做好宁淮、宁滁等对口挂钩帮扶工作，以推动宁淮智能制造产业园建设以及顶山—汊河、浦口—南谯等省级毗邻区域一体化发展等为抓手，助推两地经济社会高质量发展。2021年淮安、滁州两地经济总量分别增长10.0%、9.9%，分别高于江苏、安徽两省平均增速1.4个百分点和1.6个百分点。

【描绘协同发展“同心圆”】江苏、安徽两省发改委联合下发《2021年推动南京都市圈建设重点任务》，从省级层面支持和指导都市圈协同发展。首次以都市圈市长联席会议秘书处的名义，印发实施《南京都市圈2021年度工作要点》，统筹推进都市圈深化合作。都市圈专委会工作有序推进，都市圈建设办公室加快筹建。建立省级协调机制等重大政策，推进跨界水环境治理等多个重大事项，以及推进沿江高铁、扬镇宁马铁路等重大项目，省级协调工作力度显著加大。

【按下产业发展“快进键”】推动落实引领性国家创新型城市建设各项任务，深入推进都市圈创新合作和产业分工协作，服务高水平科技自立自强，着力提升创新资源强磁场能级。成功举办“2021年南京都市圈创新合作大会”，南京的汽车、医药、信息技术、环境保护等一批优质的创新载体和研发平台也在都市圈各兄弟城市落户。宁淮智能制造产业园宁博创智谷、南浦合作产业园等合作园区正在加快建设。举办线上龙头企业开放供应链供需对接活动，都市圈城市共33家龙头企业参与活动。南京、马鞍山、镇江、溧阳四市共同组织开展装备制造产业供应链对接活动。

【跑出公共服务“加速度”】加快社会治理一体化发展，推动优质公共服务一体化、连锁化供给，共同打造幸福都市圈。教育方面，通过签订教育工作合作协议，圈内城市开展多所校际结对共建。医疗卫生方面，南京市属主要三甲医院通过组建医疗集团、医联体、专科联盟等形式，在都市圈内广泛开展技术合作与学术交流，南京都市圈预约挂号平台接入8个城市89家医院，开放预约科室达1.1万个，多个便民渠道已开放医检结果共享查询。政务服务方面，139项群众急需的服务事项接入“跨省通办”，61项高频政务服务实现“南京都市圈通办”。举办南京都市圈自驾游推广、南京都市圈购物节等活动。

【绘就生态环境“新图景”】坚持“共抓大保护、不搞大开发”的战略导向。都市圈各沿江城市共同实施长江大保护，严格落实长江经济带发展负面清单制度，加快推进沿江工业布局调整，长江生态环境显著改善，主要流入长江的支流全部消除劣V类水体。苏皖两省相关市共同开展打击长江流域非法捕捞犯罪专项行动，形成严打高压震慑效应。都市圈各城市逐步建立常态化联合会商、联合巡查、联合防控、联合管护、信息共享机制的框架体系。南京、镇江、常州、滁州等市联合实施流域横向生态保护合作及跨界水环境区域补偿，共同推进跨界河道治理和太湖流域水污染防治。

【驶入项目建设“快车道”】把握中央关于基础设施适度超前发展的政策机遇，在项目推进方面加强跨区域工作联动，以提升内部通勤能力为目标，加快推进形成布局合理、功能完善、互联互通、运行高效的交通运输体系。2021年宁句城际顺利建成通车，成为江苏省首条跨市域轨道交通线，宁句同城化迈出实质性步伐。宁扬、宁马和宁滁三条城际轨道开工建设，助推南京都市圈1小时通勤网络加快形成。共同推进南京都市圈环线高速公路以及宁盐、宁广、宁滁等项目研究，宁合高速改扩建工程、商合杭高铁芜湖长江公铁大桥、五峰山过江通道公路接线等建成通车，皖S205对接G235南京段等一批省际“断头路”“瓶颈路”工程加快推进。南京机场三期工程前期工作持续推进，扬泰国际机场二期扩建工程正在报批。西坝、龙潭港区疏港铁路相继投入使用，建成龙潭、西坝、新生圩三大公铁水联运枢纽。宝特芜湖现代物流产业园成功入列全国物流示范园区。此外，宁滁蚌铁路、宁杭二通道等项目已纳入《长江三角洲地区多层次轨道交通规划》“十四五”规划建设项目，后续将积极加快建设。

【争创一体化发展“新样板”】南京都市圈涉及跨省域协调，相较于国内其他都市圈，协调成本客观上较高，提高要素协同配置效率既有现实必要也有较高的示范意义。推动南京都市圈建设办公室常态化办公，统筹协调组织都市圈开展基础设施、科技创新、产业协作、公共服务、生态环保等方面一体化建设。发挥市场作用，鼓励引导各类市场主体参与开发建设，引入第三方机构，开展南京都市圈建设评估和相关课题研究工作。重点提升中心城市辐射能级，在构建同城化发展机制上先行先试，聚焦宁镇扬片区、宁马滁片区、宁淮片区、宁宣黄片区以及省际跨界一体化示范区建设，尤其是在推动要素流动和建立利税分享机制等方面加快形成可复制可推广的经验，在服务和融入构建新发展格局中先行先试。

（王文心）

【首届南京都市圈创新合作大会在镇江举行】2021年5月29日，首届南京都市圈创新合作大会暨高校院所走进镇江产学研对接活动在镇江召开。会上，南京都市圈各成员地区共同发布《南京都市圈创新合作（镇江）宣言》，达成共建科技创新共同体、共享科技统计数据等6点共识。7家高校、科研院所及高端科技服务机构共同发起成立“南京都市圈科技创新智库联盟”，“南京都市圈科技创新生态图谱”也同步上线，促进都市圈内创新资源共建共享、优势互补。南京邮电大学镇江研究院当天揭牌运行。大会还发布南京都市圈“揭榜挂帅”关键核心技术需求榜单，共27项技术难题，奖励金额2900万元，邀请各方人才助力提升都市圈产业基础能力和产业链现代化水平。

（潘　珏）

都市圈城市概览

【南京市】2021年，实现地区生产总值16355.32亿元，增长7.5%。分产业看，第一产业增加值303.94亿元，增长0.8%；第二产业增加值5902.65亿元，增长7.6%；第三产业增加值10148.73亿元，增长7.6%。三次产业结构调整为1.8:36.1:62.1。人均地区生产总值174520元。全市常住人口942.34万人。城镇新增就业34.52万人。新增就业参保大学生41.04万人，增长2.2%。经工商登记新设立各类市场主体29.55万户，增长19.9%。

农林牧渔业总产值504.01亿元，增长2.9%。其中，农业产值271.53亿元、增长5.4%；林业产值22.44亿元、增长6.6%；牧业产值21.02亿元、下降25%；渔业产值150.19亿元、增长2.2%；农林牧渔专业及辅助性活动产值38.84亿元、增长7.2%。

全年规模以上工业增加值增长10.0%。其中，国有控股企业增加值增长9.0%，股份制企业增长9.9%，外商及港澳台商投资企业增长9.6%，私营企业增长17.2%。大中型企业增长7.6%，小微型企业增长17.6%。新能源汽车、工业机器人、集成电路、锂离子电池等产品产量增长119.1%、122.5%、45.4%、47.4%。

全年批发和零售业增加值1449.69亿元，增长7.0%。完成社会消费品零售总额7899.41亿元，增长9.7%，其中，限额以上社会消费品零售总额4662.27亿元，增长14.8%。限额以上贸易单位中，粮油食品类、饮料类、日用品类、中西药品等日常消费类商品零售分别增长12.2%、17.9%、48.6%和4.2%；与家庭装修等有关的建筑及装潢材料类、五金电料类、家具类等增长39.3%、39.6%和18.6%；智能手机、体育、娱乐用品、日用品类中可穿戴智能设备等零售额增长23.2%、18.0%和278.7%。

全年实现一般公共预算收入1729.52亿元，增长5.6%。其中，税收收入1473.31亿元、增长5.6%，税比85.2%。全年一般公共预算支出1817.73亿元，增长7%。其中，社会保障和就业支出增长7.3%，教育支出增长5.4%，科学技术支出增长7.3%，卫生健康支出增长24.4%。

全年全体居民人均可支配收入66140元，增长9.1%。其中，工资性收入41414元，增长9.6%；经营净收入6954元，增长7.6%；财产净收入6865元，增长9.3%；转移净收入10908元，增长8.4%。按照常住地分，城镇居民人均可支配收入73593元，增长8.9%；农村居民人均可支配收入32701元，增长10.4%。

全市参加企业职工基本养老保险人数372.94万人，增加35.34万人。参加城乡居民基本养老保险人数108.23万人。参加基本医疗保险人数818.57万人。参加失业保险人数345.89万人，增加16.65万人。参加工伤保险人数395.18万人，增加54.82万人。参加生育保险人数339.57万人，增加16.36万人。全市4.83万人享受最低生活保障（城市2.17万人、农村2.66万人）。企业退休人员养老金标准提高到每月3282元；城乡低保标准统一增至每月985元。全市养老床位7.45万张，新增养老床位3153张。每千名户籍老人拥有床位45.7张。社区养老服务设施配建达标率100%。

全市在宁普通高等学校53所（不含部队院校），在校学生（不含研究生）77.85万人，增加2.14万人。在宁高校及研究生培养机构在学研究生17.79万人，增加1.69万人。普通中学264所，在校学生28.85万人，增加1.30万人；中等职业学校22所，在校学生6.17万人，增加0.14万人；特殊教育学校15所，在校生0.18万人；小学392所，在校学生50.01万人，增加2.91万人；幼儿园1035所，在园儿童28.34万人，增加0.49万人。新改扩建幼儿园30所，新开办义务教育学校12所。新增基础教育学位超过3万个。全市义务教育学校标准化达标率100%。

全市文化馆14个，公共图书馆15个，文化站101个，博物馆72个，市级以上文物保护单位516处。拥有国家级历史文化街区2个，省级历史文化街区9个，国家级历史文化名镇（村）3个。全市有市级以上文化产业园区145家，其中国家级12家，省级30家，市级103家。每万人拥有公共文化设施面积达到3520平方米。

拥有卫生机构3450个，其中医院277个、社区卫生服务中心118个、卫生院15个，妇幼保健院（所、站）14个，专科疾病防治院（所、站）5个。全市各级各类卫生机构实有床位数6.61万张，其中医院5.97万张、社区卫生服务中心3637张、卫生院739张。全市各级各类医疗卫生机构卫生技术人员10.46万人，其中执业（含助理）医师3.93万人，注册护士4.79万人。

（南京市统计局国家统计局南京调查队）

【扬州市】 地处江苏省中部，面积6591.21平方千米，辖广陵区、邗江区、江都区、宝应县和仪征市、高邮市，年末全市户籍总人口451.56万人。2021年，全年实现地区生产总值6696.43亿元，增长7.4%。其中，第一产业实现增加值317.18亿元，增长3%；第二产业实现增加值3207.37亿元，增长9.2%；第三产业实现增加值3171.87亿元，增长6.2%。三次产业结构调整为4.7∶47.9∶47.4。全市一般公共预算收入344.07亿元，增长2.0%；全市一般公共预算支出684.87亿元，增长2.5%。全体居民人均可支配收入42287元，增长8.9%。其中，城镇居民人均可支配收入50947元，增长7.9%；农村居民人均可支配收入27354元，增长10.2%。全体居民人均消费支出

26083元，增长18.2%。其中，城镇居民人均消费支出29586元，增长16.7%；农村居民人均消费支出20042元，增长21.1%。全年粮食总产量286.97万吨，增长0.1%，粮食亩产492.2千克，下降0.1%；猪牛羊禽肉产量16.29万吨，增长2.7%。新建高标准农田78.11千公顷，农作物耕种收综合机械化率84%，农业机械总动力295万千瓦，有效灌溉面积276.73千公顷。创建农业产业化国家重点龙头企业5家，全国“一村一品”示范村镇12家，广陵、高邮现代农业产业园入选首批省级示范园，宝应现代农业产业园获国家级认定。

全市3043家规模以上工业企业增加值增长13%，其中轻工业增长15%、重工业增长12.4%。汽车及零部件（含新能源汽车）产业增长2.7%，海工装备和高技术船舶产业增长11.5%，生物医药和新型医疗器械产业增长19.7%，高端装备产业增长24.7%，航空产业增长49.7%，电子信息产业增长36.3%，食品产业增长5.7%，新型电力装备增长12.7%，高端纺织服装产业增长25.6%。全年规模以上工业企业营业收入增长19%，利润增长53.1%。全社会用电量289.77亿千瓦时，增长9.5%，其中工业用电189.62亿千瓦时，增长8.6%。实现建筑业总产值4881.3亿元，增长8.1%。两项目获中国建设工程“鲁班奖”。

全市社会消费品零售总额1480.92亿元，增长7.4%。全年接待境内外游客6061.97万人次，实现旅游业总收入812.49亿元。邮政通讯业务收入92.93亿元，增长9.8%。货运总量和货物周转量分别完成1.66亿吨和614.66亿吨公里，分别增长9.6%、21.1%；客运量和旅客周转量完成678.53万人和4.32亿人公里，分别下降35.9%、28.6%；港口货物吞吐量1.06亿吨，增长4.3%；集装箱吞吐量63.13万标箱，增长20.4%。扬州泰州国际机场新开辟国内航线3条，开通63个通航点，完成旅客吞吐量222.38万人次，下降6.2%；货邮吞吐量1.07万吨，下降15.0%。

全市固定资产投资增长1.2%，其中第一产业投资下降26.5%，第二产业投资增长16.4%，第三产业投资下降6.8%。16个列省重大项目、428个市级重大项目分别完成年度投资计划的110.9%、108.5%。制造业投资增长26%，工业技改投资增长34%。房地产开发投资完成841.68亿元，增长0.9%。实施绿色化改造项目130个，完成能耗“双控”年度任务。新增工信部绿色供应链企业1家、绿色工厂1家、绿色产品1项，新增省级绿色工厂13家。全年企业减轻负担217亿元。启动“产业强链”三年行动计划，建立重点产业链“十个一”推进机制，工业开票销售7444亿元，新增国家级制造业单项冠军企业（产品）3家。建成国家工业互联网标识解析二级节点3个。创成省级先进制造业和现代服务业深度融合发展试点园区（企业）17个。新增“四上”企业2666家。江苏华建、江都建设、秦邮特钢分别入围中国企业500强、中国民营企业500强、制造业民营企业500强。第二次入选中欧区域政策合作中方案例地区。谢馥春进入国家级工业遗产名单。

全市实际利用外资及港澳台资17.3亿美元，增长17.7%。对外投资总额3.06亿美元，下降47.4%，新批境外投资项目16个，中方协议投资额4961.4万美元。实现进出口总额969.1亿元，增长25.5%。其中，出口712.2亿元，增长22.8%；进口256.9亿元，增长33.7%。

全市完成专利授权量28942件，发明专利授权1948件。万人发明专利拥有量22件。PCT国际专利申请79件。商标申请量20340件，注册量18364件。新增地理标志7件。全年新认定国家高新技术企业499家，有效高企1587家，新增科技型中小企业2471家、专精特新小巨人企业15家，省级专精特新小巨人企业31家，新增省潜在独角兽企业2家、瞪羚企业11家。扬州大学科技园获批国家大学科技园。新增省级以上“两站三中心”102家。仪征经济开发区入选省首批数据中心产业示范基地，广陵新城入围省首批软件名园培育试点，扬州经济技术开发区、扬州高新区入选江苏自贸区联动创新区。全年高新技术产业产值占规上工业产值比重51.1%，较2020年提升3个百分点。

328国道快速化改造仪征段建成通车，京沪高速改扩建、龙潭过江通道等加快实施，宁扬城际开工建设，北沿江高铁工可获批。新增城市道路109千米。江平快速路、运河快速路、江广快速路、润扬快速路全线贯通，城市快速内环全面形成。创成首批省公交优先示范城市。新增公共停车位4430个。新建（提升）各类公园306个。改造老旧小区214个，棚户区改造新开工6598套、基本建成8290套。提档升级农贸市场38个。建成省级特色田园乡村28个、绿美村庄214个。新（改）建农村公路1325千米、农桥423座，县（市、区）实现省级“四好农村路”示范（达标）全覆盖。完成40个“多规合一”村庄规划编制试点。农村无害化卫生户厕普及率达98.7%，生活垃圾无害化处理率达100%。城市PM2.5年均浓度33微克/立方米，下降10.8%；空气优良率78.4%，首次进入空气质量二级标准城市行列。30%建成区完成污水处理提质增效。省考以上断面水质优Ⅲ类比例93.6%。新增城市绿地112万平方米，人均公园绿地面积19.57平方米，成片造林826.67公顷，修复湿地238.67公顷。林木覆盖率24.02%。单位地区生产总值能耗下降3.7%。里运河—高邮灌区入选世界灌溉工程遗产名录。

全市有普通高校8所。普通高等教育招生3.82万人，在校生12.04万人，毕业生2.6万人。高等教育毛入学率66.5%，比上年提高0.7个百分点。高中阶段教育毛入学率100%。中等职业教育在校生2.94万人（不含技工学校）。特殊教育招生0.02万人，在校生0.1万人。全市小学在校生22.78万人，普通中学在校生17.61万人。全市有幼儿园378所，在园幼儿10.96万人。

全市有艺术表演团体8个，文化馆7个，公共图书馆8个，博物馆17个，美术馆3个，电影放映单位68家，综合档案馆7个，广播电台电视台4座，城市书房60家，村（社区）综合文化服务中心1333个。创成省书香城市示范市。舞剧《朱自清》获“荷花奖”。邗江区入选中国民间文化艺术之乡，江都区入选中国扬剧之乡。年末全市有各类卫生机构1899个，其中医院96个、疾病预防控制中心7个、妇幼卫生保健机构8个。全市有卫生技术人员31898人。1人“获全国道德模范”称号。扬州运动员参加2021年第十四届全国运动会获得7项冠军。

全年城镇新增就业5.97万人，新增转移农村劳动力0.73万人，年末城镇登记失业率3.03%。全年新登记市场主体7.78万户，其中企业（含分支机构）3.51万户、个体工商户4.27万户、农民专业合作社92户。年末全市城乡基本养老、基本医疗、失业、工伤和生育保险参保人数分别为327.39万人、428.99万人、77.07万人、95.02万人和93.26万人。城乡居民基本养老保险基础养老金最低标准由每人每月175元提高到205元，城乡居民医保人均财政补助最低标准提高到每人每年620元。扬州城乡低保月人均标准提高到740元。新增颐养示范社区29个，建成区域性养老服务中心6个。

交通基础设施建设《省政府关于进一步加快推进铁路发展的意见》指出，到2025年形成宁镇扬1小时“轨道交通圈”。扬州泰州机场至泰州城际、镇江南京至马鞍山铁路扬州至镇江段、淮安经扬州至南京普速铁路等项目纳入《长江三角洲地区多层次轨道交通规划》《江苏省“十四五”铁路发展暨中长期路网布局规划》；扬州泰州机场二期扩建工程等项目纳入《华东地区民航“十四五”发展规划研究》《江苏省“十四五”民航发展规划》。扬州市委、市政府印发《贯彻落实习近平总书记重要讲话精神推进长三角一体化宁镇扬一体化发展重点任务》。全省首条新建八车道高速公路——五峰山过江通道公路接线建成通车；328国道快速化改造工程仪征段、江都新都路至广州路段、仪征新集南段328国道跨345国道大桥建成通车；仪征港务公用码头工程、中航宝胜件杂货码头通过竣工验收。宁启铁路仪征站站房改扩建工程开工建设；京杭运河绿色现代航运综合整治工程高邮先导段在全省率先开工；京沪高速扩建工程、龙潭过江通道、345国道扬州开发区段有序推进。宁扬城际工可获批并开工；北沿江高铁扬州段工可报告获国家发改委批复；宁盐高速、仪禄高速沪陕高速至长江北大堤段工可报告获省发改委批复；353省道江都先导段初步设计获省发改委批复；扬泰机场二期扩建工程可研报告编制完成；328国道江都东段等项目前期工作加快推进。

科创合作。签署《南京都市圈创新券通用通兑试点合作协议（试行）》《南京都市圈外国人才来华工作许可互认框架合作协议（试行）》，支持企业共享大型科学仪器和检验检测等科技服务，推进外国高端人才和重点产业发展急需的外国专业人才在都市圈内自由流动。同江苏省科技资源统筹服务中心签订《省市共建创新要素共享服务试点示范》协议，推动江苏省学会中心、南京理工大学、江苏科技大学、上海工程技术大学等高校院所在扬州设立技术转移中心。与南京船舶产业及研发机构的对接加强，结合南京及江北新区的产业定位和退城项目，承接梯度转移造船产业和项目，金陵船厂整体搬迁至仪征。

金融纠纷多元化解机制。“推进宁镇扬一体化金融纠纷多元化解机制建设”列为中国人民银行南京分行营业管理部年度重点创新项目，中国人民银行南京分行营业管理部与中国人民银行扬州市中心支行、中国人民银行镇江市中心支行签署合作备忘录，建立并完善三地统一适用的小额纠纷快速解决机制、中立评估机制、典型案例会诊等各项调解制度。联合举办2021年“宁镇扬金融知识普及月”，制作短视频、动漫片、微信答题小游戏、漫画册等宣传精品，线上开展云直播启动仪式，发布金融纠纷调解典型案例，获得超300万人次在线观看。2021年，宁镇扬地区组织调解486起复杂、疑难金融纠纷案件，增长217.65%，调解成功率98%。

生态环境共治。与安徽天长交界湖区共同开展执法检查宣传活动。与安徽滁州建立跨界河湖联合河湖长制，对高邮湖、秦栏河等跨界河湖开展巡河（湖）、会商、交办等活动。与淮安联合开展禁售高宝邵伯湖非法捕捞渔获物专项行动。扬州、南京、镇江在宁镇扬三市交界水域开展跨界水域禁捕联合执法检查，并共同签署长江禁捕执法协作共管协议。进一步深化跨界水域执法协同，共同构建水陆结合、区域协同的跨界水域禁捕执法监管新格局，实现协同管理、联合执法、联防联控，推动跨区域监管执法合作的常态化开展，落实南京都市圈长江流域禁捕退捕协作共管机制。

文旅交流合作。江苏省职业学校文化艺术专业表演类项目技能大赛、首届大运河文化旅游博览会在扬州举办。组织扬剧《秦香莲》走进镇江影剧院、句容大剧院，举行“扬州之春”艺术周系列活动。以举办“省园会、世园会”为契机，加快建设仪征新集医养游、月塘康养和铜山体育健康等特色小镇，打造仪征—六合353省道沿线健康养老生态旅游休闲带。推动枣林湾生态园创建国家AAAAA级景区。第三代社会保障卡在“宁镇扬”三城一卡通行，享同城优惠待遇。

（姚　震　高　新）

【镇江市】地处江苏省西南部，位于北纬31度37分至32度19分、东经118度58分至119度58分。土地总面积3840平方千米。含丹阳市、句容市、扬中市和丹徒区、京口区、润州区以及镇江新区、镇江国家高新技术产业开发区。年末户籍总人口268.10万人，比上年减少1.16万人。全市实现地区生产总值4763.42亿元，按可比价格计算，比上年增长9.4%。第一产业增加值157.02亿元，增长3.4%；第二产业增加值2319.73亿元，增长10.7%；第三产业增加值2286.67亿元，增长8.6%。三次产业比例调整为3.3:48.7:48.0。服务业增加值占地区生产总值比重提高0.7个百分点。全年实现一般公共预算收入327.59亿元，增长5.1%，其中，税收收入256.05亿元，增长8.0%；全年一般公共预算支出543.40亿元，增长8.9%。全年常住居民人均可支配收入50360元，增长9.1%；常住居民人均消费支出30780元，增长21.5%。城镇常住居民人均可支配收入59204元，增长8.5%；城镇常住居民人均消费支出33992元，下降增长19.8%。农村常住居民人均可支配收入31354元，增长10.4%；农村常住居民人均消费支出23876元，下降26.3%。

全年粮食播种面积13.45万公顷，增加2173.33公顷，增长1.6%。全年粮食总产量96.02万吨，增加0.41万吨，增长0.4%，其中，夏粮总产量24.32万吨，增加0.64万吨，增长2.7%；秋粮总产量71.69万吨，减少0.23万吨，下降0.3%。全年油料总产量4.30万吨，增长27.0%。蔬菜总产量96.79万吨，下降0.1%；瓜果类产量11.82万吨，与上年持平。主要畜产品中，肉类总产量8.01万吨，增长8.3%，其中，猪肉产量2.16万吨，下降10.5%；禽肉产量5.79万吨，增长18.3%。全年生猪出栏量27.35万头，下降11.2%；家禽出栏量3533.87万只，增长18.6%。水产品产量9.68万吨，增长0.7%。

全年规模以上工业增加值比上年增长15.1%，其中大中型企业增长18.8%。分轻重工业看，轻工业增长11.7%；重工业增长16.3%。分经济类型看，国有及国有控股企业增长15.7%，集体企业下降13.9%，股份制企业增长18.6%，外商及港澳台商投资企业增长6.4%；民营企业增长19.6%，其中私营企业增长16.2%。全年规模以上工业企业营业收入增长26.2%，利税总额增长21.8%。年末成本费用利润率6.5%，下降0.3个百分点。工业产品销售率97.8%，提高0.3个百分点。

年末拥有资质以上建筑业企业517家，全年实现建筑业总产值645.61亿元，增长8.0%，其中建筑安装工程产值72.09亿元，增长14.5%；竣工产值389.18亿元，下降8.9%。全市建筑业从业人员期末人数11.5万人，减少0.3万人，下降2.5%。

全年实现社会消费品零售总额1346.83亿元，增长17.9%。按经营单位所在地分，城镇市场零售额1217.66亿元，增长18.2%，乡村市场零售额129.17亿元，增长15.7%。按消费形态分，批发业零售额228.39亿元，增长23.1%；零售业零售额987.44亿元，增长17.2%；餐饮业零售额124.48亿元，增长15.1%；住宿业零售额6.51亿元，增长9.2%。限额以上批发零售业通过网络实现的商品零售额增长11.0%。

全年实现对外贸易进出口总额129.13亿美元，增长23.9%，其中，进口总额36.89亿美元，增长21.6%；出口总额92.25亿美元，增长24.8%。一般贸易出口额82.63亿美元，增长30.5%；加工贸易实现出口额7.93亿美元，下降15.6%。

全年公路客运量1661.3万人，下降35.7%。公路旅客周转量7.2亿人千米，下降27.7%。公路货运量6283万吨，增长6.8%；水路货运量1094万吨，增长14.3%。公路货物周转量96.97亿吨千米，增长3.7%；水路货物周转量48.78亿吨千米，增长41.7%。全年完成港口货物吞吐量2.47亿吨，下降31.5%，其中，长江港口吞吐量2.37亿吨，下降32.4%；港口集装箱吞吐量43.55万标箱，增长16.9%。

全年研究与试验发展（R&D）经费支出占地区生产总值的2.4%。财政性科技投入14.32亿元，占一般公共预算支出的2.6%。全年争取省以上科技计划项目超340项，资金2.4亿元。认定高新技术企业376家，新增381家企业进入高新技术企业培育库。新增省级科技企业加速器2家，省级“众创空间”3家；新建市级孵化器9家、“众创空间”8家；新建省级院士工作站1家、省级工程技术研究中心24家，市级新型研发机构2家、企业重点实验室2家。与中国技术交易所联合建设中技所（镇江）绿色技术交易服务中心。全年专利授权量22695件，其中发明专利授权量2808件。年末全市有效发明专利拥有量15561件，增加16.5%；万人有效发明专利拥有量达48.46件，增加16.2%。全市拥有国家知识产权示范企业11家。

全市有普通高校9所，本专科招生4.75万人，在校学生14.43万人，毕业生4.04万人；研究生教育招生0.59万人，在校生1.72万人，毕业生0.38万人。中等职业学校6所，在校学生2.00万人。普通中学110所，在校学生11.44万人，毕业生3.46万人。小学111所，在校学生16.85万人，毕业生2.47万人。九年义务教育巩固率100%，高中阶段教育毛入学率100%。全市有幼儿园284所，增加11所；在园幼儿8.43万人。

全市拥有国家A级旅游景区30个，其中AAAAA级2家，AAAA级7家，AAA级11家。拥有省级旅游度假区3家，省星级乡村旅游区72家。拥有星级旅游饭店22家，其中五星级宾馆3家；拥有旅行社121家，其中星级旅行社35家。全年实现旅游业总收入776.39亿元，接待国内游客5563.56万人次，实现国内旅游收入774.51亿元；接待入境过夜游客1.37万人次，实现旅游外汇收入2725.71万美元。

全市有各类卫生机构（医疗卫生机构）1094个，其中，医院57所、卫生院37所、社区卫生服务中心31个、疾病预防控制中心7个、妇幼保健机构8个、村卫生室306个，社区卫生服务站101个。年末拥有卫生机构床位1.77万张，其中，医院1.30万张、卫生院0.18万张、社区卫生服务中心0.16万张。卫生技术人员2.29万人，其中，执业医师及执业助理医师9082人、注册护士9980人。全年投入7269万元完成市传染病医院改造。

全年新建镇（街道）及以上规模体育公园5个、健身步道30千米。体育会展中心被确定为省公共体育场馆开放使用第一批综合试点单位；在陕西全运会上，镇江市运动员获“4金2银1铜”的成绩。镇江籍学生连续2年在全省大一新生身体素质测试中列第1名。

全年新增城镇就业人数5.97万人，新增城镇失业人员再就业人数4.29万人，新增就业困难人员再就业人数2.97万人。城镇登记失业率2.5%。全年扶持成功创业1.8万人，其中，引领大学生创业3062人，扶持农村劳动力自主创业5979人。城乡劳动者职业技能培训4.42万人。全年新增登记注册私营企业从业人员5.08万人，个体工商户从业人员9.42万人。

（潘　珏）

【淮安市】地处江苏省北部，面积10030平方千米，辖清江浦区、淮安区、淮阴区、洪泽区和涟水县、盱眙县、金湖县。户籍人口555.25万人。2021年，实现地区生产总值4550.13亿元，增长10%。其中，第一产业增加值423.32亿元，增长3.4%；第二产业增加值1889.21亿元，增长9.8%；第三产业增加值2237.6亿元，增长11.6%。三次产业结构比为9.3：41.5：49.2。人均地区生产总值99768元，增长11%，按当年平均汇率折算为15464美元。完成一般公共预算收入297.02亿元，增长12.4%。其中，税收收入238.38亿元、增长15.3%。一般公共预算支出613.01亿元，增长7.8%，其中民生类支出462.24亿元。年末金融机构本外币存款余额5404.92亿元，增长10.4%。年末金融机构本外币贷款余额5537.38亿元，增长19.3%。

全年粮食总产量491.72万吨，增加1.37万吨。完成造林面积2373.33公顷，水产品总量30.25万吨。实施投资超3000万元农业项目154个。规模以上工业总产值增长27.8%，工业增加值增长14.6%%。规模以上工业企业实现利润总额180.39亿元，增长24.5%。实现建筑业总产值1578.3亿元，增长8.3%。社会消费品零售总额1828.25亿元，增长9.1%。实现外贸进出口总额59.9亿美元，增长20.6%。获批全国跨境电商零售进口试点城市。新设外资项目165个，增加19个；协议外资41.2亿美元、增长7.2%，实际到账注册外资12.0亿美元，增长13.4%。完成公路货运量0.59亿吨、周转量187.37亿吨公里，水路货运量0.58亿吨、周转量207.25亿吨公里，内河港口集装箱吞吐量31.07万标准箱。铁路客运量992.90万人，铁路货运量230.92万吨。民用航空客运量140.47万人次、货邮运量1.96万吨，开通淮安至越南河内首条国际全货机航线。完成邮政业务总量39.42亿元，邮政业务收入32.39亿元，其中快递业务收入23.03亿元。完成旅游业总收入404.98亿元，增长51.8%。规模以上固定资产投资增长5.2%。新招引亿元以上项目656个，增加134个。完成水利投资31.2亿元。

全年新增专利授权量14831件，增长26%，年末有效发明专利量4374件，万人发明专利拥有量9.59件。新增国家高新企业160户、专精特新“小巨人”企业8户，获批开展国家创新型城市建设。拥有专业技术人才41.86万人，高技能人才20.02万人。有各级各类学校984所，在校生92.55万人，专任教师6.66万人。有市级、县（区）级文化馆8个，公共图书馆9个（含少儿图书馆），美术馆2个。广播电视综合人口覆盖率100%，有线数字电视总户数42.42万户。有各类卫生机构（不含村卫生室）884个，实有病床30222张，卫生技术人员3.69万人。每千常住人口拥有执业（助理）医师数、注册护士数、床位数分别为3.16人、3.67人、6.62张。举办2021淮安西游乐园马拉松、2021年中国·淮安大运河铁人三项赛、全国第十四届运动会田径（场地）资格赛、2021年全国蹦床冠军赛暨第14届全运会资格赛等国家高水平体育赛事。创成省级生态文明建设示范区1个、示范乡镇（街道）9个、示范村（社区）15个。

全年城镇新增就业6.85万人，城镇失业人员再就业4.53万人，城乡就业困难人员就业1.78万人，年末城镇登记失业率3.94%。居民消费价格上涨1.2%。全体居民人均可支配收入34731元，增长9.8%。居民人均消费支出19857元，比上年增长20.7%。全市城乡居民基本养老保险参保人数198.68万人，减少0.59万人。职工养老保险参保人数129.76万人，减少16.68万人。工伤保险参保职工人数71.92万人，失业保险参保人数56.21万人。支付企业离退休人员养老金101.50亿元，养老金按时足额100%社会化发放。

（周永达）

【滁州市】滁州市位于安徽省东部，市域面积1.347万平方千米，辖南谯、琅琊2区和来安、全椒、定远、凤阳等4县，代管天长、明光2个省辖县级市。年末，全市户籍人口454万人。2021年，实现地区生产总值3362.1亿元、增长9.9%，一般公共预算收入250.9亿元、增长11%，社会消费品零售总额1495.5亿元、增长26.5%，规上工业增加值、固定资产投资分别增长10.7%、16.4%。全市接待游客2342万人次，旅游业总收入206.7亿元。城镇居民人均可支配收入39025元，比2020年增长8.3%；农村居民人均可支配收入17400元，比2020年增长10.6%。总量指标上，地区生产总值、一般公共预算收入位居全省第三，社会消费品零售总额位居全省第四；动态指标上，社会消费品零售总额、固定资产投资、一般公共预算收入、地区生产总值增速分别居全省第一、第三、第三、第五。建立八大产业链"链长制"，举办中国光伏行业年度大会、中国国际涂料大会、中国先进电子材料产业发展大会等，全市亿元以上项目新签约502个、新开工416个、新投产312个，其中新签约百亿元项目10个。海螺绿色光伏产业园、力神锂电池、通威新能源、光明乳业、尚德光伏产业园、国轩动力电池、立讯电子等百亿级项目签约落户或开工建设，晶科能源、东方日升、福斯特胶膜等重大项目竣工投产。实施招才引智"十大举措"，全省百名博士后"皖美行"活动首站在滁州举行，举办国际英才大会，与百家大学大院大所建立紧密型合作关系，新引进高端人才项目21个，院士、博士等高层次人才362名。省级以上研发平台206家，建成院士工作站9家、位居全省第二。

规上工业企业数2054家、位居全省第二，产值占全省比重提升至8.9%、位居全省第三；高新技术企业数750家、产业增加值占全省比重9.2%，均居全省第三。支柱产业在全省份额提升，食品产业、智能家电产业产值均占全省15%；光伏组件、光伏玻璃产能分别占全省60%、50%，占全国11%、21%。建成家电行业工业互联网平台，3家企业入选工信部工业互联网安全分级分类试点。获批"建设国家创新型城市"，入选全国先进制造业和数字化转型、数字经济发展百强市。新增上市企业5家、位居全省第二，在全省先行实现A股上市企业县域全覆盖。总规模100亿元的诚通战新产业发展基金、15亿元的皖能碳中和产业并购基金、首期10亿元的小岗春光乡村振兴产业基金落户滁州。新增限上商贸单位356家，位居全省第一。江淮分水岭风景道主线道路全线贯通，举办全省自驾游大会。举办第八届中国农民歌会。

粮食生产实现"十八连丰"，粮食总产量474.4万吨，农作物播种面积91.2万公顷，稻虾共作面积6.67万公顷、"三品一标"农产品总数1046个，分别居全省第二、第三。

顶山至汊河、浦口至南谯省际毗邻区启动建设，总投资112亿元太阳能电池片、102亿元人民电器、50亿元中来光伏新能源、一期28亿元智浦智能家电等项目签约或开工。中新苏滁高新技术产业开发区获评"长三角共建省际产业合作示范园"，4家开发区进入全省前20强。与上海杨浦区建立战略合作，滁州国际（虹桥）会客厅建成启用，各县（市、区）与上海、浙江、江苏城市实现结对共建全覆盖；南京信息工程大学金牛湖校区对外招生。推进农村宅基地制度改革、农村改革试验区"国字号"试点，在全省先行开展田长制改革。全国农村集体产权制度改革工作推进会在滁州召开。推进综合医改，城市医联体建设实现全覆盖，全省县域医共体中心药房建设现场会在全椒召开，明光中医药"银针行动"全省推广。出台全省首部《滁州市优化营商环境条例》，获批"中国（安徽）自由贸易试验区滁州联动创新区"。

以建设长三角中心区现代化城市为引领，获批首批国家级城市更新试点市，推进部分行政区划调整，形成滁（滁州）来（安）全（椒）一体的发展格局。主城区实施重点城建项目270个，完成投资210亿元。推进滁宁城际滁州段建设，合新、宁淮铁路开工，沪渝蓉高铁可研获批。加快滁天、来六、宁洛"四改八"等高速公路建设，汊河大桥即将全幅通车，池杉湖大桥主跨合龙。明光、天长通用机场选址通过军方审批。驷马山滁河四级站干渠工程加快建设，中海油滨海液化天然气一期项目开工建设，建成5G基站3800个。全市高速公路通车里程580千米、在建187千米，均居全省第一。小岗国家农业科技园区通过验收。全国首笔1.1亿元"碳中和挂钩贷款"、全国首单5.5亿元"乡村振兴权益出资票据"落地滁州，全省首个总额800亿元的金融服务乡村振兴战略合作协议签约，全省首家乡村振兴银行落户小岗，全国金融支持乡村振兴培训班在定远县召开。推进省级美丽乡村中心村建设，城乡供水实现一体化。

全年民生支出392.5亿元，占财政总支出85%。新增城镇就业11.1万人、转移农村劳动力8.2万人。城乡居民社会养老保险平均缴费标准同比提升

21.6%，低保标准提升6.7%。PM2.5平均浓度下降9.7%，优良天数比例提升1.1个百分点，森林覆盖率36.2%，地表水质量改善幅度居全省第一。落实“双减”要求，全市义务教育学校实现课后服务全覆盖。疫情防控成果巩固，未出现输入关联病例。完成庆祝建党100周年安保维稳任务，全省“治理重复信访、化解信访积案”现场会、消防救援队伍正规化建设达标创建现场会在滁州召开，获“平安中国建设示范市”称号。

（杨忠虎）

【马鞍山市】位于安徽省东部，东邻南京市，总面积4044.04平方千米。辖花山区、雨山区、博望区、含山县、和县、当涂县。年末全市常住人口215.7万人。2021年，马鞍山市实现地区生产总值2439.33亿元，按可比价格计算，比上年增长9.1%。其中，第一产业增加值104.23亿元，增长6.7%；第二产业增加值1206.26亿元，增长10.1%；第三产业增加值1128.84亿元，增长8.3%。三次产业增加值比重为4.3∶49.4∶46.3。全市城乡居民人均可支配收入46557元，比上年增长9.8%。其中，城镇居民人均可支配收入56440元，增长9.0%；农村居民人均可支配收入28331元，增长11.5%。城乡居民收入比1.99，比上年缩小0.05。实现一般公共预算收入196.53亿元，比上年增长15.9%。其中，税收收入141.95亿元，增长11.8%，占一般公共预算收入比重为72.2%。财政支出287.41亿元，增长8.5%；其中，民生支出245.38亿元，增长9.0%；社会保障和就业支出38.15亿元，增长14.1%。实现社会消费品零售总额937.85亿元，比上年增长17.9%。实现外贸进出口总额73.68亿美元，比上年增长24.9%；其中，进口42.79亿美元，增长25.5%；出口30.89亿美元，增长24.2%。连续12年被海关总署认定为全国外贸百强城市。

全年实现农林牧渔业总产值180.79亿元，按可比价格计算，比上年增长8.5%。粮食播种面积17.67万公顷，增长0.4%；粮食总产量106万吨，增长1.2%；蔬菜种植面积2.8万公顷，增长5.3%；蔬菜产量85.6万吨，增长6.1%。肉类总产量9.1万吨，比上年增长16.2%。

全年规模以上工业增加值比上年增长12.5%。企业利润接近200亿元。规模以上工业企业实现利润总额193.7亿元，增长21.3%。战略性新兴产业产值比上年增长35.1%。规模以上工业企业产品销售率97.5%。实现建筑业增加值229.55亿元，按可比价格计算，比上年增长7.7%。房屋建筑施工面积1397.7万平方米，房屋竣工面积339.4万平方米。

全年固定资产投资比上年增长19.2%。基础设施投资比上年增长46.0%。实施重点项目820个，完成投资1307.66亿元，其中，省亿元以上重点项目780个，蜂巢新能源动力电池等267个项目开工建设，瑞斯康达智能制造基地等337个续建项目加快推进，长钢140吨电炉炼钢工程等198个项目竣工投产。实际利用外商直接投资29.37亿美元，比上年增长4.3%。实际利用省外亿元以上项目到位资金1389.6亿元，增长14.1%。引进亿元以上项目435个。

全年铁路客运量721.1万人，铁路货运量304.7万吨；公路客运量685万人，公路货运量12703万吨；港口货物吞吐量11046.25万吨，集装箱吞吐量17.64万标箱。巢马城际、宁马城际、宁马高速改扩建等重大交通项目加快推进，交通运输部批复和县、当涂县交通强国试点。旅游业总收入247.45亿元；其中，国际旅游外汇收入0.04亿美元。

全年高新技术产业增加值比上年增长16.2%，高新技术企业712家。有效发明专利拥有量8784件，增长25.6%。承担实施省级以上科技计划项目43项，建成省级以上科技企业孵化器2家、省级以上众创空间4家。马钢集团智慧料厂项目入选工信部“5G+工业互联网”五个重点行业实践示范，为全省唯一云轨信息公司轨道交通客流大数据分析入选工信部企业应用示范项目。建成市外“研发飞地”8个、安徽省技术创新中心2个。2021年度全省智能制造现场会在马鞍山召开。

全市有高等院校6所，中小学及其他各类学校606所。马鞍山师范高等专科学校挂牌滨江校区。马鞍山理工学校、马鞍山幼儿师范学校等4所中职学校通过全省首批办学水平评估。《马鞍山积极融入长三角　打造人才高地》入选2021年（第五届）全国人才工作优秀案例。启用马鞍山市人才服务中心，设计人才生态馆、“一站式”服务专窗等，推进“诗城英才”信息化系统1.0版上线运行。引进以“国青”等高端人才领衔的重大项目14个，总投资56.6亿元；引进副高以上“龙马”工程高层次人才118人、博士64人；入选省级创业领军人才8人，获评引才资助奖补项目20个；新增技能人才4.47万人。年末拥有公共图书馆7家，藏书245万册；专业艺术表演团体35个；文化馆6家；综合档案馆7家，总建筑面积3.1万平方米，档案资料259.75万卷（册）。成功举办第33届马鞍山中国李白诗歌节、第15届马鞍山李白户外旅游节等群众活动。全市卫生机构1051个；其中，医院、卫生院103个，社区卫生服务机构97个，标准化村卫生室430所，病床1.48万张，卫生技术人员1.52万人。全年参加省常规项目比赛获得奖牌331.5枚。2021年第十四届全国运动会，孟苏平等23名马鞍山培养输送运动员获得银牌1枚、铜牌2枚，群众项目获得银牌1枚、铜牌1枚。

全年新增就业4.19万人，下岗失业人员再就业0.64万人，“4050”人员等困难群体再就业0.27万人，城镇登记失业率2.47%。城镇职工养老保险待遇实现“十七连增”。城乡最低生活保障救助73.9万人次，支付低保金3.96亿元。新增养老机构项目4个、社会收养性福利床位数2.1万张；城镇拥有各种社区服务设施537处；便民利民服务网点825个。

完成市区1150千米雨污管网排查，315个小区、220条道路雨污分流及混接点改造全部完成；完成当涂县、含山县生活污水处理厂扩建及市第一污水处理厂、第二污水处理厂、南部污水处理厂提标改造，市区及县城建成区生活污水处理厂处理能力达到42.5万吨/天，排放标准均达到一级A及以上。完成老旧小区整治改造115个，城镇棚户区和“城中村”改造5334户。城区35条黑臭水体消黑整治全部完成，住建部“长制久清”达标率100%。成功入选首批全国海绵城市建设示范城市。全年新增绿地面积61.01公顷，城区人均公园绿地面积15.38平方米，建成区绿化覆盖率45.9%。

（高　萍）

【宣城市】位于安徽省东南部，辖宣州区、郎溪县、泾县、绩溪县、旌德县，代管县级宁国市、广德市，有17个乡、63个镇、21个街道办事处。市域面积1.23万平方千米，户籍人口276.42万人。2021年，实现地区生产总值1833.9亿元，增长10.1%；人人均地区生产总值突破1万美元；一般公共预算收入182.8亿元，增长8.5%；规模以上工业增加值增长15%；固定资产投资增长16.4%；社会消费品零售总额757.1亿元，增长20.8%；进出口总额28.3亿美元，增长45.8%；城镇、农村居民人均可支配收入分别为46115元、20565元，分别增长9.5%和8.7%。

全年粮食播种面积22万公顷，比上年增加1933.33公顷。粮食产量128.7万吨，比上年增产2.0万吨，增长1.6%。全年批发和零售业增加值169.4亿元，比上年增长13.9%。全年全市授权专利6921件，其中发明专利728件。年末拥有有效发明专利4472件，每万人口发明专利拥有量17.9件，比上年增长19.3%。全年实现旅游总收入266.7亿元，增长34.09%；接待游客3058.83万人次，增长22.58%。年末全市金融机构人民币各项存款余额2486.4亿元，比上年末增加308.7亿元，增长14.2%。人民币各项贷款余额2050.8亿元，比上年末增加289.3亿元，增长16.4%。年末全市参加城镇职工基本养老保险71.1万人，比上年增加3.4万人；参加城乡居民基本养老保险145.6万人，减少1.7万人。城镇职工基本医疗保险46.8万人，增加4.1万人。城乡居民基本医疗保险222.1万人，减少6.2万人。失业保险29.2万人，增加4.5万人。工伤保险37.2万人，增加2.1万人。生育保险34.7万人，增加2.9万人。年末全市0.9万人享受城市最低生活保障，6.1万人享受农村最低生活保障。

省际合作平台加速构建。完成“一地六县”合作区总体空间规划布局，获得省专项政策措施支持，成立苏皖合作示范区管委会，新开工亿元以上项目129个，总投资272亿元。长三角“一地六县”人才综合体和人力资源产业园顺利开园。开放平台取得重大进展。中国（安徽）自贸试验区宣城联动创新区成功获批，宣城综合保税区项目开工建设，巷口桥铁路物流基地基本建成，定埠港集装箱航线开通运营。创新平台推进有力。举办长三角G60科创走廊新能源产业联盟大会，新建省级创新平台23家。宣城（上海）科创中心加快建设，宛陵科创城入驻项目18

个。园区平台提质提效。宁国、广德、宣城经开区进入全省开发区30强。宣城经开区获批省级绿色产业示范基地，签约亿元以上项目55个，铭博汽车、大巨龙环保装饰等重大项目落地建设。宣城高新区、广德、宁国化工园区获省政府批复认定。宣城现代服务业产业园启动东部新城建设，新塘羽绒产业园获批国家级外贸转型升级基地。

创新型城市建设扎实推进。创新能力、创新潜力居全省第4位和第5位。新认定高新技术企业170家。备案国家级科技型中小企业274家，居全省第6位。高新技术产业增加值增长14.4%，占全省比重达6.5%，占比居全省第4位。战略性新兴产业产值增长35.6%。工业强市迈出坚实步伐。全面实施产业链"链长制"，组建长三角（宣城）光储产业联盟，成立市汽车零部件行业协会，举办省第二届汽车及零部件产需对接会。新增规模以上工业企业304家，创历史新高，总数达1695家，居全省第5位。新增国家专精特新"小巨人"7家和省专精特新企业17家、专精特新"冠军企业"9家。认定国家两化融合贯标企业11家、省级智能工厂和数字化车间23个。培育国家工业互联网和大数据试点示范平台2家，思爱普宣城工业互联网创智中心启用。规模以上工业增加值占全省比重提高0.4个百分点，位次前移1位，对经济增长贡献率达43.1%。现代服务业稳步发展。培育限上商贸单位150家，服务业增加值增长9.8%。举办第十届文房四宝文化旅游节、徽菜美食文化旅游节，翼天·宣城诗画文旅综合体等16个项目签约。申报省级"512"旅游重点项目17个，居全省第1位。广德菁菁庄园创成4A级旅游景区，泾县桃花潭成为省级旅游度假区。现代农业提质增效。粮食总产达128.7万吨，新增国家级农业产业化龙头企业2家、长三角绿色农产品生产加工供应基地11个，规上农产品加工业产值增速居全省前列。

开展"三比三学三赶超"活动，651个省重点项目完成投资824.5亿元。芜宣机场通航运营。芜黄高速建成通车，全面实现"县县通高速"。宣绩高铁、宣泾高速、宁国至安吉高速加快建设，宣广高速改扩建、水阳江中游防洪治理工程开工建设。开展"双招双引"，编制产业链全景图、招商图和重点企业库、重点项目库，新建亿元以上省外投资项目515个，居全省第2位，实际利用外资13.9亿美元。出台产业人才政策"宣8条"，引进人才1.8万人。实施营商环境指标长制度，首创政务服务"最先一公里"模式，深化长三角"一网通办"，打造"徽常满意"服务品牌。接住用好省政府委托用地审批权，审批时限压缩至20个工作日。消化批而未供土地833.33公顷，处置闲置土地560公顷。建立"金企面对面"交流平台，新增贷款289亿元。加强企业上市政策扶持和培训，新增上市报会报所和辅导备案企业4家、"新三板"挂牌1家、省区域性股权托管交易中心挂牌53家，直接融资突破200亿元。

编制城市双修规划，基本完成国土空间规划编制。全面实施城市更新和双修行动，中心城区265个城市建设项目加快推进，完成投资150亿元。市区10个棚改项目征迁基本清零。新开工棚改安置房1110套、基本建成2640套，改造老旧小区27个、惠及1.2万户。"智慧宣城""数字宣城"加快建设，"城市大脑"上线试运行。完成解放河、清溪河综合整治和9条主要道路雨污分流改造。市厨余垃圾收运处置项目试运行，形成生活垃圾分类闭环处理体系。宣州区位列城市市辖区高质量发展百强，宁国、广德入选全国综合实力百强县。推进巩固拓展脱贫攻坚成果同乡村振兴有效衔接，启动23个乡村振兴示范片区建设，创建示范乡镇3个、示范村40个，集体经济强村占比达25%。宣城、广德分获"四好农村路"市域示范创建突出单位和全国示范县称号。

全市PM2.5平均浓度29.8微克/立方米、优良天数比例93.1%，均居全省第2位。南漪湖流域水环境综合治理深入推进。地表水水质指数居全省第3位。长江禁捕工作有效落实、退捕渔民安置保障到位。实施矿山生态修复三年行动。获批全国林业改革发展综合试点市，颁发全国首本生态资源受益权证，成立全省首家"两山银行"和国有林业发展公司，全省首单林业碳汇交易落户宣城。郎溪创成省级生态文明建设示范县。宣州、郎溪、宁国、旌德获评"中国天然氧吧"。

城镇新增就业5.4万人，城镇登记失业率控制在2.13%。新建、改扩建公办幼儿园7所。绩溪争创全国学前教育普及普惠县通过国家验收。实施义务教育"双减"工作，义务教育学校课后服务和乡村智慧学校建设实现全覆盖。宣城职院被认定为省技能型高水平大学建设单位。省级宣纸文化生态保护区获批设立，获评省民间文化艺术之乡5个。

（汪丽萍）

【常州市金坛区】金坛区位于江苏省常州市西部，属沪宁杭三角中心地区，与武进、溧阳、句容、丹徒、丹阳、宜兴相邻。2021年年末，金坛区行政区域面积975.7平方千米，辖6个镇、3个街道，下设92个村委会、33个社区居委会。2021年年末，全区户籍人口54.24万人，其中男性26.71万人，女性27.53万人，男女性别比为97∶100。户籍人口出生率4.43‰，人口死亡率8.49‰，人口自然增长率为-4.06‰。年末常住人口59.29万人，其中城镇人口39.41万人，城镇化率达到66.48%，比上年末提高0.67个百分点。全年实现地区生产总值（GDP）1101.09亿元，按可比价计算，同比增长9.5%。其中，第一产业增加值40.63亿元，增长2.6%；第二产业增加值571.57亿元，增长10.3%；第三产业增加值488.89亿元，增长9.2%。三次产业增加值比例为3.7∶51.9∶44.4。全年实现一般公共预算收入60.03亿元，同比增长7.5%，其中税收收入49.67亿元，占一般公共预算收入的比重为82.7%。其中，增值税14.64亿元，同比增长30.6%；个人所得税3.13亿元，同比增长58.7%；企业所得税6.73亿元。全年实现一般公共预算支出90.21亿元，同比增长3.5%，其中社会保障和就业、卫生健康、交通运输等民生支出分别为19.38亿元、9.07亿元和2.47亿元，同比增长30.1%、7.6%和30.9%。全年全体居民人均可支配收入51004元，同比增长9.7%，其中城镇居民人均可支配收入62316元，农村居民人均可支配收入33796元，同比分别增长9.1%和10.7%，农村居民收入增幅高出城镇居民1.6个百分点，城乡居民收入差距不断缩小。2021年，金坛区位列全国高质量发展百强榜第34位，被命名为第三批江苏省生态文明建设示范县（市、区）。获评国家级节水型社会建设达标县（区）、省书香城市建设示范区、江苏省大众创业万众创新示范基地。

全区实现农林牧渔业总产值75.06亿元，同比增长3.6%；实现农林牧渔业增加值46.25亿元，按可比价计算，同比增长2.7%。全年粮食总产量17.08万吨，较上年增加2519吨，其中夏粮总产量4万吨，较上年增加2498吨，秋粮总产量13.08万吨，和上年基本持平。全区粮食生产全程机械化水平96.7%，特色农业机械化率63.5%，位居全市第一。建成2家省级“全程机械化+综合农事”服务中心、5个常州市特色农业生产全程机械化示范基地。开展河蟹生产全程机械化、果茶生产关键环节机械化技术等试验示范，金坛渔业科技示范基地成功申报常州特色养殖全程机械化示范基地。

全区实现规模以上工业总产值1489.99亿元，比上年增长36.2%，其中高新技术产业产值827.36亿元，比上年增长31.4%，占规模以上工业的比重为55.5%。全年实现规模以上工业增加值395.37亿元，按可比价计算，同比增长17.0%。全年规模以上五大支柱产业实现产值1431.15亿元，同比增长34.5%，其中装备制造、汽车及零部件、光伏新能源产业分别实现产值551.74亿元、319.05亿元和240.81亿元，同比实现两位数增长；化工及新材料和纺织服装产业分别实现产值214.45亿元、105.09亿元。

全区资质以上建筑业企业实现施工产值430.34亿元，比上年增长1.3%，签订合同额607.53亿元。全年建筑企业房屋施工面积3725.92万平方米，比上年增长6.4%，按建筑业总产值计算的劳动生产率为29.5万元/人，比上年提高0.9万元/人。

全区社会固定资产投资额同比增长7.2%，其中第二产业、第三产业分别增长8.3%和6.5%，第一产业下降50.9%。非制造业投资高速增长，全区非制造业投资完成额同比增长181.8%。计划总投资5000万元以下的项目支撑有力，项目数量与完成额呈现双增长趋势，分别增长92.0%和65.9%。南沿江高铁金坛站、河海大学新校区等52个政府投资项目完成投资58.39亿元。

全区实现社会消费品零售总额276.48亿元，同比增长13.2%。基本生活消费增势较好，限额以上单位日用品类、粮油食品类商品零售额分别增长38.3%、17.0%。升级类消费需求持续释放，限额以上单位金银珠宝类、文化办公用品类商品零售额分别增长25.0%、15.2%。

全年实现外贸进出口总额272.90亿元，同比增长23.9%，创历史新高。其中出口212.90亿元，同比增长31.7%，进口60.00亿元，同比增长2.4%。

（夏　冰）

【溧阳市】地处江苏省西南部，位于长江三角洲西南部的苏、浙、皖三省交界处，面积1535.87平方千米，户籍人口78.55万人。2021年，实现地区生产总值1261.30亿元，增长10.1%。三次产业结构比为4.5∶51.4∶44.1。实现一般公共预算收入87.33亿元，增长18.3%，税收占比为87.1%。

粮食播种面积54973.33公顷，粮食总产量40.92万吨。全市农林牧渔业总产值93.45亿元，增长3.3%。其中，农业50.29亿元，增1.2%；林业1.08亿元，增4.7%；畜牧业4.00亿元，增16.8%；渔业33.27亿元，增5.0%；农林牧渔服务业产值4.8亿元，增4.0%。

全市实现工业总产值2267.49亿元，比上年增长29.1%；实现营业收入2461.59亿元，增长27.8%；实现利税246.63亿元，增长31.1%；实现利润189.27亿元，增长32.5%。全市建筑业完成施工总产值1124亿元，比上年增长12%；上缴税金27.5亿元，较上年增长24.4%。全市商品房销售面积115.31万平方米，增长12.6%，其中，住宅销售面积96.41万平方米，下降3.2%。

实现社会消费品零售总额388.98亿元，增长22.5%。全市完成外贸进出口总额113.20亿元人民币，增长32.0%。其中，出口91.20亿元，增长28.9%；进口22.00亿元，增长46.8%。实际利用外资3.62亿美元，增长8.4%。

2021年，全市有高新技术企业196家，高新技术产业产值占规上工业产值38.8%。全市建成省级以上“三站三中心”166家，常州市级以上众创空间、孵化器、加速器34家，新搭建重大科技创新平台4家。

国家A级景区7家，其中国家AAAAA级1家，国家AAAA级1家，国家AAA级3家，国家AA级2家。有国家级旅游度假区1家，省级旅游度假区1家，省星级乡村旅游区（点）16家。有1家国家森林公园，两个国家湿地公园。有星级饭店10家；旅行社（营业部）71家；星级溧阳茶舍43家。全市接待游客1862.19万人次，实现旅游总收入229.35亿元，分别恢复到2019年的88.5%和89.1%，恢复速度位列常州第一。

城镇新增就业2.16万人，城镇失业人员再就业5128人，城镇登记失业率1.5%。全市城镇职工基本养老、医疗和失业“三大保险”综合覆盖率以及城乡社会保险参保率均超98%。全市农村特困对象1799人，其中集中供养423人、分散供养1376人。全市全体居民人均可支配收入49521元，增长9.7%，其中城镇居民人均可支配收入60560元，增长9.2%；农村居民人均可支配收入33371元，增长10.9%。

（莫　俊）

人物　荣誉

Character and Honor

“七一勋章”获得者

马毛姐，女，汉族，1935年9月生，1954年6月入党，安徽无为人，安徽省原合肥市服装鞋帽工业公司副经理。解放战争时期支前英模的杰出代表，闻名全国的“渡江英雄”。渡江战役中，年仅14岁参加“渡江突击队”，在手臂中弹的情况下依然咬牙坚持，不畏枪林弹雨6次横渡长江，运送3批解放军成功登岸。毛主席亲切接见她，并题词“毛姐：好好学习、天天向上”。参加工作后从不以功臣自居，在平凡岗位上默默为党工作，离休后义务作革命传统教育报告300多场次。荣获“一等渡江功臣”、“支前模范”称号。

吕其明，男，汉族，1930年5月生，1945年9月入党，安徽无为人，上海电影制片厂艺术委员会原副主任。新中国培养的第一批交响乐作曲家，著名电影音乐作曲家，一生坚持歌颂党、歌颂祖国、歌颂劳动人民。70年来先后为《铁道游击队》《焦裕禄》《雷雨》等200多部（集）影视剧作曲，创作《红旗颂》《使命》等10余部大中型交响乐作品，300余首歌曲，《弹起我心爱的土琵琶》等歌曲广为传唱。荣获“全国离退休干部先进个人”等称号和“中国音乐金钟奖终身成就奖”。

（市委党史和地方志研究室　供）

全国道德模范

张舜华，女，汉族，1932年1月出生，安徽省芜湖市皖南医学院附属弋矶山医院退休医生。张舜华是新安中医“张一帖”第十四代传人。年少时，以柔弱的肩膀撑起家庭的希望，侍奉患病父母，照顾两个妹妹。结婚后，支持爱人在外工作，持家行医一肩担，独自拉扯大5个孩子，躬身践行自强精进的家风家训。张舜华荣获安徽省道德模范称号，其家庭被评为全国文明家庭。2021年，张舜华荣获第八届全国道德模范（孝老爱亲类）称号。

（市文明办　供）

先进集体

2021年国家有关部门表彰的先进集体

全国先进基层党组织

三只松鼠股份有限公司党委

全国脱贫攻坚先进集体

中共无为市无城镇委员会

全国工人先锋号

芜湖三花自控元器件有限公司四通阀装配车间

埃夫特智能装备股份有限公司机器人事业部制造部调试班

全国青年文明号

中国人民解放军第五七二〇工厂试飞站飞行三工段

中国石油安徽芜湖销售分公司开发区加油站

中国邮政芜湖分公司荆山邮政所

中国电信芜湖分公司北京西路营业厅

国家级“节约型机关”

中共芜湖市委督查办公室

芜湖市政府国有资产监督管理委员会

芜湖市科学技术局

芜湖市统计局

芜湖市地方金融监督管理局

2016—2020年全国普法工作先进单位

中共芜湖市委全面依法治市委员会办公室秘书科

芜湖市自然资源和规划局

芜湖市南陵县委全面依法治县委员会守法普法协调小组

芜湖市湾沚区陶辛镇沙墩村

公共机构水效领跑者（2021—2023年）
芜湖市机关事务管理局

全国重点军供站
芜湖市军供站

第三批国家级示范物流园区
宝特芜湖现代物流产业园

第46届国际ICQCC大会金奖
奇瑞汽车股份有限公司

国家科学技术进步奖二等奖
埃夫特智能装备股份有限公司

农业农村信息化示范基地
中联农业机械股份有限公司

全国粮食生产先进集体
芜湖市农业农村局

文化和旅游领域全国最佳志愿服务组织
芜湖市文化馆好人馆志愿服务队

全国文化和旅游系统先进集体
芜湖市鸠江区文化旅游体育局

第一批国家级夜间文化和旅游消费集聚区
方特旅游区

全国首批乡村旅游重点镇
芜湖市湾沚区红杨镇

全国乡村旅游重点村
芜湖市湾沚区六郎镇官巷村

银保监会系统先基层党组织
芜湖银保监分局第一党支部

12315效能评价优秀单位
芜湖市市场监督管理局

2017—2020年度全国群众体育先进单位
芜湖市体育局
芜湖市鸠江区文化旅游体育局

全国群众体育先进单位
芜湖职业技术学院

中国气象局集体二等功
芜湖市气象局

生态环境保护执法大练兵表现突出集体
芜湖市生态环境保护综合行政执法支队

全国检察宣传先进单位
镜湖区人民检察院

全国检察机关优秀办案团队
镜湖区人民检察院公益诉讼检察官办案组

全国先进社会组织
芜湖零距离社会服务中心

全国第六批率先基本实现主要农作物生产全程机械化示范县（市、区）
芜湖市湾沚区

第三批国家农产品质量安全县
芜湖市湾沚区

全国农产品产地冷藏保鲜整县推进试点县
芜湖市湾沚区

全国“四好农村路”示范县
芜湖市湾沚区

全国村庄清洁行动先进县
芜湖市繁昌区

农业现代化示范区创建名单
芜湖市繁昌区

国家水土保持示范县
芜湖市繁昌区

节水型社会建设达标县（区）
芜湖市繁昌区

全国扫黑除恶专项斗争先进集体
芜湖市人民检察院

全国维护妇女儿童权益先进集体
镜湖区人民法院
无为市公安局刑侦大队

人民法院扫黑除恶专项斗争先进集体
芜湖市中级人民法院刑一庭

公安部集体一等功
芜湖市公安局“扫黑办”

2011—2020年度港口建设费征稽成绩突出集体
芜湖海事局

全国水上无线电秩序管理专项整治工作先进集体
芜湖海事局

“中国渔政亮剑2021”系列专项执法行动中成绩突出集体
无为市农业农村局

渔业行政执法优秀案卷
芜湖市南陵县农业农村局

第三批全国农业综合行政执法示范窗口

芜湖市南陵县农业综合行政执法大队

全国自然资源系统“七五”普法工作中成绩突出的集体

芜湖市自然资源和规划局

供销合作社系统农民专业合作社示范社

南陵县仙酒坊果业专业合作社
繁昌县社龙生态白茶专业合作社
无为县红土地农机服务专业合作社
芜湖四高油桃种植专业合作社
芜湖县兰馨油桃种植专业合作社

全国版权示范单位

芜湖市工艺美术厂有限公司

全国版权示范园区

安徽殷港艺创小镇

2021年安徽省表彰的先进集体

安徽省先进基层党组织

南陵县烟墩镇霭里村党委
芜湖市鸠江区四褐山街道四山社区党委
芜湖市弋江区南瑞街道李巷社区党委
芜湖市湾沚区湾沚镇党委
芜湖市繁昌区峨山镇童坝村党委
中国电信股份有限公司芜湖分公司党委
芜湖市第四人民医院党委
芜湖市交通运输局机关党委
芜湖市培智学校党支部
芜湖高新技术创业服务中心有限公司党支部
中联农业机械股份有限公司党委

安徽省脱贫攻坚先进集体

中共芜湖市委组织部组织二科
芜湖市扶贫开发工作办公室
芜湖市教育局
芜湖市人力资源和社会保障局
芜湖市住房和城乡建设局
芜湖市医疗保障局
无为市扶贫开发工作办公室
无为市农业农村局
中共无为市十里墩镇委员会
无为市福渡镇周闸村党总支
芜湖市审计局驻无为市泉塘镇金牛村扶贫工作队
芜湖市公共资源交易监督管理局驻无为市蜀山镇关河村扶贫工作队
南陵县财政局
中共南陵县籍山镇委员会
中共南陵县三里镇委员会
中共芜湖市委政法委员会驻南陵县籍山镇长乐村扶贫工作队
中共芜湖市委宣传部驻南陵县许镇镇黄墓村扶贫工作队
南陵县永兴米业有限公司
尚纬股份有限公司

安徽省五一劳动奖状

安徽海螺水泥股份有限公司
芜湖埃科泰克动力总成有限公司
芜湖市广电报业传媒（集团）有限公司

安徽省劳动竞赛先进集体

安徽海螺水泥股份有限公司
芜湖埃科泰克动力总成有限公司
安徽紫约农业科技有限公司
芜湖城市建设集团有限公司
安徽国电电缆股份有限公司
芜湖强振汽车紧固件有限公司
联合汽车电子有限公司芜湖厂

安徽省工人先锋号

中铁四局集团有限公司芜湖市城区污水系统提质增效项目经理部
芜湖市第一中学语文教研组
芜湖华衍水务有限公司客户中心
德力西电气（芜湖）有限公司生产四部
芜湖弋江海创高新智能空调股份有限公司生产部
中国电信股份有限公司芜湖分公司综合接入维护中心
芜湖新兴铸管有限责任公司铸管生产部

安徽省优秀民营企业

芜湖伯特利汽车安全系统股份有限公司
芜湖长信科技股份有限公司
芜湖美智空调设备有限公司
安徽新亚特电缆集团有限公司
芜湖三七互娱网络科技集团股份有限公司
芜湖东方雨虹建筑材料有限公司
安徽中科微至物流装备制造有限公司
安徽水韵环保股份有限公司
安徽众源新材料股份有限公司
玉柴联合动力股份有限公司
安徽华菱电缆集团有限公司

2021年芜湖市表彰的先进集体

芜湖市先进基层党组织

无为市无城镇党委
无为市泥汊镇保安村党总支
无为市交通运输综合行政执法大队党总支
无为第一中学党委
无为市开城镇都督村党总支
安徽华菱电缆集团有限公司党委
无为市严桥镇财政所党支部
无为市石涧镇孙岗村党总支
无为市洪巷镇卫国村党总支
无为市乡村振兴局机关党支部
无为市地方金融监督管理局机关党支部

国网无为市供电公司党委
南陵县家发镇党委
南陵县籍山镇长乐村党委
南陵县三里镇澄桥村党总支
南陵县何湾镇龙山村党总支
安徽鲁班建设投资集团建设党支部
南陵在沪经济文化促进会党支部
国家税务总局南陵县税务局机关党委
南陵县公安局情报指挥中心党支部
南陵县文化馆党支部
镜湖区火车站区域综合管理处党支部
芜湖蛐蛐网络科技有限公司党支部
镜湖区汀棠街道大富社区党委
芜湖市实验幼儿园党支部
镜湖区荆山街道社区卫生服务中心党支部
镜湖区赭山街道黄果山社区党委
镜湖区方村街道马厂村党总支
芜湖市公安局镜湖分局机关第五党支部
鸠江区四褐山街道四山社区党委
芜湖市汤沟秀石小学党支部
鸠江区二坝镇龙泉村党总支
鸠江区湾里街道华强社区党委
鸠江区白茆镇套北村党委
鸠江区委宣传部机关党支部
芜湖市和瑞农业有限公司党支部
安徽华业建工集团有限公司党支部
弋江区马塘街道洪桥社区党委
芜湖市弋江区心暖花开社会组织联合会党支部
弋江区火龙街道善瑞村党委
弋江区白马街道新山村党委
安徽鸠兹物业服务有限公司党支部
新亚特电缆股份有限公司党委
芜湖市公安局弋江分局高校园区派出所党支部
湾沚区湾沚镇民主社区党委
湾沚区六郎镇北陶村党委
芜湖市公安局湾沚分局陶辛派出所党支部
湾沚区花桥镇花桥村党总支
湾沚区文化旅游体育局机关党总支
国网芜湖市湾沚区供电公司党委
安徽新芜经济开发区管委会机关党支部
湾沚区红杨镇西河老街旅游开发管委会党支部
繁昌区峨山镇童坝村党委
国家税务总局芜湖市繁昌区税务局机关党委
芜湖市容川机电科技股份有限公司党支部
繁昌经济开发区枣园村党总支
国网芜湖市繁昌区供电公司党委
繁昌区繁阳镇西苑社区党总支
芜湖道润药业有限责任公司党支部
繁昌区图书馆党支部
芜湖经济技术开发区龙山街道党工委
国家税务总局芜湖经济技术开发区税务局党总支
芜湖市天门小学党支部
芜湖万里扬变速器有限公司党委
奇瑞徽银汽车金融股份有限公司党委
中联农业机械股份有限公司党委
芜湖市三山中心小学党支部
芜湖市峨桥镇石谷村党总支
芜湖三山经济开发区高安街道泥埠社区党总支
芜湖市公安局三山分局三山派出所党支部
芜湖市数据资源管理局第五党支部
芜湖市委办公室机关党委
国家税务总局芜湖市税务局机关党委
芜湖市气象局党支部
芜湖市委组织部机关党委
芜湖市委巡察工作领导小组办公室党支部
芜湖出入境边防检查站党委
芜湖市女子看守所党支部
芜湖传媒中心新闻第二党支部
芜湖市田家炳实验中学党委
芜湖荟萃中学党总支
芜湖市王稼祥纪念园党支部
芜湖市社会保险中心党支部
芜湖市建筑工程管理处党总支
安徽省核工业勘查技术总院地矿院党支部
芜湖市道路运输管理服务中心党委
安徽运泰交通发展股份有限公司党委
芜湖市第一人民医院党委
芜湖市急救中心党支部
芜湖高新技术创业服务中心有限公司党支部
芜湖市建设投资有限公司党委
芜湖宣城机场建设投资有限公司党支部
芜湖市标准化研究院党支部
芜湖职业技术学院马克思主义学院党总支
安徽中医药高等专科学校药学系党总支
中国电信股份有限公司芜湖分公司创新业务运营中心和电子渠道运营中心党支部
中国移动通信集团安徽有限公司无为分公司党支部
国网芜湖供电公司配电运检党支部
安徽中烟工业有限责任公司芜湖卷烟厂卷接包车间党总支
中国人民解放军第五七二〇工厂航电部党总支

芜湖市全面建成小康社会先进集体

芜湖市统计局
芜湖市发展和改革委员会（粮食和物资储备局）
芜湖市卫生健康委员会
芜湖市人力资源和社会保障局
芜湖市生态环境局
芜湖市民政局
芜湖市文化和旅游局（市广播电视新闻出版局）

芜湖市经济和信息化局信息化与工业互联网科
芜湖市投资促进中心产业招商科
国家税务总局芜湖市税务局第二税务分局
芜湖市公安局刑事警察支队
芜湖市司法局公共法律服务管理科
芜湖市博物馆
中共芜湖市委宣传部文化发展改革办公室
芜湖市自然资源执法监察支队
芜湖市河长制工作处
芜湖市种子管理站
芜湖市房屋征收管理处征收安置科
芜湖市学生资助管理中心
安徽新芜经济开发区管理委员会
芜湖市湾沚区发展和改革委员会
芜湖市南陵县发展和改革委员会
芜湖市南陵县财政局
无为市发展和改革委员会
芜湖市无为市生态环境分局
安徽省繁昌经济开发区管理委员会
中共芜湖市镜湖区委政法委员会
芜湖经济技术开发区经济贸易发展局
安徽省江北产业集中区管委会投资服务中心
中共芜湖市湾沚区红杨镇委员会
中共芜湖市湾沚区湾沚镇桃园村委员会
芜湖市鸠江区官陡街道办事处
中共芜湖市鸠江区四褐山街道四山社区委员会
芜湖市弋江区马塘街道办事处
芜湖市弋江区滨江社区居民委员会
芜湖市镜湖区方村街道办事处
芜湖经济技术开发区龙山街道办事处
芜湖经济技术开发区疾病预防控制中心
芜湖经济技术开发区人力资源开发中心
芜湖经济技术开发区市场监管稽查大队
安徽芜湖三山经济开发区峨桥镇响水涧村民委员会
安徽芜湖三山经济开发区三山街道三华社区居民委员会
奇瑞汽车股份有限公司
安徽问天量子科技股份有限公司
中国人民解放军第五七二〇工厂
埃夫特智能装备股份有限公司
华强方特（芜湖）文化科技有限公司
安徽航瑞航空动力装备有限公司
奇瑞商用车（安徽）有限公司
中联农业机械股份有限公司

芜湖市扫黑除恶与社会治理贡献奖先进集体

芜湖市公安局经济技术开发区分局犯罪侦查大队
芜湖经济技术开发区平安建设领导小组办公室
三山经济开发区扫黑除恶专项斗争领导小组办公室
三山经济开发区峨桥镇政府
无为市纪委监委
无为市委政法委
无为市信访局
无为市应急管理局
无为市公安局
无为市洪巷镇政府
无为市高沟镇政府
无为市公安局泥汊派出所
南陵县扫黑除恶专项斗争领导小组
南陵县委政法委
南陵县公安局
南陵县司法局
南陵县三里镇政府
镜湖区委政法委
镜湖区人力资源和社会保障局
镜湖区人民法院
镜湖区人民检察院
镜湖区司法局
镜湖区天门山街道办事处
芜湖市公安局镜湖分局
鸠江区委政法委
芜湖市公安局鸠江分局
鸠江区白茆镇政府
鸠江区官陡街道办事处
弋江区委政法委
弋江区司法局
弋江区中南街道滨江社区居民委员会
弋江区马塘街道松元社区居民委员会
湾沚区民政局
湾沚区住房和城乡建设局
湾沚区司法局
湾沚区扫黑除恶专项斗争领导小组办公室
繁昌区委组织部
繁昌区委政法委
芜湖市公安局繁昌分局
繁昌区繁阳镇政府
市纪委监委机关
市委办公室（市委政研室、市委督查办）
市委政法委
芜湖市司法局
芜湖市人力资源和社会保障局
芜湖市交通运输局
芜湖市农业农村局
芜湖市中级人民法院
市委组织部组织一科
芜湖市人民检察院第六检察部

（名单由各有关单位提供）

先进个人

2021年国家有关部门表彰的先进个人

“七一勋章”获得者

马毛姐　吕其明

全国道德模范

张舜华

全国优秀县委书记
黄维群

全国优秀共产党员
路丙辉　马本萱

全国优秀党务工作者
赵　玲

全国脱贫攻坚先进个人
曹　静　刘作胜

全国五一劳动奖章
汪飞燕　肖尚浩　阮成武

中国好人
肖茂盛　李　强　陶兴发　储元龙
王翠华

2016—2020年全国普法工作先进个人
程　俊

全国法院先进个人
孙施龙

人民法院保密工作先进个人
张玮玮

全国扫黑除恶专项斗争先进工作者
管芜萌

全国公安系统二级英雄模范
许少斌

全国公安机关成绩突出青年民警
胡　健

退役军人服务保障先进个人
管秀发

第32届夏季奥林匹克运动会女子800米第五名
王春雨

羽毛球世锦赛男双亚军
谭　强（与何济霆）

第十四届全国运动会女子800米第一名
王春雨

第十四届全国运动会女子长拳、剑术、枪术全能第一名
赖晓晓

2017—2020年度全国群众体育先进个人
朱迎秋

全国巾帼建功标兵
丁百静

全国维护妇女儿童权益先进个人
王　馨

优秀红十字志愿者
陶秀芽

中国红十字会“会员之星”
尹建军

全国残疾人工作先进个人
翟俊斐

全国技术能手
唐起源

最美出租汽车司机
陶定霞

社会实践全国优秀指导教师
路丙辉

全国优秀共青团员
徐本盛

中国青年志愿者优秀个人
王　伟

全国高校“百名研究生党员标兵”
宁嘉惠

中国大学生自强之星
潘志成

资深地方外事工作者
叶　明　王　琴

全国知识产权系统先进个人
祝宏琳

打击虚开骗税违法犯罪两年专项行动成绩突出个人
杨　媛

交通运输部系统“优秀共产党员”
莫恩福　张海峰

2011—2020年度港口建设费征稽成绩突出个人
尚呈祥　崔　颖

2021年安徽省表彰的先进个人

安徽省优秀共产党员
马本萱　陈先国　何志成　陈余芳
吴明英　陶传东　吴玉民　刘劲松
俞　森　黄　阳　夏　辰　夏　彬

安徽省优秀党务工作者
赵　玲　王显才　陈太华　薛　勇
俞　霞　汪之初　李志勇　宋立芳
黄　剑　桂丽娟　吴才峰　赵玉云

安徽省脱贫攻坚先进个人
马中兴　江　哲　吕　亮　匡　健

刘昭明 黎平安 王向星 贾正云
黄柱玖 毛少华 钱广海 王 欢
汪平所 花玉胜 姜丹丹 陈 康
夏 杨 潘兴文 袁学松 周红飞
许方震 王贤云 何 键 陶海波
盛茂松 陈 刚 王小静 何宏美
陈胜江 吴国香

安徽省五一劳动奖章

许青松 尹燕萍 戴元凤 王 华
许腾龙 巩绪雄 许 勇

安徽好人

马本萱 李 艳 汪开涛 吕成云
程传云 赵 玲

2021年芜湖市表彰的先进个人

芜湖市优秀共产党员

钱 坤 姜丹丹 王书诚 卞 飞
徐云新 周冬冬 张 弢 赵 尚
方士武 花显明 郝惠芳 潘兴文
胡惟安 何志成 夏 辰 刘木林
陈义平 郭 林 肖明海 张世发
王新发 陈余芳 秦山成 王 莹
张文正 许梦佳 傅 杰 刘克梅
邢昌盛 李 晨 陈 静 马秀英
刘永贵 郑 亮 刘晓平 贾思虎
张 茜 后世妹 陶明生 韩其武
黄 阳 李贞家 夏年玉 杨江华
柴珊珊 何成龙 黄世伟 李亚玲
黎文兵 赵万鹰 刘 备 张开烨
刘 芳 顾 冉 荣 雷 徐 锐
王念玉 盛 强 马本萱 梅兰政
郭 旭 毕全国 李秀峰 何 健
桂 婷 程依宝 郭立卉 蒋光英
许云飞 许必峰 丰家栋 周贤柏
吴 涛 胡 浩 翟 畅 周 政
白 洁 蔡善忠 昂 锋 戴 炜
滕 飞 张 翠 毛贻香 秦家东
杨海伦 茆成林 张东栋 夏 仲
江 俊 刘月龙 蒋 玲 叶承琦
宋修云 向 明 胡光勇 石小勇
肖 伟 苑景丰 吴文俊
芜湖市国家安全局一人

芜湖市优秀党务工作者

陈太华 方叶青 魏 彬 王 丹
叶燕玲 李海梅 石国顺 马国强
丁红艳 吴守利 康 敏 汤先明
刘昌敏 李明锋 何凌毅 汪 玮
杨长胜 张金梅 司静文 张文烨
王宁海 胡 昕 赵 玲 石钟怡
邹 艳 王 慧 王佳玲 徐成枝
李逸农 后雅琴 汪春萍 杨万才
耿翠梅 陆先富 王兵兵 唐文生
章国富 汪旺娣 张 琼 孙晓荣
薛 勇 王明芳 宋 军 唐进诚
邢 飞 李发满 齐 凡 陶官军
吴 刚 刘 燕 周 伟 李 杰
葛亚婕 王 瑾 陶征保 徐承银
盛明付 刘 斌 潘礼财 徐立青
王红武 谢欢欢 张先昌 晋庆庆
奚华峰 袁 毅 庞先伟 李 姚
严 伟 赵玉云 艾珍珍 汪军求
凌亚琼 赵朝银 曹焕香 王宝元
常 雯 吴荣军 宋士月 张 婷
罗开颜 朱 亮 郑 炜 罗萍萍
杨 震 章 阳 李 凯 朱茂治
陈达仙 姚 佳 刘存军 商建国
毛伟德 姚志滔 刘 芳 钱 诚
凌凤文 丁兴平 苏宗清

芜湖市全面建成小康社会先进个人

李广平 田 静 夏建荣 李合满
刘昭明 黄 文 后世慧 白金宝
鲍鹏远 李宗祥 宋俊峰 曹欢欢
张青帝 王 钊 贾 杰 吴 昊
王权华 王 明 刘文雅 张申尚
屠 源 叶文婷 孙 啸 张字东
陈 超 许继芬 康 杰 徐 斌
朱元贵 樊 鹏 张灵芝 陶 婷
朱爱永 过大江 孙 蓉 肖 珍
鲁良军 熊太祥 季思敏 唐云鹏
陈修正 肖 玲 韩小弟 张 鑫
陈 熙 杨前华 徐守荣 朱志保
晋奇明 谷开鸿 许有龙 陈 丽
张文昌 丁云飞 潘 磊 许小兵
汪火树 许宗保 程文成 濮成虎
洪雨宁 郑懿敏 强 健 昂圣芹
戴元龙 许方震 何 键 方春红
潘忠杰 李功燕 封全虎 唐曾胜
王 群 汪 洋 王 伟 丁 清
王 平 王 磊 蒋洪洲 胡清照
徐 锐 谢亚军 俞传喜 李亚斌
傅兴海 汪哲伍 王红武 童向东
俞祖传 陈伟业 昝志伟 周奇奇
陈先平 程 岗 孙丰银 何 弢
曹雏清 刘永贵 丁 欢 王宏伟
马 靖 李克俊 李文军 谢曹宇
胡厚志 茅卫东 肖秀光 汤正林
吴万贵 曹燕臻 杨海林 吴 胜
许文龙 周美胜 吴焕敏 李 行
陶 莉 王圣玉 王 霞 朱 静
袁心霞 丁惠群 庄才钢 张春明
盛海明 汤 超 许彦强 郑建军
张海燕 胡 勇 刘 巍 于 浩
林新春 熊 峻 杨祥平 朱蓉蓉
曹新明 俞伦仙 袁 敏 骆霞霞
季 义 伍长华 潘晓俊 江洪流
许 勇 阮剑胜 谢昌跃 王吉锋
凌碧清 吴晓峰

芜湖市扫黑除恶与社会治理贡献奖先进个人

俞泽迪 胡媛媛 吴 文 王家华
强 军 王 蒙 陈 锐 齐世盛
乐宗泉 孙百荣 蒋克军 倪 壮
徐昌慧 陈先斌 葛瑞毓 丁亿东
金晓峰 周俊生 周文明 张 星
张庆松 何兴法 杨爱民 陶辉球
谢 强 赵 勇 李学梅 王 炎
葛 寅 钱阳虎 金婷婷 张 鹏
吴 军 郭 雯 胡敏丽 周卫民
崔小明 马雨贤 陶 涛 刘 俊
方 成 孙 艳 王媛媛 韩梦婷
任 婕 滕阳云 黄广友 蔡文博
刘 海 蒋少辉 邹国仁 张致富
秦少虎 张玉录 李 霞 张 军

王德生　缪佳慧　王法国　张庆胜
陈　然　李　程　许　蓉　房淑来
李支光　王德清　沈　憨　吴刘威
吴　治　杨吉堃　李强龙　吴　全
吴显敢　郝红梦　滕新军　范信运
于　洋　陶　翔　魏云云　黄宝英
俞春艳　陈　佳　周桂萍　何强胜
张　聪　崔月梅　闻海烨　俞红胜
刘　俊　沈　俊　桂梅花　盛祖国
余　杰　伍开琴　徐　斌　张晨曦
吴　燕　张月林　叶德颜　张　蒂
王月镜　龚宏胜　杨逸琦　方伟华
李晨程　丁　键　孙传宝　刁海英
王　俊　谢　忠　王　庆　汪国飞
周春山　胡　俊　赵雅丹　蔡　祥
刘家平　夏　云　朱　杰　郜志强
陈　鹏　李　清　王　伟　郭　强
邵　翔　茆　培　朱　彬　张　鼎
尹佳佳　李晓溪　黄　燕　戴衍玉
晋　勇　吕　尚　王　琼　江　权
程　建　贾　康　李家豪　郭　晨
殷翠薇　戴秀武　钮　艳　汪昌喜
程　强　董承智　孙健文　汪　磊
顾　娅　芜湖市国家安全局一人

（名单由各有关单位提供）

荣立二等功以上奖励的退役军人

房建超，2018年荣立二等功1次，2021年从94655部队退役

盛忠权，2018年荣立二等功1次，2021年从94655部队退役

齐建伟，2019年荣立二等功1次，2021年从94655部队退役

汪　波，2012年荣立二等功1次，2021年从32664部队退役

邹友忙，2019年荣立二等功1次，2021年从94710部队退役

朱庆龙，2015年荣立二等功1次，2020年从31641部队退役（2021年移交安置工作）

徐　军，2002年荣立二等功1次，2021年从武警安徽省总队芜湖支队退役

（市退役军人事务局　供）

附 录

Appendix

2021年芜湖市国民经济和社会发展统计公报

芜湖市统计局　国家统计局芜湖调查队

2021年，全市人民在市委、市政府的坚强领导下，统筹推进疫情防控和经济社会发展，扎实做好“六稳”工作，全面落实“六保”任务，坚持立足新发展阶段，贯彻新发展理念，推动全市经济社会高质量发展，实现“十四五”良好开局。

一、综合

国民经济。初步核算，全年实现地区生产总值4302.63亿元，比上年增长11.6%。其中，第一产业增加值169.58亿元，增长6.4%；第二产业增加值2048.96亿元，增长11.9%；第三产业增加值2084.09亿元，增长11.7%。三次产业增加值比例由上年的4.3∶47.6∶48.1调整为4.0∶47.6∶48.4。

财政收支。全年实现一般公共预算收入361.20亿元，增长9.0%。其中，增值税135.79亿元，增长12.4%；企业所得税28.38亿元，下降1.4%；城市建设维护税23.33亿元，增长13.3%；契税22.75亿元，增长48.0%。全年完成一般公共预算支出503.49亿元，增长3.7%，其中，农林水事务支出40.44亿元，增长6.6%；教育支出84.36亿元，增长3.6%；社会保障和就业支出60.12亿元，下降0.1%；卫生健康支出45.40亿元，增长1.9%；科学技术支出70.18亿元，增长28.8%；交通运输支出11.06亿元，下降13.9%。

固定资产投资。全年完成固定资产投资比上年增长15.7%。本年项目建成投产率42.5%，固定资产投资资产交付使用率71.0%。固定资产投资中，第一产业投资增长43.7%；第二产业投资增长19.6%，其中工业投资增长19.6%；第三产业投资增长11.1%，其中房地产开发投资增长13.6%。

市场价格。2021年，城市居民消费价格比上年上涨1.3%，其中，消费品价格上涨1.1%，服务价格上涨1.6%；非食品价格上涨1.8%，食品价格下降1.1%。

二、农业

农业生产。全年粮食种植面积223.2千公顷，油料种植面积34.5千公顷。粮食产量138.8万吨，比上年增长2.7%；油料产量9.8万吨，增长6.5%；棉花产量0.4万吨，下降24.5%；蔬菜产量172.1万吨，增长5.8%。肉类产量17.7万吨，增长13.6%；水产品产量17.6万吨，增长3.3%（参见附表）。当年完成造林面积2780公顷。年末，全市拥有无公害农产品认定368个，绿色食品认证264个，有机食品认证18个。年末拥有省级及以上农业产业化龙头企业64家。

农业生产条件和基础设施。年末，拥有农业机械总动力228.01万千瓦，农用拖拉机5.07

万台。全年农用化肥施用量（折纯）16.05万吨，农村用电量18.96亿千瓦时。2021年，农村人口饮水安全工程改善87.19万农村居民，农村自来水普及率达到99.6%，农村饮水安全集中供水率达到99.6%。

三、工业和建筑业

工业生产。全年规模以上工业企业实现增加值比上年增长14.1%。其中，国有企业占规模以上工业比重为11.2%（以下简称占比），增加值增长9.1%；股份制企业占比71.9%，增加值增长15.2%；外商及港澳台商投资企业占比16.7%，增加值增长15.6%。工业产品销售率达到98.6%。

规模以上工业主要产品产量：汽车81.4万辆，增长56.2%；空调2232.77万台，增长12.2%；工业机器人7313套，增长130.9%；服务机器人323套，下降60.9%；平板玻璃2231.73万重量箱，下降6.8%；水泥2055.35万吨，增长8.3%；钢材606.72万吨，增长5.5%；铜材30.39万吨，增长14.8%（参见附表）。

工业效益。全年规模以上工业实现营业收入比上年增长19.6%；利润总额比上年增长9.8%。

建筑业。全年建筑业实现增加值446.12亿元，增长11.6%。资质以上建筑业企业完成总产值895.87亿元，比上年增长18.0%；全年房屋建筑施工面积3169.10万平方米，比上年增加115.83万平方米；房屋建筑竣工面积1385.60万平方米，比上年增加68.93万平方米。

四、招商引资和项目建设

招商引资。当年新批外商投资企业48家，合同利用外资3.73亿美元。全年实际利用外资32亿美元，比上年增长5.3%，其中外商直接投资11702万美元，增长63.6%。实际利用省外资金1664亿元，增长15.1%。截至年底，全市35家境外世界500强企业在芜投资项目32个。

园区建设。实际利用亿元以上省外资金1847.23亿元，实际利用外商直接投资27.92亿美元；区内规模以上工业总产值比上年增长26.8%。

基础设施建设日趋完善。全年完成城镇基础设施投资比上年下降3%。其中，轨道交通1号线和2号线一期顺利开通运营、芜黄高速、赤铸山路快速化改造工程、芜湖东互通改扩建工程、大茆立交等投入使用；芜湖城南过江隧道项目、商合杭高架接线、芜合高速、峨山路东延等一批重点项目加快推进。中国电信大数据产业园、宁芜高速等重点项目开工建设。

工业项目优化升级。三只松鼠产业综合体（无为）项目、中航华东光电新型电光交互显示产业项目、奇瑞商用车总部及生产基地项目等一批重点项目竣工投入使用；三只松鼠联盟工厂、华丰电子新型电子元器件、江森自控空调及核心零部件等一批重点项目加快推进；信义江北光伏组件盖板、比亚迪新能源动力电池长三角制造中心、美的厨热智能家电产业园等一批重点项目开工建设。

服务业项目加快推进。松鼠城娱乐综合体、北航芜湖通航创新园等一批重点项目竣工投入使用；松鼠研发运营中心项目、途居芜湖马仁山项目等一批重点项目加快推进；湾谷科技园、皖江学院新校区、弋矶山医院北区等一批重点项目开工建设。

芜湖经济技术开发区全年实际利用省外境内资金420亿元，实际利用外商直接投资8.13亿美元；进出口总额65.61亿美元。

五、贸易和旅游

市场消费。全年实现社会消费品零售总额1972.95亿元，比上年增长24.5%。分区域看，城镇零售额1767.86亿元，增长23.9%；乡村零售额205.09亿元，增长30.0%。分行业看，批发和零售业零售额1755.61亿元，增长24.8%；住宿和餐饮业零售额217.34亿元，增长22.2%。

对外贸易。全年实现进出口总额115.27亿美元，比上年增长36.5%。其中，进口总额39.49亿美元，增长10.4%；出口总额75.78亿美元，增长55.8%。

旅游。2021年全市接待国内游客4894.37万人次，实现国内旅游收入595.06亿元；年末有旅行社93家；星级饭店22家，其中三星级及以上22家；A级及以上旅游景点（区）34处，其中4A级及以上11处，5A级景区1处。成功举办各类会展23个。

六、交通和邮电

全年交通运输、仓储和邮政业实现增加值192.97亿元，比上年增长6.2%。

交通运输。全年公路客运量755万人，下降28.5%；公路货运量7209万吨，增长9.4%。铁路旅客发送量1043.23万人，增长24.9%；铁路货运发送量252.98万吨，下降9.7%。水路货运量2.3亿吨，增长1.7%。港口货物吞吐量1.35亿吨，下降0.2%，其中，外贸货物吞吐量315万吨，下降3.3%；港口集装箱吞吐量115万标准箱，增长4.5%。年末，民用汽车拥有量65.80万辆，比上年增长5.8%，其中私人汽车拥有量61.56万辆，增长5.7%。民用船舶拥有量4174艘。公路里程11200公里，其中等级公路11200公里。在等级公路中，高速公路311公里，一级公路388公里，二级公路616公里。

邮电业。邮政业务总量34.85亿元，比上年增长31.2%。快递服务企业完成业务量3.33亿件，增长37.0%。年末本地固定电话用户36.15万户，比上年减少1.01万户；移动电话432.11万户，新增26.75万户。年末计算机互联网用户达到165.49万户，新增15.13万户。

七、金融和保险

金融业。年末金融机构本外币存款余额5254.06亿元，比年初增加541.10亿元，其中，非金融企业存款2153.95亿元，比年初增加261.25亿元；住户存款2520.73亿元，比年初增加256.45亿元。金融机构本外币贷款余额4716.30亿元，比年初增加206.21亿元，其中，短期贷款1089.56亿元，比年初增加197.54亿元；中长期贷款3113.28亿元，比年初增加428.07亿元。年末外汇存款余额8.51亿美元，比年初减少1.19亿美元；外汇贷款余额2.36亿美元，比年初增加2.19亿美元。

保险业。全年，实现保费收入90.88亿元，比上年增长5.1%。其中，人身险59.74亿元，增长10.0%；财产险31.14亿元，下降3.1%。赔款及给付支出32.01亿元。其中，人身险10.62亿元，财产险21.39亿元。

八、科学技术和教育

科学技术。年末全市拥有省级及以上工程技术研究中心99个；省级及以上企业技术中心219个，其中国家级15个。省级及以上重点（工程）实验室15个；省级及以上质检中心5个，其中国家级3个。院士工作站10个。拥有高新技术企业1298家，其中当年新认定319家；拥有省级高新技术产品1449个，其中当年新认定516个。国家知识产权示范企业10家、优势企业31家，省级知识产权优势企业35家、优势培育企业37家。全市有省级以上科技企业孵化器18家，其中国家级孵化器5家；省级以上众创空间25家，其中国家级6家。全年组织实施各类科技项目451项，其中国家级9项；全年获省级以上科技奖39项。专利授权量16963件，其中发明专利3296件。万人有效发明专利拥有量53.5件。拥有中国驰名商标44件。

教育。年末，拥有普通高等院校10所，专任教师0.77万人，在校学生19.36万人，招生5.87万人，毕业生5.50万人；普通中学207所，专任教师1.38万人，在校学生16.08万人；中等职业学校17所，在校学生4万人；小学245所，专任教师1.28万人，在校学生20.51万人；幼儿园577所，在园儿童10.11万人。小学学龄儿童入学率100%，初中阶段适龄人口入学率100%。

九、文化、卫生和体育

文化。2021年末，全市拥有国有艺术表演团体1个，文化馆8个；公共图书馆10个，馆藏图书282.6万册，其中市区藏书179.3万册；档案馆9个，向社会开放档案数19.52万件。广播电台5座，电视台5座，广播综合人口覆盖率和电视综合人口覆盖率均达到99.98%，数字电视用户33.74万户。全国重点文物保护单位13处，省级重点文物保护单位32处。列入国家级非物质文化遗产名录3项，省级名录30项。全年举办文化活动115场次；群众性文化活动852场次；送文化下乡演出（含送戏进万村）1476场次。

卫生。2021年末，全市拥有各类卫生机构1037个（不含村卫生室），其中，医院97所，基层医疗卫生机构897所，专业公共卫生机构36所。基层医疗卫生机构中，社区卫生服务中心（站）136所，乡镇卫生院53所，门诊部133所，诊所、卫生所和医务室575所。专业公共卫生机构中，疾病预防控制中心10所，卫生监督机构9所，妇幼保健机构9所，专科防治机构5所，急救中心1所，采供血机构2所。卫生机构拥有床位27586张，其中医院23670张。卫生技术人员27650人，其中执业（助理）医生11312人，注册护士12895人。

体育。全年，我市运动员在省级以上国内外重要赛事中获得奖牌307枚，其中金牌100枚。向省级及以上专业队和体育院校输送运动员102人，审批二级运动员129名、二级社会体育指导员113名。全市举办全民健身活动3000次，参加活动人员60万人次。全市体育场地9115个，人均场地面积2.14平方米。体育社团组织230个。社会体育指导员9155人。销售体育彩票约5.24亿元。

十、城市建设和环境保护

城市建设。全市公交运营线路网长度4618.2公里，拥有公交车1980辆；拥有出租车5380辆，其中市区3700辆。全年居民用电量28.8亿千瓦时。

年末，拥有国家三级及以上环境监测站5个，其中二级站1个。市区环境空气质量达优良天数为310天，空气质量优良率为84.9%。长江和青弋江干流芜湖段水质均达到或好于地表水Ⅲ类标准。

十一、人口、人民生活、就业和社会保障

人口。年末，全市常住人口367.2万人，比上年增加2.6万人。

人民生活。据抽样调查，全年城镇常住居民人均可支配收入48668元，增长9.2%；人均消费支出29205元，增长15.0%；人均住房建筑面积36.3平方米。农村常住居民人均可支配收入27202元，增长11.2%；人均消费支出16747元，增长14.7%；人均住房建筑面积44.2平方米。城镇居民的恩格尔系数为32.2%；农村居民的恩格尔系数为34.8%。

就业和社会保障。2021年末，有人力资源服务机构162个。全年新增城镇就业人员7.6万人，其中失业人员再就业2.71万人。企业新录用员工岗前培训2.21万人。城镇登记失业率2.14%。年末，企业职工基本养老保险（含离退休）参保人数104.53万人，比上年增加5.88万人；城镇职工基本医疗保险（含生育保险）参保人数90.88万人，增加4万人；失业保险参保人数56.05万人，增加4.55万人；工伤保险参保人数55.37万人，增加4.87万人。城乡居民养老保险参保人数155.96万人。城乡居民参加基本医疗保险参保人数288.73万人。有3.1万城镇居民、6.3万农村居民享受最低生活保障。市区最低工资标准达到1500元/月，失业保险金标准达到1350元/月，企业离退休人员人均养老金水平2349元/月，提高116元/月。

全市拥有各类福利机构134个，床位1.8万张，收养各类人员0.71万人。全年销售社会福利彩票3.42亿元，筹集市级公益4020.02万元。直接接收慈善捐款1581.76万元。

注：

1. 本公报数据为初步统计数。

2. 全市生产总值及各产业增加值绝对数按现价计算，增长速度按可比价格计算。

3. 恩格尔系数是指居民食品消费支出占全部消费性支出的比重。

4. 主要工业产品产量增速按可比口径计算。

5. 邮电业务总量统计口径为各邮政企业、快递服务企业和电信企业的主营业务收入（不包括邮政储蓄银行直接营业收入）。

附：2021年工农业主要产品产量

指标	计量单位	2021年	比上年增减（%）
一、农产品产量			
粮食	万吨	138.8	2.7
棉花	万吨	0.4	-24.5
油料	万吨	9.8	6.5
烤烟	吨	5037	-1.2
茶叶	吨	2663	6.5
水果	万吨	19.0	5.1
蔬菜	万吨	172.1	5.8
肉类	万吨	17.7	13.6
生猪（出栏数）	万头	59.4	37.2
家禽（出栏数）	万只	7475.7	14.5
水产品	万吨	17.6	3.3

指标	计量单位	2021年	比上年增减（%）
二、工业产品产量			
卷烟	亿支	327.20	1.2
服装	万件	13083	9.22
塑料制品	万吨	30.03	-18.4
平板玻璃	万重量箱	2231.73	-6.8
水泥熟料	万吨	3567.87	2.72
水泥	万吨	2055.35	8.3
生铁	万吨	504.77	7.0
铸铁件	万吨	29.24	-37.2
钢材	万吨	606.73	5.5
铜材	万吨	30.39	14.8
金属切削机床	台	218	-91.0
工业机器人	套	7313	130.9
发动机	万千瓦	6861.67	38.7
汽车	万辆	81.40	56.2
#新能源汽车	万辆	9.56	131.6
改装汽车	万辆	3.16	6.7
民用钢质船舶	万载重吨	33.23	27.0
电动机	万千瓦	278.55	30.9
低压开关板	面	117933	9.8
电力电缆	万千米	55.01	6.6
房间空气调节器	万台	2232.77	12.2
家用电热水器	万台	956.86	1.9
光电子器件	亿只（片、套）	2179.04	30.4
汽车仪器仪表	万台	299.90	22.2
发电量	亿度	228.17	5.7

芜湖市第七次全国人口普查公报[1]

芜湖市统计局
芜湖市第七次全国人口普查领导小组办公室
2021年5月24日

根据芜湖市第七次全国人口普查结果，现将2020年11月1日零时全市常住人口[2]的基本情况公布如下：

一、人口总量

全市常住人口为3644420人，与2010年第六次全国人口普查的3545067人相比，增加99353人，增长2.80%，年平均增长0.28%。

二、区域分布

全市7个县市区和2个开发区中，人口超过80万人的县市区有1个，在40万人至80万人之间的县区有4个，其余4个县区均低于40万人。

与2010年第六次全国人口普查相比，7个县市区和2个开发区中，有4个县区和2个开发区的人口增加。人口增加的县区（含开发区）依次是：弋江区增加113106人、鸠江区增加69653人、经济技术开发区增加62246人、湾沚区增加49977人、三山经济开发区增加40175人和南陵县增加26870人。

附：表1　2020年全市常住人口区域分布情况

单位：人、%

县市区	常住人口	比重
全　市	3644420	100.00
无为市	817997	22.45
南陵县	431148	11.83
镜湖区	478658	13.13
鸠江区	540487	14.83
弋江区	422620	11.60
湾沚区	344016	9.44
繁昌区	243907	6.69
经济技术开发区	181034	4.97
三山经济开发区	184553	5.06

三、户别人口

全市共有家庭户[3]1360209户，集体户82032户；家庭户人口为3348366人，集体户人口为296054人。平均每个家庭户的人口为2.46人，比2010年第六次全国人口普查的2.80人减少0.34人。

四、性别构成

全市常住人口中，男性人口为1868742人，占51.28%；女性人口为1775678人，占48.72%。常住人口性别比（以女性为100，男性对女性的比例）为105.24，与2010年第六次全国人口普查的105.25相比，基本持平。

五、年龄构成

全市常住人口中，0—14岁[4]人口为529760人，占14.54%；15—59岁人口为2375008人，占65.17%；60岁及以上人口为739652人，占20.30%，其中65岁及以上人口为587205人，占16.11%。与2010年第六次全国人口普查相比，0—14岁人口的比重提高0.62个百分点，15—59岁人口的比重下降4.53个百分点，60岁及以上人口的比重提高3.92个百分点，65岁及以上人口的比重提高5.02个百分点。

附：表2　2020年全市人口年龄结构

单位：人、%

年龄	人口数	比重
总 计	3644420	100.00
0—14岁	529760	14.54
15—59岁	2375008	65.17
60岁及以上	739652	20.30
其中：65岁及以上	587205	16.11

六、受教育程度人口

全市常住人口中，拥有大学（指大专及以上）文化程度的人口为631804人；拥有高中（含中专）文化程度的人口为494781人；拥有初中文化程度的人口为1081293人；拥有小学文化程度的人口为988353人（以上各种受教育程度的人包括各类学校的毕业生、肄业生和在校生）。与2010年第六次全国人口普查相比，每10万人中拥有大学文化程度的由9403人增加到17336人；拥有高中文化程度的由12640人增加到13576人；拥有初中文化程度的由35312人减少到29670人；拥有小学文化程度的由29795人减少到27120人。

全市常住人口中，15岁及以上人口的平均受教育年限[5]为9.50年。与2010年第六次全国人口普查相比，提高了0.90年。

全市常住人口中，文盲人口（15岁及以上不识字的人）为179246人，文盲率[6]为5.75%。与2010年第六次全国人口普查相比，文盲人口减少61331人，文盲率下降2.13个百分点。

七、城乡[7]分布

全市常住人口中，居住在城镇的人口为2635348人，占72.31%；居住在乡村的人口为1009072人，占27.69%。与2010年第六次全国人口普查相比，城镇人口增加710855人，乡村人口减少611502人，城镇人口比重提高18.02个百分点。

八、流动人口[8]

全市常住人口中，人户分离人口[9]为1265568人；其中，市辖区内人户分离[10]人口为297198人，流动人口为968370人。

与2010年第六次全国人口普查相比，人户分离人口增加694146人，增长121.48%；市辖区内人户分离人口增加73624人，增长32.93%；流动人口增加620522人，增长178.39%。

注释：

［1］本公报数据均为初步汇总数据。部分数据因四舍五入的原因，存在总计与分项合计不等的情况。

［2］常住人口包括：居住在本乡镇街道且户口在本乡镇街道或户口待定的人；居住在本乡镇街道且离开户口登记地所在的乡镇街道半年以上的人；户口在本乡镇街道且外出不满半年或在境外工作学习的人。

［3］家庭户是指以家庭成员关系为主、居住一处共同生活的人组成的户。

［4］全市常住人口中，0—15岁人口为564675人，16—59岁人口为2340093人。

［5］平均受教育年限是将各种受教育程度折算成受教育年限计算平均数得出的，具体的折算标准是：小学=6年，初中=9年，高中=12年，大专及以上=16年。

［6］文盲率是指常住人口中15岁及以上不识字人口所占比例。

［7］城镇、乡村是按国家统计局《统计上划分城乡的规定》划分的。

［8］流动人口是指人户分离人口中扣除市辖区内人户分离的人口。

［9］人户分离人口是指居住地与户口登记地所在的乡镇街道不一致且离开户口登记地半年以上的人口。

［10］市辖区内人户分离人口是指一个地级市所辖的区内和区与区之间，居住地和户口登记地不在同一乡镇街道的人口。

芜湖市自然资源和规划局
统计局文件

芜自然资规〔2022〕64号　　签发人：金玉峰　方　陵

芜湖市自然资源和规划局 芜湖市统计局
关于芜湖市国土面积有关情况的报告

市政府：

近年来，我市国土总面积经历了2次变化。现将有关调整变化情况报告如下。

一、第一次变化情况

第三次全国国土调查（以2019年12月31日为统一时点）前，我市发布的市域国土面积为6026.05平方公里。在第三次全国国土调查中，铜陵市郊区灰河乡面积22.13平方公里（见附图1红色部分）从无为市划出。自2020年1月开始，我市市域国土面积由6026.05平方公里变为6003.92平方公里。

二、第二次变化情况

2020年12月，在第三次全国国土调查基础上开展2020年度变更调查时，根据重新勘定的鸠江区与和县行政界线，报自然资源部同意将鸠江区沈巷镇黄山寺、大蒋村段长江及滩涂用地5.1平方公里（见附图2红色部分）原错划给和县部分划入我市鸠江区。自2021年1月开始，我市市域国土面积由6003.92平方公里变为6009.02平方公里(该面积已纳入2020年统计年鉴对外发布)。

综上，我市国土面积为6009.02平方公里，市自然资源和规划局已按照此面积编制芜湖市政区标准地图(见附图3)并对外发布。建议将该面积作为市委、市政府、各县市区政府及相关部门对外公开发布面积。

附图1. 第三次全国国土调查前后市域国土面积范围

附图2. 2020年国土变更调查市域国土面积范围

附图3. 芜湖市政区标准地图

芜湖市自然资源和规划局　　　　芜湖市统计局

2022年3月28日

（联系人：周克怀，联系电话：18297500851）

芜湖市自然资源和规划局　　　　2022年3月28日印发

索 引

Index

主题词索引

一、本索引采用主题分析方法。款目按首字汉语拼音字母（汉语拼音字母相同按声调）顺序排列。阿拉伯数字开头的款目按数字 0–9 顺序排列，并排在索引的末尾。

二、索引款目后的数字表示内容所在的页码，数字后面的英文字母（a、b、c）表示栏别（即版面的左、中、右栏）。款目后有多个页码，表示参见内容所在位置。

三、索引款目中，类目、分目等栏目标题用黑体字排印，其余用宋体字排印。

A

B

C

D

E

F

G

H

J

K

L

M

N

P

Q

R

S

T

Y

Z

数字首